D1750118

Privatversicherungsrecht

Privatversicherungsrecht

von

Univ.-Prof. Dr. Stefan Perner
Vorstand des Instituts für Zivil- und Zivilverfahrensrecht
an der Wirtschaftsuniversität Wien

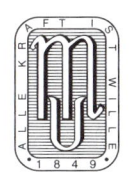

Wien 2021
MANZ'sche Verlags- und Universitätsbuchhandlung

Zitiervorschlag:
Perner, Privatversicherungsrecht (2021) Rz . . .

Alle Rechte, insbesondere das Recht der Vervielfältigung und Verbreitung sowie der Übersetzung, vorbehalten. Kein Teil des Werkes darf in irgendeiner Form (durch Fotokopie, Mikrofilm oder ein anderes Verfahren) ohne schriftliche Genehmigung des Verlages reproduziert oder unter Verwendung elektronischer Systeme gespeichert, verarbeitet, vervielfältigt oder verbreitet werden.

Sämtliche Angaben in diesem Werk erfolgen trotz sorgfältiger Bearbeitung ohne Gewähr; eine Haftung des Autors sowie des Verlages ist ausgeschlossen.

ISBN 978-3-214-02088-0

© 2021 MANZ'sche Verlags- und Universitätsbuchhandlung GmbH, Wien
Telefon: (01) 531 61-0
E-Mail: verlag@manz.at
www.manz.at
Druck: FINIDR, s.r.o., Český Těšín

Vorwort

Der Plan, ein Handbuch zum Versicherungsrecht zu schreiben, hat mich seit meiner Habilitation im Jahr 2012 „verfolgt". Dass es mit der Realisierung des Projekts eine Zeitlang dauerte, lag vor allem an den vielfältigen Aufgaben, die ich beim Aufbau meiner Lehrstühle in Klagenfurt und Linz übernommen hatte.

Die Rahmenbedingungen an der WU Wien, wo ich 2018 in einem besonders angenehmen und freundschaftlichen Umfeld angekommen bin, ermöglichten schließlich das vorliegende Werk, das während der Entstehung seinen Titel vom „Versicherungsvertragsrecht" zum „Privatversicherungsrecht" gewechselt hat. Das trägt dem Umstand Rechnung, dass ein solches Buch ohne die Einbeziehung aufsichts- und vermittlerrechtlicher Fragen, die in der Praxis überwältigende Bedeutung haben, unvollständig wäre. Außerdem gab mein Institutskollege und Freund *Martin Spitzer* den zutreffenden Hinweis, dass Bescheidenheit bei einem Buchtitel fehl am Platz ist. Das Vorwort ist demgegenüber der geeignete Ort, die Erwartungshaltung zu dämpfen: Ein Handbuch in einem so praxisrelevanten und judikaturlastigen Fach kann immer nur einen vertieften Überblick bieten.

Dass ich mich dem Fach überhaupt genähert habe, verdanke ich meinem akademischen Lehrer *Attila Fenyves*. Es ist ein großes Privileg, das Versicherungsrecht von ihm gelernt zu haben und immer noch von ihm lernen zu dürfen. Mein in jeder Hinsicht optimales Team an der WU hat ebenfalls in vielfältiger Weise zum Erscheinen des Buchs beigetragen, wofür ich sehr herzlich danke. Aus meiner Linzer Zeit ist *Michael Hafner* zu nennen, der mir in vielen Gesprächen wertvolle Anregungen zum Werk gegeben hat.

Dem Verlag Manz – namentlich *Heinz Korntner* und *Christian Giendl* – danke ich für die Aufnahme ins Programm und die beeindruckende Geduld bei der Entstehung. Dass das Buch vorliegt, ist auch *Stephanie Schleinzer* zu verdanken. Eine bessere Lektorin kann man sich nicht wünschen.

Am Institut für Zivil- und Zivilverfahrensrecht sind in den letzten Jahren viele Werke zu ganz verschiedenen Themen entstanden. Ein Gedanke vereint uns dabei alle: Es wäre viel schöner gewesen, sich gemeinsam mit *Raimund Bollenberger* über das Erscheinen zu freuen.

Wien, im Juli 2021   *Stefan Perner*

Inhaltsverzeichnis

Vorwort	V
Abkürzungsverzeichnis	XV
Verzeichnis der abgekürzt zitierten Literatur	XXVII

1. Kapitel Grundlagen	1
I. Was ist Versicherung?	2
II. Versicherung als Rechtsprodukt	4
III. Das Leistungsversprechen des Versicherers	6
A. Vertrag	6
B. Versicherungssparten	7
C. Bedarfsdeckung	9
1. Versichertes Interesse	9
2. Zulässigkeit der Summenversicherung?	11
3. Leitprinzip der Schadensversicherung	12
4. Die Gefahr	13
IV. Gleichbehandlung	15
A. Grundlagen	15
B. Genetische Eigenschaften (§ 67 GTG)	16
C. Behinderung (§ 1 d)	17
D. Geschlecht (§ 1 c)	18
E. Uniage?	19
V. Vertragsbeteiligte	20
A. Versicherer	20
B. Versicherungsnehmer	20
1. Grundlagen	20
2. Verbrauchereigenschaft	21
3. Kundenschutz	22
a) Grundlagen	22
b) Großrisiko	24
c) Gesamtbewertung	25
C. Dritte	25
1. Versicherter	25
2. Drittgeschädigter	26
3. Zessionar	26
4. Sicherungsnehmer	28
VI. Einbettung in das Europäische Finanzmarktrecht	29
A. Europäisches Unionsrecht	30
B. Aufsichtsrecht	31
1. Zweck der Versicherungsaufsicht	31
2. Eckpunkte der Versicherungsaufsicht	32
3. Vertragsrechtliche Anordnungen	33
C. Vermittlerrecht	34
2. Kapitel Der Vertragsabschluss	37
I. Grundlagen	38
II. Rechtsgeschäftliche Einigung	39

Inhaltsverzeichnis

A. Konsens	39
B. Polizzenmodell	43
C. Genehmigungsfiktion	44
D. Vorläufige Deckung	45
III. Inhaltliche Passung	46
A. Grundlagen	47
B. Informationsblatt	48
C. Bedarfsprüfung	51
D. Beratung	53
E. Vorvertragliche Informationspflichten	55
F. Sanktionen	58
IV. Anzeigepflichten des Versicherungsnehmers	61
A. Grundlagen	61
B. Gegenstand der vorvertraglichen Anzeigepflicht	62
C. Rechtsfolgen der Anzeigepflichtverletzung	65
1. Rücktrittsrecht	65
2. Rücktrittsfolgen	69
3. Konkurrenzen	70
4. Prämienanpassung und Kündigung	71
V. Allgemeine Versicherungsbedingungen (AVB)	71
A. Grundlagen	72
B. Einbeziehung	74
C. Auslegung	77
D. Kontrolle	80
1. Grundlagen	80
2. Geltungskontrolle	80
3. Inhaltskontrolle	82
4. Transparenzgebot	86
5. Rechtsfolgen	89
6. Verbandsklage	91
VI. Rücktrittsrecht des Versicherungsnehmers	93
A. Grundlagen	93
B. § 5c VersVG	93
C. § 8 FernFinG	95
VII. Kommunikation der Vertragspartner	95
A. Grundlagen	95
B. Form	96
C. Elektronische Kommunikation	98
1. Grundlagen	98
2. Vereinbarung elektronischer Kommunikation	99
3. Folgen der Vereinbarung	100
VIII. Dritte beim Vertragsabschluss	100
A. Grundlagen	100
B. Botenschaft	101
C. Stellvertretung	102
1. Vertretungsmacht	103
a) Organ	103
b) Gesetz	103
c) Rechtsgeschäft	105
d) Gesetzliche Vollmachtsvermutung	105
2. Offenlegung	107
3. Rechtsfolgen	108
D. Versicherungsvermittlung	109

Inhaltsverzeichnis

1. Grundlagen	109
2. Kategorien	110
a) Versicherungsvermittler	110
b) Versicherungsagent	110
c) Versicherungsmakler	111
d) Berufsrechtliche Qualitätssicherung	112
3. Informationspflichten	114
a) Versicherungsvertragsinformationen	114
b) Statusinformationen	114
4. Bedarfsprüfung und Beratung	115
a) Problemstellung	115
b) Einfachagent	115
c) Versicherungsmakler	115
d) Echter Mehrfachagent	118
5. Rechtsgeschäftliche Zurechnung	118
6. Haftung	119
a) Makler	120
b) Agenten	121
c) Haftpflichtabsicherung	123
7. Statusunklarheiten	123
3. Kapitel Leistung des Versicherers	**127**
I. Versicherungsfall	128
A. Grundlagen	128
B. Vereinbarung	129
C. Eintrittszeitpunkt	130
D. Schuldhafte Herbeiführung	131
1. Grundlagen	132
2. Vorsatz und (grobe) Fahrlässigkeit	133
3. Verschulden Dritter	135
4. Abgrenzungen und Konkurrenzen	137
II. Leistungsinhalt	138
A. Leistungsart	138
B. Leistungsumfang	140
1. Grundlagen	140
2. Berechnung der Entschädigung	140
a) Bedarfsdeckung	140
b) Zeitwert	141
c) Neuwert	142
d) Taxe	143
e) Überversicherung	145
f) Unterversicherung	146
3. Bereicherungsverbot?	148
C. Leistungsänderungen	149
III. Abwicklung des Versicherungsfalls	150
A. Grundlagen	150
B. Sachverhaltsermittlung	151
1. Grundlagen	151
2. Sachverständige	152
3. Sachverständigenverfahren	153
C. Fälligkeit	155
1. Geldleistungen	155
2. Zinsen	156

Inhaltsverzeichnis

	3. Andere als Geldleistungen	157
D.	Außergerichtliche Lösungen	158
	1. Grundlagen	158
	2. Anerkenntnis	159
	3. Abfindungsvergleich	160
E.	Verjährung	161
	1. Grundregel	162
	2. Anspruchsanmeldung	163
	3. Reaktionen des Versicherers	164
	a) Außergerichtliche Einigung	164
	b) Schlichte Deckungsablehnung (§ 12 Abs 2)	164
	c) Qualifizierte Deckungsablehnung (§ 12 Abs 3)	165
F.	Beweis	166
	1. Beweislast	167
	2. Tatsachen	167
	3. Beweismaß	168
IV. Regress nach Leistung		169
A.	Grundlagen	169
	1. Legalzession	169
	2. Aufgabeverbot	171
	3. Schadensversicherung	171
B.	Voraussetzungen	172
	1. Ersatzleistung	172
	2. Schadenersatzanspruch	172
	3. Anspruch gegen „Dritten"	174
C.	Vorrechte des Versicherungsnehmers	177
	1. Grundsatz	177
	2. Befriedigungsvorrecht	177
	3. Quotenvorrecht	178

4. Kapitel Pflichten des Versicherungsnehmers 179

I. Prämie		180
A.	Grundlagen	180
B.	Prämienanpassung	182
	1. Problemstellung	182
	2. Anpassungsklauseln	183
	3. Passivenversicherung	184
C.	Prämienzahlung	184
	1. Zahlungsmodalitäten	184
	2. Fälligkeit	185
	3. Rechtzeitigkeit	186
D.	Zahlungsverzug	186
	1. Verschulden	186
	2. Erfüllung	187
	3. Vertragsauflösung und Leistungsfreiheit	188
	a) Grundlagen	188
	b) Erst- und Folgeprämie	188
	c) Verzug mit Erstprämie	189
	d) Verzug mit Folgeprämie	190
	e) Bagatellfälle	191
	f) Stundung	192
II. Obliegenheiten		192
A.	Grundlagen	192

Inhaltsverzeichnis

1. Verhaltenssteuerung	192
2. Schutzbedarf	193
3. Kategorien	194
B. Primäre Obliegenheiten	196
1. Gefahrverwaltung	196
a) Grundidee	196
b) Gefahrerhöhung	197
c) Rechtsfolgen	200
2. Vorbeugende Obliegenheiten	202
a) Grundlagen	202
b) Rechtsfolgen	203
c) Äquivalenzwahrende Obliegenheiten	205
3. Schlichte Obliegenheiten	206
C. Sekundäre Obliegenheiten	208
1. Grundlagen	208
2. Information	208
3. Rettungspflicht	212
D. Risikoausschluss und Obliegenheit	215
1. Problemstellung	215
2. Abgrenzungskriterien	216
3. Verhüllte Obliegenheit	216
E. Drittzurechnung	217
1. Grundlagen	217
2. Information und Dokumentation	219
3. Gefahrverwaltung	219

5. Kapitel Vertragsbeendigung 221

I. Grundlagen	222
A. Begriff	222
B. Dauerschuldverhältnis	223
C. Tatbestände der Vertragsbeendigung	224
D. Kündigung als Rechtsgeschäft	225
II. Bindungsdauer	227
A. Gesetzeszweck	228
B. Unbefristete Verträge	228
C. Befristete Verträge	229
1. Grundlagen	229
2. Verlängerungsklausel	230
3. Kfz-Haftpflichtversicherung	231
D. Personenversicherungen	231
1. Grundlagen	231
2. Leben	232
3. Kranken	233
4. Unfall und Berufsunfähigkeit	234
E. Dauerrabatt	234
1. Problemstellung	235
2. Rechtsprechung	235
3. Ratio	236
III. Versicherungsfall	236
A. Problemstellung	236
B. Nicht-Personenversicherung	237
C. Personenversicherung	239
IV. Interessewegfall	240

Inhaltsverzeichnis

A. Tatbestand	240
B. Rechtsfolgen	241
V. Insolvenz	242
A. Insolvenz des Versicherers	242
B. Insolvenz des Versicherungsnehmers	243
1. Optionen des Insolvenzverwalters	243
2. Optionen des Versicherers	244
VI. Tod des Versicherungsnehmers	245
VII. Veräußerung der versicherten Sache	246
A. Grundlagen	246
B. Schutz des Versicherers	247
C. Rechtsstellung des Erwerbers	249

6. Kapitel Mehrheiten ... 251

- I. Versicherer ... 251
  - A. Problemstellung ... 251
  - B. Mitversicherung ... 252
    - 1. Risikostreuung ... 252
    - 2. Offene Mitversicherung ... 253
    - 3. Exzedentenversicherung ... 254
  - C. Mehrfachversicherung ... 255
    - 1. Begriff ... 255
    - 2. Außenverhältnis ... 258
    - 3. Regress ... 259
- II. Versicherungsnehmer ... 262
  - A. Problemstellung ... 262
  - B. Versicherungsnehmermehrheit ... 263
    - 1. Grundlagen ... 263
    - 2. Eintreibungsmodus ... 264
    - 3. Leistungsfreiheit ... 265
    - 4. Gestaltungsrechte ... 266
  - C. Versicherung für fremde Rechnung ... 267
    - 1. Grundlagen ... 267
    - 2. Fremdes Interesse (Risiko) ... 269
    - 3. Außenverhältnis ... 270
    - 4. Innenverhältnis ... 272

7. Kapitel Versicherungssparten ... 275

- I. Grundlagen ... 276
  - A. Einteilungen ... 276
  - B. Funktionen ... 277
  - C. Gestaltungsmöglichkeiten ... 278
  - D. Kundenseitiges Risikomanagement ... 280
- II. Sachversicherungen ... 281
  - A. Grundlagen ... 281
  - B. Gefahren ... 283
  - C. Objekte ... 284
    - 1. Allgemeines ... 284
    - 2. Bewohnte Einheiten ... 285
    - 3. Tierversicherung ... 288
    - 4. Technische Versicherungen ... 289
    - 5. Kfz-Kaskoversicherung ... 290
    - 6. Transportversicherung ... 294

Inhaltsverzeichnis

a) Warentransportversicherung	294
b) Flusskaskoversicherung	295
III. Betriebliche Ausfallversicherungen	296
A. Grundlagen	296
B. Klassische Betriebsunterbrechung	297
C. Betriebsunterbrechung bei freiberuflich und selbstständig Tätigen	299
D. Veranstaltungsausfall	301
IV. Haftpflichtversicherung	302
A. Allgemeine Haftpflichtversicherung	302
1. Grundlagen	302
2. Versicherte Gefahr	304
3. Versicherte Personen	307
4. Zeitliche Risikoabgrenzung	308
5. Leistung des Versicherers	309
6. Risikoausschlüsse	312
7. Obliegenheiten	315
8. Rechtsstellung des Geschädigten	316
B. Pflichtversicherung	318
1. Grundlagen	318
2. Rechtsstellung des Geschädigten	319
3. Kfz-Haftpflichtversicherung	321
C. D&O-Versicherung	324
1. Grundlagen	324
2. Versicherungsrechtliche Einordnung	326
3. Versicherte Gefahr	328
4. Zeitliche Risikoabgrenzung	330
5. Leistung des Versicherers	332
6. Obliegenheiten	334
7. Versicherungssumme	335
V. Cyberversicherung	336
A. Grundlagen	336
B. Deckungskonzept	337
C. Abgrenzung: Vertrauensschadenversicherung	339
VI. Rechtsschutzversicherung	340
A. Grundlagen	340
B. Versicherte Gefahren	341
C. Versicherungsfall	344
D. Leistung des Versicherers	345
E. Ausschlüsse und Obliegenheiten	346
F. Interessenwahrung	348
1. Grundlagen	348
2. Entscheidungspflichten des Versicherers	348
3. Freie Anwaltswahl	348
VII. Personenversicherungen	350
A. Lebensversicherung	350
1. Wirtschaftlicher Hintergrund	350
2. Rechtliche Grundlagen	351
3. Bezugsberechtigung	353
4. Ansprüche nach Beendigung	354
B. Unfallversicherung	356
1. Grundlagen	356
2. Versicherungsfall	357
3. Inhalt des Versicherungsschutzes	361

Inhaltsverzeichnis

4. Beweislast	364
5. Obliegenheiten	365
6. Sachverständigenverfahren	367
C. Krankenversicherung	368
1. Grundlagen	368
2. Arten und Leistungen	369
3. Prämienanpassung	371
4. Bestandschutz	372
D. Berufsunfähigkeitsversicherung	373
8. Kapitel Internationales Versicherungsrecht	**377**
I. Problemstellung	377
II. Anknüpfungsregime der Rom I-VO	378
III. Anknüpfungsregeln der Rom I-VO	380
A. Allgemeines Anknüpfungsregime	380
B. Art 7 Rom I	381
1. Großrisiken	381
2. Massenrisiken innerhalb der EU	382
3. Versicherungspflicht	383
C. Eingriffsnormen und ordre public	384
IV. Rom II-VO	384
V. Informationspflichten	385
VI. Internationale Zuständigkeit	385
A. Grundlagen	385
B. Zuständigkeitsregeln	385
C. Gerichtsstandsvereinbarungen	386
Stichwortverzeichnis	**387**

Abkürzungsverzeichnis

Die Abkürzungen erfolgen in der Regel nach *Dax/Hopf* (Hrsg), Abkürzungs- und Zitierregeln der österreichischen Rechtssprache und europarechtlicher Rechtsquellen (AZR)[8] (2019).

A	=	Ansicht
aA	=	andere(-r) Ansicht
ABC 2018	=	Allgemeine Bedingungen für die Cyberrisiko-Versicherung 2018
ABFT	=	Allgemeine Versicherungsbedingungen für die Betriebsunterbrechungsversicherung für freiberuflich Tätige und selbständig Tätige
ABG	=	Allgemeine Bedingungen für die Glasversicherung
ABGB	=	Allgemeines bürgerliches Gesetzbuch für die gesammten deutschen Erbländer der Oesterreichischen Monarchie JGS 1811/946
ABH 2001	=	Allgemeine Bedingungen für die Haushaltsversicherung 2001
ABl	=	Amtsblatt der Europäischen Union
abl	=	ablehnend
ABS	=	Allgemeine Bedingungen für die Sachversicherung
Abs	=	Absatz
ADS	=	Allgemeine Deutsche Seeversicherungsbedingungen
aE	=	am Ende
AEB 2001	=	Allgemeine Einbruchdiebstahlversicherungsbedingungen 2001
AECBUB	=	Allgemeine Bedingungen für die Betriebsunterbrechungsversicherung zusätzlicher Gefahren
AEUV	=	Vertrag über die Arbeitsweise der Europäischen Union, ABl C 2012/326, 47
aF	=	alte Fassung
AFB 2001	=	Allgemeine Feuerversicherungs-Bedingungen 2001
AFBUB 2001	=	Allgemeine Bedingungen für die Feuer-Betriebsunterbrechungs-Versicherung
AFIUB	=	Allgemeine Bedingungen für die Fahrzeuginsassenunfall-Versicherung
AG	=	Aktiengesellschaft
AGB	=	Allgemeine Geschäftsbedingungen
AGBG	=	(deutsches) Gesetz zur Regelung des Rechts der Allgemeinen Geschäftsbedingungen BGBl I 946 (außer Kraft).
AHBA	=	Allgemeine Bedingungen für die Haftpflichtversicherung von staatlich befugten und beeideten Architekten und Zivilingenieuren für Bauwesen
AHG	=	Bundesgesetz über die Haftung der Gebietskörperschaften und der sonstigen Körperschaften und Anstalten des öffentlichen Rechts für in Vollziehung der Gesetze zugefügte Schäden (Amtshaftungsgesetz) BGBl 1949/20
AHVB	=	Allgemeine Bedingungen für die Haftpflichtversicherung
AKBUB	=	Allgemeine Bedingungen für die Kombinierte Betriebsunterbrechungsversicherung
AKHB 2015	=	Allgemeine Bedingungen für die Kraftfahrzeug-Haftpflichtversicherung
AKKB 2015	=	Allgemeine Bedingungen für die Kraftfahrzeug-Kaskoversicherung
AKKT	=	Allgemeine Versicherungsbedingungen für die Krankheitskosten und Krankenhaus-Tagegeldversicherung
AktG	=	Bundesgesetz über Aktiengesellschaften (Aktiengesetz) BGBl 1965/98

Abkürzungsverzeichnis

ALB	=	Allgemeine Bedingungen für die Lebensversicherung
ALKB	=	Allgemeine Bedingungen für die Kaskoversicherung von Luftfahrzeugen
allg	=	allgemein
ALUB	=	Allgemeine Bedingungen für die Luftfahrt-Unfall-Versicherung
AMB 2008	=	Allgemeine Bedingungen für die Versicherung von Maschinen, maschinellen Einrichtungen und Apparaten
AMBUB	=	Allgemeine Bedingungen für die Maschinen-Betriebsunterbrechungs-Versicherung
AMMB 2010	=	Allgemeine Bedingungen für die Maschinen-Montageversicherung
Anh	=	Anhang
Anm	=	Anmerkung
AnwBl	=	Anwaltsblatt (Zeitschrift)
AÖS	=	Allgemeine Österreichische Seetransportversicherungsbedingungen
AÖSp	=	Allgemeine Österreichische Spediteurbedingungen
AÖTB 2014	=	Allgemeine Österreichische Transportversicherungs-Bedingungen
ARB 2015	=	Allgemeine Bedingungen für die Rechtsschutz-Versicherung
arg	=	argumento
Art	=	Artikel
ÄrzteG	=	Bundesgesetz über die Ausübung des ärztlichen Berufes und die Standesvertretung der Ärzte (Ärztegesetz 1998) BGBl I 1998/169
AStB	=	Allgemeine Bedingungen für die Sturmversicherung
ASVG	=	Bundesgesetz vom 9. 9. 1955 über die Allgemeine Sozialversicherung (Allgemeines Sozialversicherungsgesetz) BGBl 1955/189
AU(V)B	=	Allgemeine Bedingungen für die Unfallversicherung
ausf	=	ausführlich
AVB	=	Allgemeine Versicherungsbedingungen
AVB D&O	=	(deutsche) Allgemeine Versicherungsbedingungen für die Vermögensschaden-Haftpflichtversicherung von Aufsichtsräten, Vorständen und Geschäftsführern
AVBV	=	Allgemeine Versicherungsbedingungen zur Haftpflichtversicherung für Vermögensschäden
AVG	=	Allgemeines Verwaltungsverfahrensgesetz 1991 BGBl 1991/51
AWB 2001	=	Allgemeine Bedingungen für Versicherung gegen Leitungswasserschäden 2001
B-2-B	=	Business-to-Business
B-2-C	=	Business-to-Consumer
bauaktuell	=	Fachzeitschrift für Baurecht, Baubetriebswirtschaft und Baumanagement
BB-BW	=	Besondere Bedingungen für die Bauwesenversicherung
Bd	=	Band
Begr	=	Begründung
BG	=	Bundesgesetz
BGB	=	(deutsches) Bürgerliches Gesetzbuch RGBl 1896/21, 195
BGBl	=	Bundesgesetzblatt
BGH	=	(deutscher) Bundesgerichtshof
BGHZ	=	Entscheidungen des (deutschen) Bundesgerichtshofs in Zivilsachen
BGStG	=	Bundesgesetz über die Gleichstellung von Menschen mit Behinderungen (Bundes-Behindertengleichstellungsgesetz) BGBl I 2005/82
BK	=	Berliner Kommentar
BlgNR	=	Beilage(n) zu den stenographischen Protokollen des Nationalrats
BMF	=	Bundesministerium für Finanzen
BMJ	=	Bundesministerium für Justiz

Abkürzungsverzeichnis

BMVRDJ	=	Bundesministerium für Verfassung, Reformen, Deregulierung und Justiz
Bsp	=	Beispiel
bspw	=	beispielsweise
BT	=	(deutscher) Bundestag
BT-Drucks	=	(deutsche) Bundestags-Drucksache
BU	=	Betriebsunterbrechung
BUFT	=	Betriebsunterbrechungsversicherung für freiberuflich Tätige und selbstständig Erwerbstätige
BVerfG	=	(deutsches) Bundesverfassungsgericht
BVerwG	=	(deutsches) Bundesverwaltungsgericht
B-VG	=	Bundes-Verfassungsgesetz BGBl 1930/1
BVwG	=	Bundesverwaltungsgericht
BW	=	Allgemeine Bedingungen für die Bauwesenversicherung
BWG	=	Bankwesengesetz BGBl 1993/532
bzgl	=	bezüglich
bzw	=	beziehungsweise
ca	=	circa
CBI	=	Rückwirkungsschaden (engl: Contingent Business Interruption)
d	=	deutsch
D&O-	=	Directors-and-Officers-Liability (Vermögensschaden-Haftpflichtversicherung für Unternehmensleiter)
DelVO	=	Delegierte Verordnung (Durchführungsverordnung der EU)
ders	=	derselbe
dh	=	das heißt
DHG	=	Bundesgesetz vom 31. 3. 1965 über die Beschränkung der Schadenersatzpflicht der Dienstnehmer (Dienstnehmerhaftpflichtgesetz) BGBl 1965/80
dies	=	dieselbe
DM	=	Deutsche Mark
RGBl	=	(deutsches) Reichsgesetzblatt
Dritte Richtlinie	=	RL 92/49/EWG des Rates vom 18. 6. 1992 zur Koordinierung der Rechts- und Verwaltungsvorschriften für die Direktversicherung (mit Ausnahme der Lebensversicherung) sowie zu Änderung der RL 73/239/EWG und 88/357/EWG (Dritte Richtlinie Schadenversicherung), ABl L 1992/228, 1
DSGVO	=	VO (EU) 2016/679 des Europäischen Parlaments und des Rates vom 27. 4. 2016 zum Schutz natürlicher Personen bei der Verarbeitung personenbezogener Daten, zum freien Datenverkehr und zur Aufhebung der RL 95/46/EG (Datenschutz-Grundverordnung), ABl L 2016/119, 1
E	=	Entscheidung(en)
E&O-	=	Errors-and-Omissions-Liability (Vermögensschadenhaftpflichtversicherung zugunsten des Unternehmers und seiner Mitarbeiter)
ecolex	=	Fachzeitschrift für Wirtschaftsrecht
ED	=	Einbruchdiebstahl
EDV	=	Elektronische Datenverarbeitung
EFTA	=	Europäische Freihandelsassoziation
EG	=	Europäische Gemeinschaft
EGBGB	=	Einführungsgesetz zum Bürgerlichen Gesetzbuch RGBl 1896/21, 604
EGKS	=	Europäische Gemeinschaft für Kohle und Stahl
EGVVG	=	Einführungsgesetz zum Versicherungsvertragsgesetz RGBl I 1908, 305

Abkürzungsverzeichnis

EGZPO	=	Gesetz vom 1. 8. 1895, betreffend die Einführung des Gesetzes über das gerichtliche Verfahren in bürgerlichen Rechtsstreitigkeiten (Civilprocessordnung) RGBl 1895/112
EHVB	=	Ergänzende Allgemeine Bedingungen für die Haftpflichtversicherung
Einl	=	Einleitung
einl	=	einleitend
EIOPA	=	European Insurance and Occupational Pensions Authority
EKHG	=	Bundesgesetz vom 21. 1. 1959 über die Haftung für den Ersatz von Schäden aus Unfällen beim Betrieb von Eisenbahnen und beim Betrieb von Kraftfahrzeugen (Eisenbahn- und Kraftfahrzeughaftpflichtgesetz) BGBl 1959/48
endg	=	endgültig
EO	=	Gesetz vom 27. 5. 1896, über das Exekutions- und Sicherungsverfahren (Exekutionsordnung) RGBl 1896/79
EpidemieG	=	Epidemiegesetz 1950 BGBl 1950/186
ErläutRV	=	Erläuterungen zur Regierungsvorlage
ErwGr	=	Erwägungsgrund, -gründe
et al	=	et alii/aliae/alia
etc	=	et cetera
EU	=	Europäische Union
EuGH	=	Europäischer Gerichtshof
EuGVO	=	VO (EG) 44/2001 des Rates vom 22. 12. 2000 über die gerichtliche Zuständigkeit und die Anerkennung und Vollstreckung von Entscheidungen in Zivil- und Handelssachen, ABl L 2001/12, 1
EUV	=	Vertrag über die Europäische Union, ABl C 2012/326, 1
EU-VO	=	Verordnung der Europäischen Union
EuZW	=	Europäische Zeitschrift für Wirtschaftsrecht
ev	=	eventuell
EvBl	=	Evidenzblatt der Rechtsmittelentscheidungen (Österreichische Juristenzeitung, JBl)
EvBl-LS	=	Evidenzblatt-Leitsatzentscheidungen
EWG	=	Europäische Wirtschaftsgemeinschaft
EWR	=	Europäischer Wirtschaftsraum
f	=	der, die folgende
FernFinG	=	Bundesgesetz über den Fernabsatz von Finanzdienstleistungen an Verbraucher (Fern-Finanzdienstleistungs-Gesetz) BGBl I 2004/62
FernFin-RL	=	RL 2002/65/EG des Europäischen Parlaments und des Rates vom 23. 9. 2002 über den Fernabsatz von Finanzdienstleistungen an Verbraucher und zur Änderung der RL 90/619/EWG des Rates und der RL 97/7/EG und 98/27/EG, ABl L 2002/271, 16
ff	=	der, die folgenden
FinTech	=	Finanztechnologie
FMA	=	Finanzmarktaufsicht
FN	=	Fußnote
FS	=	Festschrift
FSME	=	Frühsommer-Meningoenzephalitis (Gehirn-, Hirnhaut- oder Rückenmarkentzündung)
GDV	=	Gesamtverband der Deutschen Versicherungswirtschaft e.V.
gem	=	gemäß
GewO	=	Gewerbeordnung 1994, BGBl 1994/194

Abkürzungsverzeichnis

gg	=	gegen
ggf	=	gegebenenfalls
ggü	=	gegenteilig(-er, -e, -es)
GISA	=	Gewerbeinformationssystem Austria
GlBG	=	Gleichbehandlungsgesetz BGBl I 2004/66
GlU	=	Sammlung von zivilrechtlichen Entscheidungen des kk Obersten Gerichtshofes
GlUNF	=	Sammlung von zivilrechtlichen Entscheidungen des kk Obersten Gerichtshofes, Neue Folge
GmbH	=	Gesellschaft mit beschränkter Haftung
GmbHG	=	Gesetz vom 6. 3. 1906, über Gesellschaften mit beschränkter Haftung (GmbH-Gesetz) RGBl 1906/58
GP	=	Gesetzgebungsperiode
grds	=	grundsätzlich
GS	=	Gedenkschrift
GTG	=	Bundesgesetz, mit dem Arbeiten mit gentechnisch veränderten Organismen, das Freisetzen und Inverkehrbringen von gentechnisch veränderten Organismen und die Anwendung von Genanalyse und Gentherapie am Menschen geregelt werden (Gentechnikgesetz) BGBl 1994/510
h	=	herrschend
H	=	Heft
HB	=	Handbuch
HIKrG	=	Bundesgesetz über Hypothekar- und Immobilienkreditverträge und sonstige Kreditierungen zu Gunsten von Verbrauchern (Hypothekar- und Immobilienkreditgesetz) BGBl I 2015/135
hins	=	hinsichtlich
hL	=	herrschende Lehre
hM	=	herrschende Meinung
Hrsg	=	Herausgeber
hrsg	=	herausgegeben von
hRsp	=	herrschende Rechtsprechung
HS	=	a) Handelsrechtliche Entscheidungen, hrsg von *Stanzl/Friedl/Steiner* (seit 1939) b) Halbsatz
HVertrG	=	Bundesgesetz über die Rechtsverhältnisse der selbständigen Handelsvertreter (Handelsvertretergesetz 1993) BGBl 1993/88
IDD	=	RL (EU) 2016/97 des Europäischen Parlaments und des Rates vom 20. 1. 2016 über Versicherungsvertrieb (Versicherungsvertriebs-RL), ABl L 2016/26, 19
idF	=	in der Fassung
idgF	=	in der geltenden Fassung
idR	=	in der Regel
idS	=	in diesem Sinne
iE	=	im Einzelnen
ieS	=	im engeren Sinne
iH	=	in Höhe
iHd	=	in Höhe der
iHv	=	in Höhe von

Abkürzungsverzeichnis

IMD I	=	RL 2002/92/EG des Europäischen Parlaments und des Rates vom 9. 12. 2002 über Versicherungsvermittlung (Insurance Mediation Directive), ABl L 2003/46, 3
IMD II	=	Vorschlag vom 3. 7. 2012 für eine Richtlinie des Europäischen Parlaments und des Rates zur Versicherungsvermittlung (Neufassung), KOM (2012) 360 final
immolex	=	Zeitschrift für Miet- und Wohnrecht
inkl	=	inklusive
insb	=	insbesondere
int	=	international
IO	=	Bundesgesetz über das Insolvenzverfahren (Insolvenzordnung) RGBl 1914/337
IPRax	=	Praxis des Internationalen Privat- und Verfahrensrecht (Zeitschrift)
IPRG	=	Bundesgesetz vom 15. 6. 1978 über das internationale Privatrecht BGBl 1978/304
iRd	=	im Rahmen des/der
iSd	=	im Sinne des/der
iSe	=	im Sinne eines/r
iSv	=	im Sinne von
IT	=	Informationstechnik
iV	=	in Vertretung
iVm	=	in Verbindung mit
iwS	=	im weiteren Sinne
iZm	=	im Zusammenhang mit
iZw	=	im Zweifel
JA	=	Justizausschuss
JAB	=	Bericht des Justizausschusses
JBl	=	Juristische Blätter (Zeitschrift)
Jhdt	=	Jahrhundert
Jud	=	Judikatur
KAKuG	=	Bundesgesetz über Krankenanstalten und Kuranstalten BGBl 1957/1
Kap	=	Kapitel
KBB	=	*Koziol/Bydlinski/Bollenberger* (Hrsg)
KFG	=	Bundesgesetz vom 23. 6. 1967 über das Kraftfahrwesen (Kraftfahrgesetz 1967) BGBl 1967/267
Kfz	=	Kraftfahrzeug
KG	=	Kommanditgesellschaft
KH	=	Kraftfahrzeug-Haftpflicht
KHVG	=	Kraftfahrzeug-Haftpflichtversicherungsgesetz 1994 BGBl 1994/651
Klausel-RL	=	RL 93/13/EWG des Rates vom 5. 4. 1993 über mißbräuchliche Klauseln in Verbraucherverträgen, ABl L 1993/95, 29
KLS	=	*Koller/Lovrek/Spitzer* (Hrsg)
KOM	=	Europäische Kommission
Komm	=	Kommentierung
krit	=	kritisch
KSchG	=	Bundesgesetz vom 8. 3. 1979, mit dem Bestimmungen zum Schutz der Verbraucher getroffen werden (Konsumentenschutzgesetz) BGBl 1979/140
leg cit	=	legis citatae
LG	=	Landesgericht

Abkürzungsverzeichnis

LGZ	=	Landesgericht für Zivilrechtssachen
LIPID	=	Life Insurance Product Information Document
lit	=	litera
Lit	=	Literatur
LS	=	Leitsatz
LV	=	Lebensversicherung
LV-InfoV	=	Verordnung der Finanzmarktaufsichtsbehörde (FMA) über die Informationspflichten für die Lebensversicherung (Lebensversicherung Informationspflichtenverordnung 2018), BGBl II 2018/247
LVwG	=	Landesverwaltungsgericht
M	=	Meinung
MaklerG	=	Bundesgesetz über die Rechtsverhältnisse der Makler (Maklergesetz) BGBl 1996/262
Mat	=	Materialien
maW	=	mit anderen Worten
max	=	maximal
MB	=	Musterbedingungen des Verbandes der Versicherungsunternehmen Österreich (VVO)
MB/KK	=	Musterbedingungen für die Krankheitskosten- und Krankenhaustagegeldversicherung
MB/PPV	=	Musterbedingungen für die Private Pflegepflichtversicherung
MB/PV	=	Musterbedingungen für die Pflegekrankenversicherung
mE	=	meines Erachtens
ME	=	Ministerialentwurf
Mio	=	Million(en)
mN	=	mit Nachweisen
Mrd	=	Milliarde(n)
MüKoVVG	=	Münchner Kommentar zum VVG
mwN	=	mit weiteren Nachweisen
nF	=	neue Fassung
NIPR	=	Nederlands Internationaal Privaatrecht (Zeitschrift)
NO	=	Notariatsordnung, RGBl 1871/75
Nov	=	Novelle
NOx	=	Stickstoffoxide
Nr	=	Nummer
NVersZ	=	Neue Zeitschrift für Versicherung und Recht
Nw	=	Nachweis(-e, -en)
NZ	=	Österreichische Notariatszeitung
oä	=	oder ähnlich(-er, -e, -es)
Ob	=	Oberster Gerichtshof in Zivilsachen
ÖBA	=	Österreichisches Bankarchiv (Zeitschrift)
OG	=	Offene Gesellschaft
OGH	=	Oberster Gerichtshof
ÖJT	=	Österreichischer Juristentag
ÖJZ	=	Österreichische Juristen-Zeitung
ÖJZ-LSK	=	Österreichische Juristen-Zeitung – Leitsatzkartei
OLG	=	Oberlandesgericht
ÖTVV	=	Österreichischer Transport-Versicherungsverband

Abkürzungsverzeichnis

ÖZW	=	Österreichische Zeitschrift für Wirtschaftsrecht
ÖZZV	=	Österreichisches Zentrales Vertretungsregister
pa	=	a) per analogiam
		b) pro anno
PEICL	=	Principles of European Insurance Contract Law
PflichtV	=	Pflichtversicherung
PHG	=	Bundesgesetz vom 21. 1. 1988 über die Haftung für ein fehlerhaftes Produkt (Produkthaftungsgesetz) BGBl 1988/99
Pkt	=	Punkt
PR	=	Public Relations, Öffentlichkeitsarbeit
PRIIP-VO	=	VO (EU) 1286/2014 des Europäischen Parlaments und des Rates vom 26. 11. 2014 über Basisinformationsblätter für verpackte Anlageprodukte für Kleinanleger und Versicherungsanlageprodukte, ABl L 2014/352, 1
PS	=	Privatstiftung
r+s	=	Recht und Schaden (Zeitschrift)
RAO	=	Rechtsanwaltsordnung, RGBl 1868/96
RdM	=	Recht der Medizin (Zeitschrift)
RdU	=	Recht der Umwelt (Zeitschrift)
RdW	=	Recht der Wirtschaft (Zeitschrift)
REDOK	=	Rechtsdokumentation (Datenbank)
RegE	=	Regierungsentwurf
RG	=	Reichsgericht
RGBl	=	Reichsgesetzblatt
RGZ	=	Entscheidungen des Reichsgerichts in Zivilsachen
RIS	=	Rechtsinformationssystem
rk	=	rechtskräftig(-er, -e, -es)
RL	=	Richtlinie (der Europäischen Union)
Rom I	=	VO (EG) 593/2008 des Europäischen Parlaments und des Rates vom 17. 6. 2008 über das auf vertragliche Schuldverhältnisse anzuwendende Recht, ABl L 2008/177, 6
Rom II	=	VO (EG) 864/2007 des Europäischen Parlaments und des Rates vom 11. 7. 2007 über das auf außervertragliche Schuldverhältnisse anzuwendende Recht, ABl L 2007/199, 40.
Rs	=	Rechtssache
RS	=	Rechtssatz
Rsp	=	Rechtsprechung
Rz	=	Randziffer/Randzahl
RZ	=	Österreichische Richterzeitung
S	=	Satz
SARS	=	Schweres Akutes Respiratorisches Syndrom
SE	=	Societas Europaea
Sess	=	Session
Slg	=	Sammlung
sog	=	sogenannt(-e, -er, -es)
Solvabilität II-RL	=	RL 2009/138/EG des Europäischen Parlaments und des Rates vom 25. 11. 2009 betreffend die Aufnahme und Ausübung der Versicherungs- und der Rückversicherungstätigkeit, ABl L 2009/335, 1

Abkürzungsverzeichnis

Standesregeln	=	Verordnung der Bundesministerin für Digitalisierung und Wirtschaftsstandort über Standes- und Ausübungsregeln für Gewerbetreibende, die die Tätigkeit der Versicherungsvermittlung ausüben (Standesregeln für Versicherungsvermittlung), BGBl II 2019/162
StGB	=	Bundesgesetz vom 23. 1. 1974 über die mit gerichtlicher Strafe bedrohten Handlungen (Strafgesetzbuch) BGBl 1974/60
StPO	=	Strafprozeßordnung 1975, BGBl 1975/631
str	=	strittig(-er)
stRsp	=	ständige Rechtsprechung
SV	=	Sachverständige(-r)
SVG	=	Bundesgesetz über elektronische Signaturen und Vertrauensdienste für elektronische Transaktionen (Signatur- und Vertrauensdienstegesetz) BGBl I 2016/50
SVR	=	Sachversicherungsrecht
SVR/RVS	=	Speditions- und Rollfuhrversicherungsschein
SZ	=	Entscheidungen des österreichischen Obersten Gerichtshofs in Zivil- (und Justizverwaltungs-)sachen, veröffentlich von seinen Mitgliedern
tlw	=	teilweise(-r)
TN	=	Teilnovelle
TransportR	=	Transportrecht
u	=	und
ua	=	a) unter anderem b) und andere(-r, -s)
uä	=	und ähnliche(-r, -s)
udgl	=	und dergleichen; und desgleichen
UGB	=	Bundesgesetz über besondere zivilrechtliche Vorschriften für Unternehmen (Unternehmensgesetzbuch) RGBl 1897/219
UKSV	=	Umweltsanierungskosten-Versicherung
UNK, UN-Kaufrecht	=	Übereinkommen der Vereinten Nationen über Verträge über den Internationalen Warenkauf, BGBl 1988/96
usw	=	und so weiter
uU	=	unter Umständen
uva	=	und viele andere
v	=	vom, von
va	=	vor allem
VAG	=	Bundesgesetz über den Betrieb und die Beaufsichtigung der Vertragsversicherung (Versicherungsaufsichtsgesetz 2016) BGBl I 2015/34
VbR	=	Zeitschrift für Verbraucherrecht
VbVG	=	Bundesgesetz über die Verantwortlichkeit von Verbänden für Straftaten (Verbandsverantwortlichkeitsgesetz) BGBl I 2005/151
VersE	=	Versicherungsrechtliche Entscheidungssammlung
VersR	=	a) Versicherungsrecht b) Zeitschrift für Versicherungsrecht, Haftungs- und Schadensrecht
VersRÄG 2012	=	Bundesgesetz, mit dem das Versicherungsvertragsgesetz 1958 und das Maklergesetz geändert werden (Versicherungsrechts-Änderungsgesetz 2012) BGBl I 2012/34
VersSlg	=	Sammlung der seit 1945 ergangenen höchstrichterlichen Entscheidungen in Vertragsversicherungssachen, hrsg von *Wahle*

Abkürzungsverzeichnis

VersVertrRÄG	=	Bundesgesetz, mit dem das Versicherungsaufsichtsgesetz 2016, das Versicherungsvertragsgesetz und das Einkommensteuergesetz 1988 geändert werden (Versicherungsvertriebsrechts-Änderungsgesetz 2018) BGBl I 2018/16
VersVG	=	Bundesgesetz vom 2. 12. 1958 über den Versicherungsvertrag (Versicherungsvertragsgesetz) BGBl 1959/2. Alle Paragraphenangaben ohne Nennung der Norm beziehen sich auf dieses Gesetz idgF.
VfGH	=	Verfassungsgerichtshof
vgl	=	vergleiche
VKrG	=	Bundesgesetz über Verbraucherkreditverträge und andere Formen der Kreditierung zu Gunsten von Verbrauchern (Verbraucherkreditgesetz) BGBl I 2010/28
VN		Versicherungsnehmer(-in)
VO	=	Verordnung (der Europäischen Union)
VO (EU) 2017/1469	=	Durchführungsverordnung (EU) 2017/1469 der Kommission vom 11. 8. 2017 zur Festlegung eines Standardformats für das Informationsblatt zu Versicherungsprodukten, ABl L 2017/209, 19
VOEG	=	Bundesgesetz über die Entschädigung von Verkehrsopfern (Verkehrsopfer-Entschädigungsgesetz) BGBl I 2007/37
Vorbem	=	Vorbemerkung(-en)
vorl	=	vorläufig(-e, -er)
VÖVM	=	Verband Österreichischer Versicherungsmakler
VP	=	Die Versicherungspraxis (Zeitschrift)
VPI	=	Verbraucherpreisindex
VR	=	a) Die Versicherungsrundschau (Zeitschrift) b) Versicherer
VR-Info	=	Information zum Verbraucher-Recht (Zeitschrift)
vs	=	versus
VStG	=	Verwaltungsstrafgesetz 1991 BGBl 1991/52
VuR	=	Verbraucher und Recht (Zeitschrift)
VVG 2008	=	(deutsches) Versicherungsvertragsgesetz BGBl I 2007/59, 2631
VVG 1908	=	(deutsches) Gesetz über den Versicherungsvertrag RGBl 1908, 263
VVO	=	Verband der Versicherungsunternehmen Österreichs
VW	=	Versicherungswirtschaft (Zeitschrift)
VwGH	=	Verwaltungsgerichtshof
VzD	=	Vertrag zugunsten Dritter
WAG	=	Wertpapieraufsichtsgesetz 2018 BGBl I 2017/107
WB	=	Werkbesteller
wbl	=	Wirtschaftsrechtliche Blätter (Zeitschrift)
WEG	=	Wohnungseigentumsgesetz 2002 BGBl I 2002/70
WKO	=	Wirtschaftskammer Österreich
WM	=	a) Wertpapier-Mitteilungen b) Zeitschrift für Wirtschafts- und Bankrecht
wobl	=	Wohnrechtliche Blätter (Zeitschrift)
WU	=	Werkunternehmer
YAR	=	York-Antwerp-Rules
Z	=	Zahl, Ziffer
ZaDiG	=	Bundesgesetz über die Erbringung von Zahlungsdiensten 2018 (Zahlungsdienstegesetz 2018) BGBl I 2018/17

Abkürzungsverzeichnis

ZÄG	=	Bundesgesetz über die Ausübung des zahnärztlichen Berufs und des Dentistenberufs (Zahnärztegesetz) BGBl I 2005/126
Zak	=	Zivilrecht aktuell (Zeitschrift)
zB	=	zum Beispiel
ZFR	=	Zeitschrift für Finanzmarktrecht
ZIK	=	Zeitschrift für Insolvenzrecht und Kreditschutz
zit	=	zitiert(-er, -e, -es)
ZPO	=	Gesetz vom 1. 8. 1895, über das gerichtliche Verfahren in bürgerlichen Rechtsstreitigkeiten (Zivilprozessordnung) RGBl 1895/113
ZR	=	Zivilsenat des BHG
zT	=	zum Teil
zust	=	zustimmend
zuvo	=	Zukunftsvorsorge aktuell (Zeitschrift)
ZVers	=	Zeitschrift für Versicherungsrecht
ZVersWiss	=	Zeitschrift für die gesamte Versicherungswirtschaft
ZVR	=	Zeitschrift für Verkehrsrecht
ZWF	=	Zeitschrift für Wirtschafts- und Finanzstrafrecht
zzgl	=	zuzüglich

Verzeichnis der abgekürzt zitierten Literatur

Im Folgenden wird (nur) die im ganzen Werk abgekürzt zitierte Standardliteratur wiedergegeben.

Österreichische Literatur

[Bearbeiter] in *Fenyves/Kerschner/Vonkilch*, ABGB³ (Klang) [§] [Rz] – *Fenyves/Kerschner/Vonkilch* (Hrsg), ABGB – Kommentar zum Allgemeinen Bürgerlichen Gesetzbuch (begründet von *Klang*)³ (ab 2006)

[Bearbeiter] in *Fenyves/Kronsteiner/Schauer*, VersVG-Novellen [§] [Rz] – *Fenyves/Kronsteiner/Schauer* (Hrsg), Kommentar zu den Novellen zum VersVG (1998)

[Bearbeiter] in *Fenyves/Perner/Riedler*, VersVG [§] [Rz] – *Fenyves/Perner/Riedler* (Hrsg), Kommentar zum Versicherungsvertragsgesetz (ab 2020)

[Bearbeiter] in *Fenyves/Schauer*, VersVG [§] [Rz] – *Fenyves/Schauer* (Hrsg), Kommentar zum Versicherungsvertragsgesetz (ab 2014)

[Bearbeiter] in HB Versicherungsvertragsrecht I [Rz] – *Kath/Kronsteiner/Kunisch/Reisinger/Wieser* (Hrsg), Praxishandbuch Versicherungsvertragsrecht I: Allgemeiner Teil und Schadensversicherung (2019)

[Bearbeiter] in *Honsell*, BK [§] [Rz] – *Honsell* (Hrsg), Berliner Kommentar zum Versicherungsvertragsgesetz: Kommentar zum deutschen und österreichischen VVG (1999)

Jabornegg, Risiko [Seite] – *Jabornegg*, Das Risiko des Versicherers (1979)

[Bearbeiter] in KBB, ABGB⁶ [§] [Rz] – *Koziol/P. Bydlinski/Bollenberger* (Hrsg), Kurzkommentar zum ABGB⁶ (2020)

[Bearbeiter] in *Kletečka/Schauer*, ABGB ON[Version] [§] [Rz] – *Kletečka/Schauer* (Hrsg), ABGB-ON – Kommentar zum Allgemeinen bürgerlichen Gesetzbuch (ab 2010)

[Bearbeiter] in KLS, IO [§] [Rz] – *Koller/Lovrek/Spitzer* (Hrsg), Kommentar zur Insolvenzordnung (2019)

Korinek/G. Saria/S. Saria, VAG [§] [Rz] – *Korinek/G. Saria/S. Saria*, Kommentar zum Versicherungsaufsichtsgesetz (inkl 38. Lieferung 2020)

Perner/Spitzer/Kodek, Bürgerliches Recht⁶ [Seite] – *Perner/Spitzer/Kodek*, Bürgerliches Recht⁶ (2019)

Schauer, Versicherungsvertragsrecht³ [Seite] – *Schauer*, Das österreichische Versicherungsvertragsrecht³ (1995)

[Bearbeiter] in *Schwimann/Kodek*, ABGB⁴ – *Schwimann/Kodek* (Hrsg), Praxiskommentar zum ABGB V⁴: §§ 1090 – 1292 ABGB, ABGB-Bestandrecht, Werkvertragsrecht, Ehepakte, Glücksverträge, Konsumentenschutzrecht (2014)

Deutsche Literatur

Armbrüster, Privatversicherungsrecht² [Rz] – *Armbrüster*, Privatversicherungsrecht² (2019)

Bruns, Privatversicherungsrecht [Rz] – *Bruns*, Privatversicherungsrecht (2015)

[Bearbeiter] in *Langheid/Wandt*, MüKoVVG² [§] [Rz] – *Langheid/Wandt* (Hrsg), Münchener Kommentar zum Versicherungsvertragsgesetz: VVG² I (2016), II (2017), III (2017)

[Bearbeiter] in *Looschelders/Pohlmann*, VVG³ [§] [Rz] – *Looschelders/Pohlmann* (Hrsg), Versicherungsvertragsgesetz³ (2016)

[Bearbeiter] in *Prölss/Martin*, VVG³¹ [§] [Rz] – *Prölss/Martin* (Begr), Versicherungsvertragsgesetz: VVG³¹ (2021)

Schimikowski, Versicherungsvertragsrecht⁶ [Rz] – *Schimikowski*, Versicherungsvertragsrecht⁶ (2017)

Wandt, Versicherungsrecht⁶ [Rz] – *Wandt*, Versicherungsrecht⁶ (2016)

1. Kapitel
Grundlagen

Übersicht

	Rz
I. Was ist Versicherung?	1.1
II. Versicherung als Rechtsprodukt	1.9
III. Das Leistungsversprechen des Versicherers	1.14
A. Vertrag	1.14
B. Versicherungssparten	1.18
C. Bedarfsdeckung	1.21
1. Versichertes Interesse	1.23
2. Zulässigkeit der Summenversicherung?	1.27
3. Leitprinzip der Schadensversicherung	1.30
4. Die Gefahr	1.32
IV. Gleichbehandlung	1.38
A. Grundlagen	1.38
B. Genetische Eigenschaften (§ 67 GTG)	1.40
C. Behinderung (§ 1 d)	1.42
D. Geschlecht (§ 1 c)	1.47
E. Uniage?	1.49
V. Vertragsbeteiligte	1.52
A. Versicherer	1.52
B. Versicherungsnehmer	1.54
1. Grundlagen	1.54
2. Verbrauchereigenschaft	1.55
3. Kundenschutz	1.59
a) Grundlagen	1.59
b) Großrisiko	1.62
c) Gesamtbewertung	1.64
C. Dritte	1.66
1. Versicherter	1.67
2. Drittgeschädigter	1.69
3. Zessionar	1.70
4. Sicherungsnehmer	1.73
VI. Einbettung in das Europäische Finanzmarktrecht	1.76
A. Europäisches Unionsrecht	1.77
B. Aufsichtsrecht	1.81
1. Zweck der Versicherungsaufsicht	1.81
2. Eckpunkte der Versicherungsaufsicht	1.83
3. Vertragsrechtliche Anordnungen	1.87
C. Vermittlerrecht	1.88

Kap 1　Grundlagen

I. Was ist Versicherung?

Literatur: *Jabornegg*, Wesen und Begriff der Versicherung im Privatversicherungsrecht, in FS Frotz (1993) 551; *Saria*, Entgeltlichkeit und Risikoübernahme – Zu allfälligen Wechselwirkungen zwischen zwei Elementen des Versicherungsbegriffs, VersR 2021, 273.

1.1 Als „Versicherung" wird die Übernahme eines Risikos zur Deckung eines Bedarfs bezeichnet. Wer die Risikotragung übernimmt, ist „Versicherer", die geschützte Person „ist versichert". Risiko und korrespondierender Bedarf können dabei ganz verschieden sein.

> Wer sein Kfz kaskoversichert, sorgt für den finanziellen Aufwand vor, den er bei der Beschädigung des Fahrzeugs hat. Wer krankenversichert ist, ist für die durch Erkrankung entstehenden Kosten abgesichert, Unternehmer schließen häufig betriebliche Versicherungen ab, um sich gegen Risiken aus ihrer unternehmerischen Tätigkeit abzusichern etc.

Zu Recht heißt es, dass „Versichern beruhigt". Kern jeder Versicherung ist ihre präventive Wirkung, die ein „Abgesichert-Sein" der versicherten Person bewirkt. Zwar setzen die Leistungen des Versicherers erst beim Versicherungsfall (Schaden, Tod, Krankheit etc) ein.[1] Bereits das Versicherthalten ist aber eine wirtschaftlich werthafte Leistung.[2]

1.2 Wie das Bsp der Krankenversicherung zeigt, gibt es „Versicherung" nicht nur im privatrechtlichen Zusammenhang, der Gegenstand dieses Buches ist. Man unterscheidet vielmehr **Sozialversicherung** und **Privatversicherung.** Die Unterscheidung richtet sich danach, ob das Versicherungsverhältnis öffentlich-rechtlich oder privatrechtlich geprägt ist: Sozialversicherung (Kranken-, Unfall-, Arbeitslosen- und Pensionsversicherung) ist durch Pflichtmitgliedschaft und Tarifzwang gekennzeichnet. Ein Arbeitnehmer kann sich nicht aussuchen, ob er bei der staatlichen Pensionsversicherung „mitmacht" und er kann die Beiträge nicht frei wählen. Das Sozialversicherungsverhältnis ist vielmehr durch zwingende öffentlich-rechtliche Vorgaben geprägt.

Anders ist die Lage bei der Privatversicherung: Wer eine private Krankenversicherung („Zusatzversicherung") abschließt, tut dies freiwillig. Der Privatversicherer ist umgekehrt auch nicht gezwungen, einen Interessenten unter Vertrag zu nehmen. Vielmehr beherrscht die aus dem Zivilrecht bekannte **Privatautonomie** auch das Privatversicherungsrecht. Neben der gerade erwähnten Abschlussfreiheit gilt dies auch für die Form- und die Inhaltsfreiheit („Tariffreiheit").

> **Praxishinweis**
>
> Versicherer entscheiden sich aus verschiedenen Gründen dafür, zwei Personen mit gleichem Risiko verschiedene Prämien anzubieten. „Sonderangebote" oder die Hoffnung auf weitere Kunden aus einer Branche sowie das offensive Eröffnen von Geschäftsfeldern können etwa Gründe für günstigere Tarife sein. Sowohl die Inhalts-, als auch die Form- und die Abschlussfreiheit werden allerdings in vielen Bereichen – vor allem zu Gunsten des Kunden – durch einseitig zwingende Regeln eingeschränkt.

---

1 Vgl *Schauer*, Versicherungsvertragsrecht[3] 3.
2 Treffend gegen das manchmal anzutreffende negative Image der Privatversicherung *Wandt*, Versicherungsrecht[6] Rz 9.

I. Was ist Versicherung?

1.3 Damit verlässt man den Boden gesicherter Erkenntnisse allerdings bereits wieder. Was Privatversicherung genau ist und wie sie zu verwandten Erscheinungen (zB Glücksverträgen) abgegrenzt werden kann, wird seit vielen Jahrzehnten diskutiert.[3] Das liegt nicht zuletzt daran, dass sich weder im Versicherungsaufsichtsrecht (VAG) noch im Versicherungsvertragsrecht (VersVG) eine Definition des Versicherungsvertrags findet. Der Begriff wird von den einschlägigen Gesetzen vielmehr vorausgesetzt.

1.4 Anerkannter Kern jeder Privatversicherung ist die **entgeltliche Risikoübernahme.**[4] Sie ist also ein synallagmatischer Vertrag, aus dem klagbare Ansprüche erwachsen. Das Charakteristische an der Versicherung ist allerdings natürlich nicht die Pflicht des VN zur Prämienzahlung, denn auch ein Käufer, Werkunternehmer oder Mieter schuldet Geld als Gegenleistung.[5] Vielmehr liegt das Besondere in der Privatversicherung in der Risikotragung. Als Risiko wird dabei die Gefahr der Verwirklichung eines ungewissen Ereignisses verstanden.

> Ungewiss ist, ob das Fahrzeug beschädigt wird; ob der VN erkrankt; ob der Betriebsinhaber schadenersatzpflichtig wird. Dem objektiv ungewissen wird das subjektiv ungewisse Ereignis gleichgestellt: Die Parteien können also eine Versicherung für die Vergangenheit (Rückwärtsversicherung, § 2 Abs 2) abschließen, wenn sie nicht wissen, ob das Ereignis eingetreten ist, zB wenn sie eine Transportversicherung über eine Sache abschließen, die bereits transportiert wird (und daher schon beschädigt sein könnte).

> In der „Gesundheitsversicherung" bieten Krankenversicherer neben den Leistungen im (ungewissen) Krankheitsfall auch Kostendeckung für einen periodischen Hotelaufenthalt mit Wellness, Sport etc. Diese Leistung hängt nicht von einem ungewissen Ereignis ab. Sie ist aber als Annexleistung, die der Krankheitsprävention dient, immer noch Teil eines Versicherungsprodukts.

1.5 Durchgesetzt hat sich auch die Erkenntnis, dass das Geschäftsmodell des Privatversicherers auf das **Massengeschäft** ausgelegt sein muss: Gleichförmige Risiken werden zu einem Kollektiv zusammengefasst. Der Berechnung des vom einzelnen Vertragspartner geschuldeten Entgelts (Prämie) liegt eine Kalkulation nach dem Gesetz der großen Zahl zugrunde. Dadurch sollen die Verhältnisse für den Versicherer berechenbar und „risikogerechte" Prämien möglich werden. Die Kalkulation kann bei Großereignissen (Terror, Pandemie etc) ins Wanken geraten. Versicherer mildern ihr eigenes Risiko daher oft durch Rückversicherungen ab (siehe Rz 1.18, 6.4f).

1.6 Da es beim Versicherungsvertrag ein aleatorisches Element gibt (ungewisses Ereignis), ordnet ihn das ABGB bei den **Glücksverträgen** ein (§§ 1288–1292 ABGB).[6] Die Abgrenzung zu Wette, Spiel und Los ist schon deshalb notwendig, weil das ABGB diesen Verträgen zurückhaltend gegenübersteht. Das zeigt § 1271 ABGB, der die Klagbarkeit solcher Versprechen versagt.[7] Die Kalkulation nach dem Gesetz der großen Zahl und die Be-

---

3 Vgl *Schauer*, Versicherungsvertragsrecht[3] 32.
4 Zur Entgeltlichkeit jüngst *Saria*, VersR 2021, 273; zum Begriff siehe *Bruns*, Privatversicherungsrecht § 1 Rz 1 ff.
5 Treffend *Jabornegg*, Risiko 9.
6 Zur Abgrenzung von Garantie, Bürgschaft und Factoring *Jabornegg* in FS Frotz 551 (574 ff).
7 *Fenyves* in *Fenyves/Perner/Riedler*, VersVG § 1 Rz 10.

darfsdeckung ermöglichen allerdings eine unkomplizierte Abgrenzung: Während bei Wette, Spiel und Los (= Glücksverträge ieS) „das Glück gesucht" wird, sollen beim Versicherungsvertrag die wirtschaftlichen Auswirkungen des Zufalls gerade überwunden werden.[8]

1.7 Man spricht im versicherungsrechtlichen Zusammenhang von der **Bedarfsdeckung,** die Ziel des Versicherungsvertrags ist. Das kann die Erhaltung von Vermögenswerten sein (zB Gebäudeversicherung), die Absicherung vor drohenden Aufwendungen (zB Kranken- oder Unfallversicherung), der eingesetzten Arbeitskraft (zB Betriebsunterbrechungs- oder Berufsunfähigkeitsversicherung) sowie von Angehörigen (zB Ablebensversicherung). Indem der Vertrag einer solchen Absicherung dient, lässt er sich von rein spekulativen Geschäften abgrenzen.

Nimmt zB das kaskoversicherte Auto während der Vertragslaufzeit keinen Schaden, kann nämlich nur bei sehr oberflächlicher Betrachtung vom „Glück" des **Versicherers** gesprochen werden. Vielmehr entspricht es ja gerade seinem Geschäftsmodell, dass mit den Prämien aus solchen Verträgen die Schäden bei den Kunden bezahlt werden sollen, bei denen sich die Gefahr (= Schaden am Kfz) verwirklicht. Durch die Kalkulation nach dem Gesetz der großen Zahl überlässt der Versicherer den wirtschaftlichen Erfolg seines Modells nicht dem Zufall.

So wie es aus den dargestellten Gründen auf Seiten des Versicherers kein Glück ist, ist es auf Seiten des **Kunden** kein „Pech", wenn der Versicherungsfall während des Vertrags nicht eintritt. Es kann nämlich nicht ernsthaft behauptet werden, dass der Kunde keine Leistung erhalten hätte: Sein wirtschaftlicher Bedarf wird bereits durch die Risikotragung gedeckt, die ihm die angestrebte Planungssicherheit gibt. Dabei – und nicht erst bei der Geldleistung nach Eintritt des Versicherungsfalls – handelt es sich um eine wirtschaftlich werthafte Leistung.

1.8 Zusammenfassend kann man daher definieren: Privatversicherung ist die entgeltliche Übernahme eines Risikos durch einen Versicherer, um einen Bedarf beim Versicherten zu decken. Geschäftsmodell des Versicherers ist es, gleichförmige Risiken zusammenzufassen und die Prämie nach dem Gesetz der großen Zahl zu berechnen.

II. Versicherung als Rechtsprodukt

Literatur: *Dreher,* Die Versicherung als Rechtsprodukt (1991); *Fenyves,* Die Allgemeinen Versicherungsbedingungen im Dilemma zwischen Kasuistik und Transparenz, VR 1984, 79; *Heiss/Loacker,* Das ABGB und das Versicherungsgeschäft, in FS 200 Jahre ABGB I (2011) 403.

1.9 Die Eigenheiten des Versicherungsvertrags dürfen zunächst nicht den Blick darauf verstellen, dass allgemeines Zivilrecht anwendbar ist, wo die besonderen versicherungsrechtlichen Regeln keine speziellen Anordnungen treffen.[9] Zwar haben §§ 1288 ff ABGB heute keine Bedeutung mehr. Selbstverständlich sind aber weite Teile des ABGB für den Versicherungsvertrag relevant, denn der Versicherungsvertrag ist ja an sich nur ein besonderer Vertrag wie Kauf, Miete, Werkvertrag etc. Das zeigt auch die ursprüngliche Einord-

---

8 *Stefula* in *Fenyves/Kerschner/Vonkilch,* ABGB³ (Klang) § 1267 Rz 8.
9 *Schauer,* Versicherungsvertragsrecht³ 8.

nung des ABGB. Was rechtfertigt dann die Einordnung des Privatversicherungsrechts als Sonderprivatrecht?[10]

Die Antwort hat *Dreher* mit seiner Arbeit zur Versicherung als **Rechtsprodukt** geliefert. Tatsächlich unterscheidet sich die Versicherung deutlich von anderen – vor allem: körperlichen – Produkten, die am Markt gehandelt werden. Anders als ein Auto kann die Versicherung nicht Probe gefahren werden, anders als ein Kleidungsstück kann sie nicht anprobiert werden. Sie ist, wozu die Vertragsparteien sie durch Vereinbarung machen. Verhandlungen finden noch dazu in vielen Punkten nicht statt, sondern der Versicherer legt dem Vertrag seine **Allgemeinen Versicherungsbedingungen** (AVB) zugrunde. Die genannten Merkmale sind branchenspezifisch und treffen nicht einfach auf alle Finanzdienstleistungen zu. Der Kunde hat zB bei Aufnahme eines Kredits ein viel klareres Bild von der versprochenen Leistung (insb Valuta, Laufzeit, Zinsen), während sich die Qualität einer Versicherung für den Betroffenen oft erst zeigt, wenn das ungewisse Ereignis eintritt.

1.10

Die Privatversicherung ist also ein – im wahrsten Sinn – schwer greifbares Produkt, das noch dazu in der Praxis im Kern vom Versicherer gestaltet wird. Damit ist der Kunde typischerweise unterlegen, weil er das Rechtsprodukt nur schwer durchschauen kann.

Der VN bedarf aus diesen Gründen eines besonderen **gesetzgeberischen Schutzes.** Der Gesetzgeber des ABGB hatte dies noch nicht erkannt und dem Versicherungsvertrag als „bei weitem am seltensten"[11] abgeschlossenen Vertrag[12] nur vier Paragraphen (§§ 1288–1292 ABGB) gewidmet. Der Gesetzgeber des **VersVG** holte dies nach und stellte zahlreiche zu Gunsten des VN einseitig zwingende Vorschriften auf. Zusammen mit den allgemeinen Verbraucherschutzvorschriften wird so ein angemessener Schutz des VN sichergestellt. Österreich hat das ursprünglich deutsche Gesetz (VVG 1908) im Zuge des Anschlusses 1938 übernommen und nach dem Zweiten Weltkrieg beibehalten. Das VersVG hat §§ 1288ff ABGB daher materiell derogiert.[13] 1958 wurde es „austrifiziert", womit allerdings nur kleine und vor allem sprachliche Anpassungen verbunden waren.[14] Lange Zeit galten somit in Deutschland (VVG) und in Österreich (VersVG) sehr ähnliche Rechtsgrundlagen, was zu einem verstärkten Blick über die Grenze geführt hat. Eine größere Novelle des VersVG im Jahr 1994 und – vor allem – die Totalrevision des deutschen VVG im Jahr 2008 haben allerdings zu einer Entkopplung geführt.

1.11

Das typische Wissensdefizit des Kunden bei Abschluss einer Versicherung ist aber nicht nur für die Schutzvorschriften zu Gunsten des Kunden verantwortlich. Vielmehr erklärt es auch, wieso das Vermittlerwesen gerade bei Versicherungen so ausgeprägt ist. **Versicherungsvermittler** (Versicherungsmakler, Versicherungsagenten, Versicherungsvertreter) erklären das Produkt und beraten den Kunden, wodurch sie sein Informations-

1.12

---

10 Vgl nur *Perner/Spitzer/Kodek*, Bürgerliches Recht[6] 4.
11 *Ofner*, Ur-Entwurf und Berathungsprotokolle des österreichischen Allgemeinen Bürgerlichen Gesetzbuches II (1889) 166.
12 Dazu zutr *Fenyves*, VR 1984, 79 (79): „eklatante Fehleinschätzung".
13 *Schauer*, Versicherungsvertragsrecht[3] 7.
14 *Fenyves* in *Fenyves/Perner/Riedler*, VersVG, Vor § 1 Rz 4.

defizit ausgleichen.[15] Besonders klar sieht man das beim Versicherungsmakler, der einen Beratungsvertrag mit dem Kunden schließt, für ihn den gesamten Markt sondiert (vgl § 28 Z 3 MaklerG) und ihn durch „best advice" auf Augenhöhe mit dem Versicherer bringen soll. Manche Versicherungsmakler haben so große Bedeutung am Markt, dass sie durch Verhandlungen mit den Versicherern – vor allem im Industriebereich – den Vertrag sogar entscheidend ändern und mitgestalten.

1.13 Wird die Versicherung nicht über Vermittler abgesetzt, bliebe der Versicherungsinteressent daher meist im Dunkeln, wenn ihm die Versicherung nicht erklärt würde. Das ist der Grund dafür, dass der Gesetzgeber umfassende **Informations- und Beratungspflichten** auch im Direktvertrieb – bei dem kein Vermittler eingeschaltet ist – angeordnet hat. Sie sorgen ebenfalls dafür, dass der Vertragspartner des Versicherers auf „Augenhöhe" gehoben wird.

III. Das Leistungsversprechen des Versicherers

Literatur: *Jabornegg*, Das Risiko des Versicherers (1979).

A. Vertrag

1.14 Der Umstand, dass die engen gesetzlichen Rahmenbedingungen des Privatversicherungsrechts – wie noch zu zeigen sein wird – viel zwingendes Recht enthalten, sollte nicht den Blick darauf verstellen, dass die Hauptquelle der wechselseitigen Rechte und Pflichten der Vertrag ist. Die Hauptleistung ergibt sich nicht aus dem Gesetz, sondern aus der Vereinbarung.[16] Was versichert ist, entscheiden die Parteien.

> A ist als selbstständiger Tierarzt tätig und möchte sich „absichern", falls er seinen Beruf nicht mehr ausüben kann. Selbstverständlich entscheidet die Parteienvereinbarung mit dem Versicherer und nicht der Gesetzgeber, ob er eine Kranken-, eine Unfall- oder eine Berufsunfähigkeitsversicherung abschließt.
>
> Auch wenn diese Wahl getroffen ist, gibt das Gesetz meist nichts vor. Die Berufsunfähigkeitsversicherung ist im VersVG zB gar nicht geregelt, bei Kranken- und Unfallversicherung knüpfen die gesetzlichen Regelungen jeweils an Krankheit und Unfall an, ohne diese Begriffe aber zu definieren.

1.15 Die Hauptleistung wird – so wie viele weitere Bestandteile der Leistung – vom Versicherer in den **Allgemeinen Versicherungsbedingungen** (AVB) beschrieben. Das folgt aus dem Charakter der Versicherung als Rechtsprodukt: Die Versicherung ist, wozu die AVB sie machen. AVB gelten nicht kraft Gesetzes, sondern – wie sonstige Vertragsbestandteile auch – nur aufgrund der Vereinbarung. Dass Allgemeine Geschäftsbedingungen die Hauptleistung beschreiben, ist allerdings in anderen Branchen selten und gibt AVB eine herausragende Stellung.

> A wird die AVB zur Hand nehmen müssen, um zu ermitteln, welche Leistungen er im Versicherungsfall erhält oder wie Unfall und Berufsunfähigkeit definiert sind. Die AVB enthalten in

---

15 *Perner*, VR 2014 H 1–2, 30.
16 Anschaulich *Schauer*, Versicherungsvertragsrecht[3] 10.

aller Regel auch Risikoausschlüsse, Obliegenheiten des VN, Regeln über Fälligkeit, Verjährung etc.

Das charakteristische an einer Versicherung ist die Risikotragung durch den Versicherer. Tritt der **Versicherungsfall** ein, ist er zur Zahlung einer Geldleistung verpflichtet (Rz 3.21 ff). Man spricht davon, dass er „Deckung" schuldet. Das Leistungsversprechen des Versicherers hat also für das Fach überragende Bedeutung. **1.16**

Das Versprechen wird in den Versicherungsverträgen detailliert geregelt. In der Praxis kommt es nämlich nicht vor, dass eine Person „ihr gesamtes Vermögen" gegen „alle denkbaren Nachteile" oder sich selbst gegen „jedes Unglück" versichert. Solche allgemeinen Deckungen kann sich niemand leisten und sie werden von keinem Versicherer versprochen. Sie sind auch gar nicht notwendig, weil man oft nur ein ganz bestimmtes Risiko absichern will.

> ZB das Risiko der Beschädigung einer Sache bei einem Transport oder die Beschädigung eines Gebäudes durch Feuer; das Risiko, aus seiner beruflichen Tätigkeit schadenersatzpflichtig zu werden; das Risiko der Berufsunfähigkeit etc.

Versicherer bieten daher immer nur **Ausschnittsdeckungen** an, die mehr oder weniger umfassend – und dementsprechend teurer oder günstiger – sind. Ziel der folgenden Ausführungen ist es, einen ersten Überblick über den Versicherungsmarkt zu geben, der sich so über Jahrzehnte herausgebildet hat. Die Darstellung setzt zum besseren Verständnis bewusst am Marktstandard und nicht am VersVG an, dessen Systematik heute als teilweise überholt und unvollständig angesehen wird.[17] Vielmehr haben Judikatur und Lehre – selbstverständlich im Einklang mit den gesetzlichen Vorgaben – ein Verständnis des geltenden Versicherungsrechts entwickelt, das an den folgenden Einteilungen und Begriffen anknüpft. **1.17**

B. Versicherungssparten

In der Praxis haben sich Ausschnittsdeckungen in Form von Versicherungssparten herausgebildet. Eine Aufzählung der in der Praxis üblichen Sparten findet sich in der Anlage A zum VAG (siehe zu den Sparten das 7. Kapitel). Synonym wird auch von Versicherungszweigen gesprochen. Innerhalb einer Versicherungssparte wird weiter nach Versicherungsarten unterschieden. **1.18**

> So sichert zB die Haftpflichtversicherung gegen das Risiko ab, auf Schadenersatz in Anspruch genommen zu werden, die Feuerversicherung versichert bestimmte Sachen gegen die Gefahr eines Brandes, die Krankenversicherung sichert für Aufwendungen ab, die für medizinisch notwendige Heilbehandlungen entstehen etc.
>
> Die Krankheitskostenversicherung und die Krankenhaustagegeldversicherung sind zB zwei Versicherungsarten, die zur Versicherungssparte Krankenversicherung gehören.

---

17 Zu Recht *Schauer*, Versicherungsvertragsrecht[3] 37 ff.

Manche der genannten Versicherungen beziehen sich auf Leben, Gesundheit oder körperliche Integrität von Menschen: Sie werden **Personenversicherungen** genannt (vor allem Leben, Kranken, Unfall, Berufsunfähigkeit). Alle anderen Versicherungen sind **Nicht-Personenversicherungen.** Sind konkrete Sachwerte (zB in der Gebäudefeuerversicherung) versichert, spricht man von einer Aktivenversicherung. Deckt die Versicherung hingegen Kosten, die im Vermögen des Versicherten entstehen (Haftpflicht-, Rechtsschutz-, Krankenversicherung), wird von Passivenversicherung gesprochen.

Versichert sich der Versicherer selbst bei einem anderen Unternehmen, spricht man von **Rückversicherung.** Im Gegensatz zur Erstversicherung handelt es sich also um eine „Versicherung auf zweiter Ebene". Die Rückversicherung ermöglicht dem Erstversicherer, sich gegen besonders große Ereignisse abzusichern, sie kann auch ein Mittel zum Ersatz von Eigenkapital sein, das der Versicherer sonst aus aufsichtsrechtlichen Gründen bereithalten müsste (Rz 1.81 ff). Der Rückversicherungsvertrag ist zwar ebenfalls ein Versicherungsvertrag, er ist allerdings so speziell, dass das VersVG auf ihn überhaupt nicht anzuwenden ist (§ 186).

1.19 Die genannten Unterscheidungen haben zunächst einmal einen **versicherungswirtschaftlichen** Zweck. Versicherung ist ja Zusammenfassung gleichförmiger Risiken zu einer Gemeinschaft. Die Herausbildung von Sparten trägt dem besonders Rechnung, indem möglichst ähnliche Risiken zusammengefasst werden sollen.

> **Praxishinweis**
>
> Der Versicherer muss für eine optimale Prämienkalkulation – vergröbernd gesagt – die VN aus der Krankenversicherung in einen anderen Topf werfen als die aus der Kfz-Haftpflichtversicherung.

1.20 Die Einteilung in Sparten ist aber auch aus **versicherungsvertragsrechtlicher** Perspektive wichtig. Das liegt schon daran, dass – aufgrund der offenkundigen Verschiedenheiten – für viele Sparten Sonderbestimmungen gelten, auf die im Rahmen der Spartenkunde in diesem Buch eingegangen wird. Die in der Praxis übliche Einteilung spiegelt sich nämlich auch im **VersVG** wider. Das Gesetz ist in sechs Abschnitte gegliedert, von denen der erste (§§ 1–48) zwar allgemeine und daher spartenübergreifende Vorschriften enthält. Diese Bestimmungen sind also für alle vom Gesetz erfassten Versicherungsverträge einschlägig.

Anschließend unterscheidet das VersVG die Sparten allerdings sehr wohl. Geregelt sind die Feuer- (§§ 81–108), Hagel- (§§ 109–115a), Tier- (§§ 116–128), Transport- (§§ 129–148), Haftpflicht- (§§ 149–158i) und die Rechtsschutzversicherung (§§ 158j – 158p) sowie die Personenversicherungen (Drei Abschnitte: Lebensversicherung, §§ 159–178; Krankenversicherung, §§ 178a – 178n; Unfallversicherung, §§ 179–185). Auch das VersVG enthält also eine – wenn auch nicht erschöpfende – Auflistung der Sparten. Darauf ist im 7. Kapitel über die Versicherungssparten noch näher einzugehen.

III. Das Leistungsversprechen des Versicherers

C. Bedarfsdeckung

Die soeben dargestellte Einteilung der Sparten ist allerdings sehr grob und aus Sicht des einzelnen VN immer noch wenig greifbar und zu unbestimmt, um Klarheit über das Leistungsversprechen des Versicherers geben zu können. 1.21

> Wird eine Feuerversicherung abgeschlossen, ist abzuklären, welche Werte versichert sind und welche Schadensereignisse gedeckt werden; wird ein Haftpflichtversicherungsvertrag abgeschlossen, ist zB zu klären, ob sich die gedeckten Schadenersatzansprüche auf private oder auf berufliche Tätigkeiten beziehen etc.

Das lenkt den Blick auf die beiden weiteren Elemente des Leistungsversprechens des Versicherers. Dabei ist an das Wesen der Vertragsversicherung zu erinnern: Es geht um die Deckung eines wirtschaftlichen Bedarfs beim VN. Dieser Begriff kann durch die Merkmale des versicherten Interesses (Was ist versichert?) und der versicherten Gefahr (Gegen welche ungewissen Ereignisse ist man versichert?) schärfer gefasst werden. 1.22

1. Versichertes Interesse

Hat man erkannt, dass nicht „das Vermögen" des VN schlechthin versichert ist, stellt sich die Frage, worauf sich die Versicherung eigentlich bezieht. Für diese Frage wurde der Begriff des „versicherten Interesses" geschaffen, an dem der Gesetzgeber an verschiedenen Stellen anknüpft. Er beschreibt in der **Aktivenversicherung** (= Versicherung bestehender Vermögenswerte) die durch den Versicherungsvertrag geschützte Rechtsposition.[18] 1.23

> Bei der Gebäudefeuerversicherung ist das im Vertrag bezeichnete Gebäude versichert. Aus seiner Zerstörung hat der Eigentümer einen Nachteil, sein „Interesse" ist versichert. Damit gibt es zugleich auch einen Anknüpfungspunkt für die Leistungspflicht des Versicherers: Den Versicherungswert als gemeinen Wert der versicherten Sache (siehe Rz 3.27 ff).
>
> Neben dem Eigentümer können andere Personen eine wirtschaftliche Nahebeziehung zum Gebäude haben (Mieter, Leasingnehmer etc), deren Interesse dementsprechend auch versichert sein kann. Mit anderen Worten: Nicht nur das „Sachersatzinteresse" des Eigentümers ist versicherbar, sondern auch zB das Gebrauchsinteresse eines Mieters oder Leasingnehmers.

Manchmal ist das versicherte Interesse bei Vertragsabschluss nur der Gattung nach bekannt. Dann kann entweder eine Inbegriffversicherung (§ 54)[19] vorliegen, wenn die versicherten Gegenstände typenartig bezeichnet werden und laufend wechseln (zB die zum Haushalt gehörigen Sachen in der Haushaltsversicherung oder die dem Betrieb zugeordneten Sachen in einer Betriebsversicherung). Oder die versicherten Gegenstände werden vom VN erst danach einzeln benannt (zB die einzelnen Sachen bei einer Transportversicherung). Dann liegt eine laufende Versicherung vor (vgl § 53 deutsches VVG).

In der **Passivenversicherung** braucht man das „versicherte Interesse" insofern nicht, als die Versicherung ohnehin das gesamte Vermögen gegen das Entstehen von Aufwendun- 1.24

---
18 Vgl *Wandt*, Versicherungsrecht[6] Rz 688.
19 *Schauer*, Versicherungsvertragsrecht[3] 151.

gen schützt.[20] Allerdings gibt es dort umgekehrt auch keine dem Versicherungswert vergleichbare „natürliche Begrenzung" der Leistungspflicht des Versicherers. Unlimitierte Deckungen sind angesichts des drohenden Haftungspotenzials, das es auch in Schadenersatzsystemen gibt, die keine punitive damages kennen, aber äußerst gefährlich.

> Im April 2019 geriet ein LKW nahe Wien in Brand und verursachte in einem 600 Meter langen Tunnel schwerste Schäden, die zu einer monatelangen Tunnelsperre führten. Bei Fehlverhalten des Lenkers greift die (nach oben unbegrenzte) Verschuldenshaftung nach ABGB, die Haftpflicht (auch des Halters, § 19 Abs 2 EKHG) kann in die Millionenhöhe gehen. Deckt die Kfz-Haftpflichtversicherung ohne Limit, muss sie für den gesamten Schaden aufkommen.

Versicherer begrenzen ihr Risiko daher auch in der Passivenversicherung, indem sie eine **Versicherungssumme** vereinbaren (vgl § 50). Das ist eine Obergrenze des Ersatzes, bis zu der der Versicherer – bei Erfüllung der sonstigen Voraussetzungen – leistungspflichtig ist. Auch hier gibt es verschiedene Möglichkeiten, das Risiko kalkulierbar zu halten.

> Eine Versicherungssumme steht – abzüglich eines allfälligen Selbstbehaltes – grundsätzlich einmal pro Versicherungsfall zur Verfügung. Verursacht der haftpflichtversicherte VN also einen Schaden von 100.000 und beträgt die Versicherungssumme 200.000, muss der Versicherer die Leistung erbringen. Verursacht der VN mehrere Schäden, wäre die bloße Begrenzung der Versicherungssumme pro Schadenfall aber sehr gefährlich. Daher werden „aggregate limits" vereinbart, die festlegen, wie oft die Versicherungssumme pro Jahr in Anspruch genommen werden kann. Dadurch wird eine zweite Begrenzung der Höhe nach, und zwar pro Jahr, eingezogen.

1.25 In den bisher genannten Fällen gab es keine Probleme, die Höhe der geschuldeten Leistung zu bestimmen. Bei der Sachversicherung richtet sich die Leistung nach dem Versicherungswert, bei der Haftpflichtversicherung muss der Versicherer – bis zur Versicherungssumme – für die Schadenersatzpflicht aufkommen etc. Man spricht von **Schadensversicherung,** weil sie den Zweck hat, den tatsächlich eingetretenen Schaden (Vermögensnachteil) auszugleichen.

In den Personenversicherungen ist ein Anknüpfen am Schaden oft nicht möglich oder nicht praktikabel.

> A schließt einen Ablebensversicherungsvertrag, um seine Angehörigen abzusichern. Wie lässt sich eine Leistungspflicht des Versicherers skizzieren, die ihren tatsächlichen Nachteil ausgleicht?
> B schließt eine Unfallversicherung, mit der sie sich gegen das Risiko von Freizeitunfällen absichern möchte. Ist es praktikabel, eine Leistungspflicht des Versicherers bei Invalidität an einen realen Vermögensausfall zu knüpfen?

In den Personenversicherungen sind daher so genannte **Summenversicherungen** üblich, bei denen die Leistungspflicht des Versicherers zwar auch an den Eintritt des Versicherungsfalls anknüpft. Die Leistungspflicht hängt aber nicht von einem konkret eingetretenen Nachteil ab, sondern es werden von vornherein Summen vereinbart.

---

20 *Schauer*, Versicherungsvertragsrecht[3] 171.

III. Das Leistungsversprechen des Versicherers

A wählt eine Versicherungssumme, die ein Angehöriger im Todesfall erhält. Ob er einen finanziellen Nachteil durch As Tod erleidet, ist für die Leistungspflicht des Versicherers nicht relevant.

Verliert B bei einem Unfall einen Daumen, erhält sie den nach einer „Gliedertaxe" bemessenen Betrag. Ob sie Konzertpianistin ist und daher eine reale Vermögenseinbuße erleidet oder als Schriftstellerin keinerlei Einbußen hat, ist dafür nicht entscheidend.

Die Ausführungen zeigen, dass die **Systematik des VersVG** nicht vollständig passt. Das Gesetz unterscheidet einen zweiten Abschnitt über die Schadensversicherung (§§ 49–158p) von drei weiteren über die Personenversicherungen (Lebensversicherung, §§ 159–178; Krankenversicherung, §§ 178a – 178n; Unfallversicherung, §§ 179–185). Schadens- und Personenversicherungen sind aber kein Gegensatz, die Gegensatzpaare lauten Schadens-/Summenversicherung und Personen-/Nicht-Personenversicherung. Ist eine Personenversicherung als Schadensversicherung ausgestaltet, sind daher die entsprechenden Vorschriften des VersVG anwendbar. **1.26**

Der VN hat in der Unfallversicherung Anspruch auf Ersatz bestimmter Unfallkosten (zB Heilkosten, Bergung, Rückholung). Es liegt Personen- und Schadensversicherung vor, weil die Versicherungsleistung an die tatsächlich angefallenen Kosten geknüpft ist. § 67, der eine Legalzession von Ansprüchen gegen Dritte (Haftpflichtiger aus dem Unfall) anordnet, ist daher anwendbar.

2. Zulässigkeit der Summenversicherung?

Die Unterscheidung von Schadens- und Summenversicherung hat allerdings nicht nur eine wirtschaftliche, sondern auch eine versicherungsrechtliche Bedeutung. Der wirtschaftliche Bedarf ist nämlich ein notwendiges Element der Vertragsversicherung und er begrenzt daher die Leistung des Versicherers zugleich auch nach oben hin. Das liegt daran, dass der VN keinen **wirtschaftlichen Anreiz** haben soll, den Versicherungsfall herbeizuführen. **1.27**

A versichert sein Gebäude gegen Feuer. Hat es einen Wert von 300.000, wäre es für A wirtschaftlich betrachtet ein Glücksfall, wenn ihm der Versicherer eine „fixe Versicherungssumme" von 500.000 bei Eintritt des Versicherungsfalls verspricht und sein Gebäude abbrennt. Selbstverständlich wäre der Versicherer leistungsfrei, wenn er nachweisen(!) kann, dass der VN vorsätzlich handelt, um die Versicherungssumme zu kassieren. Man darf aber nicht übersehen, dass die Anreize zu sorgfältigem Verhalten für A sinken.

Der Fehlanreiz durch Vereinbarung fixer Beträge ist allerdings ungleich größer, wenn es um Sachwerte geht. Man trennt sich leichter von seinem Kfz oder seinem Gebäude als von seinem Daumen, um an eine Summe Geld zu kommen. Außerdem wurde bereits weiter oben darauf hingewiesen, dass die konkrete Berechnung eines Sachwerts einfacher und praktikabler ist als des Vermögensverlusts, den jemand zB durch eine Körperverletzung erleidet. Der Wert eines Kfz oder eines Gebäudes lässt sich eben leichter beurteilen als der eines Daumens. **1.28**

Kap 1 Grundlagen

1.29 Der Gesetzgeber des VersVG hat daher in § 1 eine Grundsatzentscheidung getroffen:[21] Die Summenversicherung ist nur in der Personenversicherung zulässig. In allen anderen Versicherungen (Nicht-Personenversicherung) muss sich die Leistung des Versicherers am konkreten Nachteil orientieren. Die Nicht-Personenversicherung ist also nur als Schadensversicherung möglich. Das heißt nicht, dass es in den Personenversicherungen nicht um Bedarfsdeckung ginge, es gibt nur keine zwingende Begrenzung mit dem konkreten Ausfall. Daher wird auch manchmal von „abstrakter Bedarfsdeckung" gesprochen.

> In einem Unfallversicherungsvertrag darf also vereinbart werden, dass der VN 100.000 erhält, wenn er einen Daumen infolge eines versicherten Unfalls verliert. In der Kfz-Kaskoversicherung ist es hingegen unzulässig, sich auf eine frei gewählte Versicherungssumme bei Totalschaden des Autos zu einigen.
>
> Selbstverständlich ist es umgekehrt zulässig, die Personenversicherung als Schadensversicherung zu betreiben. Das kommt zB bei der Krankheitskostenversicherung und der Krankenhaustagegeldversicherung vor. Auch in der Unfallversicherung finden sich Leistungsbestandteile, die an einem konkreten Schaden anknüpfen (zB Unfallkosten).

3. Leitprinzip der Schadensversicherung

Literatur: *Armbrüster*, Deckungserweiterungen in der Betriebsunterbrechungsversicherung, insbesondere: Rückwirkungsschäden (CBI), VersR 2020, 577.

1.30 Die Vertragsparteien müssen die Leistungspflicht des Versicherers in der Nicht-Personenversicherung also an einen konkreten Nachteil binden. Die (konkrete) Bedarfsdeckung ist damit ein Leitprinzip der Schadensversicherung. Das zeigt sich deutlich in **§ 55,** wonach der Versicherer dem VN in der Schadensversicherung nur den „Betrag des Schadens" ersetzen darf, selbst wenn die Versicherungssumme höher ist als der Versicherungswert zum Zeitpunkt des Eintritts des Versicherungsfalls (vgl auch § 57 zur Festlegung einer Taxe im Vertrag).

Die Grundentscheidung, nur eine Deckung des konkreten Bedarfs zuzulassen, wirft noch weitere Fragen auf. So muss der Gesetzgeber – um zwei Beispiele zu nennen – auch die Frage klären, wie mit Mehrfachversicherungen gegen ein und dieselbe Gefahr umzugehen ist (vgl Rz 6.11 ff) und wie das Problem von „Überversicherungen" gelöst wird (Rz 3.39 ff).

1.31 Das Prinzip der konkreten Bedarfsdeckung im Versicherungsrecht ist zwar sehr wichtig, aber auch **kein Selbstzweck.** Vielmehr dient es den zwei bereits erwähnten übergeordneten Zielen, nämlich der Abgrenzung vom Glücksvertrag und der Vermeidung von Fehlanreizen. Wo beide Gefahren nicht bestehen, kann daher auch in der Nicht-Personenversicherung ausnahmsweise eine abstrakte Bedarfsdeckung zulässig sein.[22]

> Ein Hagelversicherer bietet „Dürreversicherungen" an (vgl OGH 7 Ob 194/11x). Die Versicherung ersetzt Ertragsverluste bei landwirtschaftlichen Erzeugnissen durch mangelnden Niederschlag. Es handelt sich um eine „herkömmliche" Schadensversicherung, die den konkreten Ernteausfall ersetzt.

---

21 *Fenyves* in *Fenyves/Perner/Riedler*, VersVG § 1 Rz 17 ff.
22 Vgl überzeugend *Armbrüster*, VersR 2020, 577 (581).

Ein Versicherer hat zusätzlich auch „Dürreindexversicherungen" entwickelt. Das Produkt knüpft ebenfalls an das Ausbleiben von Niederschlag an. Die Messung des Niederschlagsausfalls erfolgt allerdings anders. Innerhalb einer Gemeinde wird ein Messpunkt festgelegt, außerdem erfolgt keine Schadenserhebung vor Ort. Die im Vorhinein festgelegte Entschädigung erfolgt vielmehr abhängig von den festgelegten Niederschlagsdefiziten am Messpunkt. Anders als beim Baustein „Dürre" tritt der Versicherungsfall beim Baustein „Dürreindex" also schon alleine bei Ausbleiben einer vorab bestimmten Niederschlagsmenge ein. Die Versicherungsleistung ist unabhängig vom Ausmaß des konkreten Ernteausfalls.

Die Versicherung ist dennoch zulässig: Dass ein wirtschaftlicher Bedarf gedeckt wird (und kein Glücksvertrag geschlossen wird), ist offensichtlich. Außerdem setzt das Produkt gerade den richtigen Anreiz: Wer sich bemüht, seine Ernte trotz geringen Niederschlags zu retten, kommt in den Genuss der Versicherungsleistung. Zusätzlich ist zu bedenken, dass die Kosten für die Versichertengemeinschaft sinken, weil keine (gerade bei Ernteausfällen typischen, weil zugleich bei allen VN eintretenden) teuren Schadenserhebungskosten durch Sachverständige anfallen.

4. Die Gefahr

Literatur: *Fenyves,* Der Einfluß geänderter Verhältnisse auf Langzeitverträge, GA für den 13. ÖJT (1997); *I. Vonkilch,* Inflation und Prämienanpassung, ZVers 2020, 12.

Versicherer decken also einen tatsächlichen Bedarf beim Kunden, indem sie Sachwerte erhalten oder vor drohenden Aufwendungen schützen. Innerhalb dieses Schutzbereiches versichern sie allerdings zumeist nicht alle potenziellen Gefahren. Allgefahrenversicherungen – besser bekannt unter dem Schlagwort **All Risk** – sind in Kontinentaleuropa selten, weil die Prämie zu hoch wäre.[23] Dass sie unserem System eher fremd sind, erkennt man nicht zuletzt an der gesetzlichen Spartensystematisierung in der Privatversicherung, die dem Vertrags- und dem Aufsichtsrecht zugrunde liegt. Wenn überhaupt, kommen sie nur in betrieblichen Versicherungen zur Anwendung.[24] Meist werden in den AVB hingegen die konkreten **Gefahren benannt,** für die der Versicherer Deckung gewährt.

1.32

Am Bsp der Gebäudeversicherung: Bei einer Allgefahrendeckung müsste der Versicherer bei grundsätzlich jeder Beschädigung des Gebäudes decken. Häufiger ist jedoch, dass der Vertrag Deckung für konkrete Risiken bietet, zB Feuer, Blitzschlag, Sturm. Der Nachteil für den VN ist offensichtlich: Ist eine Gefahr nicht genannt (Hochwasser), schuldet der Versicherer nichts.

Bei der Haftpflichtversicherung würde eine Allgefahrendeckung einer Person dazu führen, dass schlechthin jeder Schadenersatzanspruch, der gegen sie gerichtet ist, versichert ist. Auch hier werden die Risiken (in der Privathaftpflichtversicherung: Gefahr des täglichen Lebens, in der Berufshaftpflichtversicherung: eine konkrete Berufstätigkeit) im Vertrag umschrieben.

Trotz der offenkundigen Unterschiede darf die Regelungstechnik aber auch nicht überbewertet werden. AVB, die konkrete Gefahren benennen, können sehr umfassende Aufzählungen enthalten. Umgekehrt schließen auch Allgefahrenversicherungen gewisse Risiken von der Deckung aus[25] und enthalten (vergleichsweise hohe) Selbstbehalte.

---

23 Vgl nur RS0119747 (zur Haushaltsversicherung).
24 ZB OGH 7 Ob 182/13k („All-Inklusiv-Schutz für Seilbahnunternehmen").
25 Siehe OGH 7 Ob 182/13k, wo die Deckung für einen Schaden an der Piste in der „All-Inklusiv-Versicherung für Seilbahnunternehmen" abgelehnt wird.

Kap 1 Grundlagen

1.33 Unabhängig von der Regelungstechnik nehmen AVB praktisch immer gewisse Ausschnitte aus der Deckung heraus. Man spricht in einem solchen Fall von einem **Risikoausschluss.** Dadurch werden Gefahren, die von der primären Risikoumschreibung erfasst sind, auf einer zweiten Ebene eliminiert.

> Am Bsp der von vielen Unfallversicherern verwendeten AUVB: Art 1 gewährt Deckung für Unfälle, die dem Versicherten zustoßen. Nimmt er an einer Rallye teil und verunfallt er dort, wäre dies von der primären Risikoumschreibung erfasst. Art 17 Z 2 nimmt Unfälle bei motorsportlichen Wettbewerben allerdings (wegen ihrer Gefährlichkeit) aus (Risikoausschluss).
>
> Das Spiel kann beliebig weitergeführt werden: Nach Art 1 AUVB sind auch Bisse oder Stiche von Insekten als Unfälle erfasst (primäre Risikoumschreibung). Art 6 Z 3 AUVB nimmt allerdings übertragbare Krankheiten (als Folge eines Bisses oder Stiches) von der Deckung heraus (Risikoausschluss). Dieser Ausschluss wird aber für Kinderlähmung und die durch Zeckenbiss übertragene FSME sowie für Wundstarrkrampf und Tollwut wieder zurückgenommen. Man spricht von einem sekundären Risikoeinschluss.

1.34 Bei den bisherigen Ausführungen ging es, wenn von der „Gefahr" gesprochen wurde, um Ereignisse, an denen eine Leistungspflicht des Versicherers anknüpft: Das Feuer oder die Krankheit sind zB versicherte Gefahren in der Feuer- oder in der Krankenversicherung. Der Begriff hat im Privatversicherungsrecht allerdings verschiedene Bedeutungen.[26] Mit der „Gefahr" kann auch die Wahrscheinlichkeit des Eintritts des Versicherungsfalls gemeint sein: Je höher die Gefahr, desto größer das Risiko.

1.35 Dabei ist zu beachten, dass Versicherungsverträge auf Dauer – in den Personenversicherungen oft auf Lebensdauer – angelegt sind. Die bei Vertragsabschluss bestehenden Umstände, die der Kalkulation von Leistung und Gegenleistung zugrunde gelegt werden, ändern sich daher.[27] Mit anderen Worten: Die Gefahr und damit die Eintrittswahrscheinlichkeit sind keine statischen Größen. Die Gründe für eine **Risikoänderung** können bei Vertragsabschluss freilich bekannt sein oder nicht.

> Beginnt ein VN zu rauchen oder wird er alkoholabhängig, ändert sich sein Risiko in der Krankenversicherung. Wird ein Feuermelder oder eine Alarmanlage im versicherten Gebäude defekt, ändert sich das Risiko in der Gebäudeversicherung. Die Risikoänderung ist (jedenfalls dem Versicherer) bei Vertragsabschluss allerdings nicht bekannt (Gruppe 1).
>
> Inflation hat zwar keinen Einfluss darauf, ob der Versicherungsfall eintritt, oft aber auf seine Auswirkung und das Risiko: Eine Versicherungssumme von 100.000 ist Jahre später für den VN ebenso nicht mehr dasselbe wert wie für den Versicherer eine Prämie von 100. Die Umstandsänderung ist für den Versicherer immerhin dem Grunde nach vorhersehbar (Gruppe 2).
>
> Ein Erwachsener hat typischerweise ein höheres Unfallrisiko als ein Jugendlicher, der ein höheres Unfallrisiko als ein Kind hat (vgl OGH 7 Ob 288/08 s). Ein älterer VN hat ein höheres Risiko, Leistungen aus der Krankenversicherung in Anspruch nehmen zu müssen als ein jüngerer. Diese Risikoänderungen sind bei Vertragsabschluss sogar konkret bekannt (Gruppe 3).

In den genannten Fällen besteht stets das Risiko, dass die Kalkulation bei Vertragsabschluss durchkreuzt wird. Es ist daher verständlich, dass Gesetzgeber und Versicherer

---

26 Vgl nur *Wandt,* Versicherungsrecht[6] Rz 804.
27 *Fenyves,* Langzeitverträge 5.

versuchen, auf solche Gefahränderungen zu reagieren. Dafür ist zwischen bekannten und nicht (im Detail) bekannten Änderungen zu unterscheiden.

Sind die möglichen Risikoänderungen bei Vertragsabschluss nicht bekannt (Gruppe 1), tappt der Versicherer bis zu einem gewissen Grad im Dunkeln. Er kann zwar – was in der Praxis passiert – versuchen, für typische und denkbare Gefahren vertragliche **Obliegenheiten** in seine AVB aufzunehmen (Rz 4.54 ff). Damit will er sicherstellen, dass sich der VN risikoavers verhält. Alle Risikoänderungen kann er damit allerdings auch nicht „einfangen". Für dauerhafte Veränderungen der Gefahr hat daher der Gesetzgeber in §§ 23 ff ein Regime zur **Gefahrverwaltung** entworfen (Rz 4.42 ff).

1.36

Sind die späteren Änderungen hingegen bereits vorhersehbar (Gruppe 2 und 3), wird der Versicherer versuchen, bereits bei Vertragsabschluss dafür Vorsorge durch **Anpassungsmechanismen** zu treffen.

1.37

Vergleichsweise einfach sind die Fälle in den Griff zu bekommen, bei denen der Versicherer von der späteren Risikoänderung bereits bei Vertragsabschluss genaue Kenntnis hat (Gruppe 3). Er kann im Vertrag dafür vorsorgen, indem er eine spätere Änderung (zB der Leistung) an den Eintritt des ohnehin bereits bekannten Umstandes knüpft (siehe Rz 3.49 ff, 4.4 ff).

Weiß er nur dem Grunde nach von späteren Änderungen (Gruppe 2), ist die Lage etwas komplizierter: Der Versicherer weiß zwar, dass es das Inflationsrisiko gibt, er kann die Inflationsrate der nächsten Jahre aber natürlich nicht vorhersagen; vielleicht kommt es sogar zu einer Deflation. Meist wird er daher versuchen, in den Vertrag Mechanismen der Vertragsanpassung zu integrieren, die zu einer Änderung führen, die sich an gewissen Kriterien (zB eben an der Inflationsrate) orientiert (einseitige Erklärung durch Erklärungsfiktion, Rz 2.72; vertraglicher Automatismus durch Anpassungsklausel, Rz 3.49 ff, 4.4 ff).

IV. Gleichbehandlung

Literatur: *Perner*, Altersdiskriminierung und Privatversicherungsrecht, in FS Iro (2013) 157; *Perner*, Schutz vor Diskriminierung im Versicherungsrecht (VersRÄG 2013), in FS Fenyves (2013) 709; *Richter*, Gleichbehandlungspflichten in der Privatversicherung (2011); *Schauer*, Die Versicherung von Menschen mit Behinderung – erste Gedanken zu § 1d VersVG, VR 2013 H 1–2, 16.

A. Grundlagen

Versicherung ist – wie gezeigt – ein Massengeschäft, bei dem gleichartige Risiken zusammengefasst und Prämien nach dem Gesetz der großen Zahl berechnet werden. Versicherer verwenden personenbezogene Gesundheitsdaten, um das Risiko in den Personenversicherungen zu kalkulieren (zur Zulässigkeit der Ermittlung solcher Daten siehe § 11a), sie verwenden Sterbetafeln, um die Prämien für den einzelnen VN in Lebens- und Krankenversicherungen zu kalkulieren; sie greifen auf Verkehrsunfallstatistiken zurück, um die konkrete Prämie in den Kfz-Versicherungen zu berechnen; sie stützen sich für die Berechnung einer Gebäudeversicherungsprämie auf Hochwasser-, Sturm- und andere Wetterstatistiken.

1.38

Mit der Vorgehensweise des Versicherers ist auf Seiten des Kunden oft eine **Erwartungshaltung der Gleichbehandlung** verbunden: Wer ein vergleichbares Risiko hat, rechnet

Kap 1 Grundlagen

mit einem vergleichbaren Vertrag. Unterscheidet sich das Risiko in relevanten Punkten, erwartet man eine Differenzierung.

> A ist ein 30 Jahre alter Nichtraucher ohne Vorerkrankungen, der in einer Bank arbeitet und in seiner Freizeit Tennis spielt. Er wird beim Abschluss einer Krankenversicherung davon ausgehen, dass ihm ein ähnliches Angebot gemacht wird wie B, auf den ähnliche Merkmale zutreffen. Er wird auch erwarten, dass sein Angebot besser ist als das für den 40-jährigen C oder den 30-jährigen Raucher D.

1.39 Gleichbehandlung der Kunden ist tatsächlich insofern ein wirtschaftliches Phänomen, als der Versicherer die genannten Kriterien seiner Berechnung stets zunächst zugrunde legen wird. Die Berücksichtigung marktwirtschaftlicher Kriterien (Kostenkalkulation) ist freilich immer der erste Schritt bei der Berechnung von Entgelten und keine Besonderheit der Privatversicherung. Die Heranziehung von Statistiken darf jedenfalls nicht zum Fehlschluss verleiten, dass der Versicherer zur allgemeinen Gleichbehandlung seiner Kunden verpflichtet ist. Versicherer können sich nämlich – wie alle anderen Marktteilnehmer auch – auf die **Privatautonomie** berufen.

> Der Krankenversicherer kann sich also dafür entscheiden, A kein Angebot zu machen, was er nicht besonders begründen muss. Er könnte C und D im Rahmen eines Sonderangebots denselben Tarif anbieten wie A usw.
>
> Die Lage unterscheidet sich nicht vom sonstigen Wirtschaftsleben. Der Wirt muss nicht jedem Gast einen Tisch geben, der Telekommunikationsanbieter kann einem Neukunden einen Rabatt gewähren usw.

B. Genetische Eigenschaften (§ 67 GTG)

1.40 Die Wahrnehmung von Privatautonomie und die Gleichbehandlung – also Gleiches gleich zu behandeln, während bei Ungleichheit differenziert wird – setzen beide Kenntnis der entscheidungserheblichen Umstände voraus: Wer nicht weiß, dass sein Kunde eine einschlägige Vorerkrankung hatte, kann diesen Umstand bei seiner Entscheidung natürlich nicht berücksichtigen; dies ist auch Grund dafür, dass es vorvertragliche Anzeigepflichten des VN gibt (dazu unten Rz 2.41 ff).

An dieser Stelle setzt § 67 Abs 1 Gentechnikgesetz (GTG) Versicherern allerdings eine Grenze für Ergebnisse aus **genetischen Analysen**. Der Versicherer darf solche Daten nicht – von wem auch immer – erheben, er darf sie nicht im Rahmen der vorvertraglichen Informationsbeschaffung vom VN verlangen, er darf sie nicht einmal dann annehmen, wenn sie ihm freiwillig (vom VN) angeboten werden und schon gar nicht darf er sie im Rahmen seiner Risikoeinschätzung verwerten.

> Auch wenn die Prädisposition für Krankheiten durch genetische Verfahren durch Analysen bestimmbar wäre und der Versicherer (allenfalls auch der VN) dies bei seiner Entscheidung wohl gern berücksichtigen würde: Der Gesetzgeber hat die politische Entscheidung dagegen getroffen.

IV. Gleichbehandlung

Das geschilderte Verbot gilt nicht für Ergebnisse aus genetischen Analysen, mit denen **bestehende Erkrankungen,** die Vorbereitung einer Therapie oder die Kontrolle eines Therapieverlaufs festgestellt werden sollen (§ 67 Abs 2 GTG). In diesem Fall ist dem VN die Erkrankung bereits bewusst, es liegt also kein Fall der „genetischen Diskriminierung" vor.[28]

1.41

C. Behinderung (§ 1d)

Dem Versicherer ist es also nicht möglich, genetische Eigenschaften bei der Prämienkalkulation zu berücksichtigen. Anders ist die Lage wie erläutert bei bereits bestehenden Erkrankungen. Vor dem Hintergrund der erläuterten Grundlagen der Prämienkalkulation ist außerdem klar, dass auch **psychische oder physische Beeinträchtigungen** in den meisten Versicherungszweigen ein wichtiger Faktor der Risiko- und damit Prämienkalkulation der Versicherer sind.

1.42

> A leidet unter einer chronischen Nervenkrankheit. Dieser Umstand könnte etwa in den Personenversicherungen oder in den Kfz-Versicherungen risikorelevant sein. Ist das Risiko etwa gegenüber einer gesunden Vergleichsperson um 20% erhöht, wird der Versicherer einen entsprechenden Prämienzuschlag vereinbaren.

Die durch die Privatautonomie eingeräumten Möglichkeiten würden allerdings weitergehen. Tatsächlich wurde von Behindertenverbänden berichtet, dass vielen beeinträchtigten Kunden kein „risikoadäquater", sondern schlicht überhaupt kein Versicherungsschutz angeboten wird oder jedenfalls nur zu erheblich schlechteren Bedingungen.[29] Der Gesetzgeber hat zur Verhinderung dieses unerwünschten Zustands in § 1d ein Verbot der Diskriminierung aufgrund der Behinderung aufgenommen: Nachvollziehbare **Differenzierungen** sind demnach zwar erlaubt, **Diskriminierungen** aber verboten.[30]

1.43

> A kann eine um 20% erhöhte Prämie verrechnet werden, sein Antrag darf allerdings nicht aufgrund der Behinderung abgelehnt werden. Insofern besteht also auch ein Kontrahierungszwang der Versicherer.
>
> B leidet unter Epilepsie. Unter der Annahme, dass sich die Wahrscheinlichkeit des Eintritts des Versicherungsfalls in der Unfallversicherung um 15% erhöht, kann der Versicherer daher einen entsprechenden Zuschlag vorsehen. Diesen Zustand darf er allerdings nicht mit einem Risikoausschluss für Unfälle infolge epileptischer Anfälle kombinieren (keine doppelte Berücksichtigung).

Die Gründe für einen Zuschlag oder eine Ablehnung sind dem Kunden außerdem **offenzulegen** (§ 1d Abs 3). Damit wird sichergestellt, dass die Entscheidung des Versicherers für den Kunden nachvollziehbar und überprüfbar ist.

1.44

---

28 Vgl VfGH G20/2015 ua.
29 ErläutRV 2005 BlgNR 24. GP 3, 6.
30 Siehe *Perner* in *Fenyves/Perner/Riedler,* VersVG § 1d Rz 5ff.

Kap 1 Grundlagen

§ 2 Abs 4 der Musterbedingungen für die Krankheitskosten- und Krankenhaus-Tagegeldversicherung, wonach die Geschäftsleitung des Versicherers über Anträge entscheidet und diese ohne Angabe von Gründen abgelehnt werden können, ist daher insofern unzulässig.

1.45 Für das Merkmal der Behinderung verweist das VersVG auf **§ 3 Bundes-Behindertengleichstellungsgesetz.** Die dortige Definition der Behinderung ist weit, denn sie erfasst jede nicht nur vorübergehende (= voraussichtlich mehr als sechs Monate) körperliche, geistige oder psychische Beeinträchtigung, die geeignet ist, die Teilhabe am Leben in der Gesellschaft zu erschweren.

Nicht nur schwerste Leiden fallen darunter, zB könnten auch nicht durch technische Hilfsmittel behebbare Hörstörungen, dauerhafte Bewegungseinschränkungen oder (krankhaftes) Übergewicht erfasst sein.

1.46 Um einen besonders effektiven Rechtsschutz zu ermöglichen, sieht § 13 Abs 3 Bundes-Behindertengleichstellungsgesetz eine **Verbandsklagemöglichkeit** vor. Voraussetzung ist, dass die Interessen des geschützten Personenkreises „wesentlich und in mehreren Fällen beeinträchtigt" werden (zB durch unzulässige AVB). Klagebefugt sind die Österreichische Arbeitsgemeinschaft für Rehabilitation und der Behindertenanwalt.

D. Geschlecht (§ 1 c)

Literatur: *Gruber*, VersRÄG 2013: Unisex-Regel und versicherungsvertragsrechtlicher Diskriminierungsschutz für Behinderte, ZFR 2013, 1; *Michtner/Striessnig*, Zu diskriminierenden Wirkungen einer versicherungsrechtlichen Ausschlussfrist bei Schwangerschaft bzw Mutterschaft, ZVers 2020, 194.

1.47 Noch weiter geht der Gesetzgeber aufgrund europarechtlicher Vorgaben[31] in § 1 c, wenn es um das Merkmal Geschlecht geht. Obwohl Statistiken zB belegen, dass Frauen eine höhere Lebenserwartung haben als Männer und weniger Verkehrsunfälle verursachen, darf der Versicherer in den genannten Beispielen (Lebens- und Kfz-Versicherungen) keine Differenzierung zwischen den Geschlechtern vornehmen. Anders als bei § 1 d sind also nicht bloß Diskriminierungen verboten, **Unisex-Tarife** sind vielmehr verpflichtend. Das ist eine sozialpolitische Entscheidung des (europäischen) Gesetzgebers, die dazu führt, dass Angehörige eines Geschlechts die Risiken des anderen mitfinanzieren müssen.

Beachte

Frauen und Männer müssen denselben Tarif in der Lebensversicherung und in den Kfz-Versicherungen haben, obwohl die Statistiken für eine Differenzierung sprechen würden.

1.48 Nicht nur unmittelbare Diskriminierungen sind unzulässig, sondern auch **mittelbare**[32], bei denen dem Anschein nach neutrale Kriterien Personen eines Geschlechts in besonderer Weise gegenüber Personen des anderen Geschlechts benachteiligen. So könnte das Verbot etwa nicht dadurch umgangen werden, dass die Kfz-Versicherungstarife an die Größe oder das Gewicht einer Person anknüpfen. Eine mittelbare Diskriminierung kann allerdings ge-

---

31 *Perner* in *Fenyves/Perner/Riedler*, VersVG § 1 c Rz 2 ff.
32 Dazu OGH 7 Ob 37/20 x; dazu *Michtner/Striessnig*, ZVers 2020, 194.

rechtfertigt sein. So wäre etwa ein Prämienzuschlag in der Unfallversicherung für Berufsfeuerwehrleute zulässig, obwohl der Beruf mehrheitlich von Männern ausgeübt wird.[33] Außerdem ist es zulässig, bestimmte Angebote spezifisch auf ein Geschlecht zu beschränken. So könnte ein Produkt, das speziell das Brustkrebsrisiko deckt, zu einer anderen Prämie angeboten werden als eines, das das Prostatakrebsrisiko abdeckt.[34]

Die Kosten der Schwangerschaft dürfen bei der Berechnung der Krankenversicherungsprämie allerdings nicht berücksichtigt werden (§ 178b Abs 5). Daran sieht man die sozialpolitische Komponente der Entscheidung des Gesetzgebers besonders deutlich.

E. Uniage?

Zur Regelung der Geschlechterdiskriminierung war der Gesetzgeber aufgrund europäischer Vorgaben gezwungen, das Diskriminierungsverbot bei Behinderung beruhte hingegen auf einer autonomen Entscheidung. Neben diesen beiden Merkmalen ist auch das **Alter** ein entscheidender Faktor für die Einschätzung eines Risikos. 1.49

> Besonders deutlich sieht man das in der Krankenversicherung: Dass ein 20-jähriger VN ein geringeres Risiko hat als ein 60-jähriger, ist evident.

Tatsächlich berücksichtigen Versicherer das Alter bei ihrer Kalkulation. Gesetzliche Vorgaben hindern sie daran nicht (zu § 178f Abs 2 aE siehe noch Rz 7.91f), weil es keine mit § 1c oder § 1d vergleichbare Regel gibt. Das ist insofern sachgerecht, als vom Alter unabhängige „Einheitstarife" dazu führten, dass besonders umsichtige VN, die sich früh um Versicherungsschutz kümmern, benachteiligt würden. 1.50

> Wieder am Bsp der Krankenversicherung: Wer mit 20 Versicherungsschutz zu einer geringeren Prämie nimmt, „zahlt für später ein". Wer sich erst mit 60 für eine Krankenversicherung entscheidet, hat daher vier Jahrzehnte, in denen das Risiko entsprechend geringer war, keine Beiträge geleistet. Es ist daher fair, dass er als älterer „Einsteiger" einen höheren Tarif bezahlt.

Wie beim Faktor Behinderung wird aber auch hier berichtet, dass Versicherer von ihrer Privatautonomie extensiv Gebrauch machen und zB ein Höchstabschlussalter (meist: 70 Jahre, teilweise auch 65 Jahre bei Spezialprodukten) vorsehen, bis zu dem sie Versicherungen anbieten. Ab diesem Zeitpunkt gibt es selbst dann keinen Neuabschluss mehr, wenn der Interessent bereit ist, einen (eben höheren) risikoadäquaten Tarif zu bezahlen. Es wäre daher durchaus überlegenswert, einen „§ 1e" einzuführen, der – ähnlich wie § 1d – nur nachvollziehbare Differenzierungen erlaubt, nicht hingegen Altersdiskriminierungen. 1.51

Beachte
> Die Altersdiskriminierung ist also nach geltendem Recht nicht absolut verboten. Das bedeutet aber nicht, dass jede Vertragsbestimmung, die ältere VN benachteiligt, wirksam ist. Der OGH hat zB in 7 Ob 156/20x festgestellt, dass Klauseln in AUVB, die ab Erreichen einer Altersgrenze die Leistungen willkürlich reduzieren, nach § 864a ABGB unwirksam sind (dazu Rz 2.83ff).

---
33 *Gruber,* ZFR 2013, 1 (2).
34 Vgl *Perner* in *Fenyves/Perner/Riedler,* VersVG § 1c Rz 13.

V. Vertragsbeteiligte

A. Versicherer

1.52 Bei einem Versicherungsvertrag stehen einander wie erwähnt zwei Parteien gegenüber, die sich zu wechselseitigen Leistungen verpflichten (Risikotragung gegen Entgelt). Die Partei, die Gefahrtragung aus dem Versicherungsvertrag zusichert, nennt man Versicherer. Umgangssprachlich wird manchmal von „Versicherung" gesprochen, womit allerdings auch das Produkt selbst gemeint sein kann. Wer Versicherer ist, darüber gibt das VAG Auskunft (§ 1 iVm § 5 VAG). Es handelt sich entweder um ein Versicherungsunternehmen (AG, SE) oder um einen Versicherungsverein. In jedem Fall ist der Versicherer somit **Unternehmer** iSd privatrechtlichen Bestimmungen (KSchG, UGB etc).

1.53 Für den Betrieb der Versicherung bedarf es einer **Konzession.** Hier zeigt sich wieder die Bedeutung der aufgezeigten Einteilung in Versicherungssparten. Versicherer können sich grundsätzlich dafür entscheiden, Versicherungsleistungen in mehreren Sparten anzubieten; ein Angebot, von dem viele Versicherer in Österreich Gebrauch machen. Sie werden von der FMA allerdings nicht „als Versicherer" konzessioniert, sondern sie benötigen für jeden Zweig eine eigene Konzession (§ 7 Abs 4 VAG). Bestimmte Sparten dürfen sogar überhaupt nicht kombiniert werden.

> Die Konzession zum Betrieb der Lebensversicherung – die aufsichtsrechtlich vielfach speziell geregelt ist – darf nur mit dem Betrieb der Kranken-, der Unfall- sowie der Rückversicherung verbunden werden (§ 7 Abs 3 VAG).

B. Versicherungsnehmer

1. Grundlagen

1.54 Der Vertragspartner des Versicherers wird VN genannt. Er ist nach der Parteienvereinbarung Schuldner der Prämie. Das kann sowohl eine **juristische** als auch eine **natürliche** Person sein. Ob eine natürliche Person den Vertrag in eigener Person abschließen kann, richtet sich nach den allgemeinen Regeln der Geschäftsfähigkeit. Man unterscheidet die aus dem Zivilrecht bekannten Einschränkungen wegen Alters und – bei Volljährigen – wegen mangelnder Entscheidungsfähigkeit im Einzelfall.

> Die Transport-GmbH kann ihren Fuhrpark ebenso gegen Schäden versichern, wie sich der Einzelunternehmer A gegen das Risiko seiner Berufsunfähigkeit oder der Arbeitnehmer B gegen die Folgen von Freizeitunfällen absichern kann.
>
> Bei einem Minderjährigen ist eine Eigengeschäftsfähigkeit für den Abschluss von Versicherungsverträgen praktisch erst ab der Vollendung des 14. Lebensjahres denkbar. Dann kann er immerhin über Sachen, die ihm zur freien Verfügung überlassen wurden oder über Einkommen aus eigenem Erwerb verfügen und sich verpflichten (§ 170 Abs 2 ABGB). Der 17-jährige C könnte also etwa eine Haftpflichtversicherung für sein Moped oder eine Reiseversicherung für den Sommerurlaub abschließen.[35] Voraussetzung ist nach der zitierten Bestimmung allerdings, dass dadurch die Befriedigung der eigenen Lebensbedürfnisse nicht gefährdet wird. Mangels ausreichender Geschäftsfähigkeit sind die gesetzlichen Vertreter (Eltern) zuständig.

---

35 Beispiele bei *Schauer*, Versicherungsvertragsrecht[3] 67.

Ist ein Erwachsener entscheidungsunfähig (zB wegen einer psychischen Erkrankung), kann er keinen Versicherungsvertrag abschließen. IZw ist allerdings Entscheidungsfähigkeit zu vermuten (vgl § 24 ABGB). Ist ein Erwachsenenvertreter bestellt, so ist dieser für den Abschluss – zB einer Haushaltsversicherung – zuständig, wenn sein Wirkungskreis den Abschluss solcher Verträge umfasst.

2. Verbrauchereigenschaft

1.55 Während der Versicherer stets Unternehmer ist, kann sein Vertragspartner entweder **Verbraucher** oder **Unternehmer** sein. Bei einem Versicherungsvertrag zwischen Unternehmer (Versicherer) und Verbraucher (VN) ist das KSchG anwendbar. Daneben ist im Fernabsatz auch das FernFinG einschlägig. Zu den Finanzdienstleistungen gehören nach diesem Gesetz (neben Wertpapier- und Bankdienstleistungen) auch Versicherungen (§ 3 Z 2 FernFinG)[36], wenn sie von einem Verbraucher in Anspruch genommen werden.

Das Verbraucherrecht schützt den typischerweise schwächeren Vertragspartner durch **einseitig zwingendes** Recht. Die Verbraucherschutzgesetze geben dabei selbst über ihren zwingenden Charakter Auskunft: § 2 Abs 2 KSchG ordnet die einseitig zwingende Natur der Bestimmungen des I. Hauptstücks an. § 4 FernFinG stellt das gesamte Gesetz einseitig zwingend.

1.56 Ob ein **Verbrauchervertrag** vorliegt, richtet sich daher ebenfalls nach den allgemeinen Regeln (§ 1 KSchG). Es kommt darauf an, ob der Abschluss der Versicherung für den Kunden „zum Betrieb seines Unternehmens" gehört. Für den Begriff des Unternehmens ist dabei auf die allgemeine Definition des § 1 Abs 2 KSchG abzustellen, wonach eine „auf Dauer angelegte Organisation wirtschaftlicher Tätigkeit" erforderlich ist.

> Wer für seine Privatwohnung eine Haushaltsversicherung abschließt, ist Verbraucher. Die Anwältin, die eine Haftpflichtversicherung für Risiken aus ihrer beruflichen Tätigkeit abschließt, ist Unternehmerin.
>
> Die Unternehmereigenschaft hängt auch grundsätzlich nicht von der Versicherungssparte oder von der Art des Schadens ab: Wer sein privates Kfz versichert, ist Verbraucher; der Kfz-Händler, der seinen Fuhrpark gegen dieselben Schäden versichert, ist Unternehmer.
>
> Manche Versicherungen sind allerdings aufgrund ihrer Ausgestaltung Unternehmern vorbehalten. Das gilt etwa für die Betriebsunterbrechungsversicherung, die ihrer Natur nach nur von Unternehmern (Betriebsinhabern) abgeschlossen werden kann.
>
> Auch eine juristische Person kann Verbraucherin sein. Dies ist nach dem OGH (7 Ob 155/03z) etwa idR bei der Eigentümergemeinschaft nach § 18 WEG der Fall. Schließt sie eine Gebäudeversicherung, handelt es sich daher um ein Verbrauchergeschäft.

1.57 Schließt jemand vor Aufnahme des Betriebs des Unternehmens einen Vertrag, um die Voraussetzungen dafür zu schaffen, ist er nach § 1 Abs 3 KSchG noch Verbraucher (**Vorbereitungsgeschäft**). Dass ein Versicherungsvertrag in der Gründungsphase geschlossen wird, kommt oft vor und die Anwendung des Verbraucherrechts dürfte in der Praxis manchmal übersehen werden.

---

36 Vgl OGH 7 Ob 147/20y.

Kap 1 Grundlagen

> **Beachte**
>
> Viele Angehörige freier Berufe (zB Anwälte, Notare, Architekten) müssen eine Haftpflichtversicherung abschließen, bevor sie ihre berufliche Tätigkeit aufnehmen dürfen (siehe Rz 7.91 f). Für die Beurteilung der Verbrauchereigenschaft kommt es auf den Zeitpunkt des Vertragsabschlusses an. Daher greift Verbraucherrecht auch dann ein, wenn der seit Jahren beruflich tätige Anwalt, Notar, Architekt etc mit seinem Versicherer in einen Rechtsstreit über eine Klausel aus dem Vertrag gerät, den er in der Gründungsphase abschloss.

1.58 Versicherungsverträge dienen manchmal sowohl privaten als auch beruflichen Zwecken. Dies ist vor allem dann der Fall, wenn sie sich auf eine Sache beziehen, die teils privat, teils beruflich genutzt wird. Solche Mischverträge gibt es allerdings auch in der Passivenversicherung.

> Versicherung eines Betriebsgebäudes, in dem der VN auch wohnt. Abschluss einer betrieblichen Haftpflichtversicherung, die auch das private Haftpflichtrisiko „mit deckt".

In diesen Fällen des **„dual use"** ist schon dann von einem einheitlichen Verbrauchervertrag auszugehen, wenn der unternehmerische Zweck nicht überwiegt.[37] In den genannten Bsp wird dies allerdings oft der Fall sein; dann ist Verbraucherrecht nicht anwendbar.

3. Kundenschutz

Literatur: *F. Bydlinski*, System und Prinzipien des Privatrechts (1996) 630 ff; *Grunwald*, Versicherungsverträge über Großrisiken (2020); *Krejci*, Kundenschutz im Versicherungsrecht (1989); *Wandt*, Kundenschutz im Privatversicherungsrecht, in *Gruber* (Hrsg), Kundenschutz im Privatversicherungsrecht (2020) 1.

a) Grundlagen

1.59 Das VersVG beschränkt sich hingegen nicht auf Verbraucherversicherungen. Das Gesetz schützt den typischerweise unterlegenen Vertragspartner zwar ebenfalls durch einseitig zwingendes Recht. Der Leitgedanke unterscheidet sich von dem des Verbraucherrechts allerdings in einem wesentlichen Punkt: Das VersVG geht fast durchgehend vom Prinzip des **Kundenschutzes** aus. Der Vertragspartner kommt also auch dann in den Genuss **einseitig zwingender** Vorschriften, wenn er eine unternehmerische Versicherung abschließt (zur einzigen Ausnahme des § 8 Abs 3 siehe Rz 5.24). Die Einbeziehung von Unternehmern in den Schutz ist aufgrund der Besonderheiten von Versicherungsprodukten gerechtfertigt: Die Versicherung bleibt auch für den unternehmerischen Kunden ein schwer durchschaubares Rechtsprodukt.

> Der Kfz-Händler, der seinen Fuhrpark gegen Kaskoschäden versichert, ist Unternehmer. Er kann sich daher zwar nicht auf das KSchG berufen, sehr wohl aber auf das VersVG, weil ihn das Gesetz als VN („Kunde") unabhängig von seiner Verbrauchereigenschaft schützt. Daneben ist auch das ABGB – zB die AGB-Kontrolle nach §§ 864a, 879 Abs 3 – anwendbar.

---

37 Vgl ErwGr 17 RL 2011/83/EU; siehe schon (zum Verbrauchergerichtsstand) EuGH C-464/01, *Gruber*, ECLI:EU:C:2005:32, Rz 39 ff.

V. Vertragsbeteiligte

Wer eine private Unfallversicherung abschließt, ist Verbraucher. Er kann sich natürlich ebenfalls auf den Schutz des VersVG berufen. Daneben ist aber nicht nur das ABGB, sondern auch das KSchG (und allenfalls das FernFinG) anwendbar.

Wo das **VersVG** den Kunden schützen will, ist es also einseitig zwingend. Anders als die verbraucherrechtlichen Kodifikationen, die durchgehend zwingend sind, findet sich im VersVG allerdings **nicht nur Kundenschutzrecht**. Vielmehr sind dort auch dispositive Regeln, weil das VersVG im Versicherungsrecht – zum Teil – die Funktion übernimmt, die das ABGB im Zivilrecht hat. Es handelt sich um eine Kodifikation des Versicherungsvertragsrechts, von der die Parteien in vielen Punkten abweichen können.

1.60

> **Praxishinweis**
>
> Nach § 61 ist der Versicherer leistungsfrei, wenn der VN den Versicherungsfall vorsätzlich oder durch grobe Fahrlässigkeit herbeiführt. Haben die Parteien keine abweichende Vereinbarung getroffen, wäre daher zB ein Feuerversicherer leistungsfrei, wenn der VN die Kerzen seines trockenen Christbaums entzündet und ihn einige Zeit aus den Augen lässt.
>
> AVB können aber – innerhalb der Grenzen der Klauselkontrolle – vorsehen, dass auch leichte Fahrlässigkeit schadet oder erst Vorsatz. Dies wird dann meist an eine geringere oder höhere Prämie geknüpft sein und ist für sich genommen nicht bedenklich.

Von einseitig zwingenden Bestimmungen zum Schutz einer Vertragspartei sind auch Vorschriften zu unterscheiden, die aus anderen Gründen – zB zum Schutz des Allgemeininteresses oder einer nicht am Vertrag beteiligten Person – nicht abdingbar und absolut zwingend sind.

> Die bereits dargestellten Vorschriften zur Unzulässigkeit der Summenversicherung in der Nicht-Personenversicherung schützen nicht eine der beiden Vertragsparteien, sie sind absolut zwingend.
>
> Nach § 159 Abs 2 ist für die Gültigkeit einer Ablebensversicherung, die auf das Leben eines Dritten genommen wird, zwingend die Zustimmung dieser Person erforderlich. Die Vorschrift schützt nicht den VN, sondern den Dritten, auf dessen Leben „spekuliert" wird.

Die Feststellung, welche Regeln zwingend sind und welche dispositiv, ist im Versicherungsvertragsrecht leicht. Das VersVG enthält nämlich am Ende größerer Teilbereiche selbst eine Aufzählung der Regeln, von denen die Parteien nicht zu Lasten des VN abweichen dürfen.

1.61

> §§ 15a, 34a, 68a, 72, 108, 115a, 158a, 158p, 178n und 184 Abs 3 zählen die einseitig zwingenden Bestimmungen auf.
>
> In manchen Bereichen ist der Kunde nach der Vorstellung des VersVG-Gesetzgebers allerdings nicht schutzbedürftig. Nach § 187 sind daher die zwingenden Bestimmungen des VersVG für die Transportversicherung von Gütern, die Kreditversicherung, die Versicherung gegen Kursverluste und die laufende Versicherung dispositiv.

b) Großrisiko

1.62 Manche Kunden sind allerdings so erfahren und wirtschaftlich potent, dass sich die Frage aufdrängt, ob sie Schutz durch zwingendes Recht benötigen. Sie haben zB eine eigene Rechtsabteilung, die sich (auch) mit dem Abschluss von Versicherungen beschäftigt oder sie ziehen ihre Anwälte bei der Vorbereitung wichtiger Abschlüsse bei.

Der deutsche Gesetzgeber hat die sinnvolle Anordnung getroffen, dass die Beschränkungen der Vertragsfreiheit des VVG auf so genannte Großrisiken nicht anwendbar sind (§ 210 Abs 1 VVG). Eine solche generelle Anordnung fehlt zwar in Österreich. Neuere VersVG-Bestimmungen folgen allerdings immer öfter dem deutschen Konzept.

> So gibt es etwa bei Versicherungsverträgen über Großrisiken kein voraussetzungsloses Rücktrittsrecht (§ 5c Abs 7).

1.63 Das führt zum Begriff des Großrisikos, der europarechtlicher Herkunft ist.[38] Dieser Umstand hat nicht nur den Vorteil, dass der Begriff europaweit einheitlich ist und daher das deutsche Großrisiko nach § 210 VVG mit dem des § 5c Abs 7 ident ist. Der europäische Gesetzgeber bedient sich des Begriffes vielmehr auch – neben dem Versicherungsaufsichtsrecht – bei der Internationalen Zuständigkeit und im Internationalen Privatrecht (Rz 8.13, 8.32), sodass über das materielle Versicherungsrecht hinaus Einheitlichkeit gewährleistet ist.

Der Begriff legt nahe, dass es immer um das konkrete versicherte Risiko geht, was allerdings nicht zutrifft. Es kommt vielmehr in den ganz überwiegenden Fällen auf Verhältnisse des VN an. **VN** eines Großrisikos ist, wer in der Schaden- oder Haftpflichtversicherung zwei der drei der folgenden **Kennzahlen überschreitet:** 1) eine Bilanzsumme von 6,2 Mio Euro, 2) ein Nettoumsatz von 12,8 Mio Euro, 3) eine durchschnittliche Jahresbeschäftigtenzahl von 250 Personen.

> Die Spedition-AG überschreitet die genannten Kennzahlen. Jeder Versicherungsvertrag, den sie abschließt, betrifft ein Großrisiko, unabhängig davon, ob sie in einem Vertrag ihren gesamten Fuhrpark versichert oder für einen ihrer Vorstände eine D&O-Versicherung abschließt.

Unabhängig von der Unternehmensgröße liegt ein Großrisiko aber auch dann vor, wenn Kasko- oder Haftpflichtversicherungen über Schienen- bzw Luftfahrzeuge oder Schiffe sowie Transportversicherungen (gleich, über welche Gegenstände) abgeschlossen werden. Der Gesetzgeber geht nämlich davon aus, dass solche Versicherungen regelmäßig nur von wirtschaftlich potenten, erfahrenen und gut informierten VN nachgefragt werden.[39]

Kredit- und Kautionsversicherungen sind wiederum dann als Großrisiken einzustufen, wenn der VN den Vertrag in seiner Eigenschaft als Unternehmer abschließt.

---

38 Art 13 Z 27 Solvabilität II-RL 2009/138/EG, umgesetzt in § 5 Z 34 VAG. Zum Begriff *Wieser* in HB Versicherungsvertragsrecht I Rz 80ff.
39 *Perner* in *Fenyves/Perner/Riedler*, VersVG, Anhang Int VersR, Rz 7.

Händler A verkauft Waren auf Kredit. Für den Forderungsausfall schließt er eine „Warenkreditversicherung" ab: Großrisiko, weil A unternehmerisch tätig ist.

c) Gesamtbewertung

Die Großrisiko-Definition ist – wie die Ausführungen zeigen – kompliziert. Das sollte die Richtigkeit des Ansatzes allerdings nicht verdecken: Inhaltlich ist es zutreffend, im Privatversicherungsrecht vom Kundenschutz statt vom reinen Verbraucherschutz auszugehen und bestimmte sehr erfahrene VN vom Schutz auszunehmen. **1.64**

Die Feststellung, dass Kunden geschützt werden sollen und dass dies durch einseitig zwingende Regeln geschieht, hilft dem Rechtsanwender aber selbstverständlich auch nur begrenzt. Entscheidend ist, welchen Inhalt die Schutzvorschriften haben. Was verbieten die Kundenschutzbestimmungen, was ist also ihr Inhalt? Dem von Gesetz und Judikatur erreichten Schutzniveau widmen sich daher wesentliche Teile dieses Buches. **1.65**

C. Dritte

Mit dem „Dritten" ist in der juristischen Fachsprache ganz Verschiedenes gemeint. Im Vertragsrecht bezeichnet man meist jede andere Person als den Vertragspartner als Dritten. In der Privatversicherung gibt es viele Personen, die eine Bedeutung im Versicherungsvertrag haben, ohne Versicherer oder VN zu sein. **1.66**

1. Versicherter

Im allgemeinen Sprachgebrauch wird oft vom Versicherten gesprochen, wenn in Wahrheit der VN gemeint ist. Versicherte Person ist, wer Träger des versicherten Interesses (Risikos) ist. Das kann der VN sein, allerdings ist dieser Gleichlauf nicht zwingend. Vielmehr kann auch ein **fremdes Interesse** versichert werden. Zivilrechtlich handelt es sich um einen Vertrag zugunsten Dritter, der im VersVG eigenständig geregelt wird (§§ 74 ff, siehe Rz 6.33 ff). In der Aktivenversicherung ist es passend, vom fremden Interesse zu sprechen. In der Passivenversicherung dürfte man streng genommen nicht vom „Interesse" sprechen, wenn man diesen Begriff dort grundsätzlich ablehnt; gemeint ist, dass das Risiko einer anderen Person als des VN versichert ist. **1.67**

A versichert sein Kfz gegen Kaskoschäden. Er ist VN, weil er Partei des Vertrags ist. Als Eigentümer des Kfz, auf das sich die Versicherung bezieht, ist er auch Träger des versicherten Interesses.

Der Arbeitgeber AG schließt für seine Mitarbeiter eine Gruppenkrankenversicherung. AG ist VN und Prämienschuldner. Der erkrankte Arbeitnehmer kommt in den Genuss der Versicherungsleistung, er ist aus dem Vertrag versichert. Eine andere Frage ist, ob der Versicherte dann einen direkten Anspruch gegen den Versicherer hat oder ob der VN anspruchsberechtigt ist und ihm die Leistung „auskehren" muss (vgl Rz 6.41, 6.44). Im Ergebnis muss die Leistung bei ihm ankommen.

Beides kann auch kombiniert vorkommen: Wer eine Kfz-Haftpflichtversicherung abschließt, sichert sich gegen drohende Haftpflicht aus der Verwendung des Kfz ab (der VN ist daher selbst versichert). „Mitversichert" sind aber neben Eigentümer und Halter etwa auch Personen, die mit Willen des Halters bei der Verwendung des Fahrzeugs tätig sind (vgl § 2 Abs 1 KHVG). Verursacht der (vom Halter verschiedene) Lenker einen Unfall und wird er (nach dem ABGB) schadenersatzpflichtig, kommt auch er in den Genuss der Haftpflichtversicherung, er ist also auch versichert.

Die Versicherung für fremde Rechnung ermöglicht Eltern als gesetzlichen Vertretern in der Praxis einen einfachen Weg, ihrem Kind Versicherungsschutz zu verschaffen: Sie schließen den Vertrag im eigenen Namen (und sind daher Prämienschuldner), versichert ist aber das Kind.

1.68 Vom Versicherten ist die **Gefahrsperson** zu unterscheiden. Das ist eine dritte Person, die Risikoträgerin ist, ohne dass ihr Interesse versichert ist. Dieser Fall ist eher selten. Er kommt vor allem dann vor, wenn jemand im Zuge eines Versicherungsfalls gegenüber der Gefahrsperson Pflichten hat.

So kann sich der unterhaltspflichtige Elternteil (VN) für die Kosten absichern, die ihm aus der Unterhaltspflicht gegenüber den Angehörigen (Gefahrsperson) entstehen (Familienkrankenversicherung, Familienunfallversicherung). Für die Frage, ob der Versicherungsfall eintritt, kommt es dann zwar auf Unfall oder Krankheit des Angehörigen an. Wirtschaftlich geht es aber um die Absicherung des Elternteils.

2. Drittgeschädigter

1.69 Die Haftpflichtversicherung sichert den VN gegen bestehende oder drohende zivilrechtliche Schadenersatzansprüche ab. Damit spielt in dieser Versicherungssparte notwendig der Geschädigte (Drittgeschädigte) eine zentrale Rolle. Das ist die Person, die Schadenersatzansprüche gegen den VN erhebt und damit den Versicherungsschutz des VN „aktiviert".

Anwalt A übersieht eine Berufungsfrist, weshalb seinem Mandanten M ein Schaden von 10.000 entsteht. M macht daher Schadenersatzansprüche gegen A geltend. M ist Geschädigter. Der Haftpflichtversicherer schuldet Vertragspartner A nun Deckung (= Abwehr unberechtigter Ansprüche und Befreiung von berechtigten).

3. Zessionar

Literatur: *Fenyves,* Abtretungsverbote in Allgemeinen Versicherungsbedingungen und § 1396a ABGB, ZVers 2019, 178.

1.70 Der VN kann seinen aus dem Versicherungsvertrag folgenden Anspruch auch dadurch als Vermögenswert einsetzen, dass er ihn an einen Dritten abtritt (zediert, §§ 1392 ff ABGB). Durch diese – im Wirtschaftsleben meist entgeltliche – Vereinbarung erwirbt der neue Gläubiger (Zessionar) die Forderung gegen den Versicherer.[40] Er wird durch die Zession freilich nicht Vertragspartner und daher auch nicht Schuldner der Prämien; dafür bedürfte es einer Vertragsübernahme, der grundsätzlich alle Beteiligten zustimmen müssten (zur Veräußerung der versicherten Sache aber Rz 5.67 ff).

A bricht sich bei einem Unfall das rechte Bein, weshalb eine dauerhafte Teilinvalidität zurückbleibt. Seinen Anspruch auf Zahlung von 20.000 gegen den Unfallversicherer tritt er an Z ab, bei

---

40 Zur Zession *Perner/Spitzer/Kodek,* Bürgerliches Recht[6] 637 ff.

dem er schon länger Schulden hat. Z wird dadurch Gläubiger des Unfallversicherers und kann Zahlung von 20.000 verlangen.

Die Zession erfordert bloß eine **Vereinbarung** von **VN** und **Zessionar**. Der Versicherer muss der Abtretung nicht zustimmen (zur Sicherungszession aber gleich unten), weil sich seine Rechtsposition nicht verschlechtert (§§ 1394, 1396 ABGB). Solange der Versicherer von der Abtretung nicht verständigt wird, kann er außerdem noch mit schuldbefreiender Wirkung an den VN bezahlen (§ 1395 Satz 2 ABGB). Der VN kann seinen Anspruch aus dem Versicherungsvertrag aus diesen Gründen grundsätzlich auch vor Eintritt des Versicherungsfalls abtreten, was in manchen Konstellationen wirtschaftlich sinnvoll sein kann.

A hat eine kapitalbildende Lebensversicherung, die in einem Jahr fällig wird. Er tritt den Anspruch auf Auszahlung zu einem günstigen Preis an Z ab, weil er schnell Geld benötigt. Der Versicherer muss nicht zustimmen: Die Forderung wird auch gegenüber Z erst in einem Jahr fällig. Weiß der Versicherer bei Fälligkeit nichts von der Abtretung, kann er an A zahlen und muss anschließend nicht noch einmal an den eigentlichen Gläubiger Z leisten.

Der Anspruch auf Gewährung von Rechtsschutz (Rechtsschutzversicherung, Haftpflichtversicherung) ist allerdings nicht abtretbar, weil das nicht ohne inhaltliche Änderung möglich wäre.

Eine ähnliche Stellung wie der Zessionar hat der **Bezugsberechtigte** in der Lebensversicherung: Das ist eine dritte Person, die Anspruch auf die Versicherungsleistung hat, ohne selbst der Risikoträger zu sein. Der Bezugsberechtigte erwirbt jedoch nicht durch Zession, sondern im Rahmen des Versicherungsvertrags, der zu Gunsten des Dritten geschlossen ist. Der Vertrag wird allerdings nicht auf fremde Rechnung geschlossen. **1.71**

A schließt einen Er- und Ablebensversicherungsvertrag ab. Für den Fall seines Todes während der Vertragslaufzeit setzt er seine Ehefrau als Bezugsberechtigte ein (vgl § 166). Sie hat bei Eintritt des Versicherungsfalls Anspruch auf die Todfallleistung.

Die Abtretung von Versicherungsforderungen hat allerdings gesetzliche und vertragliche Grenzen. § 15 verbietet die Abtretung (nur), soweit sich die Versicherung auf unpfändbare Sachen bezieht (siehe § 250 f EO). Die Forderung kann nur an solche Gläubiger des VN übertragen werden, die diesem zum Ersatz andere Sachen geliefert haben.[41] **1.72**

In der Praxis sind vertragliche Beschränkungen der Abtretung häufig (**Abtretungsverbote**). Meist wird dem VN die Zession der Versicherungsforderung vor der Feststellung des Deckungsanspruchs untersagt.[42] Damit möchte der Versicherer sicherstellen, dass er sich mit niemand anderem auseinandersetzen muss.[43] Nach der Klärung des Deckungsanspruchs kann die Geldforderung hingegen abgetreten werden. Solche Klauseln sind nach der Lehre wirksam.[44]

---

41 Krit *Schauer,* Versicherungsvertragsrecht³ 279.
42 *Fenyves,* ZVers 2019, 178 (178f).
43 *Schauer,* Versicherungsvertragsrecht³ 279f. Vgl OGH 7 Ob 85/07 m.
44 *Fenyves,* ZVers 2019, 178 (insb 181 ff: keine Anwendung von § 1396a ABGB); siehe auch OGH 7 Ob 85/07 m.

Beispiele für Abtretungsverbote in Musterbedingungen: Art 9 AHVB (Haftpflichtversicherung), Art 11.1 ARB (Rechtsschutzversicherung), Art 13 AKKB (Kaskoversicherung).

4. Sicherungsnehmer

Literatur: *Fenyves,* Die Vinkulierung von Versicherungsforderungen, ÖBA 1991, 13; *Grassl-Palten,* Feuerversicherung und Realkredit (1992); *Iro,* Vorsicht bei der Verpfändung von Ansprüchen aus einer Lebensversicherung! RdW 1991, 282; *Kömürcü-Spielbüchler,* Die Vinkulierung von Versicherungen (1992).

1.73 Die Versicherungsforderung hat nicht nur für den VN selbst, sondern auch für seine Gläubiger einen wirtschaftlichen Wert. Dies ist besonders dann offensichtlich, wenn der Versicherungsfall bereits eingetreten ist und der Versicherer damit eine Geldleistung schuldet. Gläubiger können die Forderung in diesem Fall im Weg der Exekution verwerten.

> A hat einen Autounfall, bei dem sein kaskoversichertes Fahrzeug zerstört wird. Der Versicherer schuldet 30.000. Gläubiger des A können zur Befriedigung ihrer Ansprüche in der Exekution auf die Forderung des A gegen seinen Versicherer greifen.

1.74 Der Gläubiger muss sich den Anspruch gegen den Versicherer im Beispielsfall allerdings mit anderen Gläubigern des VN teilen. Dagegen kann er sich absichern, indem er sich ein **Sicherungsrecht** an der Versicherungsforderung einräumen lässt. Dadurch kann der Sicherungsnehmer bevorzugte Befriedigung aus der Versicherungsforderung erlangen. Die sicherungsweise Abtretung ist auch vor Eintritt des Versicherungsfalls möglich und in manchen Fällen sinnvoll.

> A hat eine kapitalbildende Er- und Ablebensversicherung, die in 5 Jahren fällig wird. Für die Bank, die A einen Kredit gewährt, ist es sinnvoll, sich die Ansprüche aus der Lebensversicherung verpfänden zu lassen. Aus der Versicherung wird ja mit Sicherheit eine Leistung fällig (siehe nur OGH 7 Ob 137/20b).

Die Begründung eines Sicherungsrechts setzt einen Publizitätsakt voraus, wofür die Verständigung des Versicherers (Drittschuldner) in Frage kommt.[45] Die Übergabe des Versicherungsscheins reicht als Publizitätsakt nicht aus.[46]

Die Praxis greift als Sicherungsmittel oft noch auf die **Vinkulierung** zurück, die ähnliche Zwecke verfolgt.[47] Kreditgeber und Kreditnehmer (= VN) ersuchen den Versicherer, die Leistung an den VN nur nach Zustimmung des Kreditgebers zu erbringen, die dieser natürlich erteilt, sobald er befriedigt wurde. Dadurch wird eine Zahlungssperre bewirkt.[48]

Praxishinweis

In OGH 7 Ob 228/07 s war die Forderung aus einer Lebensversicherung zu Gunsten eines Kreditgebers vinkuliert. Der OGH vertritt die Auffassung, dass die Vinkulierung nur eine „re-

---

45 Siehe *Iro,* RdW 1991, 282 (282 f).
46 OGH 5 Ob 123/69.
47 OGH 7 Ob 228/07 s ÖBA 2009, 147 *(Perner).* Siehe *Schauer,* Versicherungsvertragsrecht[3] 284 ff.
48 Siehe *Fenyves,* ÖBA 1991, 13 (13 ff); *Perner,* ÖBA 2009, 147 (149).

> lative Wirkung" hat und der Kreditgeber in der Insolvenz des VN gerade kein bevorzugtes Sicherungsrecht hat, sondern nur mehr eine Insolvenzforderung, die er mit allen anderen Gläubigern teilen muss. Der Praxis ist also die Begründung eines „echten" Sicherungsrechts zu empfehlen. Die Vinkulierung hat nämlich historische – steuerliche – Gründe, die mittlerweile weggefallen sind. Sie hat also gegenüber einer Forderungsverpfändung keinen Vorteil mehr.

Dass man bereits vor dem Versicherungsfall ein Sicherungsrecht an einer Versicherungsforderung hat, hat in den geschilderten Fällen der Lebensversicherung einen Sinn, weil gewiss ist, dass es eine Leistung geben wird, die nur erst später fällig wird.

Daneben gibt es aber auch noch einen zweiten Fall, in dem sich ein solches bevorzugtes Befriedigungsrecht aufdrängt: Pfandgläubiger einer körperlichen Sache haben nämlich ein besonderes Interesse am bedingten Anspruch auf die Geldleistung in der Sachversicherung. Das liegt daran, dass die Forderung den Sachwert im Versicherungsfall substituiert.

> VN ist Eigentümer einer Betriebsliegenschaft (Wert unbebaut: 500.000), auf der sich eine feuerversicherte Fabrikshalle im Wert von 500.000 befindet. Seiner Bank wurde für eine offene Kreditforderung von 1 Mio ein Pfandrecht im 1. Rang bestellt. Brennt die Fabrikshalle ab, kann die Liegenschaft nur mehr um 500.000 verkauft werden.

Die potenzielle „Umwandlung" des Sachwerts (Gebäudewert) in eine Geldleistung (Versicherungsleistung) allein würde dem Hypothekargläubiger im Bsp nicht viel helfen. Während er sich durch die Hypothek aus dem Verkaufserlös befriedigen kann, fiele die schuldrechtliche Forderung, die nach Eintritt des Versicherungsfalls an die Stelle des Gebäudewerts tritt, bei Insolvenz des Schuldners in die Masse. Das Gesetz schafft hier Abhilfe durch **Pfandrechtswandlung** (§ 100):[49] Das Pfandrecht am versicherten Gebäude erstreckt sich auf die Entschädigungsforderung. Schon das Gesetz bestellt das Pfandrecht an der Versicherungsforderung, eine eigene rechtsgeschäftliche Pfandrechtsbegründung ist nicht notwendig.[50] Der Pfandgläubiger genießt mit Blick auf die Entschädigungsforderung dann den besonderen Schutz der §§ 100 ff.

Eine von manchen ins Auge gefasste Analogie[51] der Vorschriften über die Pfandrechtswandlung auf andere Versicherungsobjekte als Gebäude oder andere Sachversicherungssparten als Feuer wird abgelehnt.[52] Die Parteien haben aber die Möglichkeit, ein vergleichbares Sicherungsrecht vertraglich zu begründen.[53]

VI. Einbettung in das Europäische Finanzmarktrecht

Wie schon die bisherigen Ausführungen zeigen, konzentriert sich eine Darstellung des Privatversicherungsrechts auf Rechtsfragen rund um die zivilrechtliche Vereinbarung. Es hat sich allerdings auch bereits gezeigt, dass die Materie stark mit anderen Fächern ver-

---

49 *Grassl-Palten,* Feuerversicherung und Realkredit 53.
50 *Grassl-Palten,* Feuerversicherung und Realkredit 54.
51 *Schauer,* Versicherungsvertragsrecht³ 283.
52 *Saria* in *Fenyves/Perner/Riedler,* VersVG § 100 Rz 3.
53 *Saria* in *Fenyves/Perner/Riedler,* VersVG § 100 Rz 3.

zahnt ist. Für die hier verfolgten Zwecke ist vor allem die Einbettung in den Europäischen Finanzmarkt relevant. Es ist daher notwendig, vor der eigentlichen Darstellung des Vertragsrechts noch einen Blick auf die Berührungspunkte mit anderen Fachbereichen zu werfen.

A. Europäisches Unionsrecht

Literatur: *Basedow/Birds/Clarke/Cousy/Heiss/Loacker* (Hrsg), Principles of European Insurance Contract Law (PEICL)² (2016); *Perner*, Grundfreiheiten, Grundrechte-Charta und Privatrecht (2013).

1.77 Die 1957 mit den Gründungsverträgen zur (mittlerweile) Europäischen Union Wirklichkeit gewordene Idee eines **Europäischen Binnenmarkts** (vgl Art 26 AEUV) hatte stets einen sehr engen Bezug zur Privatversicherung. Als unkörperliches Produkt eignet sie sich einerseits ganz besonders für den grenzüberschreitenden Vertrieb. Andererseits zeigen Unterschiede in den Rechtsordnungen dem Vertrieb von Rechtsprodukten besonders deutlich die Grenzen auf. Die Vorteile des grenzüberschreitenden Vertriebs kann nur nutzen, wer sein Produkt nicht aufwändig adaptieren muss, sobald er es über die Grenzen hinaus anbietet. Verschiedene – oft halbzwingende – Versicherungsvertragsrechte hindern den grenzüberschreitenden Vertrieb daher, was der führende Hamburger Versicherungsrechtler *Hans Möller* in den 1960er-Jahren auf den Punkt brachte: „The law of insurance must be one."

1.78 Die Bemühungen um eine Vereinheitlichung des Versicherungsvertragsrechts verliefen auf Ebene der EU dennoch stockend: Zwar gibt es im Verbraucherschutzrecht einige **Richtlinien** der Europäischen Union, die auch das Versicherungsvertragsrecht betreffen.[54] Neben dem Aufsichtsrecht (Solvabilität II-RL 2009/138/EG) und dem Vermittlerrecht (IDD 2016/97/EU) sind etwa weite Teile des versicherungsrelevanten Verbraucherschutzrechts (zB Klausel-RL 93/13/EWG; FernFin-RL 2002/65/EG) europäisch geprägt.

RL sind zwar nicht unmittelbar anwendbar, sondern bedürfen einer Umsetzung durch den nationalen Gesetzgeber (Art 288 Abs 3 AEUV). Die Kenntnis der europäischen Herkunft ist allerdings insofern von Bedeutung, als nationales Recht soweit wie möglich richtlinienkonform zu interpretieren ist und man so außerdem über einen „europäischen Standard" Bescheid weiß.

1.79 Neben RL prägen aber auch einige – unmittelbar anwendbare (Art 288 Abs 2 AEUV) – **Verordnungen** das Versicherungsvertragsrecht, auf die an der jeweils passenden Stelle eingegangen wird: Hinzuweisen ist auf die VO (EU) 1286/2014, die Informationspflichten bei Versicherungsanlageprodukten (zB fondsgebundene Lebensversicherung) enthält. Die EuGVO (EU) 1215/2012 regelt die internationale Zuständigkeit, Anerkennung und Vollstreckung. Die Rom I-VO (EG) 593/2008 bestimmt das Kollisionsrecht für Versicherungsverträge mit Auslandsbezug.

1.80 Von einer wirklichen Vereinheitlichung des Privatversicherungsrechts kann allerdings trotz dieser punktuellen Regeln keine Rede sein. Die Wissenschaft hat daher das Heft in die Hand genommen und unter der Leitung von *Helmut Heiss* ein Regelwerk zum

---

54 Siehe dazu *Loacker/Perner* in *Looschelders/Pohlmann,* VVG³ Einl C. Europäisches Versicherungsvertragsrecht Rz 1 ff, 17 ff.

Versicherungsvertragsrecht ausgearbeitet: **Principles of European Insurance Contract Law** (PEICL). Der Text eignet sich zur Übernahme durch den Europäischen Gesetzgeber. Die PEICL sind als Optionales Instrument gestaltet, die Vertragsparteien könnten sie also durch „Opt-in" statt ihres nationalen Versicherungsvertragsrechts wählen (Art 1:102 PEICL).

> **Praxishinweis**
>
> Versicherer und VN müssten sich also auf die Anwendung der PEICL – ähnlich wie bei einer Rechtswahl – einigen. Art 6 des UN-Kaufrechts verfolgt demgegenüber das Konzept des „Opt-out": Verkäufer und Käufer müssten das Übereinkommen einvernehmlich ausschließen, sonst ist es anwendbar. Opt-out-Lösungen fördern damit zwar die Anwendung internationaler Übereinkommen aus naheliegenden Gründen besser als Opt-in-Lösungen. Der Erfolg der PEICL würde allerdings so oder so maßgebend von ihrer Akzeptanz bei den Versicherern abhängen, die das Regelwerk ihren AVB zugrunde legen und in ganz Europa zu den insofern gleichen Bedingungen anbieten könnten.

B. Aufsichtsrecht

Literatur: *Baran/Peschetz,* Österreichisches Versicherungsaufsichtsrecht[3] (2016); *Knobl,* Die Wohlverhaltensregeln unter dem WAG 2018, ÖBA 2018, 460; *Korinek,* Versichertenschutz durch die Aufsicht, in *Gruber* (Hrsg), Kundenschutz im Privatversicherungsrecht (2020) 43; *Korinek/G. Saria/S. Saria* (Hrsg), Kommentar zum VAG (inkl 38. Lfg 2020); *Oppitz,* Kapitalmarktaufsicht (2017).

1. Zweck der Versicherungsaufsicht

Versicherer unterliegen einer staatlichen Kontrolle, die man „Aufsicht" nennt und die in Österreich von der FMA verantwortet wird. Das Aufsichtsrecht gehört zum öffentlichen Recht und ist kein Teil dieses Buchs. Die Versicherungsaufsicht hat allerdings eine ganz erhebliche Bedeutung für Versicherungsverträge, weshalb in der Folge kurz auf sie eingegangen wird. **1.81**

Hauptziel der Versicherungsaufsicht ist der **Schutz der** Interessen der **Versicherten** (§ 267 Abs 1 VAG). Dadurch soll auch ein Beitrag zur Stabilität des Finanzmarktes gewährleistet werden, die vor allem von der gesicherten Liquidität der Anbieter abhängt. Es ist kein Zufall, dass gerade Versicherer – und daneben auch Banken, Wertpapierdienstleister sowie Pensionskassen (§ 1 FMABG) – besonders reguliert werden. Diese Marktteilnehmer nehmen aufgrund ihres Geschäftsmodells besonderes Vertrauen in Anspruch: Der Sparer legt bei der Bank Geld ein oder der Kunde zahlt jahrzehntelang Prämien an den Lebensversicherer. Beide haben nur einen schuldrechtlichen Anspruch gegen die Bank oder den Versicherer, sie sind also bei Fälligkeit ihres Anspruchs auf die Liquidität ihres Vertragspartners angewiesen. **1.82**

Dass man von der Liquidität seines Vertragspartners abhängt, ist zwar kein Spezifikum des Finanzmarktes. Auch ein Produzent, der dem Händler Ware auf Kredit verkauft, ist auf die spätere Zahlungsfähigkeit des Käufers angewiesen. Der entscheidende Unterschied ist allerdings, dass man dem Verkäufer zumuten kann, sich – etwa durch einen Eigentumsvorbehalt oder ein Pfandrecht – abzusichern. Das Geschäftsmodell des Finanzmarktes lässt solche Absicherungen nicht zu, weshalb man dem Kunden nicht vorwerfen kann, sich „nur" auf den schuldrechtlichen Anspruch zu verlassen. Vor diesem Hintergrund lassen sich die Zwecke der Aufsicht besser verstehen.

2. Eckpunkte der Versicherungsaufsicht

1.83 Das – im VAG geregelte – Versicherungsaufsichtsrecht erreicht die erforderliche Stabilität zunächst durch eine Zulassungskontrolle. Nur bestimmte Gesellschaften dürfen das Versicherungsgeschäft betreiben, wodurch für sich genommen eine gewisse Professionalität (zB mit Blick auf Rechnungslegungsstandards etc) sichergestellt ist. Nach der Zulassung hört die Kontrolle selbstverständlich nicht auf, sondern die FMA überwacht die Liquidität der Versicherer laufend. Dazu gehört auch, dass ein wirksames Governance-System beim Versicherer aufgebaut wird, das Management- und Organisationsfehlern vorbeugen soll. Diese so bezeichnete **Finanzaufsicht,** die stabile Versicherer und die Erfüllung ihrer langfristigen Verbindlichkeiten garantieren soll, ist ein wesentlicher Eckpfeiler der Versicherungsaufsicht.

1.84 Der Schutz der Versicherten erfordert allerdings auch eine Kontrolle der Geschäftsgebarung der Versicherer. Die beste Liquidität hilft nichts, wenn Schutzvorschriften zugunsten der Kunden nicht eingehalten werden. Diesen Teil der Aufsicht bezeichnet man als **Rechtsaufsicht** (vgl § 268 Abs 1 VAG).

Die FMA hat dabei auf die Einhaltung konkreter Rechtsvorschriften zu achten. Das sind einerseits aufsichtsrechtliche Vorschriften, sie kontrolliert aber auch – zB bei Verdachtsmomenten oder im Rahmen von Stichproben – die Einhaltung zivilrechtlicher Vorgaben.

§ 129 VAG verpflichtet den Versicherer zur Etablierung eines internen Produktgenehmigungsverfahrens, wenn er ein neues Produkt auf den Markt bringt. Diese aufsichtsrechtliche Vorschrift ist Gegenstand der Kontrolle durch die FMA.

§ 1c verbietet Geschlechterdiskriminierungen bei Prämien und Leistungen. Die FMA kann die Einhaltung dieser zivilrechtlichen Vorschrift im Rahmen ihrer Aufsichtstätigkeit prüfen, zB, indem sie sich die AVB des Versicherers vorlegen lässt.

Neben konkreten Rechtsvorschriften kontrolliert die FMA auch die Einhaltung der Grundsätze eines ordnungsgemäßen Geschäftsbetriebs (§ 275 Abs 1 und 2 VAG). Das Gesetz gibt ihr damit aber nicht die Rolle einer „Super-Geschäftsführerin". Sie soll nicht das unternehmerische Ermessen der Geschäftsführung infrage stellen, sondern es geht um das Erkennen und Abstellen rechtswidrigen Verhaltens.[55] So ist auch § 275 Abs 2 Z 2 VAG zu lesen, der Begünstigungen von Kunden „ohne sachlichen Grund" verbietet: Schon eine begründete geschäftspolitische Entscheidung des Versicherers ist als sachlicher Grund zu sehen.

1.85 Zur Sicherstellung der Effektivität der Aufsicht räumt das Gesetz der FMA weitreichende **behördliche Befugnisse** ein (vgl das 11. Hauptstück des VAG). Sie kann jederzeit Auskünfte einholen (§ 272 VAG) und eine Prüfung vor Ort vornehmen (§ 274 VAG) sowie alle geeigneten Anordnungen treffen (§ 275 VAG), um allfällige Defizite zu beheben. Das geht bis hin zu einem Entzug der Konzession (§ 285 VAG). Selbstverständlich gibt es

---

55 Siehe *Korinek* in *Korinek/G. Saria/S. Saria,* VAG § 275 Rz 21.

auch umfassende Melde- und Berichtspflichten seitens der beaufsichtigten Institutionen. Flankiert werden die Befugnisse der FMA und die korrespondierenden Pflichten der Institute durch **Strafbestimmungen** im 13. Hauptstück des VAG. Die Strafen können beachtliche Ausmaße annehmen und sowohl die verantwortlichen natürlichen Personen (§ 322 VAG) als auch das Institut selbst (§ 323 VAG) treffen.

Die skizzierte Aufsicht ist durch die Solvabilität II-RL 2009/138/EG – und einige darauf basierende weitere unionsrechtliche Rechtsakte – weitgehend europäisiert. Darüber hinaus sorgen die europarechtlichen Vorgaben für eine reibungsfreie zwischenstaatliche Tätigkeit, wie sie von den Grundfreiheiten vorgegeben wird. Kern sind zwei Schlagworte, die eine europaweite Versicherungstätigkeit ohne Hürden ermöglichen: **Single licence** bedeutet, dass ein Versicherer seine Produkte innerhalb der ganzen EU anbieten kann, wenn er in einem Staat (= von einer Aufsichtsbehörde) zugelassen wird. **Home country control** stellt sicher, dass ein in verschiedenen Staaten tätiger Versicherer (nur) von der Behörde seines Sitzlandes kontrolliert wird. Diese Prinzipien werden durch koordinierende Vorschriften flankiert. **1.86**

Zur Sicherstellung einer möglichst einheitlichen Anwendung europarechtlicher Aufsichtsregeln, zur Koordinierung und zur Vorbereitung von europäischen Rechtsakten wurde außerdem eine Europäische Aufsichtsbehörde eingerichtet (European Insurance and Occupational Pensions Authority, EIOPA).

3. Vertragsrechtliche Anordnungen

Das VAG enthält allerdings nicht nur aufsichtsrechtliche Normen, sondern auch Anordnungen, die unmittelbar in den Versicherungsvertrag einfließen. Das ist auf den ersten Blick überraschend: Das Versicherungsaufsichtsrecht dient zwar dem Kundenschutz (vgl § 267 Abs 1 VAG), es regelt aber eben doch primär das Verhältnis von Aufsichtsbehörde (FMA) zur beaufsichtigten Institution (Versicherer).[56] Mit anderen Worten: Der Kunde kann sich grundsätzlich nicht direkt auf eine aufsichtsrechtliche Bestimmung berufen. **1.87**

> Das aufsichtsrechtliche Eigenmittelerfordernis für Versicherer dient zwar dem Kundenschutz, der einzelne VN kann es aber natürlich nicht einklagen. Vielmehr ist es Aufgabe der FMA, auf die Einhaltung zu achten. Dafür stehen ihr zahlreiche behördliche Befugnisse offen (vgl das 11. und das 13. Hauptstück des VAG).

Vor allem im 6. Hauptstück des VAG („Informationspflichten und Wohlverhaltensregeln beim Versicherungsvertrieb") finden sich allerdings Regeln, die nach heute überwiegender Auffassung sehr wohl auch Bedeutung für das Vertragsrecht haben, was mit der **Ausstrahlungstheorie** erklärt wird.[57] Die aufsichtsrechtlichen Normen sind demnach zwar nicht unmittelbar anwendbar, sie sind aber bei der Lösung zivilrechtlicher Probleme zu berücksichtigen. Das überzeugt auch mit Blick auf die europarechtliche Herkunft der Bestimmungen, wo es keine so strenge Fächertrennung gibt.

---

56 Siehe *Oppitz*, Kapitalmarktaufsicht 425 ff.
57 *Oppitz*, Kapitalmarktaufsicht 429 ff; siehe auch *Knobl*, ÖBA 2018, 460 (473).

Kap 1 Grundlagen

Die dargestellte Theorie ist flexibel genug, um überzeugende Ergebnisse zu liefern: Erteilt der Versicherer zB die in § 130 VAG vorgeschriebenen Informationen nicht oder berät er fehlerhaft (vgl § 132 VAG), kann dies nicht nur von der FMA geahndet werden. Vielmehr sind auch schadenersatz- (§ 1311 ABGB) und irrtumsrechtliche (§ 871 Abs 2 ABGB) Konsequenzen denkbar.

C. Vermittlerrecht

Literatur: *Fenyves/Koban/Perner/Riedler* (Hrsg), Die Umsetzung der IDD in das österreichische Recht (2019).

1.88 Wie bereits erwähnt, spielen Versicherungsvermittler eine entscheidende Rolle beim Abschluss von Versicherungsverträgen. Das hängt mit der Eigenart der Versicherung als Rechtsprodukt zusammen: Der Kunde benötigt jemanden, der ihn auf Augenhöhe des Versicherers bringt. Versicherungsvermittlung ist daher mit einer **großen Verantwortung** verbunden. Der Vermittler muss eine Beratungstätigkeit in einem Bereich erbringen, der sehr oft große Bedeutung für den Kunden hat.

> A schließt eine Lebensversicherung ab, um seine Familie im Todesfall abzusichern; B schließt eine Betriebsversicherung, um sein Unternehmen gegen Elementarrisiken abzusichern; C schließt eine Haftpflichtversicherung für Risiken aus ihrer beruflichen Tätigkeit. Stets kann der Unterschied zwischen einer guten und einer schlechten Versicherung große wirtschaftliche Konsequenzen haben.

1.89 Versicherungsvermittler haben darüber hinaus beim **grenzüberschreitenden Versicherungsvertrieb** eine besondere Bedeutung. Indem sie ausländische Produkte in ihre Produktpalette aufnehmen, verbessern sie die eigene Beratungsleistung. Versicherer müssen umgekehrt kein eigenes Vertriebsnetz mit eigenen Mitarbeitern aufbauen, wodurch der Vertrieb ins Ausland günstiger wird. Zugleich steigt der Wettbewerb und das Gesamtangebot für die Kunden verbessert sich.

> Versicherer A hat seinen Sitz in Spanien, wo er fondsgebundene Lebensversicherungen anbietet. Die Dienstleistungsfreiheit ermöglicht ihm, sein Angebot auf die ganze EU auszuweiten, was zu günstigeren Tarifen führt, weil er seine Einmalkosten verteilen kann. Ein deutscher Kunde muss von dem Angebot allerdings erst erfahren. Versicherungsmakler können hier ein wichtiges Bindeglied sein.

1.90 Die EU hat daher ein Interesse an gemeinsamen Standards in der Versicherungsvermittlung. Mit der **Versicherungsvertriebs-RL** 2016/97/EU (Insurance Distribution Directive, IDD) hat sie einen Rechtsakt geschaffen, der das Recht der Versicherungsvermittlung europaweit regelt, indem er Mindeststandards aufstellt, die das Vertrauen der Kunden stärken und den grenzüberschreitenden Versicherungsvertrieb weiter fördern sollen.

Ein Kerngedanke der Regelung ist, dass es Qualifikationen braucht, um den Beruf des Versicherungsvermittlers ausüben zu dürfen. Es gibt ein eigenes **Berufsrecht** der Versicherungsvermittler, das – in Umsetzung der europäischen Vorgaben – in der Gewerbeordnung (§§ 137 ff GewO) geregelt ist. Dadurch wird sichergestellt, dass nur solche Personen den Beruf ausüben, die dazu in der Lage sind.

VI. Einbettung in das Europäische Finanzmarktrecht

Die GewO legt zB die erforderliche fachliche Eignung und die Ausbildung fest, etabliert eine Weiterbildungsverpflichtung (15 Stunden pro Jahr), verpflichtet Versicherungsvermittler zu einer Haftpflichtabsicherung (insb Haftpflichtversicherung) etc.

Das Berufsrecht der Versicherungsvermittler ist nicht Gegenstand des vorliegenden Werks. Vermittler spielen in diesem Buch aber sehr wohl eine große Rolle, wenn es nämlich um den Abschluss des Versicherungsvertrags geht. Dabei stellen sich schwierige **zivilrechtliche Fragen** in einem versicherungsrechtlichen Gewand, etwa nach der Zurechnung von Wissen und Erklärungen, Botenschaft und allfälligen Vollmachten. Dafür wird auch die nähere Ausdifferenzierung von Versicherungsmaklern, Versicherungsvertretern und Agenten notwendig sein. All diese Fragen werden in den folgenden Kapiteln aufgegriffen.

1.91

2. Kapitel
Der Vertragsabschluss

Übersicht

	Rz
I. Grundlagen	2.1
II. Rechtsgeschäftliche Einigung	2.5
A. Konsens	2.5
B. Polizzenmodell	2.12
C. Genehmigungsfiktion	2.14
D. Vorläufige Deckung	2.16
III. Inhaltliche Passung	2.18
A. Grundlagen	2.18
B. Informationsblatt	2.23
C. Bedarfsprüfung	2.26
D. Beratung	2.30
E. Vorvertragliche Informationspflichten	2.33
F. Sanktionen	2.38
IV. Anzeigepflichten des Versicherungsnehmers	2.41
A. Grundlagen	2.41
B. Gegenstand der vorvertraglichen Anzeigepflicht	2.44
C. Rechtsfolgen der Anzeigepflichtverletzung	2.50
1. Rücktrittsrecht	2.50
2. Rücktrittsfolgen	2.57
3. Konkurrenzen	2.61
4. Prämienanpassung und Kündigung	2.63
V. Allgemeine Versicherungsbedingungen (AVB)	2.65
A. Grundlagen	2.65
B. Einbeziehung	2.69
C. Auslegung	2.73
D. Kontrolle	2.80
1. Grundlagen	2.80
2. Geltungskontrolle	2.83
3. Inhaltskontrolle	2.86
4. Transparenzgebot	2.94
5. Rechtsfolgen	2.99
6. Verbandsklage	2.103
VI. Rücktrittsrecht des Versicherungsnehmers	2.106
A. Grundlagen	2.106
B. § 5c VersVG	2.107
C. § 8 FernFinG	2.111
VII. Kommunikation der Vertragspartner	2.112
A. Grundlagen	2.112
B. Form	2.114
C. Elektronische Kommunikation	2.119
1. Grundlagen	2.119

           2. Vereinbarung elektronischer Kommunikation 2.121
           3. Folgen der Vereinbarung 2.123
    VIII. Dritte beim Vertragsabschluss 2.125
       A. Grundlagen 2.125
       B. Botschaft 2.129
       C. Stellvertretung 2.132
           1. Vertretungsmacht 2.133
               a) Organ 2.133
               b) Gesetz 2.134
               c) Rechtsgeschäft 2.136
               d) Gesetzliche Vollmachtsvermutung 2.138
           2. Offenlegung 2.141
           3. Rechtsfolgen 2.142
       D. Versicherungsvermittlung 2.145
           1. Grundlagen 2.145
           2. Kategorien 2.148
               a) Versicherungsvermittler 2.148
               b) Versicherungsagent 2.151
               c) Versicherungsmakler 2.154
               d) Berufsrechtliche Qualitätssicherung 2.156
           3. Informationspflichten 2.160
               a) Versicherungsvertragsinformationen 2.160
               b) Statusinformationen 2.162
           4. Bedarfsprüfung und Beratung 2.164
               a) Problemstellung 2.164
               b) Einfachagent 2.166
               c) Versicherungsmakler 2.168
               d) Echter Mehrfachagent 2.171
           5. Rechtsgeschäftliche Zurechnung 2.173
           6. Haftung 2.177
               a) Makler 2.178
               b) Agenten 2.181
               c) Haftpflichtabsicherung 2.185
           7. Statusunklarheiten 2.188

I. Grundlagen

2.1 Das VersVG ist zwar eine versicherungsvertragsrechtliche Kodifikation, es enthält aber keine flächendeckenden Bestimmungen über den Abschluss von Versicherungsverträgen. Fragen zu ihrem Zustandekommen werden über weite Strecken vom **ABGB** beantwortet. Viele Regeln, die beim Abschluss von Versicherungsverträgen beachtet werden müssen, sind daher bereits aus dem Zivilrecht bekannt.

> Die Geschäftsfähigkeit zum Abschluss eines Versicherungsvertrags ist ebenso wenig im VersVG geregelt wie die Anforderungen an eine Willenserklärung oder die Stellvertretung beim Abschluss des Vertrags. Anwendbar sind insb §§ 171, 865 ABGB (Geschäftsfähigkeit), §§ 861 ff ABGB (Willenserklärungen) und §§ 1002 ff ABGB (Stellvertretung).

2.2 In den genannten Fällen kommt man daher grundsätzlich ohne versicherungsrechtliches Spezialwissen aus. Ob ein Kauf-, Werk- oder Versicherungsvertrag abgeschlossen wird: Stets kommen dieselben ABGB-Bestimmungen zur Anwendung. Schon hier ist allerdings

Vorsicht vor zu generellen Aussagen geboten. Der hohe **Spezialisierungsgrad der Branche** und die Besonderheiten von Versicherungsverträgen als Rechtsprodukten werfen bei der Anwendung allgemeiner Bestimmungen viele spezielle Fragen auf.

Viele Kauf- und Werkverträge kommen ohne AGB aus, praktisch kein Versicherungsvertrag ohne AVB, die noch dazu meist – für AGB unüblich – die Hauptleistung definieren. AVB-Recht ist daher zwar in der Theorie bloß ein Anwendungsfall des AGB-Rechts, tatsächlich aber ein eigenständiger Bereich.

Die Besonderheiten von Versicherungsverträgen erklären auch die vertragsrechtlichen Spezialregeln im **VersVG,** die – wie erläutert – vorwiegend dem Kundenschutz dienen. Die Lösung von Fällen, bei denen Spezialregeln des VersVG anwendbar sind, stellt dabei vor besondere Herausforderungen, weil allgemeines Zivilrecht und VersVG zu beachten sind. 2.3

In OGH 7 Ob 100/11y hatte ein Kfz-Händler seinen Fuhrpark gegen Einbruchdiebstahl versichert. Dem Vertrag lagen die AVB des Versicherers zugrunde, die als Deckungsvoraussetzung vorsahen, dass die Kfz-Schlüssel in einem versperrten Tresor aufbewahrt werden. Nach Eintritt des Versicherungsfalls klagte der VN auf Deckung. Es stellte sich heraus, dass die Schlüssel in einem Behältnis verwahrt waren, das aus 1mm „dickem" Wellblech bestand und vom OGH daher nicht als „Tresor" qualifiziert wurde. Der Vertrag war von einem Versicherungsagenten vermittelt worden, der das Geschäftslokal – und damit auch das Behältnis – besichtigt, aber nicht auf die Notwendigkeit eines Tresors hingewiesen hatte.

Schuldete der Versicherer Deckung? Die Lösung (Rz 2.3, 2.175) setzt voraus, dass man die Sonderregeln zur Zurechnung von Agenten im VersVG kennt. Damit ist es aber nicht getan: Die Kenntnis des AGB-Rechts und der Grundsätze der Vertragsauslegung sind ebenfalls erforderlich, weil man ohne sie die Sonderregel nicht anwenden kann. Zu den schadenersatzrechtlichen Folgen einer Fehlberatung schweigt das VersVG als vertragsrechtliche Kodifikation weitgehend. Die Grundsätze der Haftung sind in §§ 1295 ff ABGB geregelt.

Die folgenden Ausführungen tragen diesem **Zusammenspiel von Zivil- und Versicherungsrecht** Rechnung. Der Schwerpunkt liegt auf den Sonderregeln, die allerdings stets unter Berücksichtigung der zivilrechtlichen Grundlagen dargestellt werden. Auf allgemein-zivilrechtliche Fragen – zB zu Willenserklärungen oder zum AGB-Recht – wird dort eingegangen, wo sie speziell für den Abschluss des Versicherungsvertrags eine Bedeutung haben. 2.4

II. Rechtsgeschäftliche Einigung

A. Konsens

Das Grundgerüst des Abschlusses von Versicherungsverträgen ist bereits aus dem Zivilrecht bekannt: Zwei Vertragsparteien – in unserem Fall Versicherer und VN – müssen Willensübereinstimmung (Konsens) über den Abschluss der Versicherung durch **Angebot** und deckungsgleiche **Annahme** erzielen (§ 861 ABGB). Einer besonderen Form bedarf es dafür nicht (§ 883 ABGB). Wie auch sonst, können die Erklärungen ausdrücklich oder konkludent (schlüssig, stillschweigend) erfolgen (§ 863 ABGB) und die Vereinbarung kann analog oder digital abgeschlossen werden. 2.5

Kap 2 Der Vertragsabschluss

> A vergleicht bei einem Versicherungsmakler die Vertragsbedingungen verschiedener Anbieter und entscheidet sich, beim Versicherer V ein verbindliches Angebot („Versicherungsantrag") zu stellen. V prüft den Antrag und sendet dem A die (antragsgemäße) Polizze zu. Er hat das Angebot durch eine schlüssige Erklärung (= Zusendung der Polizze) angenommen.
>
> Im Schlüsseltresor-Fall (Rz 2.3) ging der OGH offenkundig davon aus, dass die Parteien konkludent vom Erfordernis der Verwahrung im Tresor abgegangen sind, weil der (dem) Versicherer (zurechenbare Agent) bei der Besichtigung des „Behältnisses" nichts vom Erfordernis des Tresors erwähnte und daher nach Auffassung des Höchstgerichts mit der „aktuellen Verwahrung" einverstanden war.
>
> Kfz-Haftpflichtversicherungen werden zB häufig in der Zulassungsstelle eines Versicherers abgeschlossen, wo das Auto angemeldet wird. Selbstverständlich kann der Vertrag aber auch online oder telefonisch abgeschlossen werden.

2.6 Sowohl das Angebot als auch die Annahme sind – wie erwähnt – Willenserklärungen, die als solche (1) **bestimmt** sein müssen. Außerdem braucht es einen (2) **rechtsgeschäftlichen Bindungswillen** und die Erklärungen müssen (3) innerhalb der **Bindungsfrist** zugehen. Sind die Erklärungen (4) **deckungsgleich**, ist die Vereinbarung zustande gekommen.

Bei allen Fragen, die sich im Zusammenhang mit der Wirksamkeit und der Auslegung von Willenserklärungen stellen, ist dabei auf den **objektiven Erklärungswert** abzustellen. Es kommt daher auf das Verständnis eines redlichen Erklärungsempfängers in einer vergleichbaren Situation an (Vertrauenstheorie). Das betrifft die Frage, ob überhaupt eine verbindliche Erklärung vorliegt, wie lange sie gültig ist und wie eine Vertragsbestimmung zu verstehen ist (auch bei AVB, siehe Rz 2.74 ff).

> Der OGH musste in 7 Ob 79/16t klären, ob bei einer mehrtägigen Bergwanderung erlittene Erfrierungen „plötzlich" sind; nur dann wäre die Unfallversicherung deckungspflichtig. Zutreffend stellt er weder allein auf das Verständnis des Versicherers noch auf die Erwartung des konkreten VN ab. Relevant sei, womit der durchschnittliche Kunde nach den AVB rechnen dürfe.
>
> Beim Versicherer gehen zwei Angebote zum Abschluss einer Berufshaftpflichtversicherung zweier Geschäftskunden A und B ein. Prokurist P, der die Schadensabteilung leitet, verwechselt die beiden Angebote: Er lässt den Antrag As liegen, den er unterzeichnen wollte, unterschreibt stattdessen den Antrag Bs, den er ablehnen wollte und übersendet ihn an B. Der Vertrag mit B kommt zustande.

2.7 Angebote sind insb nur dann **bestimmt** und somit wirksam, wenn sie die wesentlichen Merkmale des Vertrags enthalten, sodass der andere Teil sie durch Zustimmung ohne Ergänzungen annehmen kann.[58] Bei einem Versicherungsvertrag bedarf es daher zumindest Klarheit über den gedeckten Bedarf und die Prämie.

> Ein „Online-Angebot" des Versicherers zum Abschluss einer günstigen Versicherung ist noch nicht wirksam, wenn der Kunde auf der Website erst die vertragswesentlichen Daten eingeben muss.

---

58 *Perner/Spitzer/Kodek,* Bürgerliches Recht[6] 58; für Versicherungsverträge *Schauer,* Versicherungsvertragsrecht[3] 69.

II. Rechtsgeschäftliche Einigung

Außerdem muss sich in einer Erklärung – Angebot oder Annahme – der rechtsgeschäftliche Abschlusswille (**Bindungswille**) deutlich zeigen. Das bedeutet, dass der Erklärende auch erkennbar zu einer vertraglichen Bindung bereit sein muss. **2.8**

> Sendet ein Versicherer ein Prospekt mit einem „Angebot" zum Abschluss einer Lebensversicherung, wird das meist bloße eine Einladung zu Verhandlungsgesprächen und kein verbindliches Angebot sein.
>
> Verabschiedet sich der Kunde aus den Vertragsgesprächen mit den Worten „Ich bin mit den Bedingungen einverstanden, aber bitte lassen Sie mich das noch einmal überschlafen.", so liegt (noch) kein Abschlusswille und damit keine Annahme vor.

Beide Erklärungen – Angebot und Annahme – werden erst wirksam, wenn sie dem Empfänger **zugehen**. Auch dieses Prinzip stammt aus dem Zivilrecht (vgl § 862a ABGB) und ist Ausdruck des Umstandes, dass eine Willenserklärung an jemanden gerichtet ist, von dem sie zur Kenntnis genommen werden soll. **2.9**

Einer tatsächlichen Kenntnisnahme bedarf es allerdings nicht, weil der Empfänger die Rechtswirkung einer Erklärung sonst einseitig bestimmen (und sogar verhindern) könnte. Vielmehr reicht es für den Zugang, wenn die Erklärung in den „Machtbereich" des Empfängers gelangt.[59] Auch hier ist im Lichte der Vertrauenstheorie auf den Zeitpunkt abzustellen, zu dem man vernünftigerweise mit dem Zugang rechnen konnte.

> Der Versicherer stimmt dem Angebot des A auf Abschluss einer Betriebshaftpflichtversicherung brieflich zu. Die Annahme geht zu, wenn A die Post tatsächlich liest. Sie geht aber auch zu, wenn A den Brief ungelesen wegwirft, weil er irrtümlich davon ausgeht, dass es sich um Werbung handelt.
>
> Hat der Versicherer per Mail am Montag, dem 15.9. um 22.30 Uhr angenommen, geht die Erklärung am Dienstag, dem 16.9. am Vormittag zu, weil erst dann damit gerechnet werden konnte, dass der Posteingang gelesen wird.

Das Zugangsprinzip ist beim Vertragsabschluss vor allem für die Annahme relevant, denn sie muss **rechtzeitig** – also während der Bindungsdauer des Angebotes – einlangen. Die Bindungsfrist kann der Angebotsteller primär selbst bestimmen („Ich bleibe Ihnen zwei Wochen im Wort."). Mangels einer expliziten Fristbestimmung bleibt der Antragsteller bei mündlichen Verhandlungen nur bis zum Gesprächsende gebunden. Bei schriftlichen Angeboten bleibt man so lange gebunden, bis man spätestens – unter Berücksichtigung von Postlauf und Überlegungsfrist – mit einer Antwort rechnen durfte (§ 862 ABGB).

> Hat A im Antrag festgehalten, dem Versicherer „bis zum 15.9. im Wort" zu bleiben, war die Annahme daher verspätet. Die Erklärung ist vielmehr ein Gegenangebot, das A innerhalb einer angemessenen Frist seinerseits annehmen kann.

---

59 Dazu *Bollenberger/P. Bydlinski* in *KBB*, ABGB[6] § 862a Rz 4f.

Kap 2 Der Vertragsabschluss

> **Praxishinweis**
> Die dargestellten Regeln über Zugang und Rechtzeitigkeit sind auch für Erklärungen im laufenden Vertragsverhältnis – zB frist- und termingebundene Kündigungen! – relevant, wo das Zugangsprinzip ebenfalls gilt.

2.10 Deckungsgleichheit der Erklärungen bedeutet, dass die **Annahme dem Angebot** tatsächlich auch **entsprechen** muss. Wenn dies nicht zu bejahen ist, liegt Dissens wegen Uneinigkeit vor und es ist kein Vertrag zustande gekommen.

> Hat sich der Versicherer mit der Bedenkzeit einverstanden erklärt und antwortet der Kunde am darauffolgenden Tag per Mail, dass er einverstanden sei, wenn er eine 5%ige Prämienreduktion bei Einziehungsermächtigung erhalte, deckt sich die Annahme nicht mit dem Angebot. Vielmehr liegt ein neues Angebot vor, das der VN annehmen müsste.

2.11 Haben die Parteien hingegen Konsens erzielt, ist der Vertrag zustande gekommen. Die Parteien sind dann – nach Ablauf der Rücktrittsfrist des § 5c (Rz 2.107 ff) auch der VN – an ihre Vereinbarung gebunden (pacta sunt servanda). Die oben erwähnte Bedeutung des objektiven Erklärungswerts bringt es freilich mit sich, dass eine Partei an eine Vereinbarung gebunden sein kann, die in dieser Form nicht erwünscht war.

> Der VN hat im obigen Bsp keine Deckung für Erfrierungen bei Bergwanderungen, auch wenn er es konkret glaubte; der Versicherer ist im obigen Bsp an den Vertrag mit B gebunden, obwohl er ihn nicht abschließen wollte.

Auch im Versicherungsvertrag hat die durch den normativen Konsens bewirkte Bindung beider Parteien Grenzen, die vor allem durch das **Irrtumsrecht** gezogen werden.[60] Bei beachtlichen Irrtümern (Geschäftsirrtümern) ist eine Anfechtung oder Anpassung der Vereinbarung unter den Voraussetzungen des § 871 ABGB daher innerhalb von drei Jahren ab Vertragsabschluss möglich. Listig verursachte Irrtümer können sogar ohne weitere Voraussetzungen und innerhalb von dreißig Jahren geltend gemacht werden. Auf das Recht der Irrtumsanfechtung können VN im Vorhinein außerdem nicht wirksam verzichten (§ 5 Abs 4).

> Der Versicherer, dessen Prokurist den „falschen" Antrag unterzeichnet hat, unterliegt einem Erklärungsirrtum, der eine Unterkategorie des Geschäftsirrtums und somit beachtlich ist. Allerdings müsste noch eine der drei Alternativvoraussetzung des § 871 ABGB vorliegen, damit der Vertrag gegenüber B angefochten werden kann: (1) Veranlassung des Irrtums durch B, (2) Der Irrtum hätte B offenbar auffallen müssen oder (3) der Irrtum wurde zumindest rechtzeitig aufgeklärt. Nur bei listiger Verursachung eines Irrtums beim Vertragspartner wird auf die Alternativvoraussetzungen verzichtet.

---

60 Dazu nur *Perner/Spitzer/Kodek*, Bürgerliches Recht[6] 97 ff.

B. Polizzenmodell

Literatur: *Sedrati-Müller/Lackner,* Die Reichweite von § 3 VersVG, ZVers 2019, 286.

Der Versicherungsvertrag kommt also durch Angebot und Annahme zustande. Welche **2.12**
der beiden Vertragsparteien den Antrag stellt, ist dabei – wie wir gesehen haben – nicht
entscheidend. In der Praxis läuft der Vertragsabschluss aber meist nach dem Polizzenmodell ab.[61] Der VN stellt ein Angebot, das der Versicherer anschließend durch Übermittlung der Versicherungspolizze annimmt. Decken sich die beiden Erklärungen, liegt
Konsens vor und die Vereinbarung kommt zustande.

> **Beachte**
>
> In der Praxis des Polizzenmodells spricht man vom „Angebot" des Versicherers, das aber keines
> im Rechtssinn ist. Das eigentliche Angebot wird als „Antrag" (des VN) bezeichnet und vom
> Versicherer anschließend angenommen.

> A schließt auf der Website eines Versicherers eine Unfallversicherung ab. Er gibt dazu auf der
> Online-Maske vertragswesentliche Daten ein, woraufhin die Prämie berechnet wird. Anschließend wird er aufgefordert, ein verbindliches Angebot (Versicherungsantrag) abzugeben. Sobald
> der Versicherer die (antragsgemäße) Polizze übermittelt (= Annahme), kommt der Versicherungsvertrag zustande.

Die Polizze (Versicherungsschein) ist in diesen Fällen Annahme des Angebots und **Beweisurkunde** zugleich. Wegen der typischen Komplexität und Bedeutung des Versicherungsvertrags für den Kunden hat sich der Gesetzgeber dafür entschieden, dass dem VN
eine solche vom Versicherer unterzeichnete Urkunde zu übermitteln ist (§ 3 Abs 1), die
den Vertragsinhalt vollständig wiedergeben muss.[62]

Die Vorschrift ist zwar abdingbar (§ 35 Satz 2), der Versicherer hat allerdings ohnehin
selbst ein Interesse daran, dem VN die Polizze zu übermitteln, um die damit verbundenen Wirkungen herbeizuführen. Auf vereinbarte Obliegenheiten kann er sich sogar nur
berufen, wenn dem VN „Versicherungsbedingungen oder eine andere Urkunde" zugegangen sind (§ 6 Abs 5).

Mit der Polizze hat auch der VN etwas „in der Hand", worauf er sich berufen kann. Da
die Polizze aber eben nur Beweisfunktion hat und es keine Formpflicht beim Abschluss
des Versicherungsvertrags gibt, sind **mündliche Zusagen** des Versicherers wirksam,
selbst wenn sie sich nicht in der Polizze finden.

> Bestätigt der Versicherer dem Kunden im „Schlüsseltresor-Fall" im Zuge der Besichtigung, dass
> sein Behältnis ausreicht, um Versicherungsschutz zu haben, so gilt diese mündliche Zusage und
> der VN kann sich auch dann auf die Vereinbarung berufen, wenn es sich um keinen „Tresor" im
> Sinne der AVB handelt. Er muss diese Zusage allerdings beweisen.

---

61 ErläutRV 1553 BlgNR 18. GP 12.
62 *Fenyves* in *Fenyves/Perner/Riedler,* VersVG § 3 Rz 2; *Sedrati-Müller/Lackner,* ZVers 2019, 286
(287).

2.13 Außerdem hat der Gesetzgeber in § 1a Abs 1 auf das Polizzenmodell reagiert. Um überlange Bindungsfristen für Kunden zu vermeiden, ordnet die Bestimmung an, dass die **Bindungsfrist** sechs Wochen nicht übersteigen darf, wenn das Angebot auf einem vom Versicherer verwendeten Formular gestellt wird. Eine längere Bindungsfrist ist nur rechtswirksam, wenn sie im Einzelnen ausgehandelt worden ist, was vor allem bei Geschäftskunden vorkommt, wo umfangreiche Risikoprüfungen notwendig sein können, nicht aber im Massengeschäft.[63] Im Verbrauchergeschäft wäre das allerdings ohnehin unzulässig: Gemäß § 6 Abs 1 Z 1 KSchG sind überlange Bindungsfristen nämlich absolut verboten und könnten daher nicht einmal im Einzelfall ausgehandelt werden.

C. Genehmigungsfiktion

Literatur: *Koziol*, Begünstigende Abweichungen im Versicherungsschein, JBl 1981, 574.

2.14 Das Konsenserfordernis bringt es mit sich, dass der Vertrag nicht zustande kommt, wenn die Annahme vom Angebot abweicht. Das ist konsequent und grundsätzlich nicht zu beanstanden, denn niemand soll in eine Vereinbarung gedrängt werden, die er nicht möchte. Im Zusammenhang mit dem Polizzenmodell könnte dies allerdings zu gefährlichen und unerkannten Deckungslücken führen.

> Friseur A stellt einen Antrag auf Betriebsunterbrechungsversicherung, der die AVB des Versicherers inkludiert, die ihm im Zuge der Vertragsgespräche vorgelegt wurden. Wie bei solchen Versicherungen üblich, werden in den AVB die versicherten Ereignisse aufgezählt, die zur Deckung des Unterbrechungsschadens führen, unter anderem Erkrankung, Unfall und gegen den VN verhängte Quarantäne. Der Versicherer übersendet A die von ihm unterzeichnete Polizze. Bei den versicherten Gefahren hat er allerdings – unter dem Eindruck der COVID-19-Pandemie – den Punkt „Quarantäne" gestrichen, was A, der die „Annahme" nicht mehr genau gelesen hat, nicht auffällt.
>
> Die beiden haben keine Willensübereinstimmung erzielt. Nach dem bisher Gesagten würde der Versicherer durch Zusendung der Unterlagen ein Gegenangebot stellen (= Deckung ohne Quarantäne). Die Einzahlung der Prämie ist keine Annahme *dieses* Angebots, weil der Versicherer ja nicht zweifelsfrei davon ausgehen kann, dass A die Abweichungen entdeckt hat. Kommt aber kein Vertrag zustande, fiele A bei einer Betriebsschließung auch wegen einer Erkrankung oder eines Unfalls um seinen Versicherungsschutz.
>
> Keine Probleme bereiten Abweichungen, die der Versicherer zugunsten des A trifft, zB wenn er einen Risikoausschluss streicht. Die Vereinbarung kommt dann mit dem für A günstigeren Inhalt zustande.

2.15 § 5 bezweckt, ungewollte Deckungslücken zum Schutz des VN zu vermeiden. Dazu muss die Bestimmung einen tatsächlich nicht bestehenden **Konsens fingieren.** Das kann nur funktionieren, indem der Vertrag entweder im Sinne der Annahme oder im Sinne des ursprünglichen Angebots zustande kommt. Beide Alternativen kennt das Gesetz:

Der Vertrag kommt im Sinne der – eigentlich abweichenden! – **Annahme** zustande, wenn der VN nicht innerhalb eines Monats in geschriebener Form (zB Mail oder Brief, siehe Rz 2.115f) widerspricht (§ 5 Abs 2). Die Voraussetzungen dafür, dass dem Schwei-

---

63 Vgl *Schauer*, Versicherungsvertragsrecht³ 71.

gen des VN eine so weitreichende Bedeutung beigemessen wird, sind allerdings sehr streng: Der Versicherer muss bei Übermittlung des Versicherungsscheins kumulativ (1) auf die genannte Rechtsfolge hinweisen, (2) diesen Hinweis auffällig hervorheben und (3) auf die einzelnen Abweichungen besonders aufmerksam machen (§ 5 Abs 2).

> Der Versicherer könnte zB in einem der Polizze vorangestellten Anschreiben formulieren: „Bitte beachten Sie: Wir haben die AVB-BUFT in Punkt 2 im Vergleich zu Ihrem Antrag angepasst (siehe Seite 1 der AVB-BUFT). Sollten Sie mit dieser Änderung nicht einverstanden sein, müssen Sie innerhalb von einem Monat ab Empfang dieses Schreibens in geschriebener Form (zB E-Mail) widersprechen." Markiert er auch die entsprechende Passage in den AVB (durchgestrichen), wären alle Anforderungen erfüllt.

Sind die genannten Voraussetzungen hingegen nicht erfüllt, kommt der Vertrag im Sinne des ursprünglichen – eigentlich in dieser Form nicht angenommenen! – **Angebots** zustande (§ 5 Abs 3). Das ist nicht nur der Fall, wenn der Versicherer überhaupt nicht über die Abweichungen informiert, sondern auch, wenn er nur eine der drei genannten Voraussetzungen nicht oder nicht vollständig erfüllt. Selbstverständlich ist in all diesen Fällen eine irrtumsrechtliche Anfechtung durch den Versicherer (Erklärungsirrtum) ausgeschlossen.

> **Beachte**
>
> Ist der Vertrag bereits vor Übersendung der Polizze zustande gekommen, kann eine solche Abweichung in der Polizze keinesfalls mehr zu Lasten des VN gehen. Er hat dann vielmehr einen Anspruch auf Ausfolgung der (vertragsgemäßen) Polizze.

D. Vorläufige Deckung

Literatur: *Jabornegg,* Die vorläufige Deckung (1992).

Stellt der VN einen Antrag auf Versicherungsschutz, wird er oft einen sofortigen Bedarf haben. Er möchte zB *jetzt* eine Kranken-, Unfall- oder Haushaltsversicherung schließen, sich gegen *aktuelle* Risiken aus seiner beruflichen Tätigkeit absichern etc. Das System des Polizzenmodells bringt es freilich mit sich, dass die Vereinbarung erst zustande kommt, wenn der Versicherer den Antrag annimmt – davor gibt es an sich auch keinen Versicherungsschutz. **2.16**

Diesem Problem entgegnen die Versicherer in der Praxis mitunter dadurch, dass sie **vorläufige Deckungszusagen** gewähren. Der Versicherer sagt dem Kunden eine antragsgemäße Gefahrtragung bis zu dem Zeitpunkt zu, zu dem er seine Entscheidung getroffen hat. Rechtsgeschäftlich gibt es bei einer solchen Vereinbarung nur insofern eine Besonderheit, als die Prämie für die vorläufige Deckung typischerweise bis zur Fälligkeit der Prämie aus dem beantragten Versicherungsvertrag (oder der Ablehnung) gestundet wird. Der Begriff der „Deckungszusage" ist daher auch irreführend, weil es nicht um ein einseitiges Rechtsgeschäft, sondern um einen eigenständigen – eben recht kurzen – Versicherungsvertrag geht.[64] Er mündet entweder in den „eigentlichen" Vertrag oder er wird

---

64 *Fenyves* in *Fenyves/Perner/Riedler,* VersVG § 1a Rz 37.

durch die ablehnende Entscheidung des Versicherers beendet. Aus der vorläufigen Deckungszusage ist aber kein Anspruch auf Abschluss des „eigentlichen" Versicherungsvertrags abzuleiten.[65]

2.17 Selbstverständlich ist der Versicherer zu einer vorläufigen Deckungszusage nicht verpflichtet, es gibt – auch hier – keinen Kontrahierungszwang. Potenzielle Kunden gehen allerdings oft von der Fehlvorstellung aus, bereits mit der Antragstellung auf einem Formblatt des Versicherers Versicherungsschutz zu haben.[66] Diesem Missverständnis kann mittels Aufklärung durch den Versicherer leicht vorgebeugt werden. **§ 1a Abs 2** verpflichtet den Versicherer daher zu einem solchen **Hinweis,** wenn der Kunde den Antrag „auf einem vom Versicherer verwendeten Formblatt" stellt. Damit ist die Fehlvorstellung behoben und der Versicherungsinteressent weiß Bescheid.

Unterlässt der Versicherer den Hinweis, verpflichtet ihn das **Gesetz** zur antragsgemäßen vorläufigen **Deckung** gegen Zahlung der für die Dauer der Deckung entsprechenden Prämie („Kurztarif"). Der Versicherungsschutz beginnt mit dem Zugang des Antrags beim Versicherer (zur Versicherungsvermittlung Rz 2.173 ff). Er endet entweder mit der Angebotsannahme (dann gibt es vertragliche Deckung), mit der Ablehnung oder mit dem Ende der Bindungsfrist des VN, weil er in den beiden letztgenannten Fällen kein berechtigtes Vertrauen mehr in eine Deckung haben kann. Das Gesetz verpflichtet den Versicherer nur dann nicht zur Deckung, wenn er das Risiko nach den für seinen Geschäftsbetrieb maßgebenden Grundsätzen überhaupt nicht versichert, was selten der Fall sein wird, weil die Regel von vornherein nur eingreift, wenn der Antrag auf einem vom Versicherer verwendeten Formblatt eingeht.

Diese Sanktion ist sinnvoll, weil es nach schadenersatzrechtlichen Gesichtspunkten nur den – in concreto unergiebigen – Vertrauensschaden (culpa in contrahendo) gäbe: Hätte der Versicherer nämlich pflichtgemäß aufgeklärt, hätte der Interessent auch keine Deckung gehabt, weshalb sie nach rein schadenersatzrechtlichen Grundsätzen nicht zustünde.

III. Inhaltliche Passung

Literatur: *Brandl,* Der Vertrieb von Versicherungen im Internet, VbR 2015, 16; *Brömmelmeyer,* Gläserner Vertrieb? – Informationspflichten und Wohlverhaltensregeln in der Richtlinie (EU) 2016/97 über Versicherungsvertrieb, r+s 2016, 269; *Fenyves,* Zivilrechtliche Probleme trotz Einhaltung der aufsichtsrechtlichen Vorgaben? VR 2019 H 3, 35; *Fenyves/Koban/Perner/Riedler* (Hrsg), Die Umsetzung der IDD in das österreichische Recht (2019); *Fenyves/Schauer* (Hrsg), Die neue Richtlinie über den Versicherungsvertrieb (IDD) (2017); *Hörlsberger,* Querverkäufe, ZVers 2018, 63; *Jabornegg,* Zur Umsetzung von Beratungspflichten für den Versicherungsvertrieb gemäß IDD, wbl 2017, 481; *Kath,* Information, Beratung und allgemeiner Wohlverhaltensgrundsatz beim Versicherungsvertrieb, ZVers 2018, 37; *Kronthaler,* Die Informationspflichten des Versicherers vor Vertragsabschluss nach dem VAG 2016 – Teil 1, ZFR 2016, 164; *Loacker,* Informed Insurance Choice? The Insurer's Pre-Contractual Information Duties in General Consumer Insurance (2015); *Perner,* Product Governance der Versicherer, ZFR 2019, 5; *Ramharter,* Die Umsetzung

---

65 Zutr *Jabornegg,* Vorläufige Deckung 38: kein Vorvertrag.
66 So ErläutRV 1553 BlgNR 18. GP 12.

der Versicherungsvertriebsrichtlinie (IDD) im VAG 2016, VR 2018 H 5, 32; *Reiff,* Die Richtlinie 2016/97 über Versicherungsvertrieb, r+s 2016, 593.

A. Grundlagen

Der Versicherungsvertrag kommt also – mit den dargestellten Besonderheiten – wie ein „normaler" Vertrag zustande. Selbstverständlich liegt es primär in der Hand der Parteien, eine Vereinbarung abzuschließen, die inhaltlich für beide Seiten passt. Von einem solchen Vertrag werden beiden Seite profitieren. Der Prozess des „Aushandelns" ist aber nicht derselbe wie bei einem körperlichen Produkt, bei dem der Kunde meist durch bloße Besichtigung auf Augenhöhe kommt und der Rest durch (B-2-C noch dazu zwingende) Gewährleistung bewerkstelligt wird. Der Charakter der Versicherung als Rechtsprodukt bedingt nämlich Anpassungen: Stellt man fest, dass die Versicherung schwer durchschaubar ist, liegt auf der Hand, dass der Kunde vor dem Vertrag ein erhöhtes **Informationsbedürfnis** hat.[67] Es liegt nahe, dass der Versicherer die Informationen – über das Produkt und sonstige Rahmenbedingungen des Vertrages – liefern muss. Er ist derjenige, der sie hat.

2.18

> Der Geschäftsführer eines Unternehmens kann die für ihn passende D&O-Versicherung nicht so einfach ermitteln, er ist auf Informationen des Versicherers angewiesen.

Mit Informationen allein ist es aber nicht getan, denn das Problem ist ja gerade, dass sie nicht leicht durchschaubar sind. Selbst die transparentesten Informationen lassen den typischen Kunden also oft noch fragend zurück.

2.19

> Der Geschäftsleiter eines vom Staat ausgegliederten Unternehmens kann noch so viele Informationen über D&O-Versicherungen haben: Ob ein solches Produkt wirklich für ihn passt, weiß er erst, wenn er abschätzen kann, ob sein Haftungsrisiko überwiegend aus der Amtshaftung oder aus einer allgemein-zivilrechtlichen Haftung herrührt.
>
> Ein Tierarzt kann bei Vorliegen vergleichender Informationen über Unfallversicherungen einschätzen, welches Produkt am besten ist. Ob eine Berufsunfähigkeitsversicherung für ihn aber besser geeignet wäre, steht auf einem anderen Blatt.

Neben dem formalen Informations- gibt es also auch einen inhaltlichen **Beratungsbedarf**.[68] Das ist – wie bereits eingangs erläutert – der Grund dafür, dass das Vermittlerwesen (dazu Rz 2.145ff) gerade im Versicherungsrecht besonders ausgeprägt ist. Kernaufgabe des Versicherungsvermittlers ist ja gerade die Beratung des Kunden. Der Gesetzgeber stellt aber sicher, dass auch im Direktvertrieb möglichst passende Produkte an den Kunden kommen und Fehlvertrieb vermieden wird.

Der Gesetzgeber stellt durch einen **mehrstufigen Prozess** sicher, dass der Kunde eine informierte Entscheidung für ein passendes Produkt treffen kann: In einer frühen Phase des Kundenkontakts und damit der Vertragsanbahnung soll eine Vergleichbarkeit der Produkte durch Basisinformationsblätter hergestellt werden. Mit Blick auf den an einer

2.20

---

67 Vgl nur *Dreher,* Versicherung als Rechtsprodukt 98ff.
68 *Jabornegg,* wbl 2017, 481 (486f) weist zutr auf den fließenden Übergang von Information und Beratung hin.

Versicherung interessierten Kunden muss die Passung des in Aussicht genommenen Produkts sichergestellt werden (Wunsch-und-Bedürfnis-Test). Schließlich kommt es zu vorvertraglichen Informations- sowie Beratungspflichten. Der Prozess ist in der Folge zu skizzieren, die Darstellung orientiert sich dabei am Modell des Vertragsabschlusses in der Praxis.

2.21 Der Versicherer wird sich nicht erst bei der Anbahnung des Kundenkontakts überlegen, für wen er seine Produkte konzipiert hat, sondern bereits bei der „Herstellung", was bei einem unkörperlichen Produkt mit der Konzeption der AVB gleichzusetzen ist. Dabei wird sich der Versicherer auch Gedanken über den Zielmarkt und den Vertriebsprozess machen. Dieser Prozess ist bei einem professionell agierenden Versicherer selbstverständlich. § 129 VAG verpflichtet den Versicherer dazu, ein solches internes Verfahren – das als **Product Governance** bezeichnet wird – zu implementieren und vor allem gegenüber der Aufsicht zu dokumentieren.[69] Die Verpflichtung ist allerdings nicht mit einer Inhaltsvorgabe zu verwechseln: Wie das Produkt aussieht und welchen Vertriebsweg der Versicherer wählt, bleibt ihm überlassen.

> Der Versicherer muss sich im Rahmen der Product Governance zB im Rahmen der Zielmarktdefinition überlegen, ob er selbstständig Tätigen eher Unfall- oder Berufsunfähigkeitsversicherungen anbietet (oder beides). Oft werden sich Entscheidungen betriebswirtschaftlich anbieten: Bei einfachen Produkten wird die Online-Direktvertriebsschiene dem (teureren) Vertrieb über Vermittler überlegen sein, während der Absatz über Vermittler bei komplizierten Produkten Fehlvertrieb vermeidet. Auch wenn diese Entscheidungen naheliegen, entscheidet aber immer noch der Versicherer als Unternehmer darüber.

2.22 Die Bestimmungen über Information und Beratung sind europarechtlicher Herkunft (IDD und Durchführungsverordnungen). Der österreichische Gesetzgeber hat sich für eine Umsetzung im **Aufsichtsrecht** entschieden (siehe das 6. Hauptstück im VAG: Informationspflichten und Wohlverhaltensregeln beim Versicherungsvertrieb).[70] Das ist insofern passend, als damit auf einer generellen Ebene angesetzt und die FMA frühzeitig eingebunden wird. Es darf allerdings nicht übersehen werden, dass die Bestimmungen eine ganz offenkundige Bedeutung für im **Zivilrecht** haben sollen (vgl in Deutschland etwa § 1a VVG). Die Pflichten sind daher nicht nur aufsichts-, sondern auch versicherungsvertragsrechtlicher Natur.[71]

B. Informationsblatt

Literatur: *Pscheidl*, „Beipackzettel" für Lebensversicherungen, VR 2014 H 4, 10; *Wendt/Wendt* (Hrsg), Kommentar zur PRIIP-Verordnung; *Wilgodzki*, Das Basisinformationsblatt für Versicherungsanlageprodukte nach der PRIIP-Verordnung (2021).

2.23 Informationen sollen dem VN als Entscheidungsgrundlage dienen. Sie erfüllen ihren Zweck daher nur, wenn sie inhaltlich richtig sowie transparent sind und vor der Ver-

---

69 Dazu *Perner*, ZFR 2019, 5.
70 Siehe *Ramharter*, VR 2018 H 5, 32 (36 ff).
71 Siehe nur *Kath*, ZVers 2018, 37 (57 f mwN); zur Vorgängerregel bereits *Kronthaler*, ZFR 2016, 164 (168 f).

tragsentscheidung des Kunden erteilt werden. Außerdem ist – für den Fall von Auseinandersetzungen – wichtig, dass sie dauerhaft dokumentiert sind.

Diesem Anliegen tragen **Produktinformationsblätter** Rechnung, die vom Versicherer zu erstellen sind. Grundgedanke solcher Informationsblätter ist es, dem VN zum frühestmöglichen Zeitpunkt einen Vergleich von Versicherungsprodukten zu ermöglichen. Daher sind sie in Aufbau, Layout und Inhalt standardisiert. Der Interessent soll das Dokument dadurch vor allem mit Informationsblättern anderer Versicherer vergleichen können.

Der Gesetzgeber differenziert dabei im Einzelnen zwischen Produktinformationsblättern, die „echte" Versicherungen betreffen[72] und solchen bei Versicherungsanlageprodukten,[73] bei denen etwas erhöhte Anforderungen an die Information – vor allem mit Blick auf das Veranlagungsrisiko – bestehen.

> Bei Versicherungsanlageprodukten steht die Kapitalbildung im Vordergrund. Der Fälligkeits- oder Rückkaufswert unterliegt Marktschwankungen. Das ist bei index- und fondsgebundenen Lebensversicherungen der Fall.

Das Informationsblatt dient dem unerfahrenen Kunden. Daher ist es schlüssig, dass der Gesetzgeber die Versicherung von Großrisiken ausnimmt (vgl § 133 Abs 2 VAG) und bei Versicherungsanlageprodukten Informationsblätter nur dann vorsieht, wenn sie Kleinanlegern angeboten werden (Art 5 VO EU 1286/2014).

Die gesetzgeberischen Vorgaben für **Struktur und Aufbau** der genannten Produktinformationsblätter sind äußerst engmaschig: Das Dokument muss kurzgehalten (max 3 A4-Seiten), eigenständig und gut leserlich sein. Es wird sogar vorgeschrieben, dass die Dokumente auch als Schwarz-Weiß-Ausdruck gut lesbar sein müssen. Um es den Versicherern einfacher und planbar zu machen, findet sich eine Abbildung für eine Vorlage der jeweiligen Informationsblätter im Anhang der jeweiligen Rechtsgrundlagen.[74]

2.24

Ein Informationsblatt soll und kann schon aufgrund der Kürze nur einen **ersten Eindruck** verschaffen. Zur Vermeidung von falschen Erwartungen muss das Dokument daher auch darauf hinweisen, dass die vollständigen Informationen in anderen Dokumenten (= in der Polizze und AVB) erteilt werden sowie dass es sich nicht um Werbematerial handelt.

2.25

---

72 Nicht-Lebensversicherungen: § 133 Abs 3 VAG und die Durchführungs-VO EU 2017/1469; Risikolebensversicherungen: § 135c Abs 3 VAG und der 7. Abschnitt LV-InfoV 2018.
73 VO (EU) 1286/2014 und die (delegierte) VO (EU) 2017/653. Treffend *Pscheidl*, VR 2014 H 4, 10: „Beipackzettel". Zur VO umfassend *Wendt/Wendt*, Kommentar zur PRIIP-Verordnung; *Wilgodzki*, Basisinformationsblatt.
74 Nicht-Lebensversicherungen: Anhang zur VO (EU) 2017/1469. Risikolebensversicherungen: Anlage 3 zur LV-InfoV 2018. Zum aufgrund der Berechnung der Risikoindikatoren etwas aufwändigeren Basisinformationsblatt bei verpackten Anlageprodukten siehe Anhang III VO (EU) 2017/653.

Die Kernaufgabe des Dokuments, einen prägnanten Überblick über das Produkt zu liefern, lässt sich bei manchen der vorgeschriebenen Informationspunkte[75] einfach bewältigen.

> Das Produktinformationsblatt muss die „Art der Versicherung" nennen. Das ist bei einer Einbruchdiebstahlversicherung die „Sachversicherung", bei einer Betriebsunterbrechungsversicherung zB die „Ertragsausfallversicherung", bei einer Unfallversicherung die „Personenversicherung". Beim Versicherungs*anlage*produkt erübrigt sich eine weitere Einordnung.

> Über die Prämienzahlungsweise und Prämienzahlungsdauer lässt sich ebenfalls leicht informieren (zB jährlich im Vorhinein); es kann auch ein Hinweis erfolgen, dass Abweichungen (zB monatliche Zahlung) im Einzelfall vereinbart werden können.

> Auch über die Laufzeit des Versicherungsvertrags, einschließlich Anfangs- und Enddatum sowie die Einzelheiten der Vertragsbeendigung kann man prägnant Auskunft geben. Bei Versicherungen, die Verbrauchern und Unternehmern angeboten werden (zB Einbruchdiebstahl), wird eine Differenzierung notwendig sein („Für Verbraucher gilt").

Bei der Umschreibung der Hauptleistung (Versicherungsdeckung, Ausschlüsse) sowie der Pflichten und Obliegenheiten des VN beginnt hingegen eine **schwierige Gratwanderung:** Das Dokument soll möglichst zutreffend sein, aber immer noch kurz und übersichtlich. Daher ist ein gewisser Mut zur Lücke erforderlich, zumal das Produktinformationsblatt ja nur eine allererste Orientierung geben soll. Die Frage, ob das Produkt tatsächlich zum Interessenten passt, ist im konkreten Kundenkontakt zu klären.

> Das Produktinformationsblatt kann (muss!) sich mit den wesentlichen Fragen der Versicherungsdeckung begnügen, auch wenn im Einzelfall eine nicht genannte Frage entscheidend sein kann.

> Der durch COVID-19 zum Thema gewordene Fall der Betriebsunterbrechung selbstständig und freiberuflich Tätiger zeigt dies: Das Informationsblatt ist nicht zu beanstanden, wenn es (1) darauf hinweist, dass der durch eine gänzliche oder teilweise Unterbrechung des versicherten Betriebes verursachte Schaden ersetzt wird, wenn die Unterbrechung auf Arbeitsunfähigkeit des VN oder einen Sachschaden im Betrieb zurückgeht, (2) die wichtigsten Risikoausschlüsse aufzählt und (3) Pflichten vor sowie nach dem Versicherungsfall (Anzeige- und Meldepflichten, Schadenminderung etc) beschreibt.

> Ob auch eine gegen den Betrieb verhängte Quarantänemaßnahme gedeckt ist, ist eine Frage, die eher (wenn überhaupt) beim konkreten Beratungsgespräch zu verorten ist.

Beim **Versicherungsanlageprodukt** liegt der Schwerpunkt naturgemäß weniger auf den genannten versicherungsrechtlichen Fragen. Die Basisinformationen nehmen vielmehr auf den Charakter als komplexes Anlageprodukt Rücksicht.[76] Der Anleger soll nämlich einschätzen können, wie riskant das von ihm erworbene Produkt ist. Daher erfolgt bei komplexen Produkten ein Warnhinweis: „Sie sind im Begriff, ein Produkt zu erwerben, das nicht einfach ist und schwer zu verstehen sein kann." Anschließend sind Informatio-

---

75 Aufzählung in § 133 Abs 2 Z 1 bis 9 VAG (vgl auch § 135c Abs 3 VAG) sowie in Art 4 Abs 4 VO EU 2017/149. Siehe *Schweizer* in *Korinek/G. Saria/S. Saria*, VAG § 133 Rz 8 ff.
76 Vgl nur *Wendt/Wendt* in *Wendt/Wendt*, PRIIP-Verordnung Einleitung Rz 17.

III. Inhaltliche Passung

nen[77] über die (Verlust-)Risiken und Kosten sowie über Kündigungs- und Mindesthaltefristen zu liefern.

C. Bedarfsprüfung

Der durch Produktinformationsblätter ermöglichte Vergleich der Versicherungen ist naturgemäß grob und gibt nur eine allererste Orientierung. Das ist nicht zu beanstanden, sondern sogar gewollt: Die Erstinformation muss ja, um übersichtlich zu sein, kurz und abstrakt gehalten sein. Sie nimmt vor allem auf die Verhältnisse des konkreten VN keine Rücksicht. Welches Produkt passt, stellt sich erst im konkreten Kontakt der künftigen Vertragspartner heraus.

2.26

Bei diesem Prozess nimmt der Gesetzgeber den Versicherer stark in die Pflicht und berücksichtigt die Informationsasymmetrie zwischen den beiden Vertragspartnern: Der Versicherer muss nämlich die **Wünsche und Bedürfnisse** des VN eigens ermitteln und die entsprechenden Informationen aktiv[78] einholen (§ 131 VAG). Damit nicht genug: „Jeder von einem Versicherungsunternehmen angebotene Vertrag muss den Wünschen und Bedürfnissen des Versicherungsnehmers entsprechen" (§ 131 Abs 2 VAG). Damit soll Fehlvertrieb vermieden werden.

> **Hinweis**
>
> Dieser paternalistische Zugang ist eine Besonderheit des Finanzmarktes, auf dem unkörperliche Produkte angeboten werden. Er zeigt sich nicht nur bei Versicherungen. Bei Kreditverträgen muss der Kreditgeber etwa eine Bonitätsprüfung vornehmen, mit der festgestellt wird, ob sich der Kunde den Kredit leisten kann (§ 7 VKrG; § 9 HIKrG). Fällt die Prüfung negativ aus, darf der Kredit nach § 9 Abs 5 HIKrG nicht gewährt werden. Vergleichbare Pflichten gibt es bei körperlichen Sachen nicht, weil der Gesetzgeber davon ausgeht, dass sich der Kunde – im wahrsten Sinn – selbst ein Bild machen und einschätzen kann, ob er die Sache benötigt.

Damit der potenzielle VN weiß, an wen er sich – auch im Fall von Fehlern – wenden muss, wird der Versicherer bereits an diesem Punkt verpflichtet, Informationen über sich zu erteilen (Name, Anschrift des Sitzes und Rechtsform, siehe § 130 Abs 1 Z 1 VAG).

Die – subjektiven – Wünsche des VN werden sich in aller Regel bereits aus seiner Anfrage oder einem Erstgespräch ergeben. Schwieriger und entscheidender ist die Ermittlung des – objektiven – Bedarfs des VN.[79] Dabei geht es nämlich darum, dass der Versicherer mögliche **Fehlvorstellungen aktiv beseitigt.** Ihm wird im Vertragsabschlussprozess damit die Verantwortung übertragen, einen inhaltlich passenden Vertrag anzubieten. Der Prozess der Informationsbeschaffung (Beratungsgespräch, online etc) ist dem Versicherer dabei nicht vorgegeben, sondern „nur" das Ziel.[80]

2.27

Einige **inhaltliche Eckpunkte** der Bedarfsprüfung können in der Folge dargestellt werden: Der Versicherer muss zunächst auf die Komplexität des Produkts und auf die bei der Product Governance festgelegte Kundenkategorie Rücksicht nehmen (§ 131 Abs 1 Satz 2

2.28

---

77 Pointiert *Pscheidl*, VR 2014 H 4, 10 (11): „sieben Fragen zu Risiken und Nebenwirkungen".
78 *Leitner-Baier* in *Korinek/G. Saria/S. Saria*, VAG § 131 Rz 11 ff.
79 Zur Unterscheidung *Kath*, ZVers 2018, 37 (46).
80 *Leitner-Baier* in *Korinek/G. Saria/S. Saria*, VAG § 131 Rz 29.

VAG). Je komplexer das Produkt, desto intensivere Nachfrage und desto genauere Ermittlung des Bedarfs wird notwendig sein.[81] Je deutlicher der Kunde in die „richtige" Kategorie fällt, desto eher kann der Versicherer davon ausgehen, dass er das passende Produkt vertreibt.[82]

> Bei einer Kfz-Kaskoversicherung wird die Bedarfsermittlung für den Versicherer einfacher sein als bei einer D&O-Versicherung, bei der es stark auf das (erst zu ermittelnde) Haftungsrisiko des Organs ankommt.
>
> Hat der Versicherer eine Betriebsunterbrechungsversicherung für „Hotels" maßgeschneidert und wendet sich ein Betreiber an ihn, kann der Versicherer prima facie – und wenn die Product Governance sorgfältig war – davon ausgehen, dass das „richtige" Produkt nachgefragt wird.

Der Versicherer schuldet allerdings keine umfassende Bedarfsanalyse,[83] vielmehr geht es um eine Prüfung der Übereinstimmung von Wunsch und Bedarf.

> A ist Tierarzt und möchte sich gegen das Risiko seiner Arbeitsunfähigkeit absichern. Wendet er sich mit dieser Anfrage an den Versicherer V, muss V weder überprüfen, ob A auch eine Rechtsschutzversicherung für seine berufliche Tätigkeit bräuchte noch ob er eine Haushaltsversicherung für seine Privatwohnung benötigt.

Auch für die eigentliche Bedarfsanalyse lassen sich generelle Aussagen treffen: Eine Versicherung passt nicht schon deshalb, weil sie irgendein potenzielles Risiko abdeckt, wenn sie bei einer Ex-ante-Betrachtung grob lückenhaft ist und es Produkte gibt, die deutlich mehr Risiken abdecken.

> Tierarzt A wendet sich mit dem Wunsch nach einer Unfallversicherung an Versicherer V (vgl OGH 7 Ob 12/13k). Zwar kann ein Unfall die Arbeitsunfähigkeit bewirken, sodass eine Unfallversicherung nicht vollkommen unpassend ist. Allerdings können viele andere Gründe ebenfalls zur Arbeitsunfähigkeit führen, sodass die Deckung grob lückenhaft wäre. Daher sind Berufsunfähigkeits- oder Betriebsunterbrechungsversicherung für freiberuflich und selbstständig Tätige deutlich besser geeignet. Nur diese beiden Produkte entsprechen daher den Bedürfnissen As.

Ob die für den Vergleich heranzuziehenden Produkte aus dem eigenen Haus stammen oder von einem anderen Versicherer, ist bei der objektiven Bedarfsermittlung grundsätzlich nicht beachtlich (zur Versicherungsvermittlung durch echte Mehrfachagenten und Makler siehe unten Rz 2.168 ff, 2.171 f). Es geht bei der objektiven Bedarfsanalyse also nicht darum, welches Produkt eines konkreten Versicherers am besten zum Kunden passt, sondern ob sich eines seiner Produkte überhaupt eignet.

> Welche Versicherungen V im Angebot hat, ist bei der Bedarfsermittlung daher grundsätzlich unerheblich: Auch, wenn V gar keine Berufsunfähigkeits- oder Betriebsunterbrechungsversiche-

---

81 *Leitner-Baier* in *Korinek/G. Saria/S. Saria*, VAG § 131 Rz 26.
82 Zutr *Leitner-Baier* in *Korinek/G. Saria/S. Saria*, VAG § 131 Rz 27.
83 ErläutRV 26 BlgNR 26. GP 6; *Fenyves* in *Fenyves/Perner/Riedler*, VersVG § 1 Rz 28 f.

rungen anbietet, ändert das nichts daran, dass die Unfallversicherung inhaltlich nicht dem Absicherungsbedarf des A entspricht.

Bei den geeigneten Produkten kann es wiederum eine Bandbreite geben. Nicht nur der inhaltlich beste unter mehreren geeigneten Verträgen passt zum VN, sondern jeder Vertrag, der seinen Wünschen und Bedürfnissen überhaupt entspricht. Es gibt an dieser Stelle also keine Optimierungspflicht des Versicherers.

> V hat Unfall-, Berufsunfähigkeits- und Betriebsunterbrechungsversicherungen im Angebot. Während die Unfallversicherung nicht passt, sind die beiden anderen Produkte beide geeignet, auch wenn eines der beiden sich noch etwas besser eignet als das andere. Das kann etwa daran liegen, dass es ähnliche Risiken bei günstigerer Prämie oder mehr Risiken bei ähnlicher Prämie abdeckt.

Stellt sich bei der Bedarfsanalyse heraus, dass die Versicherung inhaltlich nicht passt, wird der Versicherer oft nicht gleich davon Abstand nehmen, ein Angebot zu machen. Er hat vielmehr verschiedene Möglichkeiten, eine inhaltliche Passung herbeizuführen.[84]

> Nach den AVB eines Einbruchdiebstahlversicherers ist der Diebstahl von Sachen, die in freistehenden Wertschutzschränken unter 1.000 kg verwahrt werden, nur gedeckt, wenn die Schränke verankert sind (vgl OGH 7 Ob 82/20i). Stellt sich bei der Bedarfsermittlung heraus, dass dies beim VN nicht der Fall ist, deckt das Produkt seinen aktuellen Bedarf nicht, weil ein entscheidender Bereich aus der Deckung ausgenommen ist, wodurch die Versicherung für den VN doch deutlich entwertet wird.
>
> Hat der Versicherer Produkte in seiner Palette, die eine Verankerung der Schränke nicht vorschreiben – zB zu höheren Prämien, mit Selbstbehalten oder niedrigeren, aber immer noch passenden Versicherungssummen –, könnte er diese anbieten.
>
> Der Versicherer könnte aber auch den umgekehrten Weg wählen und auf die Verankerungspflicht hinweisen. Weiß der VN nämlich, dass er seine Schränke verankern muss und ist er dazu bereit, dann entspricht die Versicherung seinem Bedarf.

Bei **Versicherungsanlageprodukten** – vor allem: index- und fondsgebundene Lebensversicherung – kommt es für die Frage der Passung vor allem auf das Anlageziel und das mit dem Produkt für den VN verbundene Risiko an. Nach § 135a Abs 1 VAG muss der Versicherer daher für den Wunsch-Bedürfnis-Test Informationen über anlagespezifische Kenntnisse und Erfahrung des VN, seine finanziellen Verhältnisse und seine Anlageziele (einschließlich Risikotoleranz) einholen. Auch hier dürfen nur geeignete Produkte vertrieben werden.

2.29

D. Beratung

Der Versicherer ist also verpflichtet, einen passenden Vertrag anzubieten. Der Gesetzgeber geht aber noch einen Schritt darüber hinaus. Nach § 132 Abs 1 VAG muss er – außer bei Großrisiken – auch eine **persönliche Empfehlung** an den VN richten, in der er erläutert, warum der empfohlene Vertrag am besten den Wünschen und Bedürfnissen des

2.30

---

84 Vgl *Leitner-Baier*, ZVers 2020, 324 (324f).

VN entspricht (für Versicherungsanlageprodukte siehe § 135a Abs 2 VAG). Damit ordnet der Gesetzgeber eine Beratungspflicht des Versicherers an, über die er den VN ebenfalls bereits beim Wunsch-Bedürfnis-Test informieren muss (§ 130 Abs 1 Z 1 VAG).

> V muss A also auch erläutern, dass und wieso eine Berufsunfähigkeits- oder Betriebsunterbrechungsversicherung sein Risiko besser abdeckt als eine Unfallversicherung.

Die Formulierung, dass der empfohlene Vertrag „am besten" entsprechen muss, klingt absolut und kann beim Direktvertrieb daher leicht Anlass zu Missverständnissen geben: Muss der Versicherer den Kunden etwa darüber aufklären, dass es bessere Angebote anderer Versicherer gibt? Die Frage stellen, heißt sie verneinen. Selbstverständlich ist der Versicherer nicht für einen Produktvergleich zwischen mehreren Anbietern verantwortlich, wie ihn etwa der Makler oder – innerhalb seiner Produktpalette – der Mehrfachagent schuldet.[85] Die Empfehlung kann sich also auf seine **eigenen Produkte** beschränken,[86] solange nur ein passendes dabei ist.

> Hat V nur Unfall- und Berufsunfähigkeitsversicherungen, aber keine Betriebsunterbrechungsversicherungen im Angebot, ist ein Vergleich zwischen den beiden Sparten anzustellen, die V im Angebot hat. Passt eine Berufsunfähigkeitsversicherung für A, muss V ihn nicht auch noch auf Betriebsunterbrechungsversicherungen hinweisen.

Aber auch innerhalb der eigenen Produktpalette muss der Versicherer – entgegen der wohl überwiegenden Auffassung[87] – nicht das allerbeste seiner Produkte anbieten, sondern eben nur eine **geeignete Versicherung**.[88] Mit dem Wortlaut des § 132 VAG ist diese Auslegung problemlos vereinbar, denn die Vergleichsgröße für das „am besten" geeignete Produkt könnte ja auch die Sparte sein. Dieses Verständnis überzeugt tatsächlich, auch im Privatversicherungsrecht gibt die Privatautonomie nach wie vor den Ton an: Es ist zulässig, hinsichtlich der Prämie zu differenzieren, ohne sich begründen zu müssen. Der Versicherer kann Sonder- oder Spezialangebote einzelnen Kundengruppen vorbehalten.

> V hat Betriebsunterbrechungs- und Berufsunfähigkeitsversicherungen. Eignet sich die zweite Kategorie besser als die erste, muss er dem A eine passende Berufsunfähigkeitsversicherung anbieten. Dass er parallel einem anderen Kunden eine gleich gute, aber günstigere Versicherung verkauft hat, muss er nicht begründen. Es gibt auch keine Vorschrift, wie er seine Versicherungen gestalten muss.
>
> Stellt Einbruchdiebstahlversicherer E fest, dass die Schränke des VN nicht verankert sind, kann er ein Produkt anbieten, das eine Verankerung der Schränke nicht vorschreibt – etwa zu höhe-

---

85 Krit zum Gleichsetzen der Vertriebskanäle bereits *Perner*, VR 2014 H 1, 30 (34f).
86 Vgl nur *Fenyves* in *Fenyves/Perner/Riedler*, VersVG § 1 Rz 28h; *Ramharter*, VR 2018 H 5, 32 (37); siehe auch *Leitner-Baier* in *Korinek/G. Saria/S. Saria*, VAG § 132 Rz 15.
87 Siehe etwa *Jabornegg*, wbl 2017, 481 (495); *Ramharter* in *Fenyves/Schauer*, IDD 143 (161); *Fenyves* in *Fenyves/Perner/Riedler*, VersVG § 1 Rz 28h; *Kath*, ZVers 2018, 37 (47), der den Versicherer beim Vertrieb mit einem Makler(!) vergleicht.
88 Daher trifft die Formulierung von *Jabornegg*, wbl 2017, 481 (492) zu, der meint, dass der Schritt vom Wunsch-Bedürfnis-Test zur Beratung nur noch „minimal" sei.

ren Prämien oder mit Selbstbehalten. Dass die Versicherung günstiger ist, wenn der VN seine Schränke verankert, muss er ihm nicht sagen.

Die Beratungspflicht schützt den VN, der Gesetzgeber drängt sie ihm aber nicht auf. Sie besteht daher nicht, wenn der VN in einer gesonderten Erklärung und aus freien Stücken auf die Inanspruchnahme einer Beratung **verzichtet** (§ 132 Abs 2 VAG; für Versicherungsanlageprodukte siehe § 135b VAG). Dem Verzicht muss eine Warnung vorausgehen, dass der Versicherer nicht beurteilen wird, ob der in Betracht gezogene Vertrag am besten seinen Wünschen und Bedürfnissen entspricht. Der Verzicht lässt also nur die Beratungspflicht entfallen, nicht aber den Wunsch-Bedürfnis-Test.[89] Damit verbleibt es bei der Verpflichtung des Versicherers, nur passende Verträge anzubieten. **2.31**

Hat V nur Unfallversicherungen im Angebot, dürfte er das Produkt dem A bei der vorliegenden Bedarfssituation nicht anbieten. Das ist allerdings nicht als Abschlussverbot zu verstehen: Wird A aufgeklärt und möchte er dennoch eine Unfallversicherung, können die beiden einen Vertrag eingehen.

Die dargestellten Pflichten gelten beim Direktvertrieb. Wird ein **Vermittler** eingeschaltet, muss dieser den Wunsch-Bedürfnis-Test sowie die Beratung übernehmen (siehe Rz 2.164ff); dafür ist er ja gerade da. Damit es zu keinen Verdoppelungen kommt, entfallen dann die Verpflichtungen des Versicherers (§ 131 Abs 3, § 132 Abs 3 VAG). **2.32**

E. Vorvertragliche Informationspflichten

Informationsblätter ermöglichen einen abstrakten Vergleich verschiedener Versicherungsprodukte. Wunsch-und-Bedürfnis-Test sowie Beratung sorgen dafür, dass dem konkreten VN auf nächster Stufe ein Vertrag angeboten wird, der inhaltlich passt. Vor seiner endgültigen Vertragsentscheidung – also in der Praxis: **vor Abgabe eines bindenden Angebots** – muss dem VN vom Versicherer schließlich noch eine Gesamtinformation über die Vertragsbedingungen übermittelt werden. Da es um eine informierte Entscheidung nach erfolgter Beratung geht, bestehen die Informationspflichten auch, wenn der Vertrag über einen Dritten (Versicherungsvertreter oder Makler) vertrieben wird. **2.33**

Die Informationen müssen nach der spartenübergreifenden Regel des § 128a Abs 1 VAG grundsätzlich auf Papier, transparent und – wenn sich der VN nicht ausdrücklich anders entschieden hat – auf Deutsch erteilt werden. Dass sie unentgeltlich sind, versteht sich von selbst. **2.34**

Viele Versicherungsverträge werden heute nicht in persönlicher Anwesenheit, sondern über das **Internet**[90] abgeschlossen.[91] Die Erteilung vorvertraglicher Informationen auf Papier wäre dann zwar nicht unmöglich, würde den Vertragsabschluss aber doch deutlich verkomplizieren. Der Gesetzgeber ermöglicht daher Alternativen für eine „fernkommu-

---

89 ErläutRV 26 BlgNR 26. GP 6.
90 Zum Internetvertrieb *Riedler* in *Fenyves et al*, Umsetzung der IDD 147; vgl bereits *Brandl*, VbR 2015, 16.
91 Zum „Telefonverkauf" siehe § 128a Abs 5 VAG iVm §§ 5 und 6 FernFinG.

nikationsgerechte" Informationserteilung auf einem (anderen) dauerhaften Datenträger (als Papier) oder über eine Website (vgl auch § 7 FernFinG).

Dauerhafter Datenträger[92] ist nicht nur etwas „Greifbares" (USB-Stick), sondern auch ein E-Mail (mit PDF-Anhängen), weil es die unveränderte Wiedergabe und Speicherung der enthaltenen Informationen ermöglicht. Voraussetzung der Zulässigkeit dieser Informationserteilung ist, dass der VN nachweislich regelmäßig Internetzugang hat (§ 128a Abs 3 VAG). Der Nachweis ist bereits dann erbracht, wenn der VN eine E-Mail-Adresse bekanntgegeben hat. Außerdem müssen die Parteien elektronische Kommunikation iSd § 5a vereinbart haben (siehe Rz 2.121 ff) und der VN muss der Alternative zur Informationserteilung auf Papier zugestimmt haben.

Unter ähnlichen Voraussetzungen können die Informationen über eine Website erteilt werden (§ 128a Abs 2 Z 2 VAG).[93] Zu beachten ist dabei stets, dass es um personalisierte Informationen geht, die nur für den Kunden (dauerhaft) abrufbar sein dürfen. Damit kommen vor allem Kundenportale mit personalisierten Zugangsdaten in Betracht.

Auch wenn die Voraussetzungen erfüllt sind, kann der VN später aber unentgeltlich eine Papierfassung verlangen (§ 128a Abs 4 VAG).

2.35 Der Versicherer muss dem VN also vor seiner Vertragserklärung eine **Gesamtinformation** in der skizzierten Art erteilen. Die folgenden Regeln über die Inhalte der geschuldeten Information sind ebenfalls spartenübergreifend, nur für die Lebensversicherung gibt es Ergänzungen und Sonderregeln (§ 135c VAG).

Einige Informationen hat der VN zwar bereits, sie müssen allerdings noch einmal im Dokument enthalten sein. Dazu zählt die nach § 130 Abs 1 Z 1 VAG bereits vor dem Wunsch-Bedürfnis-Test geschuldete Information über den Vertragspartner. Andere Informationen wurden ebenfalls bereits erteilt, ihre Wiederholung wäre aber sinnlos. Dazu zählt etwa die Information darüber, dass der Versicherer Beratungsleistung vor dem verbindlichen Angebot schuldet (§ 130 Abs 1 Z 1 lit b VAG; diese Information muss von vornherein nicht erfolgen, wenn der Vertrag über einen Vermittler vertrieben wird). Schließlich verfügt der VN bereits über das Produktinformationsblatt. Manche der dort enthaltenen Informationen werden allerdings nun konkretisiert und sind daher in personalisierter Form zu erteilen.

A schließt eine Einbruchdiebstahlversicherung für seine betrieblich genutzten Lagerräume. Im Produktinformationsblatt, das ihm ausgehändigt wurde, fand sich bei der „Prämienzahlungsweise" ein Hinweis auf mögliche abweichende Vereinbarungen, die dann auch getroffen wurden. Bei „Vertragsbeendigung" wurde zwischen Verbrauchern und Unternehmern differenziert. Beides ist nun zu konkretisieren. Selbstverständlich sind auch sonstige Vertragsinformationen richtigzustellen, wenn es im Zuge der Verhandlungen zu Anpassungen gekommen ist (zB Streichung eines Risikoausschlusses, der im Produktinformationsblatt noch enthalten war oder Aufnahme eines Ausschlusses, der sich nicht fand).

---

92 Zum Begriff ausf *Spitzer/Wilfinger*, ÖBA 2017, 230 (231 f).
93 *Riedler* in *Fenyves et al*, Umsetzung der IDD 147 (157 ff).

Darüber hinaus sind für den Streitfall relevante Verfahren und Stellen zu nennen (**verfahrensbezogene Informationen**). Dazu gehört zunächst, dass der Versicherer die zuständige Aufsichtsbehörde nennen muss (§ 130 Abs 1 Z 2 VAG). Das ist für österreichische Versicherer die FMA, bei ausländischen Versicherern ist neben der FMA auch die Heimatbehörde zu nennen, die weiterhin maßgebende Aufsichtsbefugnisse ausübt (home country control). Bevor es zu einem Gerichtsstreit kommt, gibt es verschiedene (fakultative) Mechanismen der Streitbeilegung, über die zu informieren ist (§ 130 Abs 1 Z 3 und 4 VAG).[94]

Außerdem ist eine **vertriebsspezifische Information** zu erteilen: Der Versicherer muss die Art der Vertriebsvergütung, die die Angestellten des Versicherungsunternehmens im Zusammenhang mit dem Versicherungsvertrag erhalten, offenlegen. Das betrifft insb auch Abschlussvergütungen, die an Angestellte ausbezahlt werden (§ 133 Abs 2 Z 12 VAG). Im Fall einer Versicherungsvermittlung bestehen spezifische Offenlegungspflichten hinsichtlich der Vergütung, die aber den Vermittler treffen (Rz 2.158 f).

Die meisten der vorgeschriebenen **produktbezogenen Informationen** erhält der VN bereits mit dem Produktinformationsblatt (vgl § 133 Abs 3 VAG). Jedenfalls kommen aber noch hinzu: Eine Information über die Umstände, unter denen der VN den Abschluss des Versicherungsvertrages widerrufen oder von diesem zurücktreten kann und die Modalitäten der Ausübung des Widerrufs- oder Rücktrittsrechts (Abs 1 Z 10) sowie das auf den Versicherungsvertrag anwendbare Recht (Abs 1 Z 11).

Wie bei vielen versicherungsaufsichtsrechtlichen Schutzbestimmungen, macht der Gesetzgeber auch hier eine Ausnahme für **Großrisiken**: Der Versicherer muss nur über seine Identität informieren, sonstige Pflichten entfallen (§ 130 Abs 4 bzw § 133 Abs 2 und 5 VAG). Ist der Großrisiko-VN eine natürliche Person, muss er aber über die genannten Beschwerdestellen sowie über das anwendbare Recht informiert werden.

Wird der Vertrag unter ausschließlicher Verwendung von Fernkommunikationsmitteln – insb online – abgeschlossen und ist der VN Verbraucher, gibt es noch zusätzliche Informationspflichten des Versicherers nach **§ 5 FernFinG** (Vertriebsinformationen).

Der Versicherungsvertrag kommt zwar mit dem Vertragsabschluss als „Einmalereignis" zustande. Als Dauerschuldverhältnis kann er sich aber später ändern. Möchte der Versicherer den **laufenden Vertrag** anpassen, muss er hinsichtlich der von der Änderung betroffenen Punkte auch mit Blick auf die Informationen dasselbe Procedere durchlaufen wie beim erstmaligen Vertragsabschluss. Die Informationserteilung auf einem anderen Medium als Papier (E-Mail etc) ist nur bei Vereinbarung elektronischer Kommunikation (dazu Rz 2.121 f) möglich. **2.36**

> Der Versicherer möchte dem laufenden Vertrag neue AVB zugrunde legen, die zB einen zusätzlichen Risikoausschluss oder geänderte Obliegenheiten enthalten. Er hat den VN darüber wie vor dem erstmaligen Vertragsabschluss zu informieren.

Manche Informationspunkte können sich ändern, ohne dass es dafür einer Zustimmung des VN bedarf. Der Versicherer muss dann über die Veränderungen im Vertragsverhältnis informieren, auch wenn es keiner Zustimmung des VN bedarf.

---

94 Siehe *Schöppl* in *Korinek/G. Saria/S. Saria,* VAG § 130 Rz 10.

Ändert sich Name, Anschrift oder Sitz des Versicherers (oder der zuständigen Niederlassung), ist eine Information nach § 130 Abs 3 VAG zu erteilen.

§ 133 Abs 4 VAG verpflichtet den Versicherer zur Information über Änderungen der Prämienzahlungsweise und -dauer sowie der Laufzeit des Versicherungsvertrags. Das setzt voraus, dass eine solche Änderung (allenfalls kraft Gesetzes, vgl § 14 Abs 2 KHVG) überhaupt zulässig ist. Eine einseitige Änderung durch bloße „Information" wäre selbstverständlich unwirksam.

2.37 Eine besondere Informationspflicht besteht nach § 134 VAG, wenn der Versicherer einen **Querverkauf** anstrebt.[95] „Cross-Selling" kommt in zwei Formen vor: (1) Die Versicherung wird mit anderen Versicherungsprodukten vertrieben. (2) Die Versicherung wird mit anderen Waren oder Dienstleistungen gekoppelt, die keine Versicherungsprodukte sind.

Ein Bsp für die erste Gruppe liegt vor, wenn der Kfz-Versicherer zusätzlich zur Haftpflicht- auch eine Kasko- oder Rechtsschutzversicherung anbietet. In die zweite Gruppe fällt, wenn zum Handy eine passende Versicherung verkauft wird oder, wenn zusätzlich zur Rechtsschutzversicherung auch Rechtsberatungsleistungen angeboten werden.

Die erste Gruppe ist von § 134 VAG von vornherein nicht erfasst (Abs 5). In der zweiten Gruppe bestünde eine Verpflichtung des Versicherers, die Bestandteile getrennt anzubieten, wenn die Versicherung das Nebenprodukt ist (Abs 3). Die Regel hat für Versicherer in der Praxis aber keine Bedeutung, weil sie ohnehin keine versicherungsfremden Geschäfte betreiben dürfen (§ 6 Abs 3 VAG).[96] Daher bleibt es bei der Situation, in der der Versicherer die Versicherung als Hauptprodukt (Rechtsschutz) und zusätzlich ein zulässiges Nebenprodukt (eingeschränkte Rechtsberatung) anbietet. Die dann einschlägigen Pflichten sind aber sehr bescheiden, denn der Versicherer muss den Kunden letztlich nur darüber informieren, ob die Bestandteile getrennt voneinander erworben werden können.[97] Ist dies nicht der Fall, gibt es keine weiteren Verpflichtungen.

F. Sanktionen

Literatur: *Fletzberger*, Verwaltungsstrafen gegen juristische Personen im Finanzmarktrecht, ZFR 2020, 597.

2.38 Hält sich ein Versicherer nicht an die dargestellten Regeln, stellt sich die Frage nach den Rechtsfolgen. Dabei ist natürlich primär nicht an vorsätzliche Pflichtverletzungen, sondern an „unabsichtliche" – also fahrlässige oder sogar unverschuldete – Verstöße zu denken.

Bei der Bedarfsermittlung wird auf einen wesentlichen Punkt vergessen, die übermittelten Informationen sind aufgrund eines internen Fehlers unvollständig etc.

---

95 Dazu *Hörlsberger*, ZVers 2018, 63.
96 ErläutRV 26 BlgNR 26. GP 7. Vgl *Pfleger* in Korinek/G. Saria/S. Saria, VAG § 134 Rz 15: Bedeutung für Versicherungsvermittler.
97 *Hörlsberger*, ZVers 2018, 63 (63 f).

2.39 Für die Konsequenzen kommen zwei verschiedene Schienen in Betracht: Einmal geht es darum, dass der Versicherer sein Verhalten für die Zukunft anpasst, wenn es um systematische oder zumindest häufige Fehler geht. Dieser Punkt ist Thema für die **Versicherungsaufsicht,** die im Rahmen ihrer Aufsichtstätigkeit allfällige Defizite beheben soll (siehe vor allem das 11. Hauptstück des VAG). Die FMA hat daher vor allem das künftige Marktverhalten des Versicherers im Blick.

Auch die aufsichtsrechtlich in Betracht kommenden **Verwaltungsstrafen** betreffen daher primär strukturelle (jedenfalls aber schuldhafte) Pflichtverletzungen, zumal sich die Strafdrohungen nicht gegen alle bei der Versicherung tätigen Personen richten, sondern nur gegen Verantwortliche iSd § 9 VStG (§ 322 Abs 1 und 2 VAG). Das ist neben dem vertretungsbefugten Organ (Vorstand) etwa die für die Einhaltung der dargestellten Regeln bestellte Person („Compliance-Beauftragter"). Bei einem Verstoß durch Führungspersonen können auch Strafen gegen die juristische Person – also den Versicherer selbst – verhängt werden[98] (§ 323 Abs 1 und 2 VAG).

> **Hinweis**
>
> Dass es dem Gesetzgeber um das Abstellen schwerer Pflichtverletzungen geht, zeigen auch die Strafdrohungen. Verantwortlichen Personen drohen bis zu 70.000 Euro Geldstrafe (§ 322 Abs 1 VAG), bei Verstößen im Zusammenhang mit dem Vertrieb von Versicherungsanlageprodukten sogar 700.000 Euro (§ 323 Abs 2 VAG). Gegenüber dem Versicherer können nach § 323 Abs 3 VAG überhaupt bis zu 5 Mio Euro oder bis zu 5% des jährlichen Gesamtumsatzes an Strafe verhängt werden (je nachdem, welche Summe höher ist). Sollte sein Nutzen oder der vermiedene Verlust darüber hinausgehen, kann die Strafe noch höher ausfallen.

2.40 Von einer solchen Verhaltenssteuerung für die Zukunft hat ein einzelner VN, bei dem der Fehler bereits passiert ist, wenig. Für ihn wird sich die Frage nach den Sanktionen für sein Rechtsverhältnis mit dem Versicherer stellen. Damit ist das **Zivilrecht** angesprochen.[99]

Manche Pflichtverletzungen haben aufgrund der bereits erörterten Regeln über das Zustandekommen von Verträgen eine zivilrechtliche Auswirkung. Das gilt im Besonderen für Produktinformationen, die keine Auskünfte über Tatsächliches sind, sondern Vertragsbestandteil werden sollen. Das setzt voraus, dass man sie vereinbart.

> Findet sich ein vom Versicherer gewünschter Risikoausschluss weder im Produktinformationsblatt noch in den AVB, ist er nicht vereinbart.
>
> Praktisch relevant sind die Konstellationen, in denen sich die „Informationen" nur in AVB finden, die dem VN vor seiner Vertragserklärung vorgelegt werden. Sie sind dann zwar vereinbart, allerdings kann der Umstand, dass sie nur in den AVB vorkommen, Auswirkungen auf die AVB-Kontrolle (dazu unten) haben. So müsste sich etwa ein zentraler Risikoausschluss im Produktinformationsblatt finden. Ist dies nicht der Fall, könnte die AVB-Klausel dann „überraschend" iSd § 864a ABGB sein.

---

98 Zu Verwaltungsstrafen gegen juristische Personen im Finanzmarktrecht *Fletzberger*, ZFR 2020, 597.
99 Vgl auch *Leitner-Baier* in Korinek/G. Saria/S. Saria, VAG § 131 Rz 56 und § 132 Rz 36.

Kap 2 Der Vertragsabschluss

Ein Fehler bei Information, Bedarfserhebung oder Beratung kann aber auch dazu führen, dass der VN einem **Irrtum** unterliegt, der eine Vertragsanfechtung (im Ausnahmefall eine Vertragsanpassung[100]) ermöglicht. Eine solche Fehlvorstellung wird vom Gesetzgeber nämlich stets als Geschäftsirrtum eingestuft (§ 871 Abs 2 ABGB). Allerdings sind alle sonstigen Voraussetzungen – insb die Kausalität des Irrtums – zu prüfen, weshalb die Geltendmachung eines Irrtums nicht in allen Fällen möglich ist.

> Erfolgt entgegen den dargestellten Vorschriften keine Information über die zuständige Aufsichtsbehörde oder über außergerichtliche Beschwerdestellen, wird der VN idR nicht anfechten können, weil diese Informationen meist keinen Einfluss auf die Vertragsentscheidung haben.
>
> Tierarzt A wird vom Versicherer V eine Unfallversicherung verkauft, obwohl auf Basis einer Bedarfserhebung eine Berufsunfähigkeits- oder Betriebsunfähigkeitsversicherung deutlich besser geeignet wäre. V hatte eine solche besser geeignete Versicherung auch in seiner Produktpalette. Wäre A korrekt aufgeklärt worden, hätte er wohl keinen Unfallversicherungsvertrag abgeschlossen. Er kann daher anfechten.
>
> Die Irrtumsanfechtung könnte sogar in Betracht kommen, wenn ein an sich passendes Produkt vertrieben wird: Informiert der Versicherer etwa nicht darüber, dass er dem für den Vertrieb zuständigen Mitarbeiter eine Abschlussprovision zahlt und hätte der VN das Produkt bei Kenntnis dieses Umstandes nicht erworben, kann er anfechten.

Die Irrtumsanfechtung ist zwar ein geeignetes Mittel, um sich von einer nicht gewünschten (nicht passenden) Versicherung zu lösen, sie ist aber insb dort kein Allheilmittel, wo ein Schaden eingetreten ist, der über den Umstand hinausgeht, dass ein so nicht gewünschter Vertrag vertrieben wurde.

> Tierarzt A wird von der Irrtumsanfechtung nicht viel haben, wenn Berufsunfähigkeit eingetreten ist, die aber nicht auf einen versicherten Unfall zurückzuführen ist (vgl OGH 7 Ob 12/13k).

Da die genannten Bestimmungen unzweifelhaft nicht nur abstrakt dem Kundenschutz dienen (vgl § 267 Abs 1 VAG), sondern ihre Einhaltung auch den konkreten VN schützen soll, ist eine Pflichtverletzung ihm gegenüber rechtswidrig. Liegt auch ein Verschulden eines Mitarbeiters vor (§ 1299 ABGB: objektivierter Verschuldensmaßstab), das dem Versicherer zuzurechnen ist (culpa in contrahendo: § 1313a ABGB), kommen **Schadenersatzpflichten** des Versicherers in Betracht. Dabei ist vor allem auf eine genaue Kausalitätsprüfung zu achten: Zu ersetzen ist der durch die Pflichtverletzung verursachte Schaden.

> Tierarzt A kann die Deckungslücke schadenersatzrechtlich beseitigen, wenn sie vom Versicherer rechtswidrig und schuldhaft verursacht wurde: Hätte der VN bei korrekter Aufklärung eine Berufsunfähigkeitsversicherung abgeschlossen, schuldet der Versicherer die hypothetische Deckungssumme schadenersatzrechtlich. Davon abzuziehen wäre aus Kausalitätserwägungen eine allfällige Prämiendifferenz, wenn die Berufsunfähigkeitsversicherung mehr gekostet hätte als die Unfallversicherung.

---

100 Vgl *Perner/Spitzer/Kodek,* Bürgerliches Recht[6] 108.

IV. Anzeigepflichten des Versicherungsnehmers

Literatur: *Gusenleitner,* Die vorvertragliche Anzeigepflicht des Versicherungsnehmers gemäß §§ 16–22, 41 VersVG (2017); *Heiss,* Informationspflichten des Versicherungsnehmers, VR 2009 H 1–2, 25; *Keinert,* Vorvertragliche Anzeigepflicht (§§ 16ff VersVG) (1983).

A. Grundlagen

Die im vorigen Abschnitt erläuterten Pflichten knüpfen an einer Informationsasymmetrie an: Der Versicherer wird dazu verpflichtet, dem VN vertragswesentliche Informationen zur Verfügung zu stellen, damit er eine informierte Entscheidung treffen kann. Die vorvertraglichen Anzeigepflichten des VN nehmen ebenfalls Rücksicht auf ein Informationsbedürfnis im Versicherungsvertrag. Jetzt geht es aber darum, dass der **Versicherer Informationen benötigt,** um das Risiko richtig einschätzen und damit die Prämie korrekt kalkulieren zu können.[101]

2.41

> Die Prämie in der Krankenversicherung hängt davon ab, welche Vorerkrankungen und Lebensgewohnheiten der VN hat, in der Unfall- und Privathaftpflichtversicherung spielen vom VN ausgeübte riskante Freizeitaktivitäten eine Rolle. In der Kfz-Versicherung hat Bedeutung, welches Auto der VN fährt. Vor Abschluss der Berufshaftpflichtversicherung eines produzierenden Unternehmers wird der Versicherer über das Unternehmen des VN Bescheid wissen wollen, vor Abschluss einer Gebäudeversicherung über Umstände, die das Gebäude betreffen etc.

Weiß der Versicherer nichts von einem gefahrerheblichen Umstand und geht er daher auf Basis falscher Vorstellungen den Vertrag ein, stellen sich für ihn typischerweise zwei Fragen: Steht ihm ein Recht zur **Vertragsauflösung** – oder der Vertragsanpassung – zu? Kann er sich auf **Leistungsfreiheit** berufen, wenn der Versicherungsfall eintritt?

2.42

> A schließt eine Familienunfallversicherung bei V, die neben ihr auch ihren Ehegatten E erfasst. Bei Antragstellung verschweigt A ihre Diabeteserkrankung. V wird sich typischerweise vom Vertrag lösen wollen und bei einem Versicherungsfall keine Leistung erbringen.

Das Gesetz muss die Interessen der Vertragsbeteiligten sorgfältig abwägen. Einerseits soll der Versicherer möglichst nicht in einem Vertrag gehalten werden, der deshalb fehlerhaft kalkuliert ist, weil er relevante Informationen vom Vertragspartner nicht erhalten hat. Andererseits berücksichtigt der Gesetzgeber, dass es gerade der Versicherer in der Hand hat, die richtigen Fragen zu stellen, um wichtige Antworten zu erhalten. Außerdem soll die Leistungsfreiheit nicht zum „Glücksfall" für ihn werden.

> Kann man von A erwarten, dass sie eine Diabeteserkrankung bei Abschluss einer Unfallversicherung anzeigt? Muss A die Information von sich aus erteilen oder nur auf Nachfrage? Ist es sachgerecht, dass sich V auf Leistungsfreiheit gegenüber E berufen kann, wenn er einen Unfall hat?

Das Ergebnis der gesetzgeberischen Interessenabwägung sind die in der Folge darzustellenden – recht komplizierten – Regeln über die Anzeigepflicht, die zugunsten des VN –

2.43

---

101 Vgl *Schauer,* Versicherungsvertragsrecht³ 107f.

mit Ausnahme von § 31 – **einseitig zwingend** sind (§ 34 a).[102] Sie geben zugleich auch eine Auskunft darüber, welche konkurrierenden Behelfe daneben bestehen.

B. Gegenstand der vorvertraglichen Anzeigepflicht

2.44 Die Anzeigepflicht des VN kann stets nur **vertragsrelevante Umstände** betreffen, weil es ja um die Einschätzung des Risikos und die Kalkulation der Prämie geht. Welche Informationen der Versicherer benötigt und wie er mit dem Nichtwissen umgeht, liegt dabei aber – so wie die Vertragsgestaltung überhaupt – in seiner Hand.[103]

> Schließt ein Unfallversicherer in seinen AVB die Deckung für Unfälle aus, die die versicherte Person als Luftfahrzeugführer erleidet (vgl Art 17 Z 1 AUVB), ist die Information darüber, ob der VN Segelflieger ist, irrelevant. Anders, wenn solche Unfälle eingeschlossen sind.

> Manche Versicherer bieten Lebensversicherungen ohne vorherige ärztliche Untersuchung an. Sie verzichten daher bewusst auf die Information. Das Risiko, keine Information über den Gesundheitszustand zu haben, wird aber natürlich eingepreist: Die Versicherung ist teuer.

2.45 Der Versicherer ist daher schon allein durch die Vertragsgestaltung „näher" an der Prämienkalkulation „dran" als der VN. Außerdem weiß er besser darüber Bescheid, welche Risiken für die Kalkulation relevant sind. Es wäre daher zumutbar, dass ihn die **Informationsbeschaffungslast** trifft.[104] Das würde bedeuten, dass der Versicherer dafür verantwortlich sein sollte, die richtigen Fragen zu stellen – auf die er sich selbstverständlich zutreffende Antworten erwarten darf. Dieser Gedanke passt auch mit dem Wunsch-Bedürfnis-Test zusammen, der den Versicherer dazu verpflichtet, aktiv Informationen über den VN einzuholen, um ihm einen passenden Vertrag anzubieten.

> Es wäre durchaus sachgerecht, dass der Personenversicherer die Verantwortung hat, nach Vorerkrankungen, Lebensgewohnheiten des VN etc zu fragen und ihn das Risiko tragen zu lassen, keine, falsche oder unvollständige Fragen gestellt und damit einen schlecht kalkulierten Vertrag abgeschlossen zu haben. Zur Vermeidung nicht sachgerechter Ergebnisse – etwa bei Kenntnis des Eintritts des Versicherungsfalls, listigem Verschweigen etc – könnte auf allgemeine Mechanismen zurückgegriffen werden.

2.46 Dieses rechtspolitisch überzeugende Konzept der Informationsbeschaffungslast des Versicherers wird in §§ 16–22 über die Anzeigepflichten des VN allerdings nicht durchgängig verwirklicht.[105] Das Gesetz geht vielmehr im Grundsatz von umfassenden Anzeigepflichten des VN aus. § 16 Abs 1 ordnet an, dass der VN „beim Abschluss des Vertrages alle ihm bekannten Umstände, die für die Übernahme der Gefahr erheblich sind, dem Versicherer anzuzeigen" hat. Damit wird eine **spontane Anzeigepflicht** des VN etabliert. Ist ein Umstand erheblich, also geeignet, „auf den Entschluss des Versicherers, den Vertrag überhaupt

---

102 Zur Zulässigkeit von Risikoausschlüssen (für vergangene Umstände) im Lichte dieser Bestimmung *Ramharter* in *Fenyves/Perner/Riedler*, VersVG § 34a Rz 10f.
103 *Heiss/Lorenz* in *Fenyves/Schauer*, VersVG Vor §§ 16–22 Rz 5.
104 *Heiss*, VR 2009 H 1–2, 25 (25).
105 *Heiss/Lorenz* in *Fenyves/Schauer*, VersVG Vor §§ 16–22 Rz 13.

oder zu den vereinbarten Bestimmungen abzuschließen, einen Einfluss auszuüben", muss ihn der VN anzeigen. Für diese Erklärung ist keine besondere Form vorgesehen.[106]

> In OGH 7 Ob 17/86 hatte die VN Selbstmordversuche und Schwangerschaftsabbrüche bei Abschluss der Krankenversicherung nicht angezeigt. Der Versicherer hätte die Versicherung bei Kenntnis gar nicht abgeschlossen, weshalb ein anzeigepflichtiger Umstand vorliegt.

Erheblich ist der Umstand nach dem Gesetz nicht nur, wenn der Versicherer sonst gar nicht kontrahiert hätte, sondern auch, wenn er bei Kenntnis zu anderen Bedingungen abgeschlossen hätte. Das ist insb bei einem Prämienzuschlag oder einem Risikoausschluss der Fall.

> In OGH 7 Ob 57/05 s[107] hatte eine Zahnärztin eine Betriebsunterbrechungsversicherung abgeschlossen, die unter anderem bei Unterbrechungen wegen Arbeitsunfähigkeit Leistungen erbringen sollte. Beim Vertragsabschluss hat sie weder das Vorliegen eines Cervikalsyndroms noch einer Polyarthritis angegeben. Die Vorerkrankungen waren auch dann gefahrerheblich und damit anzeigepflichtig, wenn der Versicherer bei ihrer Kenntnis den Vertrag zwar abgeschlossen hätte, aber nur zu einer höheren Prämie.
>
> OGH 7 Ob 130/18 w betraf eine Gebäudeversicherung. Dass das Gebäude seit einiger Zeit unbewohnt war, ist ein erheblicher Gefahrenumstand, wenn der Versicherer bei unbewohnten Gebäuden eine höhere Prämie (zB wegen eines höheren Brandrisikos) berechnen würde.

Nach allgemeinen Regeln ist der Versicherer für die Gefahrerheblichkeit eines Umstandes **2.47** **beweispflichtig.** Allerdings gibt es von diesem Grundsatz zwei wesentliche Einschränkungen. Erstens nimmt der OGH bei der Erheblichkeit eine objektive Betrachtung vor.[108] Es reicht also für den Beweis aus, dass der Umstand typischerweise einen Einfluss auf den Entschluss des Versicherers hat. Zweitens und vor allem ist nach § 16 Abs 1 S 3 ein Umstand, nach dem der Versicherer ausdrücklich und in geschriebener Form gefragt hat, im Zweifel erheblich.

> Hat der Versicherer in einem Fragebogen also – um beim obigen Bsp zu bleiben – nach der Bewohnung des Gebäudes gefragt, streitet die Vermutung für die Erheblichkeit des Gefahrenumstandes. Es läge dann am VN, den Nachweis zu führen, dass der Umstand keinen Einfluss auf die Entscheidung des Versicherers hat.

Welche Umstände von einer **ausdrücklich in geschriebener Form** gestellten Frage abgedeckt werden, ist eine Auslegungsfrage.[109]

> Wer nach der „Nutzung eines Gebäudes" fragt, darf sich eine Auskunft über die betriebliche oder private Verwendung sowie über den Umstand erwarten, ob das Gebäude bewohnt ist. Die Frage ist daher mit Blick auf die Bewohnung ausdrücklich gestellt.

---

106 § 34a, der die *Vereinbarung* einer strengeren Form zulässt, ist bei *vorvertraglichen* Erklärungen nicht sehr praxisrelevant: *Heiss/Lorenz* in *Fenyves/Schauer*, VersVG Vor §§ 16–22 Rz 27 f.
107 Krit *Gusenleitner*, Anzeigepflicht 123 f.
108 Siehe nur RS0080637, zB OGH 7 Ob 130/18 w.
109 *Heiss/Lorenz* in *Fenyves/Schauer*, VersVG §§ 16, 17 Rz 13.

> Fragt der Betriebshaftpflichtversicherer den VN wie in OGH 7 Ob 14/93, ob „ihm Ursachen bekannt seien, die zu einem Schadensereignis führen könnten", ist das zu ungenau, um eine Erheblichkeitsvermutung zu begründen.
>
> Fragt der Krankenversicherer nach „Vorerkrankungen", ist das zu unsubstantiiert, um die Erheblichkeitsvermutung zu begründen. Meist wird daher nach konkreten Erkrankungen gefragt („Leiden oder litten Sie an Bluthochdruck, Erkrankungen des Herzens, der Nieren ...?"). Der Versicherer trägt dann aber das Risiko, dass die nicht aufgezählten nicht von der Erheblichkeitsvermutung erfasst sind.

2.48 Die Anzeigepflicht setzt voraus, dass der VN von dem Umstand, der anzuzeigen ist, **Kenntnis** hatte. Bloßes Kennenmüssen reicht nicht aus. Nur wenn sich der VN der Kenntnis arglistig entzogen hat, wird er so behandelt, als wüsste er vom Umstand, um dessen Anzeige es geht. Das bedeutet vor allem, dass der VN von sich aus auch keine ärztlichen Untersuchungen vornehmen muss, bevor er Auskünfte gibt.

> A möchte eine Unfallversicherung bei V abschließen. Eine Frage des V nach Gefäßerkrankungen beantwortet er mit „Nein", weil er sich gesund fühlt und daher nichts von einer Erkrankung ahnt. Es besteht daher keine Anzeigepflicht. Dass eine relevante Vorerkrankung bei einer Gesundenuntersuchung festgestellt worden wäre, ändert daran nichts. Selbstverständlich kann der Versicherer das Angebot oder seine Ausgestaltung aber von einer Untersuchung abhängig machen (wenn es nicht um bestimmte genetische Analysen geht, Rz 1.40f).
>
> Eine andere Frage ist, ob A Symptome wie etwa dauerhafte starke Schmerzen im Brustbereich anzeigen muss, wenn er diese – aber nicht die Erkrankung – kennt. Das ist zu bejahen (vgl nur OGH 7 Ob 21/92 und 7 Ob 170/13w); die Erheblichkeitsvermutung der ihm gestellten Frage wird auch (krankheitstypische) Symptome erfassen.

Zu einer **Zurechnung fremden Wissens** kommt es in verschiedene Richtungen: Handelt ein Bevollmächtigter[110] bei Vertragsabschluss, ist dessen Kenntnis eines gefahrerheblichen Umstandes dem VN zuzurechnen (§ 19). Schließt der VN eine Versicherung für fremde Rechnung, ist sowohl seine als auch die Kenntnis des Versicherten relevant (§§ 78f, 161, 178a Abs 2, 179 Abs 2). Auch die Kenntnis der Gefahrsperson ist in der Lebens- oder Unfallversicherung dem VN zuzurechnen (§§ 161, 179 Abs 4).

> A schließt eine Familienunfallversicherung, die neben ihr auch ihren Ehegatten E und die Tochter T erfasst. Weiß nur A von einer gefahrerheblichen Vorerkrankung Ts, liegt Kenntnis unabhängig davon vor, ob hinsichtlich T Eigen- oder Fremdversicherung der A vorliegt. Hat E eine Vorerkrankung, ist Kenntnis zu bejahen, auch wenn nur er, nicht aber A davon weiß.

2.49 Die Anzeige soll dem Versicherer eine Basis für die Prämienkalkulation schaffen. Sie ist daher **beim Vertragsabschluss** ebenso zu erfüllen wie bei einer vorläufigen Deckungszusage oder einer vorläufigen Deckung nach § 1a[111] und bei erheblichen Vertragsänderungen, bei denen der Versicherer ein erkennbares Interesse an einer Neubewertung der Gefahrenlage hat[112].

---

110 Zur sonstigen Wissenszurechnung *Gusenleitner,* Anzeigepflicht 105 ff.
111 OGH 7 Ob 248/07g.
112 *Schauer,* Versicherungsvertragsrecht³ 275.

In der Praxis des Polizzenmodells wird der VN seine Anzeigepflichten bei Antragstellung erfüllen. Ändert sich sein Kenntnisstand allerdings später, aber vor Annahme des Antrags durch den Versicherer, muss er die Angaben ergänzen oder richtigstellen.[113]

A erfährt unmittelbar nach Antragstellung, dass sie seit einiger Zeit an Diabetes leidet. Sie muss die entsprechende Angabe richtigstellen.

Eine andere Frage stellt sich, wenn sich **gefahrerhebliche Umstände** nach Antragstellung ändern und der VN davon noch vor der Annahme des Versicherers Kenntnis erlangt. § 30 verweist auf die Gefahrerhöhung, weshalb eine Anzeige nach den dortigen Bestimmungen erfolgen muss. Es stellt sich daher nur die Frage nach den Rechtsfolgen bei unterbliebener Anzeige. Nach zutreffender Auffassung[114] sind die Bestimmungen über die Anzeigepflichtverletzung anzuwenden, wenn eine Mitteilung noch möglich und zumutbar gewesen wäre.

A wird nach Antragstellung, aber vor Abschluss des Versicherungsvertrags in einen Verkehrsunfall verwickelt, dauerhafte Einschränkungen der Mobilität sind zu erwarten. Sie ist jedenfalls zur Anzeige verpflichtet. Wäre eine solche vor dem Abschluss noch möglich und zumutbar gewesen, ist sie aber nicht erfolgt, kommen §§ 16 ff zur Anwendung.

C. Rechtsfolgen der Anzeigepflichtverletzung

1. Rücktrittsrecht

Grundregel ist, dass der Versicherer vom Vertrag **zurücktreten** kann, wenn der VN einen erheblichen Umstand nicht angezeigt hat (§ 16 Abs 1) oder eine unrichtige Anzeige (§ 17 Abs 1) gemacht hat. Ob ein Umstand angezeigt wurde oder Anzeige unrichtig ist, ist eine Frage des objektiven Erklärungswerts, der auch bei Wissenserklärungen maßgebend ist.[115] Dabei ist nicht nur isoliert auf die Erklärung zu blicken, sondern der Gesamtzusammenhang zu berücksichtigen.

2.50

Streicht der VN etwa ein Antwortfeld durch, kann dies „Nein" heißen. Der Strich kann allerdings auch „Weiß nicht" bedeuten, insb wenn andere Fragen mit einem ausdrücklichen „Nein" beantwortet wurden.

Lässt der VN die Frage nach „Operationen in den letzten 10 Jahren" unbeantwortet, obwohl er vor 3 Jahren eine Blinddarmoperation hatte, ist die Anzeige isoliert betrachtet nicht erfolgt. Lautet die nächste Frage allerdings „Welche?" und beantwortet sie der VN mit „Blinddarmoperation", ist auch die erste Frage im Gesamtzusammenhang (korrekt) bejaht worden.[116]

Bezieht sich die Anzeigepflichtverletzung nur auf einen Teil der in einem einheitlichen Vertrag[117] versicherten Gegenstände oder Personen (dazu noch Rz 6.29 ff), kann der Versicherer nur für diesen Teil zurücktreten (§ 31 Abs 1). Der Gesamtrücktritt steht ihm nur

---

113 *Heiss/Lorenz* in *Fenyves/Schauer*, VersVG §§ 16, 17 Rz 29.
114 *Gusenleitner*, Anzeigepflicht 92.
115 *Vonkilch* in *Fenyves/Kerschner/Vonkilch*, ABGB³ (Klang) § 914 Rz 73.
116 *Gusenleitner*, Anzeigepflicht 135.
117 *Kath* in *Fenyves/Perner/Riedler*, VersVG § 31 Rz 2f.

zu, wenn er den übrigen Vertrag nicht (mit anteilig geringerer Prämie) abgeschlossen hätte.

> A schließt eine Familienkrankenversicherung für sich und seine beiden Söhne. Die Anzeigepflicht bezieht sich nur auf einen seiner beiden Söhne. B schließt eine Betriebsversicherung, die mehrere Standorte erfasst, die Anzeigepflichtverletzung erfasst nur einen Standort etc.

Da das Aufrechtbleiben des Restvertrags für den VN unattraktiv sein könnte (Wer will eine Betriebsversicherung, die nur einige Standorte erfasst?), steht dem VN bei einem Teilrücktritt aber das Gegenrecht zu, den gesamten Vertrag aufzulösen (§ 31 Abs 2).

2.51 Das Rücktrittsrecht des Versicherers wird mehrfach eingeschränkt. Der Gesetzgeber will nur den **unwissenden Versicherer** schützen. Soweit ihm ein Gefahrenumstand daher bei seiner Vertragsentscheidung bekannt war, kann er selbst dann nicht zurücktreten, wenn er auf anderem Weg als durch eine Information des VN davon erfahren hat. Der Rücktritt ist aus ähnlichen Gründen ausgeschlossen, wenn der Versicherer nach den Umständen auf die Informationserteilung verzichtet hat.[118] Er lässt sich dann ja bewusst auf das Risiko ein.

> Vor Abschluss einer Haushaltsversicherung kommt es zu einer Besichtigung durch einen Mitarbeiter der Versicherung. Nimmt er dort einen anzeigepflichtigen Umstand wahr und wird der Vertrag dennoch geschlossen, so kann sich der Versicherer nicht auf eine Anzeigepflichtverletzung berufen.
>
> In OGH 7 Ob 43/86 ging es um die Betriebsunterbrechungsversicherung einer Tierärztin. Die vom Versicherer gestellte Frage nach einem Hüftleiden hatte sie offengelassen. Der OGH wertete die vorbehaltlose Annahme des Versicherers, der auf die unbeantwortete Frage nicht eingegangen war, als Verzicht auf die Information. Damit nimmt er eine Nachfrageobliegenheit des Versicherers an.

2.52 Vor allem aber berücksichtigt der Gesetzgeber für die Zulässigkeit des Rücktritts den Grad des Fehlverhaltens des VN. Der Rücktritt ist zunächst jedenfalls ausgeschlossen, wenn den VN **kein Verschulden** trifft (§ 16 Abs 3 S 2 HS 1). Die Sorgfaltsanforderungen an den VN sind allerdings sehr hoch.[119]

> In OGH 7 Ob 170/13w hatte die VN die Frage nach Vorerkrankungen in der Krankenversicherung (falsch) verneint. Der OGH ließ die Berufung darauf, dass die VN wegen einer beginnenden Demenz nicht mehr in der Lage war, die vorgelesenen Gesundheitsfragen zu erfassen, nicht zu. Vor der Verneinung jeder Erkrankung hätte sie nachfragen oder den Text noch einmal durchgehen müssen.
>
> Fehlendes Verschulden kommt in der Praxis dann vor, wenn der Versicherer Fragen unklar formuliert hat und dem VN daher kein Vorwurf gemacht werden kann, die Frage falsch zu beantworten. In einem deutschen Fall wurde das Verschulden etwa verneint, als nach „schweren Krankheiten" gefragt worden war und die VN (behandelte) Kreislaufstörungen nicht angegeben hatte.

---

118 Siehe *Gusenleitner*, Anzeigepflicht 136 ff.
119 Siehe *Heiss/Lorenz* in *Fenyves/Schauer*, VersVG §§ 16, 17 Rz 49 ff.

IV. Anzeigepflichten des Versicherungsnehmers

Wie schon die Beispiele zeigen, stellt der Versicherer im Zuge des Vertragsabschlusses meist Fragen, weil es ja in seinem eigenen Interesse liegt, an die relevanten Informationen zu kommen. Außerdem ist er im Rahmen des Wunsch-Bedürfnis-Tests verpflichtet, aktiv Informationen beim VN einzuholen. Der VN wird dann aber oft ein Vertrauen darauf bilden, dass es der Versicherer „besser weiß", ihn also bei der Informationserteilung anleitet und sich seine Pflichten auf die richtige Beantwortung beschränken. Mit Blick auf dieses Vertrauen unterscheidet das Gesetz zwischen zwei Fällen.

2.53

Das größte Vertrauen liegt beim VN vor, wenn der Versicherer ihm einen **Fragebogen** vorlegt.[120] Er wird dann davon ausgehen, dass für den Versicherer tatsächlich nur die abgefragten Informationen relevant sind. § 18 schützt das insofern gebildete Vertrauen: Der Versicherer kann nur bei **arglistiger Verschweigung** zurücktreten, wenn die Gefahrenumstände an Hand von vom Versicherer in geschriebener Form gestellten Fragen anzuzeigen waren und nach dem verschwiegenen Umstand nicht ausdrücklich und genau umschrieben gefragt worden ist.

> Der Krankenversicherer legt dem VN eine Liste mit „Gesundheitsfragen" vor, der Unfallversicherer legt dem VN eine Liste mit Fragen nach Vorerkrankungen und Unfällen vor, der Gebäudeversicherer fragt Gebäudedaten ab etc.
>
> Arglist bedeutet, dass der gefahrerhebliche Umstand bewusst nicht angezeigt wird, um den Versicherer zu täuschen. In OGH 7 Ob 36/07f hatte der VN etwa die (nicht explizit abgefragte) Ausübung einer Extremsportart – Hochgeschwindigkeitsbiker – beim Abschluss einer Unfallversicherung verschwiegen.

Es kann aber natürlich auch sein, dass der Versicherer Fragen stellt, die allerdings nicht als abschließender Katalog gemeint sind. Auch hier gibt es einen gewissen Schutz für den VN: Der Rücktritt ist nur möglich, wenn die Anzeige eines Umstandes, nach dem der Versicherer nicht ausdrücklich und genau umschrieben gefragt hat, **vorsätzlich** oder **grob fahrlässig** unterblieben ist (§ 16 Abs 3 S 2 HS 2). Leicht fahrlässiges Verhalten schadet dem VN also nicht. Die Fallgruppe ist in der Praxis allerdings eher selten, weil es meist einen geschriebenen Fragenkatalog gibt.[121]

> Der Versicherer schickt Mitarbeiter M zum Kfz-Händler A, der eine Einbruchdiebstahlversicherung für seinen Fuhrpark abschließen möchte. Es gibt zwar keinen Fragenkatalog, M hat im Zuge der Besichtigung aber Fragen über Diebstähle in der Nachbarschaft und die Sicherheitssysteme As gestellt. Mit Blick auf die nicht abgefragten Umstände schadet dem A erst grobes Verschulden.

Praxishinweis

Auf den ersten Blick fragt sich, welchen Anreiz der Versicherer hat, ausdrücklich und genau umschrieben zu fragen: Unterlässt er die Fragen, gibt es ja nach wie vor eine spontane Anzeigepflicht, deren Verletzung schon bei leichter Fahrlässigkeit schadet. Abgesehen davon, dass es Anreiz genug ist, Informationen zu erhalten, um das Risiko einschätzen zu können, ist es auch rechtsfolgenseitig sinnvoll, Fragen zu stellen: Je genauer die Frage, desto mehr wird der VN in

---

120 *Schauer*, Versicherungsvertragsrecht³ 111.
121 So *Schauer*, Versicherungsvertragsrecht³ 111.

die Pflicht genommen, genaue – und damit inhaltlich richtige – Antworten zu geben. Je konkreter die Frage, desto höher daher der Sorgfaltsmaßstab des VN.

2.54 Oft handelt nicht der VN selbst beim Vertragsabschluss, sondern ein – gesetzlicher, organschaftlicher oder rechtsgeschäftlicher – Vertreter. Das **Verschulden** (die Arglist) von Vertretern wird dem VN **zugerechnet** (§ 19). Es reicht daher aus, wenn das relevante Verschulden bei einem der beiden – VN oder Vertreter – vorliegt. In der Versicherung für fremde Rechnung schadet sowohl das Verschulden des VN als auch des Versicherten (§§ 78 f, 161, 178 a Abs 2, 179 Abs 2). Das Verschulden der Gefahrsperson ist in der Lebens- oder Unfallversicherung dem VN zuzurechnen (§§ 161, 179 Abs 4).

> A schließt eine Unfallversicherung für ihre minderjährige Tochter T. Unterlässt sie die Anzeige einer Vorerkrankung Ts schuldhaft, kann der Versicherer daher sowohl zurücktreten, wenn A die T vertritt und diese selbst Vertragspartnerin wird (§ 19), als auch, wenn A den Vertrag im eigenen Namen, aber für Rechnung der T (Versicherte) abschließt.

2.55 Der Rücktritt ist nur innerhalb **eines Monats ab Kenntnis** des Versicherers von der Anzeigepflichtverletzung zulässig (§ 20 Abs 1). Es reicht eine außergerichtliche formfreie Erklärung, die dem VN allerdings innerhalb der Frist zugehen muss. Eine nähere Begründung des Rücktritts ist nicht erforderlich. Die sehr kurze Frist soll der Bedeutung der Pflichtverletzung Rechnung tragen und dient auch dazu, dass der Versicherer den Vertrag nicht „in Schwebe hält".[122]

> Oft wird der Versicherer im Zuge des Eintritts des Versicherungsfalls – Unfallberichte, Schadensanzeigen, Aufenthaltsbestätigungen von Krankenhäusern – von Anzeigepflichtverletzungen erfahren. Der Rücktritt ist dann auch möglich, wenn der Vertragsabschluss länger zurückliegt; ab Kenntnis muss aber rasch gehandelt werden.

In der Lebens- (§ 163) und Krankenversicherung (§ 178 k) gibt es – außer bei Arglist – eine zusätzliche objektive, kenntnisunabhängige Frist von drei Jahren ab Vertragsabschluss. Der Versicherer kann sich in diesen Fällen also auf eine Anzeigepflichtverletzung auch dann nicht berufen, wenn er erst nach den drei Jahren Kenntnis erlangt.[123] Die Dreijahresfrist des § 163 wird vom OGH analog auf die Berufsunfähigkeitsversicherung angewendet.[124]

2.56 Die **Beweislast** trifft denjenigen, für den der behauptete Umstand günstig ist.[125] Der Versicherer muss also den objektiven Tatbestand der Anzeigepflichtverletzung sowie die Kenntnis des VN beweisen (zur Gefahrerheblichkeit Rz 2.47). Der VN muss dann nachweisen, dass ihn kein Verschulden trifft. Setzt der Rücktritt ein besonders qualifiziertes Verschulden voraus, muss der Versicherer den erhöhten Verschuldensgrad nachweisen.

---

122 *Heiss/Lorenz* in *Fenyves/Schauer*, VersVG § 20 Rz 1.
123 OGH 7 Ob 119/17 a.
124 OGH 7 Ob 21/18 s.
125 *Heiss/Lorenz* in *Fenyves/Schauer*, VersVG §§ 16, 17 Rz 61 f.

2. Rücktrittsfolgen

Der Rücktritt beseitigt den Vertrag mit sofortiger Wirkung. Der Versicherer muss künftig nicht mehr decken und der VN keine Prämien zahlen. Die Vertragsbeseitigung wirkt aber auch zurück **(ex tunc)**. Vom VN empfangene Leistungen sind zurückzustellen und vom Empfangszeitpunkt mit 4% pa zu verzinsen (§ 20 Abs 2). 2.57

> A hat beim Abschluss einer Krankversicherung im Dezember 2018 seine Anzeigepflicht verletzt. 2019 tritt ein Versicherungsfall ein, für den der Versicherer eine Leistung erbringt. Bei Eintritt eines zweiten Versicherungsfalls im Juni 2021 stellt sich die Anzeigepflichtverletzung heraus. Tritt der Versicherer binnen eines Monats zurück, muss er den Versicherungsfall aus 2021 nicht decken und kann die Leistung aus 2019 kondizieren.

Trotz eines Rücktritts bleibt die Leistungspflicht für bereits eingetretene Versicherungsfälle aufrecht, wenn der nicht angezeigte Umstand „keinen Einfluss auf den Eintritt des Versicherungsfalls oder soweit er keinen Einfluss auf den Umfang der Leistung des Versicherers" hatte (§ 21). Dieses **Kausalitätskriterium** schützt den VN, der trotz wirksamer Vertragsbeseitigung eine Leistung des Versicherers abrufen oder eine bereits erfolgte Leistung behalten kann. 2.58

> Hat A im obigen Bsp eine Depression nicht angezeigt, kann der Versicherer trotz Rücktritts die Leistung nicht zurückverlangen, die er 2019 wegen einer Blinddarmentzündung erbracht, die nichts mit der Depression zu tun hatte.
>
> In OGH 7 Ob 175/17m hatte der VN bei Abschluss einer Unfallversicherung nicht angezeigt, dass er auf dem linken Ohr taub war. Bei einem späteren Unfall verlor der VN das Gehör auch am rechten Ohr. Stand der spätere Unfall mit dem Hörverlust am linken Ohr in keinem Zusammenhang, muss der Versicherer grundsätzlich decken.
>
> Die Gliedertaxe der AUVB sah für den Gehörverlust eines Ohres 35% der Versicherungssumme vor, sofern das Gehör des anderen Ohres vor dem Versicherungsfall bereits verloren war, 45%. Selbst, wenn der Versicherer leistungspflichtig war, musste er daher nur 35% bezahlen, weil der nicht angezeigte Umstand insofern einen Einfluss auf den Umfang der Leistung des Versicherers hatte.
>
> Das Kausalitätskriterium greift auch bei Versicherung mehrerer Personen (dazu noch Rz 6.25 ff) oder Gegenstände in einem Vertrag (§ 31 Abs 3): Bezieht sich die Anzeigepflichtverletzung des A, der eine Betriebsversicherung für seine Standorte 1 und 2 abgeschlossen hatte, nur auf Standort 1, so kann der Versicherer nach der Grundregel des § 31 Abs 1 schon nur für Standort 1 zurücktreten. Er ist aber auch dann leistungspflichtig, wenn der Versicherungsfall in Standort 2 eintritt und der Versicherer zwar ausnahmsweise vom gesamten Vertrag zurücktreten konnte, sich die Anzeigepflichtverletzung auf Standort 2 aber nicht ausgewirkt hatte.

Der Versicherer bleibt also vor einem Rücktritt in erheblichem Umfang verpflichtet und erbringt damit eine wirtschaftlich werthafte Leistung.[126] Aufgrund dieser Verpflichtung zur Gefahrtragung tritt beim VN insofern eine Bereicherung ein. Ihre Höhe lässt sich im Regelfall an der **Prämie** bemessen. Die wechselseitigen Bereicherungsansprüche nach 2.59

---

126 Zutr *Schauer*, Versicherungsvertragsrecht³ 114 f.

§ 1435 ABGB können aufgerechnet werden. Das bedeutet im Ergebnis, dass der VN die Prämie trotz des Rücktritts nicht zurückfordern kann.[127]

> Der Krankenversicherer war A gegenüber im obigen Bsp zweieinhalb Jahre zur Gefahrtragung im Rahmen des § 21 verpflichtet. Die Auflösung entzieht den wechselseitigen Leistungen ihren Rechtsgrund. A kann die Prämie kondizieren, muss aber umgekehrt bereicherungsrechtlich Entgelt für den Versicherungsschutz leisten; diese beiden Leistungen heben sich im Rahmen der Aufrechnung meist auf. Daneben muss A die zu Unrecht bezogenen Geldleistungen herausgeben.

2.60 Die Monatsfrist für den Rücktritt ist kurz, zumal die Erklärung auch innerhalb der Frist zugehen muss. Der OGH[128] mildert das damit für den Versicherer verbundene Risiko ab, indem er ihm erlaubt, den Vertrag ohne Rücktritt weiterlaufen zu lassen und sich hinsichtlich aller Versicherungsfälle, die bis zum Ablauf der Rücktrittsfrist (= 1 Monat ab Kenntnis) eingetreten sind, alternativ **nur** auf **Leistungsfreiheit** zu berufen. Nach gegenteiliger Auffassung in der Lehre[129] muss der Versicherer hingegen seinen Rücktritt erklären, um Leistungen kondizieren zu können.

> A zeigt beim Abschluss einer Krankversicherung im Dezember 2020 eine Depression nicht an. Im Juni 2021 stellt sich dies heraus, als er in Behandlung kommt. Folgt man der Auffassung der Lehre, muss der Krankenversicherer zurücktreten, um sich auf Leistungsfreiheit berufen zu können. Folgt man hingegen dem OGH, kann der Versicherer die Deckung für den Versicherungsfall ablehnen und den Vertrag weiterlaufen lassen. Für die Berufung auf Leistungsfreiheit ist er an keine besonderen Fristen gebunden, sie ist daher insb bei verspäteten Rücktrittserklärungen möglich. Für spätere Versicherungsfälle kann er sich dann freilich nicht mehr auf die Anzeigepflichtverletzung berufen.

3. Konkurrenzen

2.61 Die Kürze der Monatsfrist lenkt den Blick aber auch auf die Frage nach Konkurrenzen. Bei **Arglist** kann der Versicherer den Vertrag nach allgemein-zivilrechtlichen Grundsätzen (§ 870 ABGB) mittels gerichtlicher Gestaltungserklärung **anfechten** (§ 22).

> VN hatte in OGH 7 Ob 54/17t beim Abschluss einer Rechtsschutzversicherung die Frage, ob ihm bereits Rechtsschutzversicherungen gekündigt waren, verneint. In Wahrheit hatte ihm die vorige Versicherung gekündigt, weil er 23 Schadensfälle in sechs Jahren gemeldet hatte. Der OGH bejaht die Möglichkeit einer Arglistanfechtung.

Der Versicherer kann sich (trotz §§ 163, 178k auch in der Lebens- und der Krankenversicherung) innerhalb von dreißig Jahren ab Vertragsabschluss auf List berufen.[130] Das

---

127 *Schauer*, Versicherungsvertragsrecht³ 114 wendet § 40 an; ebenso *Fenyves* in *Fenyves/Kronsteiner/Schauer*, VersVG-Novellen § 40 Rz 3; *Gusenleitner*, Anzeigepflicht 181.
128 OGH 7 Ob 60/87; 7 Ob 289/06k.
129 *Heiss/Lorenz* in *Fenyves/Schauer*, VersVG § 20 Rz 22; in diese Richtung tendierend bereits *Schauer*, Versicherungsvertragsrecht³ 116.
130 Siehe *Schauer*, Versicherungsvertragsrecht³ 141: die Anfechtungserklärung schließt auch den Rücktritt ein; aA *Gusenleitner*, Anzeigepflicht 166 ff.

V. Allgemeine Versicherungsbedingungen (AVB)

Kausalitätskriterium des § 21 ist nicht anzuwenden. Der Versicherer bleibt also keinesfalls leistungspflichtig und kann seine Leistungen jedenfalls kondizieren.

> A verschweigt beim Abschluss einer Krankversicherung 2017 eine Depression. 2020 ist er wegen einer Blinddarmentzündung in Behandlung, 2021 kommt die Anzeigepflichtverletzung heraus, als A wegen einer Depression erneut in Behandlung muss. Ficht der Versicherer wegen Arglist an, kann er seine Leistung aus 2020 kondizieren und muss die Behandlung aus 2021 nicht decken.

Aus § 22 lässt sich ableiten, dass die Bestimmungen über die Anzeigepflicht – abgesehen von der Konkurrenz mit der Listanfechtung – **abschließend** sind. Der Versicherer kann also entweder aufgrund der §§ 16 ff zurücktreten oder keine Rechte wegen der Anzeigepflichtverletzung geltend machen. Insbesondere kann er sich nicht auf einen Geschäftsirrtum oder Schadenersatz wegen culpa in contrahendo berufen, weil §§ 16 ff diesen Bestimmungen gegenüber leges speciales sind. **2.62**

4. Prämienanpassung und Kündigung

Hat der VN zwar eine Anzeigepflicht verletzt, trifft ihn aber kein (qualifiziertes)[131] Verschulden, kann der Versicherer nicht vom Vertrag zurücktreten. Dasselbe gilt, wenn der VN den gefahrerheblichen Umstand nicht kannte und der Versicherer deshalb nicht zurücktreten kann. Allerdings wäre es unbefriedigend, den Versicherer pro futuro in einem solchen Vertrag „gefangen" zu halten, bei dem die Prämie fehlerhaft kalkuliert ist. § 41 Abs 1 ordnet für diese Fälle an, dass der Versicherer vom Beginn der laufenden Versicherungsperiode an eine **höhere** – der Gefahr angemessene – **Prämie** verlangen kann. **2.63**

> A schließt im Jänner 2019 eine Betriebsunterbrechungsversicherung bei V ab. Der Katalog, den V dem A vor Vertragsabschluss vorlegt, enthält Fragen nach Vorerkrankungen, nicht aber nach von A ausgeübten Sportarten. A erwähnt nicht, Extremkletterer zu sein. Bei Kenntnis dieses Umstandes hätte V eine höhere Prämie verlangt. Erlangt der Versicherer im Mai 2021 Kenntnis und handelte A nicht arglistig, läuft der Vertrag mangels Rücktrittsrechts weiter. V kann aber für die Zeit ab Jänner 2021 die Prämie anpassen.

Auch hier muss der Versicherer rasch handeln und sein Gestaltungsrecht innerhalb **eines Monates** – ab Kenntnis von der Anzeigepflichtverletzung oder vom nicht angezeigten Umstand – geltend machen (§ 41 Abs 3).

Übernimmt der Versicherer die Gefahr nach den für seinen Geschäftsbetrieb maßgebenden Grundsätzen auch gegen eine höhere Prämie nicht, kann er den Vertrag innerhalb eines Monats unter Einhaltung einer Frist von einem Monat **kündigen** (§ 41 Abs 2). **2.64**

V. Allgemeine Versicherungsbedingungen (AVB)

Literatur: I. Faber, Die Inhaltskontrolle Allgemeiner Versicherungsbedingungen (2003); *Fenyves*, Die Allgemeinen Versicherungsbedingungen im Dilemma zwischen Kasuistik und Transparenz, VR 1984, 79; *Fenyves*, Das Verhältnis von Auslegung, Geltungskontrolle und Inhaltskontrolle von

---

131 Vgl *Riedler* in *Fenyves/Perner/Riedler*, VersVG § 41 Rz 9.

AVB als methodisches und praktisches Problem, in FS Bydlinski (2001) 121; *Kath,* Rechtsfragen bei Verwendung Allgemeiner Versicherungsbedingungen (2007); *Kellner,* Der Rechtsbegriff der Allgemeinen Geschäftsbedingungen (2013).

A. Grundlagen

2.65 Auch wenn bei Vertragsabschluss eine Bedarfsprüfung erfolgt und die konkreten Verhältnisse des VN berücksichtigt werden, damit das Risiko eingeschätzt und die Prämie kalkuliert werden kann: Versicherung ist im Kern ein **Massengeschäft** mit einer Vielzahl von Kunden, die unter gleichartigen Bedingungen abschließen. Das macht – auch wirtschaftlich effiziente – Standardisierung notwendig: Der Versicherer kann – trotz Beratungspflichten – nicht jedes Detail seiner tausenden Verträge mit jedem VN einzeln aushandeln. Dabei geht es ihm wie vielen anderen Wirtschaftstreibenden. Auch eine Bank will die Folgen einer Überziehung des Girokontos nicht mit jedem Kunden einzeln verhandeln, ein Warenproduzent will Gerichtsstand, anwendbares Recht und Zahlungsmodalitäten nicht mit jedem seiner Abnehmer einzeln besprechen. Alle genannten Unternehmer greifen vielmehr auf vorformulierte **Vertragsschablonen** zurück, die für eine Vielzahl von Verträgen verwendet werden und die man Allgemeine Geschäftsbedingungen (AGB) nennt. Bei Versicherungen spricht man von Allgemeinen Versicherungsbedingungen (AVB). Die Inhalte solcher AVB gehen in ihrem Detailgrad über die oben geschilderten Produktinformationen – insb der Basisinformationsblätter, die ja bewusst kurzgehalten sein sollen – deutlich hinaus.

2.66 AVB haben daher die von AGB bekannten Charakteristika,[132] was auch zur Anwendung der allgemeinen zivilrechtlichen Mechanismen führt.[133] Sie sind Vertragsbestandteile, die nicht kraft Gesetzes gelten, sondern von den Parteien einbezogen werden müssen (B.). Die Rationalisierung und Spezialisierung führt zu einer effizienteren Produktgestaltung, weil der Versicherer nicht bei jedem Vertrag denselben Aufwand aufs Neue hat. Das spart Zeit und führt zu geringeren Kosten, was sich für den Kunden positiv niederschlägt. Allerdings zeigt sich auch dieselbe Gefahr einer Ungleichgewichtslage: Während sich der Versicherer intensiv mit der Gestaltung der AVB beschäftigen wird, wird dies beim Kunden nicht der Fall sein.

Die mit der AGB-Gestaltung verbundenen Gefahren zeigen sich bei AVB sogar noch deutlicher. Als Rechtsprodukt muss die Versicherung anders als ein körperliches Produkt erst definiert werden, was zu einem großen Teil in AVB geschieht. Sie regeln daher in viel größerem Umfang die **Hauptleistung** als andere AGB.[134] Das führt wiederum dazu, dass AVB eine überragende praktische Bedeutung haben: Kein Vertrag ohne Hauptleistung und damit de facto kein Vertrag ohne AVB.

> Ein gutes Bsp dafür, wie sehr die Hauptleistung durch die AVB geprägt ist, bietet OGH 7 Ob 103/15w: Der Unfall-VN wurde von einer Wespe gestochen, erlitt einen anaphylaktischen Schock, verfiel in ein Koma und verstarb. War der Versicherer leistungspflichtig? Die Entscheidung hing in rechtlicher Sicht ausschließlich von der Auslegung der AVB ab: Sind Insekten-

---

132 Vgl *Perner/Spitzer/Kodek,* Bürgerliches Recht⁶ 74ff.
133 Siehe etwa anschaulich OGH 7 Ob 201/12b.
134 Grundlegend *Fenyves,* VR 1984, 79 (82ff).

stiche Unfälle iSd AVB? Wenn ja: Führte eine Vorerkrankung des VN iSd AVB zu einer Kürzung der Versicherungsleistung?

Praxishinweis

Der Bedeutung der AVB Rechnung tragend, gibt der Verband der Versicherungsunternehmen Österreichs (VVO) – unverbindliche – **Musterbedingungen** zu zahlreichen Sparten heraus, die Versicherer ihren Verträgen tatsächlich häufig – freilich auch oft mit Abweichungen – zugrunde legen. Sie sind auf der Homepage des VVO unter https://www.vvo.at/ abrufbar.

In der Praxis werden Verträgen häufig nicht nur „Allgemeine", sondern auch **Besondere Bedingungen** zugrunde gelegt.[135] Manchmal wird auch von Sonderbedingungen, Zusatzbedingungen oder nur von „Klauseln" gesprochen. Wenn diese Bedingungen – wie meist – vom Versicherer für eine Mehrzahl von Verträgen verwendet werden, handelt es sich ebenfalls um AVB.[136] Die Unterscheidung zwischen Allgemeinen und Besonderen Bedingungen ist daher juristisch bedeutungslos.[137] Ebenso ist irrelevant, ob die vereinbarten AVB Musterbedingungen des VVO sind. 2.67

Baumeister B schließt eine Haftpflichtversicherung gegen Risiken aus seiner beruflichen Tätigkeit ab. Seinem Vertrag werden die AHVB (Musterbedingungen des Verbandes) zugrunde gelegt. Zusätzlich vereinbaren die Parteien Deckungsbaustein Z 3 des Abschnitts B der „Ergänzenden Bedingungen" (EHVB).

A schließt eine Bauwesenversicherung ab. Das ist eine Sachversicherung für Schäden an einem Gebäude in der Errichtungsphase. Neben den Allgemeinen Bedingungen zur Sachversicherungen (ABS: Musterbedingungen) werden die Allgemeinen Bedingungen für die Bauwesenversicherung (BW 2010) und die Besonderen Bedingungen für die Bauwesenversicherung (BB-BW 2010) des konkreten Versicherers vereinbart.

Im Massengeschäft führen individuelle Verhandlungen – wenn sie überhaupt vorkommen – selten zu Abweichungen von den AVB. Anders ist die Lage vor allem im Industriegeschäft, wo auch bei einem einzelnen Abschluss oft große Volumina im Spiel sind: Man denke nur an die Haftpflichtversicherung eines großen produzierenden Unternehmens. Häufig sind **Versicherungsmakler** an solchen Vertragsgesprächen beteiligt. Sie stehen auf der Seite des Kunden (Rz 2.154) und haben oft eine sehr starke Stellung in den Verhandlungen. Das kann dazu führen, dass sie tatsächlich individuelle Änderungen vornehmen, die für den Kunden günstig sind. 2.68

Makler reklamieren zB häufig die „Paketkündigungsklausel" in einen Vertrag: Bei Kündigung eines Vertrags durch den Versicherer erhält der VN die Möglichkeit, auch die anderen Verträge (aus anderen Sparten) mit diesem aufzulösen, ohne Vorteile zu verlieren, die in Abhängigkeit von der Laufzeit des Vertrags gewährt wurden (Rabatt, Treuebonus etc).

Oft gelingt es einem Makler auch, dass (für den Kunden immer ungünstige) Risikoausschlüsse aus den AVB gestrichen werden etc.

---

135 *Schauer*, Versicherungsvertragsrecht³ 10.
136 Siehe etwa OGH 7 Ob 231/06 f.
137 OGH 7 Ob 231/06 f.

Kap 2 Der Vertragsabschluss

Selbst wenn vom Versicherer formulierte AVB-Klauseln im Ergebnis im Vertrag bleiben, ist die beschriebene Verhandlungssituation rechtlich relevant. Wenn eine Klausel nämlich individuell besprochen und damit ausverhandelt wurde, hat dies Konsequenzen für ihre Auslegung und Kontrolle (dazu gleich unten).

Nimmt der Versicherungsmakler seine vorformulierten Bedingungen in den Vertrag auf, ohne dass der Versicherer eine reale Einflussmöglichkeit hatte, können sie im Ausnahmefall sogar als **AVB des VN** zu beurteilen sein. Das hat vor allem die Konsequenz, dass sich nicht der Versicherer, sondern der VN ihrer „bedient" hat (zu § 915 ABGB siehe gleich unten).

> **Praxishinweis**
>
> Vor allem in großen und hochspezialisierten Industriebereichen finden mitunter „Ausschreibungen" statt, bei denen der VN – über seinen Makler – Versicherer „einlädt", Angebote zu vorgegebenen Bedingungen zu stellen. Der aus Sicht des VN bestgeeignete Anbieter erhält dann den „Zuschlag".

B. Einbeziehung

Literatur: *Bollenberger,* Änderung von Bankverträgen im Massengeschäft, ÖBA 2017, 741; *Foglar-Deinhardstein,* Zustimmungsfiktion reloaded: Der EuGH hat gesprochen! Besprechung der EuGH-Entscheidung C-287/19, DenizBank, VbR 2021, 9; *Gruber,* Neuvertrag oder Vertragsänderung, ZVers 2020, 233; *Kellner,* Vereinbarung der Geltung von AGB und nachträgliche AGB-Änderung, ÖBA 2019, 21; *Spitzer,* Ein Schelm, wer Böses dabei denken könnte – Die Erklärungsfiktion des § 6 Abs 1 Z 2 KSchG nach 1 Ob 210/12g, VbR 2013, 31.

2.69 AVB – ob Musterbedingungen oder eigene Vertragsschablonen – müssen in die Vereinbarung einbezogen werden, um Vertragsbestandteil zu werden. Das funktioniert nach den dargestellten Prinzipien rechtsgeschäftlicher Einigung.

Dem Kunden muss vor seiner bindenden Erklärung daher klar gewesen sein, dass der Versicherer unter Zugrundelegung von AVB abschließen möchte[138] und er die Möglichkeit gehabt haben muss, sie einzusehen.[139] Dass ihm die AVB ausgehändigt wurden oder dass er sie tatsächlich gelesen hat, ist – so wie immer bei AGB – nicht erforderlich.[140]

> **Hinweis**
>
> Bei dem in der Praxis gängigen Polizzenmodell muss daher schon vor dem Antrag des VN ein Verweis auf die AVB des Versicherers erfolgen, damit sie der Kunde in sein Vertragsangebot einbeziehen kann. Die Polizze ist dann das Vertragsdokument, in dem sich zusätzlich zu den AVB auch die weiteren vertragswesentlichen Daten befinden.

2.70 Die erstmalige Einbeziehung der AVB bereitet in der Praxis weniger Probleme als die Frage, welche von mehreren **Bedingungsgenerationen** relevant ist. Versicherer erneuern ihre AVB nämlich – so wie andere AGB-Verwender – in regelmäßigen Abständen, insb

---

138 Siehe dazu *Fenyves* in *Fenyves/Perner/Riedler,* VersVG Vor § 1 Rz 24.
139 *Kath,* Allgemeine Versicherungsbedingungen 50 ff.
140 Für Versicherungsverträge OGH 7 Ob 31/03 i; 7 Ob 119/19 d.

um sie an neue wirtschaftliche und rechtliche Gegebenheiten anzupassen. Damit ist oft der Wunsch verbunden, sie allen Verträgen zugrunde zu legen. Das ist für einen Anbieter im Zielschuldverhältnis mit keinen besonderen Problemen verbunden: Er vereinbart in seinen Verträgen (Kauf, Werkvertrag etc) die im Abschlusszeitpunkt jeweils aktuellen AGB. Das kann der Versicherer bei Neuabschlüssen zwar ebenfalls tun. Das „Update" mündet aber bei einem laufenden Vertrag nicht automatisch in die Geltung der neuen AVB. Auch wenn man in der Praxis manchmal andere Aussagen antrifft: Der Versicherer kann sich nicht einfach auf die „jeweils aktuellen" AVB berufen.[141]

A schließt 2018 eine Haushaltsversicherung bei V online ab. Er wird auf der Homepage des V aufgefordert, seine Daten einzugeben, anschließend wird die Prämie berechnet. Daraufhin stellt er den Antrag, den V durch Zusendung der Polizze annimmt. Bevor A sein Angebot abgegeben hat, erfolgte ein deutlicher Hinweis auf die „AVB 2018", weshalb sie Vertragsinhalt werden. Ändert V seine AVB im Jahr 2020, kann er sich gegenüber dem A nicht einfach auf die „AVB 2020" stützen, weil man andere Vertragsbedingungen vereinbart hat.

Wie für die erstmalige Vereinbarung, bedarf es daher auch für das Ersetzen der alten AVB durch die der neuen Bedingungsgeneration[142] einer rechtsgeschäftlichen Einigung.[143] Sie ist in der derzeitigen Praxis des Massengeschäftes schwierig zu erzielen: **2.71**

Der Versicherer kann versuchen, eine **ausdrückliche** Zustimmung des Kunden zu den neuen AVB einzuholen. Das klingt einfacher, als es ist. Die Erfahrung lehrt nämlich, dass der Anbieter im Massengeschäft selten mit Antworten rechnen kann,[144] weshalb diese Variante in der Praxis oft ausscheidet.

Die Annahme eines Angebotes zur Vertragsänderung kann auch **schlüssig** erfolgen. Wer meint, dass der Kunde einem Änderungsangebot zustimmt, indem er weiterzahlt, wird in dieser Erwartung enttäuscht.[145] Die widerspruchslose Fortsetzung der Zahlung ist nämlich idR keine stillschweigende Annahmeerklärung des Kunden.

V übersendet A die AVB 2020 mit einem Begleitschreiben, in dem er darauf hinweist, dass die AVB 2018 durch die neue Bedingungsgeneration ersetzt werden. Gibt es „mit Überlegung aller Umstände" einen „vernünftigen Grund" (§ 863 Abs 1 ABGB) zu zweifeln, dass darin eine Zustimmung zum Änderungsangebot liegt? Das ist zu bejahen: Vielleicht möchte A einfach zahlen, um den Vertrag zu den früheren Bedingungen fortzuführen. Zu einer Annahme ist er ja keinesfalls verpflichtet (Privatautonomie).

Eine Zustimmung zur neuen Bedingungsgeneration kommt allerdings in der Praxis dann in Betracht, wenn der Vertrag aus anderen Gründen geändert („konvertiert") wird. Das kommt zB vor, wenn die Laufzeit verlängert werden soll und im Zuge der Vertragsänderung die neuen AVB vereinbart werden.[146]

---

141 Vgl OGH 7 Ob 112/16w.
142 Ähnliche Fragen werden bei Bankverträgen aufgeworfen: *Bollenberger*, ÖBA 2017, 741.
143 Siehe etwa OGH 7 Ob 112/16w; dazu *Gruber*, ZVers 2020, 233.
144 *Bollenberger*, ÖBA 2017, 741 (741).
145 *Bollenberger*, ÖBA 2017, 741 (747f).
146 Vgl dazu *Gruber*, ZVers 2020, 233 (233ff).

2.72 Um die erwähnten Unsicherheiten zu vermeiden, könnte der Versicherer eine Klausel in die AVB aufnehmen, nach der (künftiges) Schweigen des Kunden auf ein Änderungsangebot des Versicherers als Zustimmung zu werten ist. Schweigen ist dann tatsächlich eine Zustimmung, weil die **Erklärungsfiktion** vereinbart war. Die Rechtsordnung anerkennt solche Klauseln implizit: § 6 Abs 1 Z 2 KSchG sieht etwa vor, dass Fiktionsklauseln nicht jedenfalls nichtig sind, wenn der Verbraucher zur Abgabe einer ausdrücklichen Erklärung eine angemessene Frist hat und bei Fristbeginn auf die Bedeutung seines Verhaltens besonders hingewiesen wird.

> V hat in den AVB 2018 eine Erklärungsfiktionsklausel aufgenommen. Möchte er sich darauf berufen, um mit A die AVB 2020 zu vereinbaren, braucht es also jedenfalls einen Begleitbrief, in dem A auf die Bedeutung seines Schweigens hingewiesen wird. Außerdem muss A ausreichend Zeit gegeben werden, um widersprechen zu können.

Die durch das KSchG aufgestellten Hürden wären für den Versicherer noch überwindbar. Die Erklärungsfiktionsklausel bietet dem Versicherer dennoch keine besonders praktikable Alternative. Das liegt daran, dass der OGH in seiner derzeitigen Judikatur über die dargestellten Anforderungen weit hinausgeht und anordnet, dass bereits die Fiktionsklausel **inhaltliche Kriterien** nennen muss, weshalb der Vertrag später geändert werden kann, um nicht ihrerseits gröblich benachteiligend (§ 879 Abs 3 ABGB) und intransparent (§ 6 Abs 3 KSchG) zu sein.[147]

Eine Klausel, wonach „die AVB" durch Erklärungsfiktion geändert werden können, ist nach dieser Judikatur daher unzulässig. Ein Widerspruch zu § 6 Abs 1 Z 2 KSchG liegt darin nicht, weil die dortigen Vorgaben ja nur Mindeststandards sind. Allerdings ist zuzugeben, dass recht unklar ist, wie solche Klauseln rechtssicher gestaltet werden können.[148] ME müsste es zumindest möglich sein, die AVB-Änderungsmöglichkeit an sachliche und aufgezählte Gründe, insb die Veränderung gesetzlicher und aufsichtsrechtlicher Vorgaben zu koppeln, die eine Anpassung notwendig machen.[149] Die Änderungen selbst müssen dann selbstverständlich ihrerseits den gesetzlichen Vorgaben entsprechen.

In jüngerer Zeit könnte sich allerdings anlässlich einer EuGH-Entscheidung[150] ohnehin wieder eine Judikaturwende zurück zum Ausgangspunkt abzeichnen. Das würde bedeuten, dass eine „nur" an den Vorgaben des § 6 Abs 1 Z 2 KSchG orientierte Zustimmungsfiktion genügt.[151]

---

147 OGH 1 Ob 210/12g; dazu und zur Folgejudikatur ausführlich *Bollenberger*, ÖBA 2017, 741 (742ff). Krit zu Recht auch *Spitzer*, VbR 2013, 31.
148 Siehe *Kellner*, ÖBA 2019, 21 (26f).
149 Wohl zu streng OGH 9 Ob 73/17a, wo außerdem das Entgelt und damit die Hauptleistung betroffen war; dazu *Kellner*, ÖBA 2019, 21 (26f). Zu Prämienanpassungsklauseln unten Rz 4.5ff.
150 EuGH C-287/19, *DenizBank*, ECLI:EU:C:2020:897.
151 Siehe *Foglar-Deinhardstein*, VbR 2021, 9 (13).

C. Auslegung

Literatur: *Perner*, OGH zur „Alkoholklausel" in der Kfz-Versicherung, ZVR 2007, 148; *Perner*, COVID-19: Deckung in der BUFT? VR 2020 H 5, 26.

AVB-Klauseln sind so wie alle Texte auslegungsbedürftig. Bei aller Kritik, die AGB im Allgemeinen und AVB im Besonderen oft einstecken müssen,[152] darf allerdings zunächst nicht übersehen werden, dass die „pathologischen" Fälle in der Minderheit sind. Zumeist erfüllen AVB ihre Kernfunktion, indem sie das Rechtsprodukt definieren und gut erklären. **2.73**

> Am Bsp der Allgemeinen Bedingungen für die Kraftfahrzeug-Kaskoversicherung des VVO (AKKB): Die AVB erläutern die Rahmenbedingungen des Versicherungsschutzes auf übersichtlichen acht Seiten in 17 Artikeln. Geregelt sind die Kernfragen des Vertrags von den versicherten Gefahren (zB Naturgewalten, Blitzschlag, Brand, Diebstahl etc) über die versicherte Sache (Fahrzeug und seine Teile, die versperrt verwahrt oder am Kfz befestigt sind), den örtlichen Geltungsbereich der Versicherung, die vom Versicherer zu erbringenden Leistungen, die Prämie bis hin zu Verhaltensanordnungen, die der VN beachten muss (Obliegenheiten).

Nicht immer ist der Inhalt einer konkreten Vertragsklausel allerdings auf den ersten Blick selbsterklärend. Das kann verschiedene Gründe haben: Die Vertragsbestimmung ist unklar oder mehrdeutig, der konkrete Kunde kann die Klausel nicht nachvollziehen, Umstände, auf die sich die Klausel bezieht, haben sich später geändert oder es treten Fragen auf, die man bei Abfassung der AVB nicht bedacht und daher nicht geregelt hat. **2.74**

> Art 7.2.2. AKKB sieht vor, dass der Versicherungsschutz ua entfällt, wenn sich der Lenker in einem „durch Alkohol beeinträchtigten Zustand" befand. Wo die Grenze liegt, hatte der OGH in 7 Ob 280/06m zu entscheiden.
>
> Art 6.1. AUVB definiert den Unfall als ein „plötzlich von außen" auf den Körper wirkendes Ereignis. Der OGH musste in 7 Ob 79/16t entscheiden, ob während einer Bergwanderung erlittene Erfrierungen auch darunterfallen.
>
> Betriebsunterbrechungsversicherungsbedingungen für Freiberufler (BUFT) gewähren eine Leistung zB, wenn der Betriebsinhaber „wegen einer Seuche oder Epidemie" unter Quarantäne gestellt wird. Fällt eine Quarantäne wegen COVID-19 und damit einer Pandemie auch darunter?

Für solche Fälle sind die Regeln über die Vertragsauslegung (Interpretation) gemacht.[153] Sie finden sich in **§§ 914, 915 ABGB,** die also auch für das Verständnis von AVB maßgebend sind.[154] Die im Folgenden dargestellten Grundsätze sind Mittel, die miteinander kombiniert werden können und alle mit der Erforschung der Parteienabsicht dasselbe Ziel haben. Dabei ist stets – wie bereits beim Vertragsabschluss erläutert – auf das Verständnis des redlichen Erklärungsempfängers abzustellen. Im versicherungsrechtlichen Zusammenhang spricht man vom Empfängerhorizont des **durchschnittlich verständigen VN.**[155]

---

152 Vgl etwa schon *Schauer*, Versicherungsvertragsrecht³ 81.
153 Für das Versicherungsrecht ausf *Kath*, Allgemeine Versicherungsbedingungen 70 ff.
154 StRsp: RS0050063.
155 RS0050063.

Kap 2 Der Vertragsabschluss

2.75 Zunächst ist – wie immer bei einem geschriebenen Text – vom **Wortlaut** der auslegungsbedürftigen Aussage auszugehen. Die isolierte Betrachtung von Begriffen ist dabei oft nicht weiterführend, sondern es bedarf einer systematischen „Auslegung über den Tellerrand", die etwa dazu führt, dass ein – dem VN als solcher erkennbarer – Rechtsbegriff im juristischen Sinn auszulegen ist.[156]

> Dass eine allmähliche, bei einer normalen Wanderung eintretende Erfrierung nicht „plötzlich" ist, legt schon der Wortlaut nahe. Es entspricht auch nicht dem allgemeinen Verständnis des „Unfalles".
>
> Die Alkoholbeeinträchtigung wird in den AKKB nicht näher erläutert. Es liegt daher nahe, die straßenverkehrsrechtliche Definition der Alkoholbeeinträchtigung heranzuziehen.[157]

Schon bei der Wortauslegung ist auf den **erkennbaren Zweck** einer Vertragsbestimmung zu achten.[158] Keinesfalls darf die Interpretation nämlich zu einer „Duden-Auslegung" verkommen, die sich damit von ihrem eigentlichen Ziel der Ermittlung des Parteiwillens entkoppelt.

> Selbstverständlich unterscheidet die Infektiologie zwischen Seuche, Epidemie und Pandemie. Ist diese Unterscheidung aber für die BUFT-Auslegung entscheidend? Kommt es der Klausel nicht erkennbar darauf an, dass die Quarantäne wegen einer sich rasch ausbreitenden Infektionskrankheit verhängt wird? Das spricht dafür, dass Quarantänen wegen COVID-19 von der Klausel erfasst sind.[159]

2.76 Gibt der Wortlaut keinen ausreichenden Anhaltspunkt oder ist eine Frage gar nicht geregelt, ist zunächst zu prüfen, ob es **dispositives Recht** gibt. Seine Funktion ist ja gerade, unvollständige Verträge zu ergänzen.

> Die AKKB enthalten keine explizite Regelung der Frage, was passiert, wenn der VN die Beschädigung selbst herbeigeführt hat (zB überhöhte Geschwindigkeit). § 61 VersVG kommt daher zur Anwendung: „Der Versicherer ist von der Verpflichtung zur Leistung frei, wenn der Versicherungsnehmer den Versicherungsfall vorsätzlich oder durch grobe Fahrlässigkeit herbeiführt."

2.77 Besonders schwierig ist die ergänzende Auslegung von Verträgen. Es geht darum, Konfliktfälle zu lösen, die weder vom Gesetzgeber (dispositives Recht) noch von den Parteien bei Vertragsabschluss bedacht wurden. Dabei ist nach dem **hypothetischen Parteiwillen** vorzugehen und zu fragen, wie redliche und vernünftige Parteien entschieden hätten.[160]

> AVB der Krankenversicherer sahen früher oft vor, dass Leistungen nur erbracht werden, wenn die Heilbehandlung einen „Aufenthalt von mindestens 24 Stunden" im Krankenhaus erfordert.

---

156 *Fenyves* in FS F. Bydlinski 121 (124).
157 Vgl zu den verschiedenen Sparten der Kfz-Versicherung *Perner*, ZVR 2007, 148.
158 Vgl nur *Fenyves* in Fenyves/Perner/Riedler, VersVG Vor § 1 Rz 38 mit zahlreichen Nw aus der Rsp.
159 Zum Thema im Detail *Perner*, VR 2020 H 5, 26.
160 Siehe *Vonkilch* in Fenyves/Kerschner/Vonkilch, ABGB³ (Klang) § 914 Rz 204 ff.

V. Allgemeine Versicherungsbedingungen (AVB)

Viele Behandlungen, die früher eine Übernachtung im Krankenhaus notwendig machten, können heute ambulant durchgeführt werden (zB „Ein-Tages-Operation", Chemotherapie ohne Übernachtung). Kann sich der Versicherer tatsächlich auf die (damals so vereinbarten) AVB berufen?[161] Selbst dann, wenn der technische Fortschritt dazu führt, dass kaum mehr Übernachtungen im Krankenhaus erforderlich sind?

2.78 Gelangt man auch über die ergänzende Auslegung zu keinem eindeutigen Ergebnis, ist nach § 915 ABGB die **Unklarheitenregel** anzuwenden.[162] Bleiben nach Ausschöpfung der dargestellten Auslegungsregeln Zweifel, geht die Erklärung bei mehreren Auslegungsmöglichkeiten zu Lasten des Versicherers, weil er sich in AVB einer unklaren Äußerung bedient hat.

Die Rechtsschutzbedingungen (ARB) eines Versicherers gewährten Deckung für die „Wahrnehmung rechtlicher Interessen aus schuldrechtlichen Verträgen des Versicherungsnehmers". In OGH 7 Ob 17/08 p war zu entscheiden, ob der Anspruch aus einer Gewinnzusage (§ 5c KSchG) darunterfällt. Der OGH bejaht dies angesichts des § 915 ABGB selbst dann, wenn das Versprechen bei korrekter dogmatischer Einordnung kein „Vertrag" ist.

Der Kläger war in OGH 7 Ob 212/18d zunächst bei Z, dann bei B rechtsschutzversichert. Er ging gegen Z vor und begehrte dafür Rechtsschutz bei B. Dieser lehnte ab, weil die ARB einen Ausschluss für die Wahrnehmung rechtlicher Interessen in ursächlichem Zusammenhang mit „Rechtsschutzversicherungsverträgen mit dem eigenen Rechtsschutzversicherer" enthalten. Der OGH wendet die Unklarheitenregel an und geht davon aus, dass der spätere Versicherer nur solche Prozesse nicht finanzieren muss, die gegen B (nicht aber gegen Z) geführt werden.

Die Entscheidungen in den Beispielen zeigen außerdem ein für § 915 ABGB typisches Muster: Das bereits mit § 914 ABGB vorsichtig grundgelegte Ergebnis wird durch die Unklarheitenregel „abgesichert". Das Motto ist: Selbst, wenn § 914 ABGB nicht zu einem eindeutigen Ergebnis führt, hilft das dem Versicherer nicht, weil Unklarheiten zu seinen Lasten gehen. Dass ein nicht ohnehin schon naheliegendes Ergebnis unter ausschließlicher Anwendung der Unklarheitenregel erzielt wird, ist in der Judikatur des OGH eher selten.[163] Die Bestimmung ist aber eine dogmatische Rechtfertigung für den oft anzutreffenden Stehsatz, dass Risikoausschlüsse als Ausnahmetatbestände, die den Versicherungsschutz einschränken, „eng auszulegen"[164] sind. Das trifft unter dem Blickwinkel des § 915 ABGB zu.

2.79 Die dargestellten Regeln führen zu einem Auslegungsergebnis im Versicherungsvertrag. Das Ergebnis ist insofern rein vorläufig, als die in der Folge dargestellten Mechanismen der Kontrolle von AVB selbstverständlich dazu führen können, dass die Klausel unwirksam ist. Die Prüfschritte der AVB-Kontrolle sind daher in der Folge darzustellen.

---

161 Zu diesem Problem *Zoppel* in *Fenyves/Perner/Riedler*, VersVG § 178b Rz 12.
162 Zur Verbandsklage Rz 2.105.
163 Zutr *Fenyves* in *Fenyves/Perner/Riedler*, VersVG Vor § 1 Rz 43.
164 RS0107031.

D. Kontrolle

1. Grundlagen

2.80 Die oben skizzierte praktische Bedeutung von AVB hat dazu geführt, dass sie seit Langem unter besonderer Beobachtung in Lehre und Rechtsprechung stehen.[165] Außerdem ist daran zu erinnern, dass das Schutzbedürfnis der Kunden bei einem Rechtsprodukt besonders hoch ist.

2.81 Den Kundenschutz hat bis 1994 zu einem großen Teil die Aufsichtsbehörde übernommen. Bis zu diesem Zeitpunkt gab es nämlich eine Genehmigungspflicht für AVB, die erst durch die mit dem EU-Beitritt verbundene Liberalisierung weggefallen ist. Das heißt nicht, dass die **FMA** heute keine Funktion bei der Klauselkontrolle hat. Vielmehr kann sie im Rahmen der Rechtsaufsicht selbstverständlich auch AVB auf ihre Gesetzeskonformität überprüfen. Der Umstand, dass AVB unabhängig von einer aufsichtsbehördlichen Erlaubnis verwendet werden, hat allerdings zu einer deutlichen Verlagerung der Kontrolle auf die Gerichte geführt.

2.82 Die **gerichtliche Kontrolle** von AVB ist in gewisser Weise ein Spätstarter der Zivilrechtsdogmatik. Zwar gab es sie schon vor dem Wegfall der Genehmigungspflicht. Sie war aber schon rein zahlenmäßig geringer, weil die Aufsichtsbehörde bereits die Funktion eines Grobfilters übernommen hatte. Die gerichtliche Kontrolle ist nunmehr im Zentrum. Sie läuft in den aus dem Zivilrecht bekannten Schritten ab, die in der Folge für das Versicherungsvertragsrecht dargestellt werden. Oberste Instanz der Kontrolle ist auch hier der OGH, dessen Judikate daher die entscheidende Leit- und Orientierungsfunktion für die Branche haben.[166] Hervorzuheben sind insb der 7. Senat als Fachsenat für das Versicherungsvertragsrecht und der 2. Senat als Fachsenat für Haftungsfragen bei Kraftfahrzeugen. Er ist auch für das KHVG zuständig.

2. Geltungskontrolle

2.83 Nach **§ 864a ABGB** sind nachteilige AVB-Klauseln ungewöhnlichen Inhalts unwirksam, wenn der VN nach den Umständen, insb dem äußeren Erscheinungsbild des Dokuments, nicht damit rechnen musste. Die Klausel ist daher wirksam, wenn der Versicherer den Kunden besonders darauf hingewiesen hat. Sie ist dann nicht „überraschend", was für die Anwendung der Bestimmung aber entscheidend ist.

Die – vom OGH im Versicherungsrecht eher selten zur Anwendung gebrachte[167] – Geltungskontrolle ist damit ein Sonderfall der Einbeziehungskontrolle, die ebenfalls auf den redlichen Erklärungsempfänger Rücksicht nimmt. Der AVB-Verwender kann ja – wenn er keinen deutlichen Hinweises gibt – nicht damit rechnen, dass der Kunde durch Zustimmung zu den AVB auch mit einer überraschenden und für ihn nachteiligen Klausel einverstanden ist.

---

165 Siehe *Fenyves*, VR 1984, 79 (79 ff, 87 ff); *Schauer*, Versicherungsvertragsrecht³ 81.
166 Vgl die anschauliche Darstellung in OGH 7 Ob 156/20x (Rz 9 ff).
167 *Fenyves* in *Fenyves/Perner/Riedler*, VersVG Vor § 1 Rz 56.

V. Allgemeine Versicherungsbedingungen (AVB)

Nachteilig sind Regeln, wenn sie vom dispositiven Recht abweichen.[168] So weicht etwa eine Klausel in der Sachversicherung vom nachgiebigen Recht ab, wenn sie den Versicherungsschutz schon bei leichter Fahrlässigkeit entfallen lässt (vgl § 61). Das VersVG dient allerdings überwiegend dem Kundenschutz und ist daher meist einseitig zwingend. Abweichungen zu Lasten des VN sind dann nicht – weder in AVB noch einzelvertraglich – möglich. Viele Fragen sind vom VersVG gar nicht – also weder durch dispositives noch durch zwingendes Recht – geregelt und unterliegen somit gänzlich der Parteiendisposition. In diesen Fällen stellt man für die Beurteilung der Nachteiligkeit auf die berechtigten Erwartungen des VN ab. 2.84

Neben der Nachteiligkeit kommt bei § 864a noch ein anderes Merkmal ins Spiel, das sich mit den Deckungserwartungen überschneidet: Die **Ungewöhnlichkeit** der Klausel. Sie kann sich entweder objektiv aus der Klausel selbst ergeben. Die faktische Verbreitung allein ist allerdings kein ausreichendes Argument für die Wirksamkeit einer Klausel, weil auf redliche Verkehrskreise abzustellen ist. Die Klausel ist daneben auch dann unwirksam, wenn sie zwar für sich genommen nicht ungewöhnlich ist, es aber durch den Gesamtzusammenhang wird.[169] Das Gesetz selbst nennt die Stellung der Klausel in den AVB. Die Ungewöhnlichkeit kann sich aber auch daraus ergeben, dass ein vom Versicherer übermittelter Prospekt, ein Produktinformationsblatt oder auch Werbeaussagen bestimmte Eigenschaften des Produkts (über-)betonen, die bei genauer Lektüre der AVB in dieser Form nicht vorliegen. 2.85

> Die Haftpflichtversicherung deckt Schadenersatzansprüche, die dem VN gegenüber Dritten drohen. Schließt ein Versicherer in der Betriebshaftpflichtversicherung die Deckung des Schadenersatzes statt Gewährleistung aus, die der versicherte Werkunternehmer aufgrund der Mangelhaftigkeit des Werks leisten muss, ist das zwar nachteilig (Abweichung von § 149). Es kann den VN aber nicht überraschen, dass die Versicherung nicht dazu da ist, ihm den Gewinn aus einer mangelhaften Erfüllung zu sichern.
>
> Art 17 Z 8 AUVB schließt Schäden von der Deckung aus, „die die versicherte Person infolge einer Bewusstseinsstörung oder einer wesentlichen Beeinträchtigung ihrer psychischen Leistungsfähigkeit durch Alkohol, Suchtgifte oder Medikamente erleidet".
>
> Dass der Versicherungsschutz damit entfällt, wenn die versicherte Person ohnmächtig wird (Bewusstseinsstörung) und daher stürzt oder wenn sie nach Einnahme eines konzentrationsbeeinträchtigenden Medikamentes einen Unfall hat, verstößt gegen § 864a ABGB.[170] Für diese Einordnung ist weniger die objektive Ungewöhnlichkeit entscheidend als der Umstand, dass die genannten Situationen mit solchen in einen Topf geworfen werden, die man üblicherweise mit einem eigengefährdenden Verhalten (Einnahme von Alkohol oder Suchtgift) verbindet.
>
> Die AUVB eines Versicherers enthielten die Klausel, dass sich die Versicherungssummen ab dem 70. Lebensjahr um 30% reduzieren. Der OGH hat in 7 Ob 156/20x festgestellt, dass das Einziehen einer willkürlichen Altersgrenze, die die Reduktion der Versicherungssumme bewirkt, nach § 864a ABGB unwirksam sei.

---

168 Vgl zum Kriterium auch *Kath*, Allgemeine Versicherungsbedingungen 168 f.
169 *Graf* in *Kletečka/Schauer*, ABGB-ON[1.05] § 864a Rz 42.
170 *Perner* in *Fenyves/Perner/Riedler*, VersVG § 179 Rz 24.

> **Beachte**
>
> Die Geltungskontrolle ist im ABGB geregelt, weshalb sich auch unternehmerische Kunden darauf berufen können. Allerdings muss der Adressatenkreis bei der Beurteilung der Ungewöhnlichkeit einer Klausel mitberücksichtigt werden (vgl nur OGH 8 Ob 93/08x): Was gegenüber einem Verbraucher ungewöhnlich ist, muss es im Verhältnis zu einem Unternehmer nicht sein.

3. Inhaltskontrolle

Literatur: *Fenyves,* Angehörigenklausel im Interessenwiderstreit, VR 1976, 353; *Kapetanovic/Perner,* Ausschlüsse in der Haftpflichtversicherung: Aushöhlung des Versicherungsschutzes? in *Berisha/Gisch/Koban* (Hrsg), Haftpflicht-, Rechtsschutzversicherung und Versicherungsvertriebsrecht (2020) 69; *Perner,* COVID-19: Deckung in der BUFT? VR 2020 H 5, 26.

2.86 Nächster Schritt der AVB-Prüfung ist die Inhaltskontrolle nach **§ 879 Abs 3 ABGB,** die – anders als die Geltungskontrolle – eine große Bedeutung in der Rsp des OGH hat. Demnach ist eine Klausel nichtig, wenn sie „unter Berücksichtigung aller Umstände des Falles einen Teil gröblich benachteiligt". Die Inhaltskontrolle blickt also nicht mehr auf ein Überraschungsmoment, sondern – wie der Name sagt – ausschließlich auf den materiellen Gehalt der Klausel.

Dass gerade die Inhaltskontrolle im Versicherungsrecht wichtig ist, überrascht auf den allerersten Blick. Oben wurde herausgearbeitet, dass AVB – anders als „herkömmliche" AGB – auch die Hauptleistung entscheidend prägen. § 879 Abs 3 ABGB ist aber nur anwendbar auf Bestimmungen, die „nicht eine der beiderseitigen Hauptleistungen festlegen". Dennoch geht der OGH zutreffend davon aus, dass praktisch alle **AVB-Klauseln kontrollfähig** sind.[171] Der Begriff der Hauptleistung wird nämlich sehr eng verstanden und ist nicht mit der aus der Rechtsgeschäftslehre bekannten Hauptleistungspflicht zu verwechseln.[172] § 879 Abs 3 ABGB strebt nur an, dass es keine inhaltliche „Preiskontrolle" geben darf. Neben der – ohnehin selten in AVB vereinbarten – Prämie sowie der Versicherungssumme ist daher nur die Bezeichnung der Versicherungsart nicht von der Inhaltskontrolle erfasst.[173]

> Der OGH hat im Lichte des § 879 Abs 3 ABGB zB kontrolliert: Die Umschreibung des Dürrerisikos in der Agrarversicherung (7 Ob 194/11x); die Berechnung der Leistungspflicht des Gebäudeversicherers bei Zugrundelegung einer unrichtigen Quadratmeteranzahl (7 Ob 227/12a); die Klausel eines Unfallversicherers, wonach Herzinfarkt oder Schlaganfall keine Unfallfolge sind (7 Ob 113/19x).

2.87 Maßstab der Kontrolle nach § 879 Abs 3 ABGB ist – wenn vorhanden – so wie immer das **dispositives Recht.** Seine Funktion zeigt sich gerade bei der Inhaltskontrolle. Gefragt wird dann danach, ob die in AGB vorgenommene vertragliche Abweichung vom gesetzlichen Leitbild sachlich gerechtfertigt ist.

---

171 OGH 7 Ob 194/11x.
172 *Fenyves* in *Fenyves/Perner/Riedler,* VersVG Vor § 1 Rz 63.
173 OGH 7 Ob 194/11x; *Fenyves* in *Fenyves/Perner/Riedler,* VersVG Vor § 1 Rz 65.

V. Allgemeine Versicherungsbedingungen (AVB)

Der OGH hatte in 7 Ob 179/03 d die Wirksamkeit einer Klausel zu beurteilen, die eine (beiderseitige) Schadenfallkündigung in der Haftpflichtversicherung zuließ, wenn die für diesen Schadensfall zu leistende Entschädigung 5% der Versicherungssumme überstieg.

Dass die Klausel nachteilig ist, zeigt § 158, der beiden Vertragsparteien in der Haftpflichtversicherung das Recht zur Schadenfallkündigung gibt, ohne Untergrenzen vorzusehen. Dass die Bestimmung dispositiv ist, ordnet § 158a Abs 2 an; die Abweichung muss nur für beide Teile gleich sein. Die Prüfung konnte sich damit der Frage nach der gröblichen Benachteiligung widmen (Rz 2.92, 5.44).

2.88 Wie bei der Geltungskontrolle bereits ausgeführt, ist dispositives Recht im VersVG aber selten. Um an den Beispielen von oben anzuknüpfen: Es gibt kein nachgiebiges Recht, das Maßstab für „Herzinfarktklausel" ist, weil schon der Unfall nicht im VersVG definiert ist. Auch die Berechnung der Leistungspflicht des Gebäudeversicherers bei Flächenabweichungen bleibt den Parteien überlassen. Das gilt umso mehr für die Umschreibung des Dürrerisikos, weil die Agrarversicherung als solche nicht im VersVG geregelt ist.

In diesen Fällen haben sich auch für die Inhaltskontrolle als Maßstab die **berechtigten Deckungserwartungen** des VN durchgesetzt,[174] die sich vor allem aus dem typischen Verständnis einer Versicherungssparte und der Werbung des Versicherers ergeben.[175] Wenn diese Erwartungen einmal festgestellt sind und der Maßstab damit gefunden ist, geht es in weiterer Folge wie bei der Abweichung vom dispositiven Recht um die Frage, ob sie sachlich gerechtfertigt ist.

Da es keine gesetzliche Beschreibung des „Unfalls" im VersVG gibt, kann Maßstab nur sein, was man typischerweise mit einem „Unfall" verbindet. Der Zusammenprall mit einem Auto oder der Sturz über eine Stiege wird davon erfasst sein, nicht aber die Verkühlung, weil man sich nicht wetterfest anzieht, oder die Krankheit, die durch eine Tröpfcheninfektion übertragen wird. Wenn die AUVB daher die „Plötzlichkeit" des Ereignisses fordern und übertragbare Krankheiten vom Versicherungsschutz ausschließen, ist das daher schon gar nicht (geschweige denn gröblich) benachteiligend.

Hinweis

Dispositives Recht und berechtigte Deckungserwartungen haben bei der Inhaltskontrolle damit eine zweifache Bedeutung. Sie sind der Maßstab für Frage, ob eine Klausel benachteiligend ist. Dispositives Recht und berechtige Erwartungshaltung spielen dann aber auch eine Rolle bei der Beurteilung der Zulässigkeit: Je krasser die Abweichung, desto eher unzulässig.

2.89 Es ist schwierig, sehr aussagekräftige abstrakte Hinweise zur Beurteilung einer gröblichen Benachteiligung zu liefern. Das betrifft sowohl die Abweichung vom dispositiven Recht als auch von den berechtigten Deckungserwartungen. Das liegt nicht zuletzt daran, dass der Gesetzgeber selbst eine **Berücksichtigung aller Umstände** des Falles verlangt.

Tatsächlich darf man die Klausel und ihre Abweichung daher nicht isoliert betrachten, sondern nur im Gesamtzusammenhang des konkreten Vertrags. So ist etwa auch die Prämienhöhe zu berücksichtigen und die gröbliche Benachteiligung daher in ein Ver-

---

174 Grundlegend *Fenyves*, VR 1976, 353 (364 ff). Diesem und *I. Faber* (Inhaltskontrolle 108 ff) folgend RS0128209; zB OGH 7 Ob 194/11x.
175 *Fenyves* in *Fenyves/Perner/Riedler*, VersVG Vor § 1 Rz 71.

hältnis zur Gegenleistung zu setzen. Das überzeugt, wenn man die Versicherung als Rechtsprodukt wiederum mit einem körperlichen Produkt vergleicht:[176] Auch bei einem Auto- oder Wohnungskauf sagt der Kaufpreis zugleich etwas über die berechtigten Qualitätserwartungen.

> V hat drei AVB-Varianten für eine Haushaltsversicherung im Angebot: (1) trifft keine Aussage zur Herbeiführung des Versicherungsfalls, (2) schließt auch grob fahrlässig verursachte Versicherungsfälle in die Deckung ein, (3) schließt auch leicht fahrlässig verursachte Fälle von der Deckung aus.
>
> Variante (1) führt zum Ausschluss der groben Fahrlässigkeit und entspricht dem gesetzgeberischen Konzept (§ 61), Variante (2) stellt den VN besser und Variante (3) benachteiligt. Für die Frage, ob der Ausschluss gröblich benachteiligend ist, wird es auch(!) auf die Preisgestaltung ankommen. Zuerst müsste eine solche Klausel aber die Geltungskontrolle überstehen.[177]

2.90 Wann liegt eine **sachliche Rechtfertigung** – manchmal wird von einem schutzwürdigen Interesse des Versicherers gesprochen – vor? Bei der Beurteilung sind objektive und subjektive Kriterien miteinander zu kombinieren. Zwar muss es auch für objektiv vergleichsweise geringe Abweichungen gewisse sachliche Argumente geben. Je krasser die Abweichung vom Maßstab, desto bessere Argumente müssen allerdings für die konkrete Schutzwürdigkeit des Versicherers vorgebracht werden. Außerdem ist eine Interessenabwägung erforderlich, die wechselseitigen Rechtsposition müssen also gegeneinander abgewogen werden.

2.91 Bei der Inhaltskontrolle geraten naturgemäß zunächst **Risikoausschlüsse** besonders in den Blick, weil sie einen Bereich aus der Deckung nehmen, der zunächst von der primären Risikoumschreibung erfasst wird (was meist Deckungserwartungen hervorruft). Sie können ganz verschiedene Zwecke haben.[178] Besonders kritisch sind für den VN Ausschlüsse, die bestimmte Gefahrenbereiche vom Schutz ausnehmen, ohne dass der VN dies durch sein Verhalten beeinflussen könnte.

> Unfall- oder Krankenversicherungsbedingungen schließen die Deckung aus, wenn Unfall oder Krankheit in Zusammenhang mit einem Kriegsereignis stehen; ähnliche Ausschlüsse (auch für atomare, biologische und chemische Ereignisse) gibt es bei der Lebensversicherung. Bei Betriebsunterbrechungs- und Reiseversicherung sind Epidemie- oder Pandemierisiken ausgeschlossen.

In den genannten Fällen zeigt sich aber ein schutzwürdiges Interesse des Versicherers an einer verlässlichen Risikokalkulation. Das ist letztlich auch für das gesamte Kollektiv sinnvoll. Damit lässt sich die – auf den ersten Blick paradox erscheinende – Herausnahme von besonders **schweren** oder **großen** Risiken vom Versicherungsschutz rechtfertigen.[179]

---

176 Vgl *Fenyves* in *Fenyves/Perner/Riedler,* VersVG Vor § 1 Rz 71.
177 *Lahnsteiner,* Herbeiführung des Versicherungsfalls (2013) 125 ff.
178 Zur Haftpflichtversicherung etwa *Kapetanovic/Perner* in *Berisha/Gisch/Koban,* Haftpflicht-, Rechtsschutzversicherung und Versicherungsvertriebsrecht 69 (71 ff).
179 Näher *Perner,* VR 2020 H 5, 26 (32 f).

V. Allgemeine Versicherungsbedingungen (AVB)

In den soeben genannten Beispielen ist auch ins Treffen zu führen, dass das System der privaten Vorsorge zumindest teilweise durch ein staatliches Konzept abgelöst wird, wie die Corona-Pandemie gezeigt hat.

Problematischer ist es, wenn eine Haushaltsversicherung Schäden wegen „Vandalismus" ausschließt. Ein „systemischer Zusammenbruch" ist nicht zu erwarten, der VN wird keine alternativen Hilfen in Anspruch nehmen können. Der OGH konnte die Frage in 7 Ob 179/97 t und 7 Ob 192/99 g durch eine (geschickte) Auslegung zugunsten des VN vermeiden.

Es ist auch im Interesse des Kollektivs, wenn der Versicherer bestimmte **Anreize** setzt, die den Eintritt des Versicherungsfalls weniger wahrscheinlich machen oder **besonders gefährliche** Verhaltensweisen und Situationen aus der Deckung nimmt. Das sieht man auch daran, dass es dafür Spezialdeckungen gegen eine erhöhte Prämie gibt, wenn die Verhaltensweise nicht zugleich verpönt ist.

Nach vielen AUVB gibt es keine Leistung, wenn sich der Unfall bei einer „Beteiligung an motorsportlichen Wettbewerben und den dazugehörenden Trainingsfahrten" ereignet; Unfälle „bei der Begehung gerichtlich strafbarer Handlungen durch die versicherte Person" sind ebenfalls ausgeschlossen, wenn Vorsatz Tatbestandsmerkmal ist. Beide Male stellt sich die Frage, wieso das Kollektiv das tragen soll. Beide Ausschlüsse sind sachlich gerechtfertigt, obwohl es eine Zusatzdeckung natürlich nur für die Beteiligung bei motorsportlichen Events gibt.

In der Privathaftpflichtversicherung sind meist nur „Gefahren des täglichen Lebens" versichert. Der OGH hat die Deckung daher in 7 Ob 100/20 m versagt und das Ergebnis inhaltlich nicht beanstandet: Der alkoholisierte Versicherte veranstaltete mit anderen betrunkenen Teilnehmern einer Grillparty eine Mutprobe, bei der man sich mit nacktem Hinterteil über ein durch Benzin angefachtes Feuer hocken sollte, um die Haare wegzusengen. Der Versicherte goss Benzin auf die leicht brennende Rasenfläche, als ein anderer Partygast mit der „Mutprobe" begann. Er wurde von den auflodernden Flammen erfasst und erlitt schwere Verbrennungen.

Versicherer wollen oft auch Situationen von vornherein von der Deckung ausschließen, die mit **Beweisschwierigkeiten** verknüpft sind. Das ist natürlich nicht unproblematisch, weil das auch Fälle betrifft, bei denen die Voraussetzungen für den Versicherungsschutz an sich ganz einwandfrei vorliegen würden.[180] Für die Wirksamkeit einer solchen Klausel ist daher mitentscheidend, dass der VN sein Verhalten danach ausrichten kann.

In OGH 7 Ob 16/88 war die Klausel eines Krankenversicherers zu beurteilen, nach der Behandlungen in Anstalten, in denen neben stationärer Heilbehandlung auch Rehabilitationsmaßnahmen oder Kurbehandlungen durchgeführt werden, nur gedeckt waren, wenn der Versicherer vor Beginn Deckung zugesagt hatte. Ziel ist die Vermeidung von Beweisschwierigkeiten (gedeckte Heil- oder nicht gedeckte sonstige Maßnahme?). Der OGH hält die Klausel für zulässig und argumentiert, dass es dem VN zumutbar ist, im Krankheitsfall nicht gerade eine gemischte Einrichtung aufzusuchen.

Die Muster-AHVB schließen Schadenersatz „wegen Schäden an Sachen durch allmähliche Emission oder allmähliche Einwirkung von Temperatur, Gasen, Dämpfen, Flüssigkeiten, Feuchtigkeit oder nichtatmosphärischen Niederschlägen (wie Rauch, Ruß, Staub usw.)" aus. Der OGH hat diese Allmählichkeitsklausel in 7 Ob 25/85 (vgl auch RS0081842) für zulässig gehalten, weil der Nachweis der Schadensursache und der Verantwortlichkeit schwierig sei.

---

180 Vgl nur RS0081842.

Kap 2 Der Vertragsabschluss

2.92 Die Inhaltskontrolle betrifft aber naturgemäß auch **klassische Nebenbestimmungen.** So finden sich in AVB etwa typischerweise Bestimmungen über die Kündigungsmöglichkeiten und die Modalitäten der Vertragsbeendigung. Sie sind ebenfalls auf ihre sachliche Rechtfertigung zu prüfen.

> Die oben erwähnte Einschränkung des Kündigungsrechts im Schadenfall wurde vom OGH in 7 Ob 179/03d für unwirksam befunden. Sie knüpfte das Kündigungsrecht im Ergebnis an das zehnfache der jährlichen Prämie und stellte für den VN damit eine zu hohe Hürde dar.
>
> Die Muster-AUVB sehen vor, dass ein Bezugsberechtigter den unfallbedingten Tod des Versicherten innerhalb von 3 Tagen anzeigen muss, selbst wenn der Unfall bereits gemeldet ist. Diese Frist ist – angesichts der emotionalen Bindung, die typischerweise zum Verstorbenen besteht – nicht sachgerecht.[181]

2.93 Die Inhaltskontrolle ist bei allen Versicherungsverträgen anwendbar. Daher sind auch unternehmerische VN geschützt. Daneben gibt es in § 6 Abs 1 und 2 KSchG einen Klauselkatalog, der nur bei **Verbraucherversicherungen** anwendbar ist.[182] Die Bestimmung konkretisiert § 879 ABGB, indem sie verbotene Vertragsinhalte (demonstrativ) aufzählt. Die in **Abs 1** enthaltenen Bestimmungen betreffen allerdings nicht nur AVB-Klauseln, sondern sie enthalten generelle Verbote. **Abs 2** betrifft hingegen Klauseln, die im Einzelnen ausgehandelt werden könnten,[183] nicht aber in AVB geregelt werden dürfen. Die Inhalte des § 6 KSchG werden in diesem Buch an der jeweils passenden Stelle dargestellt.

4. Transparenzgebot

Literatur: *P. Bydlinski,* Thesen zur praktischen Handhabung des „Transparenzgebots" (§ 6 Abs 3 KSchG), JBl 2011, 141; *Leitner,* Das Transparenzgebot (2005); *Parapatits,* Das Transparenzgebot im Unternehmergeschäft, in *Knyrim* et al (Hrsg), Aktuelles AGB-Recht (2008) 35; *Perner,* EU-Richtlinien und Privatrecht (2012); *Riss,* Zwei Fragen des Transparenzgebots, ÖBA 2013, 650; *Wilhelm,* Regierungsvorlage einer Novelle zum Konsumentenschutzgesetz, ecolex 1996, 581.

2.94 Die Ausführungen zu § 879 Abs 3 ABGB betreffen nur einen (weiteren) Schritt der AVB-Prüfung. Selbst, wenn eine Klausel der Inhaltskontrolle standhält, sagt dies noch nichts über ihre endgültige Wirksamkeit. Im Verbrauchergeschäft ist vor allem noch das Transparenzgebot (§ 6 Abs 3 KSchG) zu berücksichtigen, das auf eine europarechtliche Anordnung zurückgeht (Art 5 Klausel-RL 93/13/EWG). Demnach sind in AGB enthaltene Vertragsbestimmungen unwirksam, wenn sie **unklar** oder **unverständlich** abgefasst sind.

Die Anordnung klingt auf den ersten Blick wenig spektakulär. Dass Willenserklärungen bestimmt und verständlich sein müssen, ordnet bereits § 869 ABGB an.[184] Mit dieser Parallele würde man aber die praktische Bedeutung verkennen, die das Transparenzgebot in den knapp 25 Jahren seines Bestehens erlangt hat. § 6 Abs 3 KSchG hat sich zum schärfsten Schwert des Verbraucherschutzes entwickelt, das auch im Versicherungsrecht

---

181 *Perner* in *Fenyves/Perner/Riedler,* VersVG §§ 182, 183 Rz 6.
182 Siehe *Kath,* Allgemeine Versicherungsbedingungen 435 ff.
183 Zu diesem Merkmal *Kathrein/Schoditsch* in *KBB,* ABGB⁶ § 6 KSchG Rz 23.
184 *Wilhelm,* ecolex 1996, 581 (582) hielt die Einführung des Transparenzgebots daher für überflüssig.

V. Allgemeine Versicherungsbedingungen (AVB)

eine hohe Bedeutung hat. Es geht – vereinfacht gesprochen – nicht darum, dass eine Formulierung gerade noch verständlich ist, sondern um ein **Optimierungsgebot** bei vorformulierten Vertragsbestimmungen: Wer AGB verwenden darf, muss sich so klar und verständlich wie möglich ausdrücken.

So betrachtet, lässt sich der **Erfolg des Transparenzgebots** in der Praxis leicht erklären. Anders als bei § 864 a ABGB muss die Klausel nicht gleich überraschend sein, anders als bei § 879 Abs 3 ABGB bedarf es keiner gröblichen Benachteiligung und damit langwierigen materiellen Interessenabwägung. Es reicht für die Unwirksamkeit einer Klausel vielmehr aus, dass sie nicht so gut formuliert ist, wie sie formuliert sein könnte. Das macht die Handhabe der Transparenzkontrolle deutlich einfacher als die der übrigen Kontrollmechanismen. 2.95

Wer anerkennt, dass eine Versicherung ein kompliziertes Rechtsprodukt ist, kann allerdings nicht zugleich erwarten, dass sich ihre Erklärung wie ein Artikel aus der Boulevardpresse liest, wenn sie nicht zugleich ungenau sein soll. Zutreffend wird daher in der L[185] hervorgehoben, dass bei den **Anforderungen an die Transparenz** im Versicherungsrecht eine gewisse Zurückhaltung geboten ist: Die Produktbeschreibung ist nämlich deutlich anspruchsvoller als bei anderen Dienstleistungen wie Banken oder Reiseverträgen, die man in wenigen Worten treffend beschreiben kann.[186] 2.96

Von diesen Prinzipien ausgehend, lassen sich anhand der Judikatur des **OGH** Fallgruppen der Intransparenz darstellen, die sich überschneiden können.[187] Wie bei der Auslegung, ist auch bei der Transparenzprüfung vom Maßstab des durchschnittlich verständigen VN der jeweiligen Versicherungsart auszugehen.[188] 2.97

Dem ursprünglichen Ansatz als „Verschleierungsverbot" folgend, dürfen Klauseln den Verbraucher nicht **täuschen** oder in die **Irre führen.** Das betrifft aber nicht nur aktive Fehlinformationen des Verbrauchers, sondern auch etwa die unvollständige Darstellung seiner Rechte.

> In 7 Ob 113/14i hielt der OGH die Klausel eines Unfallversicherers für intransparent, nach der ihm – für die Feststellung der Leistungspflicht – das Recht „einzuräumen" war, „die Leiche durch Ärzte obduzieren und nötigenfalls exhumieren zu lassen." Es sei unklar, durch wen und auf welche Weise das Recht zur Obduktion oder Exhumierung „eingeräumt" werden und wann es erforderlich sein soll.

Das Transparenzgebot enthält außerdem ein **Bestimmtheitserfordernis.** Der Versicherer soll daher keine unnötig offenen Formulierungen verwenden und sich keine ungerechtfertigten Ermessensspielräume vorbehalten.

> Die aus 7 Ob 113/14i bereits bekannte Formulierung, dass die Leiche „nötigenfalls" exhumiert werden kann, fällt (auch) in diese Kategorie der Intransparenz. Man darf sich vom AVB-Ver-

---

185 *Fenyves* in *Fenyves/Perner/Riedler,* VersVG Vor § 1 Rz 113 mwN.
186 Zutr *Fenyves* in *Fenyves/Perner/Riedler,* VersVG Vor § 1 Rz 113.
187 Vgl bereits *Leitner,* Transparenzgebot 87 ff. Ausf auch *Kath,* Allgemeine Versicherungsbedingungen 210 ff.
188 *Fenyves* in *Fenyves/Perner/Riedler,* VersVG Vor § 1 Rz 114.

wender konkrete Hinweise erwarten: Geht es um Zweifel an der Todesursache, inwiefern müssen sie entstanden sein, durch wen werden sie festgestellt etc.

Versicherer verwenden **Fachbegriffe** aus verschiedenen Disziplinen. In den Personenversicherungen (insb Kranken- und Unfallversicherung) wird etwa oft auf medizinische Termini zurückgegriffen (Epilepsie, nervöse Störung, Allergie etc). In den Elementarversicherungen greift der Versicherer auf meteorologische Begriffe zurück (Sturmflut etc). Auch der Rechtssprache bedient er sich; man denke nur an Sparten wie die Rechtsschutz- oder Haftpflichtversicherung.

Die Verwendung solcher Begriffe ist zulässig.[189] Zu bedenken ist, dass schon auf Ebene der Auslegung nicht zwingend auf den (medizinischen, meteorologischen, juristischen) fachwissenschaftlichen Gebrauch, sondern auf den durchschnittlich verständigen Kunden – und somit auf den allgemeinen Sprachgebrauch – abzustellen ist.[190] Dennoch ist auch in diesem Fall natürlich auf eine möglichst verständliche Darstellung zu achten.

> In OGH 7 Ob 82/07 w geht der OGH von Intransparenz von Klauseln in der fondsgebundenen Lebensversicherung aus, die dem VN die Gesamtkostenbelastung offenlegen sollen. Maßgebend für den Verstoß gegen § 6 Abs 3 KSchG ist nach Auffassung des Höchstgerichts, dass die dort verwendeten Fachbegriffe für den Durchschnittskunden zu unbestimmt sind.

Dass Transparenz mehr bedeutet als bloße Nachvollziehbarkeit eines Textes, zeigt auch die hM zu Verweisen sowie zu Übersichtlichkeit und Aufbau von AGB. Demnach können Fehler in der (äußeren) **Gestaltung** des Klauselwerks ebenfalls zu Intransparenz führen. Das betrifft etwa Verweise auf Rechtsgrundlagen, die sich in den AVB nicht finden[191] oder auch Binnenverweise im eigenen Dokument, die das Textverständnis zum „Puzzlespiel" machen.[192]

> In 7 Ob 216/11 g hielt der OGH die Formulierung „Als Obliegenheiten, deren Verletzung nach Eintritt des Versicherungsfalles die Freiheit des Versicherers von der Verpflichtung zur Leistung bewirkt (§ 6 Abs 3 VersVG), werden bestimmt (...)" für intransparent. Der Text des § 6 Abs 3 war zwar im Anhang abgedruckt, weshalb der Verbraucher hätte feststellen können, dass die leicht fahrlässige Verletzung der aufgezählten Obliegenheiten nicht schadet und der Kausalitätsgegenbeweis zulässig ist. Nach dem OGH könne aber nicht davon ausgegangen werden, dass der Verbraucher das gesamte Regelwerk durchlesen werde (ähnlich OGH 7 Ob 156/20 x). Damit liegt eigentlich ein Fall der „Verschleierung" vor.
>
> Wie sehr diese Frage von der konkreten Klauselformulierung abhängt, zeigt der Vergleich zu 7 Ob 66/12 z. Dort hielt der OGH die Formulierung, dass die Verletzung einer Obliegenheit „nach Maßgabe von § 6 VersVG zur Leistungsfreiheit des Versicherers" führt, für transparent. Damit werde der Verbraucher auf die Bedeutung des § 6 hingewiesen. Der Verweis selbst ist nicht problematisch.

---

189 OGH 7 Ob 191/16 p („Freeclimbing").
190 OGH 7 Ob 341/98 t.
191 *Fenyves* in *Fenyves/Perner/Riedler*, VersVG Vor § 1 Rz 119 f.
192 Treffend *Kath*, Allgemeine Versicherungsbedingungen 247.

2.98 Dass sich klar und verständlich ausdrücken muss, wer AGB verwendet, klingt so einleuchtend, dass man sich fragt, wieso dieser allgemeine Gedanke[193] auf das Verbrauchergeschäft beschränkt sein soll. Tatsächlich steht einer **analogen Anwendung** des Transparenzgebots im **Unternehmergeschäft** nichts im Weg.[194] Der OGH hat sich zu dieser Frage noch nicht geäußert. Freilich ist zu berücksichtigen, dass die Transparenzprüfung mit anderen Maßstäben erfolgen muss als im Verbrauchergeschäft.[195] Was gegenüber einem Verbraucher intransparent sein kann, muss es nicht gegenüber einem Unternehmer sein (zB buchhalterische Begriffe etc).

5. Rechtsfolgen

Literatur: *W. Faber*, Auslegung von EuGH-Entscheidungen. Eine Annäherung anhand von Beispielen aus dem Verbraucherprivatrecht, JBl 2017, 697; *Graf*, EuGH: Keine Ersetzung nichtiger AGB-Klauseln durch dispositives Recht! ecolex 2021, 198; *Schauer*, Transparenzgebot, ergänzende Vertragsauslegung und die Judikatur, VR 2021 H 6, 33; *Spitzer*, Vertragslücken im österreichischen und europäischen Recht, ÖJZ 2020, 761; *Spitzer/Wilfinger*, EuGH: Neues zur Klauselersetzung durch dispositives Recht, ÖJZ 2020, 1002; *Told*, Folgen missbräuchlicher Klauseln in Verbraucherverträgen, JBl 2019, 541 und 623; *Wilfinger*, EuGH Dexia Nederland und die Folgen für das österreichische AGB-Recht, ÖBA 2021, 326.

2.99 Ist eine Klausel in AVB nach dem bisher Gesagten unzulässig, folgt daraus selbstverständlich ihre **Unwirksamkeit.** Der Kunde muss sich darauf nur berufen, einer Rechtsgestaltung (Anfechtung) bedarf es nicht. Der Restvertrag bleibt aufrecht. Ein Verbraucher muss auf die Unwirksamkeit im Verfahren sogar hingewiesen werden.[196]

> Anknüpfend an obigen Beispielen: Der Haushaltsversicherer ist beim Vandalismusschaden und der Unfallversicherer bei der Bewusstseinsstörung leistungspflichtig. Er kann auch keine negativen Folgen daraus ableiten, dass er eine Leiche nicht exhumieren konnte.

2.100 Viele Klauseln sind enthalten nicht schlechthin „verpönte" Inhalte, sondern sie sind überschießend formuliert. Sie enthalten etwa zu knappe Fristen für Anzeigen des Kunden, sie stellen zu hohe Anforderungen an sein Verhalten oder schließen eine Leistung zu früh aus. Fraglich ist, ob solche Klauseln – statt gänzlich wegzufallen – auf den zulässigen Teil „zusammengeschnitten", also **geltungserhaltend reduziert** werden können.

> Die dreitägige Anzeigefrist für den Tod des Versicherten in der Unfallversicherung ist wie erläutert unzulässig. Fällt die Klausel vollkommen weg, gibt es keine in AVB geregelte Anzeigeobliegenheit mehr. Dies auch dann, wenn man davon ausgeht, dass eine ein- oder zweiwöchige Frist zulässig hätte vereinbart werden können.

Die geltungserhaltende Reduktion wird im Verbrauchergeschäft abgelehnt, weil sie dem Verbraucher ein unklares Bild von der Rechtslage vermittle und daher gegen das Trans-

---

193 Vgl *Leitner*, Transparenzgebot 129 ff; *Parapatits* in Aktuelles AGB-Recht 35 (40 ff).
194 *Perner*, EU-Richtlinien 22 f.
195 *Parapatits* in Aktuelles AGB-Recht 35 (56 ff).
196 Siehe *Perner/Spitzer/Kodek*, Bürgerliches Recht[6] 82.

Kap 2 Der Vertragsabschluss

parenzgebot verstoße.[197] Sie ist allerdings allgemein problematisch. Wer vorformulierte Inhalte verwenden darf, sollte auch das Risiko tragen, dass die Vereinbarung nicht hält.

> Die gröblich benachteiligende dreitägige Anzeigefrist fällt daher ersatzlos weg.
>
> Die geltungserhaltende Reduktion ist auch bei intransparenten Klauseln unzulässig: In einer Eigenheimversicherung war vorgesehen, dass sämtliche wasserführenden Leitungen und Anlagen „während der Heizperiode" zu entleeren waren, wenn die Heizung nicht durchgehend in Betrieb gehalten wird (vgl OGH 7 Ob 66/12z). Dass die Heizung im Jänner zu entleeren ist, ist nach der Klausel offensichtlich, dass sie im August nicht zu entleeren ist, ebenfalls. Hält man die Klausel mit Blick auf die Zwischenmonate für intransparent (was nach dem OGH allerdings nicht der Fall war), muss sie – aufgrund der präventiven Schutzrichtung des Transparenzgebots – ganz wegfallen.
>
> Freilich ist genau zu prüfen, wann ein Fall der Reduktion vorliegt. Dies ist nicht der Fall, wenn eine Klausel in mehrere voneinander unabhängige Teile zerlegt werden kann. Am obigen Bsp der Unfallversicherung: Hält man den Ausschluss bei Bewusstseinsstörung für unzulässig, bleibt die „wesentliche Beeinträchtigung" durch Alkohol, Suchtgifte oder Medikamente immer noch wirksam.
>
> Ist man hingegen der Auffassung, dass der Ausschluss der unverschuldeten Beeinträchtigung durch Medikamente unzulässig ist und möchte man die Klausel daher auf die „verschuldete Beeinträchtigung" reduzieren, wäre das unzulässig.

2.101 Fällt die Klausel weg und kann sich der Versicherer daher nicht darauf berufen, so denkt der unbefangene Betrachter zunächst daran, vorhandenes **dispositives Recht** anzuwenden.[198] Dafür ist es ja da: Es soll unvollständige Verträge ergänzen und es zeigt, was sich der Gesetzgeber als gerechte Regel vorstellt. Jüngere – wenig sachgerechte – europäische Rsp[199] verbietet dem Unternehmer allerdings nach einem Wegfall einer missbräuchlichen (= gröblich benachteiligenden) Klausel gegenüber Verbrauchern eine Berufung auf dispositives Recht.[200]

> Schließen die AVB eines Haushaltsversicherers auch leicht fahrlässig vom VN herbeigeführte Versicherungsfälle von der Deckung aus und hält man dies für gröblich benachteiligend, fällt die Klausel weg. Eigentlich sollte man meinen, dass sich der Versicherer auf die Leistungsfreiheit wegen grob fahrlässiger Herbeiführung des Versicherungsfalls wegen des dispositiven § 61 berufen kann. Dies ist nach der zitierten EuGH-Rsp allerdings nicht möglich: Der Versicherer kann sich erst bei vorsätzlicher Herbeiführung des Versicherungsfalls auf Leistungsfreiheit berufen.

2.102 Wie erwähnt, ist dispositives Versicherungsvertragsrecht aber ohnehin eher selten. Das Gesetz enthält meist entweder zwingendes Kundenschutzrecht oder überlässt die Fragen vollständig der Parteiautonomie, ohne wie das dispositive Recht „Lösungsvorschläge" anzubieten. Reißt die Unwirksamkeit einer Klausel in einem solchen Fall Lücken in den Vertrag, kann man sie naturgemäß auch nicht mit dispositivem Recht schließen.

---

197 Siehe nur *Perner/Spitzer/Kodek*, Bürgerliches Recht⁶ 96.
198 Eingehend *Spitzer*, ÖJZ 2020, 761 (762 ff); *Spitzer/Wilfinger*, ÖJZ 2020, 1002.
199 EuGH C-229/19 und C-289/19, *Dexia Nederland*, ECLI:EU:C:2021:68. Dazu *Graf*, ecolex 2021, 198.
200 Vgl allerdings die beachtliche Deutungsalternative von *Wilfinger*, ÖBA 2021, 326 (328 f).

Lange Zeit war es anerkannt, eine **ergänzende Auslegung** vorzunehmen.²⁰¹ Ähnlich wie bei der „herkömmlichen" Vertragsinterpretation (Rz 2.77) ist in diesem Fall zu fragen, was redliche und vernünftige Parteien vereinbart hätten, wenn sie von der Unwirksamkeit der Klausel gewusst hätten.

Am Bsp unwirksamer Prämienanpassungsklauseln (OGH 7 Ob 62/15s, 7 Ob 168/17g): Gibt es keine Klausel mehr, kann sich der Versicherer nicht auf eine vertraglich geregelte Prämienerhöhung berufen. Der Vertrag ist insofern lückenhaft, als man sich ja im Grundsatz darauf geeinigt hat, dass die Prämie angepasst wird. Wie ist der lückenhafte Vertrag zu vervollständigen? Eine Lösung würde die ergänzende Auslegung bieten, durch die die unzulässige durch eine gesetzeskonforme Anpassungsklausel ersetzt würde.

Nach überwiegender Auffassung ist eine solche ergänzende Auslegung im **Verbrauchergeschäft** allerdings aufgrund europarechtlicher, durch den EuGH²⁰² konkretisierter Vorgaben **unzulässig.**²⁰³ Das gilt jedenfalls für gröblich benachteiligende Klauseln. Ob und inwiefern eine Vertragsergänzung nach dem hypothetischen Parteiwillen bei intransparenten Klauseln zulässig ist, ist momentan umstritten.²⁰⁴

Hinweis

Der Mechanismus der ergänzenden Auslegung ist bereits von der Vertragsauslegung (§ 914 ABGB) bekannt (Rz 2.77). Während die ergänzende Auslegung nach Wegfall einer Klausel aber wie erläutert problematisch ist, ist die ergänzende Auslegung eines von vornherein unvollständigen Vertrags, bei dem im Nachhinein ungelöste Konfliktfälle auftreten, unproblematisch und unbestritten zulässig.

6. Verbandsklage

Literatur: *P. Bydlinski,* Thesen zur praktischen Handhabung des „Transparenzgebots" (§ 6 Abs 3 KSchG), JBl 2011, 141.

Die Unwirksamkeit einer Klausel kann im Streitfall nur vom Gericht verbindlich festgestellt werden. Zunächst denkt man dabei an den **Individualprozess,** den die beiden Vertragspartner – Versicherer und VN – führen. Die Parteirollen – Kläger und Beklagter – sind dabei je nach Lage des Falles verteilt. **2.103**

Der Versicherer lehnt die Deckung aus einem Schadensfall ab, weil er sich auf einen Risikoausschluss beruft. Der VN klagt den Versicherer daraufhin auf Leistung. Eine solche Leistungsklage kann bei der Versicherung für fremde Rechnung auch dem Versicherten zustehen.

Der VN stellt die Zahlung der Prämie ein, weil der Vertrag nach seiner Auffassung beendet ist. Der Versicherer klagt daraufhin auf Zahlung der Prämie, weil er von der Wirksamkeit einer in AVB vereinbarten Verlängerungsklausel ausgeht.

---

201 *Fenyves* in *Fenyves/Perner/Riedler,* VersVG Vor § 1 Rz 92 ff; *Spitzer,* ÖJZ 2020, 761 (770 ff).
202 Hervorzuheben ist vor allem EuGH C-260/18, *Dziubak,* ECLI:EU:C:2019:819, Rz 57 ff, 62.
203 Ausf *Spitzer,* ÖJZ 2020, 761 (770 ff); *Told,* JBl 2019, 541 und 523. Vgl schon *Faber,* JBl 2017, 697 (709 f).
204 Siehe *Spitzer,* ÖJZ 2020, 761 (772 ff) und jüngst *Schauer,* VR 2021 H 6, 33 (42 ff, 44 ff).

Kap 2 Der Vertragsabschluss

Die Beispielsfälle zeigen freilich, dass sich der VN in beiden Parteirollen oft in unangenehmes Terrain begeben muss – wenn ihm die Unwirksamkeit der Klausel und damit der Umstand, im Recht zu sein, überhaupt bewusst ist.[205] Solange das Verfahren nicht beendet ist und die Leistungspflicht des Versicherers nicht festgestellt ist, bekommt er als Kläger keine Leistung. Auch als Beklagter riskiert er den Verlust des Verfahrens, was Kostenfolgen nach sich zieht (vgl § 41 ZPO). Dazu kommt, dass der Versicherer den Rechtsstreit eher „aussitzen" kann. Die wirtschaftliche Überlegenheit des Versicherers spiegelt sich also oft auch im Verfahren wider.

2.104 Abhilfe schafft die Verbandsklage des § 28 KSchG.[206] Sie bietet **kollektiven Rechtsschutz,** indem sie bestimmten Verbänden (insb Verein für Konsumenteninformation, Arbeitskammer, Wirtschaftskammer) ermöglicht, gegen Unternehmer – also auch Versicherer – vorzugehen, die rechtswidrige AGB verwenden. Sie ist im II. Hauptstück des KSchG geregelt und damit nicht auf Verbrauchergeschäfte beschränkt. Es reicht aus, dass der Versicherer die AVB im Geschäftsverkehr – wem gegenüber auch immer – verwendet. Er kann auf Unterlassung geklagt werden, auch eine Veröffentlichung des Urteils ist möglich (§ 30 Abs 1 KSchG).

2.105 Die Klauselprüfung ist im Verbandsverfahren notwendig generalisierend, für die Berücksichtigung individueller Umstände bleibt kein Platz. Das führt dazu, dass die Kontrolle schärfer ist als im Individualverfahren.

> Nach § 864a ABGB ist eine überraschende und nachteilige Klausel ausnahmsweise wirksam, wenn der Verwender den Kunden „besonders darauf hingewiesen" hat. Dafür bleibt bei der Verbandsklage naturgemäß kein Platz. Die Klauselverwendung ist selbst dann zu unterlassen, wenn der Versicherer beteuert, seine Kunden im Einzelfall darauf hinzuweisen.

Vor allem aber wird hervorgehoben, dass im Verbandsverfahren vom Prinzip der **kundenfeindlichsten Auslegung** auszugehen sei.[207] Von mehreren möglichen Varianten sei also die ungünstigste zu wählen und auf dieser Basis zu beurteilen, ob die Klausel unwirksam ist. Die Bedeutung dieses Prinzips darf freilich nicht überschätzt werden: Auch kundenfeindlichste Auslegung ist immer noch Auslegung, sodass die Mechanismen der Vertragsinterpretation nicht ausgehebelt werden.[208] Im Verbrauchergeschäft sind unklare oder unverständliche Klauseln aber ohnehin nach § 6 Abs 3 KSchG unwirksam und eine geltungserhaltende Reduktion ist unzulässig. Die kundenfeindlichste Auslegung führt (nur) dazu, dass die geltungserhaltende Reduktion im Verbandsverfahren generell ausgeschlossen ist und im B-2-B-Geschäft kein Platz für § 915 ABGB bleibt, wonach iZw die für den Versicherer ungünstige Auslegung gilt; die Klauselverwendung ist vielmehr zu untersagen.[209]

---

205 *Schauer,* Versicherungsvertragsrecht³ 88 f.
206 *Schauer,* Versicherungsvertragsrecht³ 89.
207 Vgl nur RS0016590, aus dem Versicherungsrecht OGH 7 Ob 242/18s.
208 *P. Bydlinski,* JBl 2011, 141 (142).
209 *Kellner,* Allgemeine Geschäftsbedingungen 37 ff.

VI. Rücktrittsrecht des Versicherungsnehmers

Literatur: *Perner/Spitzer*, Rücktritt von der Lebensversicherung (2020); *Rattacher*, Rücktrittsrechte des Versicherungsnehmers (2019); *Riedler*, Rücktrittsrechte des Versicherungsnehmers, VR 2019 H 4, 27 und VR 2019 H 5, 29; *Schauer*, VersVG novelliert: Rücktrittsrecht und Rückkaufswertberechnung neu, ÖJZ 2018, 1037; *Schöppl*, Das Rücktrittsrecht nach § 5c VersVG neu, ZVers 2019, 19.

A. Grundlagen

Kommt der Versicherungsvertrag zustande, müssen sich beide an die Vereinbarung halten: Pacta sunt servanda. Eine Ausnahme ist das in der Folge darzustellende Rücktrittsrecht, das dem VN erlaubt, sich innerhalb einer gewissen Frist **ohne Angabe von Gründen** wieder vom Vertrag zu lösen.

2.106

Voraussetzungslose Rücktrittsrechte vervollständigen das **Informationsmodell** und passen besonders gut zum Charakter der Versicherung als schwer durchschaubares Rechtsprodukt. Während Informationspflichten vor Vertragsabschluss eingreifen und dem VN einen – wie der Name sagt – informierten Konsens ermöglichen, gewähren ihm Rücktrittsrechte eine Cooling-off-period, während der er seine Entscheidung für das Versicherungsprodukt noch einmal durchdenken kann. So soll der VN insgesamt „auf Augenhöhe" gebracht werden.

> **Beachte**
>
> Der Rücktritt ist nicht mit Auflösungsmöglichkeiten zu verwechseln, die den Vertrag zwar ebenfalls rückwirkend beseitigen, aber an Gründe gebunden sind, wie etwa die Irrtums- oder Listanfechtung. Diese Fälle sind keine Ausnahme vom Prinzip der Vertragstreue, sondern sie tragen dem Umstand Rechnung, dass der Vertrag fehlerhaft zustande gekommen ist.
>
> Der Rücktritt darf außerdem nicht mit der Kündigung verwechselt werden, die nicht auf den Vertragsabschlusszeitpunkt zurückwirkt, sondern nur für die Zukunft (ex nunc) und damit die Beendigung des Dauerschuldverhältnisses ermöglicht.

B. § 5c VersVG

Nach § 5c Abs 1 kann der VN vom Vertrag innerhalb von **14 Tagen** ohne Angabe von Gründen in geschriebener Form (Abs 4) zurücktreten. Bei Lebensversicherungen beträgt die Frist – aus europarechtlichen Gründen[210] – 30 Tage. Die Bestimmung schützt den unerfahrenen VN. Bei Großrisiken gibt es daher kein Rücktrittsrecht (§ 5 Abs 7).

2.107

> A schließt eine Haushaltsversicherung für seine Wohnung ab: § 5c ist anwendbar. Dasselbe gilt, wenn B eine Betriebsunterbrechungsversicherung für seine Tierarztpraxis schließt. Konzern C versichert seinen Fuhrpark gegen Kaskoschäden: C ist – bei Überschreiten der Schwellen des § 5 Z 34 lit c VAG – Großrisiko-VN und kann nicht nach § 5c zurücktreten.

Die Rücktrittsfrist beginnt frühestens mit dem Vertragsabschluss zu laufen. Eine Überlegungsphase, von der man nichts weiß und in der nicht klar ist, worüber man nachdenken soll, hätte allerdings keinen Sinn. Nach § 5c Abs 2 setzt der **Beginn des Fristenlaufs**

2.108

---

210 Art 186 Abs 1 Solvency II-RL 2009/138/EG; siehe dazu *Perner/Spitzer*, Rücktritt 11 f.

daher neben dem Vertragsabschluss auch voraus, dass der VN über den Abschluss sowie über die gesamten Vertragsbedingungen[211] informiert wurde (Versicherungsschein und AVB) und dass eine Belehrung über das Rücktrittsrecht (dazu § 5c Abs 3) erfolgt ist. In Anlage A zum VersVG findet sich ein Muster für eine Rücktrittsbelehrung, bei dessen Verwendung die Belehrung jedenfalls korrekt erfolgt ist.

> A stellt nach Besichtigung seiner Wohnung durch einen Mitarbeiter des Versicherers V am 24.11. einen Antrag auf Abschluss einer Haushaltsversicherung. V nimmt durch Übersendung der Polizze an, die am 2.12. bei A einlangt und alle notwendigen Informationen enthält. A kann bis zum 16.12. zurücktreten. Vor einem Vertragsabschluss kann A jederzeit von seinem Angebot zurücktreten.

Die Erteilung von Information und Belehrung ist – auch angesichts des Musterformulars – leicht möglich und dem Versicherer zumutbar. Erfolgt sie nicht, ist der Rücktritt **unbefristet** möglich. Davon macht § 5c Abs 5 nur eine Ausnahme: Das Rücktrittsrecht erlischt spätestens einen Monat nach Zugang des Versicherungsscheins einschließlich einer Belehrung über das Rücktrittsrecht. Die Monatsfrist betrifft damit in der Praxis Fälle, in denen bloß die AVB nicht ausgehändigt wurden.[212]

2.109 Für die Wahrung der Rücktrittsfrist reicht es aus, dass der VN die Rücktrittserklärung innerhalb der Frist **absendet** (§ 5c Abs 4).

> Im obigen Bsp läuft die Frist für einen Rücktritt des A ab dem 2.12. Der Rücktritt muss daher bis am 16.12. – etwa per E-Mail oder brieflich – erklärt werden. Dass er dem Versicherer erst später zugeht, schadet nicht.

2.110 Hat der Versicherer vorläufige Deckung gewährt, so gebührt ihm nach § 5c Abs 6 die der Dauer der Deckung entsprechende **Prämie.** Die Formulierung ist unglücklich: Bei vorläufiger Deckung bedarf es keines Anspruchs nach dieser Bestimmung, sondern er ergibt sich aus der Deckungszusage oder aus dem Gesetz (§ 1a). Während des Laufs der Rücktrittsfrist ist die Deckung keine „vorläufige", sondern eine aus dem regulären Vertrag. Gemeint ist, dass der VN eine anteilige Prämie zahlen muss, wenn der Versicherer die Gefahr getragen hat.

> B stellt am 1.2. einen Antrag auf Abschluss einer Betriebsunterbrechungsversicherung für seine Tierarztpraxis und erklärt gegenüber dem V, bis zum 1.3. an sein Angebot gebunden zu bleiben. Am letzten Tag der Bindungsfrist nimmt V den Antrag an, am 15.3. tritt B vom Vertrag zurück.
>
> Hat V für die Zeit der Bindung vorläufige Deckung zugesagt, ergibt sich der Prämienzahlungsanspruch für den Februar aus dem Vertrag, ist vorläufige Deckung aus dem Gesetz abzuleiten, aus § 1a. Gibt es keine – weder vertragliche noch gesetzliche – vorläufige Deckung, hat V auch aus § 5c Abs 6 mangels Gefahrtragung keinen Anspruch.

---

211 § 5c Abs 2 Z 3 („Bestimmungen über die Festsetzung der Prämie") hat das Bonus-Malus-System in der Kfz-Haftpflichtversicherung vor Augen, vgl *Fenyves* in *Fenyves/Kronsteiner/Schauer*, VersVG-Novellen § 5b Rz 9.
212 Vgl *Schauer*, ÖJZ 2018, 1037 (1041).

Aus § 5c Abs 6 ist ein Anspruch für die ersten beiden Märzwochen abzuleiten. Dies allerdings nur, wenn nicht vereinbart wurde, dass der Versicherer erst ab dem Ablauf der Rücktrittsfrist Deckung schuldet.

C. § 8 FernFinG

Literatur: *I. Vonkilch,* Schließt die Einschaltung eines Versicherungsmaklers die Anwendung des FernFinG aus? ZFR 2021, 276.

Kommt der Vertrag ausschließlich im **Fernabsatz** zustande,[213] ordnet § 8 FernFinG[214] ein dem § 5c vergleichbares Rücktrittsrecht an, das allerdings nur Verbrauchern zusteht. Die Frist beträgt ebenfalls 14 bzw 30 Tage und beginnt erst mit dem Erhalt der vollständigen Informationen zu laufen. Auch hier genügt für die Fristwahrung die Absendung der Erklärung.

2.111

A schließt eine Kfz-Versicherung über eine Online-Vergleichsplattform ab. § 5c und § 8 FernFinG sind beide anwendbar. A kann sich aussuchen, nach welcher Bestimmung er zurücktritt.

Die „Doppelregelung" ist auf den ersten Blick zwar aufgrund der weitgehenden Parallelität der beiden Rücktrittstatbestände merkwürdig, allerdings gibt es Unterschiede. Im Fernabsatz müssen nämlich noch weitergehende Vertriebsinformationen erteilt werden (§ 5 FernFinG), sodass es ausnahmsweise sein kann, dass die Frist des § 5c abgelaufen ist, während der Rücktritt nach § 8 FernFinG noch möglich ist.

VII. Kommunikation der Vertragspartner

Literatur: *Fenyves,* Elektronische Kommunikation und Rücktrittsrecht des Versicherungsnehmers nach dem VersRÄG 2012, VR 2012 H 5, 23; *Gisch/Weinrauch,* VersRÄG 2012 (2012); *Gruber,* Das Versicherungsrechts-Änderungsgesetz (VersRÄG) 2012, ZFR 2012, 150; *Ramharter,* Die elektronische Kommunikation im Versicherungsrecht nach dem VersRÄG 2012, Zak 2012, 226; *Riedler,* VersRÄG 2012 (2012).

A. Grundlagen

Wie eingangs erläutert, regelt das VersVG den Versicherungsvertrag nicht abschließend. Wo es keine Aussage trifft, ist das ABGB anwendbar. Das gilt auch für die Kommunikation der Vertragsparteien und damit etwa für die Fragen, wie Erklärungen abgegeben werden können, wann sie wirksam und wie lange sie gültig sind: In vielen Fragen schweigt das VersVG.

2.112

Dass Versicherungsverträge formfrei – und damit auch mündlich – zustande kommen können, ergibt sich nicht aus dem VersVG, sondern aus § 883 ABGB.

Dass teils über 200 Jahre alte Bestimmungen auf Erklärungen angewendet werden können, die per Mail, telefonisch oder im Online-Chat abgegeben werden, überrascht nur auf

---

213 Vgl OGH 7 Ob 147/20y: Nicht bei Vermittlung durch einen Makler. Vgl aber *I. Vonkilch,* ZFR 2021, 276 (277 ff).
214 *Rattacher,* Rücktrittsrechte 220 ff.

den ersten Blick. Das **ABGB** ist nämlich liberal, es geht von Privatautonomie aus und ist damit **medienneutral.**

> Das Prinzip der Formfreiheit erlaubt den Parteien jede Form. Erklärungen können daher mündlich, schriftlich, online oder auch per SMS abgegeben werden. Eine Erklärung ist nach § 862a ABGB wirksam, wenn sie dem Empfänger „zugekommen" ist. Die Bestimmung gilt für eine mündliche Äußerung, die man hört genauso wie für einen Brief oder ein E-Mail, die gelesen werden.

2.113 Der Ansatz, den Vertragsparteien die Art der Kommunikation zu überlassen, hat Vorteile. Allerdings benötigt man im **VersVG** punktuelle **Sonderbestimmungen,** die zum einen dem Kundenschutz dienen. Zum anderen ist bei einem Dauerschuldverhältnis, in dem die Parteien häufig miteinander kommunizieren und rechtserhebliche Erklärungen abgeben, besonderes Augenmerk auf rechtssichere Kommunikation zu legen. Diesem Interesse beider Vertragsparteien trägt das VersVG ebenfalls Rechnung.

B. Form

2.114 Das ABGB kennt mit der in § 886 geregelten Schriftform eine wichtige Ausnahme von der Formfreiheit. Soweit das VersVG für Erklärungen **Schriftform** vorschreibt, ist diese Bestimmung anwendbar (§ 1b Abs 1). Sie setzt eine Unterschrift des Erklärenden – oder eine elektronische Signatur nach § 4 SVG – voraus.

> Die Schriftform hat im VersVG verschiedene Zwecke: Die qualifizierte schriftliche Mahnung beim Folgeprämienzahlungsverzug (§ 39 Abs 1) soll dem VN den Ernst der Lage vor Augen führen. Die Schriftformerfordernisse in der Feuerversicherung (§ 100 Abs 2, § 101, § 105) schützen überwiegend den Hypothekargläubiger eines feuerversicherten Gebäudes. Das Erfordernis einer schriftlichen Zustimmung der Gefahrsperson in der Lebens- oder Unfallversicherung (§ 159 Abs 2, § 179 Abs 3) dient ihrem Schutz.

2.115 Während die grundsätzliche Medienneutralität dem „Kommunikationsrecht" des ABGB ein langes Leben verschafft hat, merkt man der Schriftform ihr Alter deutlich an. Zu ihrer Erfüllung reicht weder ein bloßes E-Mail noch eine SMS aus, was in einigen Bereichen nicht mehr zeitgemäß ist.[215] Das VersRÄG 2012 hat daher mit der **geschriebenen Form** (§ 1b Abs 1 Satz 2) eine eigene Formvorschrift eingeführt. In diesen Fällen „ist keine Unterschrift oder qualifizierte elektronische Signatur erforderlich, wenn aus der Erklärung die Person des Erklärenden hervorgeht".

> Ein nicht unterschriebener (selbstverständlich aber auch ein unterzeichneter) Brief reicht daher ebenso aus wie ein E-Mail, eine WhatsApp-Nachricht, SMS oder ein Fax. Immer muss allerdings aus der Erklärung hervorgehen, von wem sie stammt.

---

215 ErläutRV 1632 BlgNR 24. GP 6.

VII. Kommunikation der Vertragspartner

Die geschriebene Form ist die **Standardformvorschrift** des VersVG.[216] Sie findet sich in zahlreichen Vorschriften für Erklärungen sowohl des Versicherers als auch des VN (oder Dritter) und soll Warnfunktion haben oder Beweissicherungszwecke erfüllen.[217]

2.116

§ 11a Abs 2 Z 4 (Zustimmung zur Ermittlung personenbezogener Gesundheitsdaten) und § 164 Abs 1 (Erklärung des VN über Gefahrerhöhung in der Lebensversicherung) sind Beispiele für die Warnfunktion der geschriebenen Form.

Beweis- und Dokumentationszwecke verfolgen die Formerfordernisse in § 5 Abs 1 (Billigung des VN), § 5c (Rücktrittsrecht des VN), § 158d Abs 1 und 2 (Pflichthaftpflichtversicherung: Anzeige der Geltendmachung von Schadenersatzansprüchen), § 158l Abs 2 (Hinweis des Rechtsschutzversicherers auf Schiedsgutachterverfahren), § 158n Abs 1 (Deckungsbestätigung oder -ablehnung des Rechtsschutzversicherers), § 178c Abs 1 (Widerruf der Kostendeckungszusage des Krankenversicherers).

Einige für den VN wichtige Erklärungen des Versicherers erfordern geschriebene Form: ZB § 5 Abs 2 (Hinweis auf Abweichungen im Versicherungsschein), § 12 Abs 2 (Ende der Verjährungshemmung durch Deckungsablehnung), § 37 (Änderung der Zahlungsmodalitäten). In § 158e Abs 1 geht es darum, dass dem geschädigten Dritten verdeutlicht wird, welche Folgen die Verletzung seiner Auskunftspflicht hat.

Manche Vorschriften nehmen zwar auf die geschriebene Form Bezug, sie begründen aber keinen Formzwang. Das bedeutet, dass die Rechtswirksamkeit einer Erklärung nicht von der Einhaltung der geschriebenen Form abhängt. Vielmehr werden an die Einhaltung der Form andere Rechtsfolgen geknüpft als an formlose Erklärungen.

Der Versicherer kann dem VN vor Vertragsabschluss Fragen über gefahrerhebliche Umstände in jeder beliebigen Art und Weise stellen. Wird in geschriebener Form gefragt, begründet dies aber (wenn auch andere Voraussetzungen erfüllt sind) die Erheblichkeitsvermutung nach § 16 Abs 1 und führt mit Blick auf Anzeigepflichtverletzungen die Rechtsfolgen des § 18 herbei.

Versicherer haben oft ein Interesse daran, eine bestimmte **Form** für Erklärungen des VN zu **vereinbaren.** Der Erklärungsempfänger möchte sich nämlich darauf verlassen können, dass bestimmte Kommunikationswege eingehalten werden (zur elektronischen Kommunikation gleich unten).

2.117

Praxishinweis

Der Musterbedingungen des VVO enthalten durchwegs Formklauseln (vgl zB Art 14 AHVB; Art 16 ARB; Art 25 AUVB etc), die in der Praxis verwendet werden. Sie sehen vor, dass für sämtliche Anzeigen und Erklärungen des VN an den Versicherer die geschriebene Form erforderlich ist, sofern nicht Schriftform ausdrücklich und mit gesonderter Erklärung vereinbart wurde.

Die Vereinbarung einer bestimmten Form soll für den VN allerdings keine zu hohen Hürden für die Abgabe einer Erklärung aufstellen. Für Erklärungen von Verbrauchern

---

216 *Fenyves* in *Fenyves/Perner/Riedler*, VersVG § 1b Rz 5.
217 So ErläutRV 1632 BlgNR 24. GP 6.

darf generell keine strengere Form als die Schriftform (unzulässig daher zB: eingeschriebener Brief) vereinbart werden (§ 6 Abs 1 Z 4 KSchG). Das VersVG schränkt sogar noch weiter ein: Die Schriftformklausel muss aus Gründen der Rechtssicherheit sachlich gerechtfertigt und darf für den VN nicht gröblich benachteiligend sein (zum Verbesserungsverfahren siehe gleich). Außerdem muss der VN seine ausdrückliche Zustimmung gesondert erklären (§§ 15a Abs 2, 34a, 72, 178).

2.118 Möchte sich der Versicherer auf die Formunwirksamkeit einer Erklärung berufen, muss er dies dem Erklärenden unverzüglich nach Zugang der Erklärung mitteilen (§ 1b Abs 2). Der VN hat dann die Möglichkeit, das Formgebrechen innerhalb von 14 Tagen durch Absendung einer formwirksamen Erklärung fristwahrend zu beseitigen (**Verbesserungsverfahren**).

> Die Parteien vereinbaren für die Kündigung wirksam (vgl § 15a Abs 2) Schriftform. Der VN kündigt am 26.11. per E-Mail unter Einhaltung der vereinbarten einmonatigen Kündigungsfrist zum 31.12. Der Versicherer muss den VN darauf hinweisen, dass das E-Mail der vereinbarten Form nicht entspricht. Dieser hat dann 14 Tage Zeit, die schriftliche Kündigung nachzuholen.

§ 1b Abs 2 spricht nur von Erklärungen, die in Schriftform abgegeben hätten werden müssen. Man wird aus dieser Bestimmung allerdings das allgemeine Prinzip ableiten können, dass den Versicherer stets eine Hinweispflicht bei formunwirksamen Erklärungen trifft.[218]

> A meldet sich telefonisch beim Versicherer V und erklärt seinen Rücktritt vom Versicherungsvertrag nach § 5c. Akzeptiert V den Rücktritt auf diesem Weg nicht, wird er A darauf aufmerksam machen müssen, dass der Rücktritt der geschriebenen Form bedarf und ihm auch Gelegenheit geben müssen, ihn nachzuholen.

C. Elektronische Kommunikation

1. Grundlagen

2.119 Im Versicherungsvertrag sind laufend Informationen zwischen den Vertragspartnern auszutauschen: Der Vertrag ist als Rechtsprodukt sehr umfangreich, bei einem Versicherungsfall sind Anzeigen zu machen, der Vertrag wird angepasst etc.

Die laufende Kommunikation kann dabei Probleme bereiten, zumal derjenige, der sich auf eine rechtswirksame Erklärung berufen möchte, den entsprechenden Beweis führen muss. Das bedeutet im Lichte des Zugangsprinzips auch, dass der Erklärende für den Zugang beweispflichtig ist (vgl noch unten Rz 2.124).

> Wer sich brieflich erklärt, muss also nicht nur beweisen, dass der den Brief abgeschickt hat, sondern den (schwierigeren) Nachweis führen, dass seine Erklärung (rechtzeitig) angekommen ist. Wer ein E-Mail abschickt, muss den Empfang beweisen.

---

218 Zutr *Riedler*, VersRÄG 2012, 52.

Der Gesetzgeber ordnet in § 10 – nur, aber immerhin – beim **Wohnsitzwechsel** eine 2.120
praxisrelevante Erleichterung für den Versicherer vor dem folgenden Hintergrund an:
Hat der VN seine Wohnung – oder der unternehmerische VN seine Niederlassung –
geändert und hat er die Änderung dem Versicherer nicht mitgeteilt, so gehen die Erklärungen des Versicherers ins Leere; von der Unzustellbarkeit wird er meist benachrichtigt
werden. Dass er seinem Vertragspartner gegenüber dann keine wirksamen Erklärungen
mehr abgeben könnte (Zahlungsaufforderungen, Mahnungen, Kündigungen), wäre nicht
sachgerecht.

Daher bestimmt § 10, dass für eine Erklärung, die dem VN gegenüber abzugeben ist, die
Absendung eines eingeschriebenen Briefes[219] nach der letzten bekannten Adresse genügt.
Der **Zugang** von rechtserheblichen Erklärungen des Versicherers im laufenden Vertragsverhältnis (Willens- und Wissenserklärungen)[220] wird **fingiert.** Die Erklärung wird in
dem Zeitpunkt wirksam, in dem sie ohne Wohnungsänderung unter normalen Umständen dem VN zugegangen wäre.

2. Vereinbarung elektronischer Kommunikation

§ 5a soll den Parteien generell eine rechtssichere Kommunikation ermöglichen[221] und 2.121
gleichzeitig „Papierberge" vermeiden.[222] Der Gesetzgeber muss dabei einen schmalen
Grat beschreiten: Einerseits soll die Kommunikation vereinfacht werden, andererseits
ist elektronische Post flüchtiger als Papier: Ein Arbeitsplatzwechsel kann dazu führen,
dass man Mails und darin enthaltene Dokumente verliert, technische Probleme können
zum Datenverlust führen etc. Um die damit verbundenen Gefahren zu minimieren, enthält das Gesetz zahlreiche Schutzmechanismen zu Gunsten des VN sowie von Versicherten und Dritten, für die dieselben Regeln gelten (§ 5a Abs 11).

Die Voraussetzungen der Vereinbarung elektronischer Kommunikation sind **streng:** Sie 2.122
bedarf nach Abs 1 zunächst „der ausdrücklichen Zustimmung des Versicherungsnehmers, die gesondert erklärt werden muss". Das bedeutet insb, dass eine Klausel in
AVB, ein Hinweis auf der Website des Versicherers oder auch die bloße Angabe einer
E-Mail-Adresse durch den VN nicht für die Vereinbarung ausreicht.[223]

Die Erklärung ist außerdem jederzeit einseitig widerruflich, worauf der VN vor Einho-
lung seiner Zustimmung hinzuweisen ist. Ab dem Widerruf – von dem der Versicherer
den VN rechtzeitig verständigen muss – sind dann nur mehr die allgemein-zivilrechtlichen Regeln für Erklärungen relevant.

Schriftform kann trotz elektronischer Kommunikation vereinbart werden für Erklärungen, die Bestand oder Inhalt des Versicherungsverhältnisses betreffen (zB Kündigung).
Für diese Vereinbarung müssen dieselben Voraussetzungen eingehalten werden wie nach
§ 15a Abs 2 (Rz 2.117).

---

219 Siehe OGH 7 Ob 248/00x.
220 *Gruber* in *Fenyves/Schauer,* VersVG § 10 Rz 6f.
221 ErläutRV 1632 BlgNR 24. GP 8.
222 So *Riedler,* VersRÄG 2012, 7, der gar von einer „Vorreiterrolle für die gesamte Volkswirtschaft"
   spricht.
223 ErläutRV 1632 BlgNR 24. GP 8.

3. Folgen der Vereinbarung

2.123 Die **Modalitäten** der elektronischen Kommunikation sind in § 5a sehr detailliert geregelt. Zunächst überrascht nicht, dass die Parteien vertragsrelevante Informationen und Erklärungen auf elektronischem Weg erteilen und abgeben können (Abs 3): Das ist ja gerade der Inhalt ihrer Einigung und damit die vereinbarte Rechtsfolge.

Der Gesetzgeber ordnet darüber hinaus an, dass der Versicherer die Informationen transparent bezeichnen (vgl Abs 7) und dauerhaft zur Verfügung stellen muss (siehe bereits Rz 2.34 und zu Websites Abs 9).

Überraschend ist, dass die Vertragsparteien trotz wirksamer Vereinbarung elektronischer Kommunikation das Recht haben, „ihre Erklärungen und Informationen auf Papier zu übermitteln" (Abs 4). Macht der Versicherer von diesem Recht Gebrauch, so muss er den VN rechtzeitig elektronisch davon verständigen.

Außerdem kann der VN trotz elektronischer Kommunikation „auf Verlangen unentgeltlich eine Papierfassung" relevanter Dokumente verlangen (Abs 5). Damit möchte der Gesetzgeber dem Umstand Rechnung tragen, dass auch eine ausdrückliche und gesonderte Zustimmung des VN unbedacht sein kann und elektronische Post leichter verlorengeht als ein physischer Ordner; ob dieses Recht unbedingt unentgeltlich eingeräumt werden musste, ist eine andere Frage.

2.124 Trotz der detaillierten und komplizierten Regelung hat die Vereinbarung der elektronischen Kommunikation in der Praxis eine nicht zu unterschätzende Bedeutung. Sind die genannten Voraussetzungen erfüllt, so wird nämlich **vermutet,** dass die Sendung dem Empfänger auf dem vereinbarten elektronischen Weg auch **zugegangen** ist (§ 5a Abs 10). Mit anderen Worten: Nicht der Absender muss beweisen, dass die Erklärung den Empfänger erreicht hat. Vielmehr muss der Empfänger den (in der Praxis sehr schwierigen) Nachweise führen, dass er die Erklärung nicht bekommen hat.

> Eine Kündigung per Brief wird nur wirksam, wenn sie (fristgerecht) zugegangen ist. Beruft sich der Absender auf die Kündigung, muss er ihre Wirksamkeit (= den fristgerechten Zugang) beweisen. Der Nachweis der Absendung – nicht einmal der eines eingeschriebenen Briefs – reicht dafür nicht aus.
>
> In 2 Ob 108/07g hat der OGH ausgesprochen, dass die Absendung eines E-Mails keinen Anscheinsbeweis für seinen Zugang begründet. Anders bei elektronischer Kommunikation nach § 5a: Der Empfänger müsste nachweisen, dass er das E-Mail nicht erhalten hat.

VIII. Dritte beim Vertragsabschluss

A. Grundlagen

2.125 In den bisherigen Ausführungen wurde vom Versicherer gesprochen. *Ihm* geht ein Angebot zu, das *er* annimmt. *Den Versicherer* treffen Informationspflichten und *er* legt dem Vertrag *seine* AVB zugrunde. Der Versicherer ist aber eine juristische Person, die nicht für sich selbst handeln kann, sondern Menschen braucht, die für ihn tätig werden.

> A stellt beim Versicherer V den Antrag auf Abschluss eines Haftpflichtversicherungsvertrags. Prokurist P nimmt den Antrag für V an und übersendet A die Polizze. P hat V durch sein Verhalten berechtigt (Prämie) und verpflichtet (Deckung).

2.126 Auch beim Kunden war nur die Rede vom VN. *Er* stellt ein Angebot, *ihn* treffen Anzeigepflichten. Das bedarf keiner weiteren Ergänzung, wenn eine natürliche Person den Vertrag für sich geschlossen hat. Wie beim Versicherer, können aber auch beim Kunden andere Personen in den Vertragsabschluss einbezogen werden.

> A ist eine AG, die ein Unternehmen betreibt. Der zuständige Abteilungsleiter S stellt bei V den Antrag auf Abschluss einer Betriebshaftpflichtversicherung.
>
> B ist Einzelunternehmer. Er beauftragt seinen Versicherungsmakler M damit, eine passende Betriebsversicherung zu suchen. M legt B nach einer Marktrecherche drei geeignete Versicherungen vor, von denen B eine auswählt.

2.127 Die in den Beispielen genannten Personen werden als Dritte beim Vertragsabschluss bezeichnet,[224] weil sie zwar am Zustandekommen der Vereinbarung mitwirken, aber aus dem Versicherungsvertrag selbst keine Rechte ableiten und nicht Vertragsbeteiligte sind. Das können Stellvertreter, Versicherungsvermittler oder Boten sein. Diese Abgrenzungen sind – wie sich zeigen wird – idealtypisch, in der Praxis kommen Kombinationen und Mischformen vor.

> Der Makler ist Versicherungsvermittler. Im Beratungsvertrag, den er mit dem VN abschließt, finden sich oft auch Abschlussvollmachten. Der Makler ist dann zugleich Vermittler und Stellvertreter des VN. Erklärungen, die der Versicherer gegenüber einem Makler abgibt, gehen außerdem zugleich dem VN zu: Er ist Empfangsbote des VN.

2.128 Immer stellt sich die Frage, ob das Verhalten des Dritten einer Vertragspartei „zugerechnet" werden kann. Zunächst ist dabei zu untersuchen, ob und in welcher Form es zu einer rechtsgeschäftlichen Zurechnung kommt. Erst danach lässt sich die haftungsrechtliche Frage sinnvoll stellen.

> In OGH 7 Ob 100/11y hatte ein Kfz-Händler seinen Fuhrpark gegen Einbruchdiebstahl versichert. Die Autoschlüssel wurden von ihm – anders als in den AVB vorgesehen – nicht in einem versperrten Tresor aufbewahrt. Der Versicherungsagent hatte in diesem Fall einen Fehler gemacht, weil er bei der Besichtigung darauf hätte hinweisen müssen, dass das „Behältnis" des Händlers kein „Tresor" ist. Für die Auswirkung des Fehlers ist aber zunächst die Auslegung der Tresor-Klausel zu prüfen. Führt das Verhalten des Agenten zu einer rechtsgeschäftlichen Deckung trotz einer Verwahrung im „Behältnis", hat der VN keinen Schaden. Primär ist daher immer der Vertragsinhalt zu prüfen, bevor man an schadenersatzrechtliche Haftung denkt.

B. Botenschaft

Literatur: *Geroldinger*, Die Zurechnung Dritter nach § 875 ABGB – Zugleich ein Beitrag zum Übermittlungsfehler des Erklärungsboten, JBl 2012, 29 und 94; *Geroldinger*, Zurechnung des Erklärungsboten bei vorsätzlicher Falschübermittlung? Anmerkungen zu 7 Ob 14/11a, Zak 2012, 43.

---

224 *Schauer*, Versicherungsvertragsrecht[3] 95 nennt sie „Hilfspersonen" beim Vertragsabschluss.

Kap 2 Der Vertragsabschluss

2.129 In einer arbeitsteiligen Wirtschaft werden häufig Personen eingesetzt, die fremde Nachrichten übermitteln oder empfangen sollen. Sie werden Boten genannt und bilden keinen eigenen rechtsgeschäftlichen Willen, sondern überbringen eine fremde Nachricht (**Erklärungsbote**) oder nehmen sie entgegen (**Empfangsbote**).

> Einzelunternehmer A bittet seinen Sekretär S, den Antrag auf Abschluss einer Betriebsversicherung an V zu übersenden. A hat den rechtsgeschäftlichen Willen gebildet und S als seinen Erklärungsboten eingesetzt.
>
> Einige Zeit nach Abschluss der Betriebsversicherung tritt ein Versicherungsfall ein. A meldet den Schaden bei R, der bei V als Schadenreferent arbeitet. R ist von V eingesetzter Empfangsbote für Erklärungen des A.

2.130 Der Bote wird – wenig überraschend – demjenigen zugerechnet, der ihn eingesetzt hat.[225] Es handelt sich also in den Beispielen im Rechtssinn um ein Angebot des A und die Schadensmeldung war unverzüglich, wenn sie dem R unverzüglich übermittelt wurde. Das gilt auch, wenn der Bote einen **Übermittlungsfehler** begeht.

> S übersendet den Antrag des A an V, vergisst aber auszurichten, dass A im Lichte der guten Geschäftsbeziehung um einen 10%igen Prämienrabatt ersucht. Nimmt V „das Angebot" des A an, ist daher kein Prämienrabatt vereinbart worden.
>
> Bittet A den S, den Versicherungsfall bei V zu melden, und vergisst S darauf, ist die Schadensmeldung des A nicht mehr unverzüglich. Eine andere Frage ist, ob die Anzeigepflichtverletzung in einem solchen Fall Folgen für A hat (dazu Rz 4.65 ff, 4.82).
>
> Nimmt R die Schadensmeldung entgegen und gibt er sie dem Leiter seiner Schadenabteilung nur unvollständig weiter, war die Anzeige dennoch richtig, weil sie so zu verstehen ist, wie sie dem Empfangsboten R zugegangen ist.

2.131 Die Zurechnung des Erklärenden oder in Empfang nehmenden an den Geschäftsherrn hat nur dort eine Grenze, wo die Person gar kein Bote mehr ist.[226] Man spricht in solchen Fällen vom **Scheinboten**.

> Der bei der Versicherung V angestellte M überredet den langjährigen Kunden K, ihm 10.000 Euro zu übergeben. Er werde mit seinem Chef darüber sprechen, wie das Geld für K als treuen Kunden am besten veranlagt werden könne. Wenig später übermittelt er K eine „Bestätigung" auf Briefpapier Vs mit einer Phantasieunterschrift. In Wahrheit spekuliert M selbst mit dem Geld. Er ist Scheinbote.

C. Stellvertretung

2.132 Die Zurechnung rechtsgeschäftlichen Handelns an eine andere Person nennt man Stellvertretung. Maßgebend sind die aus dem allgemeinen Zivilrecht bekannten Voraussetzungen:[227] Der Handelnde benötigt Vertretungsmacht und muss offenlegen, für den Geschäftsherrn tätig zu sein.

---

225 OGH 7 Ob 14/11a; dazu *Geroldinger*, Zak 2012, 43.
226 *Geroldinger*, JBl 2012, 94 (104 ff).
227 Umfassend etwa *Rubin* in *Kletečka/Schauer*, ABGB-ON[1.03] § 1002 Rz 28 ff.

Die Stellvertretung des Versicherers ist daher im Grundsatz identisch zu prüfen wie die des VN: Ob der Prokurist A „seine" Versicherung wirksam vertreten kann, richtet sich nach denselben Regeln wie die Vertretung des VN durch seinen Prokuristen B.

1. Vertretungsmacht

a) Organ

2.133 Die Vertretungsmacht kann sich aus der Stellung als Organ einer **juristischen Person** ergeben (organschaftliche Vertretung). Sie kommt nur den Leitungsorganen zu, ist nach außen unbeschränkt und unbeschränkbar (Formalvollmacht).

Der Vorstand einer AG, der Geschäftsführer einer GmbH, der Obmann eines Vereins haben Vertretungsmacht aufgrund ihrer Organstellung. Andere Mitarbeiter, Aufsichtsräte etc spielen zwar ebenfalls wichtige Rollen, haben aber allein aufgrund ihrer Organstellung keine Vertretungsmacht.

Auch der Verwalter der Eigentümergemeinschaft nach dem WEG hat Formalvertretungsmacht und kann die Eigentümergemeinschaft daher vertreten, wenn es um die Verwaltung geht. Dies umfasst auch alle Rechtshandlungen im Zusammenhang mit Versicherungen, die die Liegenschaft betreffen (zB eine Gebäudeversicherung).

Der Prokurist hat ebenfalls eine gesetzlich definierte, unbeschränkte und unbeschränkbare Formalvollmacht (§§ 49f UGB). Er muss aber seinerseits von einem Organ in diese Position gebracht werden (= Erteilung der Prokura).

Besteht das Leitungsorgan aus mehreren Personen, gilt **Gesamtvertretung** (§ 71 Abs 2 AktG; § 18 Abs 2 GmbHG), außer in der Satzung ist anderes vorgesehen.

A und B sind Geschäftsführer einer GmbH. Dem Abschluss einer Betriebsversicherung müssen daher beide (nicht notwendig gleichzeitig) zustimmen. Die Satzung kann aber auch vorsehen, dass nur A oder B allein vertreten kann. Soll A oder B nur gemeinsam mit dem Prokuristen P vertreten können, spricht man von „gemischter Gesamtvertretung" (siehe § 71 Abs 3 AktG; § 18 Abs 3 GmbHG).

Bei der Vertretung von Versicherungen gilt sogar ein zwingendes „Vier-Augen-Prinzip"[228]. Der Vorstand (das Direktorium der SE) muss aus mindestens zwei Personen bestehen und die Satzung darf keinem Organ, Prokuristen oder sonstigen Mitarbeiter Einzelvertretungsmacht für den gesamten Geschäftsbetrieb einräumen (§ 8 Abs 2 Z 7 VAG).

b) Gesetz

2.134 Die Vertretungsmacht kann sich auch unmittelbar aus dem Gesetz ergeben. Das ist zunächst bei den **Obsorgeberechtigten** – insb Eltern – der Fall, die ihre minderjährigen Kinder vertreten können (§ 167 ABGB). Grundsatz ist Einzelvertretungsbefugnis, jeder obsorgeberechtigte Elternteil kann das Kind daher vertreten, ohne die Zustimmung des anderen einholen zu müssen. Gehört der Abschluss der Versicherung hingegen nicht

---

228 *Schauer*, Versicherungsvertragsrecht³ 97.

zum „ordentlichen Wirtschaftsbetrieb" (§ 167 Abs 3 ABGB), ist neben der Zustimmung beider Elternteile auch die Genehmigung des Pflegschaftsgerichts notwendig.

> Der 10-jährige K hat von seiner Großmutter eine Eigentumswohnung geerbt. Die Haushaltsversicherung gehört zum ordentlichen Wirtschaftsbetrieb und kann daher von der Mutter M abgeschlossen werden.
>
> Soll ein von K geerbter größerer Geldbetrag in eine riskante fondsgebundene Lebensversicherung investiert werden, bedarf es neben der Zustimmung der M auch der des obsorgeberechtigten Vaters sowie des Pflegschaftsgerichts (zur Anlegung von Mündelgeld siehe §§ 215 ff ABGB).

Beachte

Nicht immer handelt es sich um Stellvertretung, wenn eine von den Eltern abgeschlossene Versicherung „Kinder betrifft". Schließt die Mutter eine Familienunfall- oder Familienkrankenversicherung ab, die auch ihre Kinder einbezieht, ist (nur) sie Vertragspartnerin. Die Kinder sind hingegen aus dieser Versicherung für fremde Rechnung begünstigt. Das Pflegschaftsgericht muss nicht zustimmen, weil das Kind nicht Prämienschuldner ist, sondern aus dem Versicherungsvertrag nur begünstigt wird.

2.135 Ist ein **Erwachsener** dauerhaft beeinträchtigt, ist primär derjenige für den Abschluss von Versicherungsverträgen zuständig, den der Betroffene ausgesucht hat, als er dies noch konnte (zur rechtsgeschäftlichen Stellvertretung durch Bevollmächtigung gleich unten).

> As Vater erkrankt an Demenz. Dies nimmt der – völlig gesunde – A zum Anlass, eine Vorsorgevollmacht (§ 260 ABGB) für den Fall zu errichten, dass ihn selbst ein ähnliches Schicksal trifft. In der Verfügung bestellt er seine Ehegattin – für den Erkrankungsfall – zur Vertreterin.
>
> B bemerkt häufiger werdende Gedächtnisstörungen, weshalb er zum Arzt geht. Dieser diagnostiziert eine beginnende Demenz. Kann B die Bedeutung und Folgen zumindest noch in Grundzügen verstehen, kann er einen gewählten Erwachsenenvertreter bestellen (§ 264 ABGB).

Oft hat die beeinträchtigte Person aber niemanden ausgesucht. Dann sind primär die nächsten Angehörigen (§ 268 Abs 2 ABGB) berufen, den Betroffenen zu vertreten. Gibt es keine solchen Personen oder wollen sie die Vertretung nicht übernehmen, ist ein gerichtlicher Erwachsenenvertreter (früher Sachwalter genannt) zu bestellen (§ 271 ABGB).

> C erkrankt an einer Demenz und kann seine Angelegenheiten nicht mehr erledigen. Seine Ehegattin kann ihre Vertretung im Österreichischen Zentralen Vertretungsverzeichnis (ÖZVV) eintragen lassen und Cs Versicherungsverträge verwalten (vgl § 269 Abs 1 ABGB), zB die Haushaltsversicherung verlängern oder eine Kfz-Versicherung kündigen. Die Kompetenzen eines gerichtlichen Erwachsenenvertreters ergeben sich nicht aus dem Gesetz, sondern aus dem gerichtlichen Bestellungsbeschluss (§ 272 Abs 1 ABGB).

c) Rechtsgeschäft

Die Vertretungsmacht kann sich neben Organstellung und Gesetz auch aus einem Rechtsgeschäft ergeben, das **Bevollmächtigung** genannt wird.[229] Die daraus folgende Berechtigung nennt man Vollmacht.

2.136

> Die Vorstände des Versicherers ernennen S zum Direktor der Schadensabteilung und erteilen ihm Vollmacht für den Abschluss und die Verwaltung der seiner Abteilung zugehörigen Versicherungsverträge.
>
> Einzelunternehmer A betreibt ein Transportunternehmen. Er stellt seinem Mitarbeiter M eine Urkunde über eine Handlungsvollmacht für den Abschluss von Transportverträgen und den dazugehörigen Versicherungen aus.
>
> A erteilt seiner Ehegattin B Vollmacht, sein Auto gegen Kaskoschäden zu versichern.

Anders als bei organschaftlicher oder gesetzlicher Vertretung ist der Umfang einer Vollmacht nicht fest vorgegeben, sondern er ergibt sich aus dem Rechtsgeschäft. Für die Reichweite der Vollmacht sind dabei stets das **Außenverhältnis** und der Empfängerhorizont des Geschäftspartners entscheidend. Hat der Geschäftsherr ein entsprechendes Verhalten gesetzt und vertraut der Dritte darauf, ist im Extremfall sogar eine Vertretung denkbar, ohne dass der Vertretene tatsächlich Vollmacht erteilen wollte (Anscheinsvollmacht).[230]

2.137

> S hat im obigen Bsp Vollmacht. Wird intern vorgeschrieben, dass er ab einer Versicherungssumme von 100.000 mit dem Vorstand Rücksprache zu halten hat, sind Verträge, die darüber hinausgehen, dennoch wirksam. Im Innenverhältnis kann S allerdings schadenersatzpflichtig werden.
>
> Einzelunternehmer A kündigt M, vergisst allerdings, ihm die Urkunde über die Handlungsvollmacht zu entziehen. Schließt M danach Verträge im Namen von A, sind gutgläubige Dritte auf den Fortbestand der Vollmacht geschützt (§ 1026 ABGB).
>
> In OGH 7 Ob 23/20p hatte ein Schadensreferent des Versicherers dem Geschädigten gegenüber ein konstitutives Anerkenntnis abgegeben (Art 8.2 AHVB). Der Versicherer meinte, dass daraus für die Deckungspflicht gegenüber dem VN (Haftpflichtiger) nichts abzuleiten sei, weil er den Schadensreferenten nicht zu solchen Erklärungen bevollmächtigt hatte. Der OGH hält demgegenüber fest, dass mit der „Einsetzung als Schadensreferent zur Abwicklung des Versicherungsfalls" der Anschein gesetzt wird, dass dieser zur Abgabe des Anerkenntnisses bevollmächtigt war, woraus auch eine Deckungspflicht gegenüber dem VN folge. Er geht damit von einer Anscheinsvollmacht aus.

d) Gesetzliche Vollmachtsvermutung

Manche Personen haben aufgrund ihrer Stellung zwar nicht zwingend, aber doch typischerweise gewisse Vollmachten (zB ein Abteilungsleiter eines Unternehmens). Das Gesetz schützt in diesen Fällen das Vertrauen des Dritten, indem es (widerlegbare) Vermutungen über die Vollmacht aufstellt.[231] Der Dritte kann sich dann darauf mangels ande-

2.138

---

229 Dazu etwa *Rubin* in *Kletečka/Schauer*, ABGB-ON[1.03] § 1002 Rz 49 ff.
230 Ausf *Baumgartner/Torggler* in *Fenyves/Kerschner/Vonkilch*, ABGB[3] (Klang) § 1029 Rz 77 ff.
231 *Perner* in *Kletečka/Schauer*, ABGB-ON[1.02] § 1007 Rz 5.

Kap 2 Der Vertragsabschluss

rer Anhaltspunkte verlassen. Der Schutz besteht aus demselben Grund wie bei der Anscheinsvollmacht: Das Vertrauen ist gerechtfertigt. Solche Regeln über den Vollmachtsumfang finden sich sowohl für die Vertretung des VN als auch für die Vertretung des Versicherers.

2.139 Erteilt ein Unternehmer – sei es der VN oder der Versicherer – eine **Handlungsvollmacht,** erstreckt sie sich auf alle Geschäfte, „die der Betrieb eines derartigen Unternehmens oder die Vornahme derartiger Geschäfte gewöhnlich mit sich bringt" (§ 54 UGB). Eine Beschränkung der Vollmacht muss der Dritte nur dann gegen sich gelten lassen, wenn er sie kannte oder kennen musste (§ 55 UGB), ihm schadet also leichte Fahrlässigkeit.

> Der „Generalbevollmächtigte" eines produzierenden Unternehmens wird also die Vollmacht haben, einen Feuerversicherungsvertrag für eine Betriebsstätte abzuschließen. Ist jemand als Leiter einer von mehreren Betriebsstätten eines Unternehmens bestellt, bezieht sich die Vollmachtsvermutung auf Verträge, die diese Betriebsstätte betreffen etc.

2.140 Wer beim Versicherer angestellt und im Versicherungsvertrieb tätig ist, ist allerdings kein Handlungsbevollmächtigter, sondern **Versicherungsvertreter** (§ 43). Das Gesetz nennt ihn auch dann so, wenn er gar keine rechtsgeschäftliche Vollmacht zum Abschluss von Versicherungsverträgen hat.

> In der Praxis sind ganz verschiedene Bezeichnungen verbreitet: Kundenbetreuer, Obersekretär des Außendienstes (OGH 7 Ob 20/14p) etc.

Bis 2018 hat das Gesetz diese Personen Versicherungsagenten genannt, weshalb sich diese Bezeichnung auch noch häufig findet. Versicherungsagent nennt man mittlerweile nur mehr den vom Versicherer betrauten selbstständigen – also nicht beim Versicherer angestellten – Vermittler (§ 43). Umgekehrt wird auch der Versicherungsagent vom Gesetz als Versicherungsvertreter bezeichnet, wenn es um rechtsgeschäftliche Vollmachten geht. Die (nicht angestellte) Person ist dann also Versicherungsagent (vermittlerrechtliche Bezeichnung, Rz 2.149ff) und Versicherungsvertreter (vollmachtsrechtliche Bezeichnung).

Seine Tätigkeit bei der Vorbereitung und beim Abschluss des Vertrags begründet nach der Vorstellung des Gesetzgebers ein Vertrauen auf gewisse Vollmachten, das vom Gesetz in §§ 45 und 47 geschützt wird. Der Versicherungsvertreter (gleich, ob angestellt oder nicht) ist nach § 45 Abs 1 Z 1 zur **Entgegennahme von Anträgen** auf Abschluss, Verlängerung oder Änderung eines Versicherungsvertrages bevollmächtigt. Auch den Widerruf solcher Erklärungen kann er entgegennehmen. Das heißt vor allem: Der Antrag des VN geht dem Versicherer so zu, wie er dem Versicherungsvertreter zugeht.

> In OGH 7 Ob 270/98a hatte der Versicherungsvertreter die beiden Liegenschaften der VN, die haftpflichtversichert werden sollten, verwechselt und daher bei einer Liegenschaft irrtümlich eine vom VN nicht gewollte Deckungsbeschränkung aufgenommen, wonach das Bauherrnrisiko nur bis zu einer Bausumme von 100.000 (Schilling) mitversichert werden sollte. Nachdem sich bei einem größeren Bauvorhaben ein Unfall ereignete, stellte sich die Frage, ob der Versicherer deckungspflichtig war.

Nach dem OGH war der Antrag des Kunden dem Versicherer wirksam zugegangen. Die Annahme des Versicherers – mitsamt Deckungsbeschränkung – weicht zwar davon ab, der Vertrag kommt aber mangels § 5 entsprechenden Hinweises auf die Abweichungen wie vom VN gewünscht zustande (§ 5 Abs 3). Das Risiko des Fehlers des Versicherungsvertreters liegt daher wegen der Vollmachtsvermutung beim Versicherer (ähnlich OGH 7 Ob 20/14p für Deckungszusagen des Versicherungsvertreters in der Haushaltsversicherung).

Die Vollmacht zur Entgegennahme von Erklärungen endet nicht mit dem Abschluss des Vertrags, sondern sie bezieht sich auch auf das **laufende Vertragsverhältnis;** der Versicherungsvertreter hat außerdem Inkassovollmacht (§ 45 Abs 1 Z 2, 4 und Abs 2). Davon erfasst sind etwa Schadensanzeigen, Rücktritts- und Kündigungserklärungen.

Außerdem kann der Versicherungsvertreter auch aktiv für den Versicherer handeln und die vom Versicherer ausgefertigten Versicherungsscheine oder Verlängerungsscheine wirksam übermitteln (§ 45 Abs 1 Z 3). Ist er sogar (rechtsgeschäftlich) zum Abschluss von Versicherungsverträgen bevollmächtigt, umfasst dies nach § 45 Abs 3 auch die Befugnis zur Änderung oder Verlängerung solcher Verträge sowie zur Abgabe von Kündigungs- und Rücktrittserklärungen.

Beschränkungen dieser Vertretungsbefugnisse muss ein Dritter nur dann gegen sich gelten lassen, wenn er die Beschränkung bei der Vornahme des Geschäftes oder der Rechtshandlung kannte oder infolge **grober Fahrlässigkeit** nicht kannte. Ist der VN Verbraucher, ist dies sogar nur bei Wissen von der Beschränkung der Fall (§ 10 Abs 1 KSchG). Bei grob fahrlässiger Unkenntnis kann der Versicherer allerdings vom Vertrag zurücktreten (§ 10 Abs 2 KSchG).

2. Offenlegung

Das Erfordernis der Vertretungsmacht stellt sicher, dass der Vertretene nicht ohne sein Zutun verpflichtet wird. Die Offenlegung des Vertretungsverhältnisses (§ 1017 ABGB)[232] wahrt demgegenüber die Interessen des Dritten: Er muss wissen, wer sein Vertragspartner ist.[233] Der Vertreter muss also **im fremden Namen** handeln. Dabei ist – im Lichte der bereits bekannten Grundsätze – auf den Empfängerhorizont abzustellen; die Offenlegung kann ausdrücklich oder stillschweigend erfolgen. Sie bereitet bei der Vertretung des Versicherers in der Praxis keine Probleme.

2.141

Auf Seiten des VN kann es vor allem bei Unternehmensversicherungen zu Abgrenzungsschwierigkeiten kommen. Ist das Rechtsgeschäft aber erkennbar unternehmensbezogen, wird man davon ausgehen können, dass es mit dem tatsächlichen Unternehmensträger zustande kommt.[234]

In OGH 7 Ob 33/89 (vgl auch OGH 7 Ob 10/91) betrieb die „Disco Clinic Gaststätten GmbH" die „Diskothek Clinic", die auch als VN im Feuerversicherungsvertrag aufschien, den der Ge-

---

232 Baumgartner/Torggler in *Fenyves/Kerschner/Vonkilch*, ABGB³ (Klang) § 1017 Rz 24ff.
233 Siehe nur OGH 10 Ob 2119/96g.
234 So zutr *Schauer*, Versicherungsvertragsrecht³ 96f.

schäftsführer der GmbH für die „Diskothek Clinic" geschlossen hatte. Der OGH ging zutreffend davon aus,[235] dass damit deutlich genug offengelegt wurde, weshalb die GmbH VN wurde.

3. Rechtsfolgen

2.142 Bei **wirksamer Stellvertretung** kommt es zu einer umfassenden rechtsgeschäftlichen Zurechnung des Verhaltens des Vertreters an den Vertretenen. Er wird Vertragspartner und ist damit aus dem Versicherungsvertrag berechtigt und verpflichtet. Die Lage ist dann so, als hätte der Vertretene selbst kontrahiert.

An sich ist es selbstverständlich: Nicht der Abteilungsleiter selbst, sondern „sein" Versicherer wird Vertragspartner; nicht der Geschäftsführer, sondern die GmbH, für die er gehandelt hat.

Die Zurechnung betrifft die gesamte Vereinbarung: Das Angebot des Vertreters gilt als eines des Vertretenen, die Annahme des Vertragspartners gilt als dem Vertretenen zugegangen, sobald sie dem Vertreter zugeht und alle Erklärungen des Vertreters sind bei der Auslegung der Vereinbarung zu berücksichtigen.

Die VN-GmbH wird beim Abschluss einer Betriebshaftpflichtversicherung durch Prokurist P vertreten, der einen Antrag an den Versicherer übersendet. Demnach soll VN „bis zum 31.1." gebunden sein. Für die Rechtzeitigkeit des Zugangs reicht es aus, dass die Annahme bis zum 31.1. bei P einlangt.

P hat die Vertragsverhandlungen mit M, dem vertretungsbefugten Abteilungsleiter des Versicherers V, geführt. Die beiden vereinbaren – abweichend von den Musterbedingungen – die Deckung reiner Vermögensschäden (vgl Art 2.1.1 AHVB und Abschnitt B 1. EHVB). M vergisst, dies in den AVB oder in der Polizze eigens zu vermerken, P fällt dies bei Erhalt der Polizze nicht auf. Der Vertrag kommt zwischen der GmbH als VN und dem Versicherer zustande. Für seine Auslegung sind die Erklärungen maßgebend, die die beiden Vertreter ausgetauscht haben, weshalb reine Vermögensschäden gedeckt sind.

2.143 Scheitert die Stellvertretung, so ist zu unterscheiden: Mangels Offenlegung kommt ein **Eigengeschäft** des (insofern eben nicht) Vertreters zustande. Das wollte er zwar nicht, allerdings ist der Empfängerhorizont maßgebend: Wer nach außen den Eindruck erweckt, für sich selbst zu handeln, wird daran auch gebunden.

Hätte der Geschäftsführer im obigen Bsp (OGH 7 Ob 33/89) den Vertrag zwar „für seine Diskothek" geschlossen, ohne aber auf seine Funktion als Geschäftsführer hinzuweisen, müsste der Versicherer den Eindruck gewinnen, er sei Einzelunternehmer. Der Vertrag wäre dann mit ihm als VN zustande gekommen und nicht mit der „Disco Clinic Gaststätten GmbH".

2.144 Liegt hingegen keine (ausreichende) Vertretungsmacht vor, kommt der Vertrag gar nicht zustande. Er ist allerdings nicht absolut nichtig, sondern **schwebend unwirksam.** Der Geschäftsherr hat die Möglichkeit, ihn nachträglich zu genehmigen (§ 1016 ABGB).

---

235 Zustimmend bereits *Schauer*, Versicherungsvertragsrecht[3] 97.

> A ist Abteilungsleiter bei der Autohandels-GmbH. Er schließt in urlaubsbedingter Abwesenheit des Geschäftsführers G eine Betriebsversicherung im Namen der GmbH, für deren Abschluss er keine Vollmacht hatte. Diesen Umstand hatte er dem Versicherer verschwiegen, weil er bei dem besonders günstigen Angebot „zuschlagen" wollte und davon ausgegangen war, im besten Interesse der GmbH zu handeln. Geht man davon aus, dass G keinen Anschein der Vertretungsbefugnis gesetzt hat, ist die Vereinbarung schwebend unwirksam. G kann den Vertrag aber innerhalb angemessener Frist durch nachträgliche Genehmigung „retten".

Kommt es zu keiner solchen Genehmigung, ist der Vertrag endgültig gescheitert. Der Vertreter ist **falsus procurator** und haftet dem Dritten, der auf die Vertretungsmacht vertraut hat, schadenersatzrechtlich (§ 1019 ABGB).

> Genehmigt G nicht, kann V den A schadenersatzrechtlich auf Ersatz des Aufwands in Anspruch nehmen, der im Vertrauen auf die (unwirksame) Vertretungsbefugnis erlitten wurde (Kosten für die Vertragsabfassung etc).

D. Versicherungsvermittlung

Literatur: *Fenyves/Koban/Perner/Riedler* (Hrsg), Die Umsetzung der IDD in das österreichische Recht (2019); *Fenyves/Schauer* (Hrsg), Die neue Richtlinie über den Versicherungsvertrieb (IDD) – Zur Umsetzung in Österreich (2017); *Funk-Leisch,* Das Recht der Versicherungsvermittlung in Österreich (2010); *Perner,* Europarechtliche Rahmenbedingungen der Versicherungsvermittlung, VR 2014 H 1–2, 30.

1. Grundlagen

2.145 Die bisherigen Ausführungen betrafen die Einbeziehung Dritter in den Prozess des Vertragsabschlusses. Auch bei der Versicherungsvermittlung stellen sich die bereits aufgegriffenen **Zurechnungsfragen:** Vermittlung, Botenschaft und Stellvertretung sind – wie bereits erwähnt – kein Gegensatz, sondern sie überschneiden sich. Ein Vermittler kann also zugleich eine Abschlussvollmacht haben oder Bote einer der Parteien sein. In der Folge ist daher zu untersuchen, wie Vermittler den Vertragspartnern zuzurechnen sind.

2.146 Die Klärung der Zurechnungsfrage ist allerdings nicht die einzige Aufgabe einer Darstellung des Vermittlerrechts. Das Gebiet ist vielmehr vor dem Hintergrund der hervorragenden Bedeutung der Berufsgruppe im Versicherungssektor zu sehen. Vermittler sollen – wie bereits hervorgehoben – dem Kunden das **Rechtsprodukt „Versicherung" erklären.** Sie wickeln daher nicht nur den Vertragsabschluss ab, sondern sie übernehmen eine wesentliche Funktion bei der Information und Beratung des Kunden.

2.147 Gegenstand der folgenden Ausführungen sind damit zwei Fragen: Welche Informations- und Beratungspflichten haben Versicherungsvermittler aufgrund ihrer berufsrechtlichen Stellung? Wem sind sie – rechtsgeschäftlich und haftungsrechtlich – zuzurechnen? Für beide Themen ist danach zu unterscheiden, welche Art von Versicherungsvermittlung vorliegt.

2. Kategorien

a) Versicherungsvermittler

2.148 Versicherungsvermittler ist ein selbstständig und gewerblich tätiger Dritter, der beim Abschluss des Versicherungsvertrags mitwirkt (**§ 137 Abs 1 GewO**). Diese Mitwirkung kann in der Beratung, im Vorschlag von Versicherungsprodukten, im Abschluss des Vertrags oder in sonstigen Vorbereitungsarbeiten liegen.

> Die Mitwirkung kann auf analogem oder digitalem Weg geschehen: Vermittler ist die physische Person, die einen Kunden daheim berät, ebenso wie die Online-Plattform, die auf Basis von Kundendaten einen Preisvergleich erstellt und den Interessenten zum Versicherer weiterleitet.

Erfasst sind aber nicht nur die Vorbereitung und der Abschluss des Vertrags, sondern auch die Mitwirkung bei seiner Verwaltung und Erfüllung, insb im Schadensfall. Auch diese Tätigkeit ist Versicherungsvermittlung.

2.149 **Keine Vermittlung** liegt hingegen vor, wenn die genannten Tätigkeiten von Personen übernommen werden, die beim Versicherer angestellt sind (vgl § 2 Abs 1 Z 14 GewO). Solche Personen nennt das Gesetz (reine) Versicherungsvertreter (§ 43), die im Versicherungsvertrieb (§ 5 Z 59 VAG) tätig sind. Ihre vertragsrechtliche Stellung und Zurechnung zum Versicherer richtet sich ausschließlich nach den bereits dargestellten Regeln. Das gilt auch für die Informations- und Beratungspflichten vor Vertragsabschluss, für die (nur) das VAG einschlägig ist.

> Der bei einer Versicherung angestellte Außendienstmitarbeiter A berät Kunden. Er muss das einschlägige Produktinformationsblatt aushändigen, den Wunsch-Bedürfnis-Test durchführen und die den Versicherer treffenden Beratungspflichten erfüllen. Ob er Vertretungsmacht hat, richtet sich danach, welche Vollmachten ihm erteilt wurden. Mangels anderer Anhaltspunkte greift § 45.

2.150 Innerhalb der Versicherungsvermittler werden zwei Kategorien unterschieden (vgl nur ErwGr 5 IDD 2016/97/EU), die in der Folge näher zu beleuchten sind: **Versicherungsagenten** und **Versicherungsmakler**. Die Unterscheidung knüpft an der Beziehung des Vermittlers zum Versicherer an (§ 137 Abs 2 GewO). Daneben gibt es noch den gewerblichen Vermögensberater, der Lebens- und Unfallversicherungen vermitteln darf; auf ihn sind die in der Folge dargestellten Bestimmungen über die Versicherungsvermittlung sinngemäß anzuwenden (vgl § 136a Abs 2 GewO).

b) Versicherungsagent

Literatur: *Körber,* Recht des selbständigen Versicherungsvertreters (2006).

2.151 Ein Versicherungsagent ist **vom Versicherer** mit der Vermittlung von Versicherungsverträgen **betraut** (§§ 1, 26a HVertrG). Er ist also gegenüber dem Versicherer vertraglich verpflichtet, sich um die erfolgreiche Vermittlung zu bemühen.[236] Damit ist der Versicherungsagent eigentlich sein „verlängerter Arm". Das sieht man besonders beim Ein-

---

236 *Kath* in *Fenyves/Perner/Riedler,* VersVG § 43 Rz 17, 27 ff.

fach- oder Ausschließlichkeitsagenten, der mit einem einzigen Versicherer zusammenarbeitet. Er unterscheidet sich vom Versicherungsvertreter nur dadurch, dass er nicht angestellt, sondern selbstständig tätig ist.

> A hat einen Agenturvertrag mit Versicherer V, der ihn dazu verpflichtet, Verträge von V, aber von keinem anderen Mitbewerber, anzubieten. A ähnelt aus vertrieblicher Sicht einem Außendienstmitarbeiter Vs. Unterschiede gibt es vor allem bei der Vergütung von Angestellten und selbstständig Tätigen (siehe gleich).

Praxishinweis

Die WKO (Fachorganisation Versicherungsagenten) hat einen online abrufbaren Leitfaden für Agenturverträge zwischen Versicherern und Agenten erstellt: https://www.wko.at/branchen/handel/versicherungsagenten/musteragenturvertrag-va.pdf

2.152 Ist ein Agent für mehrere Versicherer tätig, spricht man von einem **Mehrfachagenten**.[237] Vertreibt er miteinander konkurrierende Versicherungsprodukte, nennt man ihn einen echten Mehrfachagenten, sonst einen unechten.

> A hat einen Agenturvertrag mit V1, in dem er sich dazu verpflichtet, Personenversicherungen zu vermitteln. Verpflichtet er sich im Agenturvertrag mit V2 zur Vermittlung von Kfz-Versicherungen, ist er unechter Mehrfachagent, soll er für V2 hingegen Lebensversicherungen vermitteln, ein echter.

2.153 Die Vergütung des Versicherungsagenten besteht meist in einer **Provision** (§ 8 Abs 1 HVertrG). Das Entgelt hängt dabei in der Praxis idR davon ab, dass der vermittelte Vertrag zustande kommt (Abschlussprovision, § 8 Abs 2 HVertrG). Auch nach Beendigung des Agenturvertrags gibt es noch einen Anspruch auf Folgeprovisionen aus dem vermittelten Geschäft (siehe § 26c HVertrG). Außerdem kann unter den Voraussetzungen der §§ 24, 26d HVertrG ein Ausgleichsanspruch bestehen.

c) Versicherungsmakler

2.154 Anders als der Versicherungsagent hat der Versicherungsmakler einen **Beratungsvertrag mit dem Kunden,** dessen Interessen er primär zu wahren hat (§ 27 Abs 1 MaklerG). Er steht also im Lager des Kunden und hat gerade nicht die Aufgabe, eine bestimmte Versicherung an den Kunden zu bringen, sondern umgekehrt den Kunden zur bestmöglichen Versicherung zu bringen (best advice: § 28 Z 3 MaklerG). Eine Verpflichtung zum Vertrieb gegenüber dem Versicherer und die Stellung als (neutraler) Makler schließen einander also aus.

2.155 Daraus sollte man allerdings nicht den Schluss ziehen, dass das **Entgelt** des Versicherungsmaklers immer direkt vom Kunden kommt. Dass der Kunde dem Makler die Provision[238] oder ein – zB stundenabhängiges – Honorar[239] bezahlt, ist vielmehr selten (vgl

---

237 *Kath* in *Fenyves/Perner/Riedler,* VersVG § 43 Rz 43 ff.
238 Vgl OGH 7 Ob 13/10b.
239 Vgl *Koban* in *Fenyves/Schauer,* VersVG Anh §§ 43–48 Rz 111.

§ 30 Abs 1 MaklerG und § 138 Abs 1 GewO). Praktisch kommen solche Modelle eher in der Industrieversicherung vor, wo die Vermittlungstätigkeit neben dem vorvertraglichen Stadium stark auch intensive laufende Betreuung des Kunden (Bestandüberprüfung, Schadensabwicklung etc) erfasst.

Am weitaus häufigsten ist auch beim Versicherungsmakler die **Abschlussprovision,** die vom Versicherer bezahlt wird. Dazu schließen Versicherungsmakler Rahmenprovisionsvereinbarungen („Courtagevereinbarungen") mit Versicherern, die ihnen einen Anspruch auf die Provision einräumen (vgl § 26 Abs 1 MaklerG).[240] Mittelbar zahlt natürlich der Kunde für die Vermittlung, denn die Verrechnung der Provision erfolgt über die Versicherungsprämie.

d) Berufsrechtliche Qualitätssicherung

Literatur: *Baier,* Die Vergütung – inhaltliche Grenzen und Offenlegungspflichten, in *Fenyves/Koban/Perner/Riedler* (Hrsg), Die Umsetzung der IDD in das österreichische Recht (2019) 25; *Eltner,* Aus- und Weiterbildung, in *Fenyves/Koban/Perner/Riedler* (Hrsg), Die Umsetzung der IDD in das österreichische Recht (2019) 129; *Gisch,* Die Lehrpläne zur verpflichtenden Weiterbildung nach § 136a Abs 6a und § 137b Abs 3a GewO 1994, ZVers 2019, 230.

2.156 Versicherungsvermittler haben – wie bereits dargelegt – eine sehr wichtige Funktion beim Abschluss und bei der Abwicklung des Vertrags: Sie erklären dem Kunden das Rechtsprodukt und beraten ihn (siehe gleich unten). Versicherungsvermittlung erfordert daher sehr spezifisches rechtliches Wissen, das weit über die Kenntnis der AVB hinausgeht.

> Wer einen Haftpflichtversicherungsvertrag vermittelt, muss über Grundzüge des Schadenersatzrechts Bescheid wissen. Wer eine Transportversicherung vermittelt, sollte sich mit dem Transportrecht als solchem beschäftigt haben. Wer eine Reisestornoversicherung vermittelt, sollte vertrags- und leistungsstörungsrechtliche Grundkenntnisse haben etc.

2.157 Daher sollen nur Personen als Versicherungsvermittler tätig sein, die ausreichende **Qualifikationen** haben (§ 137b GewO). Dies trifft in besonderem Maße den Versicherungsmakler, der ja den gesamten Markt im Blick haben soll sowie einen Mehrfachagenten, vor allem wenn er viele Agenturverträge hat. Aber auch der Einfachagent muss fachlich geeignet sein.[241]

Der Gesetzgeber sichert die Qualität dadurch, dass Versicherungsvermittler in das Gewerbeinformationssystem Austria (GISA) eingetragen werden müssen (§ 94 Z 76 GewO), wofür eine Befähigungsprüfung erforderlich ist (vgl die Versicherungsvermittler-VO BGBl II 2010/156), die von den Fachorganisationen der WKO organisiert wird. Bei juristischen Personen ist das Leitungsorgan entsprechend zu besetzen (§ 137b Abs 1 GewO). Die Eintragung erfolgt als Versicherungsagent oder als Versicherungsmakler

---

240 Im Detail *Koban* in *Fenyves/Schauer,* VersVG Anh §§ 43–48 Rz 62 ff.
241 Selbst beim Direktvertrieb haben Versicherer die fachliche Qualifikation der beteiligten Mitarbeiter sicherzustellen, vgl § 123a VAG; dazu *Eltner* in *Fenyves et al,* Umsetzung der IDD 129 (129 ff).

(§ 137a Abs 2 GewO), die jeweilige Befähigungsprüfung richtet sich nach dem ausgeübten Gewerbe.

Da sich die – vor allem rechtlichen – Rahmenbedingungen der Tätigkeit ständig ändern, sieht das Gesetz auch eine verpflichtende Weiterbildung im Rahmen von 15 Stunden pro Jahr vor (§ 137b Abs 3 und 3a GewO).[242]

Die beste Qualifikation nützt nichts, wenn Anreize bestehen, sie nicht auszuspielen. Vor allem das in der Praxis vorherrschende Vergütungsmodell der Abschlussprovision steht dabei im Zentrum der Diskussion,[243] weil es **Interessenkonflikte** herbeiführen kann. **2.158**

> Versicherungsmakler M berät einen Kunden über Unfallversicherungen. V1, V2 und V3 bieten passende Produkte an. V1 zahlt eine Abschlussprovision iHv 20, V2 iHv 10, mit V3 hat M gar keine Courtagevereinbarung. Besteht die Gefahr, dass M nicht neutral berät? Eine ähnliche Frage stellt sich beim Mehrfachagenten, wenn sich zB die Provisionshöhen seiner Versicherer unterscheiden.
>
> Der Einfachagent berät zwar ohnehin nur über ein Produkt, auch hier könnten Provisionsmodelle aber Fehlanreize bei der Beratung schaffen. So zB, wenn der Versicherer einen Bonus bei einem vermittelten Jahresvolumen zahlt und die Zielerreichung im Dezember knapp bevorsteht.

Der Gesetzgeber nimmt die Beteiligten in die Pflicht, um Interessenkonflikten vorzubeugen. Der Versicherer darf keine Vergütungsmodelle schaffen, die mit der Pflicht kollidieren, im besten Interesse des VN zu handeln (§ 128 Abs 3 VAG). Die Vermittler unterliegen Standesregeln für die Versicherungsvermittlung[244], die ähnliche Ziele verfolgen (siehe § 1 Abs 3). Außerdem muss der Vermittler die Details der Vergütung offenlegen (siehe vor allem § 1 Abs 9 Z 9 und 10 der Standesregeln).

> Das im obigen Bsp beschriebene Setzen von Verkaufszielen, bei deren Erreichen eine Vergütung schlagend wird, ist unzulässig. Dass er auf Provisionsbasis arbeitet und dass die Provision in der Versicherungsprämie enthalten ist, muss der Vermittler rechtzeitig vor Vertragsabschluss mitteilen.

> **Hinweis**
>
> Die im VAG geregelte Verpflichtung zur Vermeidung von Interessenkonflikten trifft den Versicherer unabhängig davon, ob er mit einem Vermittler zusammenarbeitet (Agent, Makler) oder einen angestellten Mitarbeiter (Versicherungsvertreter) vergütet.

Noch striktere Vorgaben zur Vermeidung von Interessenkonflikten gibt es beim Vertrieb von **Versicherungsanlageprodukten** (siehe dazu § 135 VAG; Art 8 DelVO 2017/2359/EU; § 8 Standesregeln).[245] Das liegt daran, dass solche Produkte „herkömmlichen" Anlageprodukten ähneln, bei denen noch strengere Vorschriften gelten als bei klassischen Versicherungsprodukten. **2.159**

---

242 Siehe zu den inhaltlichen Anforderungen *Gisch,* ZVers 2019, 230.
243 Vgl bereits *Perner,* VR 2014 H 1–2, 30 (34f).
244 V BGBl II 2019/162.
245 Vgl *Baier* in *Fenyves et al,* Umsetzung der IDD 25 (39ff).

Die fondsgebundene Lebensversicherung ist ein Sparprodukt, das mit einer normalen Fondsbeteiligung vergleichbar ist. Bei unabhängiger Anlageberatung gibt es – außerhalb von Versicherungen – sogar ein Provisionsverbot (§ 53 WAG).

3. Informationspflichten

Literatur: *Kath,* Information, Beratung und allgemeiner Wohlverhaltensgrundsatz beim Versicherungsvertrieb, ZVers 2018, 37.

a) Versicherungsvertragsinformationen

2.160 Wird ein Vermittler eingeschaltet, ist zunächst fraglich, wer die nach dem VAG zu erteilenden Vertragsinformationen (Informationen über den Versicherer sowie verfahrensbezogene Informationen nach § 130 VAG, Produktinformationen nach § 133 VAG) erteilen muss. Welche Informationen das sind, ist vom Vertriebsweg unabhängig.

Das Produktinformationsblatt des Versicherers V bleibt bei Direktvertrieb Vs und bei Versicherungsvermittlung dasselbe. Es fragt sich nur, wer es dem Kunden aushändigen muss. Die außergerichtlichen Beschwerdeverfahren für den Versicherungsvertrag bleiben ebenfalls dieselben, es stellt sich nur die Frage, wer darüber informieren muss.

2.161 Der Gesetzgeber hat diese Frage nicht explizit geregelt.[246] Klar ist nur, dass eine Verdoppelung der Pflichten nicht sinnvoll wäre. Wieso sollte der Kunde etwa zwei identische Produktinformationsblätter bekommen? Die vom Gesetzgeber gewählten Formulierungen legen nahe, dass beide – Versicherer und Vermittler – verpflichtet sind, bis einer der beiden die Informationen erteilt hat. Im Ergebnis liegt also eine Art solidarischer Verpflichtung vor. Dadurch wird auch Anreiz für den Versicherer geschaffen, die Erfüllung der Verpflichtung durch den Vermittler sicherzustellen.

b) Statusinformationen

2.162 Bei den statusbezogenen Informationen kommt es insofern zu einer Verdoppelung, als mit Versicherer und Versicherungsvermittler über verschiedene Personen zu informieren ist.[247] Die Offenlegungspflichten des Versicherungsvermittlers (§ 1 Abs 9–11 Standesregeln) sollen vor allem für **Statusklarheit** sorgen. Der Kunde soll wissen, wem er gegenübersteht. Für die Art der Auskunftserteilung (Papier, dauerhafter Datenträger oder Website) lehnen sich die Standesregeln (§ 5) an die aus dem VAG bekannten Modalitäten an (§ 128a VAG).

Der Versicherungsvermittler muss insb mitteilen, ob er Versicherungsmakler oder Versicherungsagent ist sowie gewerberechtliche Informationen erteilen, die eine Überprüfung seiner Angaben ermöglichen. Versicherungsagenten müssen offenlegen, wessen Agenten sie sind. Beteiligungsverhältnisse der Vermittler mit Versicherungsunternehmen sind (in beide Richtungen und ab 10%) offenzulegen. Auch die bereits erwähnten Informationen über die Vergütung sollen dem Kunden dabei helfen, sich ein Gesamtbild davon zu verschaffen, wie unabhängig der vom Versicherungsvermittler erteilte Rat ist.

---

246 Zum Nachfolgenden überzeugend *Kath,* ZVers 2018, 37 (56 f).
247 *Kath,* ZVers 2018, 37 (56).

4. Bedarfsprüfung und Beratung

a) Problemstellung

2.164 Wie bereits ausführlich dargestellt (Rz 2.26ff, 2.30ff), muss der Versicherer eine Bedarfsprüfung vornehmen (Wunsch-Bedürfnis-Test) und den VN vor dem Vertragsabschluss beraten. Diese Pflichten werden nicht verdoppelt. Die Beratung ist ja gerade die Kernaufgabe des Versicherungsvermittlers. Seine Einschaltung führt dann konsequent zu einer spiegelbildlichen Entlastung des Versicherers (§ 131 Abs 3, § 132 Abs 3 VAG). Eine Ausnahme macht das Gesetz – ebenso konsequent – nur ausnahmsweise, wenn der Versicherer Grund zur Annahme hat, dass der Vermittler seine Pflichten nicht ordnungsgemäß erfüllt: Der Versicherer wird dann wie beim Direktvertrieb behandelt.

2.163 Die Statusklarheit ist nicht nur für den konkreten Kundenkontakt vorgeschrieben, sondern sie zieht sich durch den gesamten Vermittlungsprozess. Agent und Makler haben also im Geschäftsverkehr immer deutlich als solche aufzutreten und in all ihren Papieren und Schriftstücken entsprechende Hinweise zu setzen (vgl § 1 Abs 4–8 Standesregeln).

Die Statusklarheit ist nicht nur für den konkreten Kundenkontakt vorgeschrieben, sondern sie zieht sich durch den gesamten Vermittlungsprozess. Agent und Makler haben also im Geschäftsverkehr immer deutlich als solche aufzutreten und in all ihren Papieren und Schriftstücken entsprechende Hinweise zu setzen (vgl § 1 Abs 4–8 Standesregeln). **2.163**

4. Bedarfsprüfung und Beratung

a) Problemstellung

Wie bereits ausführlich dargestellt (Rz 2.26ff, 2.30ff), muss der Versicherer eine Bedarfsprüfung vornehmen (Wunsch-Bedürfnis-Test) und den VN vor dem Vertragsabschluss beraten. Diese Pflichten werden nicht verdoppelt. Die Beratung ist ja gerade die Kernaufgabe des Versicherungsvermittlers. Seine Einschaltung führt dann konsequent zu einer spiegelbildlichen Entlastung des Versicherers (§ 131 Abs 3, § 132 Abs 3 VAG). Eine Ausnahme macht das Gesetz – ebenso konsequent – nur ausnahmsweise, wenn der Versicherer Grund zur Annahme hat, dass der Vermittler seine Pflichten nicht ordnungsgemäß erfüllt: Der Versicherer wird dann wie beim Direktvertrieb behandelt. **2.164**

> Anhaltspunkte können grobe Fehlvorstellungen des Kunden sein oder dass ein offensichtlich unpassendes Produkt vertrieben wird. Auch aus der Historie (Beschwerden bei der Aufsicht, Kundenbeschwerden beim Versicherer) kann auf Fehlberatung zu schließen sein. Falls der Vermittler Agent ist, sollte der Versicherer auch die Zusammenarbeit rasch überdenken.

Der Versicherungsvermittler ist also für die Bedarfsprüfung und die Beratung verantwortlich. Entscheidend ist an dieser Stelle aber, nach welchen Standards die Beratung zu erfolgen hat. Dafür ist in der Folge danach zu unterscheiden, ob ein Einfachagent, ein (echter) Mehrfachagent oder ein Versicherungsmakler berät. **2.165**

b) Einfachagent

Der Einfach- oder Ausschließlichkeitsagent hat einen Agenturvertrag und ist „verlängerte Hand" seines Versicherers. Die Rechtslage gleicht mit Blick auf Bedarfsprüfung und Beratung daher dem oben erörterten **Direktvertrieb.** Dem Einfachagenten gleichzuhalten ist der unechte Mehrfachagent, weil er den konkreten Kunden ebenfalls nur über ein Produkt berät. **2.166**

> Dass der Agent auch Krankenversicherungen vertreibt, ist beim Wunsch-Bedürfnis-Test und der Beratung über eine Haushaltsversicherung irrelevant.

Wie im Direktvertrieb, besteht keine Beratungspflicht bei Großrisiken (§ 4 Abs 1 Standesregeln); sehr wohl ist aber ein Wunsch-Bedürfnis-Test vorzunehmen. Auf die Beratung kann – ebenfalls wie im Direktvertrieb – verzichtet werden (§ 3 Abs 3 Standesregeln). **2.167**

c) Versicherungsmakler

Literatur: *Armbrüster*, Der Abschluss von Versicherungsverträgen über das Internet, r+s 2017, 57; *Fenyves/Koban* (Hrsg), Die Haftung des Versicherungsmaklers (1993); *Koban/Schmid*, Der Beratungsprozess für Versicherungsmakler und Berater in Versicherungsangelegenheiten nach der IDD, in *Fenyves/Koban/Perner/Riedler* (Hrsg), Die Umsetzung der IDD in das österreichische Recht (2019) 65; *Perner*, FinTech: Rechtliche Herausforderungen, in *Felten/Kofler/Mayrhofer/Perner/Tumpel* (Hrsg), Digitale Transformation im Wirtschaftsrecht (2019) 3.

2.168 Der Versicherungsmakler steht hingegen – als „Bundesgenosse"[248] des VN – im Lager des Kunden. Das Pflichtenprogramm des MaklerG bildet dies ab, indem es weit über das beim Direktvertrieb und das des Versicherungsagenten hinausgeht.[249] Das zeigt sich vor allem darin, dass der Versicherungsmakler die Vermittlung des nach den Umständen des Einzelfalls bestmöglichen Versicherungsschutzes (**best advice**) schuldet (§ 28 Z 3 MaklerG). Anders als der Versicherer und der Einfachagent muss er nicht nur eine Bedarfsprüfung (vgl § 28 Z 1 MaklerG) vornehmen und über ein konkretes Versicherungsprodukt beraten, sondern aus dem Markt das bestgeeignete auswählen. Diese Bestimmungen sind zugunsten des Kunden zwingend (§ 32 MaklerG).

> A interessiert sich für eine Haushaltsversicherung und wendet sich an seinen Makler M. Er muss nicht nur den Bedarf (Größe der Wohnung, Ausstattung, Wertgegenstände etc) erheben und ein passendes Produkt empfehlen. Vielmehr muss er die Angebote der verschiedenen Versicherer vergleichen und daraus das beste empfehlen. Der Unterschied zum Direktvertrieb ist offensichtlich: Während ein Versicherer nicht darüber aufklären muss, dass es andere Anbieter gibt, die (noch) bessere Produkte anbieten, ist dies gerade die Kernaufgabe des Versicherungsmaklers.

Der Versicherungsmakler steht damit freilich vor einer „Mammutaufgabe": Auf dem österreichischen Markt sind viele Versicherer tätig, die noch dazu immer verschiedenere Produkte anbieten, weil die Versicherer mehr und mehr von den Musterbedingungen abweichen. Außerdem erlaubt die Dienstleistungsfreiheit Versicherern aus der gesamten Union, ihre Produkte in Österreich ohne Weiteres anzubieten. Damit der Makler diese Aufgabe in der Praxis bewältigen kann, ordnet § 28 Z 3 MaklerG an, dass „sich die Interessenwahrung aus sachlich gerechtfertigten Gründen auf bestimmte örtliche Märkte oder bestimmte Versicherungsprodukte beschränken kann, sofern der Versicherungsmakler dies dem Versicherungskunden ausdrücklich bekanntgibt."

> Der Versicherungsmakler könnte seine Marktstudie etwa auf deutschsprachige Märkte beschränken. Denkbar ist auch, dass er seine Suche beschränkt, weil der VN kurzfristig Versicherungsschutz benötigt, um eine Deckungslücke zu vermeiden.

2.169 Das **konkrete Pflichtenprogramm** des Maklers ergibt sich aus dem jeweiligen Vertrag mit dem Kunden, sodass – ähnlich wie beim Direktvertrieb – allgemeine Aussagen schwierig sind, wenn sie nicht sehr ungenau bleiben sollen. An der Spitze steht der subjektive und aufgeklärte Kundenwunsch, der vom Makler jedenfalls zu respektieren ist.[250] Meist wird es dem Kunden freilich um den objektiv besten Schutz gehen. Dafür kommt es auf das Versicherungsprodukt ebenso an wie auf die Beteiligten: Je komplexer das Produkt[251] und je höher die potenziellen Schadens- und Versicherungssummen, desto

---

248 Siehe nur RS0114041.
249 Explizit OGH 5 Ob 252/15t.
250 Siehe OGH 10 Ob 85/15w.
251 *Armbrüster*, r+s 2017, 57 (60).

höhere Anforderungen an die konkrete Beratung. Besondere Unerfahrenheit des Kunden und der Umstand, dass ein Makler besondere Expertise für sich in Anspruch nimmt, sprechen ihrerseits ebenfalls für hohe Beratungsstandards. Bei vergleichbaren Angeboten (nicht: immer!) muss der Versicherungsmakler das günstigste Produkt empfehlen. Der Beratungsprozess selbst kann analog oder online – etwa über Vergleichsplattformen – erfolgen.[252]

> An die Beratung über eine Kfz-Versicherung, bei der man ohnehin eine recht klare Vorstellung hat, können etwas geringere Standards angelegt werden als an die bei der Vermittlung einer Rechtsschutz- oder Unfallversicherung, zumal wenn sich die angebotenen Produkte recht stark voneinander unterscheiden.
>
> Die Anforderungen bei der Absicherung des Berufsunfähigkeitsrisikos eines selbstständig Tätigen werden recht hoch sein, weil dort oft schon nicht klar ist, welche Versicherung am besten passt (insb: Berufsunfähigkeit, Betriebsunterbrechung, Unfall).
>
> Der in Finanzangelegenheiten vollkommen unerfahrene Kunde wird mehr Beratung über eine fondsgebundene Lebensversicherung benötigen als ein Steuerberater.
>
> Von einem Makler, der auf die Versicherung von Ärzten spezialisiert ist, darf man in diesem Bereich mehr erwarten als von einem „Allerweltsmakler" (vgl OGH 5 Ob 252/15t), auch wenn beide schlicht als „Versicherungsmakler" eingetragen sind.

In der Praxis stellt sich oft die Frage, wie der Versicherungsmakler mit – wie sich später herausstellt falschen – Informationen umgehen muss, die er vom Kunden erhält[253] und ob er aktiv weitere Informationen beim Kunden oder beim Versicherer[254] einholen muss. Auch hier gilt: Der Kunde ist zwar grundsätzlich für die Richtigkeit und Vollständigkeit der Informationen verantwortlich. Der Makler ist allerdings als Experte dafür verantwortlich, die richtigen Fragen zu stellen, um an diese Informationen zu kommen. Sind Informationen offensichtlich unrichtig oder unvollständig, muss er nachfragen.

Das Pflichtenprogramm des Versicherungsmaklers endet nicht mit der Entscheidung des Kunden. Der Makler hat vielmehr auch den Versicherungsschein mit Blick auf mögliche Abweichungen (vgl § 5) zu prüfen (§ 28 Z 5 MaklerG). Auch während des **laufenden Vertrags** muss der Makler den Kunden **betreuen** und unterstützen (§ 28 Z 6 MaklerG). Dazu gehört auch, dass die bestehenden Verträge laufend überprüft werden und Vorschläge für eine allfällige Verbesserung des Versicherungsschutzes gemacht werden (§ 28 Z 7 MaklerG). **2.170**

> In OGH 4 Ob 245/15f hatte der VN die 15-Monats-Frist zur Geltendmachung der dauernden Invalidität in der Unfallversicherung verpasst. Er klagte seinen Makler unter Berufung auf § 28 Z 6 MaklerG, weil der Makler ihn auf den Fristablauf hinweisen hätte müssen. Die Argumentation ist grundsätzlich richtig, im konkreten Fall lehnte der OGH eine Haftung aber zutreffend ab, weil der VN dem Makler mehrfach versichert hatte, dass keine Dauerfolgen zu erwarten

---

252 Zu den Beratungsstandards bei Online-Vermittlung *Armbrüster,* r+s 2017, 57 (60f); *Perner* in *Felten et al,* Digitale Transformation Rz 1/21ff.
253 OGH 7 Ob 156/14p.
254 OGH 7 Ob 183/18i.

sind. Die Entscheidung ist ein gutes Bsp dafür, dass die Pflichten auch nicht überspannt werden dürfen.

Eine Hinweispflicht gem § 28 Z 7 MaklerG bejaht der OGH in 5 Ob 252/15t: Der auf Ärzte spezialisierte Makler hätte einen Gynäkologen, der in der Pränataldiagnostik tätig war, auf eine Änderung der Rsp zur Arzthaftung aus wrongful birth (OGH 5 Ob 165/05h) hinweisen müssen, die zu einer Haftungsverschärfung und damit Risikoerhöhung in der Haftpflichtversicherung geführt hatte.

d) Echter Mehrfachagent

2.171 Der echte Mehrfachagent hat mit Blick auf seine Pflichten eine **Zwischenstellung:** Einerseits ist er Agent, andererseits hat er – insofern wie ein Makler – mehrere miteinander konkurrierende Versicherungen im Angebot. Konsequent wird er – nur – mit Blick auf den Vergleich der Produkte, die er in seinem Portfolio hat, ähnlich einem Makler behandelt.

A vermittelt Unfallversicherungen für drei Versicherer. Er schuldet dem Kunden nicht nur die Vermittlung einer passenden Unfallversicherung, sondern die beste aus seinem Portfolio. Dass es eine vierte noch bessere Versicherung gibt, muss A allerdings nicht erläutern.

2.172 Bei einem Großrisiko schuldet der echte Mehrfachagent – wie auch der Einfachagent – zwar keine Beratung (§ 4 Abs 1 Standesregeln), sehr wohl aber einen Wunsch-Bedürfnis-Test. Bei einem Massenrisiko kann auf die Beratung hingegen nicht einmal verzichtet werden (§ 3 Abs 3 Standesregeln).

5. Rechtsgeschäftliche Zurechnung

Literatur: *Fenyves,* Vertragsauslegung und Wissenszurechnung – zugleich eine Besprechung von 7 Ob 100/11y, in FS Aicher (2012) 115; *Palten,* Von geheimnisvollen Trendsportarten, guten und bösen Kündigungen, braven und weniger braven Versicherungsnehmern, VR 2020 H 7–8, 28.

2.173 Auch bei der Versicherungsvermittlung stellt sich die bereits bekannte Zurechnungsfrage: Für wen „gilt" das rechtsgeschäftlich relevante Verhalten des Agenten oder Maklers? Dafür kann auf die bereits herausgearbeiteten Prinzipien zurückgegriffen werden.

Das betrifft die **Stellvertretung:** Agenten und Makler[255] haben wie dargestellt keine gesetzliche Abschlussvollmacht für Versicherer oder Kunde, Vertretungsmacht muss ihnen vielmehr rechtsgeschäftlich erteilt werden. Mit Blick auf Empfangsvollmachten des Agenten (Versicherungsvertreter) gelten die Vollmachtsvermutungen des § 45.

Auch die Frage der **Botenstellung** des Vermittlers lässt sich bereits lösen: Da der Agent vom Versicherer betraut ist, ist er sein Erklärungs- und Empfangsbote. Spiegelbildlich ist der Makler, der vom VN eingesetzt ist, sein Bote.

Der Versicherer kündigte in OGH 7 Ob 135/19g[256] die Feuerversicherung durch Übermittlung eines Schreibens an die Maklerin der VN. Das Schreiben ging der Maklerin innerhalb der Kün-

---

255 OGH 7 Ob 135/19g ZFR 2020, 188 *(Zoppel).*
256 Dazu *Palten,* VR 2020 H 7–8, 28 (34f); *Zoppel,* ZFR 2020, 188 (189ff).

digungsfrist zu. Diese leitete es außerhalb der Frist an die VN weiter. Da die Maklerin Empfangsbotin der VN ist, reicht der Zugang bei ihr für die Rechtzeitigkeit der Kündigung aus.

Konsequent ist daher auch die hA zur Rechtserheblichkeit von **Wissen des Versicherungsvermittlers:** Der Versicherungsagent ist „bildlich gesprochen Auge und Ohr des Versicherers"[257] und wird ihm umfassend zugerechnet. Anders ist die Lage beim Versicherungsmakler, dessen Wissen als solches des VN gilt.[258] 2.174

Dem VN fällt die vom Versicherungsagent zu verantwortende falsche Angabe über seine Vorinvalidität daher nicht zu Last (OGH 7 Ob 26/88). Hat der Makler einen Geschäftsirrtum des Versicherers veranlasst, kann dieser dem VN gegenüber wegen Irrtums anfechten etc.

Auch für die **Auslegung** von rechtsgeschäftlichen Erklärungen ist entscheidend, ob ein Agent oder ein Makler vermittelt. Ein Angebot des VN geht dem Versicherer nämlich auch inhaltlich so zu, wie es dem Agenten zugegangen ist. Passiert hingegen dem Makler ein Übermittlungsfehler, fällt er dem VN zur Last. 2.175

Der VN hatte den Transportversicherer wegen Beschädigung von transportierten Druckmaschinen auf Deckung in Anspruch genommen (OGH 7 Ob 25/14y). Der Versicherer wendete nicht fachgerechte Selbstverladung nach den AÖTB ein. Ob die AVB aber überhaupt vereinbart wurden, hing von der Stellung des Vermittlers ab, der mit dem Versicherer, nicht aber mit den VN über die Geltung der AÖTB gesprochen hatte: Gibt der Agent keinen Hinweis auf die Geltung von AVB, sind sie nicht vereinbart. Anders beim Makler, weil der Hinweis ihm gegenüber für die Einbeziehung der AVB gegenüber dem VN ausreicht.

Auf Ebene der Vertragsauslegung löste der OGH auch den bereits bekannten (Rz 2.3) „Schlüsseltresor-Fall" (OGH 7 Ob 100/11y): Besichtigt der Agent das Wellblechbehältnis und erwähnt er nichts von der Tresorklausel, dürfe der VN davon ausgehen, dass es sich um einen Tresor handle; der Diebstahl war also gedeckt.

Eine von den dargestellten Prinzipien abweichend gestaltete Zurechnung des Agenten und des Maklers ist grundsätzlich möglich (zur vorläufigen Deckung kraft Gesetzes siehe aber § 1a Abs 2 iVm § 15a). So könnte neben der Stellvertretung etwa auch die Botenstellung und damit der Zugang an den Makler[259] oder an den Agenten ausgeschlossen werden. Voraussetzung ist dafür freilich immer, dass dieser Wille nicht nur im Verhältnis zum Vermittler, sondern auch gegenüber demjenigen zum Ausdruck kommt, der von dieser Rechtswirkung betroffen sein soll. 2.176

6. Haftung

Literatur: *Burtscher*, Unterversicherung, gesetzwidrige AVB-Klauseln und Maklerhaftung – Besprechung von 7 Ob 13/20t, ecolex 2021, 103; *Dullinger*, Bankhaftung für Fehlberatung durch externe Vertriebspartner, JBl 2016, 277; *Fenyves*, Vertragsauslegung und Wissenszurechnung – zugleich eine Besprechung von 7 Ob 100/11y, in FS Aicher (2012) 115; *Fenyves/Koban* (Hrsg), Die Haftung des Versicherungsmaklers (1993); *Leitner-Baier*, Der Wegfall des § 43 Abs 4 VersVG und

---

257 *Schauer*, Versicherungsvertragsrecht³ 104.
258 Siehe *Zoppel*, ZFR 2020, 188 (189 ff; Anmerkung zu OGH 7 Ob 135/19g).
259 *Palten*, VR 2020 H 7–8, 28 (34 f).

Kap 2 Der Vertragsabschluss

seine Folgen, ZVers 2021, 10; *Leitner-Baier,* § 44 Abs 2 VersVG: Ist die Haftungsverschärfung für den Versicherer sachgerecht? ZVers 2021, 102.

2.177 Entsteht durch einen Beratungsfehler ein Schaden, stellt sich die Frage der schadenersatzrechtlichen Haftung. Sie richtet sich nach allgemeinem Zivilrecht, das in **§§ 1295 ff ABGB** vier Haftungsvoraussetzungen aufstellt: Schaden, Kausalität, Rechtswidrigkeit und Verschulden.[260] Das bewirkt allerdings – wie sich gleich zeigen wird – eine enge Verzahnung mit dem Berufsrecht der Vermittler: Ob die Rechtswidrigkeit zu bejahen ist, richtet sich nämlich nach dem dargestellten Pflichtenprogramm bei Versicherungsvermittlung. Wieder ist zwischen den verschiedenen Formen der Vermittlung zu differenzieren.

a) Makler

2.178 Da der Makler dem Kunden aus dem zwischen den beiden abgeschlossenen Vertrag Beratung schuldet (§ 28 MaklerG), haftet er ihm bei einer schuldhaften Pflichtverletzung. Voraussetzung ist zunächst, dass der Makler durch sein Verhalten beim Kunden einen ersatzfähigen **Vermögensschaden verursacht** hat.[261] Das wird geprüft, indem man sich das Verhalten des Maklers wegdenkt und fragt, ob der Nachteil entfallen würde. Wenn ja, ist die Verursachung (Kausalität) zu bejahen.

> Makler M hat VN statt des Produktes von V1 (Prämie 100) das Produkt von V2 mit gleichwertigen Eigenschaften, aber einer Prämie von 120 vermittelt. Ob der Nachteil in Höhe der Prämiendifferenz von 20 verursacht wurde, richtet sich danach, ob V1 den bei korrektem Verhalten vermittelten Versicherungsvertrag abgeschlossen hätte. Ist dies (ausnahmsweise) nicht der Fall, mag sich der Makler zwar pflichtwidrig verhalten haben, er hat allerdings keinen Schaden zugefügt und haftet daher nicht: Schadenersatzrecht soll einen Ausgleich bewirken, dient aber nicht der Bestrafung des „Täters". Wäre die Versicherung hingegen um 100 vermittelt worden, beträgt der Schaden 20.
>
> Noch gewichtiger als die (allfällige) Verursachung des Prämiendifferenzschadens ist, wenn sich nach Eintritt des Versicherungsfalls herausstellt, dass ein Beratungsfehler des Maklers zu einer Deckungslücke oder Unterdeckung geführt hat. Einen solchen Schaden hat der Makler des Gynäkologen aus dem obigen Bsp (OGH 5 Ob 252/15t) verursacht: Hätte er auf die Rsp-Änderung zur Arzthaftung hingewiesen, so wären die Deckungssummen erhöht worden und der Gynäkologe hätte für seinen Behandlungsfehler Versicherungsschutz gehabt. Davon ist freilich die Prämiendifferenz abzuziehen, falls die „richtige" Versicherung teurer gewesen wäre.
>
> Ist der Versicherungsmakler eine juristische Person (so zB in OGH 5 Ob 252/15t), muss er sich das Verhalten seiner bei der Beratung tätigen Mitarbeiter zurechnen lassen (§ 1313a ABGB). Es wird also so getan, als hätte die juristische Person selbst das Verhalten gesetzt.

2.179 Da die Haftungsvoraussetzungen des ABGB kumulativ zu prüfen sind, sagt die Schadensverursachung aber noch nichts Endgültiges über die Haftung aus. Auf einer nächsten Ebene ist vielmehr zu prüfen, ob sich der Makler **rechtswidrig** verhalten hat. Die Rechtswidrigkeit ergibt sich aus einem Verstoß gegen den Beratungsvertrag. Was der Makler schuldet, ist bereits aus dem Katalog des § 28 MaklerG bekannt, sodass auf die bereits bekannten Grundsätze über sein Pflichtenprogramm zurückgegriffen werden kann.

---

260 Siehe *Perner/Spitzer/Kodek,* Bürgerliches Recht[6] 298 ff.
261 Siehe jüngst *Burtscher,* ecolex 2021, 103.

Sind zwei Versicherungen gleichwertig, muss der Makler die günstigere der beiden empfehlen. Er hat den Prämiendifferenzschaden daher pflichtwidrig (§ 28 Z 3 MaklerG) herbeigeführt, wenn er stattdessen die teurere empfiehlt.

Der Makler hat die Unterdeckung in OGH 5 Ob 252/15t rechtswidrig herbeigeführt, weil er aus dem Beratungsvertrag verpflichtet ist, den Versicherungsschutz laufend zu prüfen und allenfalls Hinweise zu seiner Verbesserung zu geben.

In OGH 4 Ob 245/15f war die Rechtswidrigkeit hingegen zu verneinen: Es besteht keine Verpflichtung des Maklers, den VN auf den Ablauf einer Frist hinzuweisen, von deren Irrelevanz er aufgrund der Informationen des VN ausgehen darf.

2.180 Schließlich muss sich der Makler auch **schuldhaft** verhalten haben. Damit ist gemeint, dass ihm das rechtswidrige Verhalten auch subjektiv vorwerfbar gewesen sein muss. Die beiden Voraussetzungen nähern sich beim Makler allerdings stark aneinander an. Er ist nämlich in dem Bereich, in dem ihn Pflichten treffen, zugleich Sachverständiger (§ 1299 ABGB), was zu einer Objektivierung des Verschuldensmaßstabes führt.[262] Eine Berufung auf subjektive Unkenntnis oder Unfähigkeit scheidet aus.

Ein auf die Versicherung von Ärzten spezialisierter Makler muss gravierende Judikaturänderungen im Bereich der Arzthaftung im Blick haben. Dass der Schädiger die Vorentscheidung zur Haftung bei Pränataldiagnostik in OGH 5 Ob 252/15 tatsächlich nicht mitbekommen hat, ändert daher nichts an der Haftung. Freilich hätte auch der vom Makler geschädigte Gynäkologe selbst davon wissen müssen, sodass der OGH zu Recht auch ein Mitverschulden (§ 1304 ABGB) diskutiert, das zu einer Kürzung des Schadenersatzanspruchs führt.

Hinweis

Pflichtwidrigkeit und Verschulden liegen aufgrund des objektivierten Verschuldensmaßstabes zwar nahe beisammen. Die Prüfung des § 1299 ABGB erübrigt sich allerdings, wenn man bereits eine Pflichtverletzung verneint (vgl OGH in 4 Ob 245/15f). Findet man die einschlägige Verpflichtung daher nicht in § 28 MaklerG oder im Beratungsvertrag, begründet auch § 1299 ABGB keine Haftung.

b) Agenten

2.181 Ein Agent kann durch einen Fehler bei seiner Vermittlungstätigkeit natürlich ebenfalls großen Schaden verursachen. Da sein Verhalten auf rechtsgeschäftlicher Ebene weitgehend dem Versicherer zuzurechnen ist, verursacht der Agent allerdings potenziell Schäden sowohl beim Versicherer als auch beim Kunden.

Der Agent kann durch Fehlberatung des Kunden etwa eine Deckungslücke verursachen. So etwa, wenn man den Schlüsseltresor-Fall (OGH 7 Ob 100/11y) – wie in der Literatur vorgeschlagen[263] –schadenersatzrechtlich löst, weil man auf rechtsgeschäftlicher Ebene davon ausgeht, dass es im Versicherungsvertrag bei der „Tresorklausel" nach herkömmlichem Verständnis geblieben ist.

War der in OGH 7 Ob 25/14y beteiligte Vermittler ein Agent, so wäre davon auszugehen, dass die Geltung der AÖTB nicht vereinbart wurde. Der Kunde wird sich nicht beschweren. Der

---

262 ZB OGH 10 Ob 89/04t; 4 Ob 245/15f.
263 *Fenyves* in FS Aicher 115 (121 ff).

Kap 2 Der Vertragsabschluss

> Versicherer schuldet aufgrund des Fehlers des Agenten, der den Kunden nicht auf die AÖTB aufmerksam gemacht hatte, allerdings Deckung, die er niemals zusagen wollte.

2.182 Die Haftung für Schäden, die dem **Versicherer** entstehen, ist mit einer Verletzung der Pflichten zu begründen, die sich aus dem Agenturvertrag zwischen Versicherer und Agent ergeben. Es handelt sich um eine vertragliche Haftung, für das Verschulden gilt der Sorgfaltsmaßstab des § 1299 ABGB (siehe § 5 HVertrG).

2.183 Da der Agent keinen Beratungsvertrag mit dem **Kunden** hat, kann sich dieser nicht auf die Verletzung von Vertragspflichten stützen. Das bedeutet aber nicht, dass eine Haftung ausscheidet: Die gewerberechtlichen Pflichten (§ 3 Standesregeln) treffen den Agenten persönlich gegenüber dem Kunden. Ihre schuldhafte Verletzung macht schadenersatzpflichtig.[264]

> Eine vom Agenten verschuldete Deckungslücke, die durch einen Fehler beim Wunsch-Bedürfnis-Test entstanden ist, führt daher zu Schadenersatzansprüchen des Kunden.

2.184 Daneben stellt sich die Frage, ob das Verhalten des Agenten dem Versicherer zugerechnet werden kann, für den er tätig ist. Während eine **Zurechnung an den Versicherer** als Erfüllungsgehilfe (§ 1313a ABGB) beim unselbstständigen Versicherungsvertreter schlüssig ist, weil dieser eine fremde Pflicht (§§ 131, 132 VAG) erfüllt, fällt die teleologische Begründung beim selbstständigen Agenten schwerer. Seine Pflicht ist eine eigene, die Einschaltung des Vermittlers lässt die des Versicherers darüber hinaus entfallen (§ 131 Abs 3, § 132 Abs 3 VAG).

Dennoch ordnet der Gesetzgeber eine Zurechnung an, wie sich aus § 44 Abs 2 ableiten lässt.[265] Fehler des Einfachagenten führen damit neben seiner eigenen Haftung auch zu einer „seines" Versicherers, Fehler des Mehrfachagenten sind dem jeweils betroffenen – allenfalls auch mehreren – Versicherern zuzurechnen.

Das Konzept muss sich Kritik gefallen lassen,[266] weil es aufgrund der Eigenhaftung des Agenten eigentlich gar keine Schutzlücke gäbe. Dadurch unterscheidet sich der Fall nicht nur konstruktiv, sondern auch teleologisch vom Vertrieb durch einen unselbstständigen Vertreter, der nach außen nicht haftet, weil er eben tatsächlich fremde Pflichten erfüllt. Wieso es für einen Beratungsfehler bei Direktvertrieb und bei Vertrieb über den Makler stets einen Haftpflichtigen gibt, bei Vermittlung durch einen Agenten aber zwei – solidarisch verpflichtete – Haftende, lässt sich nicht widerspruchsfrei erklären.

Haftet der Versicherer für das Verhalten des Agenten, ist freilich stets ein Regress zu prüfen (§ 896 ABGB iVm § 1313 ABGB), sodass der Schaden im Ergebnis bei dem haften bleibt, der den Fehler begangen hat.[267]

---

264 Vgl nur *Leitner-Baier*, ZVers 2021, 10 (10 ff).
265 Siehe auch ErläutRV 26 BlgNR 26. GP 7 unter Berufung auf *Dullinger*, JBl 2016, 277 (282 ff).
266 Krit zB *Leitner-Baier*, ZVers 2021, 102 (insb 108 ff).
267 Vgl § 4 Z 2f WKO-Leitfaden Agenturverträge: Regress nur bei Vorsatz und krass grober Fahrlässigkeit.

V und VN schließen einen Versicherungsvertrag, dessen Abschluss von X vorbereitet wurde. Durch einen Fehler bei der Bedarfsprüfung entsteht VN eine Deckungslücke.

Ist X Versicherungsmakler, haftet – nur – er für den Schaden, nicht aber V. Ist er Angestellter Vs, haftet – nur – V, nicht aber X.

Ist X selbstständiger Versicherungsagent, haftet er neben V. Bei einem echten Mehrfachagenten könnte man sogar auf die Idee kommen, neben ihm alle „seine" Versicherer für einen Fehler beim Wünsche-Bedürfnis-Test haften zu lassen.

c) Haftpflichtabsicherung

Literatur: *Fenyves,* Die Haftpflichtabsicherung der Versicherungsvermittler gem § 137 c GewO, VR 2005 H 6, 169; *Fitsch,* Aktuelles zur Pflichtversicherung für Versicherungsvermittler gem § 137 c Abs 1 GewO, ecolex 2019, 495; *Rubin,* Obligatorische Deckungsvorsorge von Versicherungsvermittlern (§ 137 c GewO 1994), ecolex 2018, 802; *Rubin,* Apropos: Alternative Haftpflichtversicherung, ecolex 2019, 1005.

Die Versicherungsvermittlung ist – wie gezeigt – eine schadensgeneigte Tätigkeit, die für den Vermittler mit einem nicht zu unterschätzenden Haftungsrisiko verbunden ist. Der Gesetzgeber verpflichtet den Vermittler daher, seine Risiken aus der beruflichen Tätigkeit vor Aufnahme seiner Berufstätigkeit abzusichern (§ 137 c GewO). Das ist beim Makler (nur) das Risiko der Eigenhaftung, während der Agent neben diesem Risiko auch die geschilderte Gefahr versichern muss, im Regress in Anspruch genommen zu werden.

2.185

Die Haftpflichtabsicherung[268] kann entweder in einer Versicherung[269] oder in einer rechtlich gleichwertigen Deckungsgarantie – etwa durch eine Bank – bestehen (Abs 1). Die Haftpflichtversicherung ist nach richtiger, allerdings vom OGH nicht geteilter Auffassung[270] eine Pflichtversicherung nach §§ 158 b ff.[271]

2.186

Bei Einfachagenten und unechten Mehrfachagenten ist alternativ zu den geschilderten Varianten auch eine uneingeschränkte Haftungserklärung durch den/die Versicherer zulässig, für den/die der Agent tätig wird (Abs 2).[272] Dadurch sagt der Versicherer verbindlich zu, für Fehler des Agenten einzustehen. Das wäre allerdings meist gar nicht notwendig, weil er nach dem Konzept des Gesetzgebers (§ 44 Abs 2) ohnehin umfassend dafür haftet.[273]

2.187

Um einer Haftpflichtversicherung gleichwertig zu sein, muss die Haftungserklärung außerdem nicht nur den Geschädigten, sondern auch den Schädiger schützen. Aus der Haftungserklärung muss sich also auch ein ähnlich weitgehender Verzicht auf den Regress ableiten lassen.

7. Statusunklarheiten

Literatur: *Benke/Brandl,* Haften Versicherer für Maklerei ihrer Mehrfachagenten? wbl 2004, 153; *Fenyves,* Anscheinsagent und Pseudomakler, in FS Kerschner (2013) 189; *Grassl-Palten,* Das Bild des Maklers in der Judikatur, VR 2003 H 7–8, 135; *Kath/Wieser,* Anscheinsagent, Pseudomakler,

---

268 *Rubin,* ecolex 2018, 802.
269 Vgl *Fitsch,* ecolex 2019, 495.
270 OGH 7 Ob 13/17 p (in concreto zu § 16 PHG).
271 *Rubin,* ecolex 2019, 1005.
272 Dazu OGH 7 Ob 145/13 v.
273 Vgl auch *Fenyves,* VR 2005 H 6, 169 (173).

Kap 2 Der Vertragsabschluss

bevollmächtigter Erfüllungsgehilfe des Versicherers oder doch „echter" Versicherungsmakler? Ausgewählte Erscheinungsformen der Versicherungsvermittlung und Kenntnis-/Verhaltenszurechnung zum Versicherer im Lichte E 7 Ob 161/15z, ZFR 2016, 263; *Leupold/Ramharter,* Zurechnungsfragen beim arbeitsteiligen Vertrieb von Wertpapieren. Anmerkungen zu OGH 4 Ob 129/12t und zur Haftung für den „Pseudoberater", RdW 2013, 445; *Perner,* Die Haftung des Versicherers für den Pseudomakler, ZFR 2015, 108; *Werber,* Voraussetzungen und Probleme einer Zurechnung von Maklerfehlern gegenüber dem Versicherer, VersR 2014, 412.

2.188 Die bisherigen Ausführungen zur Zurechnung des Verhaltens von Vermittlern gingen vom statuskonformen Verhalten aus. Es wurde also etwa gefragt, wem die Erklärungen und das Wissen von Agent und Makler zuzurechnen sind, wenn sie als solche auftreten und wie für Beratungsfehler von Vermittlern gehaftet wird. Die folgenden Ausführungen wenden sich hingegen der Frage zu, welche Folgen es hat, wenn der Status des Vermittlers nicht völlig klar ist. Das kann mehrere Gründe haben, wie in der Folge zu zeigen ist.

2.189 Es kommt vor, dass Personen, die eigentlich keine Agenten sind, den Eindruck eines Naheverhältnisses zu einem Versicherer vermitteln, um sich seiner Reputation zu bedienen.[274] Solche Personen sind nach § 43 S 2 ebenfalls als Agenten zu behandeln, wenn sie „mit nach den Umständen anzunehmender Billigung des Versicherers"[275] handeln (**Anscheinsagent**).

> X vermittelt Versicherungsverträge in einer kleinen Ortschaft, wo er als „zertifizierter Gebietsvertreter" der V-Versicherung auftritt, ohne einen Agenturvertrag zu haben. Dieser Umstand wird V mit der Zeit nicht entgehen, wenn sie mit den von X vermittelten Kunden Kontakt hat. In OGH 7 Ob 58/09v und OGH 7 Ob 161/15z hatte der Vermittler (eigentlich Makler) das Logo des Versicherers verwendet. Dieser vermerkte auf der Annahme: „Sie werden betreut von: (...)". Das ließ der OGH für die „anzunehmende Billigung" ausreichen. Klarer war die Rollenverteilung hingegen in OGH 7 Ob 130/18w, wo zwar auch Logos des Versicherers verwendet wurden, die Beteiligten aber wussten, dass der „Betreuer" im Lager des Kunden stand.

Die Einordnung als Anscheinsagent hat nur für das Verhältnis zum Versicherer Bedeutung: Er muss sich gegenüber dem Kunden so behandeln lassen, als wäre der Vermittler tatsächlich sein Agent.[276] Es kommt also zu der beschriebenen rechtsgeschäftlichen und haftungsrechtlichen Zurechnung.

> Eine an den Anscheinsagenten übermittelte Kündigung geht zugleich dem Versicherer zu, der Versicherer haftet für einen Beratungsfehler des Agenten, die Schadensmeldung an den Anscheinsagenten genügt (OGH 7 Ob 161/15z) etc.

2.190 Häufiger als den Anscheinsagenten, der eine Abhängigkeit vorgibt, trifft man in der Praxis allerdings Personen an, die eine – tatsächlich eben nicht bestehende – Unabhängigkeit vorgeben. Diese Personen bezeichnet man als **Pseudomakler**,[277] wobei wiederum zwei Konstellationen zu unterscheiden sind.

---

274 Anschaulich *Schauer,* Versicherungsvertragsrecht³ 98 f.
275 *Fenyves* in FS Kerschner 189 (197 ff).
276 *Grassl-Palten,* VR 2003 H 7–8, 135 (138); *Fenyves* in FS Kerschner 189 (199 f).
277 *Fenyves* in FS Kerschner 189 (200).

Es kann passieren, dass ein Versicherungsagent gegenüber dem Kunden den Eindruck erweckt, unabhängig zu vermitteln. Er haftet dem Kunden dann wie ein Makler und ist gleichzeitig dem Versicherer gegenüber als Agent zuzurechnen.[278]

Der meistdiskutierte Fall[279] ist allerdings der, den das Gesetz selbst als Pseudomaklerei bezeichnet (§ 44 Abs 1): „Steht ein Versicherungsmakler zum Versicherer in einem solchen wirtschaftlichen Naheverhältnis, das es zweifelhaft erscheinen lässt, ob er in der Lage ist, überwiegend die Interessen des Versicherungsnehmers zu wahren (Pseudomakler), so haftet der Versicherer dem Versicherungsnehmer für das Verschulden eines solchen Vermittlers wie für sein eigenes."

Die Anwendung des § 44 Abs 1 setzt also voraus, dass der Makler in einem problematischen **wirtschaftlichen Naheverhältnis** zum Versicherer steht.[280] Damit möchte die Bestimmung nicht das Vertrauen des Kunden in die Unabhängigkeit des Maklers schützen (dieser haftet ohnehin), sondern sie lässt den Versicherer haften, weil der Makler von ihm abhängig ist. Die Abhängigkeit des Maklers von einem Versicherer ergibt sich aus finanziellen Fehlanreizen.[281] In der Praxis wird häufig der Fall diskutiert, dass der Makler im Verhältnis zu seinem Gesamtumsatz einen großen Anteil bei einem Versicherer platziert.[282]

> In OGH 7 Ob 15/11y hatte der Versicherungsmakler 17% des Gesamtvolumens der Prämien bei einem Versicherer platziert. Das reiche noch nicht aus, um ausreichende Zweifel an der Unabhängigkeit zu begründen.

Der Zweck der in § 44 Abs 1 angeordneten Haftung besteht daher darin, den Versicherer anzuhalten, keine Anreize zur Fehlberatung zu setzen.[283] Aus diesem Gedanken der Verhaltenssteuerung lässt sich unkompliziert ableiten, dass das wirtschaftliche Naheverhältnis für den Versicherer leicht erkennbar gewesen sein muss, auch wenn das so deutlich nicht im Gesetz steht.[284] Eine Zurechnung an den Versicherer wäre sonst aber keinesfalls zu rechtfertigen.

---

278 *Fenyves* in FS Kerschner 189 (202).
279 Siehe dazu *Perner,* ZFR 2015, 108 (111 ff).
280 Bejaht etwa in OGH 7 Ob 236/12z.
281 OGH 7 Ob 236/12z: Profitieren vom Versichererwechsel, Vorschuss auf Provisionen etc.
282 Vgl *Perner,* ZFR 2015, 108 (113 f).
283 Zutr *Leupold/Ramharter,* RdW 2013, 445 (448 ff).
284 *Perner,* ZFR 2015, 108 (112 f mwN aus der Lehre).

3. Kapitel
Leistung des Versicherers

Übersicht

	Rz
I. Versicherungsfall	3.1
A. Grundlagen	3.1
B. Vereinbarung	3.2
C. Eintrittszeitpunkt	3.4
D. Schuldhafte Herbeiführung	3.8
1. Grundlagen	3.8
2. Vorsatz und (grobe) Fahrlässigkeit	3.12
3. Verschulden Dritter	3.15
4. Abgrenzungen und Konkurrenzen	3.18
II. Leistungsinhalt	3.21
A. Leistungsart	3.21
B. Leistungsumfang	3.24
1. Grundlagen	3.24
2. Berechnung der Entschädigung	3.27
a) Bedarfsdeckung	3.27
b) Zeitwert	3.29
c) Neuwert	3.31
d) Taxe	3.35
e) Überversicherung	3.39
f) Unterversicherung	3.42
3. Bereicherungsverbot?	3.46
C. Leistungsänderungen	3.49
III. Abwicklung des Versicherungsfalls	3.53
A. Grundlagen	3.53
B. Sachverhaltsermittlung	3.55
1. Grundlagen	3.55
2. Sachverständige	3.58
3. Sachverständigenverfahren	3.61
C. Fälligkeit	3.66
1. Geldleistungen	3.66
2. Zinsen	3.68
3. Andere als Geldleistungen	3.70
D. Außergerichtliche Lösungen	3.73
1. Grundlagen	3.73
2. Anerkenntnis	3.75
3. Abfindungsvergleich	3.77
E. Verjährung	3.80
1. Grundregel	3.80
2. Anspruchsanmeldung	3.84
3. Reaktionen des Versicherers	3.86
a) Außergerichtliche Einigung	3.86

Kap 3 Leistung des Versicherers

```
            b) Schlichte Deckungsablehnung (§ 12 Abs 2) . . . . . . . . . . . . .  3.88
            c) Qualifizierte Deckungsablehnung (§ 12 Abs 3) . . . . . . . . .   3.91
      F. Beweis . . . . . . . . . . . . . . . . . . . . . . . . . . . . . . . . . . . . . . . . . . . . . . . . . . . . . . .  3.94
         1. Beweislast . . . . . . . . . . . . . . . . . . . . . . . . . . . . . . . . . . . . . . . . . . . . . . .  3.94
         2. Tatsachen . . . . . . . . . . . . . . . . . . . . . . . . . . . . . . . . . . . . . . . . . . . . . . .  3.96
         3. Beweismaß . . . . . . . . . . . . . . . . . . . . . . . . . . . . . . . . . . . . . . . . . . . . . .  3.97
  IV. Regress nach Leistung . . . . . . . . . . . . . . . . . . . . . . . . . . . . . . . . . . . . . . . . . . . .  3.100
      A. Grundlagen . . . . . . . . . . . . . . . . . . . . . . . . . . . . . . . . . . . . . . . . . . . . . . . . . .  3.100
         1. Legalzession . . . . . . . . . . . . . . . . . . . . . . . . . . . . . . . . . . . . . . . . . . . . .  3.100
         2. Aufgabeverbot . . . . . . . . . . . . . . . . . . . . . . . . . . . . . . . . . . . . . . . . . . . . 3.103
         3. Schadensversicherung . . . . . . . . . . . . . . . . . . . . . . . . . . . . . . . . . . . . . 3.104
      B. Voraussetzungen . . . . . . . . . . . . . . . . . . . . . . . . . . . . . . . . . . . . . . . . . . . . . . 3.105
         1. Ersatzleistung . . . . . . . . . . . . . . . . . . . . . . . . . . . . . . . . . . . . . . . . . . . . 3.105
         2. Schadenersatzanspruch . . . . . . . . . . . . . . . . . . . . . . . . . . . . . . . . . . . . 3.107
         3. Anspruch gegen „Dritten" . . . . . . . . . . . . . . . . . . . . . . . . . . . . . . . . . . 3.111
      C. Vorrechte des Versicherungsnehmers . . . . . . . . . . . . . . . . . . . . . . . . . . . . . 3.115
         1. Grundsatz . . . . . . . . . . . . . . . . . . . . . . . . . . . . . . . . . . . . . . . . . . . . . . . 3.115
         2. Befriedigungsvorrecht . . . . . . . . . . . . . . . . . . . . . . . . . . . . . . . . . . . . 3.117
         3. Quotenvorrecht . . . . . . . . . . . . . . . . . . . . . . . . . . . . . . . . . . . . . . . . . . 3.120
```

I. Versicherungsfall

A. Grundlagen

3.1 Hauptpflicht des Versicherers im laufenden Vertrag ist die Gewährung des von ihm zugesagten Versicherungsschutzes, also das Versicherthalten.[285] Wie erwähnt, ist diese Risikotragung bereits eine wirtschaftlich werthaltige Leistung. Mit dem **Versicherungsfall konkretisiert** sich seine **Verpflichtung:** Der Versicherer muss eine Leistung erbringen. Die folgenden Ausführungen beschäftigen sich daher zunächst mit dem Versicherungsfall als Auslöser der Leistungspflicht.

> Der Kfz-Kaskoversicherer trägt das Risiko einer Beschädigung des Fahrzeugs. Das bedeutet, dass er die Kosten der Reparatur zahlen muss, wenn dieser Fall – eben der Versicherungsfall – eintritt.
>
> Der Krankenversicherer sichert den VN im Krankheitsfall ab. Er trägt daher die Kosten seiner Heilbehandlung.
>
> Der Unfallversicherer sichert den VN gegen nachteilige Folgen eines Unfalls ab. Er zahlt dem verunfallten VN eine Invaliditätsentschädigung.
>
> Der Haftpflichtversicherer trägt das Risiko des VN, schadenersatzrechtlich in Anspruch genommen zu werden. Er zahlt in diesem Fall die Kosten der Abwehr des Anspruchs und leistet dem geschädigten Dritten den Schadenersatz, wenn sein Anspruch begründet ist.

Anschließend wenden sich die Ausführungen der vom Versicherer in diesem Fall geschuldeten und in den Beispielen bereits angesprochenen Leistung zu. Schließlich werden – praktisch überaus wichtige – Fragen der Anspruchsdurchsetzung aufgegriffen.

---

285 *Schauer,* Versicherungsvertragsrecht³ 145.

B. Vereinbarung

Der Versicherungsfall wird definiert als Verwirklichung des versicherten Risikos.[286] Ob ein Ereignis seinen Eintritt bewirkt, hängt von der Vereinbarung der Parteien ab. Dafür müssen die primäre Risikoumschreibung ebenso wie die vereinbarten Risikoausschlüsse ausgelegt werden.

3.2

> Zwei Beispiele aus der Unfallversicherung: A stürzt beim Skifahren und bricht sich ein Bein, woraus dauerhafte Bewegungseinschränkungen folgen. Da ein plötzliches von außen kommendes Ereignis eine Gesundheitsschädigung bewirkt hat, liegt ein Unfall iSd AUVB vor.
>
> Nach den AUVB sind Unfälle „bei Beteiligung an motorsportlichen Wettbewerben" ausgeschlossen. Ob der Ausschluss nur den Fahrer (Beifahrer) erfasst oder auch Mechaniker sowie Zuschauer auf und neben der Strecke, ist eine Auslegungsfrage.

Dass (auch) die Frage, ob der Versicherungsfall eingetreten ist, durch Auslegung beantwortet wird, überrascht nicht. Manchmal bereitet der Auslegungsvorgang allerdings bei **ungewöhnlichen** Ereignissen und Abläufen Schwierigkeiten, was zu teils recht praxisfernen Diskussionen geführt hat.[287]

3.3

> In der Literatur wurde etwa die Frage diskutiert, ob der Unfallversicherer eine Todesfallentschädigung erbringen muss, wenn sich ein begeisterter Skifahrer einen komplizierten Beinbruch zuzieht und über den Umstand, dass er wahrscheinlich nicht mehr zurück auf die Piste kann, so deprimiert ist, dass er Selbstmord begeht.

Die Diskussion leidet darunter, wenn sie generalisierend unter dem Titel des „Kausalverlaufs" geführt wird.[288] Entscheidend ist auch in „atypischen" Fällen, ob Versicherungsschutz vertraglich gewollt ist.[289] Es handelt sich also wieder um eine Auslegungsfrage, die bei den einzelnen Sparten zu verorten ist (und in diesem Buch daher auch dort behandelt wird). Selbstverständlich darf man dabei – wie bei jeder Vertragsauslegung – nicht zu eng am Wortlaut haften, sondern muss die **Systematik** und den **erkennbaren Zweck** der Vertragsbestimmung mitberücksichtigen.

> Dass man sich aus Trauer darüber, nicht mehr Skifahren zu können, umbringt, wirkt als Bsp nicht ohne Grund absurd. Das bedeutet aber zugleich, dass man nicht damit wird rechnen können, dass der Versicherer ein solches Risiko im Vertrag übernommen hat.
>
> Ein lebensnahes Bsp aus der Betriebsunterbrechungsversicherung (BU): Bricht sich ein Friseur bei einem Unfall die Hand (= gedeckte Ursache) und kann er deshalb seinen Betrieb in einer Zeit nicht führen, in der er ihn auch aus anderen nicht gedeckten Gründen geschlossen halten müsste (zB COVID-Betretungsverbot bei vereinbartem Pandemie-Risikoausschluss), kann man zwar fragen, welche Ursache „kausal" war. Weiterführend ist allerdings nur ein Blick ins Bedingungswerk (vgl Rz 7.50 ff, 7.59 ff): Solange eine gedeckte Ursache zur Schließung führt, ist der Versicherungsfall eingetreten, auch wenn andere Gründe ebenfalls zu einer Schließung geführt

---

286 Für Österreich *Schauer*, Versicherungsvertragsrecht³ 188.
287 *Wandt*, Versicherungsrecht⁶ Rz 921 f, der von „bizarren" Beispielen spricht.
288 Vgl dazu *Schauer*, Versicherungsvertragsrecht³ 189 ff.
289 Zutr *Wandt*, Versicherungsrecht⁶ Rz 922.

hätten. Dass der Betrieb ohnehin geschlossen wäre, könnte jedoch auf Ebene der Berechnung des Ertragsausfalls zu berücksichtigen sein.

Die AUVB schließen die Deckung für Unfälle bei einer gerichtlich strafbaren Vorsatztat aus. Wird der Täter auf der Flucht von einem Gebäudeteil getroffen, das sich zufällig ablöst, kann man fragen, ob „die Straftat" oder „das allgemeine Lebensrisiko" kausal war. Die Antwort liegt in der Auslegung des Ausschlusses: Da sich kein spezifisches Risiko der Straftat verwirklicht, gibt es Deckung.

Wird ein Gebäude durch einen Brand beschädigt und bleibt ein Teil dadurch ohne Schutz der Witterung ausgesetzt, sind die weiteren Schäden nach OGH 7 Ob 49/87 in der Feuerversicherung gedeckt. Dafür spricht auch ein systematisches Argument: Dass der VN das Gebäude nach dem Brand besser hätte schützen können, ist auf Ebene der Schadensminderung (Rz 4.71 ff) zu berücksichtigen.

Verletzt A den B bei einem Verkehrsunfall und stirbt B bei der dadurch notwendigen und an sich harmlosen Operation, weil die Stromversorgung im Krankenhaus zusammenbricht[290], ist die Frage der Zurechnung der Todesfolge freilich nicht im Versicherungsrecht, sondern im Schadenersatzrecht (Adäquanz) angesiedelt: Je nachdem, ob A haftet, muss der Versicherer einstehen oder nicht.

C. Eintrittszeitpunkt

3.4 Um eine Leistungspflicht auszulösen, muss der Versicherungsfall **während der Risikotragung** des Versicherers eintreten. Das ist eigentlich selbstverständlich und bereitet in den meisten Fällen – abgesehen von Beweisfragen – keine besonderen rechtlichen Schwierigkeiten.

A versichert sein Kfz bei V gegen Kaskoschäden. Der Vertrag läuft von 1. 1. 2019 bis 31. 12. 2019. Wird das Auto am 1. 2. 2019 beschädigt (= Versicherungsfall), muss V decken. Dasselbe gilt, wenn das Auto Ende Dezember beschädigt wird und A das Kfz erst Anfang Jänner 2020 repariert. Für eine Beschädigung im Jahr 2018 und 2020 gibt es hingegen keine Deckung.

Ist A während des genannten Zeitraums unfallversichert, kommt es nur darauf an, dass sich der Unfall 2019 ereignet hat. Dass die aus diesem Unfall resultierende Invalidität erst 2020 eintritt, schadet nicht: Versicherungsfall ist der Unfall, die Gesundheitsschädigung ist nur die Folge.

3.5 Die tatsächliche Laufzeit des Vertrags und der Zeitraum der Risikotragung stimmen im Bsp überein. Abweichende Vereinbarungen sind in beide Richtungen möglich, sodass Vertragsdauer und **Haftungszeitraum** auseinanderfallen.[291] Die Parteien können sich bei subjektiver Ungewissheit auf eine Rückwärtsversicherung (Deckung für Ereignisse vor Vertragsabschluss) einigen (§ 2 Abs 2). Sie können aber umgekehrt auch vereinbaren, dass der VN eine bestimmte Zeit nach Vertragsabschluss abwarten muss. Die Risikotragung beginnt dann erst später, obwohl der VN die Prämie bereits bezahlen muss. Solche Wartefristen sind in der Praxis vor allem in Personen- und Rechtsschutzversicherungen anzutreffen (vgl § 1d Abs 4, § 178d). Damit vermeidet der Versicherer, dass „Altfälle" in den Vertrag hineingezogen werden.[292]

---

290 Bsp von *Schauer*, Versicherungsvertragsrecht³ 189.
291 Zur vorläufigen Deckung zwischen Antragstellung und Vertragsabschluss siehe bereits Rz 2.16 ff.
292 *Zoppel* in *Fenyves/Perner/Riedler*, VersVG § 178d Rz 2.

I. Versicherungsfall

Nicht immer ist der Versicherungsfall ein punktuelles Ereignis, das Leistungspflichten **3.6** auslöst, sondern er kann sich – abhängig von seiner Festlegung im Vertrag – auch über einen längeren Zeitraum erstrecken **(gedehnter Versicherungsfall)**.[293]

> In der Krankenversicherung ist ein gedehnter Versicherungsfall etwa anzunehmen, wenn der VN über längere Dauer wegen derselben Erkrankung in Behandlung ist.
>
> Auch in der BU ist der Versicherungsfall – die Betriebsunterbrechung – gedehnt. Zwar wird die Unterbrechung oft durch ein punktuelles Ereignis (zB einen Unfall oder eine behördlich angeordnete Schließung) ausgelöst, versichert ist allerdings der Einnahmenausfall wegen der Unterbrechung.

Endet der Versicherungsvertrag während des gedehnten Versicherungsfalls, fragt sich, ob der Versicherer weiter decken muss.[294] Die Frage lässt sich nicht generell beantworten, sondern sie ist vom konkreten Vertrag abhängig.

> In 7 Ob 189/19y hat der OGH ausgesprochen, dass der Versicherer in der Krankengeldversicherung trotz Vertragsbeendigung deckungspflichtig bleibt. Eine abweichende Vereinbarung, wonach der Versicherer nach seiner Kündigung nicht mehr leistungspflichtig ist, hielt er für gröblich benachteiligend (§ 879 Abs 3 ABGB).
>
> Schließt A eine BU (nur) für das Jahr 2019 und kommt es von 25. 12. 2019 bis zum 10. 1. zu einer Betriebsschließung wegen einer Erkrankung des A, spricht hingegen viel dafür, nur für die Schließungstage im Dezember Ersatz zu gewähren.

Vom gedehnten Versicherungsfall sind Situationen zu unterscheiden, in denen man – **3.7** anders als in den oben genannten Beispielen der Kasko- oder der Unfallversicherung – **mehrere** (sinnvoll) denkbare **Anknüpfungspunkte** für den Eintrittszeitpunkt hat. Das klassische Bsp ist die Haftpflichtversicherung, wo man am haftungsbegründenden Verhalten des VN ebenso anknüpfen könnte wie am Schadenseintritt oder an der Geltendmachung des Anspruchs durch den Drittgeschädigten.

> Statiker ist bei V berufshaftpflichtversichert (Vertragsdauer: 1. 1. 2019 bis 31. 12. 2019). 2018 unterläuft ihm bei einem Auftrag ein Berechnungsfehler, weshalb eine Brücke 2019 zusammenstürzt, wobei G verletzt wird. Dieser erhebt im Jahr 2020 Schadenersatzansprüche.

Die Definition des Versicherungsfalls hängt auch hier von der Parteienvereinbarung ab, die in AVB getroffen wird. Tatsächlich finden sich in der Praxis alle drei Modelle (Verstoßtheorie, Ereignistheorie, Anspruchserhebungsprinzip) und werden teilweise auch miteinander kombiniert, um dem VN adäquaten Schutz zu gewähren (dazu Rz 7.74 ff).

D. Schuldhafte Herbeiführung

Literatur: *Jabornegg,* Wesen und Begriff der Versicherung im Privatversicherungsrecht, in FS Frotz (1993) 551; *Lahnsteiner,* Herbeiführung des Versicherungsfalles nach § 61 VersVG (2013).

---

293 *Schauer,* Versicherungsvertragsrecht³ 160 f, 188.
294 OGH 7 Ob 189/19y (Krankengeldversicherung).

1. Grundlagen

3.8 Der VN steht der Verwirklichung des Versicherungsfalls oft sehr nahe. Sein Verhalten kann nämlich dazu führen, dass er eintritt.

> A stolpert und bricht sich den Knöchel: Es liegt ein Unfall vor. B zündet eine Christbaumkerze an, der Baum fängt Feuer und die Wohnung wird beschädigt: Der Versicherungsfall ist in der Haushaltsversicherung eingetreten. In der Haftpflichtversicherung hängt der Eintritt des Versicherungsfalls zwingend vom Verhalten des VN ab: Wird er schadenersatzpflichtig, muss der Versicherer zahlen.

Die Beispiele zeigen, dass die Herbeiführung des Versicherungsfalls durch den VN ein typisches und praktisch relevantes Phänomen ist. Daher überrascht es nicht, dass der Gesetzgeber die Frage regelt. Dabei muss er – wie die Beispiele ebenfalls nahelegen – einen schmalen Grat beschreiten: Einerseits schließt der VN den Vertrag meist – in der Haftpflichtversicherung sogar immer – auch deshalb, um bei eigener Sorglosigkeit geschützt zu sein. Andererseits könnte ein sehr weitgehender Schutz bei Fehlverhalten des VN Fehlanreize setzen[295] und zu Lasten der sorgfältigen VN zu sehr hohen Prämien führen.

> Weiß der Haushaltsversicherer, dass er bei jeder vom VN herbeigeführten Brandursache deckungspflichtig wäre, müsste er das in die Risikokalkulation einbeziehen. Der VN könnte dazu verleitet sein, sich weniger sorgfältig zu verhalten („Das zahlt eh die Versicherung.").

3.9 Der Gesetzgeber regelt das Problem für die **Schadensversicherung** in § 61: Der Versicherer ist demnach leistungsfrei, wenn er den Versicherungsfall vorsätzlich oder grob fahrlässig herbeigeführt hat.

> Ist das Verhalten des B als grob fahrlässig einzustufen (dazu gleich unten), muss der Haushaltsversicherer also nicht für den Schaden aufkommen.

Es gibt allerdings Sonderbestimmungen,[296] die dem § 61 in der Schadensversicherung vorgehen. Dazu zählt neben § 125 (Tierversicherung) und § 130 (Transportversicherung) vor allem § 152 (Rz 7.80). Demnach haftet der Versicherer in der **Haftpflichtversicherung** nur dann nicht, wenn der VN den Schaden „vorsätzlich" und „widerrechtlich" herbeigeführt hat. Grobe Fahrlässigkeit schadet nach dieser Bestimmung nicht. Das ist sachgerecht, weil die Haftpflichtversicherung ja von vornherein – bei Verschuldenshaftungen, die den größten Bereich ausmachen – erst bei sorgfaltswidrigem Verhalten ansetzt.

> Die Verschuldenshaftung nach dem ABGB setzt Verschulden (= Vorsatz oder Fahrlässigkeit) voraus. Würde man die grobe Fahrlässigkeit generell aus dem Versicherungsschutz nehmen, würde er doch sehr stark entwertet.

---

295 Krit zu dieser ratio *Vonkilch* in *Fenyves/Perner/Riedler*, VersVG § 61 Rz 6.
296 Übersicht bei *Lahnsteiner*, Herbeiführung 163 ff.

I. Versicherungsfall

In der als Summenversicherung ausgestalteten **Personenversicherung** ist § 61 nicht anwendbar. Es gibt dort eigene Bestimmungen über die Leistungsfreiheit bei Herbeiführung des Versicherungsfalls. Sie schützen den Versicherten auch bei grober Fahrlässigkeit, indem sie dem Versicherer eine Berufung auf Leistungsfreiheit erst bei bewusster Herbeiführung des Versicherungsfalls ermöglichen. Der Gesetzgeber sieht in diesen Fällen also weniger Bedarf, Verhaltensanreize zur Sorgfältigkeit in eigenen Angelegenheiten zu setzen.

3.10

§ 169 (Lebensversicherung) ordnet Leistungsfreiheit des Versicherers bei Selbstmord der Gefahrperson an. Nach § 178l (Krankenversicherung) und § 181 (Unfallversicherung) ist der Versicherer leistungsfrei, wenn die versicherte Person die Krankheit oder den Unfall vorsätzlich herbeigeführt hat.

Die genannten Bestimmungen sind – bis auf die zugunsten von VN/Versicherten zwingenden §§ 169 und 178l – **dispositiv.** Es könnte also zB vereinbart werden, dass die Berufung auf Leistungsfreiheit auch bei geringerem Verschuldensgrad möglich ist. Eine solche Vereinbarung müsste allerdings den Kontrollmechanismen des AVB-Rechts und dort insb § 879 Abs 3 ABGB standhalten.[297] Für die Frage der sachlichen Rechtfertigung der Abweichung ist unter anderem die Preisgestaltung (Tarifwahl) zu berücksichtigen.

3.11

Ein Haushaltsversicherer bietet einen deutlich günstigeren Tarif an, bei dem bereits die leicht fahrlässige Herbeiführung des Versicherungsfalls ausgeschlossen ist.

Umgekehrt wäre es auch möglich, die Deckung für grobe Fahrlässigkeit zu vereinbaren. Eine solche Vereinbarung, die ein höheres Risiko für den Versicherer bewirkt, wird meist nur für eine höhere Prämie zu bekommen sein.

Die Deckung für Vorsatz kann allerdings nicht eingeschlossen werden.[298] In diesen Fällen besteht weder ein schutzwürdiger Bedarf des VN, noch wäre eine Deckung gegenüber der Versichertengemeinschaft zu rechtfertigen.[299] Eine abweichende Vereinbarung wäre unwirksam, weil alle genannten Bestimmungen ihrem Gehalt nach insofern zwingend sind.

2. Vorsatz und (grobe) Fahrlässigkeit

Wie erläutert, kann sich der Versicherer bei bewusster Herbeiführung immer auf Leistungsfreiheit berufen. **Vorsatz** bedeutet, dass der VN oder der Versicherte bei seinem Verhalten den gesamten Versicherungsfall billigend in Kauf nimmt oder sogar absichtlich herbeiführt. Dass er irrtümlich glaubt, ohnehin Versicherungsschutz zu haben, hilft ihm nicht.

3.12

---

297 Zur Haftpflichtversicherung siehe Rz 7.80.
298 *Jabornegg* in FS Frotz 551 (565 f); *Schauer*, Versicherungsvertragsrecht³ 319; *Vonkilch* in Fenyves/Perner/Riedler, VersVG § 61 Rz 60.
299 Zur Haftpflichtversicherung Rz 7.80.

Kap 3 Leistung des Versicherers

Wer den Tempomat auf der Autobahn auf 170 km/h einstellt, weiß, dass er eine Vorschrift verletzt. Den bei der Geschwindigkeitsüberschreitung verursachten Unfall wird er allerdings nicht „billigend in Kauf" genommen haben. Der Kfz-Haftpflichtversicherer kann sich also nicht auf § 152 berufen.

Wer zur Erheiterung des Publikums stolpert, führt zwar bewusst einen Unfall herbei. Möchte er sich dabei aber nicht verletzen, war die Herbeiführung nicht vorsätzlich, wenn doch etwas passiert. Der Unfallversicherer ist nicht leistungsfrei.

Wer jemanden in Verletzungsabsicht schlägt, verursacht hingegen vorsätzlich einen Körperschaden. Der Haftpflichtversicherer ist nicht leistungspflichtig.

3.13 **Grob fahrlässig** handelt nach der gängigen Definition, wer einen Fehler macht, der einer sorgfältigen Person in einer vergleichbaren Situation keinesfalls passiert wäre („auffallende Sorglosigkeit", vgl auch § 6 Abs 3 StGB).[300] Dadurch unterscheidet sie sich von der leichten Fahrlässigkeit, die einen Fehler voraussetzt, der einer an sich sorgfältigen Vergleichsperson gelegentlich unterlaufen kann.[301] Man kommt bei der Abgrenzung zwar nicht umhin, auf den Einzelfall abzustellen. Allerdings kennt die Rsp zwei generelle Ansätze für die Beurteilung einer Sorglosigkeit als „auffällig", die Orientierung geben.[302]

(1) Manche Verhaltensweisen sind für sich genommen so gefährlich und pflichtvergessen, dass sie für die Annahme grober Fahrlässigkeit ausreichen.

Wer trotz Rotlichts ohne seitlich zu schauen in eine Eisenbahnkreuzung einfährt (vgl OGH 7 Ob 237/18f), handelt daher grob fahrlässig. Jedem vernünftigen Kfz-Lenker muss nämlich bewusst sein, dass unmittelbar Gefahr droht. Der Kfz-Kaskoversicherer ist nicht leistungspflichtig.

(2) Meist ist es allerdings nicht der „eine" Fehler, der die Herbeiführung grob fahrlässig macht. Vielmehr spielen in der Mehrzahl der Fälle mehrere Verhaltensweisen zusammen, die nur in ihrer Gesamtheit grob fahrlässig sind (**Mosaiktheorie**).[303]

In der Kfz-Kaskoversicherung ist ein solches Zusammenspiel mehrerer Risikofaktoren häufig. Vgl zB 7 Ob 280/06m: Alkoholisierung, überhöhte Geschwindigkeit, riskante Fahrweise; OGH 7 Ob 10/94: Hantieren am Autoradio bei der Autobahnabfahrt, erstmaliges Fahren der Strecke, Sichtbehinderung durch Regen. Auch eine Kombination von Zustand des Fahrzeugs (Sommerreifen im Winter) mit anderen Faktoren (Geschwindigkeitsübertretung) kommt vor.

3.14 Dass die Beurteilung eines Verhaltes als leicht oder grob fahrlässig eine Frage des Einzelfalls ist, heißt, dass meist **keine** Rechtsfrage von **erheblicher Bedeutung** vorliegt (§ 502 Abs 1 ZPO).[304] Der OGH prüft daher bloß, ob sich eine Entscheidung im Rahmen seiner Rsp gehalten hat: Nur wenn dies nicht der Fall war, ist das Rechtsmittel zulässig und die krasse Fehlbeurteilung durch die Unterinstanz wird korrigiert. Da es bei der Einordnung

---

300 Siehe *Perner/Spitzer/Kodek,* Bürgerliches Recht[6] 332. Vgl nur RS0031127.
301 *Karner* in *KBB,* ABGB[6] § 1294 Rz 11.
302 Ausführliche Judikaturübersicht zu § 61 bei *Vonkilch* in *Fenyves/Perner/Riedler,* VersVG § 61 Rz 40 ff.
303 Siehe zB RS0030372.
304 ZB OGH 7 Ob 165/02v; 7 Ob 20/08d; 7 Ob 237/18f.

der Fahrlässigkeitsstufen eine gewisse Bandbreite gibt, darf aus der Unzulässigkeit des Rechtsmittels daher nicht der Schluss gezogen werden, dass der OGH selbst jedenfalls so entschieden hätte.

> In OGH 7 Ob 170/03 f wollte die VN auf ihrem Elektroherd Speiseöl, das durch Aufbewahrung im Kühlschrank gestockt war, durch Erwärmen verflüssigen. Sie ging in ein anderes Zimmer und vergaß (weil sie abgelenkt war) auf den Herd, worauf es zur Selbstentzündung des Öls und zu einem Brand kam. In OGH 7 Ob 20/08 d entzündete eine VN am 11. 1. (!) Kerzen an einem Christbaum. Als sie sich umdrehte, um ein Glas Wasser zu holen, fing ein Zweig Feuer und es kam zum Wohnungsbrand.
>
> Beide Fälle betrafen einen Brand in der Haushaltsversicherung. Während das Berufungsgericht des ersten Falles von grober Fahrlässigkeit ausging, lag nach Auffassung des zweiten Berufungsgerichts leichte Fahrlässigkeit vor. Der OGH hielt beide Entscheidungen für vertretbar, die jeweiligen Rechtsmittel waren unzulässig. Ob er selbst in der Sache so entschieden hätte, ist eine andere Frage. Man wird wohl davon ausgehen können, dass in beiden Fällen auch die jeweils andere Ansicht ebenso vertretbar gewesen wäre.

3. Verschulden Dritter

Literatur: *Hafner*, Drittzurechnung bei Obliegenheitsverletzung und Herbeiführung des Versicherungsfalls? (2020); *Jabornegg*, Die Verantwortlichkeit des Versicherungsnehmers für Dritte bei schuldhafter Herbeiführung des Versicherungsfalles und sonstigem gefährdendem Verhalten, VR 1975, 100.

Oft führt nicht der VN selbst, sondern eine andere Person den Versicherungsfall schuldhaft herbei. **3.15**

> Das zeigt eine Modifikation der Beispiele: Der alkoholisierte A verursacht einen Unfall, durch den das versicherte Kfz des B beschädigt wird. Hinter dem vor der Eisenbahnkreuzung stehenden Lenker C hupt Lenker D, weshalb C „aufgeschreckt" wird und bei Rot in die Kreuzung einfährt (passiert in OGH 7 Ob 237/18 f). Nicht E lässt Öl anbrennen, sondern ihr Freund F, der bei E eingeladen ist.

Verschuldet eine Person, die mit dem VN nichts zu tun hat, den Versicherungsfall, gibt es Deckung: Das Leistungsversprechen des Versicherers erfasst idR gerade auch Versicherungsfälle, die ein Fremder herbeiführt. Das belegt auch § 67 (Rz 3.100 ff), der dem Versicherer in solchen Fällen einen Rückgriff gegen den schuldhaft Handelnden ermöglicht.

> Die Kaskoversicherung des B muss auch dann zahlen, wenn es mit A einen Haftpflichtigen gibt. Nach Zahlung kann der Versicherer bei A Regress nehmen.

Das Verschulden eines Dritten kann für die Beurteilung des Verhaltens des VN und damit für seinen Versicherungsschutz aber eine gewisse Bedeutung haben.

> Wer ohne Veranlassung bei Rot in eine Eisenbahnkreuzung einfährt, handelt grob fahrlässig. In OGH 7 Ob 237/18 f hatte der VN aber offenbar argumentiert, dass er sich aufgrund des Hupens des dahinterstehenden Lenkers für berechtigt gehalten hat, einzufahren. Der OGH ließ den Einwand zwar im Ergebnis nicht zu, für die Entscheidung war der Umstand allerdings mit zu berücksichtigen.

Kap 3 Leistung des Versicherers

Lässt F das Öl bei E anbrennen, hat er den Versicherungsfall aktiv herbeigeführt und nicht E. Damit ist der Versicherungsschutz für E aber nicht ohne Weiteres gesichert: War die Gefahr auch für E offensichtlich (F ist dies schon öfter passiert, er hat erkennbare Anzeichen einer Demenz etc), könnte man von einer (grob fahrlässigen?) Herbeiführung durch E ausgehen.

3.16 Umstritten und schwierig ist die Beurteilung von – in den bisherigen Beispielen nicht thematisierten – Fällen, in denen eine vom VN eingesetzte Person den Versicherungsfall herbeiführt. Fraglich ist dann nämlich, ob das (grobe) Verschulden solcher Dritter dem VN zuzurechnen ist.

A hat bei V eine Kaskoversicherung für seinen Betriebs-PKW abgeschlossen. Seine Mitarbeiterin M verursacht bei einer Fahrt mit dem Kfz grob fahrlässig einen Unfall, wodurch das Auto beschädigt wird. Kann sich V gegenüber A auf das Verhalten der M berufen?

Bejaht man die Zurechnung, entfällt der Versicherungsschutz und dem VN bleibt nur ein allfälliger Schadenersatzanspruch gegen den schuldhaft Handelnden.

V wäre leistungsfrei, A auf einen – allerdings durch das DHG (§ 4 Abs 2) geminderten – Anspruch gegen M verwiesen.

Ist das Verschulden des Dritten dem VN hingegen nicht zurechenbar, kann sich der Versicherer nicht auf Leistungsfreiheit berufen. Er muss zahlen und kann dann beim Dritten Regress nehmen (§ 67).

V müsste den Schaden des A daher decken. Er könnte zwar bei M Regress nehmen, allerdings in dem durch das DHG vorgegebenen Umfang, weil nur dieser Schadenersatzanspruch durch Legalzession übergehen kann.

3.17 Das Problem wird unter den Schlagworten **Selbstverschuldensprinzip** (= keine Zurechnung) oder **Repräsentantenhaftung** (= Zurechnung) diskutiert.[305] Die Begründungen für die eine oder andere Auffassung wurden vor allem im Zusammenhang mit der Zurechnung bei Obliegenheitsverletzungen entwickelt.[306] Tatsächlich sind identische Fragen zu lösen, das Thema wird daher dort vertieft dargestellt (Rz 4.79 ff). Für die Praxis wichtig – und daher bereits an dieser Stelle hervorzuheben – ist der Grundsatz: Die stRsp spricht sich gegen eine Zurechnung Dritter aus.[307]

Nach der Rsp, die dem Selbstverschuldensprinzip folgt, muss V den Kaskoschaden des A decken. Dieses Ergebnis ist sehr lebensnahe: Die Beschädigung durch M ist eine geradezu typische Schadensursache, wie auch der Versicherer weiß. A wird davon ausgehen, auch für solche Schäden vollen Ersatz zu bekommen und nicht auf den nach dem DHG geminderten Anspruch verwiesen zu sein.

---

305 Zutr krit zu dieser Einengung *Hafner*, Drittzurechnung 154 ff mwN.
306 *Hafner*, Drittzurechnung 149.
307 ZB OGH 7 Ob 126/20k (Haftpflichtversicherung); 7 Ob 149/18i (Kfz-Kaskoversicherung; aber: Eigenverschulden der VN); 7 Ob 3/14p (Obliegenheiten). Siehe *Hafner*, Drittzurechnung 218 ff.

Auch an dieser Stelle ist aber bereits anzumerken, dass manche Dritte schon aus ganz allgemeinen Erwägungen dem VN – etwa wegen eines Organisations- und somit Eigenverschuldens des VN oder als Machthaber – zuzurechnen sind.[308] Der Verlust des Versicherungsschutzes hängt in diesen Fällen nicht mit der Entscheidung für die eine oder andere Theorie zusammen, sondern er folgt aus allgemeinen Erwägungen.

> In OGH 7 Ob 70/19y hatte der VN sein Unternehmen der gewerblichen Unternehmensberatung einem einzigen Mitarbeiter, der über keine eigene Gewerbeberechtigung verfügte, „anvertraut". Nach dem OGH stellte er ihm sein Unternehmen zur Verfügung und ließ ihn ohne jede Kontrolle „schalten und walten". Der VN musste sich daher die vorsätzliche Herbeiführung des Versicherungsfalls durch diesen Machthaber in der Haftpflichtversicherung zurechnen lassen.

4. Abgrenzungen und Konkurrenzen

Literatur: *Kath,* Zum Spannungsverhältnis zwischen Verletzung von Sicherheitsvorschriften, grob fahrlässiger Herbeiführung des Versicherungsfalles und dem Gefahrerhöhungsregime bei Schadenereignissen im Rahmen der Sachversicherung, in FS Danzl (2017) 389.

Die dargestellten Bestimmungen über die Herbeiführung des Versicherungsfalls sind **subjektive Risikoausschlüsse:**[309] Ihre Verwirklichung hängt nämlich von einem Verhalten des VN ab und führt dann von Gesetzes wegen zu Leistungsfreiheit.   **3.18**

Damit haben die Vorschriften über die Herbeiführung des Versicherungsfalls aber eine Nahebeziehung zu den vorbeugenden Obliegenheiten und den Bestimmungen über die Gefahrerhöhung. Auch dort kann ein Verhalten des VN Leistungsfreiheit bewirken.

> Wer ein Kfz alkoholisiert in Betrieb nimmt, könnte die in Kfz-Kaskoversicherungen übliche „Alkoholobliegenheit" verletzt haben (OGH 7 Ob 280/06m). Wer ein Kfz mit abgefahrenen Reifen fährt, erhöht die Gefahr der Verwirklichung des Versicherungsfalls (OGH 7 Ob 103/63).

Wie die Beispiele zeigen, kann die Abgrenzung im Detail schwierig sein, denn vorbeugende Obliegenheiten und die Bestimmungen über die Gefahrerhöhung sollen den VN ja gerade zu einem vorsichtigen Verhalten veranlassen, damit der Versicherungsfall nicht eintritt.   **3.19**

Anders als bei der Herbeiführung des Versicherungsfalls geht es aber bei der **Gefahrerhöhung** um eine dauerhafte Änderung des Gefahrenniveaus.

> Der VN hatte sein Kfz in OGH 7 Ob 244/06t auf fast das Doppelte des zulässigen Gewichts beladen, war deshalb ins Schleudern gekommen und verursachte einen Unfall. Der OGH verneinte eine Gefahrerhöhung mangels dauerhafter Veränderung des Gefahrenniveaus. Der VN hatte den Versicherungsfall zwar (durch Überladung des Kfz) schuldhaft herbeigeführt. Der Haftpflichtversicherer konnte allerdings keinen Regress nehmen, weil der Unfall nicht vorsätzlich (§ 152) herbeigeführt wurde.

---

308 *Hafner,* ÖJZ 2020, 789 (790f, Anmerkung zu OGH 7 Ob 70/19y).
309 *Vonkilch* in *Fenyves/Perner/Riedler,* VersVG § 61 Rz 1, 4.

Vorbeugende Obliegenheiten schreiben dem VN ein konkretes Verhalten vor,[310] das er zur Vermeidung des Eintritts des Versicherungsfalls unterlassen soll. Die Bestimmungen über die Herbeiführung des Versicherungsfalls setzen hingegen (ergebnisorientiert) nur an der Bewirkung des Erfolgs an.

> Die Alkoholobliegenheit schreibt dem VN – grob gesprochen – vor, nicht alkoholisiert zu fahren. Sie setzt an einem Verhalten zu einem früheren Zeitpunkt an, damit der VN gar nicht erst in die Situation kommt, den Versicherungsfall schuldhaft herbeizuführen.

3.20 Die Abgrenzung darf allerdings nicht als „Entweder-oder" verstanden werden. Die Tatbestände stehen vielmehr miteinander in **Konkurrenz**[311] und sind daher unabhängig voneinander zu prüfen.

> Die Überladung des Kfz ist zwar keine Gefahrerhöhung, in der Kaskoversicherung käme aber eine Leistungsfreiheit wegen grob fahrlässiger Herbeiführung des Versicherungsfalls in Betracht.
>
> Der OGH bejahte in 7 Ob 280/06m sowohl die Verletzung der Alkoholobliegenheit als auch die grob fahrlässige Herbeiführung des Versicherungsfalls durch den Lenker.

Beachte
Selbst wenn der Versicherungsfall eingetreten und der Versicherer nicht wegen Gefahrerhöhung, Obliegenheitsverletzung oder Herbeiführung des Versicherungsfalls leistungsfrei ist, bedeutet das nicht endgültig, dass er die vertraglich zugesagte Leistung erbringen muss. Bei und nach dem Versicherungsfall muss der VN nämlich zahlreiche Pflichten und Obliegenheiten erfüllen, die im Kapitel über die Pflichten des VN erörtert werden und bei deren Verletzung sich der Versicherer im schlimmsten Fall auf Leistungsfreiheit berufen kann.

II. Leistungsinhalt

A. Leistungsart

Literatur: *Dreher,* Versicherungsaufsichtsrechtliche Fragen bei Assistance-Leistungen in der D&O- und Cyber-Versicherung, VersR 2020, 129.

3.21 Tritt der Versicherungsfall ein, muss der Versicherer also die versprochene Leistung erbringen. Die bisher in diesem Buch gebrachten Beispiele für Leistungen des Versicherers betreffen allesamt **Geldleistungen,** die dem VN zustehen. Das ist auch nicht weiter überraschend, sondern es steht mit dem bereits herausgearbeiteten Grundgedanken der Privatversicherung in Einklang, dem VN Planungssicherheit für den Fall des Eintritts eines ungewissen Ereignisses zu verschaffen (vgl auch § 49).

> Der Kfz-Halter müsste Geld aufwenden, wenn er einem geschädigten Dritten gegenüber schadenersatzpflichtig wird oder sein Fahrzeug beschädigt wird. Der Versicherer nimmt ihm dieses Risiko durch die Zusage einer Geldleistung ab und verschafft ihm dadurch Sicherheit im Versicherungsfall.

---

310 *Vonkilch* in *Fenyves/Perner/Riedler,* VersVG § 61 Rz 11.
311 *Kath* in FS Danzl 389 (410ff mwN); *Vonkilch* in *Fenyves/Perner/Riedler,* VersVG § 61 Rz 12 (Obliegenheiten), 15 (Gefahrerhöhung).

II. Leistungsinhalt

Der Gedanke greift auch in der Personenversicherung: Der VN sorgt in der Krankenversicherung dafür, dass er Behandlungskosten aufwenden muss; die Unfallversicherung deckt erwartete Mehraufwendungen bei unfallbedingter Invalidität ab; die Berufsunfähigkeitsversicherung schützt gegen Einkommensverluste, weil die berufliche Tätigkeit nicht mehr ausgeübt werden kann.

Versicherer werben aber vermehrt auch mit sonstigen Beistands- und Unterstützungsangeboten für ihre Kunden, die unter dem Schlagwort **Assistance-Leistungen** zusammengefasst werden.[312] Solche Serviceleistungen werden in Werbebroschüren oder Prospekten oft besonders hervorgehoben, weil sich das Angebot dadurch von anderen Versicherern abheben soll. **3.22**

Ein Reiseversicherer bietet an, dass „Rückreise oder etwaige Krankenbesuche organisiert" oder „Papiere neu ausgestellt" werden.

Cyber-Versicherer offerieren „24-Stunden-Soforthilfe" durch IT-Sachverständige, IT-Sicherheitsschulungen für Mitarbeiter und sogar Unterstützung im Krisenmanagement zur Abwehr von Reputationsschäden (etwa durch PR-Berater).

Auch in der D&O-Versicherung wird den Versicherten vielfach Krisenhilfe zur Abwehr von Reputationsschäden oder sogar ärztliche und psychologische Behandlung angeboten.

Ein Rechtsschutzversicherer bietet „Erstberatung durch Vertragsanwälte" im Versicherungsfall an.

Eine genauere Betrachtung der in der Praxis angebotenen Assistance-Leistungen zeigt allerdings, dass der Versicherer in den meisten Fällen nicht selbst die Unterstützungsleistung schuldet.[313] Vielmehr verpflichtet er sich idR zu einer Kostenübernahme im Fall der Inanspruchnahme einer solchen Leistung durch den VN.[314] Je nach Ausgestaltung der AVB sucht entweder der Versicherer den Dienstleister aus oder der VN. Im zweiten Fall schlägt der Versicherer manchmal ein Vertragsunternehmen vor oder bedingt sich ein Zustimmungsrecht vor der Beauftragung durch den VN aus. **3.23**

Der Cyber-Versicherer und der D&O-Versicherer sagen also Kostenübernahme zu, wenn der VN einen PR-Berater oder einen Psychologen in Anspruch nimmt.

Die Vertragsauslegung kann allerdings auch – allenfalls in Zusammenschau mit der Werbung des Versicherers – anderes ergeben. Der Reiseversicherer könnte daher etwa tatsächlich die „Organisation" des Krankenhausaufenthaltes schulden und der Rechtsschutzversicherer die „Erstberatung". Dafür müssen sie sich freilich externer Dienstleister bedienen.

Beachte

Assistance-Leistungen setzen den Eintritt des Versicherungsfalls meist voraus (drohende Haftpflicht, IT-Angriff etc). Fraglich ist nur, was der Versicherer dann schuldet. Eine andere – rein aufsichtsrechtliche – Frage ist, ob der Versicherer Leistungen zusagen darf, die nicht vom Eintritt eines ungewissen Ereignisses abhängen (zB „Wellness-Wochenende" in der Krankenversicherung; vgl Rz 1.4).

---

312 Zur aufsichtsrechtlichen Einordnung und Zulässigkeit *Dreher*, VersR 2020, 129 (131 ff).
313 *Dreher*, VersR 2020, 129 (130 f).
314 *Dreher*, VersR 2020, 129 (131, 136).

B. Leistungsumfang

1. Grundlagen

3.24 In welchem Umfang der Versicherer Leistung schuldet, richtet sich nach dem Vertrag, in dem die maßgebenden Parameter festgelegt werden. Die Höhe der geschuldeten Leistung lässt sich dabei in der **Summenversicherung,** die dem Prinzip der abstrakten Bedarfsdeckung folgt, leicht ermitteln (zu Beweisfragen siehe noch Rz 3.94).

> Tritt der Versicherungsfall ein, schuldet der Versicherer in der Berufsunfähigkeitsversicherung die im Vorhinein vertraglich festgesetzte Leistung. In der Lebensversicherung gilt Ähnliches. In der Unfallversicherung schuldet der Versicherer die Invaliditätsleistung. Sie hängt freilich vom Invaliditätsgrad ab, dessen Feststellung Schwierigkeiten bereiten kann.

3.25 In der Schadensversicherung darf hingegen wie erläutert (Rz 1.30f) nur der konkrete Bedarf des VN gedeckt werden (§ 55). Das verursacht wiederum – aus versicherungsrechtlicher Perspektive – kaum Probleme in der **Passivenversicherung,** weil der Versicherer den Aufwand des VN bis zur Versicherungssumme decken muss.

> Verursacht der haftpflichtversicherte A einen Schaden in Höhe von 1.000, muss der Versicherer 1.000 zahlen, wenn die Versicherungssumme noch nicht aufgebraucht ist.

3.26 In der **Aktivenversicherung** (Sachversicherung) bereitet das Prinzip der Bedarfsdeckung bei der Leistungsfeststellung mehr Probleme. Zwar lässt sich auch hier sagen, dass der „Betrag des Schadens" (§ 55) die Grenze der Leistungspflicht des Versicherers ist. Mit dieser Feststellung bleiben allerdings wichtige Fragen offen, die in der Folge behandelt werden.

> Ein altes Gebäude wird zerstört: Schuldet der Versicherer Ersatz des Gebäudewerts im Schädigungszeitpunkt oder die Kosten der Wiederherstellung? Hat der VN nur dann Anspruch auf die Versicherungsleistung, wenn er das Gebäude wiedererrichtet oder kann er das Geld frei verwenden?

2. Berechnung der Entschädigung

Literatur: *Ertl,* Wiederherstellung und behördliche Auflagen – Zugleich Besprechung der Entscheidung des OGH 7 Ob 153/19d, ecolex 2020, 1044; *Fenyves,* Die rechtliche Natur der Wiederherstellungsklausel in der Gebäudeversicherung, VR 1972, 117; *Grassl-Palten,* Feuerversicherung und Realkredit (1992); *Jabornegg,* Wesen und Begriff der Versicherung im Privatversicherungsrecht, in FS Frotz (1993) 551; *Reisinger,* Bereicherungsverbot und Neuwertklausel – (K)ein Widerspruch, in FS Huber (2020) 445; *Schreier,* Zur Berechnung der Entschädigungsleistung in der Betriebsschließungsversicherung, r+s 2021, 72.

a) Bedarfsdeckung

3.27 Mit Blick auf die Berechnung der Entschädigung in der Sachversicherung würde es auf den ersten Blick naheliegen, auf die vertragliche Vereinbarung zu verweisen: „Ersetzt wird der Betrag, den die Parteien vereinbart haben." Das ist zwar nicht ganz falsch, weil der Versicherungsvertrag für die Entschädigungsleistung primär maßgebend ist. Der reine Verweis auf den Vertrag wäre allerdings insofern verkürzend, als das **VersVG** mit dem Prinzip der konkreten Bedarfsdeckung ja **zwingende Grenzen** setzt.

> Ein Kfz (Neuwert 50.000) wird versichert. Die Parteien könnten nicht wirksam vereinbaren, dass „der Versicherer bei Zerstörung des Kfz 100.000" zahlen muss. Eine Vereinbarung, die sich vom eingetretenen Schaden völlig löst, wäre unwirksam.

Die vertraglichen Vereinbarungen sind daher im Lichte der Vorgaben des VersVG zu sehen: In der Sachversicherung muss sich die Versicherungsleistung am **eingetretenen Schaden** orientieren (§ 55). Für seine Berechnung kommt es darauf an, welcher Bedarf beim VN entsteht. Das meint § 52, wenn er vom „Wert der Sache" als Versicherungswert spricht. 3.28

> Ein versichertes Gebäude brennt ab. Die Wiederherstellung des Gebäudes würde 100.000 kosten. Der konkrete Bedarf des VN liegt bei 100.000.
>
> Ein 3 Jahre altes Kfz des VN wird zerstört. Der Verkaufswert hätte 15.000 betragen, der Wiederbeschaffungswert für ein gleichwertiges Fahrzeug beträgt 20.000. Der Bedarf des VN liegt bei 20.000, die er ja aufwenden muss, um sich in eine gleichwertige Lage zu versetzen.
>
> Eine Maschine wird beschädigt. Die vom VN aufzuwendenden Reparaturkosten iHv 1.000 sind mit seinem Bedarf gleichzusetzen, weil er dadurch in die Lage vor Eintritt des Versicherungsfalls versetzt wird.
>
> Eine transportierte Sache geht verloren. § 140 legt als Versicherungswert in der Transportversicherung nicht den Wiederbeschaffungswert, sondern den „Handelswert" (Verkaufswert) im Zeitpunkt der Absendung fest.

b) Zeitwert

Die Beispiele gehen davon aus, dass die Versicherungsleistung den VN exakt in den Zustand versetzt, in dem er sich vor Eintritt des Versicherungsfalls befunden hat und die Bedarfsdeckung daher auch genau an diesem Betrag **(Zeitwert)** ansetzt. Das ist in vielen Fällen tatsächlich lebensnahe und sachgerecht. 3.29

> Wird dem VN ein 3 Jahre altes Auto gestohlen, ist es daher nicht zu beanstanden, dass der Versicherer jenen Betrag leistet, „den der Versicherungsnehmer für ein Fahrzeug gleicher Art und Güte im gleichen Abnützungszustand zur Zeit des Versicherungsfalles hätte aufwenden müssen" (Art 5.1.2. AKKB).

Vielfach wird die Zerstörung eines Gegenstandes allerdings nicht dazu führen, dass man eine Wiederherstellung im gebrauchten Zustand vornimmt. Das ist manchmal wirtschaftlich nicht sinnvoll und oft auch gar nicht möglich, weil sich etwa die verwaltungsrechtlichen Rahmenbedingungen geändert haben. 3.30

> Eine 20 Jahre alte Fabrikshalle brennt ab. Bei der Wiederherstellung wird man keine gebrauchten Leitungen einbauen und man wird neue behördliche Auflagen (Umweltschutz) beachten (vgl auch OGH 7 Ob 153/19d).
>
> Wird eine Maschine oder ein Haushaltsgerät (Waschmaschine, Geschirrspüler etc) zerstört, wird man ebenfalls kein gebrauchtes Ersatzgerät anschaffen.

Gesetz und AVB sehen dann oft vor, dass der Neuwert abzüglich eines Betrages zu ersetzen ist, der Alter, Zustand und Abnützung des zerstörten Gegenstandes entspricht **(Abzug neu für alt)**.

> ZB in der Feuerversicherung: § 86 („Berücksichtigung des aus dem Unterschied zwischen alt und neu sich ergebenden Minderwertes"), § 88 („Bauwert unter Abzug eines dem Zustand des Gebäudes, insbesondere dem Alter und der Abnützung entsprechenden Betrages").

c) Neuwert

3.31 Dass der VN nicht den gesamten mit einer Beschaffung oder Herstellung der neuen Sache verbundenen Aufwand erhält, ist für ihn nicht nur unerfreulich. Es ist vielmehr oft sogar gerade ein schutzwürdiger Bedarf anzuerkennen, dass er den vollen Neuwert erhält. Wessen Fabrik abbrennt, der hat ja keine andere Wahl als zum Neuwert aufzubauen, wenn er seinen Betrieb weiterführen möchte. Eine **Neuwertversicherung** kann daher auch ohne Abzug „neu für alt" vereinbart werden. Dagegen sprechen keine zwingenden versicherungsrechtlichen Gründe.[315] Als Versicherungswert ist dann der Neuwert der versicherten Sache vereinbart.

> Der VN hat bei einer Neuwertversicherung daher den Anspruch auf die gesamten Kosten der Wiederbeschaffung oder Wiederherstellung.

3.32 Dabei gibt es allerdings eine Einschränkung: Der schutzwürdige Bedarf für eine Neuwertversicherung ohne Abzüge ergibt sich daraus, dass der VN einen ungeplanten Aufwand hat, der eben in Höhe des Neuwerts besteht. Neuwertversicherungen müssen daher mit **Wiederherstellungsklauseln** – bei beweglichen Gegenständen: Wiederbeschaffungsklauseln – verbunden werden.[316] Solche Vereinbarungen sehen vor, dass der VN die Versicherungsleistung oder einen Teil davon (die „Neuwertspanne" oder „Neuwertspitze") erst enthält, wenn er die Wiederherstellung vornimmt oder die bestimmungsgemäße Verwendung des Geldes zumindest gesichert ist.[317] Außerdem muss die Wiederherstellung innerhalb einer bestimmten Frist (idR 3 Jahre) vorgenommen werden.

Wiederherstellungsklauseln schützen daher zum einen den Versicherer, indem sie den Anreiz für Spekulation des VN geringhalten.[318] Zum anderen dienen sie bei der Versicherung von Immobilien aber auch dem Interesse von Hypothekargläubigern.[319] Wird das Gebäude wiederhergestellt, wird dadurch nämlich die verpfändete Liegenschaft mehr wert.

3.33 Da bereits die **Sicherstellung** der Wiederherstellung ausreicht, muss der VN nicht erst in Vorleistung gehen, sondern er bekommt zunächst die Entschädigung, die er dann bestimmungsgemäß verwenden kann.

---

315 Zutr bereits *Jabornegg* in FS Frotz 551 (567 f).
316 Vgl auch *Reisinger* in FS Huber 445 (445 f).
317 *Fenyves*, VR 1972, 117 (118).
318 *Fenyves*, VR 1972, 117 (119).
319 *Grassl-Palten*, Feuerversicherung 152 ff, 160 ff.

Die bestimmungsgemäße Verwendung des Geldes ist zB dann gesichert, wenn entsprechende – allenfalls durch die Auszahlung der Versicherungsleistung bedingte – Verträge abgeschlossen wurden (vgl OGH 7 Ob 45/15 s), eine Baubewilligung vorliegt etc.

§ 97, der in der Feuerversicherung anwendbar ist,[320] stellt die Auszahlung der gesamten Entschädigungsleistung unter die Bedingung der Sicherstellung. In der Praxis sind allerdings Klauseln üblich, nach denen nur der Teil der Entschädigung von der Sicherstellung abhängt, der über den Zeitwert hinausgeht.

Solche Klauseln finden sich etwa in den Musterbedingungen zur Feuerversicherung (Art 9.2. AFB) und zur Sturmversicherung (Art 10.2. AStB). Dass solche Klauseln in der Praxis üblicher sind, zeigt auch § 93 dVVG.

Die Sicherstellung der Wiederherstellung ist nach der ständigen Rsp eine **objektive Anspruchsvoraussetzung.**[321] Der VN kann sich also etwa nicht auf ein schuldloses Verstreichen der Frist für die Wiederherstellung berufen. Klagt er Deckung ein, ist die Frist allerdings während des Verfahrens gehemmt.[322]

Hat der VN die Neuwertspanne erhalten und unterbleibt die – eben nur scheinbar sichergestellte – Wiederherstellung, fragt sich, ob der VN das Erhaltene zurückzahlen muss. Die Klauseln werden vom redlichen VN so zu verstehen sein, dass die Wiederherstellung eigentliche Anspruchsvoraussetzung ist und es bei Sicherstellung einen Vorschuss auf die Leistung gibt. Dann müsste er die erhaltene Leistung aber nach § 1435 ABGB zurückzahlen, wenn er die Wiederherstellung tatsächlich nicht innerhalb angemessener Frist vornimmt (so ausdrücklich § 93 Satz 2 dVVG).

3.34

Beachte

Um Missverständnisse zu vermeiden: Ist keine Wiederherstellungsklausel vereinbart, hat der VN einen von der Verwendung des Geldes völlig unabhängigen Anspruch auf Auszahlung des Zeitwerts. Gleiches gilt ja sogar bei den in der Praxis üblichen Wiederherstellungsklauseln, die ebenfalls eine Auszahlung des Zeitwerts unabhängig von einer beabsichtigten Wiederherstellung ermöglichen. Das ist auch nicht zu beanstanden: Der Zeitwertschaden ist unabhängig von der späteren Verwendung des Geldes eingetreten.

d) Taxe

Feststellung und Nachweis des Schadens können zu langwierigen und teuren Auseinandersetzungen führen. Vor allem in betrieblichen Versicherungen werden zu Zwecken der Beweiserleichterung und Vereinfachung der Abwicklung daher oft Taxen vereinbart, durch die ein **Betrag** festgelegt wird, der dem **Versicherungswert** bei Eintritt des Versicherungsfalls entsprechen soll (§ 57; zur Feuerversicherung beweglicher Sachen siehe aber § 87, zur Taxierung des entgangenen Gewinns § 89). Die Taxe erspart den Beteilig-

3.35

---

320 Für Analogie auf andere Sachversicherungen *Reisinger* in FS Huber 445 (446); dagegen *Saria* in *Fenyves/Perner/Riedler*, VersVG § 97 Rz 1.
321 OGH 7 Ob 375/98 t; 7 Ob 262/07 s. AA *Fenyves*, VR 1972, 117 (insb 128 ff: verhüllte Obliegenheiten).
322 OGH 7 Ob 186/13 y: Fortlaufshemmung.

Kap 3 Leistung des Versicherers

ten damit die Diskussion und vor allem dem VN den Nachweis, wie hoch der tatsächliche Schaden war.[323]

> Ein Hotelbetreiber schließt eine Seuchen-BU ab. Sperrt der Betrieb aufgrund eines Versicherungsfalls 10 Tage zu, müsste der VN nachweisen, wie viele Gäste er sonst bewirtet hätte etc. Die Polizzen vermeiden das, indem sie Tagesentschädigungen festlegen, die dem versicherten Betrieb pro Schließungstag bezahlt werden.

3.36 Selbstverständlich orientieren sich Taxen in der Praxis – schon aus kalkulatorischen Erwägungen – an den realen Verhältnissen. Sie führen zu einer Vergröberung bei der Schadensberechnung. Ihren Zweck der Vereinfachung können sie nur erfüllen, wenn **Nachweise** über einen **abweichenden** höheren oder geringeren **Schaden unzulässig** sind.

> Der E des BGH IV ZR 138/00 lag eine Tierseuchenversicherung zugrunde. Für die Tötung der Tiere wurde eine Taxe von 1.000 DM pro Zuchtsau festgelegt. Nachdem 1085 Schweine erlegt wurden, forderte der VN 1.085.000 DM. Der BGH gab dem VN recht und ließ den Einwand, dass der gutachterlich festgestellte Schaden 967.114 DM betrage, nicht zu.

3.37 Die Vereinbarung von Taxen steht aber in einem gewissen Spannungsverhältnis zum Grundgedanken der Schadensversicherung, nur die Deckung eines konkreten Bedarfs zuzulassen. Daher ordnet § 57 an, dass die Vereinbarung unwirksam ist, wenn die Taxe den wirklichen Versicherungswert **erheblich übersteigt.**

Bei der Auslegung des Begriffs wird man nicht an ex post ermittelten starren Prozentgrenzen haften dürfen. Vielmehr sollte im Lichte des Prinzips der Bedarfsdeckung entscheidend sein, wie sachgerecht die Vereinbarung der Taxe war. Dafür ist auch relevant, wie schwierig und damit kostenintensiv die Schadensfeststellung wäre sowie ob die Taxe Fehlanreize setzt. Die durch die Taxe erzielte Kostenreduktion kommt nämlich der Versichertengemeinschaft zugute, um deren Schutz es beim Prinzip der Bedarfsdeckung ja letztlich geht.

> Nach dem OGH (7 Ob 346/98 b) ist von einem erheblichen Übersteigen idR auszugehen, wenn die Taxe um 10% höher liegt. Der BGH hat in IV ZR 138/00 bei ähnlicher Rechtslage freilich eine Abweichung von etwa 12% zugelassen, was er zutreffend auch damit begründet, dass das Risiko der Herbeiführung des Versicherungsfalls für den VN im konkreten Fall (Tierseuche) gering war.

Die besprochenen Beispiele aus der Rsp betreffen alle Betriebsunterbrechungsversicherungen. Die Vereinbarung von Taxen liegt dort aufgrund der Schwierigkeiten der Schadensfeststellung besonders nahe. Sind hingegen konkrete Gegenstände versichert,[324] wird man die Grenzen für die Zulässigkeit eng ziehen können. Zu beachten ist dabei, dass Maßstab für die Berechnung der Verhältnisse der wirkliche Versicherungswert ist. Bei einer Neuwertversicherung ist daher der Neuwert, bei einer Zeitwertversicherung der Zeitwert maßgebend.

---

323 OGH 7 Ob 49/19 k.
324 Vgl OGH 7 Ob 307/99 v: Transportversicherung.

II. Leistungsinhalt

Da es in der **Summenversicherung** nicht auf einen tatsächlich beim VN eingetretenen Schaden ankommt, ist **§ 57 nicht** – weder direkt noch analog – **anwendbar.** Die in der Unfallversicherung üblichen „Gliedertaxen" sind daher keine Taxen im Rechtssinn und unterliegen auch keiner dem § 57 vergleichbaren Kontrolle.

3.38

> Verliert der VN bei einem Unfall seinen rechten Daumen, ist es für seinen Anspruch daher unerheblich, ob er Rechts- oder Linkshänder war und wie sehr er seine Hände für berufliche Zwecke benötigt: Die Unfallversicherung darf als Summenversicherung ausgestaltet sein, die Gliedertaxe muss sich daher weder an § 57 noch am Prinzip der konkreten Bedarfsdeckung messen lassen.

Umgekehrt macht die Vereinbarung einer Taxe innerhalb der gesetzlich vorgegebenen Grenzen die Schadensversicherung – selbstverständlich – nicht zur (unzulässigen) Summenversicherung.[325]

> Selbst wenn also der VN aus BGH IV ZR 138/00 im Ergebnis etwas mehr erhält als seinem tatsächlichen Schaden entspricht, wird daraus noch keine unzulässige Summenversicherung. Der Sinn der Pauschalierung ist ja gerade eine gewisse Vergröberung.

e) Überversicherung

Wie dargestellt, ist die Schadenshöhe in der Schadensversicherung für den Umfang der Leistung entscheidend. Daher kann es vorkommen, dass die Versicherungssumme zu hoch angesetzt wurde.

3.39

> A betreibt ein Fahrgeschäft in einem Vergnügungspark. Er versichert es gegen Beschädigung zum Neuwert. Die Versicherungssumme wird auf 500.000 festgesetzt. Auf dem Markt werden neue Fahrgeschäfte vergleichbarer Güte um max 300.000 gehandelt.

Eine solche Überversicherung ist aus Sicht beider Vertragsparteien auf den ersten Blick nicht problematisch: Die Leistungspflicht des Versicherers ist ohnehin mit dem Schaden begrenzt, den der VN jedenfalls ersetzt bekommt.

3.40

Bei genauerer Betrachtung hat die Überversicherung für den VN jedoch Nachteile, weil sich die Prämie nach der Versicherungssumme richtet.[326] Er **zahlt** also **zu viel** für die Leistung, die er erhält.

> Das Fahrgeschäft wird durch Festlegung der Versicherungssumme nicht mehr wert. Bei vollständiger Zerstörung kann A also höchstens 300.000 lukrieren, zahlt aber die Prämie, als hätte die Sache einen Wert von 500.000.

> Ein Kfz wird gegen Kaskoschäden versichert. Während die Prämie konstant bleibt, verliert das Fahrzeug an Wert. Wird eine Versicherung zum Zeitwert vereinbart, finanziert der VN also mit den Jahren potenziell immer geringere Leistungen.

---

325 Vgl *Schreier*, r+s 2021, 72 (73f).
326 *Schauer*, Versicherungsvertragsrecht[3] 180.

3.41 § 51 Abs 1 ermöglicht daher beiden Vertragsparteien in der Aktivenversicherung, die Versicherungssumme mit sofortiger Wirkung bei gleichzeitiger **Minderung der Prämie** herabzusetzen, wenn sie den Versicherungswert erheblich[327] übersteigt. Dies geschieht durch einseitige empfangsbedürftige Willenserklärung.[328] Die Bestimmung ist zugunsten des VN einseitig zwingend (§ 68a).

> A kann also eine Herabsetzung der Prämie verlangen. Das vom Gesetz angesprochene Prämienverhältnis ist freilich nicht das der Versicherungssumme (500.000) zum Versicherungswert (300.000). Vielmehr ist ein Vergleich mit der Prämie anzustellen, die der VN bei korrekter Zugrundelegung von 300.000 hätte zahlen müssen (und dieses Verhältnis muss nicht 5:3 lauten).
>
> War dem Versicherer die Überversicherung bei Vertragsabschluss erkennbar, könnten die Voraussetzungen für eine zivilrechtliche Irrtumsanfechtung vorliegen (§ 871 ABGB). Dann wäre allenfalls auch eine gänzliche Beseitigung des Vertrags möglich (§ 51 Abs 5).

Dass auch der Versicherer eine Herabsetzung verlangen kann, mag auf den ersten Blick merkwürdig wirken. Natürlich kann aber auch er ein Interesse an einer korrekten Angabe der Versicherungssumme haben, um etwa bei Eintritt des Versicherungsfalls Streit zu vermeiden. Bei betrügerischer Überversicherung ist der Vertrag allerdings von vornherein nichtig (§ 51 Abs 4). Sie ist jedoch nicht stets dann anzunehmen, wenn die Versicherungssumme zu hoch angegeben wird. Es kann nämlich sein, dass der VN vorsichtshalber eine höhere Versicherungssumme wählt, weil er sich gegen eine später eintretende Unterversicherung schützen will.[329]

> **Praxishinweis**
>
> In der Praxis wird mit Überversicherung oft etwas Anderes verbunden. Man meint damit wirtschaftlich sinnlose oder zumindest nicht unbedingt notwendige Versicherungen (dies wird etwa manchmal von Handyversicherungen behauptet) sowie das, was im rechtlichen Sinn Doppelversicherung (Rz 6.11 ff) ist.

f) Unterversicherung

3.42 So wie die Versicherungssumme zu hoch angesetzt sein kann, kommt natürlich auch der umgekehrte Fall einer Unterversicherung vor.

> A betreibt ein Fahrgeschäft in einem Vergnügungspark. Er versichert es gegen Beschädigung zum Neuwert. Die Versicherungssumme wird auf 300.000 festgesetzt. Der Neuwert des Fahrgeschäfts beträgt 500.000.

3.43 Auch hier scheint es auf den ersten Blick kein großes Problem zu geben: Die Versicherungssumme begrenzt die Leistungspflicht des Versicherers nach oben. Tritt ein höherer Schaden ein, bekommt ihn der VN eben nicht ersetzt. Das ist insofern sachgerecht, als sich die Prämie ja an der (geringeren) Versicherungssumme orientiert hatte.

---

[327] Faustregel: 10%, siehe *Schauer* in *Fenyves/Schauer,* VersVG § 51 Rz 15.
[328] Siehe *Schauer* in *Fenyves/Schauer,* VersVG § 51 Rz 21 ff.
[329] *Schauer* in *Fenyves/Schauer,* VersVG § 51 Rz 30.

> Wird das Fahrgeschäft zerstört, hat der VN zwar einen Neuwertschaden von 500.000, bekommt aber „nur" 300.000.

Problematisch ist bei der Unterversicherung daher auch nicht der Fall, in dem der Schaden über die Versicherungssumme hinausgeht, sondern umgekehrt derjenige, in dem der Schaden hinter der Versicherungssumme zurückbleibt. Bekäme der VN alles ersetzt, hätte er die Entschädigung zu günstig erhalten.

> Das Fahrgeschäft wird nicht völlig zerstört, sondern nur zum Teil. Der Schaden beträgt 200.000. Er übersteigt zwar nicht die Versicherungssumme, sein vollständiger Ersatz würde aber mit einer zu niedrigen – eben an der Versicherungssumme orientierten – Prämie finanziert.

3.44 Liegt die Versicherungssumme bei Eintritt des Versicherungsfalls daher unter dem Versicherungswert, bestimmt § 56 als Ausfluss der Prämiengerechtigkeit[330], dass der Versicherer nur nach dem **Verhältnis der Versicherungssumme zum Versicherungswert** haftet.

> Die Aussage bestätigt zunächst einmal das bereits Bekannte: Bei einem Totalschaden am Fahrgeschäft erhält der VN nicht 500.000, sondern 300.000.
>
> Beträgt der Schaden nun 200.000, wird er nur im Verhältnis 300.000 (Versicherungssumme) zu 500.000 (Versicherungswert) ersetzt. Es kommt also nur zu einem Ersatz von 3/5 des Schadens, somit von 120.000.
>
> Das gilt auch, wenn der Versicherungswert durch eine Taxe ermittelt wird (§ 57 Satz 3). Beträgt die Taxe bei einer Betriebsunterbrechungsversicherung also 150.000 und die Versicherungssumme 100.000, greift § 56. Dies gilt sogar dann, wenn die Taxe den wirklichen Versicherungswert erheblich übersteigt und daher nach § 57 eigentlich unwirksam wäre.

3.45 § 56 ist in beide Richtungen **abdingbar.** In der Praxis kommen durchaus Gestaltungen vor, bei denen der Versicherer auf den Einwand der Unterversicherung verzichtet (Versicherung auf erstes Risiko, Erstrisikoversicherung).[331] Die Versicherungssumme ist dann nur mehr eine absolute Obergrenze der Entschädigung.[332]

> VN und Versicherer vereinbaren, dass „50.000 auf erstes Risiko zu bezahlen" sind. Der VN hat dann bei Beschädigung des Fahrgeschäftes, die zu Kosten iHv 40.000 führt, einen vollen Ersatzanspruch. Das erleichtert die Schadensabwicklung deutlich, weil langwierige Feststellungen des Versicherungswerts unterbleiben können.

Zwar ist auch eine Abweichung von der Verhältnismäßigkeitsregel des § 56 zu Lasten des VN möglich. Sie muss allerdings der Klauselkontrolle (insb § 879 Abs 3 ABGB) standhalten, wo der OGH enge Grenzen zieht.

> Die VN hatte in OGH 7 Ob 227/12a eine Haushalts- und Gebäudeversicherung abgeschlossen. Dem Versicherungsvertrag wurde für die Prämienberechnung eine Wohnnutzfläche von 164 m²

---

330 OGH 7 Ob 227/12a.
331 OGH 7 Ob 9/12t.
332 *Schauer* in *Fenyves/Schauer*, VersVG § 51 Rz 23.

Kap 3 Leistung des Versicherers

zugrunde gelegt. Durch einen späteren Zubau wurden weitere 54 m² Wohnfläche geschaffen. Nach Eintritt des Versicherungsfalls berief sich der Versicherer auf seine AVB, wonach die Entschädigungsleistung in einem solchen Fall nach dem Verhältnis von unrichtiger zur richtigen Quadratmeterzahl zu kürzen sei. Das ist nach dem OGH gröblich benachteiligend, weil die Quadratmeterzahl nur einer von mehreren Parametern für das Risiko sei (siehe auch OGH 7 Ob 13/20t).

3. Bereicherungsverbot?

3.46 Im Zusammenhang mit den oben dargestellten Grundsätzen und zwingenden Grenzen für die Leistung des Versicherers wird oft von einem **versicherungsrechtlichen Bereicherungsverbot** gesprochen.[333]

Der OGH formuliert etwa in 7 Ob 49/19k, dass die Zulässigkeit der Vereinbarung einer Taxe eine „Ausnahme vom versicherungsrechtlichen Bereicherungsverbot" sei. In OGH 7 Ob 179/20d wird der Begriff zur Untermauerung eines bereits feststehenden Ergebnisses verwendet (nicht ersatzfähiger Rettungsaufwand bei einer Betriebsunterbrechungsversicherung); vgl auch OGH 7 Ob 214/20a.

3.47 Daran ist richtig, dass die Versicherungsleistung einen Bedarf beim VN decken muss, damit die Privatversicherung sauber von den Glücksverträgen abgegrenzt werden kann und keine Fehlanreize zu Lasten der Versichertengemeinschaft gesetzt werden (siehe Rz 1.6f, 1.27ff, 1.30f).

Übersteigt also die Taxe den Versicherungswert „erheblich", wird nicht nur ersetzt, was dem VN entgangen ist, sondern der Versicherungsfall wäre für ihn ein „Glücksfall".

3.48 Dennoch sollte man – im Anschluss an die in Deutschland ganz überwiegende Auffassung – auch in Österreich nicht (mehr) von einem allgemeinen Bereicherungsverbot im Versicherungsrecht sprechen.[334] Die dargelegten Regeln sind vielmehr Ausprägungen des Prinzips der **Bedarfsdeckung** und nicht des Bereicherungsverbots. Sofern das VersVG einen über den tatsächlichen Schaden hinausgehenden Ersatz ermöglicht, handelt es sich um keine Ausnahme von einem Bereicherungsverbot, sondern eben gerade eine sachgerechte Ausprägung des Grundsatzes der Bedarfsdeckung. Damit können viele Phänomene deutlich besser erklärt und eingeordnet werden.

Dass die Taxe (§ 57) in der Praxis der Schadensversicherung fast nur bei der Betriebsunterbrechungsversicherung zu finden ist und die „Erheblichkeit" dort sehr flexibel zu handhaben ist, ist kein Zufall: Die Betriebsunterbrechungsversicherung ist zwar Schadensversicherung, sie kommt in ihrem Zweck der Personenversicherung bei Ein-Personen-Betrieben aber recht nahe. Daher ist es sachgerecht, dort eine eher abstrakte Bedarfsdeckung zuzulassen, die es sonst nur in der Personenversicherung gibt. Mit dem Bereicherungsverbot hat das aber nichts zu tun, sondern mit der Feststellung des typischen Bedarfs, der den Vertrag zur Versicherung macht.

---

333 Siehe nur *Schauer*, Versicherungsvertragsrecht³ 174. Vgl auch *Ertl*, ecolex 2020, 1044 (1046).
334 BGH IV ZR 138/00; *Armbrüster*, Privatversicherungsrecht² Rz 1469ff. Der in Deutschland hA hat sich *Schauer* in Honsell, BK VVG § 55 Rz 32ff später angeschlossen.

C. Leistungsänderungen

Literatur: *Figl,* COVID-19: Gefahrerhöhung in der Versicherung? RdW 2020, 586.

3.49 Der Versicherer ist bei Eintritt des Versicherungsfalls zur Erbringung der Leistung im dargestellten Umfang verpflichtet. Selbstverständlich darf er dieses Leistungsversprechen nicht nachträglich einseitig ändern. Eine (einvernehmliche) Vertragsänderung müsste vielmehr denselben Anforderungen genügen wie die erstmalige vertragliche Einigung.

3.50 Beim Abschluss von Versicherungsverträgen ist allerdings oft bereits klar, dass sich für die Leistung maßgebende Parameter zu einem späteren Zeitpunkt ändern werden.

> In OGH 7 Ob 288/08s hatte der Vater im Namen des minderjährigen Kindes eine Kinderunfallversicherung abgeschlossen. Bereits bei Vertragsabschluss war klar, dass das Risiko mit dem Alter steigen würde. Der OGH nennt das Mopedfahren als Bsp.

Dem versuchen Versicherer dadurch Rechnung zu tragen, dass sie bereits bei Vertragsabschluss Klauseln in den Vertrag integrieren, wonach die Leistung später angepasst wird. Der Vertrag muss dann nicht mehr eigens geändert werden, sondern die **Leistungsänderung** folgt einem **Automatismus.** Das ist grundsätzlich legitim, weil und wenn der Versicherer damit auf geänderte Rahmenbedingungen reagieren möchte.

> OGH 7 Ob 288/08s lag ein Unfallversicherungsvertrag zugrunde, der eine Reduktion der Versicherungssumme bei Vollendung des 15. Lebensjahres um 50% vorsah. Bei einem späteren Einstieg reduzierten sich die Summen mit Vollendung des 20. Lebensjahres um 20%. Bei einem erwachsenen Einsteiger reduzierten sich die Versicherungssummen ab Vollendung des 70. Lebensjahres um 30%. Durch einen entsprechenden Prämienzuschlag konnte der VN allerdings jeweils die vollen Versicherungssummen behalten.

3.51 Solche Leistungsänderungen unterliegen den allgemeinen Restriktionen und insb der **AVB-Kontrolle.** Sie dürfen daher nicht überraschend und nachteilig (§ 864a ABGB), gröblich benachteiligend (§ 879 Abs 3 ABGB) und im Verbrauchergeschäft nicht intransparent (§ 6 Abs 3 KSchG) sein.

> Zutreffend hat der OGH in 7 Ob 288/08s ausgesprochen, dass der Reduktion der Versicherungssumme bei Erreichen des 15. Lebensjahres keine Bedenken entgegenstehen. Für die sachliche Rechtfertigung sprach nach dem OGH auch, dass die Versicherungssummen durch höhere Prämien „gerettet" werden konnten.

Behält sich der Versicherer das Recht auf einseitige Änderungen vor, die nicht automatisch eintreten, sondern von seinem (späteren) Willen abhängen, ist im Verbrauchergeschäft außerdem § 6 Abs 2 Abs 3 KSchG einschlägig. Danach darf der Unternehmer sich das Recht zur einseitigen Änderung einer von ihm zu erbringenden Leistung in AVB nur ausbedingen, wenn dies dem Verbraucher zumutbar ist, insb, weil die Änderung geringfügig und sachlich gerechtfertigt ist.

Sonderregeln gibt es in der Krankenversicherung, die vom Prinzip des lebenslangen Versicherungsschutzes geprägt ist. Das Recht zur späteren Leistungsänderung darf dort nur unter engen Voraussetzungen vereinbart werden (§ 178f).

3.52 Der Versicherer hat es also in der Hand, auf erwartbare Risikoänderungen zu reagieren, indem er Anpassungen seiner Leistungspflicht vereinbart (zu Prämienpassungen siehe Rz 4.5ff, zur Möglichkeit einer Kündigung siehe das 5. Kapitel). Schwieriger ist der Umgang mit Risikoänderungen, die sich nicht abgezeichnet haben.[335] Diese Umstände wird der Versicherer nämlich nicht in der ursprünglichen Vereinbarung berücksichtigen.

> Wird der Kalkulation einer Haushaltsversicherung zugrunde gelegt, dass die Wohnungstüre ein Sicherheitsschloss hat, so liegt eine Gefahrerhöhung vor, wenn das Sicherheitsschloss nachträglich entfernt wird.

Bei einer solchen dauerhaften Veränderung des Risikoniveaus sind die Vorschriften über die **Gefahränderung** anwendbar (§§ 23ff). Sie können ebenfalls eine Veränderung der Leistungspflicht des Versicherers bewirken, werden aber bei den Obliegenheiten behandelt, weil der Gesetzgeber das Thema primär aus Perspektive der Gefahrverwaltung regelt.

III. Abwicklung des Versicherungsfalls

Literatur: *Burtscher/Spitzer,* Schadensabwicklung durch den Kfz-Versicherer (2020); *Rubin,* Direktklage des Geschädigten: Haftung des säumigen Haftpflichtversicherers, ZVR 2008, 538; *Schreier,* Zögerliches Regulierungsverhalten von Versicherern – Eine Bestandsaufnahme der Schadensregulierung nach geltendem Recht, VersR 2013, 1232.

A. Grundlagen

3.53 Nach den bisherigen Ausführungen steht – in der Theorie – fest, welche Leistung der Versicherer erbringen muss. Bis der VN zu seiner Leistung kommt, ist es in der Praxis allerdings noch ein manchmal weiter Weg. Das liegt daran, dass zunächst der tatsächliche **Geschehensablauf zu ermitteln** ist, bevor man weiß, ob eine Leistung zu erbringen ist. Der Prozess wird als „Abwicklung" des Versicherungsfalls bezeichnet. In der Sachversicherung – insb in den Kfz-Versicherungen – wird oft auch von Schadensregulierung gesprochen.

> A parkt sein teilkaskoversichertes Auto am 1.2. auf einem Flughafenparkplatz. Als er am 15.2. von seinem Urlaub zurückkehrt, entdeckt er eine Beule in der Seitentüre. Ob und wann ein Versicherungsfall eingetreten ist, hängt davon ab, was passiert ist: Manche potenziellen Schadensursachen sind typischerweise gedeckt (zB Naturgewalt), andere nicht (zB Parkschäden).
>
> Ähnliches gilt für die Höhe des Anspruchs: Bricht sich B beim Skifahren ein Bein, ist zwar häufig klar, dass ein versichertes Unfallereignis vorliegt. Die Leistungspflicht hängt aber unter anderem vom Grad der Invalidität ab, der anfangs noch nicht feststeht.

3.54 So wie die rechtliche Beurteilung, erfolgt auch die in der Praxis wichtige Ermittlung des Sachverhaltes nicht „planlos". Vielmehr gibt es typische Abläufe[336] und Regeln, die (teil-

---

335 Zu dieser schwierigen Abgrenzung am Beispiel der COVID-19-Pandemie *Figl,* RdW 2020, 586 (587ff).
336 Für den Kfz-Schaden anschaulich *Burtscher/Spitzer,* Schadensabwicklung 2ff.

weise) aus dem Vertrag und dem Gesetz abzuleiten sind und in der Folge skizziert werden.

Dabei darf nicht übersehen werden, dass der VN mit der Versicherung einen Bedarf deckt, weshalb er das Geld oft dringend braucht und daher meist ein berechtigtes Interesse an einer raschen Abwicklung haben wird. Auch wenn die Regulierung daher eine gewisse Zeit in Anspruch nehmen darf, gibt es eine Verpflichtung zur raschen Abwicklung des Versicherungsfalls.[337] Eine **schuldhafte Verschleppung** durch den Versicherer macht daher schadenersatzpflichtig.

> Wer etwa eine Betriebsunterbrechungsversicherung abschließt, macht dies auch im Vertrauen auf die rasche Zahlung des Versicherers, auf die er angewiesen ist, wenn sein Unternehmen stillsteht und keine Einnahmen einlangen. Schließlich müssen eigene Verpflichtungen bedient werden. Die ausbleibende Zahlung könnte zB dazu führen, dass eine teure Zwischenfinanzierung aufgenommen werden muss. Der Zinsschaden wäre dann bei schuldhafter Verschleppung durch den Versicherer ersatzfähig.

Selbstverständlich ist eine **Aushungerungstaktik**[338], bei der ein Versicherer mit dem Bedarf des VN spielt und Zahlungen bewusst ausbleiben, weil der VN ohnehin keine Mittel für langwierige Verfahren hat, umso eher unzulässig.[339] Neben zivilrechtlichen Konsequenzen drohen bei systematischen Verstößen auch aufsichtsrechtliche Folgen.

B. Sachverhaltsermittlung

Literatur: *Burtscher,* „Freie Kfz-Sachverständigenwahl" und Ersatz der Gutachterkosten durch den Haftpflichtversicherer, ZVR 2019, 484; *Garger,* Das Sachverständigenverfahren im Versicherungsvertragsrecht (2002).

1. Grundlagen

Der **VN** weiß typischerweise am besten – jedenfalls besser als der Versicherer – über den Eintritt des Versicherungsfalls Bescheid. Er wird daher die **primäre Quelle** für die Erteilung von Informationen sein. 3.55

> Das ist in den Personenversicherungen offensichtlich: Der VN kann über Krankheitssymptome oder das Unfallgeschehen oft am besten Bescheid geben und Informationen beschaffen.
>
> Auch in der Nicht-Personenversicherung ist die Lage aber oft ähnlich: Der VN kann zB über den Unfall mit dem versicherten Fahrzeug oder einen Einbruch in seiner Wohnung Auskunft geben und die Beweissicherung betreiben (Fotos etc).

Da der VN so „nahe dran" ist, verpflichtet ihn das Gesetz zur Anzeige des Versicherungsfalls (§ 33) und zur Erteilung der erforderlichen Auskünfte (§ 34 Abs 1) sowie zur Übermittlung von Belegen (§ 34 Abs 2). Die AVB regeln diese Verpflichtungen in aller Regel

---

337 Vgl *Schreier,* VersR 2013, 1232 (1232 ff).
338 Begriff aus OGH 2 Ob 63/06 p.
339 Zur Kfz-Haftpflichtversicherung, wo es kein Vertragsverhältnis zwischen Versicherer und Geschädigtem gibt, siehe OGH 2 Ob 63/06 p ZVR 2007/4 *(Ch. Huber);* dazu *Rubin,* ZVR 2008, 538.

Kap 3 Leistung des Versicherers

näher (siehe zu alldem und zu den Konsequenzen einer Pflichtverletzung unten bei den Pflichten des VN).

3.56 Die Beschaffung von Informationen kann den VN neben Zeit vor allem auch Geld kosten. § 66 Abs 1 ordnet an, dass der **Versicherer** dem VN **Schadensfeststellungskosten,** die den Umständen nach geboten waren, ersetzen muss. Mit dieser Bestimmung wird eine Aushöhlung des Versicherungsschutzes vermieden,[340] die mit einer Kostentragungspflicht durch den VN verbunden wäre.

> Die mit der Beschaffung von Unterlagen verbundenen Spesen sind also zB dem VN zu ersetzen.

3.57 Steht der Sachverhalt aufgrund der erteilten Informationen fest, ist die Leistungserbringung bereits an diesem Punkt möglich. Oft reichen die Auskünfte des VN allerdings nicht aus. Dann bedarf es meist **besonderer Expertise** zur Klärung.

> Dies zeigen die beiden Eingangsbeispiele: A wird darüber Auskunft geben können, dass die Seitentüre eingebeult ist, die Schadensursache – geschweige denn die Schadenshöhe – wird er oft selbst nicht ermitteln können. B weiß, dass er beim Skifahren verunfallt ist, er kann Arztrechnungen vorlegen etc. Über den Invaliditätsgrad kann er nichts sagen.

2. Sachverständige

3.58 Häufig wird daher externer Sachverstand eingesetzt, um den Sachverhalt zu klären. In den bisherigen Beispielen muss etwa ein Mediziner beigezogen werden, der den Invaliditätsgrad feststellt oder ein Kfz-Sachverständiger, der das Fahrzeug begutachtet. Diese Experten haben keine öffentlich-rechtliche Funktion, sondern sie erstellen ein Privatgutachten.[341] Ihre Expertise hat Beweiskraft, ist aber grundsätzlich **nicht** mit einer **bindenden Entscheidung** zu verwechseln.

> Ist der Versicherer der Auffassung, dass die Invaliditätsfeststellung durch den von B beigezogenen Mediziner unplausibel ist (etwa aufgrund von Erfahrungswerten mit anderen Schadensabwicklungen), wird er einen Mediziner mit der Überprüfung beauftragen. Gleiches wird A tun, wenn er mit dem Kfz-Sachverständigengutachten nicht einverstanden ist.

3.59 Der Gesetzgeber geht für die Schadensversicherung in § 66 davon aus, dass der **Versicherer** für die Beauftragung des Sachverständigen **zuständig** ist und er dafür dann auch die **Kosten trägt.**[342] Beauftragt der VN einen Sachverständigen, sind ihm diese Kosten nicht zu ersetzen, außer der VN war nach dem Vertrag zur Zuziehung verpflichtet. In der Unfallversicherung trägt der Versicherer die Kosten hingegen unabhängig davon, wer den Sachverständigen beauftragt hat (§ 185).

---

340 *Burtscher/Ertl* in *Fenyves/Perner/Riedler,* VersVG § 66 Rz 1.
341 *Burtscher/Spitzer,* Schadensabwicklung 3 (für den Kfz-Schaden).
342 Zutr *Burtscher/Ertl* in *Fenyves/Perner/Riedler,* VersVG § 66 Rz 2.

III. Abwicklung des Versicherungsfalls

Der Versicherer kann die Kosten des für die Schadensbegutachtung beauftragten Kfz-Sachverständigen also nicht auf A überwälzen. B kann die (notwendigen) Kosten des von ihm beauftragten medizinischen Sachverständigen hingegen sehr wohl auf den Versicherer überbinden.

Holt A ein eigenes Gutachten ein, kann der die Kosten nach dem Wortlaut des § 66 Abs 2 nicht auf den Versicherer überwälzen.

Diese Regeln sind allerdings in einem Punkt einzuschränken:[343] Kommt der Versicherer seiner Aufgabe zur Schadensfeststellung nicht nach oder falsifiziert der VN das Gutachten des vom Versicherer beigezogenen Sachverständigen, so kann er seine Kosten sehr wohl auf den Versicherer überwälzen. **3.60**

Der Sachverständige des Versicherers geht in seinem Gutachten von Reparaturkosten iHv 1.000 aus. A zieht einen eigenen Sachverständigen bei, der zu Kosten iHv 1.500 gelangt, was sich in der Folge auch als richtig herausstellt: Der Versicherer muss die Kosten des von A beauftragten Gutachters übernehmen.

3. Sachverständigenverfahren

In vielen Bereichen ist also besonderer Sachverstand nötig, um einzelne Anspruchsvoraussetzungen oder die Grundlagen für die Berechnung der Anspruchshöhe zu ermitteln. Es liegt daher nahe, dass die AVB **institutionalisierte Regeln** für den Fall von **Meinungsverschiedenheiten** enthalten. **3.61**

In den Personenversicherungen: Art 16 AUVB 2008 (ärztlicher Gutachter, vgl auch die aufgrund der Judikatur veraltete Regel in Art 14 der ALUB 1997) sowie auch in Kranken- oder Berufsunfähigkeitsversicherungen.

Für die Sachversicherung enthält Art 8 ABS 2012 eine allgemeine Regel über die Bestellung eines Sachverständigen, die in den einzelnen Sparten ergänzt wird: ZB Art 10 AFB 2001, Art 13 AFBUB, Art 11 AStB 2001, Art 10 ABH 2001, Art 21 AÖTB 2014.

Art 9 der ARB 2015 regelt ein Schiedsgutachterverfahren in der Rechtsschutzversicherung. Nach § 158l muss der VN jedenfalls die Möglichkeit haben, ein solches Verfahren in Anspruch zu nehmen.

Diesen Verfahren ist gemeinsam, dass die strittigen Fragen durch (einen oder mehrere) Experten im Verhältnis der Parteien **bindend** festgestellt werden sollen. In einem späteren gerichtlichen Verfahren hat der Richter also von den festgestellten Ergebnissen auszugehen. Die AVB sind freilich meist so auszulegen, dass nur Tatsächliches festgestellt werden kann. Dadurch unterscheidet sich das Sachverständigenverfahren vom echten Schiedsverfahren nach §§ 577 ff ZPO,[344] in dem die Schiedsrichter für die Beurteilung von Rechtsfragen zuständig sind. **3.62**

Das ergibt sich trotz manchmal missverständlicher Formulierungen („entscheidet") daraus, welche Sachverständigen beizuziehen sind. Ein medizinischer oder ein technischer Sachverständi-

---

343 Überzeugend *Burtscher/Spitzer*, Schadensabwicklung 107 f.
344 Zur Abgrenzung und ihren Problemen *Burtscher/Garger* in *Fenyves/Perner/Riedler*, VersVG § 64 Rz 12 ff.

ger entscheidet eben in seinem jeweiligen Bereich, der die Lösung von Rechtsfragen nicht erfasst: Ein Mediziner kann zB den Invaliditätsgrad beurteilen und ob eine Verletzung auf eine äußere Einwirkung zurückzuführen ist. Ob ein „Unfall" iSd AUVB ihre Ursache war, entscheidet hingegen nur der Richter.

Anders ist die Lage nur in der Rechtsschutzversicherung, weil im dortigen Schiedsgutachterverfahren über die „Erfolgsaussichten der Rechtsverfolgung oder Rechtsverteidigung" (§ 158l) zu entscheiden ist. Diese Entscheidung treffen nach dem in den ARB festgelegten Verfahren Rechtsanwälte.

3.63 Das Gesetz regelt einige damit verbundene Fragen des **Schutzes des VN** in § 64 für die Schadens- und in § 184 inhaltsgleich für die Unfallversicherung. Das Gesetz zielt insofern auf eine Waffengleichheit ab, als die Vereinbarung nur wirksam ist, wenn der Sachverständige oder die Sachverständigen von einem unbeteiligten Dritten oder jeweils in gleicher Anzahl vom Versicherer und vom VN namhaft gemacht werden. Im letzten Fall kann auch vorgesehen werden, dass diese Sachverständigen oder ein unbeteiligter Dritter einen Vorsitzenden bestimmen.

Unbeteiligte Dritte sind typischerweise die einschlägigen Berufsvertretungen (Kammern der Rechtsanwälte, Ärzte etc).

Außerdem ist die im Sachverständigenverfahren getroffene Feststellung nicht verbindlich, wenn sie **offenbar** von der wirklichen Sachlage **erheblich abweicht.**[345] Dies wird der Fall sein, wenn Methoden verwendet werden, die nicht dem Stand der Wissenschaft entsprechend. Allerdings muss dies auch für den Laien ohne intensive Nachforschung erkennbar sein (arg „offenbar"). Ein wissenschaftlich nicht entschiedener „Schulenstreit" kann eine offenbare Abweichung hingegen nicht begründen.

3.64 Zutreffend wird in der Literatur darauf hingewiesen, dass die Einleitung eines Sachverständigenverfahrens auch dort, wo „nur" Tatsächliches entschieden wird, mit nicht zu unterschätzenden Gefahren für den VN verbunden ist und ein **Rechtsschutzdefizit** droht, das nur ungenügend durch die gesetzlichen Regeln zum Schutz des VN ausgeglichen wird.[346]

Daher wird die Klauselkontrolle (§§ 864a, 879 Abs 3 ABGB; § 6 Abs 3 KSchG) künftig mehr in den Blick zu nehmen sein. Jedenfalls ist aber davon auszugehen, dass eine bloß in AVB erfolgte Vereinbarung, wonach ein Sachverständigenverfahren gegen den Willen des VN durchgeführt werden kann, unzulässig ist.[347]

3.65 Die AVB enthalten meist auch Bestimmungen über die Tragung der **Kosten** des Verfahrens. § 66, der wie erörtert eine recht weitgehende Kostentragungspflicht des Versicherers vorsieht, ist zwar dispositiv. Eine Grenze (§ 879 Abs 3 ABGB) ist aber dort erreicht, wo eine Aushöhlung des Versicherungsschutzes droht.[348] Abweichungen sind daher nur in

---

345 Dazu *Burtscher/Garger* in *Fenyves/Perner/Riedler*, VersVG § 64 Rz 61 ff.
346 *Burtscher/Garger* in *Fenyves/Perner/Riedler*, VersVG § 64 Rz 5, 15 ff.
347 *Burtscher/Garger* in *Fenyves/Perner/Riedler*, VersVG § 64 Rz 20.
348 Für die Unfallversicherung OGH 7 Ob 113/14i.

sehr engen Grenzen zulässig; leitet der Versicherer ein solches Verfahren ein, wird eine Überwälzung der Kosten auf den VN jedenfalls unzulässig sein.[349]

C. Fälligkeit

Literatur: *Gruber*, Fälligkeit des Zahlungsanspruchs gegen den Feuerversicherer, JBl 2003, 234; *Steinbüchler*, Fälligkeit und Verjährung im Versicherungsrecht (2017).

1. Geldleistungen

Hat der Versicherer die zur Feststellung des Versicherungsfalles und des Leistungsumfangs **nötigen Erhebungen abgeschlossen**,[350] wird eine von ihm geschuldete Geldleistung fällig (§ 11 Abs 1),[351] sie muss also ab diesem Zeitpunkt erbracht werden.[352] Fälligkeit tritt nicht schon mit dem Versicherungsfall – dem Auslöser der Leistungspflicht – ein, weil meist noch nicht klar ist, was und in welcher Höhe geschuldet wird. Es wäre nicht sachgerecht, alle Verzugsfolgen bereits mit diesem Zeitpunkt eintreten zu lassen.

3.66

> In den oben genannten Beispielen sind also die Ermittlungen durch Sachverständige abzuwarten, bevor Fälligkeit eintritt. Das gilt auch dann, wenn ein institutionalisiertes Sachverständigenverfahren ordnungsgemäß eingeleitet wurde. Verzichtet der Versicherer darauf oder anerkennt er die Leistungspflicht, tritt sofort Fälligkeit ein.
>
> Die Erhebungen müssen eine Bedeutung für die Leistungspflicht des Versicherers haben: So hat der OGH in 7 Ob 245/03k festgestellt, dass die Ermittlungen zur Täterschaft in der Feuerversicherung nicht abgewartet werden müssen, wenn klar ist, dass weder der VN noch eine ihm zurechenbare Person den Brand gelegt hat.

Der VN ist auf das Geld meist angewiesen, er hat an einer raschen Fälligkeit idR großes Interesse. Der Eintritt der Fälligkeit mit Beendigung der nötigen Erhebungen ist daher zu Gunsten des VN **zwingend** (§ 15a Abs 1). Die Leistung wird außerdem nicht stets erst dann fällig, wenn der Versicherer seine Erhebungen tatsächlich abgeschlossen hat, sondern wenn ein ordentlicher Versicherer sie ohne Verzögerung abgeschlossen hätte (arg „nötig").[353] Außerdem ordnet § 11 Abs 1 an, dass die Leistung des Versicherers auch dann fällig wird, wenn der VN nach Ablauf von zwei Monaten seit seinem Zahlungsbegehren eine Erklärung des Versicherers verlangt und der Versicherer diesem Verlangen nicht binnen eines Monats entspricht (§ 11 Abs 1).

> A bricht sich am 1.1. bei einem Unfall das Bein. Er zeigt den Versicherungsfall am 5.1. seinem Versicherer an, sendet die Aufenthaltsbestätigung im Krankenhaus sowie die Diagnosen mit und ersucht um Berechnung der Invaliditätsentschädigung. Die Zwei-Monatsfrist beginnt in diesem Zeitpunkt zu laufen. Verlangt der VN zwei Monate später (also am 5.3.) eine Erklärung über den Stand der Erhebungen, hat der VN nun einen Monat Zeit. Erklärt der Versicherer binnen Monatsfrist, wieso die Erhebungen noch nicht abgeschlossen sind, tritt noch keine Fäl-

---

349 *Burtscher/Garger* in *Fenyves/Perner/Riedler*, VersVG § 64 Rz 22 ff.
350 Dazu *Steinbüchler*, Fälligkeit und Verjährung 27 ff.
351 In der Haftpflichtversicherung gilt für Geldleistungen § 154 Abs 1: Rz 7.77.
352 *Perner/Spitzer/Kodek*, Bürgerliches Recht⁶ 165.
353 *Schauer*, Versicherungsvertragsrecht³ 201.

Kap 3 Leistung des Versicherers

ligkeit ein. Verstreicht diese Zeit ungenützt, wird der Anspruch fällig. Ob und in welcher Höhe er wirklich besteht, muss im Streitfall freilich das Gericht entscheiden.

3.67 § 11 Abs 2 sieht **Abschlagszahlungen** vor, wenn die Erhebungen bis zum Ablauf eines Monates seit der Anzeige des Versicherungsfalles nicht beendet sind, allerdings feststeht, dass der Versicherer mindestens einen gewissen Betrag zahlen muss.

> Nach einem Verkehrsunfall steht fest, dass der Versicherungsfall in der Kfz-Kaskoversicherung eingetreten ist und Reparaturkosten zu bezahlen sind. Allerdings ist unklar, ob die vom VN tatsächlich aufgewendeten 3.000 oder nur 2.500 zu bezahlen sind. Die 2.500 werden als Abschlagszahlung fällig.
>
> Steht nach einem Unfall fest, dass eine Teilinvalidität beim VN eingetreten ist und bloß nicht klar, ob sie 50% oder 60% betragen wird, so sind die 50% als Abschlagszahlung zu leisten.

Die Abschlagszahlungen werden allerdings nicht fällig, solange die Beendigung der Erhebungen infolge eines Verschuldens des VN gehindert ist (§ 11 Abs 3).

> Der VN sendet Fotos, die Krankengeschichte oder sonstige Belege etc nicht zu: Die Abschlagszahlung steht dann nicht zu.

2. Zinsen

3.68 Zahlt der Versicherer bei Fälligkeit nicht, ist er in **Schuldnerverzug** und muss Verzugszinsen zahlen. Sie betragen 4% pa (§ 1333 Abs 1 ABGB iVm § 1000 Abs 1 ABGB). Bei Verschulden – das nach § 1298 ABGB zu vermuten ist – betragen sie gegenüber einem unternehmerischen Kunden sogar 9,2% über dem Basiszinssatz (§ 456 UGB). Eine Vereinbarung, durch die der Versicherer von der Verpflichtung, Verzugszinsen zu zahlen, befreit wird, ist unwirksam (§ 11 Abs 4). Neben den Verzugszinsen sind bei Verschulden auch weitere durch den Zahlungsverzug verursachte Schäden zu ersetzen (vgl bereits oben Rz 3.54 allgemein zur „Verschleppung" durch den Versicherer).

> Versicherer V ist mit seiner Leistung (10.000) aus der Haushaltsversicherung seit einem Jahr in Verzug: Er muss 10.400 bezahlen. Ist er ein halbes Jahr in Verzug, 10.200, bei einem Monat 10.033 usw. Gleiches gilt, wenn er gegenüber einem Kunden aus einer Betriebsversicherung (Unternehmer) unverschuldet in Verzug ist. Bei verschuldetem Zahlungsverzug muss er dem Unternehmer hingegen nach einem Jahr Verzug 10.858 zahlen (10.000 + 8,58%, die sich aus einem Aufschlag von 9,2% auf den Basiszinssatz ergeben, der seit 1. 7. 2021 –0,62% beträgt).

3.69 Es kann allerdings sein, dass der Versicherer auch **ohne Schuldnerverzug** – also vor Fälligkeit – **Zinsen** zahlen muss. § 94 Abs 1 sieht nämlich vor, dass die Entschädigung nach Ablauf eines Monats seit der Anzeige des Versicherungsfalles mit 4% pa zu verzinsen ist, es sei denn, dass die Leistung aufgrund eines Verschuldens des VN nicht ermittelt werden kann (Abs 2). Die – dispositive und damit auch in AVB abdingbare – Bestimmung gilt für die Feuerversicherung und wird auf andere Zweige der Sachversicherung analog angewendet.[354]

---

354 *Schauer*, Versicherungsvertragsrecht³ 203.

Die sachliche Rechtfertigung der Regel liegt in der bereicherungsrechtlichen Natur von Zinsen: In der Sache ist die Versicherungsleistung ja bereits mit dem Versicherungsfall dem VN zugewiesen, der aber erst mit Beendigung der Erhebungen einen fälligen Anspruch hat. Objektiv notwendige lang dauernde Ermittlungen sollen daher keine Fälligkeit und damit einen Verzug bewirken, durch die Zinsen soll dem VN aber ein Ersatz für den Entgang der Geldnutzung gewährt werden.

> Am 1.7. kommt es zu einem Brandschaden (300.000), der sofort angezeigt wird. Die nötigen Erhebungen sind allerdings erst vier Monate später abgeschlossen. Der VN kann 303.000 verlangen (= 4% Zinsen für drei Monate).

> Bei einer Neuwertversicherung mit Wiederherstellungsklausel kann die Verzinsung der Neuwertspitze (Differenz Neuwert – Zeitwert) allerdings erst ab dem Zeitpunkt beginnen, in dem der VN den Aufwand tätigt, weil erst dann die Geldnutzung entgeht.

3. Andere als Geldleistungen

§ 11 gilt nur für Geldleistungen des Versicherers. Bei sonstigen Leistungen richtet sich die Fälligkeit daher nach allgemeinen Regeln (§ 904 ABGB). Primär ist der Vertrag maßgebend. Mangels ausdrücklicher oder konkludenter Regel kann die Leistung durch Einmahnung fällig gestellt werden. Der Zweck von **echten Assistance-Leistungen** liegt oft in der sofortigen Hilfestellung. Sie werden daher – wenn sie nach dem Vertrag geschuldet sind – in dem Zeitpunkt fällig, in dem der VN den Versicherungsfall behauptet. 3.70

> Der Zweck einer „Cyber-Sofort-Schutz"-Leistung ist eine – wie der Name sagt – sofortig und von keinen weiteren Voraussetzungen abhängige Fälligkeit, sobald die Leistung abgerufen wird.

In der **Haftpflichtversicherung** schuldet der Versicherer zunächst keine Geldleistung, sondern Rechtsschutz (Abwehr von Ansprüchen des Drittgeschädigten) und Befreiung (Freistellung von einer allfälligen Verbindlichkeit gegenüber dem Dritten). Die Fälligkeit dieses einheitlichen Deckungsanspruchs[355] beginnt bereits mit der Erhebung von Ansprüchen, die bei einer ernstlichen Inanspruchnahme durch den Drittgeschädigten vorliegt.[356] 3.71

> Eine Klage des Geschädigten ist zwar nicht notwendig, ausreichend ist aber etwa ein Schreiben des Drittgeschädigten, in dem er Zahlung von Schadenersatz fordert. Bloße Korrespondenz reicht demgegenüber nicht aus.

Auch der Rechtsschutzanspruch in der **Rechtsschutzversicherung** ist nach dem OGH kein Geldanspruch, sondern ein Freistellungsanspruch. § 11 ist daher nicht anwendbar,[357] die Leistung wird fällig, sobald sich für den VN die Notwendigkeit einer Interessenwahrung so konkret abzeichnet, dass er mit der Entstehung von Kosten rechnen muss. 3.72

---

355 Zur praktisch großen Bedeutung für die Verjährung siehe Rz 3.82.
356 StRsp: OGH 7 Ob 5/92 RdW 1992, 366 *(Grassl-Palten)*; 7 Ob 206/02y; 7 Ob 13/14h; 7 Ob 72/15m; 7 Ob 126/20k. Krit *Steinbüchler*, Fälligkeit und Verjährung 52 ff.
357 OGH 7 Ob 34/00a. Siehe auch *Steinbüchler*, Fälligkeit und Verjährung 66 ff.

D. Außergerichtliche Lösungen

1. Grundlagen

Literatur: *Hörlsberger/Scheuba*, Schiedsgerichte in Versicherungssachen, ZVers 2021, 56; *Reisinger*, Die Bedeutung des Schmerzengeldes für die Versicherungswirtschaft und seine außergerichtliche Abwicklung, ZVR 2008, 49.

3.73 Der Abschluss der Erhebungen durch den Versicherer ist – wie soeben dargestellt – der Auslöser der Fälligkeit der Leistung des Versicherers. Zahlt er nicht, tritt Schuldnerverzug ein. Diese Beurteilung aus Ex-post-Perspektive blendet aber aus, dass es in diesem Zeitpunkt immer noch – völlig legitime – Meinungsverschiedenheiten über den Anspruch geben kann.

> Trotz Einschaltung eines Sachverständigen könnten immer noch Sachverhaltsfragen ungeklärt sein: Abgesehen davon, dass eine Partei den Ergebnissen nicht „glauben" muss: Eine Expertise könnte zB zum Ergebnis gekommen sein, dass ein Brand „mit einer Wahrscheinlichkeit von 60%" gelegt worden ist oder ein Unfall „voraussichtlich" zu einer dauerhaften Invalidität führt.
>
> Die Auffassungen der Sachverständigen können auch divergieren: So zB, wenn der VN einen eigenen Sachverständigen betraut, der zu einem vom Gutachten des vom Versicherer beauftragten Sachverständigen abweichenden Ergebnis gelangt.
>
> Zu den möglichen verbleibenden Unsicherheiten über den Sachverhalt kommt auch die rechtliche Einschätzung hinzu. Die Parteien könnten über das Verständnis einer AVB-Klausel uneinig sein, über die rechtliche Bedeutung eines Verhaltens des VN (Obliegenheitsverletzung) etc.

3.74 Meist wird es in solchen Fällen zunächst zu einem außergerichtlichen Kontakt der Parteien kommen. Dafür gibt es einige fakultative außergerichtliche Mechanismen der Streitbeilegung: So etwa die beim Versicherer selbst einzurichtende Beschwerdestelle (§ 127e VAG), die beim für Konsumentenschutz zuständigen Ministerium (Sozialministerium) einzurichtende Beschwerdestelle (§ 33 VAG) und außergerichtliche Beschwerde- und Abhilfeverfahren wie etwa die Verbraucherschlichtungsstelle. Meist bleibt es allerdings bei einem direkten Kontakt zwischen den Parteien mit dem Ziel, eine außergerichtliche Lösung zu finden. Erst wenn dadurch keine Lösung erzielt wird, kommt es zu einem Gerichtsverfahren.

Dass dieses tatsächlich erst Ultima Ratio ist und die außergerichtlichen Einigungsversuche meist Erfolg haben, zeigen die geringen Prozessquoten.[358] So wird berichtet, dass in der Kfz-Haftpflichtversicherung nur 1% bis 1,5% der Fälle vor den Gerichten landen, in anderen haftpflichtversicherungsrechtlichen Zweigen liege der Schnitt sogar im Promillebereich.[359]

2. Anerkenntnis

3.75 Eine einvernehmliche Lösung kann in einem **konstitutiven** Anerkenntnis des Versicherers bestehen. Dabei gibt er einseitig nach und schafft so einen neuen Verpflichtungs-

---

358 Zu Schiedsgerichten als Alternative zur ordentlichen Gerichtsbarkeit *Hörlsberger/Scheuba*, ZVers 2021, 56.
359 *Reisinger*, ZVR 2008, 49 (50).

grund.[360] Der VN kann dann aus dem Anerkenntnis selbst klagen. Selbst wenn der Versicherer also aus dem Versicherungsfall nicht leistungspflichtig war, wird er es durch Anerkenntnis.[361]

In OGH 7 Ob 9/15x hatte der Unfallversicherer den VN nach einem Unfall aufgefordert, sich einer Operation zu unterziehen und angemerkt, dass nach der Heilbehandlung eine Neubewertung vorgenommen werde. In der Folge erklärte er, die vertragliche Eintrittspflicht gemäß den zugrundeliegenden AUVB und den gesetzlichen Bestimmungen anzuerkennen. Anschließend kündigte er aufgrund der „überdurchschnittlichen Schadenbelastung des Vertrags". Nach dem OGH konnte sich der Versicherer damit nicht mehr auf eine Einwendung (zB Obliegenheitsverletzung) berufen, die sich auf den Zeitraum davor bezog.

Bei der Annahme solcher konstitutiven Anerkenntnisse ist allerdings Zurückhaltung geboten.[362] Die Umstände des Falles müssen schon – wie im Bsp – sehr deutlich darauf hinweisen, dass sich der Versicherer seiner Einwendungen begeben will. Meist wird ein Anerkenntnis daher bloß **deklarativ** sein: Dabei handelt es sich um eine Wissenserklärung über das Bestehen des Rechts, die dem VN ein Beweismittel für künftige Auseinandersetzungen in die Hand gibt.[363] Sie kann allerdings durch einen Gegenbeweis widerlegt werden.

3.76

Der OGH hatte in 7 Ob 205/19a eine Deckungszusage des Rechtsschutzversicherers zu beurteilen. Sie sei vor allem dann kein konstitutives, sondern nur ein deklaratives Anerkenntnis, wenn der Zusage kein Streit über die fehlende Deckungspflicht vorausging.

Auch bei einem deklarativen Anerkenntnis ist aber Zurückhaltung geboten: So kann eine (Teil-)Zahlung eines Versicherers verschiedene Gründe haben (Angebot der Kulanz oder zur Streitbereinigung etc), ohne dass allein daraus auf ein (deklaratives oder konstitutives) Anerkenntnis der (höheren) Leistungspflicht zu schließen wäre.

3. Abfindungsvergleich

Literatur: *Kletečka*, Unerkennbare Ansprüche bei der Schadensregulierung durch Abfindungsvergleich, ecolex 1991, 5; *Legath*, Abfindungsvergleich über unvorhersehbare Ansprüche, ZVR 2020, 360; *Legath*, Vergleichsanfechtung wegen Rechenfehlers – Eine Besprechung der Entscheidung 7 Ob 48/19p, JBl 2021, 407.

Bei strittigen Sachverhalten ist freilich ein **beiderseitiges Nachgeben** häufiger als ein einseitiges. Neben dem Anerkenntnis des Versicherers kommt daher vor allem der Abfindungsvergleich (§ 1380 ABGB) in Betracht, durch den sich die Parteien auf einen bestimmten Betrag unter Verzicht auf die Geltendmachung weiterer Ansprüche einigen.[364]

3.77

---

360 Siehe nur *Perner/Spitzer/Kodek*, Bürgerliches Recht[6] 217.
361 OGH 7 Ob 9/15x.
362 *Perner/Spitzer/Kodek*, Bürgerliches Recht[6] 217; offenlassend *Schauer*, Versicherungsvertragsrecht[3] 200.
363 OGH 7 Ob 205/19a; *Perner/Spitzer/Kodek*, Bürgerliches Recht[6] 217.
364 *Schauer*, Versicherungsvertragsrecht[3] 200.

Kap 3 Leistung des Versicherers

> In OGH 2 Ob 71/16d war die Geschädigte bei einem – vom Lenker des haftpflichtversicherten Fahrzeugs verschuldeten – Verkehrsunfall schwer an der Hand verletzt worden. Sie unterzeichnete eine vom Versicherer übersandte „Generalabfindungserklärung", in der sie erklärte, zur „gänzlichen Abfindung meiner Schadenersatzansprüche" eine Summe von 12.136,50 Euro zu akzeptieren. Zugleich verzichtete sie auf allfällige weitere Ansprüche aus dem Schadenfall, „auch auf solche, die mir in Zukunft erst entstehen werden oder entstehen können, gleichgültig ob diese Schäden vorhersehbar oder nicht vorhersehbar sind."
>
> In OGH 7 Ob 48/19p hatte der Unfallversicherer dem VN nach einem versicherten Unfall um Unterzeichnung einer „Entschädigungsquittung" vor Auszahlung ersucht, die eine Gesamtleistung von 185.016,10 Euro ergeben und alle Ansprüche aus dem Schadensfall abgelten sollte.

3.78 Der Vergleich gibt beiden Parteien Rechtssicherheit: Der VN kommt sofort und ohne aufwändiges Gerichtsverfahren mit ungewissem Ausgang zu Geld. Zugleich hat der Versicherer Gewissheit, dass aus dem verglichenen Fall keine weiteren Ansprüche auf ihn zukommen. Der Vergleich ist daher aufgrund der Absicht der Parteien – wie das konstitutive Anerkenntnis – ein eigener Titel, aus dem der VN klagen kann. Seine **Bereinigungswirkung** zeigt sich darin, dass er alle anderen Ansprüche zwischen den Parteien aus dem Fall ersetzt.

> Der erwähnte Abfindungsvergleich zwischen dem Kfz-Haftpflichtversicherer und dem Geschädigten ersetzt also den Schadenersatzanspruch der Geschädigten, für den der Versicherer (§ 26 KHVG) haftet. Der Vergleich zwischen Unfallversicherer und VN ersetzt die vertraglichen Ansprüche aus dem Versicherungsfall, die der VN gegen den Versicherer sonst geltend machen könnte.

Dass der Vergleich ex post betrachtet für eine der beiden Parteien wirtschaftlich gut oder schlecht sein kann, wenn man ihn neben den verglichenen (= beseitigten) Anspruch legt, liegt damit also in seiner Natur. Darin liegt für sich genommen keine Übervorteilung der „unterlegenen" Partei, weil sich beide Beteiligten ja gerade eine Erledigung des Falles wünschen. Daher berechtigt auch ein Irrtum über die verglichenen Punkte – wie man aufgrund des bisher Gesagten bemerken muss: selbstverständlich – nicht zur Anfechtung des Vergleichs (vgl § 1385 ABGB).[365]

> Stellt sich später heraus, dass der versicherte Unfall zu einem Anspruch von 200.000 Euro geführt hatte, kann der VN daher den Vergleich ebenso wenig anfechten, wie der Versicherer anfechten kann, wenn er eigentlich nur 160.000 Euro geschuldet hätte.

3.79 Auch dem Vergleich – und somit seiner Bereinigungswirkung – sind allerdings die **Grenzen des Vertragsrechts** gesetzt. Die allgemeinen Regeln über die Beseitigung von Verträgen sind nämlich auch beim Vergleich anwendbar, soweit dies mit dem Zweck des Vergleichs vereinbar ist:[366] Ein Irrtum berechtigt daher zur Anfechtung, wenn er sich nicht auf den verglichenen Anspruch, sondern auf die „Vergleichsgrundlage" bezieht;

---

365 Dazu *Legath*, ZVR 2020, 360 (361 ff).
366 Siehe nur *Fucik* in *Fenyves/Kerschner/Vonkilch*, ABGB³ (Klang) § 1385 Rz 1 ff; *Neumayr* in *KBB*, ABGB⁶ § 1385 Rz 1 ff.

Vergleiche können wegen Arglist angefochten werden; sie können sittenwidrig sein, wenn sie die andere Partei – ex ante, nicht bloß ex post! – ungebührlich übervorteilen.

> Hält eine Partei bewusst für sie ungünstige Dokumente zurück, um den Vertragspartner in einen für ihn ungünstigen Vergleich zu „locken", ist eine Anfechtung wegen List (§ 870 ABGB) möglich.
>
> Dass die Abgrenzung zwischen anfechtbaren und nicht anfechtbaren Irrtümern nicht immer leicht ist, zeigt OGH 7 Ob 48/19p: Der Unfallversicherer wollte die Entschädigungsleistung nach den dem Vertrag zugrundeliegenden AUVB berechnen, ihm unterlief dabei aber zu seinen Lasten ein Fehler: Die korrekte Berechnung hätte statt 185.016,10 Euro nur 62.127,15 Euro (!) ergeben. Während der OGH die Anfechtung nicht zuließ, wird in der Literatur[367] mit guten Gründen die Auffassung vertreten, dass ein nach allgemeinen Regeln anfechtbarer Irrtum über die Vergleichsgrundlage vorliegt.
>
> In OGH 2 Ob 71/16d hatte die Geschädigte wegen später auftretender Komplikationen 9.730 Euro nachgefordert. Dem stand nach dem Wortlaut des Vergleichs der Verzicht (auch) auf unvorhersehbare Ansprüche entgegen. Seine Gültigkeit war problematisch, weil der Verzicht dem Geschädigten nicht abgegolten wurde. Nach dem OGH wäre der Vergleich dennoch nur bei einem – in concreto verneinten – „ganz krassen und dem Geschädigten völlig unzumutbaren Missverhältnis" sittenwidrig (§ 879 Abs 1 ABGB).[368]

Praxishinweis

In der Praxis sind vom Versicherer vorformulierte „Entschädigungsquittungen" oder „Generalabfindungen" häufig, denen gar kein Streit über die Höhe des Anspruchs vorausgeht und die daher auch gar nicht Gegenstand typischer Vergleiche sind: Eigentlich geht es ja nur um die Auszahlung der geschuldeten und fälligen Leistung. Soweit in solchen Erklärungen auch auf nicht erkennbare und nicht vorhersehbare Ansprüche verzichtet wird, ist daher angesichts der restriktiven Judikatur des OGH Vorsicht beim VN geboten.

E. Verjährung

Literatur: *Jeremias,* Die Deckungsablehnung des Versicherers nach § 12 VersVG (2019); *Steinbüchler,* Fälligkeit und Verjährung im Versicherungsrecht (2017).

1. Grundregel

Zahlt der Versicherer nicht von selbst, bleibt dem VN nichts Anderes übrig, als seinen Anspruch gerichtlich geltend zu machen, also zu klagen. Er muss dies innerhalb der Verjährungsfrist tun, die im Versicherungsrecht besonders geregelt ist **(§ 12)** und in der Praxis leider von dem einen oder anderen VN übersehen wird. Die Bestimmung ist absolut zwingend, die Fristen können im Vorhinein also weder verkürzt (§ 15a) noch verlängert (§ 1502 ABGB) werden.[369]

Die Verjährung ist zwar nicht von Amts wegen – also vom Richter ohne Anlass – wahrzunehmen. Sehr wohl aber führt sie auf Einwand des Beklagten zur Klagsabweisung

---

367 *Legath,* JBl 2021, 407 (408ff mwN).
368 Siehe zum Thema ausführlich und weiterführend *Legath,* ZVR 2020, 360.
369 *Schauer,* Versicherungsvertragsrecht³ 205.

Kap 3 Leistung des Versicherers

(§ 1501 ABGB), ohne dass die Berechtigung des eingeklagten Anspruchs dann inhaltlich geprüft wird. Der anwaltlich vertretene Versicherer wird auf diesen Einwand iaR nicht vergessen.

3.81 Nach § 12 Abs 1 verjähren Ansprüche aus dem Versicherungsvertrag und somit auch des VN auf Leistung in **drei Jahren**.[370] Die Verjährung beginnt zu laufen, sobald das Recht „hätte ausgeübt werden können" (§ 1478 ABGB).[371] Der Beginn des Fristenlaufs ist somit objektiv und hängt nicht davon ab, dass der VN sein Recht kennt. Auslöser der Frist ist idR die Fälligkeit, weil der VN seinen Anspruch erst ab diesem Zeitpunkt einklagen kann. Liegt es hingegen am VN, dass der Anspruch noch nicht fällig ist, beginnt die Verjährung trotzdem zu laufen.[372] Er soll aus seiner Verzögerung keinen Vorteil haben.

As Auto wird bei einem Verkehrsunfall am 1. 10. 2020 beschädigt. Die Erhebungen des Kfz-Kaskoversicherers sind am 16. 10. 2020 abgeschlossen. In diesem Zeitpunkt beginnt die dreijährige Verjährungsfrist zu laufen. Passiert nach Abschluss der Erhebungen (anders als in der Praxis üblich, dazu weiter unten) nichts, läuft die Frist bis 16. 10. 2023.

Der VN hatte in OGH 7 Ob 164/19x Ansprüche gegen seinen Lebensversicherer geltend gemacht, die dieser ablehnte. In diesem Zeitpunkt musste der VN mit Rechtskosten rechnen, weshalb der Anspruch gegen seinen Rechtsschutzversicherer fällig wurde und die Verjährung daher begann.

Der OGH hat in 7 Ob 93/13x ausgesprochen, dass das Unterlassen der Anzeige durch den VN oder die ausbleibende Mitwirkung bei den Erhebungen des Versicherers (zwar die Fälligkeit, aber) den Beginn des Fristenlaufs nicht hinausschiebt.

3.82 Besonders in der **Haftpflichtversicherung** gibt der Verjährungsbeginn in der Praxis häufig Anlass für Diskussionen. Fälligkeit des nach der Rsp des OGH einheitlichen Deckungsanspruchs tritt ja bereits mit der „ernstlichen Inanspruchnahme" durch den Drittgeschädigten ein. In diesem Zeitpunkt beginnt nach der Rsp daher auch die Verjährung des gesamten Deckungsanspruchs in der Haftpflichtversicherung zu laufen.[373] Da eine solche Inanspruchnahme auch außergerichtlich erfolgen kann, beginnt die Verjährung des Deckungsanspruchs des schädigenden VN bereits mit einer einfachen Aufforderung des Geschädigten zu laufen, selbst wenn er noch länger nicht klagt.

Der haftpflichtversicherte Baumeister B verputzt im Mai das Haus des Werkbestellers W. Im Oktober bröckelt Verputz ab und beschädigt das Kfz des W. Dieser schreibt B im Dezember einen Brief, in dem er Zahlung von Schadenersatz fordert. Selbst wenn W den B erst im März auf Schadenersatz klagt, beginnt die Verjährung des Deckungsanspruchs von B bereits im Dezember zu laufen.

Hinweis

Die ernstliche Inanspruchnahme hat in der Haftpflichtversicherung noch eine andere Bedeutung: Sie bildet nach dem „Claims-made-Prinzip" auch den Versicherungsfall in der D&O-Versicherung. In der allgemeinen Haftpflichtversicherung bildet hingegen das Ereignis (Schadens-

---

370 Zur Verjährung der Prämie noch Rz 4.13.
371 OGH 7 Ob 93/13x.
372 *Schauer*, Versicherungsvertragsrecht³ 204.
373 OGH 7 Ob 5/92 RdW 1992, 366 *(Grassl-Palten)*; 7 Ob 177/06i; 7 Ob 72/15m.

eintritt) den Versicherungsfall. Die (spätere) Inanspruchnahme hat dann nur für die Verjährung Bedeutung.

Steht der Anspruch einem **Dritten** zu, beginnt die Verjährung erst zu laufen, sobald **3.83** diesem sein Recht auf die Leistung des Versicherers bekanntgeworden ist (§ 12 Abs 1). Wenn also eine andere Person als der Vertragspartner einen Anspruch auf Leistung geltend macht, ist der Verjährungsbeginn subjektiv. Erfährt der Dritte nichts von seinem Recht, verjähren seine Ansprüche nach zehn Jahren.

> Der Bezugsberechtigte erfährt erst einige Zeit nach dem Tod des VN davon, dass er als Berechtigter eingesetzt wurde. Weiß er zehn Jahre nach dem Tod immer noch nichts davon, tritt Verjährung ein.

2. Anspruchsanmeldung

Wie bereits erwähnt, steht zwischen dem Versicherungsfall und der Klage in der Praxis **3.84** immer eine Korrespondenz. Der Versicherungsfall muss ja angezeigt werden und der VN wird zunächst eine Leistung vom Versicherer fordern. Die außergerichtliche Korrespondenz hat auch eine verjährungsrechtliche Bedeutung. Nach § 12 Abs 2 ist der **Fortlauf** der Verjährung nämlich **gehemmt,** sobald ein Anspruch des VN beim Versicherer angemeldet worden ist.[374] Der VN muss während dieser Zeit also grundsätzlich keine verjährungsrechtlichen Folgen befürchten. Das ist sachgerecht, weil vermieden wird, dass der Versicherer den VN „hinhält" und für ihn daraus nachteilige Konsequenzen folgen.[375]

> A hat am 1.3. einen Unfall, den er seinem Unfallversicherer U am 4.3. anzeigt. Solange der Fall bei U liegt, ohne dass dieser auf die Anspruchsanmeldung reagiert, läuft die Verjährung nicht weiter, selbst wenn bereits Fälligkeit eingetreten ist. Bei der Frage, ob ein Anspruch angemeldet wurde, ist die Rsp großzügig: Eine Anzeige des Versicherungsfalls reicht aus, der Anspruch muss nicht auch schon beziffert werden (vgl OGH 7 Ob 91/10y).

Selbstverständlich ist es möglich, dass der Versicherer infolge einer Anspruchsmeldung – **3.85** allenfalls nach einiger Korrespondenz – einfach auszahlt, wenn und weil er die Versicherungsleistung schuldet. Dann stellt sich kein Verjährungsproblem mehr. Ist dies hingegen nicht der Fall, sind aus verjährungsrechtlicher Perspektive verschiedene Reaktionen des Versicherers auf die Anspruchsanmeldung zu unterscheiden: Es kann zu einer außergerichtlichen Einigung kommen oder der Versicherer lehnt den Anspruch ab; je nachdem, wie diese Ablehnung ausgestaltet ist, hat dies wiederum verschiedene Auswirkungen.

3. Reaktionen des Versicherers

a) Außergerichtliche Einigung

Wie oben dargestellt, kann es zu einem **Anerkenntnis** des Versicherers kommen. Ein **3.86** konstitutives Anerkenntnis unterliegt als eigener Rechtsgrund einer (neuen) 30-jährigen

---
374 OGH 7 Ob 138/01 x; *Gruber* in *Fenyves/Schauer*, VersVG § 12 Rz 20 ff.
375 *Schauer*, Versicherungsvertragsrecht³ 207.

Verjährung.³⁷⁶ Der VN kann also dreißig Jahre aus dem neu geschaffenen Titel klagen. Das deklarative Anerkenntnis unterbricht die Verjährung ebenfalls, mit der Wissenserklärung beginnt aber wieder eine dreijährige Verjährungsfrist für die Einklagung des ursprünglichen Anspruchs zu laufen.³⁷⁷

3.87 Treten die Parteien in **Vergleichsverhandlungen,** so ist zu unterscheiden: Haben die Verhandlungen Erfolg, so münden sie in einem Titel, womit wieder eine eigenständige neue Verjährung beginnt.³⁷⁸ Enden sie ergebnislos, so ist – wie auch ohne vorausgegangene Vergleichsverhandlungen – zu unterscheiden, wieso der Versicherer ablehnt.

b) Schlichte Deckungsablehnung (§ 12 Abs 2)

3.88 Lehnt der Versicherer die Deckung des angemeldeten Anspruchs ab, **endet** die **Fortlaufshemmung** und die Verjährung des Anspruchs läuft weiter. Dies setzt nach § 12 Abs 2 allerdings eine in geschriebener Form übermittelte – also zugangsbedürftige – Entscheidung des Versicherers voraus, „die zumindest mit der Anführung einer der Ablehnung derzeit zugrunde gelegten Tatsache und gesetzlichen oder vertraglichen Bestimmung begründet ist". An die Begründung werden keine besonders hohen Anforderungen gestellt, es reicht ein kurzer Hinweis, woraus der Versicherer ableitet, nicht decken zu müssen.³⁷⁹ Die „Entscheidung" muss aber eine abschließende Stellungnahme des Versicherers sein.³⁸⁰

> Die Mieterin M konnte ihr Geschäftslokal während der Corona-Pandemie nur eingeschränkt nützen. Da der Vermieter den vollen Bestandzins einklagt, wehrt sich M und wendet sich an ihren Rechtsschutzversicherer R. Dadurch kommt es zunächst zur Hemmung. Schickt R nun ein Schreiben, wonach „kein Versicherungsschutz" besteht, weil der Rechtsstreit „in ursächlichem Zusammenhang mit einer hoheitsrechtlichen Anordnung steht, die an eine Personenmehrheit gerichtet" ist (vgl Art 7.1.2 Fall 1 ARB), endet die Hemmung und die Verjährung läuft weiter.

Die Begründung präjudiziert den Versicherer allerdings in seinem Vorbringen nicht: In einem späteren Gerichtsverfahren kann er sich auch auf andere Gründe stützen, die gegen eine Deckung sprechen.³⁸¹

> R könnte sich im Verfahren also nun darauf stützen, dass der Rechtsstreit in ursächlichem Zusammenhang mit einer Katastrophe (Art 7.1.2 Fall 2 ARB) steht, auch wenn dieser Ausschluss im Ablehnungsschreiben nicht erwähnt wurde.

3.89 Fehlt es bei der Ablehnung hingegen an einer der Voraussetzungen, bleibt es bei der Hemmung.³⁸² Nach zehn Jahren – gerechnet ab Fälligkeit – tritt jedoch die Verjährung jedenfalls ein.

---

376 *Perner/Spitzer/Kodek,* Bürgerliches Recht⁶ 224.
377 Vgl nur RS0032394.
378 *Madl* in *Kletečka/Schauer,* ABGB-ON¹·⁰⁶ § 1478 Rz 6.
379 *Schauer,* Versicherungsvertragsrecht³ 206; Beispiele bei *Jeremias,* Deckungsablehnung 137 ff.
380 OGH 7 Ob 30/85; *Schauer,* Versicherungsvertragsrecht³ 206.
381 ErläutRV 1553 BlgNR 18. GP 18.
382 OGH 7 Ob 164/19 x.

(1) R lehnt die Deckung in einem Schreiben ab, ohne dies inhaltlich zu begründen. (2) Da R einige Wochen nicht auf die Anmeldung reagiert, ruft M den zuständigen Sachbearbeiter an, der ihr die Ablehnung unter Berufung auf Art 7.1.2 ARB mitteilt. Die Verjährung des Anspruchs bleibt in beiden Fällen weiterhin gehemmt.

Auch nach einer „endgültigen" Deckungsablehnung kann es zu weiteren Gesprächen kommen, bevor eine Klage eingebracht wird. Die Hemmung lässt sich dann zwar nicht mehr auf § 12 Abs 2 stützen, weil es bereits eine ablehnende Entscheidung gibt. Allerdings führen **Vergleichsverhandlungen** zu einer Ablaufshemmung, solange sie ernstlich geführt werden.[383] Die Verjährung läuft während der Verhandlungen also zwar weiter. Sollten sie aber scheitern, hat der VN noch eine angemessene Frist (Faustregel: bis zu 3 Monate)[384], um Klage zu erheben. **3.90**

In der Praxis ist es nicht unüblich, dass die Parteien erst einige Monate vor Eintritt der Verjährung und nach einer Klagsandrohung des VN Vergleichsverhandlungen aufnehmen. Solange sie ernsthaft geführt werden, muss der VN keine Sorge vor Verjährung haben. Scheitern sie nach dem eigentlichen Ablauf der Verjährungsfrist, kann der VN immer noch innerhalb der Nachfrist klagen.

c) Qualifizierte Deckungsablehnung (§ 12 Abs 3)

Die dargestellte Regel des § 12 Abs 2 beendet die Hemmung also mit der Deckungsablehnung. Nach § 12 Abs 3, der ein „praktisch überaus bedeutsames Privileg für den Versicherer"[385] enthält, kann der Versicherer durch die Ausgestaltung der Deckungsablehnung aber dafür sorgen, dass die Verjährung auf **ein Jahr** verkürzt wird.[386] **3.91**

Dafür muss der Versicherer neben der ohnehin nach Abs 2 erforderlichen Begründung auch auf die mit dem Ablauf der Frist verbundene **Rechtsfolge** hinweisen. Der VN soll dadurch davor gewarnt werden, dass der Anspruch bald erlischt. Der Hinweis muss daher klar und deutlich sein. Nach hA muss er allerdings auch dann nicht in einer anderen Sprache abgefasst werden, wenn für den Versicherer erkennbar war, dass sein Vertragspartner die deutsche Sprache nicht beherrscht.[387]

R begründet seine Ablehnung wie oben erläutert. Außerdem ergänzt er, dass der „vermeintliche Anspruch erlischt, wenn Sie ihn nicht binnen eines Jahres geltend machen". Das reicht – ebenso wie eine Wiedergabe des Wortlauts des Abs 3 – aus (vgl OGH 7 Ob 182/06z).

Vergleichsverhandlungen **hemmen** den Fortlauf der Verjährung[388] auch dann, wenn die Ablehnung nach Abs 3 erfolgt ist. Gleiches gilt, wenn „der Versicherungsnehmer ohne **3.92**

---

383 *Schauer,* Versicherungsvertragsrecht³ 206 f.
384 *Madl* in *Kletečka/Schauer,* ABGB-ON[1.06] § 1496 Rz 8.
385 So *Schauer,* Versicherungsvertragsrecht³ 207.
386 Zur dogmatischen Einordnung *Jeremias,* Deckungsablehnung 219 ff; *Steinbüchler,* Fälligkeit und Verjährung 159 ff.
387 OGH 7 Ob 24/91; *Schauer,* Versicherungsvertragsrecht³ 209; *Jeremias,* Deckungsablehnung 154 ff.
388 *Jeremias,* Deckungsablehnung 51 f; *Schauer,* Versicherungsvertragsrecht³ 209.

sein Verschulden an der rechtzeitigen gerichtlichen Geltendmachung des Anspruchs gehindert ist". Selbstverständlich greifen auch hier die nach allgemeinem Zivilrecht anerkannten Hemmungsgründe (§§ 1494, 1496 ABGB), sodass die Frist etwa gegenüber geschäftsunfähigen Personen, die keinen gesetzlichen Vertreter haben, nicht ablaufen kann.

> An dieser Stelle könnten die sprachlichen Fähigkeiten des VN eine Rolle spielen, wenn man zunächst mit der hA davon ausgehen möchte, dass die Ablehnung stets auf Deutsch erfolgen kann. Kann der VN die Bedeutung der Erklärung nämlich tatsächlich nicht verstehen, könnte man wegen fehlenden Verschuldens zu einer Hemmung gelangen.

3.93 Die Privilegierung des Versicherers durch § 12 Abs 3 ist **rechtspolitisch** abzulehnen.[389] Eine entscheidende Rolle bei dieser Einschätzung spielen die Vorschriften über die Ausgestaltung der Deckungsablehnung: Im Fall des § 12 Abs 2 ist es sachlich gerechtfertigt, den Versicherer in einem späteren Verfahren nicht an die in seiner Entscheidung angeführte Begründung zu binden, weil die einfache Ablehnung bloß zu einer Beendigung der Hemmung führt. Der VN hat dann immer noch die gesamte restliche Frist zur Verfügung. Im Fall des § 12 Abs 3 kann der Versicherer die Frist hingegen einseitig auf ein Jahr verkürzen und den – ohnehin meist unterlegenen – VN so unter erheblichen Druck setzen, rasch zu klagen. Dass er im späteren Verfahren aber nicht auf die von ihm in der Deckungsablehnung angeführte Begründung festgenagelt wird, führt zu einer Bevorzugung, die sich nur mehr schwer rechtfertigen lässt.

F. Beweis

Literatur: *Rassi*, Beweismaßreduzierung im Falle des Beweisnotstands im Versicherungsvertragsrecht? ÖJZ 2009, 1021; *Schauer*, Fluggast oder Pilot – zur Beweislastverteilung im Versicherungsrecht am Beispiel von OGH 7 Ob 149/09a, ÖJZ 2010, 688; *Spitzer/Wilfinger*, Beweisrecht – Kommentar der §§ 266 bis 389 ZPO (2020).

1. Beweislast

3.94 Schuldet der Versicherer nach Meinung des VN aus dem Versicherungsfall eine Leistung und zahlt dieser nicht, muss der VN also innerhalb der Verjährungsfrist klagen. Das Gericht beurteilt die Leistungspflicht. Dann stellt sich die Frage, welche Partei das entsprechende Tatsachensubstrat beischaffen muss, damit der Richter über den strittigen Anspruch entscheiden kann. Darin versteckt sich wiederum die Frage, wer obsiegt, wenn relevante Tatsachen im Verfahren strittig bleiben.

> Der Unfall-VN sagte in OGH 7 Ob 172/12p aus, dass er beim Strandlauf umgekippt sei und sich daher die Achillessehne gerissen habe. Der Versicherer war hingegen der Auffassung, dass die Verletzung beim „normalen Laufen" passiert sein muss und daher nicht „plötzlich" iSd AUVB war. Wer trägt das Risiko, dass weder das eine noch das andere bewiesen werden kann?

---

[389] In diese Richtung auch *Schauer*, Versicherungsvertragsrecht³ 210. Für Verfassungswidrigkeit *Steinbüchler*, Fälligkeit und Verjährung 154 ff.

Der maßgebende Grundsatz ist einfach: **Beweispflichtig** ist derjenige, der sich im Verfahren auf eine für ihn **günstige Tatsache** beruft.[390] Der Eintritt des Versicherungsfalls (im Bsp: der Unfall) muss daher vom VN bewiesen werden, weil er die Leistungspflicht des Versicherers auslöst und insofern für den VN „günstig" ist. Gleiches gilt für die Höhe des eingetretenen Schadens, wenn sich die Leistungspflicht danach richtet.[391] Dass sich ein Risikoausschluss verwirklicht hat (zB in der Sachversicherung: grob schuldhafte Herbeiführung des Versicherungsfalls), muss hingegen der Versicherer beweisen, weil die Leistungspflicht dann wegfällt. Man spricht dann davon, dass die jeweilige Partei die „Beweislast" trägt.

Wie die Partei ihren Beweis des Tatsächlichen führt, ist vom Verfahrensrecht nicht fix vorgegeben. Der VN kann aussagen, Dokumente vorlegen, Zeugen präsentieren etc. Gleiches gilt für die Frage, wie der Richter die Beweiskraft des Vorgebrachten einschätzen muss: Es gilt der **Grundsatz der freien Beweiswürdigung** (§ 272 ZPO). Das Gericht kann daher zB einer Partei mehr Glauben schenken als einem Zeugen, der Aussage eines Zeugen mehr Gewicht beimessen als der gegenteiligen Aussage mehrerer anderer oder auch einem Sachverständigen keinen Glauben schenken.[392]

3.95

Im Bsp wird der Richter also die Aussage des Verunfallten ebenso würdigen wie die von Zeugen oder von (allenfalls mehreren) medizinischen Sachverständigen.

2. Tatsachen

Gegenstand eines Beweises sind im Verfahren immer nur Tatsachen, **keine Rechtsfragen.** Der VN muss also beweisen, „was passiert ist". Die rechtliche Qualität des Geschehens beurteilt der Richter. Der Ablauf ist damit dreistufig:

3.96

Im ersten Schritt stellt eine Partei eine Behauptung auf: „Ich bin beim Strandlauf umgeknickt, habe mir die Achillessehne gerissen und der Unfallversicherer muss mir daher die vertraglich vereinbarte Invaliditätsentschädigung zahlen."

Im zweiten Schritt versucht die Partei, die behaupteten Tatsachen (Grund und Höhe) zu beweisen. Das kann neben der eigenen Aussage wie erwähnt zB durch Zeugen, ärztliche Sachverständige, Rechnungen oder einen Lokalaugenschein geschehen.

Im dritten Schritt erfolgt die rechtliche Qualifikation dessen, was der Richter für erwiesen hält: Handelt es sich bei dem Geschehen um einen Unfall nach den AUVB und in welcher Höhe ist der Versicherer leistungspflichtig?

Beachte

In der Praxis finden sich – vor allem in Sachverständigengutachten – manchmal „rechtliche Wertungen", zB, dass ein Ereignis „plötzlich iSd AUVB" sei. Sie gehören dort nicht hin, weil die Subsumtion Aufgabe des Richters ist. Gegenstand des Beweises ist also im Bsp, ob der VN

---

390 *Spitzer* in *Spitzer/Wilfinger*, Beweisrecht Vor §§ 266 ff ZPO Rz 21. Zum Versicherungsrecht *Schauer*, ÖJZ 2010, 688 (688 f).
391 *Schauer*, Versicherungsvertragsrecht³ 193.
392 *Spitzer* in *Spitzer/Wilfinger*, Beweisrecht § 272 ZPO Rz 2.

umgeknickt ist. Ob das Festgestellte „plötzlich iSd AUVB" ist, ist eine Rechtsfrage, die nur der Richter beurteilt.

3. Beweismaß

3.97 Von der Frage, wer etwas zu beweisen hat, ist diejenige zu unterscheiden, wann etwas bewiesen ist. Man spricht in diesem Zusammenhang vom Beweismaß.[393] Es geht also darum, ob der Beweis gelungen ist. Dabei werden keine übertriebenen Anforderungen gestellt. Nach hA ist der Beweis nämlich erbracht, wenn der Richter von der **hohen Wahrscheinlichkeit** des Vorgebrachten überzeugt ist.[394]

> Der VN trägt die Beweislast für das Vorliegen eines Einbruchdiebstahls. Diesen Beweis hat er nicht nur erbracht, wenn der Dieb von einer Überwachungskamera gefilmt oder von einem Polizisten beobachtet wird, sondern auch, wenn die Wohnungstüre aufgebrochen vorgefunden wird und der Richter davon überzeugt ist, dass sich ein Einbrecher Zutritt verschafft hat.

> Das gilt auch für die Frage, welche Gegenstände gestohlen wurden. Ist der Richter zB aufgrund der Aussage des VN und seiner Ehegattin überzeugt, dass eine teure Uhr abhandengekommen ist, ist der Beweis erbracht. Ob die Uhr versichert war, ist dann eine Rechtsfrage, die anhand der Bedingungen zu beurteilen ist.

> In 7 Ob 172/12p reichten dem OGH die Behauptungen des VN für die Annahme eines Unfalls und damit die Deckungspflicht des Versicherers aus.

3.98 Der Beweis ist in vielen Fällen für den VN dennoch sehr schwer zu führen, was oft nicht sachgerecht wäre. Daher sind Beweiserleichterungen anerkannt: Praktisch bedeutend ist etwa der **Anscheinsbeweis,** der darauf beruht, dass bestimmte Abläufe typisch und daher als wahrscheinlich anzunehmen sind, ohne dass der VN nähere Beweise vorbringen müsste.

> In OGH 7 Ob 67/15a war der VN gestürzt. Seine rechte Schulter war bis zum Unfallereignis frei beweglich, erst nach dem Unfall traten Bewegungseinschränkungen auf. Dies spricht nach dem OGH dem ersten Anschein nach dafür, dass der Unfall für die Bewegungseinschränkung zumindest mitursächlich war (was für den Versicherungsschutz notwendig ist).

Es liegt beim Anscheinsbeweis an der anderen Partei, ihn dadurch zu entkräften, dass er beweist, dass auch eine andere Ursache plausibel ist. Gelingt ihm dies, wird „der Zeiger auf null" gestellt und es müsste der volle Beweis geführt werden.

> Der Unfallversicherer könnte etwa darlegen, dass der VN ein paar Wochen nach dem Sturz einen (aufgrund der AUVB ausgeschlossenen) Unfall beim Segelfliegen hatte, wovon die Einschränkungen ebenfalls kommen könnten. Der VN müsste dann den vollen Beweis antreten.

---

[393] Vgl für das Versicherungsrecht *Rassi*, ÖJZ 2010, 1021 (1021f).
[394] *Spitzer* in *Spitzer/Wilfinger*, Beweisrecht Vor §§ 266 ff ZPO Rz 12. Vgl auch *Schauer*, Versicherungsvertragsrecht³ 194 ff: Indizienbeweis.

Die Beweissituation ist für den VN in einigen Bereichen aber typischerweise so schlecht,[395] dass weitere Beweiserleichterungen angedacht werden. Es soll in manchen Sparten (zB in der Reisegepäckversicherung) aufgrund einer ergänzenden Vertragsauslegung ausreichen, dass der VN den Eintritt des Versicherungsfalls nicht beweist, sondern nur **glaubhaft** macht.[396] Der Versicherer müsste dann (ähnlich wie beim Anscheinsbeweis) Beweise vorbringen, die für einen anderen Ablauf sprechen.

3.99

In 7 Ob 172/12 p spricht der OGH dies zwar nicht explizit aus, in der Sache dürfte er dort aber ebenfalls einer entsprechenden Beweiserleichterung das Wort reden.

IV. Regress nach Leistung

Literatur: *Armbrüster,* Der Schutz von Haftpflichtinteressen in der Sachversicherung (1993); *Burtscher,* Unterversicherung, gesetzwidrige AVB-Klauseln und Maklerhaftung, ecolex 2021, 103; *Ertl,* Rückforderung nach § 1431 ABGB und Regress nach § 67 VersVG in einer Klage? ecolex 2006, 20; *Huber,* Rechtsfolgen fehlender (spezialgesetzlicher) Legalzessionsnormen, in FS Danzl (2017) 441; *Kath,* Regress des Versicherers (2011); *Salficky,* Das Quotenvorrecht des Versicherungsnehmers nach § 67 VersVG, RdW 2010, 712.

A. Grundlagen

1. Legalzession

Der Versicherungsfall bewirkt die Leistungspflicht des Versicherers. Je nach Sachverhalt und Gefahrenumschreibung kann ein zufälliges Ereignis oder ein **Verhalten eines Dritten** Auslöser der Zahlungspflicht sein.

3.100

Hagel beschädigt das kaskoversicherte Fahrzeug: Der Versicherer wird aufgrund eines Zufalls zahlungspflichtig. Ein unaufmerksamer Autofahrer fährt auf das kaskoversicherte Fahrzeug auf und beschädigt es: Ein Dritter löst die Zahlungspflicht des Kaskoversicherers aus.

Das gilt für viele Versicherungssparten: Der Feuer-Betriebsunterbrechungsversicherer kann wegen eines zufälligen Ereignisses oder eines von einem Dritten gelegten Brandes leistungspflichtig sein, der Unfall (Personenversicherung) kann von einem Dritten verschuldet sein oder nicht etc.

Ist der Versicherer leistungspflichtig und schuldet daneben auch ein Dritter (Schaden-) Ersatz, kann sich der VN aussuchen, auf wen er greifen möchte. Selbstverständlich bekommt er aber nur einmal Ersatz, sodass von **solidarischer Verpflichtung** auszugehen ist.

Beschädigt also S schuldhaft das Auto des VN (Schaden: 100), kann dieser wählen, ob er von seinem Kaskoversicherer aufgrund des Vertrags oder von S schadenersatzrechtlich Ersatz verlangt.

Erhält der Geschädigte vom Schädiger (vollen) Ersatz, stellen sich keine weiteren versicherungsrechtlichen Fragen. Hat hingegen der Versicherer die von ihm geschuldete Leis-

3.101

---

395 Zutr *Schauer,* Versicherungsvertragsrecht³ 195.
396 *Schauer,* Versicherungsvertragsrecht³ 195. Siehe auch *Spitzer* in *Spitzer/Wilfinger,* Beweisrecht Vor §§ 266 ff ZPO Rz 16 f.

tung erbracht, so ist zwar klar, dass der VN die Leistung nicht noch einmal aus dem Titel des Schadenersatzes vom Schädiger verlangen kann.

> VN hat einen Schaden von 100, den der Versicherer ersetzt. Es gibt keinen Grund dafür, dass er weitere 100 von S erhält.

Es gibt allerdings auch keinen Grund dafür, wieso der Schädiger durch die Leistung des Versicherers entlastet werden soll. Das Gesetz vermeidet dies durch die sachgerechte Anordnung einer **Legalzession** (§ 67, für die Tierversicherung auch § 118):[397] „Steht dem Versicherungsnehmer ein Schadenersatzanspruch gegen einen Dritten zu, so geht der Anspruch auf den Versicherer über, soweit dieser dem Versicherungsnehmer den Schaden ersetzt."

> Der Kaskoversicherer zahlt 100 an VN. Der Schadenersatzanspruch gegen S geht nach § 67 auf den zahlenden Versicherer über, der sich nun gegen S richten kann.

3.102 Durch die Zession geht die Forderung des VN so über, wie er sie selbst hatte. Der Versicherer muss sich daher alle **Einwendungen,** die der Dritte gegenüber dem VN anbringen könnte, entgegenhalten lassen.[398]

> Sowohl S als auch VN haben leicht fahrlässig gehandelt (Schaden 100). Das Mitverschulden des VN führt zu einer Kürzung des Schadenersatzanspruchs (§ 1304 ABGB). Geht man von einer Teilung 1:1 aus, kann der Versicherer nach Zahlung von 100 an VN nur 50 von S verlangen.
>
> Dasselbe gilt auch zB für den Einwand einer Anspruchskürzung nach § 1310 ABGB (OGH 7 Ob 200/98 g), nach dem DHG sowie für die Verjährung (OGH 14 Ob 200/86) oder auch für die Zahlung des Dritten an den VN vor Verständigung von der Zession (§ 1395 Satz 2 ABGB).

Da der Versicherer den übergegangenen Anspruch geltend macht, kann er sich auch dem Dritten gegenüber nicht darauf berufen, dass er dem VN eine höhere Leistung schuldet.

> VN hat eine Neuwertversicherung (600.000) für sein Gebäude abgeschlossen. S verschuldet einen Brand, der zur Zerstörung des Gebäudes führt (Zeitwert 400.000). Auch wenn der Versicherer den Neuwert zahlen muss, kann er von S nur den – von ihm schadenersatzrechtlich geschuldeten – Zeitwert fordern.

2. Aufgabeverbot

3.103 Der Zweck des § 67 liegt wie erwähnt darin, dass der Schädiger nicht entlastet wird. Dass der Versicherer davon profitiert, kommt neben ihm mittelbar auch der Versichertengemeinschaft zugute, weil die potenziellen Regressansprüche bereits bei der Prämienkalkulation berücksichtigt werden können. § 67 Abs 1 Satz 3 stärkt diesen Gedanken durch ein Aufgabeverbot: „Gibt der Versicherungsnehmer seinen Anspruch gegen den Dritten (...) auf, so wird der Versicherer von seiner Ersatzpflicht insoweit frei, als er aus dem Anspruch oder dem Recht hätte Ersatz erlangen können." Der Gesetzgeber möchte dadurch

---

397 Siehe die umfassende Untersuchung von *Kath,* Regress 3 ff.
398 *Kath,* Regress 207 ff; *Burtscher/Ertl* in *Fenyves/Perner/Riedler,* VersVG § 67 Rz 33 ff.

sicherstellen, dass der VN den **Regressanspruch nicht** bewusst[399] **beeinträchtigt,** weil er weiß, dass er ohnehin Ersatz vom Versicherer bekommt. Das Aufgabeverbot ist auf Basis dieser Zweckrichtung nach hA nur auf Vereinbarungen nach Entstehen des Anspruchs gegen den Dritten anwendbar.[400]

> Der VN verzichtet auf seinen Schadenersatzanspruch (vgl dazu OGH 7 Ob 120/19a), er tritt den Anspruch an einen Dritten ab oder verpfändet ihn. Vergleicht er sich ungünstig, so ist der Versicherer insofern leistungsfrei, als seine Rechtsposition durch den Vergleich gegenüber der ursprünglichen Forderung beeinträchtigt wurde, wofür er beweispflichtig ist.
>
> Eine Haftungsfreizeichnungsklausel zwischen VN und Schädiger wird vor dem Schadenseintritt vereinbart und ist daher vom Aufgabeverbot nicht erfasst.

3. Schadensversicherung

§ 67 ist nur auf die **Schadensversicherung** anzuwenden.[401] In der Summenversicherung kommt die Bestimmung hingegen grundsätzlich nicht zur Anwendung. Das ist insofern sachgerecht, als die Leistung dort ja von einem konkreten Vermögensnachteil unabhängig ist, was mit der Legalzession des Schadenersatzanspruchs auf den ersten Blick nicht recht zusammenpassen würde. Bei näherer Betrachtung ist eine **Analogie** allerdings dort geboten,[402] wo die Leistung in der Summenversicherung der pauschalen Abgeltung eines Vermögensnachteils des VN dienen soll. **3.104**

> S verursacht beim Skifahren schuldhaft eine Kollision mit VN, bei dessen Bein eine 20%ige Invalidität zurückbleibt. Zahlt der Unfallversicherer die Invaliditätsentschädigung, ist es sachgerecht, § 67 analog anzuwenden. Selbstverständlich gibt es für den Anspruch des Versicherers gegen S eine doppelte Begrenzung: Er kann nicht mehr verlangen, als er selbst gezahlt hat und außerdem muss S nicht mehr bezahlen, als er VN schadenersatzrechtlich schuldete.

Praxishinweis

Um Rechtssicherheit zu erreichen, kann in den AVB vereinbart werden, dass der VN allfällige Entschädigungsansprüche gegen Dritte an den Versicherer abzutreten hat. Dies wird „zur Sicherheit" manchmal auch dort gemacht, wo das Gesetz ohnehin eine Legalzession nach § 67 vorsieht (vgl OGH 7 Ob 214/20a Rz 69).

B. Voraussetzungen

1. Ersatzleistung

Der Anspruch geht nach § 67 nicht schon mit dem Versicherungsfall, sondern erst über, sobald der Versicherer seine Leistung wie vorgeschrieben erbracht, also **bezahlt** hat. Dadurch unterscheidet sich das Privat- vom Sozialversicherungsrecht, wo bereits die Schä- **3.105**

---

399 *Burtscher/Ertl* in *Fenyves/Perner/Riedler,* VersVG § 67 Rz 61: Vorsatz. Krit *Kath,* Regress 248 ff.
400 *Schauer,* Versicherungsvertragsrecht³ 325.
401 *Burtscher/Ertl* in *Fenyves/Perner/Riedler,* VersVG § 67 Rz 7 ff.
402 *Burtscher/Ertl* in *Fenyves/Perner/Riedler,* VersVG § 67 Rz 9; *Kath,* Regress 8 ff.

digung zum Anspruchsübergang führt (§ 332 ASVG).[403] Da die Bestimmung zugunsten des VN zwingend ist (§ 68a), wäre die Vereinbarung eines Übergangs des Ersatzanspruchs vor der Zahlung des Versicherers unwirksam.

> Der Kaskoversicherer zahlt an den VN: Zu diesem Zeitpunkt geht die Forderung über. Bei einer Versicherung für fremde Rechnung muss die Leistung vertragsgemäß an die richtige Person (VN oder Versicherter) erbracht worden sein (OGH 2 Ob 1/21t).

3.106 Dass der Versicherer zur Zahlung **verpflichtet** war, ist **keine** Voraussetzung des Forderungsübergangs nach § 67.[404] Die Bestimmung ist daher auch einschlägig, wenn der Versicherer eine Kulanzzahlung erbringt[405] oder wenn er zunächst irrtümlich an den VN zahlt. Der Versicherer hat in diesem Fall die Wahl, seine aus dem Versicherungsvertrag nicht geschuldete Leistung entweder nach § 1431 ABGB vom VN wieder zurückzufordern oder nach § 67 gegen den Dritten vorzugehen.[406]

> Der Kaskoversicherer zahlt an den VN. Danach stellt sich heraus, dass ein Risikoausschluss verwirklicht war. Der Versicherer hat seine Leistung irrtümlich erbracht und kann sie kondizieren. Nach der Kondiktion gibt es natürlich keinen Regress mehr, weil die Zahlungswirkung rückgängig gemacht wurde. Fordert er hingegen Ersatz vom Schädiger, kann er umgekehrt nicht mehr nach § 1431 ABGB gegen den VN vorgehen.

2. Schadenersatzanspruch

3.107 Die Formulierung des § 67, wonach Schadenersatzansprüche mit der Ersatzleistung an den Versicherer übergehen, ist weit zu verstehen.[407] Erfasst sind in der **Sachversicherung** daher Ausgleichsansprüche, die der VN zugleich mit dem Anspruch auf die Versicherungsleistung erwirbt. Das sind verschuldensabhängige Ersatzansprüche (auch Amtshaftung) ebenso wie solche aus der Gefährdungshaftung[408] oder aufgrund der Risikohaftung des Dienstgebers nach § 1014 ABGB.[409]

> In OGH 7 Ob 196/71 ist das gestohlene Kfz nach Erbringung der Versicherungsleistung wiederaufgetaucht. Der OGH hat die Auffassung vertreten, dass der auf Naturalrestitution (§ 1323 ABGB) gerichtete Schadenersatzanspruch auf den Versicherer übergeht. Nach Art 5.4. AKKB 2015 gehen solche Gegenstände allerdings ohnehin in das Eigentum des Versicherers über.

Der Regress bezieht sich allerdings nach richtiger Auffassung auch auf Gewährleistungsansprüche, die nach dem Wortlaut nicht erfasst wären.[410] Es bietet sich nämlich insofern eine Analogie zu § 118 an.[411]

---

403 Zu den Gründen *Ertl*, ecolex 2006, 20 (22f).
404 *Schauer*, Versicherungsvertragsrecht³ 324.
405 *Burtscher/Ertl* in *Fenyves/Perner/Riedler*, VersVG § 67 Rz 29.
406 Ausf *Ertl*, ecolex 2006, 20.
407 OGH 7 Ob 3/05z.
408 *Burtscher/Ertl* in *Fenyves/Perner/Riedler*, VersVG § 67 Rz 12.
409 OGH 9 ObA 122/98a: Regress des Kaskoversicherers des Dienstnehmers.
410 OGH 7 Ob 228/14a.
411 *Burtscher/Ertl* in *Fenyves/Perner/Riedler*, VersVG § 67 Rz 13; *Kath*, Regress 39f.

IV. Regress nach Leistung

> R bucht eine Pauschalreise bei P und schließt eine Reiseversicherung bei V ab, die auch die Kosten eines Reiseabbruchs deckt. Aufgrund einer Salmonellenvergiftung muss R seinen Urlaub frühzeitig abbrechen. Hat R Gewährleistungsansprüche gegen P (Reisepreisminderung), gehen diese Ansprüche auf den Versicherer nach § 67 über.

Auf den Versicherer können nur Ersatzansprüche wegen **kongruenter Schäden** übergehen. Der übergegangene Anspruch muss also wegen eines Schadens entstanden sein, den die Versicherungsleistung ausgleichen soll.

> D verschuldet einen Verkehrsunfall, bei dem VN verletzt (Schaden 100) und sein Auto beschädigt (Schaden 100) wird. Zahlt der Kaskoversicherer 100, kann er nach § 67 nur wegen des Sachschadens gegen D vorgehen. Eine Abtretung des Anspruchs wegen des Personenschadens könnte der Versicherer in dieser Situation auch nicht nach § 1422 ABGB verlangen.
>
> Der OGH hat in 2 Ob 2/68 und 8 Ob 139/83 ausgesprochen, dass die Kaskoversicherung nur den unmittelbaren Sachschaden, nicht den Sachfolgeschaden (Wertminderung und Mietwagenkosten) deckt. Diese Ansprüche können daher nicht auf den Versicherer übergehen, der die Reparaturkosten bezahlt hat.

3.108 § 67 gilt auch in der **Haftpflichtversicherung.** Soweit der VN selbst Ausgleichsansprüche gegenüber Mitschädigern hat, gehen daher auch diese Ansprüche auf den Haftpflichtversicherer über.[412]

> Ein LKW verlor aufgrund einer defekten Dieselleitung Treibstoff, was zu einem Verkehrsunfall führte (OGH 2 Ob 78/06 v). Der Haftpflichtversicherer des LKW-Halters befriedigte zunächst den nach dem EKHG bestehenden Schadenersatzanspruch der Geschädigten. Anschließend nahm er Rückgriff beim Produzenten, der nach dem PHG mit dem LKW-Halter solidarisch mithaftete. Der OGH bejahte den Forderungsübergang nach § 67: Der Ausgleichsanspruch nach § 896 ABGB war auf den Versicherer übergegangen.

3.109 Voraussetzung für den Forderungsübergang nach § 67 ist wie erläutert, dass der VN statt vom Versicherer vom Dritten hätte Ersatz verlangen können. Das ist naturgemäß nicht der Fall, wenn der Ersatzanspruch **subsidiär** ausgestaltet ist. Das ist manchmal bei Entschädigungsansprüchen gegen die öffentliche Hand zu bejahen. Die staatliche Hilfeleistung hat in diesem Fall zwar keinen Einfluss auf die Berechnung der Versicherungsleistung. Ihre Höhe ist aber vom Bestehen einer Versicherung abhängig; da der Anspruch nicht besteht, wenn es eine Versicherungsleistung gibt, kann er auch nicht übergehen.

> § 32 EpidemieG gewährt zB dem von einer Betriebsschließung Betroffenen verschuldensunabhängigen Ersatz gegen den Staat. Abs 5 sieht allerdings vor, dass darauf Beträge anzurechnen sind, die der Geschädigte aus anderen Vorschriften oder Vereinbarungen – zB eben einer Betriebsunterbrechungsversicherung – erlangt.
>
> Auch ein COVID-19-Fixkostenzuschuss ist subsidiär: Wenn eine Versicherungsleistung den Nachteil bereits abdeckt, gibt es insofern keinen Zuschuss (Punkt 4.1.2 BGBl II 72/2021: „Von den Fixkosten sind Versicherungsleistungen, die diese Fixkosten im Versicherungsfall abdecken, in Abzug zu bringen.").

---

412 OGH 9 Ob 49/12 i EvBl 2013/119 (*Loacker*).

3.110 § 67 spricht von Ansprüchen, die dem „Versicherungsnehmer" gegen einen Dritten zustehen. Das ist nicht im technischen Sinn zu verstehen: Auch Ansprüche von **Versicherten** gehen nach § 67 über.[413]

> Die Eigentümergemeinschaft nach WEG ist für Verwaltungsagenden der Liegenschaft zuständig (vgl § 18 Abs 1 WEG) und damit häufig VN in der Gebäudeversicherung. Materiell ist aber das Interesse der jeweiligen Wohnungseigentümer versichert, deren Ersatzansprüche wegen einer Beschädigung daher auf den Versicherer übergehen (vgl OGH 1 Ob 150/13k).

3. Anspruch gegen „Dritten"

3.111 Nicht jeder Schadenersatzanspruch, den der VN (oder der Versicherte) im Zusammenhang mit dem Versicherungsfall erwirbt, geht nach § 67 auf den Versicherer über. Kernvoraussetzung ist, dass der Ersatzanspruch gegen einen Dritten gerichtet ist. Das sind nur Ansprüche gegenüber Personen, deren Interesse im Vertrag **nicht geschützt** ist.[414]

> VN hat eine Kfz-Haftpflichtversicherung bei V abgeschlossen. Ihre Freundin F, der sie das Auto für eine Fahrt borgt, verschuldet einen Verkehrsunfall, bei dem G verletzt wird. V ersetzt den Schaden des G, für den VN als Halter haftet. Zwar hätte VN einen Ausgleichsanspruch gegenüber F (§ 896 ABGB). Der Anspruch geht aber nicht auf V über, weil F mitversichert ist (§ 2 Abs 2 KHVG).
>
> Anders ist die Lage, wenn der Dieb D einen Unfall mit dem gestohlenen Fahrzeug verschuldet und VN die Schwarzfahrt schuldhaft ermöglicht hat (§ 6 Abs 1 EKHG), zB weil sie den Autoschlüssel offen in einem Lokal herumliegen ließ (vgl RS0058440). VN haftet dann immer noch als Halterin, weshalb auch V ersatzpflichtig wird. Ihr Anspruch gegen D geht aber auf den Versicherer über.
>
> A hat bei V eine Kaskoversicherung für seinen Betriebs-PKW abgeschlossen. Seine Mitarbeiterin M verursacht bei einer Fahrt mit dem Kfz leicht fahrlässig einen Unfall, wodurch das Auto beschädigt wird. Nach Art 10 AKKB ist ein Regress ausgeschlossen, wenn auch gegenüber A als Fahrzeuglenker keine Leistungsfreiheit eingetreten wäre: Neben dem Sacherhaltungsinteresse des A ist auch das Haftpflichtinteresse – oder synonym: das Sachersatzinteresse – von M mitversichert. Verursacht M den Schaden grob fahrlässig, kann A (mangels Repräsentantenhaftung) Deckung verlangen, ihr Schadenersatzanspruch gegen die dann nicht geschützte M geht auf den Versicherer über.

3.112 Wie das letzte Bsp zeigt, kommt es in der Sachversicherung häufig vor, dass eine Person, die weder VN noch Versicherter ist, die Sache schuldhaft beschädigt. Hat der VN dann einen Schadenersatzanspruch gegen diese Person und ist diese nicht mitversichert, geht dieser also grundsätzlich über: Das ist ja gerade der dargestellte Gehalt des § 67. Dabei sind aber zwei Einschränkungen zu machen. Eine zivilrechtliche betrifft den **Schadenersatzanspruch,** der trotz leichter Fahrlässigkeit **ausgeschlossen** sein kann.[415]

---

413 Vgl nur *Burtscher/Ertl* in *Fenyves/Perner/Riedler,* VersVG § 67 Rz 10.
414 *Kath* in HB Versicherungsvertragsrecht I Rz 1455 ff; *Schauer,* Versicherungsvertragsrecht³ 329.
415 *Burtscher/Ertl* in *Fenyves/Perner/Riedler,* VersVG § 67 Rz 16 f.

IV. Regress nach Leistung

Der Wohnungsmieter bezahlt über den Mietzins die Prämien der Gebäudefeuerversicherung. Es ist dann davon auszugehen, dass er dem Vermieter für leichte Fahrlässigkeit nicht haftet. Daher kann auch kein Schadenersatzanspruch übergehen.

Trotz Schadenersatzanspruchs kann ein Regress ausgeschlossen sein, wenn aus dem Versicherungsvertrag ein **Regressverzicht** des Versicherers abzuleiten ist. Im oben dargestellten Bsp der Kaskoversicherung (Art 10 AKKB) erfolgt eine ausdrückliche Regel.[416] Mangels einer solchen kann aber auch ein konkludenter Ausschluss zu bejahen sein, wenn eine Sachnutzung durch Dritte für den Versicherer vorhersehbar und mit abgegolten ist oder im Vergleich zur Nutzung durch den VN keine Risikoerhöhung bewirkt.[417]

Das Mitglied eines Fliegervereins hatte in OGH 7 Ob 1/93 ein kaskoversichertes Flugzeug beschädigt. Der Versicherer hatte dem Verein als VN den Schaden ersetzt. Der OGH bejaht den Regressverzicht mit dem zutreffenden Argument, dass die Nutzung durch die Vereinsmitglieder ja gerade vorhersehbar war. Dieses Argument wird ganz allgemein für die Beschädigung einer Sache durch die Gesellschafter und Organe einer juristischen Person, die VN ist, zutreffen.

Die Nutzung durch einen Mieter ist für den Feuerversicherer meist vorhersehbar. Selbst, wenn sie das nicht ist, bewirkt sie oft keine Risikoerhöhung gegenüber der Nutzung durch den Eigentümer. Ein Regress bei leichter Fahrlässigkeit wird daher – selbst wenn man überhaupt eine Haftung bejaht – regelmäßig ausgeschlossen sein (anders OGH 7 Ob 1010/92).

Richtet sich der Ersatzanspruch des VN gegen einen mit ihm bei Eintritt des Versicherungsfalls in häuslicher Gemeinschaft lebenden **Familienangehörigen** (alle Verwandten und Verschwägerten einschließlich Lebensgefährten)[418], so kommt es nur dann zum Forderungsübergang, wenn der Angehörige vorsätzlich gehandelt hat (§ 67 Abs 2). Die Regel bezweckt neben der Wahrung des häuslichen Friedens, den Versicherungsschutz für den VN nicht zu entwerten, weil dieser den finanziellen Nachteil aus dem Rückgriff meist zumindest zum Teil tragen würde.[419]

3.113

VN hat eine Kaskoversicherung für ihr Kfz abgeschlossen. Bei einer Fahrt greift ihr Tochter T „zum Spaß" ins Steuer, was zu einem Unfall und zu einer Beschädigung des Kfz führt. VN hat einen Anspruch gegen den Versicherer, der – trotz grober Fahrlässigkeit – keinen Regress bei T nehmen kann. Da VN gegenüber T unterhaltspflichtig ist, wäre der Regress im Ergebnis auch für sie belastend.

Es kann vorkommen, dass der ersatzpflichtige Dritte haftpflichtversichert ist, sodass die Schadenstragung im Ergebnis unter den Versicherern erfolgt.

3.114

---

416 Vgl auch OGH 7 Ob 34/99x: Regressverzicht in AVB nur gegenüber dem Wohnungsmieter (Art 12 Abs 1 AWB), nicht aber gegenüber dem Mieter von Geschäftsräumlichkeiten.
417 Siehe *Burtscher/Ertl* in *Fenyves/Perner/Riedler*, VersVG § 67 Rz 17 f.
418 *Schauer*, Versicherungsvertragsrecht³ 330.
419 *Schauer*, Versicherungsvertragsrecht³ 330; *Armbrüster*, Privatversicherungsrecht² Rz 1510. Vgl auch *Huber* in FS Danzl 441 (464 f).

Kap 3 Leistung des Versicherers

> Radfahrer R ist haushaltsversichert. Er beschädigt schuldhaft das kaskoversicherte Kfz des A. Der Kaskoversicherer müsste nun nach § 67 Regress bei R nehmen, der seinen Haushaltsversicherer auf Befriedigung (= Zahlung an den Kaskoversicherer) in Anspruch nehmen könnte.

Im Ergebnis stehen sich damit – wie das Bsp zeigt – die beiden Versicherer gegenüber. Da dies aufgrund der Marktgegebenheiten immer wieder dieselben – nur eben in wechselnden Rollen – sind,[420] liegt es nahe, für die Abwicklungen von Massenfällen Rahmenvereinbarungen (**Schadensteilungsübereinkommen**) zu treffen, in denen die Abwicklung geregelt und erheblich vereinfacht wird.[421] Damit berücksichtigen die Versicherer auch untereinander das Gesetz der großen Zahl.[422]

> Zwei Versicherer, die im Kfz-Bereich mit ähnlich großen Marktanteilen tätig sind, vereinbaren eine hälftige Aufteilung: Der jeweilige Kaskoversicherer kann dann vom jeweiligen Haftpflichtversicherer stets (nur) die Hälfte des Schadens ersetzt verlangen.
>
> Damit geht auch insofern eine Vereinfachung einher, als man auf die detaillierte Prüfung der Voraussetzungen der Haftung und der Abwägung gegen ein allfälliges Mitverschulden verzichtet (vgl RS0075673).

Selbstverständlich ist aus dem Übereinkommen auch ein Verzicht auf die Geltendmachung verbleibender Anspruchsteile gegenüber dem Schädiger abzuleiten.[423] Der Kaskoversicherer kann im Bsp also nicht „die zweite Hälfte" vom Schädiger verlangen. Ist der Haftpflichtversicherer seinem VN gegenüber jedoch leistungsfrei, kann er bei diesem – ebenso selbstverständlich – Regress nehmen,[424] weil die Übereinkommen ja nur bei gesunden Versicherungsverhältnisses greifen sollen. Da man keine fremden Kulanzzahlungen finanzieren möchte, ist außerdem Voraussetzung für den Regress, dass der Kaskoversicherer zur Zahlung auch tatsächlich verpflichtet war.[425]

C. Vorrechte des Versicherungsnehmers

1. Grundsatz

3.115 Die Vertragsgestaltung kann dazu führen, dass der VN vom Versicherer **nicht** seinen **gesamten Schaden** ersetzt bekommt. Dies ist bei Unterversicherung und bei einem Selbstbehalt der Fall. Auf den Versicherer geht der Ersatzanspruch in Höhe der Zahlung über, ein restlicher Schadenersatzanspruch bleibt beim VN.

> A betreibt ein Fahrgeschäft in einem Vergnügungspark. Er versichert es bei V gegen Beschädigung, die Versicherungssumme wird auf 300.000 festgesetzt, der Selbstbehalt beträgt 30.000. Durch schuldhaftes Verhalten des D wird das Fahrgeschäft bei einem Brand zerstört, der Scha-

---

420 *Burtscher/Ertl* in *Fenyves/Perner/Riedler*, VersVG § 67 Rz 76.
421 *Kath*, Regress 231 ff (Abkommen zwischen Kfz-Haftpflichtversicherern und Kfz-Kaskoversicherern).
422 *Armbrüster*, Privatversicherungsrecht[2] Rz 1526.
423 *Burtscher/Ertl* in *Fenyves/Perner/Riedler*, VersVG § 67 Rz 78.
424 *Schauer*, Versicherungsvertragsrecht[3] 332.
425 *Schauer*, Versicherungsvertragsrecht[3] 331.

den beträgt 300.000: Zahlt der Versicherer 270.000, kann er diesen Betrag von D fordern, A fordert 30.000.

Wie das Bsp zeigt, bereitet diese **Differenzmethode**[426] bei teilweisem Ersatz des Schadens durch den Versicherer keine Schwierigkeiten, wenn der Schädiger für den gesamten Schaden haftet und die Ansprüche auch bedienen kann. Wo dies nicht der Fall ist, stellt sich ein Konkurrenzproblem.   3.116

D hat nur Vermögen in Höhe von 50.000. Wer erhält wieviel?

A hat aufgrund eines leicht fahrlässigen Verhaltens im Vorfeld der Schädigung ein Mitverschulden von 1/3 zu verantworten: D muss nur 200.000 ersetzen. Was bedeutet das für die Ersatzansprüche von A und V?

2. Befriedigungsvorrecht

Für die Zahlungsknappheit ordnet § 67 Abs 1 Satz 2 ein Befriedigungsvorrecht des VN an. Der Übergang darf nicht zu seinem Nachteil geltend gemacht werden. Ist der Schuldner also teilweise zahlungsunfähig, dringt der **VN** mit seinen Ansprüchen **vorrangig** durch.[427]   3.117

Kann D im obigen Bsp nur 50.000 zahlen, bekommt A die gesamten 30.000 und der Versicherer nur den Rest, also 20.000.

Dadurch kommt es zu einer zweifachen Abweichung von allgemeinen Regeln: Ohne Befriedigungsvorrecht wäre vor der Insolvenz das Prioritätsprinzip anzuwenden. Es würde also derjenige zunächst befriedigt, der seine Ansprüche zuerst geltend macht. In der Insolvenz käme es ohne die Sonderregel zu einer verhältnismäßigen Kürzung beider Ansprüche.   3.118

D kann nur 1/6 des Gesamtschadens bedienen. Bei einer normalen Aufteilung in der Insolvenz bekäme daher jeder Gläubiger 1/6 seines Schadens ersetzt, somit A 5.000 und der Versicherer 45.000.

Das Befriedigungsvorrecht greift nur im Verhältnis von VN und Versicherer, nicht gegenüber sonstigen Gläubigern des Schädigers. Auch im Verhältnis von VN und Versicherer ist es nur für Ansprüche wegen **kongruenter** Schäden einschlägig.   3.119

Ist bei dem Brand auch ein Fahrgeschäft des B beschädigt worden, ist A ihm gegenüber natürlich nicht prioritär zu befriedigen. Wurde beim Schadensereignis auch eine nicht versicherte Sache des A beschädigt, sind diese Ansprüche nicht prioritär zu befriedigen.

---

426 Siehe *Salficky*, RdW 2010, 712 (714f).
427 Vgl *Schauer*, Versicherungsvertragsrecht³ 328.

Kap 3 Leistung des Versicherers

3. Quotenvorrecht

3.120 § 67 soll zwar eine doppelte Liquidation des Schadens durch den VN verhindern, indem der Ersatzanspruch insoweit übergeht, als der Versicherer ihm eine Leistung erbracht hat. Die Bestimmung soll dem VN, der sich Versicherungsschutz durch die Prämie erkauft, allerdings nicht die Chance auf vollständige Entschädigung nehmen.[428] Das rechtfertigt eine **Bevorzugung des VN** in der Situation der Knappheit: Der Schadenersatzanspruch verbleibt in Höhe der Differenz zwischen Gesamtschaden und Ersatzleistung des Versicherers beim VN.[429]

> A hat sein Fahrgeschäft zum Neuwert (400.000) bei V gegen Feuer versichert. Die Versicherungssumme beträgt 300.000, es liegt also Unterversicherung vor. D verschuldet einen Brand, wodurch das Fahrgeschäft (Zeitwert und somit Schaden des A: 320.000) zerstört wird. V muss aufgrund der Unterversicherung nur 240.000 bezahlen.
>
> Trifft A hälftiges Mitverschulden am Brand, haftet D nur in Höhe von 160.000. Davon muss er 80.000 an A bezahlen, sodass sein gesamter Schaden gedeckt ist. Auf V gehen nur die restlichen 80.000 über.
>
> Dasselbe gilt, wenn zwar keine Unterversicherung vorliegt, aber ein Selbstbehalt vereinbart wurde: Das Fahrgeschäft wird unmittelbar nach Inbetriebnahme zerstört (Schaden 400.000). A trifft wiederum hälftiges Mitverschulden und es wurde ein Selbstbehalt von 10% vereinbart: A kann 360.000 von V verlangen. Von den 200.000, für die D haftet, fließen 40.000 an A.

3.121 Das Quotenvorrecht hat allerdings dort eine Grenze, wo der VN keinen Schaden mehr hat.[430] Sobald der von ihm erlittene Nachteil ausgeglichen ist, verbleibt die (übersteigende) Ersatzforderung nicht mehr bei ihm.

> Das Fahrgeschäft ist – ohne Unterversicherung – zum Neuwert (400.000) versichert, der Selbstbehalt beträgt 10%. Bei einem Zeitwert von 350.000 wird das Fahrgeschäft vollständig zerstört, A trifft wieder hälftiges Mitverschulden. Er erhält 360.000, womit sein zivilrechtlicher Schaden ausgeglichen ist. Die übrigen 40.000 verbleiben nicht bei ihm, sondern V kann 175.000 von D verlangen.

---

428 Zutr *Schauer*, Versicherungsvertragsrecht³ 327.
429 Siehe *Burtscher/Ertl* in *Fenyves/Perner/Riedler*, VersVG § 67 Rz 46 ff mit zahlreichen Beispielen.
430 *Salficky*, RdW 2010, 712 (715); *Burtscher/Ertl* in *Fenyves/Perner/Riedler*, VersVG § 67 Rz 50. AA *Schauer*, Versicherungsvertragsrecht³ 327 f. Siehe zum Problem auch eingehend *Kath*, Regress 78 ff.

4. Kapitel
Pflichten des Versicherungsnehmers

Übersicht

	Rz
I. Prämie	4.1
A. Grundlagen	4.1
B. Prämienanpassung	4.4
1. Problemstellung	4.4
2. Anpassungsklauseln	4.5
3. Passivenversicherung	4.8
C. Prämienzahlung	4.10
1. Zahlungsmodalitäten	4.10
2. Fälligkeit	4.13
3. Rechtzeitigkeit	4.14
D. Zahlungsverzug	4.16
1. Verschulden	4.16
2. Erfüllung	4.17
3. Vertragsauflösung und Leistungsfreiheit	4.20
a) Grundlagen	4.20
b) Erst- und Folgeprämie	4.22
c) Verzug mit Erstprämie	4.23
d) Verzug mit Folgeprämie	4.25
e) Bagatellfälle	4.29
f) Stundung	4.32
II. Obliegenheiten	4.34
A. Grundlagen	4.34
1. Verhaltenssteuerung	4.34
2. Schutzbedarf	4.36
3. Kategorien	4.38
B. Primäre Obliegenheiten	4.42
1. Gefahrverwaltung	4.42
a) Grundidee	4.42
b) Gefahrerhöhung	4.46
c) Rechtsfolgen	4.50
2. Vorbeugende Obliegenheiten	4.54
a) Grundlagen	4.54
b) Rechtsfolgen	4.56
c) Äquivalenzwahrende Obliegenheiten	4.59
3. Schlichte Obliegenheiten	4.62
C. Sekundäre Obliegenheiten	4.64
1. Grundlagen	4.64
2. Information	4.65
3. Rettungspflicht	4.71
D. Risikoausschluss und Obliegenheit	4.75
1. Problemstellung	4.75

  2. Abgrenzungskriterien 4.76
  3. Verhüllte Obliegenheit 4.78
 E. Drittzurechnung 4.79
  1. Grundlagen 4.79
  2. Information und Dokumentation 4.82
  3. Gefahrverwaltung 4.84

I. Prämie

A. Grundlagen

Literatur: *P. Bydlinski*, Die „Zahlscheingebühr", in FS Fenyves (2013) 61; *Perner/Spitzer*, Rücktritt von der Lebensversicherung (2020).

4.1 Die Zahlung der Prämie – beim Versicherungsverein auf Gegenseitigkeit spricht man vom „Beitrag" – ist die **Hauptpflicht des VN** (§ 1 Abs 2). Gläubiger ist der Versicherer, der VN ist ihr Schuldner. Der VN muss die Prämie auch dann zahlen, wenn die Leistung des Versicherers – wie bei der Versicherung für fremde Rechnung – jemand anderem zugutekommen soll.

> A schließt eine Familienunfallversicherung für sich und ihren Lebensgefährten L. A schuldet die Prämie, auch wenn L bei einem Unfall selbst eine Leistung aus der Unfallversicherung beanspruchen kann. Eine Zahlung von L muss der Versicherer aber annehmen (§ 35a Abs 1).

4.2 Die Prämie wird einmalig (zB bei einer Reiseversicherung) oder – in der Praxis häufiger – regelmäßig als laufende Prämie (zB jährlich oder monatlich) geschuldet (vgl § 35). Sie wird aus betriebswirtschaftlicher Sicht in verschiedene **Prämienanteile** zerlegt. Für die Zahlungspflicht des VN sind interne kalkulatorische Erwägungen nicht entscheidend,[431] sondern nur, welche Leistung der VN dem Versicherer erbringen muss. Versicherungsvertragsrechtlich gibt es also nur die eine Gesamtprämie (Grundsatz der Prämieneinheit).

> Auch wenn der Versicherer von einer Nettoprämie (= Entgelt für die Risikotragung) spricht, ist für die Zahlungspflicht des VN nur die Bruttoprämie (= Entgelt einschließlich Verwaltungskosten, Provisionen etc) relevant.

> Die Entgeltanteile können in der kapitalbildenden Lebensversicherung Bedeutung für die Veranlagungspflichten des Versicherers haben (Risiko- und Sparprämie, siehe Rz 7.167). Auch hier ändert sich aber nichts daran, dass der VN dem Versicherer nur „eine" Prämie schuldet.

Die Aufteilung in Prämienanteile kann allerdings bei einer vorzeitigen Auflösung des Vertrags und bei seiner bereicherungsrechtlichen Rückabwicklung wichtig sein.[432] So wird etwa diskutiert, inwiefern der Versicherer die Abschlusskosten (Verwaltung, Provision) bei der Berechnung des Rückkaufswerts im Fall der vorzeitigen Auflösung einer Lebensversicherung berücksichtigen darf (Rz 7.177). Bei der Rückabwicklung von Versicherungen wird diskutiert, von wem der VN den Provisionsanteil der Prämie zurückerhält, der im Ergebnis ja dem Vermittler und nicht dem Versicherer zufließt. Die über-

---

431 *Riedler* in *Fenyves/Perner/Riedler*, VersVG § 35 Rz 4; *Schauer*, Versicherungsvertragsrecht³ 212.
432 Insofern ist die Einschätzung von *Schauer*, Versicherungsvertragsrecht³ 212 (Unterscheidung „bedeutungslos") zu relativieren.

wiegende Auffassung denkt freilich auch bei der bereicherungsrechtlichen Rückabwicklung den Grundsatz der Prämieneinheit fort: Leistungsempfänger ist der Versicherer als Gläubiger der Prämie, gegen den sich der Bereicherungsanspruch daher richtet.[433]

Zusammen mit der Prämie bezahlt der VN auch die **Versicherungssteuer** an den Versicherer (§ 1 Versicherungssteuergesetz). Die Steuer bemisst sich zwar nach dem vom VN geschuldeten Entgelt (§ 3 leg cit). Sie ist allerdings kein Teil der Prämie, sondern sie wird nur über den Versicherer abgewickelt, der somit als „Durchlaufstelle" agiert.[434] Steuerschuldner ist nämlich der VN, der Versicherer haftet allerdings für die Steuer und hat sie auf Rechnung des VN zu entrichten (§ 7 Abs 1 und § 8 leg cit). Daher kann der VN die Versicherungssteuer bei einer Rückabwicklung des Vertrags auch nicht vom Versicherer zurückverlangen.[435]

Die **Prämienhöhe** ist im Grundsatz Vereinbarungssache. Die Einigung unterliegt keiner Inhaltskontrolle (§ 879 Abs 3 ABGB), weil sie die Hauptleistung des VN betrifft. Es gibt auch keine allgemeinen Gleichbehandlungspflichten unter den VN. Dafür besteht im Lichte der Privatautonomie schlicht kein Bedarf: Sowohl der Versicherer als auch der VN wissen, worauf sie sich einlassen, und können ihre jeweiligen wirtschaftlichen Überlegungen anstellen, bevor sie sich einigen.

4.3

Der freien Vereinbarkeit sind nur wenige Grenzen gesetzt. Bereits bekannt sind die Schranken des Antidiskriminierungsrechts (insb §§ 1c, d: Geschlecht und Behinderung). Daneben gibt es auch prämienspezifische Einschränkungen: Der Versicherer darf zunächst aus **Transparenzgründen** neben der Prämie keine weiteren Gebühren vereinbaren. Das Verbot trifft in der Praxis vor allem Zahlscheingebühren, die verrechnet werden, wenn der VN dem Versicherer nicht das Recht einräumt, die Prämien von seinem Konto einzuziehen.[436] Eine Ausnahme gibt es nur, wenn Mehraufwendungen abgegolten werden sollen, „die durch das Verhalten des Versicherungsnehmers veranlasst worden sind" (§ 41b).[437]

Wird der Versicherungsvertrag vorzeitig aufgelöst, gebührt dem Versicherer nach § 40 nur die anteilige Prämie. Dadurch wird gewährleistet, dass der Versicherer nur für die Dauer der Gefahrtragung ein Entgelt erhält.[438] Eine Prämie soll also nur für eine tatsächlich **erbrachte Leistung** (eben die Gefahrtragung) verrechnet werden dürfen.

> Die Jahresprämie beträgt 100, der Vertrag endet allerdings nach einem halben Jahr (egal, aus welchem Grund): Hätte der Versicherer einen ungeschmälerten Anspruch auf Zahlung von 100, bekäme er einen Teil der Prämie für einen Zeitraum, in dem er keine Leistung erbringt. Der VN schuldet daher nur 50.
>
> War der Vertrag von Anfang an ungültig oder wird er rückwirkend angefochten, gilt § 40 nicht. Der VN kann die gesamten 100 bereicherungsrechtlich zurückfordern. Allerdings schuldet er dem Versicherer ein Bereicherungsentgelt für die Dauer der Gefahrtragung.

---

433 Siehe nur *Perner/Spitzer,* Rücktritt 70 ff.
434 Siehe *Perner/Spitzer,* Rücktritt 69.
435 OGH 7 Ob 105/20x ZVers 2021, 25 *(Palma/Steinhauser); Perner/Spitzer,* Rücktritt 68 ff.
436 OGH 10 Ob 27/14i. Siehe *P. Bydlinski* in FS Fenyves 61 (68 ff).
437 Vgl dazu *Schauer,* Versicherungsvertragsrecht[3] 212f: zB Vinkulierungsgebühr.
438 *Schauer,* Versicherungsvertragsrecht[3] 214.

Von der anteiligen Prämienberechnung ist die Frage der Rückforderung des **Dauerrabatts** zu unterscheiden, bei der es nicht um die Parallelität von Gefahrtragung und Gegenleistung geht, sondern um eine Frage der Prämienbegünstigung der Höhe nach. Der Dauerrabatt ist nämlich ein Prämiennachlass für den VN, der zusagt, über eine längere Zeit im Vertrag zu bleiben. Gesetzgeber und Rsp ordnen die Frage seiner Rückforderung aber nicht als ein Problem der Prämienhöhe ein, sondern als eines der Vertragsbeendigung. Der VN könne durch in der Praxis gängige Vertragsgestaltungen davon abgehalten werden, sein Kündigungsrecht geltend zu machen: Zur Rückforderung des Dauerrabatts durch den Versicherer bei vorzeitiger Auflösung siehe daher Rz 5.37 ff.

B. Prämienanpassung

Literatur: *Fenyves,* Prämienanpassungsklauseln (2016); *Kath,* Prämienanpassungsklauseln in der Privatversicherung, RdW 2015, 469; *Schauer,* Die Anpassungsklauseln im Versicherungsvertragsrecht, VR 1999, 21; *Schauer,* Prämienanpassung und Kündigung in der Kfz-Haftpflichtversicherung, ZVR 2009, 427; *I. Vonkilch,* Inflation und Prämienanpassung, ZVers 2020, 12.

1. Problemstellung

4.4 Die Kalkulation der Prämie durch den Versicherer erfolgt zum Vertragsabschluss. Er kann daher nur die zu diesem Zeitpunkt bekannten Umstände berücksichtigen. Die Verhältnisse können sich während des laufenden Versicherungsvertrags freilich ändern.[439]

> A versichert sein Gebäude zum Neuwert gegen Feuer. Der Neuwert des Gebäudes unterliegt im Laufe der Zeit ebenso Schwankungen wie die Kosten für eine Reparatur oder der innere Wert der Prämie (Inflation).

Die Auswirkungen solcher Umstandsänderungen lassen sich nicht über einen Kamm scheren. Gewiss ist nur, dass sie unerwünschte Konsequenzen für die Leistungspflichten des Versicherers, die Prämie und das Äquivalenzverhältnis haben können.

> Hat man die Versicherungssumme bei der Gebäudeversicherung zum Neuwert auf 600.000 festgelegt, so wird man den Neuwert zu Vertragsabschluss zugrunde gelegt haben. Steigt er nach vier Jahren auf 700.000, so liegt eine nachträgliche Unterversicherung vor. Die Änderung hat auf den ersten Blick eine für den VN nachteilige Auswirkung. Allerdings ist zu berücksichtigen, dass auch der innere Wert der vereinbarten Prämie gesunken ist, wenn die Veränderungen auf allgemeine Preissteigerungen zurückzuführen sind. Das Problem liegt hier also weniger in der Äquivalenzverschiebung, die durch § 56 ohnehin vermieden wird, sondern in der Unterversicherung als solcher.

> Hat der Versicherer auf den Einwand der Unterversicherung verzichtet, ist die Änderung hingegen für ihn nachteilig und es kommt tatsächlich zu einer Äquivalenzverschiebung: Der Versicherer bekommt „zu wenig Prämie" für den Versicherungsschutz, den er bieten muss.

---

439 Siehe *Fenyves,* Prämienanpassungsklauseln 9.

2. Anpassungsklauseln

Um die dargestellten Auswirkungen nachträglicher Umstandsänderungen zu vermeiden, verlassen sich die Versicherer nur selten darauf, später mit dem VN neue – den dann bestehenden Umständen Rechnung tragende – Vereinbarungen zu treffen. Vielmehr sehen sie in ihren AVB häufig Anpassungsklauseln vor.[440] Sie schreiben das bei Vertragsabschluss bestehende Verhältnis von Leistung und Gegenleistung fort.

4.5

> § 56 (Unterversicherung) sichert zwar das Äquivalenzverhältnis auch ohne Anpassungsklausel, führt aber wie gezeigt zu einem unerwünschten Ergebnis. Eine „zu billige" Versicherung – bei Verzicht auf Unterversicherung – ist ebenfalls nicht gewollt. Die Lösung ist eine Wertsicherungsklausel, durch die Versicherungssumme und Prämie automatisch – etwa an die Inflation – angepasst werden.
>
> In den Kfz-Haftpflichtversicherungen ist das „Bonus-Malus-System" üblich, bei dem sich die Prämie nach dem Schadensverlauf richtet. Je mehr Schäden durch den VN verursacht wurden, desto höher die Prämie im nächsten Jahr und umgekehrt.

Solche Klauseln unterliegen den allgemeinen Einschränkungen der **AGB-Kontrolle** (§§ 864a, 879 Abs 3 ABGB) und – wenn der VN Verbraucher ist – des **KSchG** (insb § 6). Für Prämienanpassungen in der Kfz-Haftpflichtversicherung (§§ 14a, 14b KHVG; dazu Rz 7.102) und in der Krankenversicherung (§ 178f; dazu Rz 7.219ff) gibt es noch zusätzliche gesetzliche Sonderbestimmungen.

4.6

Im Verbraucherrecht ist neben dem Transparenzgebot des § 6 Abs 3 KSchG vor allem § 6 Abs 1 Z 5 KSchG zu beachten. Prämienanpassungen sind demnach nur zulässig, wenn sie (1) zweiseitig sind, also „der Vertrag bei Vorliegen der vereinbarten Voraussetzungen für eine Entgeltänderung auch eine Entgeltsenkung vorsieht", (2) die für die Entgeltänderung maßgebenden Umstände im Vertrag umschrieben und (3) sachlich gerechtfertigt sind sowie (4) ihr Eintritt nicht vom Willen des Unternehmers abhängt.

> Die oben erwähnte Klausel des Gebäudeversicherers dürfte also nicht bloß eine Erhöhung der Prämie bei Inflation (sondern auch ihre Senkung bei Deflation) vorsehen. Eine Anpassung der Prämie ohne gleichzeitige Erhöhung der Versicherungssumme wäre ebenfalls unzulässig, weil nicht zweiseitig. Der passende Parameter könnte für die Versicherungssumme ein Immobilienpreisindex sein, während sich die Prämienanpassung nach dem VPI richten könnte. Selbstverständlich dürfte kein Index gewählt werden, den der Versicherer unmittelbar mit beeinflusst.

Sehr kurzfristige Prämienanpassungen – nämlich innerhalb von zwei Monaten ab Vertragsabschluss – müssen darüber hinaus sogar im Einzelnen ausgehandelt werden (§ 6 Abs 2 Z 4 KSchG).[441]

4.7

---

440 *Schauer,* VR 1999, 21 (21).
441 Siehe *Apathy* in *Schwimann/Kodek,* ABGB⁴ § 6 KSchG Rz 78.

3. Passivenversicherung

4.8 In 7 Ob 62/15s[442] und 7 Ob 242/18s[443] hat sich der OGH für die Rechtsschutzversicherung ausführlich mit der sachlichen Rechtfertigung von Prämienanpassungsklauseln auseinandergesetzt.[444] Mangels Versicherungswerts gibt es bei der Passivenversicherung keine Unterversicherung im technischen Sinn.[445] Das unterscheidet die Situation von der Sachversicherung, wo die Anpassungsklausel ja insofern auch den VN schützt, als sie eine anteilige Leistungskürzung nach § 56 verhindert. Die Versicherungssumme ist die einzige Begrenzung der Leistungspflicht nach oben, sie wird in der Praxis aber in aller Regel nicht ausgeschöpft.[446]

4.9 Das spricht nach der Lehre für die **Unzulässigkeit** der Anpassungsklauseln in der Passivenversicherung und die Ansicht des OGH, der von einem Verstoß (jedenfalls) gegen § 6 Abs 1 Z 5 KSchG und § 879 Abs 3 ABGB ausgeht.[447] Da eine inflationsbedingte Geldentwertung Versicherungssumme und Prämie gleichermaßen betrifft, bedarf es nach dem OGH der Anpassungsklausel nicht zur Wahrung der Äquivalenz. Sachlich gerechtfertigt ist die Anpassung nach der Auffassung des Höchstgerichts aber auch nicht aus anderen Gründen. Während die Prämienerhöhung den VN unmittelbar trifft, bemerkt er die Erhöhung der Versicherungssumme, die ja selten ausgeschöpft wird, anders als bei der Sachversicherung nämlich nur in der Theorie.[448]

An dieser Rsp wird in der Lehre[449] zwar Kritik geübt. Die Leistung des Rechtsschutzversicherers bestehe nicht in der Bereitstellung der Versicherungssumme, sondern in der Übernahme der Kosten des konkreten Versicherungsfalls. Diese erhöhen sich durch Inflation aber ebenfalls. Da sich der OGH in der jüngeren Entscheidung mit dieser Kritik bereits auseinandergesetzt hat und seine Rsp wie erwähnt auch Zustimmung gefunden hat, ist freilich nicht davon auszugehen, dass er seine Judikatur ändert.[450]

C. Prämienzahlung

Literatur: *Pesek,* Die Prämienschuld nach dem VersRÄG 2013, VR 2013 H 9, 21; *Stabentheiner,* Die Neuregelung der Geldschuld durch das Zahlungsverzugsgesetz, JBl 2013, 2015.

1. Zahlungsmodalitäten

4.10 Für den VN stellt sich bei der Erfüllung der von ihm geschuldeten Leistung zunächst die Frage nach der Zahlungsart. Sie richtet sich primär nach der Parteienvereinbarung (§ 42).

---

442 Zu dieser Entscheidung *Fenyves,* Prämienanpassungsklauseln 1ff; *Kath,* RdW 2015, 469.
443 ZVers 2019, 210 (abl *Konwitschka*); dazu *I. Vonkilch,* ZVers 2020, 12.
444 Siehe auch OGH 7 Ob 156/20x ZVers 2021, 80 *(Gisch).*
445 *Kath,* RdW 2015, 469 (470).
446 *Fenyves,* Prämienanpassungsklauseln 47; *Kath,* RdW 2015, 469 (470).
447 *I. Vonkilch,* ZVers 2020, 12 (12ff), die einen beachtenswerten alternativen Begründungsansatz vorschlägt: Die Inflation sei als unerhebliche Gefahrerhöhung zwingend mitversichert.
448 Vgl *I. Vonkilch,* ZVers 2020, 12 (15).
449 *Fenyves,* Prämienanpassungsklauseln 47; *Konwitschka,* ZVers 2019, 210 (216); *Gisch,* ZVers 2021, 88.
450 Vgl auch *Gisch,* ZVers 2021, 88.

Barzahlung ist in der Praxis nicht üblich, die Prämie wird unbar beglichen. Das geschieht entweder durch Banküberweisung oder durch Barzahlung auf das Empfängerkonto.

Von der Zahlungsart ist die Frage nach dem Erfüllungsort zu unterscheiden, der sich ebenfalls primär nach der Parteienvereinbarung richtet.[451] Es geht vereinfacht gesagt um die Frage, wer bei der Zahlung aktiv werden muss. **4.11**

Erlaubt der VN dem Versicherer, die Forderung bei Fälligkeit von seinem Konto einzuziehen (**Einziehungsermächtigung**), so muss der Versicherer aktiv werden und die Abbuchung des geschuldeten Betrags vom vereinbarten Konto vornehmen. Die Parteien vereinbaren eine Holschuld des Versicherers.[452] Solange das Konto gedeckt ist, muss sich der VN bei Fälligkeit um nichts kümmern. Das Vertrauen des VN darauf, dass er die Prämie bloß bereitstellen muss, ist auch ohne Vereinbarung durch § 37 geschützt, wenn der Versicherer die Prämie regelmäßig beim VN eingehoben hat.[453]

Mangels einer abweichenden Vereinbarung ist die Prämie eine **qualifizierte Schickschuld**. Erfüllungsort ist zwar der Wohnsitz – bei Unternehmern: der Ort der Niederlassung – des VN. Er darf die Prämie allerdings nicht bloß bereithalten, sondern er muss sie „auf seine Gefahr und seine Kosten dem Versicherer" übermitteln (§ 36 Abs 1). **4.12**

> Dass der VN ein prall gefülltes Konto hat, reicht also nicht aus: Er muss den geschuldeten Betrag überweisen. Der VN trägt auch das Risiko, dass die Zahlung beim Versicherer einlangt (daher ist die Schickschuld „qualifiziert" und nicht „einfach"). Fehler seiner Bank fallen also ihm zur Last.

2. Fälligkeit

In einem direkten Zusammenhang mit der Qualifikation als Schickschuld steht die Frage nach der Fälligkeit der Zahlung. Das ist der Zeitpunkt, zu dem die Prämie beglichen werden soll. Die Fälligkeit ist zugleich Auslöser für die dreijährige Verjährung des Prämienzahlungsanspruchs nach § 12 Abs 1. Sie richtet sich – so wie die Zahlungsmodalitäten – primär nach der Parteienvereinbarung (§ 42). **4.13**

> Die Parteien können selbstverständlich zB jährliche oder monatliche Prämienzahlung und konkrete Fälligkeitstermine vereinbaren.

Mangels abweichender Vereinbarung ist die Einmalprämie oder die erste der laufenden Prämien nach § 35 „sofort" – also innerhalb einer zumutbaren Zeitspanne – zu bezahlen.[454] Die Fälligkeit der Folgeprämie wird mangels Vereinbarung mit Anfang der jeweiligen Versicherungsperiode anzunehmen sein.[455]

---

451 Zur Unzulässigkeit der Vereinbarung von Bringschuld bei Verbraucherversicherungen aber *Riedler* in *Fenyves/Perner/Riedler*, VersVG § 36 Rz 17.
452 *Schauer*, Versicherungsvertragsrecht³ 216.
453 *Riedler* in *Fenyves/Perner/Riedler*, VersVG § 37 Rz 4: mindestens zweimal aufeinander folgend.
454 *Schauer*, Versicherungsvertragsrecht³ 216 f.
455 *Schauer*, Versicherungsvertragsrecht³ 217.

3. Rechtzeitigkeit

4.14 Von der Fälligkeit ist die Rechtzeitigkeit der Prämienzahlung zu unterscheiden. Die rechtzeitige Zahlung ist Voraussetzung dafür, dass der Schuldner nicht in Verzug gerät. Fälligkeit und Rechtzeitigkeit fallen bei der **Holschuld** allerdings ohnehin zusammen. Bei einer Einziehungsermächtigung muss das Konto zum Fälligkeitszeitpunkt gedeckt sein. Damit hat der alles von ihm Geschuldete getan und vertragsgemäß erfüllt. Dass er damit die Verzugsfolgen (dazu gleich unten) abwendet, versteht sich von selbst.

4.15 Fraglich ist allerdings, wann bei einer Schickschuld von „rechtzeitiger" Zahlung auszugehen ist: Reicht die Absendung bei Fälligkeit oder muss das Geld so auf den Weg gebracht werden, dass es bei Fälligkeit am Empfängerkonto einlangt?

§ 36 differenziert nach der Eigenschaft des Vertragspartners: Ist der VN **Verbraucher,** so reicht die Übermittlung am Fälligkeitstag, wenn die Prämie dann auch wirklich beim Versicherer einlangt (Abs 1).

> A schuldet die Prämie für seine Haushaltsversicherung am 1.8. Für die Rechtzeitigkeit der Zahlung reicht ein Überweisungsauftrag an diesem Tag aus, auch wenn der 1.8. ein Freitag ist und das Geld daher erst am 4.8. einlangt (vgl § 77 Abs 1 ZaDiG).

Ist der VN hingegen **Unternehmer,** ist die Übermittlung der Prämie „nur dann rechtzeitig, wenn die Zahlung bei Fälligkeit beim Versicherer eingelangt ist" (§ 36 Abs 2). Der VN muss die Zahlung also bereits vor Fälligkeit in Auftrag geben.

> A schuldet die Prämie für seine Betriebshaftpflichtversicherung am 1.8. Die Erteilung des Überweisungsauftrags am 1.8. ist nicht rechtzeitig, weil die Zahlung erst am nächsten Geschäftstag am Konto des Versicherers einlangen wird (§ 77 Abs 1 ZaDiG).

Eine Ausnahme macht § 36 Abs 2 aber hinsichtlich der Möglichkeit des Versicherers, sich auf Leistungsfreiheit wegen Prämienzahlungsverzugs zu berufen: Die erst bei Fälligkeit veranlasste Zahlung des Unternehmers ist zwar – wie eben gezeigt – an sich nicht rechtzeitig und löst damit auch die gleich darzustellenden Folgen des Zahlungsverzugs aus. Der Versicherer kann sich allerdings nicht auf Leistungsfreiheit nach § 38 Abs 2, § 39 Abs 2 berufen.[456] In dieser Hinsicht steht der unternehmerische VN daher dem Verbraucher gleich.

D. Zahlungsverzug

Literatur: *Jabornegg,* Die vorläufige Deckung (1992); *Riedler,* Der Prämienzahlungsverzug bei Erst- und Folgeprämie (1990).

1. Verschulden

4.16 Erfolgt die Zahlung nicht rechtzeitig, ist der VN in Verzug. Für manche der im Folgenden dargestellten Rechtsfolgen des Prämienzahlungsverzugs kommt es darauf an, ob der

---

456 Siehe *Pesek,* VR 2013 H 9, 21 (25).

VN den Verzug verschuldet hat.[457] Entscheidend ist also, ob dem VN die Verspätung subjektiv vorwerfbar ist. Da er mit dem Versicherer durch ein Vertragsverhältnis verbunden ist, wird das Verschulden nach § 1298 ABGB vermutet. An den Gegenbeweis werden strenge Anforderungen gestellt: Der Nachweis fehlenden Verschuldens soll nur in Extremfällen möglich sein.[458]

Verschulden liegt zB vor, wenn der VN auf die Zahlung einfach vergisst oder wenn er schlicht nicht genug Geld hat. Nicht nur sein eigenes Verschulden fällt ihm zur Last, sondern auch das der zuständigen – zB in der Buchhaltung tätigen – Mitarbeiter (§ 1313a ABGB).

Der Beweis fehlenden Verschuldens wird dem VN hingegen gelingen, wenn er aufgrund plötzlicher und schwerwiegender Ereignisse (Unfälle, Naturereignisse, schwere Krankheiten) an der Zahlung gehindert ist. Dazu könnten auch COVID-19-bedingte Zahlungsschwierigkeiten zählen.

2. Erfüllung

Der Versicherer kann im Verzug des VN zunächst die Prämienzahlung – Erfüllung – fordern und seinen Anspruch notfalls auch gerichtlich durchsetzen. Zusätzlich zur offenen Prämie kann er unter den im Folgenden genannten Umständen Verzugszinsen und Kostenersatz für die Eintreibung des Anspruchs verlangen. **4.17**

Der VN muss für die Zeit der Verzögerung seiner Zahlung **Verzugszinsen** zahlen. Sie betragen 4% pa vom geschuldeten Betrag (§ 1333 Abs 1 ABGB iVm § 1000 Abs 1 ABGB). Ist der VN Unternehmer und hat er den Zahlungsverzug verschuldet, liegt der Zinssatz bei 9,2% über dem Basiszinssatz (§ 456 UGB). Bei einem Verbraucher bleibt es hingegen auch bei verschuldetem Zahlungsverzug bei Zinsen in Höhe von 4%. **4.18**

Die am 1.4. fällige Jahresprämie für eine Betriebsversicherung liegt bei 10.000. Das Geld langt wegen Zahlungsschwierigkeiten des VN erst am 1.7. am Konto des Versicherers ein. Bei einem unverschuldeten Zahlungsverzug muss VN 100 an Zinsen zahlen (4%, 3 Monate Verzug). Bei Verschulden hat er 214,5 an Verzugszinsen zu leisten (9,2% über dem Basiszinssatz von -0,62% = 8,58%).

Eintreibungskosten (zB Mahnspesen, Inkasso- und Anwaltskosten) werden bei verschuldetem Verzug des VN nach § 1333 Abs 2 ABGB ersetzt, soweit sie in einem angemessenen Verhältnis zur betriebenen Forderung stehen. Unternehmer müssen aber jedenfalls 40 Euro verschuldensunabhängig und ohne Nachweis als Pauschalbetrag ersetzen (§ 458 UGB). **4.19**

Zu diesen materiell-rechtlichen Kosten der Forderungsbetreibung kommen bei erfolgreicher Klage auch die Prozesskosten. Nach § 41 ZPO muss die unterliegende Partei ihrem Gegner nämlich alle durch die Prozessführung verursachten und zur zweckentsprechenden Rechtsverfolgung notwendigen Kosten ersetzen (Erfolgsprinzip).

---

457 *Riedler* in *Fenyves/Perner/Riedler*, VersVG § 39 Rz 48 f.
458 *P. Bydlinski* in *KBB*, ABGB⁶ § 921 Rz 3.

3. Vertragsauflösung und Leistungsfreiheit

a) Grundlagen

4.20 Der Versicherer wird oft kein Interesse an der Bindung an einen Vertragspartner haben, der seine eigene Leistung nicht erbringt. Damit stellt sich die Frage, ob er sich vom Vertrag lösen kann. Die einseitige Auflösung nennt man **Rücktritt** (vgl § 918 Abs 1 ABGB), wenn der Vertragspartner noch keine Leistung erbracht hat, er also mit der ersten oder einzigen Prämie in Verzug ist. Sie heißt **Kündigung** (vgl §§ 987, 1118 ABGB), wenn der Vertragspartner in einem laufenden Vertrag, in dem er bereits Leistungen erbracht hat, in Verzug gerät.

Dass man sich gegenüber dem untreuen Vertragspartner von der Vereinbarung lösen kann, ist ein Rechtsgedanke, der im gesamten Privatrecht verwirklicht ist (vgl §§ 918, 987, 1118 ABGB). Die Auflösungsmöglichkeit ist dabei regelmäßig unabhängig von einem allfälligen Verschulden des Vertragspartners. Die versicherungsrechtlichen Sonderbestimmungen (§§ 38, 39) sind insofern nur eine Ausprägung dieses allgemeinen Prinzips.

4.21 Spezifisch versicherungsrechtlich und besonders heikel ist die Frage nach der **Deckung von Versicherungsfällen** während des Verzugs: Muss der Versicherer die Gefahr in einem Zeitraum tragen, in dem sich der VN selbst nicht vertragstreu verhält oder kann er sich auf Leistungsfreiheit berufen? Die beiden Fragen der Vertragsauflösung und der Leistungsfreiheit sind dabei – wie sich in der Folge gleich zeigen wird – nicht zwingend miteinander verbunden.

Es ist möglich, dass der Versicherer den Vertrag wegen Prämienzahlungsverzugs auflösen kann und einen Versicherungsfall dennoch decken muss. Ebenso kann es sein, dass sich der Versicherer auf Leistungsfreiheit beruft, der Vertrag aber dennoch weiterläuft (sodass künftige Fälle zu decken sind).

b) Erst- und Folgeprämie

4.22 Das VersVG unterscheidet für beide Fragen – Vertragsauflösung und Leistungsfreiheit – zwischen dem Verzug mit der Zahlung der **Erstprämie** (§ 38) und dem Verzug mit der Zahlung einer **Folgeprämie** (§ 39).[459]

Hinter dieser Differenzierung steht der Gedanke, dass der VN, der sich früher vertragskonform verhalten hat, noch schutzwürdiger ist als derjenige, der noch nie eine Leistung aus dem Vertrag erbracht hat. Von einer Erstprämie spricht man daher nicht nur dann, wenn die Parteien das erste Mal rechtsgeschäftlichen Kontakt haben. Auch die erste Prämie nach Änderung der vertragswesentlichen Punkte einer bestehenden Vereinbarung ist eine Erstprämie, wenn bei wertender Betrachtung ein neuer Versicherungsvertrag abgeschlossen wurde.

Der OGH ging in 7 Ob 65/83 bei einer Verdreifachung der Versicherungssumme, der Einbeziehung weiterer versicherter Gegenstände und der Erweiterung des Vertrages von einer Einbruch-

---

459 Zur Unterscheidung ausführlich *Schauer*, Versicherungsvertragsrecht³ 219 ff.

diebstahl- auf (auch) eine Feuerversicherung daher im Ergebnis zu Recht von einem gänzlich neuen Vertrag aus. Zahlt der VN die Prämie aus diesem Vertrag nicht, ist er daher mit der Erstprämie in Verzug.

c) Verzug mit Erstprämie

Ist die fällige Erstprämie innerhalb von **14 Tagen** nach Aufforderung zur Prämienzahlung nicht gezahlt, so kann der Versicherer vom Vertrag **zurücktreten,** solange die Zahlung nicht bewirkt ist (§ 38 Abs 1). Um sich von der Vereinbarung lösen zu können, muss der Versicherer die Aufforderung bereits mit dem Hinweis auf die Rücktrittsmöglichkeit verbinden (Abs 2). Zur Vereinfachung kann er in der Aufforderung auch den Rücktritt für den Fall nicht fristgerechter Zahlung aussprechen. Der Rücktritt beseitigt den Vertrag rückwirkend. Der VN schuldet dann keine Prämie und auch keine Zinsen.   4.23

> A schließt eine Haushaltsversicherung bei V, die durch Zugang der Polizze am 1.4. zustande kommt. In seinem Schreiben fordert V den A auf, die erste Jahresprämie innerhalb von 14 Tagen zu bezahlen, widrigenfalls der Vertrag als aufgehoben gelte. A hat nun bis 15.4. Zeit, die Überweisung in Auftrag zu geben. Ob der 15.4. ein Werktag ist, spielt keine Rolle.
>
> Verbindet V die Aufforderung mit dem Hinweis, dass er bei nicht fristgerechter Zahlung zurücktreten kann, muss nach Fristablauf noch ein gesonderter – formfrei möglicher – Rücktritt erfolgen. Er ist wirksam, wenn er nach Fristablauf und vor Zahlung des A erfolgt. Fordert V die fällige Prämie drei Monate nicht ein, wird der Rücktritt fingiert (§ 38 Abs 1 Satz 2).
>
> Hat V hingegen gar nicht auf die Folgen der nicht fristgerechten Zahlung hingewiesen, muss er noch einmal eine 14-tägige Frist setzen und diese mit dem Hinweis auf die Folgen der Nichtzahlung verbinden.
>
> Haben die beiden – was nur in Ausnahmefällen vorkommt – einen mündlichen Vertrag abgeschlossen und fordert der Versicherer den VN zur Prämienzahlung auf, läuft die Frist allerdings mangels Fälligkeit noch nicht (vgl § 35 Satz 2).

Ist der Versicherer wirksam zurückgetreten, gibt es keinen Versicherungsschutz – weder für vergangene noch für zukünftige Versicherungsfälle. Der Rücktritt ist aber – wie dargelegt – erst nach 14 Tagen möglich und setzt auch dann voraus, dass der Versicherer tatsächlich zurückgetreten ist. Damit stellt sich die Frage, wie mit **Versicherungsfällen während des Verzugs** bei aufrechtem Vertrag umzugehen ist.   4.24

In dieser Hinsicht ist der Gesetzgeber für den VN recht großzügig: Für Versicherungsfälle, die innerhalb der 14-Tages-Frist des § 38 Abs 1 eintreten, tritt Leistungsfreiheit nur ein, wenn nicht bis zum Fristende bezahlt wird. Der VN kann sich also die Deckung für innerhalb der Frist eingetretene Versicherungsfälle nachträglich durch Zahlung „erkaufen".[460]

Der Versicherer ist aber auch für später eintretende Versicherungsfälle noch deckungspflichtig, wenn der VN nachweist, dass er an der rechtzeitigen Zahlung der Prämie unverschuldet verhindert war.

---

460 *Fenyves* in *Fenyves/Kronsteiner/Schauer*, VersVG-Novellen § 38 Rz 7.

Kap 4 Pflichten des Versicherungsnehmers

Voraussetzung für die Leistungsfreiheit ist außerdem stets, dass der Versicherer deutlich[461] auf diese Rechtsfolge hingewiesen hat (§ 38 Abs 3).

> A schließt eine Haushaltsversicherung bei V, die durch Zugang der Polizze am 1.4. zustande kommt. In seinem Schreiben fordert V den A auf, die erste Jahresprämie innerhalb von 14 Tagen zu bezahlen, widrigenfalls der Vertrag als aufgehoben gelte. Außerdem weist er ihn auf die Rechtsfolge der Leistungsfreiheit bei nicht fristgerechter Zahlung hin.
>
> Tritt der Versicherungsfall am 4.4. ein, muss V decken, wenn A die Zahlung bis 15.4. in Auftrag gibt. Hat A nicht bezahlt, muss V einen Versicherungsfall am 18.4. nicht mehr decken. Dafür kommt es nicht darauf an, ob sich A verschuldet oder unverschuldet in Verzug befindet, weil der Vertrag bereits aufgelöst ist.
>
> Anders wäre der Fall nur zu beurteilen, wenn V in seinem Anschreiben den Rücktritt nicht explizit erklärt hätte, sondern ihn nur androht: In diesem Fall könnte A durch spätere Zahlung Deckung für einen am 18.4. eingetretenen Versicherungsfall erlangen, wenn er die Prämie bis dahin unverschuldet nicht bezahlt hatte und V noch nicht zurückgetreten ist.

Schuldet der Versicherer aus einer Zusage oder aufgrund des Gesetzes (§ 1 a Abs 2) **vorläufige Deckung,** kommt es auf die eben dargestellten Fristen und Regeln nicht an.[462] Der Versicherer muss vielmehr während der Zeit der vorläufigen Deckung die Gefahr unabhängig von einer bereits erfolgten Prämienzahlung tragen.

d) Verzug mit Folgeprämie

4.25 Wird eine Folgeprämie nicht rechtzeitig gezahlt, so sind die Vertragsauflösung und die Berufung auf Leistungsfreiheit etwas schwieriger als bei Verzug mit einer Erstprämie. Das liegt wie erwähnt daran, dass der VN sich davor vertragstreu verhalten hat und er daher schutzwürdiger erscheint als der von vornherein vertragsbrüchige VN.

4.26 Der Versicherer muss dem VN nach § 39 Abs 1 (auf dessen Kosten) zunächst **schriftlich** eine Zahlungsfrist von mindestens **zwei Wochen** bestimmen. Dabei sind die (hier in der Folge dargestellten) Rechtsfolgen anzugeben, die mit dem Fristablauf verbunden sind. Der Versicherer bleibt für alle in diesem Zeitraum eintretenden Versicherungsfälle – unabhängig von einem Verschulden des VN an seinem Verzug – deckungspflichtig.[463]

> Die Jahresprämie der Haushaltsversicherung sollte – wie üblich – am 1.4. von As Konto eingezogen werden. Die Transaktion scheitert mangels Kontodeckung. Der Versicherer schickt A eine Mahnung mit zweiwöchiger Zahlungsfrist und entsprechender Rechtsbelehrung. Das Schreiben geht A am 6.4. zu. Versicherungsfälle, die bis inklusive 20.4. eintreten, sind unabhängig vom Verzug gedeckt.

4.27 Nach Fristablauf kann der Versicherer dem in Verzug befindlichen VN zwar ohne Einhaltung einer Frist kündigen. Er kann die Kündigung sogar bereits mit der Bestimmung der zweiwöchigen Zahlungsfrist ausdrücklich verbinden, sodass sie mit Fristablauf wirk-

---

461 OGH 7 Ob 180/05 d.
462 *Jabornegg,* Vorläufige Deckung 37 f, 70 ff; *Riedler* in *Fenyves/Perner/Riedler,* VersVG § 38 Rz 21, 57, 67.
463 Vgl OGH 7 Ob 220/09 t.

sam wird (§ 39 Abs 3). Die Wirkungen der Kündigung fallen allerdings – und das ist der entscheidende Punkt – fort, wenn der VN innerhalb **eines Monats** nach der Kündigung oder dem Ablauf der Zahlungsfrist die Zahlung nachholt. Im Ergebnis hat der VN also ab der korrekten Mahnung des Versicherers über sechs Wochen (= zwei Wochen und einen Monat) Zeit, den Vertrag durch Nachzahlung der offenen Prämie zu retten.

Innerhalb der Monatsfrist eingetretene Versicherungsfälle muss der Versicherer gegenüber einem in Verzug befindlichen VN nur decken, wenn diesen kein Verschulden an der Verzögerung trifft. Selbst wenn der Versicherungsfall eingetreten ist, kann der VN den Vertrag allerdings reaktivieren; Deckung besteht dann für künftige Versicherungsfälle.[464]

> Im Bsp hat A also bis zum 21.5. Zeit, den Vertrag durch Prämienzahlung zu retten: Die zweiwöchige Frist endete mit Ablauf des 20.4., daran knüpft sich die Einmonatsfrist. Das Ergebnis ist angesichts des Umstandes, dass A seit 1.4. in Verzug war, durchaus VN-freundlich. Tritt der Versicherungsfall am 26.4. ein, ist der Versicherer nur deckungspflichtig, wenn A unverschuldet in Verzug war.

Die (im Ergebnis wirksame) Kündigung beendet den Vertrag ex nunc. Bis zum Vertragsende offene Prämienschulden und Zinsen kann der Versicherer nach den dargestellten Regeln geltend machen. **4.28**

e) Bagatellfälle

Versicherungsverträge decken oftmals einen sehr wichtigen Bedarf beim VN. Zu seinem Schutz sieht der Gesetzgeber daher in manchen Fällen davon ab, die einschneidenden Rechtsfolgen der §§ 38 und 39 eintreten zu lassen.[465] **4.29**

Der Versicherer hat weder das Recht zur Vertragsauflösung (Rücktritt oder Kündigung) noch kann er sich auf Leistungsfreiheit berufen, wenn der VN bloß mit **Zinsen** und **Kosten** in Verzug ist (§ 38 Abs 4, § 39 Abs 4). **4.30**

> A ist mit der Jahresfolgeprämie für seine Betriebsversicherung (10.000) einen Monat schuldhaft in Verzug. Daher schuldet er nun 10.000 + 71,5 an Zinsen. Zahlt er 10.000, wird der Verzug zwar nicht vollständig beendet. Der Versicherer kann sich allerdings wegen des Rückstandes von 71,5 nicht auf § 39 berufen. Selbstverständlich kann er aber auf Leistung klagen.

§ 39a regelt den eigentlichen **Bagatellverzug:** Ist der VN mit höchstens 10% der Jahresprämie und maximal mit 60 Euro im Verzug, so tritt eine in § 38 oder § 39 vorgesehene Leistungsfreiheit des Versicherers nicht ein.[466] Der Versicherer kann bei Vorliegen der sonstigen Voraussetzungen allerdings vom Vertrag zurücktreten oder ihn kündigen.[467] **4.31**

Auf die Idee, kleine Teilbeträge nicht zu bezahlen, wird ein VN selten kommen; das wäre dem Gesetzgeber wohl auch keine eigene Regel wert. Die Bestimmung ist vielmehr vor

---

464 *Schauer*, Versicherungsvertragsrecht³ 225.
465 Vgl *Riedler* in *Fenyves/Perner/Riedler*, VersVG § 39a Rz 2.
466 Zum Rechtsmissbrauch *Fenyves* in *Fenyves/Kronsteiner/Schauer*, VersVG-Novellen § 39a Rz 3.
467 ErläutRV 1553 BlgNR 18. GP 20.

allem für VN gemacht, der versehentlich in einen kleinen Rückstand gerät, weil er zB einen Dauerauftrag nach Prämienanpassung nicht ändert.[468]

Bereits aufgelaufene Zinsen und sonstige Kosten werden in diese Beträge nicht eingerechnet,[469] sodass die tatsächlich geschuldete Gesamtsumme sogar darüber liegen kann.

f) Stundung

4.32 Es kommt – vor allem bei schon länger laufenden Verträgen – vor, dass der Versicherer die Zahlungsschwierigkeiten seines Kunden nicht sofort zum Anlass nimmt, um die Vereinbarung zu beseitigen. Faktisches Zuwarten ist aber meist auch nicht gewollt. Die Lösung ist dann eine Stundung der Prämie.[470] Dadurch wird der Leistungszeitpunkt hinausgeschoben.

> Die Versicherer haben sich zu Beginn der Corona-Pandemie auf einen gemeinsamen Verhaltenskodex geeinigt, in dem die Möglichkeit erörtert wird, die Prämienzahlungen vorübergehend zu stunden.

4.33 Mit einer Stundung kann allerdings entweder die Änderung des Fälligkeitstermins (deckende Stundung) oder ein bloßes Hinausschieben der Geltendmachung (reine Stundung) gemeint sein.[471] Im ersten Fall sind Versicherungsfälle, die bis zur neuen Fälligkeit eintreten, unabhängig von der Prämienzahlung gedeckt. Im zweiten Fall verzichtet der Versicherer nur auf die sofortige gerichtliche Geltendmachung seiner Ansprüche.

Die Auslegung wird meist ergeben, dass die Stundung auch die **Fälligkeit hinausschiebt**.[472] Erst nach diesem Termin beginnen die Fristen der §§ 38f (wieder) zu laufen. Auch die deckende Stundung beseitigt allerdings nicht eine allfällige Leistungsfreiheit wegen bereits eingetretener Versicherungsfälle.

> Der oben angesprochene Verhaltenskodex der Versicherer sollte dazu dienen, „den Vertrag – und damit den vereinbarten Versicherungsschutz – auch in dieser Phase aufrecht zu erhalten." Es liegt unzweifelhaft deckende Stundung vor.

II. Obliegenheiten

Literatur: *Hafner*, Drittzurechnung bei Obliegenheitsverletzung und Herbeiführung des Versicherungsfalls? (2020).

A. Grundlagen

1. Verhaltenssteuerung

4.34 Die bereits dargestellten vorvertraglichen Anzeigepflichten des VN ermöglichen dem Versicherer, die Gefahr richtig einzuschätzen. Das Risiko ist aber keine unveränderliche

---

468 *Riedler* in *Fenyves/Perner/Riedler*, VersVG § 39a Rz 2.
469 *Riedler* in *Fenyves/Perner/Riedler*, VersVG § 39a Rz 4.
470 Ausf *Schauer*, Versicherungsvertragsrecht³ 230 ff.
471 Vgl *Perner/Spitzer/Kodek*, Bürgerliches Recht⁶ 165.
472 *Schauer*, Versicherungsvertragsrecht³ 231 f.

Größe, sondern es kann sich später ändern. Häufig ist der VN für **Risikoerhöhungen** und damit im Ergebnis für die Leistungspflicht des eigenen Vertragspartners mitverantwortlich.

> A betrinkt sich in einem Wirtshaus und fährt anschließend mit dem Kfz nach Hause. Das Risiko für einen Unfall – und damit die Gefahr der Verwirklichung des Versicherungsfalls in der Kaskoversicherung – steigt an.
>
> Entfernt A den Feuermelder in seiner Wohnung, erhöht sich die Wahrscheinlichkeit der Auswirkungen des Versicherungsfalls in der Feuerversicherung.
>
> Informiert A den Versicherer nicht über einen Versicherungsfall, nimmt er ihm die Chance, an seiner Aufklärung und an der Geringhaltung seiner Folgen mitzuwirken. Auch das ist eine Risikoerhöhung, weil sich auch hier die Auswirkungswahrscheinlichkeit erhöht.

Dass Versicherer Einfluss auf das Verhalten des VN nehmen und damit Verhaltenssteuerung betreiben, ist keine Überraschung. Da Risikominimierung den Interessen der Versichertengemeinschaft entgegenkommt, ist sie allerdings auch ein Anliegen des Gesetzgebers. Beide betreiben also vereinfacht gesagt **Risikomanagement durch Verhaltenssteuerung.**   **4.35**

Dafür gibt es im Grundsatz zwei Möglichkeiten: (1) Der VN kann zu einem bestimmten Verhalten verpflichtet werden. Die Pflicht ist einklagbar und die ihre Verletzung ist (auch) schadenersatzrechtlich sanktioniert.

> Der Versicherer kann die gesetzliche Verpflichtung des A, über den Versicherungsfall Auskunft zu geben, einklagen. Der Versicherer kann bei schuldhafter Pflichtverletzung Schadenersatz fordern.

(2) Manches will und kann freilich weder der Gesetzgeber noch der Versicherer zur echten Pflicht machen. Dass der VN etwa keinen Alkohol trinkt, lässt sich nicht einklagbar ausgestalten. Das ist allerdings auch gar nicht notwendig. Dem Interesse des Versicherers ist ausreichend gedient, wenn dem VN in diesem Fall andere **negative Sanktionen** drohen. Das sind im Fall der Obliegenheitsverletzung typischerweise die Leistungsfreiheit und die Kündigung des Versicherungsvertrags.

> Der Versicherer kann nicht einklagen, dass A keinen Alkohol trinkt. Er wird aber eine Vereinbarung treffen wollen, dass er keine Leistung erbringen muss und den Vertrag kündigen kann, wenn A alkoholisiert einen Unfall verursacht.

2. Schutzbedarf

Die möglichen negativen Konsequenzen einer Obliegenheitsverletzung lenken den Blick allerdings sofort auf das Schutzbedürfnis des VN: Was kann dem VN Schlimmeres passieren als der Verlust der Deckung und die Kündigung seines Vertrags? Die **Sanktionierung** einer Obliegenheitsverletzung kann für den VN also **einschneidend** sein, auch   **4.36** wenn es keinen Schadenersatz gibt, weil Obliegenheiten „bloße" Rechtspflichten minderer Art sind.[473]

Wie schon die Beispiele zeigen, wäre es überschießend, bei jeder Obliegenheitsverletzung die Kündigung zu ermöglichen und eine Berufung auf Leistungsfreiheit zuzulassen. Das würde den Versicherungsschutz vielfach deutlich entwerten und wäre jedenfalls dort nicht sachgerecht, wo sich die Sanktion zu sehr vom Zweck der Anordnung der Obliegenheit (Verhaltenssteuerung) entfernt.

> Ist die Sanktionierung sachgerecht, wenn der VN den Feuermelder entfernt hat, weil er irrtümlich davon ausgegangen ist, dass er defekt ist und ihn daher reparieren lassen wollte?
>
> Ist es gerechtfertigt, wenn jede Alkoholisierung in allen Fällen den Versicherungsschutz entfallen ließe und zur Auflösung führt? Auch eine unverschuldete, geringfügige oder eine, die auf den Unfall keine Auswirkungen hatte?

4.37 Damit ist man beim Regelungsanliegen des Gesetzgebers, der zwar ein legitimes Interesse des Versicherers an Verhaltenssteuerung anerkennt, im Lichte der einschneidenden Konsequenzen einer Leistungsfreiheit und einer Kündigung allerdings auch **zwingende Grenzen** setzt, die in der Folge darzustellen sind.

> Die Entfernung des Feuermelders ermöglicht dem Versicherer unter den Voraussetzungen der §§ 23 ff eine Berufung auf Leistungsfreiheit und Kündigung. Von diesen Bestimmungen darf nicht zu Lasten des VN abgewichen werden (§ 34a).
>
> Alkoholobliegenheiten sind in der Kaskoversicherung häufig. Neben der allgemeinen Klauselkontrolle ist § 6 anwendbar, der zB den Nachweis ermöglicht, dass die Obliegenheitsverletzung keinerlei Einfluss auf den Versicherungsfall hatte (Kausalitätsgegenbeweis).

3. Kategorien

4.38 Versicherungsrechtliche Obliegenheiten sollen den Versicherer also zu einem bestimmten Verhalten anleiten. Daher haben sie stets einen Bezug zum versicherten Risiko, der freilich ganz verschieden ausgeprägt sein kann. Immer geht es jedoch um die Minimierung der Wahrscheinlichkeit des Eintritts oder der Auswirkungen eines Versicherungsfalls.

4.39 Dabei können zunächst auf der Zeitachse zwei verschiedene Typen unterschieden werden. Ist eine Obliegenheit unabhängig von einem Versicherungsfall zu erfüllen, spricht man von einer **primären** Obliegenheit. Manchmal wird auch Obliegenheiten gesprochen, die vor dem Versicherungsfall zu erfüllen sind.[474]

> Die Alkoholklausel begründet eine primäre Obliegenheit, weil sie den Eintritt des Versicherungsfalls verhindern soll. Gleiches gilt für die Obliegenheit des VN in der Feuerversicherung, den Feuerlöscher im versicherten Gebäude nicht zu entfernen.
>
> Die Führung von Büchern in der Betriebsunterbrechungsversicherung soll und kann zwar den Versicherungsfall nicht verhindern. Sie dient aber ebenfalls der Risikoverwaltung, weil Beweis-

---

473 Vgl zutr *Hafner*, Drittzurechnung 189; *Schauer*, Versicherungsvertragsrecht[3] 248.
474 Krit zum Begriff *Schauer*, Versicherungsvertragsrecht[3] 249.

schwierigkeiten beim Versicherungsfall vermieden werden soll. Da sie unabhängig von einem konkreten Versicherungsfall zu erfüllen ist, ist sie ebenfalls eine primäre Obliegenheit.

Von den primären werden die **sekundären** Obliegenheiten unterschieden. Das sind Obliegenheiten, die erst durch den Eintritt des Versicherungsfalls ausgelöst werden. Sie dienen dazu, die Auswirkungen eines bereits eingetretenen Versicherungsfalls immerhin möglichst klein zu halten.

Beispiele für sekundäre Obliegenheiten: Schadensminderung durch den VN, Auskunft und Information über den Versicherungsfall und seine Auswirkungen.

Eine andere Unterscheidung richtet sich danach, woher die Obliegenheit stammt. Das Risikomanagement wird entweder direkt vom **Gesetzgeber** (gesetzliche Obliegenheiten) oder vom **Versicherer** (vertragliche Obliegenheiten) betrieben. In beiden Fällen werden Anreize für ein bestimmtes Verhalten des VN gesetzt. Der Unterschied liegt darin, dass die Obliegenheit in einem Fall bereits gesetzlich angeordnet ist und den VN „automatisch" trifft. Vertragliche Obliegenheiten müssen hingegen zu ihrer Wirksamkeit von den Parteien vereinbart werden.

4.40

Durch die Entfernung des Feuermelders erhöht der VN die Gefahr in der Feuerversicherung. Der Gesetzgeber erlaubt dem Versicherer unter den Voraussetzungen der §§ 23 ff, sich auch ohne vertragliche Vereinbarung auf Leistungsfreiheit zu berufen und gibt ihm ein Kündigungsrecht.

Der Kaskoversicherer vereinbart eine Obliegenheit, die Leistungsfreiheit und ein Kündigungsrecht bei Alkoholbeeinträchtigung vorsieht. Ohne eine solche Vereinbarung kann er sich nicht auf die Obliegenheitsverletzung berufen.

Die folgenden Ausführungen orientieren sich am Zeitablauf. Zunächst werden daher primäre Obliegenheiten erörtert, anschließend die nach dem Versicherungsfall zu beachtenden sekundären. Die Gemeinsamkeiten innerhalb der Kategorien überwiegen nämlich diejenigen innerhalb der Gruppe der gesetzlichen und der vertraglichen Obliegenheiten.

4.41

Bei den **vertraglichen Obliegenheiten** gibt es nur zwei übergreifende und daher bei allen vereinbarten Obliegenheiten gleichermaßen einschlägige Grenzen, die der Versicherer beachten muss; sonst ist nach dem jeweiligen Typ der vertraglichen Obliegenheit zu unterscheiden: Die Vereinbarung eines Rücktrittsrechts – dessen Ausübung zu einer rückwirkenden Auflösung und Rückabwicklung führen würde – ist als Sanktionierung einer Obliegenheitsverletzung ausgeschlossen (§ 6 Abs 4). Die Sanktionierung muss sich also insofern auf die Kündigung konzentrieren. Außerdem kann sich der Versicherer – außer im Fall des Vorsatzes – auf die Verletzung einer vereinbarten Obliegenheit nicht berufen, wenn er dem VN weder die AVB noch eine andere Urkunde über die Obliegenheit ausgefolgt hat (§ 6 Abs 5).[475] Beides wird in der Praxis freilich beachtet, sodass die zwei Regeln keine überwältigende Bedeutung haben.

---

475 Dazu *Schauer*, Versicherungsvertragsrecht³ 249 f.

B. Primäre Obliegenheiten

1. Gefahrverwaltung

Literatur: *Figl,* COVID-19: Gefahrerhöhung in der Versicherung? RdW 2020, 586; *Figl,* COVID-19: Gefahrenmangel, Gefahrenminderung und Prämienreduktion, wbl 2020, 487; *Loacker,* Die Gefahrerhöhung nach der VVG-Reform, VersR 2008, 1285; *I. Vonkilch,* Inflation und Prämienanpassung, ZVers 2020, 12.

a) Grundidee

4.42 Die vertragliche Einigung – und damit die Prämie – wird auf Basis des Risikos bei Vertragsabschluss berechnet. Ändert sich das Gefahrenniveau später unvorhergesehen, gerät das vereinbarte Äquivalenzverhältnis in eine Schieflage.

> Der bei V angestellte A besichtigt das Betriebsgelände des VN, auf dem sich die behördlich vorgeschriebenen Feuermelder und Feuerlöscher befinden. Werden sie nach Vertragsabschluss entfernt, passt die Prämienkalkulation des V nicht mehr, weil sich die Eintrittswahrscheinlichkeit erhöht.
>
> Versichert der VN ein Gebäude, in dem er hobbymäßig an 14 Tagen im Jahr Schnaps brennt, passt die Kalkulation nicht mehr, wenn der VN im Gebäude später eine gewerbliche Tätigkeit mit über 28 Brenntagen aufnimmt (OGH 7 Ob 180/18y).

4.43 Wie die vorvertraglichen Anzeigepflichten (§§ 16 ff) zeigen, ist dem Gesetzgeber die korrekte Risikoermittlung bei Vertragsabschluss ein Anliegen. Es ist daher nur konsequent, dass er auch das in den Beispielen skizzierte Problem nachträglicher Risikoänderungen regelt (§§ 23 ff). Wenig überraschend zieht er die **Anzeigepflichten** auch in den Zeitraum der Gefahrtragung mit: Der VN muss die Gefahrerhöhung dem Versicherer also mitteilen (§ 23 Abs 2, § 27 Abs 2).

Daneben gibt es aber einen wesentlichen Unterschied zum vorvertraglichen Stadium: Während es dort um wahrheitsgemäße Auskunft über Tatsachen geht, liegt die Risikoveränderung während des laufenden Vertrags häufig in den Händen des VN. Diesen Gedanken greift der Gesetzgeber auf: Der VN hat in erster Linie eine Erhöhung der Gefahr ohne Einwilligung des Versicherers zu unterlassen. Das wird als **Gefahrstandspflicht** des VN bezeichnet.[476]

4.44 Die Vorschrift, keine Gefahrerhöhung zuzulassen, ist eine Obliegenheit des VN, die mit drohender Leistungsfreiheit sanktioniert ist. Daneben stellt sich mit Blick auf die **Rechtsfolgen** der Gefahrerhöhung stets die Frage, ob der Versicherer die Vereinbarung kündigen kann. Anders als in Deutschland ist hingegen kein gesetzliches Recht des Versicherers vorgesehen, die Prämie entsprechend der neuen Gefahrenlage anzupassen.[477] Das ist nicht sehr einsichtig, zumal eine Prämienreduktion im umgekehrten Fall der dauerhaften Gefahrenminderung sehr wohl verlangt werden kann (§ 41 a).[478]

---

476 *Armbrüster,* Privatversicherungsrecht² Rz 1700; *Kath* in *Fenyves/Perner/Riedler,* VersVG § 23 Rz 65.
477 *Loacker,* VersR 2008, 1285 (1286 ff).
478 Dazu anlässlich COVID-19-bedingter Betriebsschließungen *Figl,* wbl 2020, 487.

Hat der Feuerversicherer also für die hobbymäßige Schnapsbrennerei eine Prämie von 100 kalkuliert, kann er die Prämie nicht auf den Betrag anpassen, den er für eine gewerbliche Schnapsbrennerei kalkuliert hätte. Erfährt er von der Widmungsänderung, hat er – wie sich zeigen wird – nur die Wahl, den Vertrag zu kündigen oder unverändert weiterlaufen zu lassen.

Hat der Feuerversicherer hingegen wegen einer gewerblichen Nutzung bei Vertragsabschluss 150 kalkuliert und fällt diese nun weg, kann der VN eine verhältnismäßige Prämienreduktion fordern.

Die in der Folge dargestellten Vorschriften über die Gefahrerhöhung sind zugunsten des VN **zwingend** (§ 34 a). **4.45**

Der Versicherer könnte die Prämienanpassung bei Gefahrerhöhung als Alternative zur Kündigung also nicht einmal in seinen AVB vereinbaren. Das hat der OGH in 7 Ob 53/14 s explizit zur Gefahrerhöhung in der Unfallversicherung (zB Berufsänderung, Aufnahme gefährlicher Freizeitaktivitäten) ausgesprochen.

Das Gefahrerhöhungsregime ist in der **Krankenversicherung** sogar überhaupt nicht anwendbar (§ 178 a Abs 3 Satz 2). Der Versicherer kann sich also – bis zur Grenze des Vorsatzes – nicht einmal auf Leistungsfreiheit und Kündigungsmöglichkeit nach §§ 23 ff berufen. Ihm bleibt aber die Möglichkeit, vorbeugende Obliegenheiten zu vereinbaren.[479]

Altert der VN, kann der Versicherer daraus ebenso keine Rechte aus dem Regime der Gefahrerhöhung ableiten wie wenn er nach Vertragsabschluss zu rauchen oder regelmäßig Alkohol zu konsumieren beginnt. Einen Anreiz zu gesunder Lebensweise bieten aber Self-Tracking-Tarife, durch die der Versicherer eine Prämienreduktion durch gesunde Lebensweise erzielen kann.

In der **Lebensversicherung** kann sich der Versicherer – außer bei Arglist des VN – gem § 164 Abs 2 auf eine Gefahrerhöhung jedenfalls dann nicht mehr berufen, wenn seit der Erhöhung drei Jahre verstrichen sind.

b) Gefahrerhöhung

Auslöser der gesetzlichen Gefahrverwaltungspflichten ist die Gefahrerhöhung. Darunter versteht man eine Änderung tatsächlicher Umstände nach Vertragsabschluss, die den **Eintritt** oder die **Auswirkungen** des Versicherungsfalls **wahrscheinlicher** macht.[480] **4.46**

Die Aufnahme einer gewerbsmäßigen Schnapsbrennerei erhöht die Gefahr eines Feuers, die Entfernung des Feuermelders die seiner Auswirkungen.

In der Unfall- oder der Berufsunfähigkeitsversicherung kann die Änderung der persönlichen Lebensumstände des VN (Berufswechsel, Freizeitaktivitäten) zu einer Gefahrerhöhung führen. Bei der Lebensversicherung sind nur ausdrücklich vereinbarte Umstände Gefahrerhöhungen, die Erklärung des VN bedarf der geschriebenen Form (§ 164 Abs 1).

---

479 *Zoppel* in *Fenyves/Perner/Riedler*, VersVG § 178 a Rz 34 (vgl auch Rz 33 und 35 zu Anreizmodellen).
480 *Schauer*, Versicherungsvertragsrecht³ 236.

Kap 4 Pflichten des Versicherungsnehmers

> Der BGH sprach in IVa ZR 18/80 aus, dass bei Zusammentreffen von erhöhenden und mindernden Umständen eine Gefahrenkompensation vorzunehmen ist: Die Diskothek im feuerversicherten Haus wurde stillgelegt (Minderung), anschließend wurde mehrfach eingebrochen und die gewaltsam geöffnete Türe nicht repariert (Erhöhung). Insgesamt lag damit keine Gefahrerhöhung vor.

Für die Einordnung als Gefahrerhöhung ist dabei entscheidend, dass die Risikoerhöhung zwar die **Vertragsgefahr** erhöht, allerdings nicht vom Leistungsversprechen erfasst sein darf. Hat der Versicherer die erhöhte Gefahr bereits bei Vertragsabschluss mit einkalkuliert oder ist er bei Anzeige der Gefahrerhöhung damit einverstanden, liegt daher keine Gefahrerhöhung vor. Es kommt in diesen Fällen ja gerade nicht zu einer Störung des Äquivalenzverhältnisses (§ 29 Satz 2).

> Enthält eine Veranstaltungsausfallversicherung – wie häufig – einen Pandemieausschluss, so ist COVID-19 keine Gefahrerhöhung, weil das Risiko aufgrund des Ausschlusses gerade nicht erhöht wird.
>
> In einer Seuchen-BU ist das Auftreten von COVID-19 auch dann keine Gefahrerhöhung, wenn es keinen Pandemieausschluss gibt, weil das Auftreten von Seuchen ja gerade Teil der Deckung und daher mitversichert sein soll (Deckung kann freilich aus anderen Gründen zu verneinen sein, vgl OGH 7 Ob 214/20a).
>
> In OGH 7 Ob 210/14d hatte der Rechtsschutz-VN eine Kommanditbeteiligung erworben. Der Versicherer berief sich auf Leistungsfreiheit, weil ein „extrem hohes spekulatives Risiko" aus der Unternehmensbeteiligung vorliege (was offenbar die Streitwahrscheinlichkeit und den Rechtsschutzbedarf erhöhe). Das Höchstgericht ging aber davon aus, dass der Erwerb einer Kommanditbeteiligung keine Gefahrerhöhung in der Rechtsschutzversicherung ist: Der Versicherer hätte mit einem solchen Geschäft „rechnen müssen."

4.47 Die Gefahrerhöhung setzt nach zutreffender Auffassung[481] voraus, dass der Zustand **länger andauert,** wobei eine Ex-ante-Betrachtung vorzunehmen ist.[482] Die Anzeigepflicht, die dem Versicherer eine Handlungsoption für ein künftig verändertes Risiko gibt, hätte sonst kaum Sinn. Freilich liegt die Gefahrerhöhung bereits zu Beginn der Zustandsveränderung vor.

> Der OGH hat in 7 Ob 23/94 daher zutreffend ausgesprochen, dass das einmalige, versehentliche Zurücklassen der Fahrzeugpapiere samt Typenschein im Handschuhfach keine Gefahrenerhöhung ist.

Durch das Kriterium der Dauerhaftigkeit lässt sich die Gefahrerhöhung von der Herbeiführung des Versicherungsfalls (subjektiver Risikoausschluss) abgrenzen, wo es andere Voraussetzungen für die Leistungsfreiheit gibt.[483] Daneben sind auch vorbeugende Obliegenheiten zu beachten, wenn sie wirksam vereinbart wurden.

---

481 *Schauer,* Versicherungsvertragsrecht 237; idS auch *Kath* in *Fenyves/Perner/Riedler,* VersVG § 23 Rz 15 ff. Aus der Rsp OGH 7 Ob 214/17x (Umbau eines Radbaggers).
482 Dies betonend OGH 7 Ob 2205/96g.
483 *Schauer,* Versicherungsvertragsrecht 237.

> Am Bsp der Alkoholbeeinträchtigung in den Kfz-Versicherungen: Der schwer alkoholisierte Unfalllenker hat den Versicherungsfall herbeigeführt (was je nach Sparte unter den Voraussetzungen der §§ 61, 152 Leistungsfreiheit bewirken kann). Außerdem verletzt er die – meist in AVB vereinbarte – Alkoholobliegenheit.
>
> Die einmalige alkoholisierte Fahrt ist aber noch keine Gefahrerhöhung, weil sie nur eine punktuelle und keine dauerhafte Risikoänderung bewirkt (siehe nur RS0080078). Anders könnte bei einer beginnenden Alkoholkrankheit zu entscheiden sein.

4.48 Mit Blick auf die noch darzustellenden einschneidenden Rechtsfolgen einer Gefahrerhöhung ist es sachgerecht, die Dauerhaftigkeit vorauszusetzen. Daneben kommt § 29 Satz 1 dem VN aber auch insofern entgegen, als **Bagatellfälle** von der Anwendung des Gefahrerhöhungsregimes ausgenommen werden.[484] Die Bestimmung spricht von einer „unerheblichen" Erhöhung der Gefahr.[485] Da kurzfristige Zustandsänderungen und mitversicherte Gefahrerhöhungen von vornherein ausscheiden, bleibt für diese Fallgruppe nicht mehr allzu viel übrig.

> Denkbar ist zB, die Änderung allgemeiner Umstände – Preissteigerungen, Inflation – als unerhebliche Gefahrerhöhungen einzuordnen,[486] aus denen der Versicherer keine Rechte ableiten kann.
>
> In OGH 7 Ob 162/02b hatte sich der Mitarbeiterstand der VN (mindestens) verdoppelt. Das war ohne Zweifel eine erhebliche Gefahrerhöhung in der betrieblichen Rechtsschutzversicherung. Hätte sie hingegen bei einem Ausgangswert von 50 Mitarbeitenden nur eine zusätzliche Mitarbeiterin angestellt, so hätte man von einer unerheblichen Gefahrerhöhung ausgehen können.

4.49 Für die Rechtsfolgen ist die Unterscheidung von **subjektiver** (gewillkürter) und **objektiver** (nicht gewillkürter) Gefahrerhöhung wichtig. Sie richtet sich danach, ob sich die Gefahrerhöhung auf den Willen des VN zurückführen lässt.[487] Eine subjektive Gefahrerhöhung liegt demnach vor, wenn der VN die Risikoerhöhung selbst vornimmt oder sie zumindest gestattet. Das ist auch der Fall, wenn mögliche und zumutbare Vorkehrungen zur Beseitigung einer Gefahrerhöhung unterlassen werden.[488] Die subjektive Gefahrerhöhung muss also nicht immer in einem aktiven Tun bestehen. Alle sonstigen Gefahrerhöhungen sind objektiv.

> Der VN nimmt die Gefahrerhöhung selbst vor, wenn er den Feuermelder entfernt oder das versicherte Gebäude gewerblich als Schnapsbrennerei nutzt (Feuerversicherung), den Beruf wechselt (Personenversicherung) etc.
>
> Bittet der VN einen Freund, seine Fabriksmaschine durch Entfernung von Sicherheitsvorrichtungen „umzubauen" und dadurch leistungsstärker zu machen, gestattet er einem Dritten die Gefahrerhöhung in der Betriebsversicherung.

---

484 In diese Richtung OGH 7 Ob 214/17x („geringfügig").
485 Zur Rsp *Kath* in *Fenyves/Perner/Riedler*, VersVG § 29 Rz 6.
486 Siehe dazu *I. Vonkilch*, ZVers 2020, 12 (12 ff).
487 Siehe *Schauer*, Versicherungsvertragsrecht³ 240 f.
488 OGH 7 Ob 34/10 s.

Kap 4 Pflichten des Versicherungsnehmers

> Eine Gefahrerhöhung durch Unterlassen könnte zB dann anzunehmen sein, wenn der VN in einer Einbruchdiebstahl- oder einer Kaskoversicherung das Schloss nach dem Diebstahl eines Zweitschlüssels nicht tauscht (siehe OGH 7 Ob 34/10s). Dazu muss ihm freilich bekannt sein, dass der Schlüssel gestohlen wurde; nur bewusstes Augenverschließen ist der Kenntnis gleichzuhalten.[489]
>
> Eine objektive Gefahrerhöhung könnte etwa in der Unfallversicherung anzunehmen sein, wenn der risikoerhöhende Wechsel der beruflichen Aufgabenfelder auf eine Versetzung oder Weisung zurückgeht. In der Haushaltsversicherung könnte eine objektive Gefahrerhöhung vorliegen, wenn auf der Nachbarliegenschaft ein Heim für schwer erziehbare Jugendliche gebaut wird.

Innerhalb der subjektiven Gefahrerhöhung ist noch zwischen **verschuldeten** und nicht verschuldeten Gefahrerhöhungen zu unterscheiden. Verschulden bedeutet, dass dem VN vorwerfbar ist, die Risikoerhöhung ohne Einwilligung des Versicherers vorgenommen zu haben (§ 23 Abs 1 iVm § 24 Abs 1 und § 25 Abs 1). Das setzt voraus, dass ihm bewusst war oder bewusst sein musste, dass sein Verhalten eine Risikoerhöhung bewirkt.[490] Der VN muss außerdem den Beweis der Schuldlosigkeit führen, das Verschulden wird also vermutet.[491]

> Im oben genannten Fall der Schnapsbrennerei konnte der VN wohl erkennen, dass sein Verhalten die Wahrscheinlichkeit des Eintritts des Versicherungsfalls erhöht.

c) Rechtsfolgen

4.50 Für die Rechtsfolgen der Gefahrerhöhung ist zu differenzieren: Bei einer **subjektiven** und **verschuldeten** Gefahrerhöhung kann sich der Versicherer auf Leistungsfreiheit berufen (§ 25 Abs 1) und den Vertrag mit sofortiger Wirkung kündigen (§ 24 Abs 1). Die beiden Rechtsfolgen können – wenn der Versicherungsfall eingetreten ist – kumuliert werden. Erfährt der Versicherer hingegen von einer solchen Gefahrerhöhung, ohne dass ein Versicherungsfall eingetreten ist, steht natürlich nur die Auflösungsmöglichkeit im Raum.

> Meist wird beides zusammenfallen, etwa wenn ein Feuer in der Schnapsbrennerei ausbricht und sich bei der Abwicklung des Versicherungsfalls die geänderte Gefahrenlage herausstellt (OGH 7 Ob 180/18y). Der Versicherer könnte aber auch auf anderem Weg (Information durch den VN, durch eine Behörde etc) davon erfahren, ohne dass bereits etwas passiert ist.

Die Leistungsfreiheit tritt allerdings nur ein, wenn und soweit die Gefahrerhöhung eine Auswirkung auf Eintritt oder Auswirkungen des Versicherungsfalls hatte (§ 25 Abs 3). Dafür ist der VN beweispflichtig, weil der Umstand für ihn günstig ist.[492]

> Der Unfall-VN wechselt von einem bei Vertragsabschluss angegebenen Bürojob in den Außendienst, bei dem er deutlich häufiger mit dem Auto unterwegs ist. Er zeigt dies dem Versicherer nicht an. Bricht sich der VN zu Hause am Wochenende bei einem Sturz das Bein, hat sich die Gefahrerhöhung nicht ausgewirkt.

---

489 *Schauer*, Versicherungsvertragsrecht³ 241.
490 Siehe *Schauer*, Versicherungsvertragsrecht³ 241.
491 *Schauer*, Versicherungsvertragsrecht³ 243.
492 Siehe nur RS0080494, zB OGH 7 Ob 34/10s.

Der Versicherer muss rasch handeln: Die Kündigung ist nur innerhalb eines Monats ab dem Zeitpunkt möglich, zu dem er von der Gefahrerhöhung Kenntnis erlangt (§ 24 Abs 2). Löst er den Vertrag innerhalb dieser Zeitspanne nicht auf, verliert er sein Kündigungsrecht und ist ab Ende der Monatsfrist für künftige Versicherungsfälle leistungspflichtig. Das ist sachgerecht: Der Versicherer soll nicht lange zuwarten, die Prämie kassieren und sich dann auf Leistungsfreiheit berufen können.[493]

> Der Versicherer erfährt am 1.3. vom geänderten Risiko. Er ist bis zum 1.4. leistungsfrei und kann den Vertrag auflösen. Tut er dies nicht, muss er das höhere Risiko pro futuro decken und bis zu einer allfälligen nächsten regulären Auflösungsmöglichkeit warten.

Die Beseitigung der Gefahrerhöhung lässt die Kündigungsmöglichkeit ebenfalls erlöschen (§ 24 Abs 2). Auch sie bewirkt allerdings keine rückwirkende Leistungspflicht für die Zeit, in der die Gefahr erhöht war.

> Der VN gibt die gewerbliche Tätigkeit wieder auf, kündigt die zusätzlich eingestellten Mitarbeiter (vgl OGH 7 Ob 162/02 b), wechselt zurück in einen Bürojob etc.

Schwierigere Fragen stellen sich bei einer **subjektiven**, aber **nicht verschuldeten** Gefahrerhöhung. Wusste der VN unverschuldet nicht, dass sein Verhalten eine Gefahrerhöhung bewirkt, wäre eine sofortige Leistungsfreiheit nicht sachgerecht. Das gilt auch, wenn der VN um die Einwilligung des Versicherers zu einem risikoerhöhenden Verhalten ersucht, das man ihm nicht vorwerfen kann, er sie ihm aber nicht erteilt. Umgekehrt soll aber auch der Versicherer nicht auf Dauer in einem Vertrag gehalten werden, bei dem sich die Äquivalenzverhältnisse nachhaltig verschoben haben.   **4.51**

Der Versicherer kann den Vertrag dann nicht sofort auflösen, sondern er muss eine einmonatige Kündigungsfrist einhalten (§ 24 Abs 1 Satz 2). Leistungsfreiheit tritt nicht sofort, sondern erst mit Fristablauf ein (§ 25 Abs 2). Wird dem VN die Gefahrerhöhung später als solche bewusst, muss er sie dem Versicherer unverzüglich anzeigen. Unterbleibt die Anzeige, tritt Leistungsfreiheit mit Ablauf eines Monats nach dem Zeitpunkt ein, zu dem der VN eine Anzeige hätte machen sollen (§ 25 Abs 2 Satz 2).

> Der Arbeitgeber legt dem VN am 10.2. nahe, das – auch finanziell attraktive – Angebot anzunehmen, mit 1.3. in den Außendienst zu wechseln. Der VN nimmt das Angebot nach kurzer Bedenkzeit am 14.2. an und informiert seinen Versicherer am selben Tag darüber. Der Versicherer erteilt wegen der Gefahrerhöhung keine Einwilligung. Das Verhalten ist dem VN nicht vorwerfbar. Es ist aber auch verständlich, dass der Versicherer sich von der Vereinbarung lösen möchte. Kündigt er am 15.2., wird die Auflösung mit 15.3. wirksam. Bis zu diesem Zeitpunkt ist er für Versicherungsfälle – auch für solche ab 1.3. – deckungspflichtig.

Ähnliche Rechtsfolgen greifen bei der **objektiven** Gefahrerhöhung. Der VN muss, sobald er von der Gefahrerhöhung Kenntnis erlangt, unverzüglich Anzeige machen (§ 27 Abs 2). Der Versicherer kann dann innerhalb eines Monats kündigen (§ 27 Abs 1) und ist bis zum Fristende gefahrtragungspflichtig. Kenntnis ist zwar nach dem Wortlaut Vorausset-   **4.52**

---

493 *Schauer*, Versicherungsvertragsrecht³ 242.

zung der Anzeigepflicht. Auch hier wird man aber davon ausgehen können, dass es dem VN nicht hilft, wenn er die Augen bewusst verschlossen und nur dadurch keine Kenntnis vom gefahrerhöhenden Umstand hat (vgl § 16 Abs 2).

Dass der Versicherer danach leistungsfrei ist, liegt an der Beendigung des Vertrags. Sie tritt aber auch bei aufrechtem Vertrag ein, wenn eine unverzügliche Anzeige unterblieben ist. Der Versicherer ist dann mit Ablauf eines Monats nach dem Zeitpunkt leistungsfrei, zu dem eine Anzeige hätte zugehen müssen (§ 28 Abs 1), außer dem Versicherer war die Gefahrerhöhung ohnehin bekannt (§ 28 Abs 2). Auch hier musste die Gefahrerhöhung allerdings einen Einfluss auf den Versicherungsfall haben (§ 28 Abs 2).

> Der VN zeigt die gefahrerhöhende Umwidmung seiner Nachbarliegenschaft nicht an. Ab dem Zeitpunkt, zu dem er die Anzeige hätte machen müssen, ist der Versicherer noch einen Monat leistungspflichtig, danach – trotz aufrechten Vertrags – nicht mehr. Das ist sachgerecht: Auch bei einer Anzeige wäre er noch einen Monat leistungspflichtig geblieben.

Ist die Erhöhung der Gefahr durch **allgemein bekannte** und sich allgemein auswirkende Umstände verursacht, so muss der VN keine Anzeige machen und es tritt keine Leistungsfreiheit während aufrechten Vertrags ein (§ 27 Abs 3, § 28 Abs 1). Das Kündigungsrecht des Versicherers erlischt aber erst nach einem Jahr. Auch diese Regel ist sachgerecht, denn es gibt keinen Grund für eine Information über Umstände, die der andere Vertragspartner hat oder aufgrund seiner Expertise zumindest eher haben müsste.

> Das Gesetz nennt explizit die Änderung von Rechtsvorschriften. So ist zB die Einführung eines neuen schadenersatzrechtlichen Tatbestandes eine – allgemein bekannte – Gefahrerhöhung in der Haftpflichtversicherung. Auch einschneidende Judikaturänderungen, die zu einer Erhöhung des Haftungsrisikos bewirken, gehören dazu (vgl zB OGH 5 Ob 165/05h zur Arzthaftung).

4.53 Betrifft die Gefahrerhöhung nur einen **Teil** der versicherten **Gegenstände** oder **Personen** (dazu noch Rz 6.29ff), ändert sich zwar nichts an der Anzeigepflicht des gefahrerheblichen Umstandes. Die Regeln über die Leistungsfreiheit und die Kündigung greifen jedoch nur für den Teil des Vertrages, der von der Gefahrerhöhung betroffen ist (§ 31 Abs 1 und 3). Macht der Versicherer sein Teilkündigungsrecht geltend, kann der VN darauf allerdings mit einer Gesamtkündigung reagieren (§ 31 Abs 2).

> In einem einheitlichen Betriebsversicherungsvertrag sind zwei Standorte versichert. Die Gefahrerhöhung betrifft nur einen der beiden Standorte: Die Leistungsfreiheit kann sich von vornherein nur auf den betroffenen Standort beziehen und ein Kündigungsrecht bezieht sich grundsätzlich ebenfalls nur darauf (vgl aber § 31 Abs 1 aE).

2. Vorbeugende Obliegenheiten

a) Grundlagen

4.54 Verhaltenssteuerung zwecks Gefahrverwaltung wird wie erwähnt auch vom Versicherer betrieben. Ist ein solches Verhalten vom VN zum Zweck der **Risikominderung** oder der **Vermeidung einer Risikoerhöhung** dem Versicherer gegenüber zu erfüllen (§ 6 Abs 2), spricht man von einer vorbeugenden (ebenfalls gefahrverwaltenden) Obliegenheit.

Einige Beispiele aus den gängigen AKKB (Kfz-Kaskoversicherung): Der Lenker muss die vorgeschriebene kraftfahrrechtliche Berechtigung besitzen (Führerscheinklausel). Er darf sich nicht in einem durch Alkohol oder Suchtgift beeinträchtigten Zustand befinden (Alkoholklausel). Mit dem Fahrzeug dürfen Personen nur unter Einhaltung der kraftfahrrechtlichen Vorschriften befördert werden. Gegenstände des persönlichen Bedarfs dürfen (ab einem gewissen Wert) nur so im Fahrzeug aufbewahrt werden, dass sie von außen nicht sichtbar sind.

Die Verwandtschaft der vorbeugenden Obliegenheiten zu der **Gefahrerhöhung**, an die schon das Gesetz Rechtsfolgen knüpft, ist offensichtlich. Wie die Beispiele gezeigt haben, regeln die AVB mit den Obliegenheiten sehr häufig punktuelle Verhaltensweisen, die das Risiko erhöhen. In diesem Fall sind nur die zwingenden Grenzen des § 6 für Obliegenheiten (siehe gleich) einschlägig. Es ist aber durchaus möglich, dass eine vorbeugende Obliegenheit zugleich auch unter die Vorschriften der Gefahrerhöhung zu subsumieren ist. Dann kommen sowohl § 6 als auch §§ 23 ff zur Anwendung. **4.55**

Die AKKB enthalten die Obliegenheit, dass sich auf dem Fahrzeug im vorgeschriebenen Zeitraum (§ 102 Abs 8a KFG) Winterreifen befinden. Unterlässt der VN im Herbst, Winterreifen zu montieren, könnte dies auch eine Gefahrerhöhung durch Unterlassen sein.

b) Rechtsfolgen

Meist stellt sich die Frage nach den Rechtsfolgen der Verletzung einer vorbeugenden Obliegenheit, wenn der Versicherungsfall eintritt. Sieht der Vertrag für diesen Fall **Leistungsfreiheit** vor, so kann diese Rechtsfolge nur bei verschuldeter Obliegenheitsverletzung eintreten (§ 6 Abs 1), wobei leichte Fahrlässigkeit genügt. **4.56**

In OGH 7 Ob 104/20z lagen einer Eigenheimversicherung AVB zugrunde, die eine für Leitungswasserversicherungen typische Obliegenheit enthielten. Danach waren Wasserzuleitungen zum versicherten Objekt abzusperren, wenn es nicht benützt oder länger als 72 Stunden verlassen wird. Die Verletzung der „72-Stunden-Klausel" sollte nach den zugrundeliegenden Bedingungen Leistungsfreiheit bei Vorsatz oder grober Fahrlässigkeit bewirken. Das ist zulässig, weil § 6 nur zugunsten des VN zwingend ist.

Selbst wenn der VN eine Obliegenheit schuldhaft verletzt hat, steht dem VN allerdings der **Kausalitätsgegenbeweis** offen. Der Versicherer kann sich auf die vereinbarte Leistungsfreiheit nicht berufen, „wenn die Verletzung keinen Einfluss auf den Eintritt des Versicherungsfalls oder soweit sie keinen Einfluss auf den Umfang der dem Versicherer obliegenden Leistung gehabt hat" (§ 6 Abs 2).

A lenkt sein Kfz in einem durch Suchtgift beeinträchtigten Zustand. Vor einer Eisenbahnkreuzung hält er vorschriftsgemäß. Der unaufmerksame B übersieht das Haltesignal und fährt auf A auf. Trotz Obliegenheitsverletzung bleibt As Kfz-Rechtsschutzversicherung für den Schadenersatzprozess gegen B deckungspflichtig, weil der Versicherungsfall auch ohne Beeinträchtigung eingetreten wäre.

Der OGH ist beim Kausalitätsgegenbeweis zu Recht streng (ausdrücklich OGH 7 Ob 104/20z): In OGH 7 Ob 240/18x hatte der VN in der Haushaltsversicherung die Obliegenheit, die Wohnung zu versperren, verletzt: Er hatte die Wohnungstüre bloß „zugezogen". Der Kausalitätsge-

Kap 4 Pflichten des Versicherungsnehmers

genbeweis erfordert den Nachweis, dass der Einbruch mit Sicherheit auch bei versperrter Türe stattgefunden hätte.

Am Bsp der „72-Stunden-Klausel" (vgl OGH 7 Ob 104/20z): Der VN verlässt sein Haus für einen zweiwöchigen Urlaub und dreht die Wasserleitungen nicht ab. Kann der VN beweisen, dass Wasser innerhalb der ersten 72 Stunden ausgetreten ist und den gesamten Schaden vor Ablauf der Zeit verursacht hat, ist der Kausalitätsgegenbeweis gelungen, nicht aber, wenn das Wasser danach ausgetreten ist. Tritt das Wasser innerhalb der ersten 72 Stunden aus und vergrößert sich der Schaden danach noch, ist der Versicherer nur für die spätere Vergrößerung leistungsfrei („Einfluss auf den Umfang").

4.57 Der Versicherer kann sich bei schuldhafter Verletzung einer vorbeugenden Obliegenheit außerdem innerhalb eines Monats ab Kenntnis[494] durch **Kündigung** vom Vertrag lösen (§ 6 Abs 1). Die Frist zwingt den Versicherer zu einer raschen Entscheidung über das Schicksal des Vertrags („Klarstellungserfordernis"[495]).

Ob der Versicherungsfall eingetreten ist, ist unerheblich, wenngleich der Versicherer meist erst aus diesem Anlass von einer Verletzung erfahren wird. Die Beweislast folgt allgemeinen Regeln: Während der Versicherer den objektiven Tatbestand der Obliegenheitsverletzung nachweisen muss, obliegt der Beweis fehlenden Verschuldens dem VN.

Hat der Versicherer innerhalb eines Monats ab Kenntnis nicht gekündigt, kann er sich zwar nicht mehr wegen der Obliegenheitsverletzung vom Vertrag lösen. Das Recht, sich auf eine bereits eingetretene Leistungsfreiheit zu berufen, verliert er allerdings nicht.[496] Das ist vor allem dann sachgerecht, wenn der Versicherer erst im Zuge der Abwicklung eines Versicherungsfalls von der Obliegenheitsverletzung Kenntnis erlangt.[497] Der Zweck des Klarstellungserfordernisses soll ja primär pro futuro Klarheit schaffen.

4.58 Mit Blick auf die Rechtsfolgen zeigt sich damit beim Eintritt des Versicherungsfalls eine deutliche **Parallele** zu den gesetzlich angeordneten Folgen einer **Gefahrerhöhung**: Die Berufung auf Leistungsfreiheit ist nur bei Verschulden möglich und soweit die Verletzung der – gesetzlichen oder vertraglichen – Obliegenheit einen Einfluss auf den Versicherungsfall hatte.

Die Parallele zeigt sich auch bei gesetzlichen Spezialbestimmungen: § 7 Abs 1 KHVG ordnet zum Schutz des VN in der Kfz-Haftpflichtversicherung an, dass die Leistungsfreiheit des Versicherers „bei Verletzung einer Obliegenheit oder einer Erhöhung der Gefahr" auf 11.000 Euro (pro Versicherungsfall 22.000 Euro) begrenzt ist.

A verursacht schwer alkoholisiert einen Unfall, bei dem G ein Schaden von insgesamt 20.000 Euro entsteht. Der Versicherer bezahlt G den gesamten Schaden (vgl § 26 KHVG). Sein Regress gegen A ist auf 11.000 Euro begrenzt. Gleiches gilt, wenn der Unfall darauf beruht, dass A sein Fahrzeug gefährlich umgebaut oder bei Schnee keine Winterreifen aufgezogen hatte.

---

494 *Fenyves* in *Fenyves/Schauer*, VersVG § 6 Rz 76.
495 *Schauer*, Versicherungsvertragsrecht³ 251 f.
496 *Fenyves* in *Fenyves/Schauer*, VersVG § 6 Rz 78. Siehe nur RS0080523, zB OGH 7 Ob 2077/96h.
497 *Schauer*, Versicherungsvertragsrecht³ 252.

Bei der Kündigung gibt es dagegen einen Unterschied: Während die Vertragsauflösung bei Verletzung vertraglicher Obliegenheiten Verschulden voraussetzt, bewirkt auch eine objektive Gefahrerhöhung eine Kündigungsmöglichkeit des Versicherers. Das ist allerdings erklärbar: Der Versicherer soll unabhängig vom Verhalten des VN nicht in einem Vertrag bleiben müssen, bei dem sich das vereinbarte Gefahrenniveau dauerhaft zu seinen Ungunsten verschoben hat. Das wäre aber eben nur bei einer Gefahrerhöhung der Fall.

c) Äquivalenzwahrende Obliegenheiten

Manche Obliegenheiten dienen der Wahrung der „Äquivalenz zwischen Risiko und Prämie" (§ 6 Abs 1a Satz 1). Damit geht der Gesetzgeber plausibel davon aus, dass es oft nicht „den einen Tarif" für „das eine Risiko" gibt, sondern auch höhere Risiken zu höheren Prämien übernommen werden. **4.59**

> Ein Kfz kann zB für Privatfahrten verwendet werden, als Taxi oder als Dienstauto. Das Risiko in den Kfz-Versicherungen weicht je nach vereinbarter Verwendung voneinander ab. Demnach gibt es den „Basistarif", den „Taxitarif" etc. Zugleich wird als Obliegenheit vereinbart, dass die vereinbarte Verwendung des Kfz eingehalten wird.
>
> Das Risiko in der Einbruchdiebstahlversicherung ist verschieden, je nachdem, ob eine Alarmanlage eingebaut wird. Dem VN wird oft die Wahl gegeben, eine solche Anlage – gegen eine geringere Prämie – einzubauen. Das Installieren der Anlage wird dann als Obliegenheit vereinbart.

Äquivalenzsichernde Obliegenheiten sollen den VN dazu anhalten, das vertraglich vereinbarte Gefahrenniveau einzuhalten. Sie gehören daher ebenfalls zu den vorbeugenden Obliegenheiten.[498] Der VN kann daher jedenfalls den Kausalitätsgegenbeweis antreten.[499] Eine Kündigung wegen der Verletzung ist – wie bei allen Obliegenheiten – nur bei Verschulden möglich. **4.60**

§ 6 Abs 1a Satz 1 ordnet allerdings mit Blick auf die Leistungsfreiheit Besonderes an: Der Versicherer kann sich – anders als bei sonstigen vorbeugenden Obliegenheiten – bei Verschulden **nicht** stets auf **vollständige Leistungsfreiheit** berufen. Sie tritt vielmehr nur in dem Verhältnis ein, „in dem die vereinbarte hinter der für das höhere Risiko tarifmäßig vorgesehenen Prämie zurückbleibt."

> Beträgt der Tarif für Privatfahrten in der Kfz-Kaskoversicherung 100, der Taxitarif 150 und tritt ein Schaden von 300 ein, kann der VN daher trotz Verletzung der Verwendungsobliegenheit immer noch 200 verlangen. Führt er den Nachweis, dass der Schaden nichts mit der vereinbarungswidrigen Verwendung zu tun hat (zB Beschädigung des daheim geparkten Autos), kann er sogar 300 verlangen.

---

498 Etwas anders *Fenyves* in *Fenyves/Schauer*, VersVG § 6 Rz 80. Vgl *Schauer*, Versicherungsvertragsrecht³ 257; siehe auch zur *Hafner*, Drittzurechnung 21.
499 *Schauer*, Versicherungsvertragsrecht³ 257.

Die Anwendung der Regel setzt voraus, dass der Versicherer das höhere Risiko übernommen hätte. Diese Beurteilung erfolgt selbstverständlich ex ante zum Vertragsabschluss. Ist dies nicht der Fall, bleibt es bei vollständiger Leistungsfreiheit.

> Bietet der Einbruchdiebstahlversicherer keinen Tarif ohne Anbringung einer Diebstahlsicherung an, kann er sich auf vollständige Leistungsfreiheit berufen, wenn keine Alarmanlage angebracht wurde.

4.61 Bei der Verletzung von äquivalenzwahrenden Obliegenheiten wird die Parallele zur **Gefahrerhöhung** noch offensichtlicher als bei anderen vorbeugenden Obliegenheiten. Das liegt daran, dass die Äquivalenz von Risiko und Prämie typischerweise durch ein dauerhaftes Verhalten sichergestellt werden soll.

> Ein Kfz wird nicht einmal als Taxi verwendet, sondern dauernd, die Diebstahlsicherung ist dauerhaft vorhanden oder nicht etc.

Bewirkt die Verletzung einer äquivalenzwahrenden Obliegenheit zugleich eine dauerhafte Gefahrerhöhung, so geht die Rechtsfolge des § 6 Abs 1a Satz 1 vor: Der Versicherer kann sich (bei Vorliegen der sonstigen Voraussetzungen) nur auf verhältnismäßige Leistungsfreiheit berufen.

> Wird das Kfz als Taxi verwendet, kann sich der Versicherer also nicht auf volle Leistungsfreiheit mit dem Argument berufen, dass nicht nur eine äquivalenzwahrende Obliegenheit verletzt wurde, sondern die Verwendung als Taxi auch eine subjektive Gefahrerhöhung bewirkt hat (§ 25 Abs 1).

3. Schlichte Obliegenheiten

Literatur: *Migsch,* Schlichte, vor dem Versicherungsfall zu erfüllende Obliegenheiten, VR 1978, 363.

4.62 Die bisher behandelten Obliegenheiten bezwecken die Verringerung der Wahrscheinlichkeit des Eintritts oder der Auswirkungen des Versicherungsfalls. Andere primäre Obliegenheiten sind ebenfalls unabhängig vom Versicherungsfall zu erfüllen, haben jedoch keinen solchen vorbeugenden Charakter. Man bezeichnet sie als schlichte Obliegenheiten. Auch sie stehen aber in Zusammenhang mit dem vom Versicherer übernommenen Risiko,[500] wenngleich die Verbindung nicht so eng ausgeprägt ist.[501]

> Der VN muss zB in der Betriebsunterbrechungsversicherung (Art 7 AFBUB) Bücher und Aufzeichnungen führen, Inventuren, Bilanzen und Gewinn- sowie Verlustrechnungen aufstellen und drei Jahre (sicher, allenfalls auch in Kopie und ausgelagert) aufbewahren.
>
> Art 7 AFBUB soll den Eintritt und die Auswirkungen des Versicherungsfalls (Betriebsunterbrechung) zwar nicht verhindern und zählt daher nicht zu den vorbeugenden Obliegenheiten. Es

---

500 Vgl auch *Schauer,* Versicherungsvertragsrecht³ 252f, 258.
501 Siehe bereits *Migsch,* VR 1978, 363 (363: „nicht einen so engen Gefahrenbezug").

geht aber sehr wohl um Risikomanagement des Versicherers, weil für den Versicherungsfall Beweise sichergestellt werden sollen, was die Abwicklung begünstigt.

Ähnliches gilt für „Stehlgutlisten" in der Haushaltsversicherung (vgl OGH 7 Ob 97/14m): Den VN trifft die Obliegenheit, über Wertgegenstände (ab einem bestimmten Wert) zum Zweck des Nachweises im Schadensfall geeignete Verzeichnisse mit Wertangaben zu führen und sie gesondert aufzubewahren.

4.63 Auf schlichte Obliegenheiten kommt **§ 6 Abs 1a Satz 2** zur Anwendung.[502] Sein Wortlaut, der sich nur auf Obliegenheiten zu „bloßen Meldungen und Anzeigen" bezieht, ist gemessen am Zweck zu eng gefasst.[503] Solche Obliegenheiten kommen kaum vor,[504] der Wille des Gesetzgebers war vielmehr darauf gerichtet, alle schlichten Obliegenheiten zu erfassen.

Der Versicherer kann sich nach dieser Bestimmung nur bei **Vorsatz** auf Leistungsfreiheit berufen. Der VN muss also bewusst und gewollt gegen die Obliegenheit verstoßen haben.[505] Vorsatz liegt dann auch vor, wenn dem VN die Folgen der Obliegenheitsverletzung nicht bewusst waren. Der Kausalitätsgegenbeweis ist naturgemäß nicht möglich, weil die Obliegenheit ja gar nicht der Verhütung dient und damit vom Versicherungsfall abgekoppelt ist. Eine Kündigung wegen der Obliegenheitsverletzung ist – wie stets bei primären vertraglichen Obliegenheiten – bei jedem Verschulden möglich (§ 6 Abs 1).

Dem VN ist klar, dass er nach dem Vertrag verpflichtet ist, „etwas zu dokumentieren", tut es aber dennoch nicht, weil es „ihm zu mühsam" ist: Vorsatz. Hat er hingegen – wenn auch aus grober Schlamperei – etwa auf die gesonderte Aufbewahrung vergessen, liegt kein Vorsatz vor. Während der Versicherer die objektive Verletzung der Obliegenheit nachweisen muss, ist der VN für den Nachweis verantwortlich, die Obliegenheit nicht vorsätzlich verletzt zu haben. Auch wenn es auf den ersten Blick eigenartig wirkt: Der Nachweis der Schlamperei hilft dem VN in diesem spezifischen Fall.

Die fahrlässige Verletzung einer schlichten Obliegenheit kann allerdings zu **Schadenersatzansprüchen** des Versicherers führen.[506] Das ist dann anzunehmen, wenn die Anordnung auch als vertragliche Nebenpflicht zu verstehen ist.[507]

Aufgrund grob fahrlässiger Verletzung von Dokumentationspflichten entsteht dem Versicherer ein Rechercheaufwand, der mit 100 zu beziffern ist. Dieser Betrag kann schadenersatzrechtlich gefordert werden. Da ein solcher Schaden seinerseits schwer nachweisbar ist, werden mitunter Pauschalbeträge (Vertragsstrafen) vereinbart, die allerdings nach § 1336 ABGB richterlich gemäßigt werden können.

---

502 *Fenyves* in *Fenyves/Schauer*, VersVG § 6 Rz 86. Diesem folgend OGH 7 Ob 97/14m.
503 Zutr *Fenyves* in *Fenyves/Schauer*, VersVG § 6 Rz 86.
504 *Schauer*, Versicherungsvertragsrecht³ 252f.
505 *Fenyves* in *Fenyves/Schauer*, VersVG § 6 Rz 108ff.
506 ErläutRV 1553 BlgNR 18. GP 15.
507 *Fenyves* in *Fenyves/Schauer*, VersVG § 6 Rz 88.

C. Sekundäre Obliegenheiten

1. Grundlagen

4.64 Einige Obliegenheiten knüpfen am Eintritt des Versicherungsfalls an und können daher erst danach schlagend werden. Im weitesten Sinn geht es dabei stets darum, die Auswirkungen eines Versicherungsfalls so gering wie möglich zu halten. Das ist der Fall, wenn der Schaden selbst möglichst klein bleibt und der Versicherer vor vermeidbaren Belastungen oder vor ungerechtfertigten Ansprüchen des VN geschützt wird.[508] Da der Versicherer ein legitimes Interesse daran hat, enthält oft schon das **Gesetz** entsprechende Verhaltensanordnungen.

> Die in § 33 geregelte Anzeigepflicht oder die in § 34 verankerte Auskunfts- und Belegpflicht des VN zählt ebenso dazu wie die Rettungspflicht (§ 62).

Daneben finden sich naturgemäß auch in **AVB** sekundäre Obliegenheiten, die demselben Ziel dienen. Da die gesetzlichen Regeln oft keine Sanktionen bei Verletzung enthalten, präzisieren oder ergänzen viele solcher vertraglichen Obliegenheiten die – unvollständigen – gesetzlichen Anordnungen.

> Am Bsp der gleich darzustellenden Anzeigepflicht: § 33 Abs 1 ordnet an, dass der VN den Eintritt des Versicherungsfalles unverzüglich anzeigen muss. In AVB werden vielfach Fristen bestimmt oder Modalitäten für diese Anzeige festgelegt. Da das Gesetz nichts über die Frage der Leistungsfreiheit bei Obliegenheitsverletzung sagt, wird oft auch diese Rechtsfolge vereinbart.

In der Folge werden diese Obliegenheiten nach Sachfragen geordnet erläutert. Zunächst werden dabei die schon aufgrund des Gesetzes geltenden Rahmenbedingungen dargestellt. Anschließend wird jeweils erörtert, welche Grenzen für vertragliche Regelungen einschlägig sind.

2. Information

Literatur: *Egglmeier-Schmolke,* Plädoyer für eine generelle Pflicht zur unverzüglichen polizeilichen Unfallmeldung in den AVB der Kfz-Versicherungen, ZVR 2000, 364; *Ramharter,* Zum Kausalitätsgegenbeweis bei Aufklärungspflichtverletzungen nach dem Eintritt des Versicherungsfalls, VbR 2014, 44; *Reisinger,* OGH verschärft dolus coloratus – Mythos oder Wahrheit? ZVR 2014, 348; *Wandt,* Grundfragen der Anzeige-, Auskunfts- und Aufklärungsobliegenheiten nach dem VVG 2008, ZVersWiss 2011, 445.

4.65 Der Versicherer benötigt Information, um sich in die Abwicklung des Versicherungsfalls einschalten und seiner vertraglichen Deckungspflicht nachkommen zu können.[509] Da der VN davon am besten weiß, ist er die primäre Informationsquelle. Die Pflicht zerfällt dabei in zwei Teile: Spontane Anzeige und Auskunft auf Nachfrage.[510]

---

508 Siehe nur *Fenyves* in *Fenyves/Schauer,* VersVG § 6 Rz 100.
509 *Egglmeier-Schmolke,* ZVR 2000, 364 (364f).
510 Siehe zu Abgrenzung und fließendem Übergang zB OGH 7 Ob 224/08d.

4.66 Zunächst muss der VN überhaupt erfahren, dass der Versicherungsfall eingetreten ist. § 33 Abs 1 ordnet daher – wie bereits erwähnt – an, dass der VN den Versicherungsfall unverzüglich anzeigen muss (**Anzeige des Versicherungsfalls**). „Unverzüglich" bedeutet ohne schuldhaften Verzug.

> Die allgemeine Grundregel ist auf die jeweiligen Sparten umzulegen. Nach der Sonderregel des § 153 Abs 1 muss der VN zB in der Haftpflichtversicherung die Tatsachen, die seine Haftung begründen könnten, innerhalb von einer Woche anzeigen. Ähnliches gilt nach § 6 Abs 1 KHVG, der außerdem genauere Vorgaben für den Inhalt der Anzeige macht.
>
> In der Rechtsschutzversicherung geht der OGH (7 Ob 140/16p) überhaupt davon aus, dass nicht jedes mögliche Schadensereignis oder jeder mögliche Verstoß die Anzeigepflicht auslöst. Sie besteht erst dann, wenn sich ein Rechtsstreit – und damit die Einschaltung des Rechtsschutzversicherers – konkretisiert.

Die Anzeigepflicht setzt voraus, dass der VN oder eine ihm zurechenbare Person (Rz 4.82 f) vom Versicherungsfall wusste. Bloßes Kennenmüssen reicht nicht aus, es bestehen auch keine besonderen Nachforschungsobliegenheiten.[511] Der Kenntnis wird allerdings – nach allgemeinen Prinzipien – gleichzuhalten sein, wenn der VN bewusst die Augen verschloss.

Die Anzeige kann formlos – auch konkludent[512] – erfolgen und ist an den Versicherer zu richten. An den Inhalt sind keine strengen Anforderungen zu legen.[513] Durch die Anzeige soll ihm ein erstes Bild vermittelt werden, dann greift ohnehin die Auskunftspflicht des § 34 (dazu gleich unten).[514]

> Die Anzeige muss den Schaden oder den Anspruch zB noch nicht beziffern und kann auch noch lückenhaft sein, wenn dadurch keine entscheidende Zeit verloren wird. Der Versicherer ist derjenige, der als Sachverständiger die richtigen Fragen stellen und weitere Erkundigungen einholen kann.

Zahlreiche **vertragliche Regeln** ergänzen und präzisieren die Anzeigepflicht, indem sie regeln, wem innerhalb welcher Frist Informationen zu liefern sind.

> Neben der Haftpflichtversicherung, wo die gesetzliche einwöchige Frist in den AVB wiederholt wird, ist auch nach Art 7.3.1. AKKB eine einwöchige Frist einzuhalten. Feste Fristen gibt es nicht immer, oft schreiben auch die AVB nur vor, dass die Anzeige unverzüglich erfolgen muss (vgl Art 6.2. AEB, Art 6.2. AStB 2001). Die früher anzutreffenden Dreitagesfristen finden sich mittlerweile seltener.
>
> In der Kfz-Haftpflichtversicherung findet sich die Obliegenheit, bei Personenschäden (nicht nur den Versicherer, sondern zunächst vor allem) die nächste Polizeidienststelle sofort zu verständigen (Art 9.3.2. AKHB).

---

511 *Ramharter* in *Fenyves/Perner/Riedler*, VersVG § 33 Rz 11 ff.
512 Vgl OGH 7 Ob 17/92.
513 Siehe OGH 7 Ob 224/08 d; *Ramharter* in *Fenyves/Perner/Riedler*, VersVG § 33 Rz 14 ff.
514 Vgl auch OGH 7 Ob 20/17t (Versicherer kann bei Unklarheiten nachfragen).

4.67 Weiß der Versicherer vom Versicherungsfall, wird er oft noch weitere Informationen zur Feststellung seiner Leistungspflicht benötigen. Dass der VN ihm auf seine Fragen korrekt antworten muss, ergibt sich aus allgemeinen Grundsätzen.[515] § 34 Abs 1 positiviert diese **Auskunftspflicht des VN** ausdrücklich. „Der Versicherer kann nach dem Eintritt des Versicherungsfalles verlangen, dass der VN jede Auskunft erteilt, die zur Feststellung des Versicherungsfalles oder des Umfanges der Leistungspflicht des Versicherers erforderlich ist."

> Der Kfz-Kaskoversicherer hat ein berechtigtes Interesse an der Bekanntgabe des Kaufpreises des gestohlenen Fahrzeuges, wenn dieser für die Versicherungsleistung relevant sein könnte (OGH 7 Ob 17/89). Das gilt auch für Vorschäden oder den Unfallhergang (OGH 7 Ob 232/02x).

> Der Haftpflichtversicherer kann vom VN Auskunft über statische Berechnungen verlangen, die dieser vorgenommen hat und auf die sich eine angebliche Haftpflicht des VN stützen soll (OGH 7 Ob 1008/96). Auch an einer Information über Vorversicherungen hat ein Versicherer ein berechtigtes Interesse (OGH 7 Ob 1008/96).

Die Auskunft selbst kann in jeder Form erfolgen, sie muss aber – selbstverständlich – richtig und vollständig sein. Dabei ist kein formalistischer Zugang geboten, vielmehr ist das Auskunftsbegehren nach § 914 ABGB auszulegen und auf den redlichen Erklärungsempfänger abzustellen.[516] Im Einzelfall kann auch eine spontane Anzeige geboten sein,[517] etwa um erkennbare Fehlvorstellungen des Versicherers zu beseitigen.

> Der VN wird etwa von sich aus ihm bekannte Informationen über einen Drittschädiger liefern müssen, wenn und weil sich daraus Anhaltspunkte für Regressansprüche nach § 67 ergeben können.

Die Auskunftspflicht wird in § 34 Abs 2 ergänzt: Der Versicherer kann die Übermittlung von **Belegen** fordern, wenn dem VN deren Beschaffung billigerweise zugemutet werden kann. Das wird bei versicherungsfallrelevanten Dokumenten, die sich in der Verfügungsbefugnis des VN befinden, meist der Fall sein.[518]

> Belege sind Urkunden, Rechnungen, Quittungen, ärztliche Atteste etc.

Mit ihrer allgemeinen Wurzel gut vereinbar ist, dass die Auskunftspflicht des § 34 Abs 1 nicht zugunsten des VN zwingend ist (vgl § 34a). Auch sie wird in der Praxis durch vertragliche Regeln in AVB ergänzt.

> Nicht immer enthalten die vertraglichen Regeln im Vergleich zur gesetzlichen Pflicht inhaltlich Neues (vgl etwa in der Unfallversicherung Art 21.2.4. AUVB; in den Kfz-Versicherungen Art 7.3.2. AKKB und Art 9.3.4. AKHB, dazu OGH 7 Ob 232/02x).

---

515 *Ramharter* in *Fenyves/Perner/Riedler*, VersVG § 34 Rz 1.
516 Zutr *Ramharter* in *Fenyves/Perner/Riedler*, VersVG § 34 Rz 16.
517 *Ramharter* in *Fenyves/Perner/Riedler*, VersVG § 34 Rz 17.
518 OGH 7 Ob 210/14d („Korrelat").

II. Obliegenheiten

Art 8.1.1 ARB verpflichtet den Versicherer dazu, unverzüglich, vollständig und wahrheitsgemäß über die jeweilige Sachlage aufzuklären. Darin liegt die zulässige Vereinbarung einer spontanen Auskunftspflicht (OGH 7 Ob 239/13t) und somit in der Sache eine Kombination aus Anzeige- und Auskunftspflicht. Sind die vom VN gelieferten Informationen unklar, kann sich der Versicherer freilich nicht sofort auf die Verletzung von Art 8.1.1. berufen, sondern wird zunächst einmal beim VN nachfragen müssen.

Wie bereits erwähnt, geben die gesetzlichen Bestimmungen über die Anzeige- und Auskunftspflicht keine Auskunft über die **Rechtsfolgen bei Verletzung.** Sie werden daher gern als leges imperfectae bezeichnet.[519] Diese Einordnung erfolgt allerdings zu sehr aus obliegenheitsrechtlicher Perspektive.[520] Das Fehlen einer spezifischen Aussage über die Rechtsfolgen spricht vielmehr dafür, dass §§ 33, 34 normale vertragliche Nebenpflichten anordnen, bei denen sich eine eigene Aussage über die Rechtsfolgen erübrigt, weil ohnehin allgemeines Schadenersatzrecht anwendbar ist. Die schuldhafte Verletzung der Anzeige- oder Auskunftspflicht kann den VN daher zum Schadenersatz verpflichten; diesen Anspruch kann der Versicherer dem VN aufrechnungsweise entgegenhalten.[521]

4.68

Der VN „verschlampt" einen ärztlichen Befund, weshalb eine nochmalige Untersuchung notwendig wird. Der Versicherer trägt zwar die Kosten, kann sie aber vom VN ersetzt verlangen. Es spricht allerdings viel dafür, dass dies erst bei grobem Verschulden der Fall ist, weil die gleich darzustellenden Bestimmungen über Obliegenheitsverletzungen insofern analog anzuwenden sind.

Will der Versicherer die besonders strenge Sanktion der **Leistungsfreiheit** eintreten lassen, setzt § 6 Abs 3 dafür die allgemein für sekundäre Obliegenheiten einschlägigen Grenzen: Die vereinbarte Rechtsfolge tritt nicht ein, wenn die Verletzung weder auf Vorsatz noch auf grober Fahrlässigkeit **(grobes Verschulden)** beruht. Mit anderen Worten: Weder die unverschuldete noch die leicht fahrlässige Verletzung sekundärer Obliegenheiten schadet dem VN.

4.69

Der haftpflichtversicherte Lenker hatte in OGH 7 Ob 2146/96f alkoholisiert einen Unfall verschuldet und im Anschluss den Alkoholtest verweigert. Der Versicherer nahm (auch) wegen der Verletzung der sekundären Obliegenheit Regress (vgl § 7 Abs 1 KHVG). Die durch die schwere Alkoholisierung beeinträchtigte Einsichtsfähigkeit schloss nach dem OGH (nur insofern!) das grobe Verschulden aus.

§ 6 Abs 3 lässt außerdem den **Kausalitätsgegenbeweis** zu.[522] Der Versicherer bleibt also leistungspflichtig, wenn der VN nachweist[523], dass die Obliegenheitsverletzung keinen Einfluss auf Feststellung und Umfang des Versicherungsfalls hatte. Auch eine verhältnismäßige Leistungsfreiheit kommt je nach Beweis in Betracht („soweit").

---

519 Instruktiv *Wandt*, Versicherungsrecht⁶ Rz 569, 584, 970f.
520 Vgl zum Folgenden zutr *Ramharter* in *Fenyves/Perner/Riedler*, VersVG § 33 Rz 3f und § 34 Rz 3.
521 *Hafner*, Drittzurechnung 197ff. Zur (abweichenden) Rechtslage in Deutschland *Wandt*, ZVersWiss 2011, 445 (447ff).
522 *Schauer*, Versicherungsvertragsrecht³ 259f.
523 Zu prozessrechtlichen Fragen *Ramharter*, VbR 2014, 44.

Kann der VN – zB durch Zeugenaussagen – nachweisen, dass es keine Umstände gab, die bei sofortiger Auskunft hervorgekommen und die Abwicklung beeinträchtigt hätten, so gelingt dem VN, der den Versicherungsfall erst (zB wegen Übermüdung) verspätet angezeigt hat, der Kausalitätsgegenbeweis.

Wird die Obliegenheit allerdings „mit dem Vorsatz verletzt, die Leistungspflicht des Versicherers zu beeinflussen oder die Feststellung solcher Umstände zu beeinträchtigen, die erkennbar für die Leistungspflicht des Versicherers bedeutsam sind," (dolus coloratus), so ist der Kausalitätsgegenbeweis ausgeschlossen.[524]

Der VN gibt falsche Auskunft über den Wert des Fahrzeugs oder seine Wohnungseinrichtung, um an eine höhere Leistung zu kommen: Der Versicherer ist selbst dann leistungsfrei, wenn seine Falschauskunft keine Auswirkungen gehabt hätte, zB, weil er eine vertragliche Höchstgrenze übersehen hat.

In Täuschungsabsicht handelt auch, wer seinem Kfz-Kaskoversicherer einen positiven Alkoholtest verschweigt. Nach dem OGH (7 Ob 150/13d)[525] soll dies sogar gelten, wenn der positive Test daran lag, dass der beim Unfall nicht alkoholisierte Lenker unmittelbar nach dem Unfall Alkohol zu sich nahm.

Dass die nächste Polizeidienststelle nach einem Unfall nicht sofort verständigt wird (vgl § 4 Abs 5 StVO), lässt noch nicht zwingend auf Verschleierungsabsicht schließen (OGH 7 Ob 299/04b), weil es viele andere Gründe haben kann.

4.70 Anders als Abs 1 gibt § 6 Abs 3 dem VN kein Kündigungsrecht. Eine **Kündigung** aus wichtigem Grund kann allerdings nach allgemeinen Grundsätzen möglich sein, wenn der VN mit der Obliegenheitsverletzung ein Verhalten gesetzt hat, das die Fortsetzung unzumutbar erscheinen lässt.[526]

Dem Versicherer wird die Fortsetzung des Vertrags mit einem VN, der ihn angelogen hat, um zu einer höheren Leistung zu kommen, nicht zumutbar sein.

3. Rettungspflicht

Literatur: *Scherrer,* Versicherungsrechtliche Schadensminderungspflicht (1992).

4.71 Information über den eingetretenen Versicherungsfall und seine Auswirkungen ist wie gezeigt wichtig. Selbstverständlich ist dem Versicherer allerdings am besten gedient, wenn die Auswirkungen des Versicherungsfalls schon von vornherein möglich klein gehalten – oder sogar gänzlich abgewendet – werden. Da der VN vom (drohenden) Versicherungsfall typischerweise die beste Kenntnis hat, liegt es nahe, dass er für die **Abwendung** des Versicherungsfalls[527] und die **Minderung** seiner Folgen zu sorgen hat (Rettungs- oder Schadensminderungspflicht).[528] Es handelt sich dabei um eine Gefahrverwal-

---

524 Dazu *Reisinger,* ZVR 2014, 348; *Ramharter* in *Fenyves/Perner/Riedler,* VersVG § 34 Rz 115 ff.
525 Zu Recht krit *Ch. Huber,* ZVR 2014, 164 (166 f).
526 *Fenyves* in *Fenyves/Schauer,* VersVG § 6 Rz 102.
527 Vgl *Vonkilch* in *Fenyves/Perner/Riedler,* VersVG § 62 Rz 20 f. Siehe auch *Scherrer,* Schadensminderungspflicht 115 ff.
528 Zur Einordnung *Scherrer,* Schadensminderungspflicht 29 ff (begrifflich), 67 ff (dogmatisch).

tungsobliegenheit.⁵²⁹ Dieser Gedanke findet sich in der Schadensversicherung (§ 62), aber auch in der Unfall- als Summenversicherung (§ 183) und hat damit eine allgemeine Bedeutung.⁵³⁰

> Feuerversicherung: Der VN muss die Feuerwehr rufen und die Auswirkungen des Brandes kleinhalten, indem er anschließend zB wertvolle Gegenstände in Sicherheit bringt, um sie vor Löschwasser zu schützen. Auch ein erster Löschversuch (zB mit einem greifbaren Feuerlöscher) kann geboten sein (OGH 7 Ob 184/98d).
>
> Tierhaftpflichtversicherung: Wem ein Tier entkommt, der muss versuchen, es wieder einzufangen, um einer Haftung nach § 1320 ABGB zu entgehen (OGH 7 Ob 63/15p).

Der VN hat dabei **Weisungen des Versicherers** zu befolgen und – wenn zumutbar – solche auch einzuholen (§§ 62 Abs 1, 183). Da viele Maßnahmen, durch die der VN die Folgen eines Versicherungsfalls mindert, typisch sind, werden sie bereits in den AVB konkretisiert.

> A stürzt und hat Schmerzen in der Schulter. Würde er nun beim Unfallversicherer eine Weisung einholen, bekäme er die wenig überraschende Auskunft, „unverzüglich ärztliche Hilfe in Anspruch zu nehmen und die ärztliche Behandlung bis zum Abschluss des Heilverfahrens fortzusetzen" (= Art 21 Z 2.3 AUVB).

Der VN muss nur ein ihm **zumutbares Verhalten** setzen („nach Möglichkeit").⁵³¹ Auch Weisungen des Versicherers muss er nur unter diesen Voraussetzungen befolgen. Der Gesetzgeber sagt dies zwar nur für die Unfallversicherung in § 183 explizit („nicht etwas Unbilliges"), der Gedanke ist aber auch sonst einschlägig.⁵³²

> Selbstverständlich besteht keine Obliegenheit, „selbst in die Flammen zu gehen", unabhängig davon, ob der Versicherer das anordnet.
>
> In OGH 7 Ob 14/95 hat der OGH ausgesprochen, dass der VN sein gestohlenes und im Ausland zum Verkauf angebotenes Fahrzeug nicht von einem möglicherweise kriminellen Händler zurückkaufen muss.
>
> In OGH 7 Ob 45/19x hatte der VN eine Berufsunfähigkeitsversicherung abgeschlossen. Der Versicherungsfall war – aufgrund einer Depression – eingetreten. Der VN verweigerte eine – an sich erfolgversprechende – Therapie mit Antidepressiva, bei der mit Nebenwirkungen sowie Missempfindungen zu rechnen war und ein passendes Mittel erst nach Erprobung verschiedener Präparate gefunden werden hätte können. Der OGH verneinte die Verletzung der Schadensminderungsobliegenheit durch den VN.

Verletzt der VN die Schadensminderungspflicht, so ist der Versicherer von der Verpflichtung zur Leistung erst bei **Vorsatz** oder **grober Fahrlässigkeit** frei (§ 62 Abs 2 Satz 1). Der Maßstab für die Beurteilung groben Verschuldens gleicht dem des § 61 (siehe

4.72

---

529 *Fenyves* in *Fenyves/Schauer*, VersVG § 6 Rz 7.
530 OGH 7 Ob 45/19x: analoge Anwendung in der Berufsunfähigkeitsversicherung.
531 *Vonkilch* in *Fenyves/Perner/Riedler*, VersVG § 62 Rz 25.
532 *Vonkilch* in *Fenyves/Perner/Riedler*, VersVG § 62 Rz 26.

Rz 3.12 ff).⁵³³ Die Bestimmung ist aber zugunsten des VN zwingend (§ 68 a). In AVB darf also keine Leistungsfreiheit bei leicht fahrlässiger (oder gar unverschuldeter) Verletzung der Obliegenheit angeordnet werden. Das steht in Einklang mit der Anordnung des § 6 Abs 3 für sekundäre vertragliche Obliegenheiten.

> Grobe Fahrlässigkeit wird etwa jedenfalls zu verneinen sein, wenn der VN plausiblen – aber im Ergebnis falschen – Anweisungen von Sachverständigen Folge leistet (vgl OGH 7 Ob 285/99 h).
>
> In OGH 7 Ob 23/11 z verletzte der VN die vertragliche Obliegenheit, nach dem Unfall ärztliche Hilfe in Anspruch zu nehmen. Leistungsfreiheit stand unter den Voraussetzungen des § 6 Abs 3 zu. Der Versicherer haftete wegen grober Fahrlässigkeit des VN nicht für die Verschlimmerung, weil dieser entgegen ärztlichem Rat nicht ins Krankenhaus ging, „bis die Schmerzen unerträglich geworden waren".

§ 183 enthält zwar für die Unfallversicherung keine entsprechende gesetzliche Regel. Der OGH gelangt allerdings über ein weites Verständnis des dem VN nicht mehr „Zumutbaren" und „Unbilligen" zu einem ganz ähnlichen Ergebnis.

> In OGH 7 Ob 45/19 x wurde die gesetzliche Obliegenheit nicht durch den Vertrag ergänzt oder präzisiert. Dass dem depressiven VN eine erfolgversprechende Therapie mit Antidepressiva wegen Nebenwirkungen und einer „Einstellungsphase" nicht zumutbar ist, erinnert in der Sache an die Feststellung, dass die Verweigerung einer solchen Therapie nicht grob fahrlässig ist.

4.73 Auch bei grob fahrlässiger – nicht aber vorsätzlicher – Verletzung der Obliegenheit „bleibt der Versicherer zur Leistung insoweit verpflichtet, als der Umfang des Schadens auch bei gehöriger Erfüllung der Verpflichtungen nicht geringer gewesen wäre" (§ 62 Abs 2 Satz 2). Dem VN steht also auch hier der **Kausalitätsgegenbeweis** zu.

> Unterläuft dem VN ein schwerer Fehler bei der Feuerbekämpfung, kann er seinem Feuerversicherer dennoch einwenden, dass sein Verhalten keinen Einfluss auf Eintritt oder Auswirkungen des Versicherungsfalls hatte. Hätte sein Verhalten den halben Schaden verhindert, so ist der Versicherer nur zur Hälfte leistungsfrei.

Bei schlichtem Vorsatz gibt es nach § 62 Abs 2 keinen Kausalitätsgegenbeweis. Darin liegt ein Unterschied zu § 6 Abs 3, nach dem dies erst bei dolus coloratus der Fall ist.⁵³⁴ In der Lehre wird daher eine materielle Derogation von § 62 Abs 2 Satz durch den später eingeführten § 6 Abs 3 vorgeschlagen.⁵³⁵ Es sei nämlich nicht einsichtig, wieso die Berufung auf Leistungsfreiheit bei vertraglich vereinbarten Obliegenheiten milder sanktioniert werden sollte als bei der allgemein gehaltenen gesetzlichen Rettungsobliegenheit.⁵³⁶ Diese in der Lehre vorgeschlagene Derogation müsste sich dann freilich wohl auch auf die Summenversicherung beziehen.

---

533 OGH 7 Ob 285/99 h.
534 *Schauer*, Versicherungsvertragsrecht³ 321 f.
535 *Vonkilch* in *Fenyves/Perner/Riedler*, VersVG § 62 Rz 30; vorsichtig *Schauer*, Versicherungsvertragsrecht³ 322.
536 *Vonkilch* in *Fenyves/Perner/Riedler*, VersVG § 62 Rz 30.

Ein VN, der einen ärztlichen Rat bewusst missachtet und nicht ins Krankenhaus geht, könnte (und müsste) also den Nachweis führen, dass derselbe Nachteil auch bei pflichtgemäßem Verhalten eingetreten wäre.

Maßnahmen zur Abwendung des Schadens können Geld kosten. § 63 Abs 1 gibt dem VN einen Ersatzanspruch für solche Aufwendungen **(Rettungskosten)**, auch wenn sie erfolglos bleiben. Voraussetzung ist nur, dass sie der VN „den Umständen nach für geboten halten durfte". Der VN hat auch Anspruch auf Gewährung eines Vorschusses. Weisungsgemäße Aufwendungen hat der Versicherer auch insoweit zu ersetzen, als sie zusammen mit der übrigen Entschädigung die Versicherungssumme übersteigen. 4.74

Der VN hatte in OGH 7 Ob 63/15p einen Landwirtschaftsversicherungsvertrag abgeschlossen, der sich auch auf Schadenersatzpflichten aus der Tierhalterhaftung erstreckt. Einige Rinder entkamen und wurden in der Folge mit Hilfe von Tierärzten und Freiwilliger Feuerwehr betäubt und eingefangen, was Kosten verursachte. Die Rettungskosten waren zu ersetzen, weil sie geeignet waren, eine potenzielle Haftung nach § 1320 ABGB zu vermeiden. Ob es zu einer solchen Haftung überhaupt gekommen wäre und ob sie durch die Maßnahmen verhindert werden konnte, ist nicht entscheidend.

D. Risikoausschluss und Obliegenheit

Literatur: *Jabornegg,* Das Risiko des Versicherers (1979); *Jabornegg,* Risikoausschluss und Obliegenheit – die Wiederherstellung als Obliegenheit, in FS Fenyves (2013) 503.

1. Problemstellung

Sowohl bei einer Obliegenheitsverletzung als auch bei einem Risikoausschluss steht die Berufung des Versicherers auf Leistungsfreiheit im Raum. Dies allerdings unter verschiedenen Voraussetzungen. Der Risikoausschluss nimmt bestimmte Gefahren objektiv vom Versicherungsschutz aus. Durch Vereinbarung einer Obliegenheit möchte der Versicherer hingegen eine Verhaltenssteuerung beim VN bewirken. Dadurch scheint es auf den ersten Blick keine besonderen Abgrenzungsprobleme zu geben. 4.75

Art 17 Z 5 AUVB schließt Unfälle vom Versicherungsschutz aus, die mit Kriegsereignissen zusammenhängen. Der Versicherer möchte die in dieser Situation objektiv deutlich erhöhte Gefahr nicht übernehmen. Mit der Klausel wird keine Verhaltenssteuerung betrieben, weshalb es auch irrelevant ist, ob der Verunfallte selbst an der kriegerischen Handlung teilnahm.

Im Bsp ist die Abgrenzung einfach, weil die Klausel auf eine gefährliche Situation Bezug nimmt (Krieg), die der VN durch sein Verhalten nicht beeinflussen kann.[537] Eigentliche Abgrenzungsfragen stellen sich daher nur dort, wo das Verhalten des VN die in der Klausel beschriebene Gefahr erhöhen kann.

Die Alkoholisierung erhöht die Gefahr des Eintritts des Versicherungsfalls in der Unfall- und in der Kaskoversicherung. Sie ist vom VN – anders als der Krieg – grundsätzlich steuerbar.

---

537 Siehe nur *Jabornegg,* Risiko des Versicherers 46.

2. Abgrenzungskriterien

4.76 Die Abgrenzung richtet sich in den soeben herausgearbeiteten Fällen primär nach der **vertraglichen Vereinbarung.** Für die Einordnung kommt es daher darauf an, was die Parteien tatsächlich wollten. Etwas ist also Ausschluss oder Obliegenheit, weil die Vertragspartner es dazu machen.

> Nach Art 17 Z 8 AUVB ist der Versicherungsschutz bei Alkoholbeeinträchtigung in der Unfallversicherung ausgeschlossen. Die Auslegung zeigt eindeutig, dass die Parteien einen Risikoausschluss wollen (zB OGH 7 Ob 93/18 d).
>
> In den gängigen AKKB wird hingegen – ebenso unzweifelhaft – eine Alkoholobliegenheit angeordnet. Leistungsfreiheit soll nach den AKKB nur unter den Voraussetzungen des § 6 Abs 2 eintreten.

4.77 In einigen Fällen sehen die AVB allerdings bloß „Leistungsfreiheit" vor, ohne ausdrücklich zu sagen, ob ein Risikoausschluss oder eine Obliegenheit vorliegt. Die Abgrenzung ist dann schwieriger. Man kann sie sich aber nicht ersparen, weil es – wie dargestellt – nur bei vertraglichen Obliegenheiten den Schutz des § 6 gibt. Bei Risikoausschlüssen verbleibt es hingegen bei der allgemeinen Klauselkontrolle. Mit anderen Worten: Der VN genießt bei Obliegenheitsverletzungen höheren Schutz als bei Risikoausschlüssen.

Es kommt dann darauf an, ob die **qualitativ erhöhte Gefährlichkeit** einer Situation im Vordergrund steht.[538] Ist dies zu bejahen, liegt ein Risikoausschluss vor. Der Versicherer hat dann – anders als bei Obliegenheiten – kein Interesse mehr an Verhaltenssteuerung,[539] weil er bei Verwirklichung des Ausschlusses ohnehin nicht decken muss.

> Art 17 Z 2 AUVB schließt Unfallversicherungsschutz „bei Beteiligung an motorsportlichen Wettbewerben" aus. Das ist zwar von einem Verhalten des VN abhängig („Beteiligung"). Da die Unfallgefahr objektiv erhöht ist, liegt aber nach dem Parteiwillen ein Risikoausschluss vor. Die Klausel kann sich zwar tatsächlich – wie auch ein subjektiver Risikoausschluss (§§ 61, 152) – verhaltenssteuernd auswirken, weil der VN ja weiß, dass er keinen Versicherungsschutz hat. Der Versicherer hat aber kein besonderes Interesse mehr an der Verhaltenssteuerung, weil ihm egal sein kann, ob der VN an einem solchen Wettbewerb teilnimmt.
>
> Ähnlich entscheidet der OGH bei „Tresorklauseln" (vgl OGH 7 Ob 100/11 y).[540] Ist etwa Voraussetzung für die Gewährung der Deckung bei einem Einbruchdiebstahl die Aufbewahrung der Wertgegenstände in einem Tresor, so ist von einem Risikoausschluss auszugehen (qualitativ erhöhtes Risiko). Es ist für die Leistungsfreiheit irrelevant, wieso gestohlene Gegenstände nicht im Tresor verwahrt waren.

3. Verhüllte Obliegenheit

4.78 Bedenkt man nun, dass die Klauselgestaltung meist vom Versicherer stammt und die Formulierung als Risikoausschluss für den VN ungünstiger ist als die Einordnung als Obliegenheit, liegen die Gefahren der Klauselgestaltung auf der Hand: Versicherer neigen

---

538 Grundlegend *Jabornegg*, Risiko des Versicherers 40 ff, 51 ff. So auch *Fenyves* in *Fenyves/Schauer*, VersVG § 6 Rz 29.
539 Anders die Abgrenzung bei *Schauer*, Versicherungsvertragsrecht³ 264.
540 Vgl aber zum konkreten Fall die zutr Ausführungen von *Jabornegg* in FS Fenyves 503 (508 f).

manchmal dazu, Fälle als Risikoausschluss zu formulieren, die nach dem bisher Gesagten als Obliegenheiten einzuordnen wären.[541] Man spricht von verhüllten Obliegenheiten, weil sie **aussehen wie Ausschlüsse,** was ihren Charakter als Obliegenheit versteckt. Durch eine solche Gestaltung kann der zwingende Schutz des § 6 nicht ausgeschaltet werden: Vielmehr ist die umgangene Norm (§ 6) anzuwenden.

> Geht es um ein Verhalten des VN nach dem Versicherungsfall – vor allem Anzeige und Information –, wird daher stets von einer (sekundären) Obliegenheit und nicht von einem Risikoausschluss auszugehen sein, auch wenn eine Klausel als „Ausschluss" formuliert wird (vgl OGH 7 Ob 41/04m: Kosten in der Rechtsschutzversicherung seien vom Versicherungsschutz „nur dann umfasst, wenn sie nicht früher als vier Wochen vor der Geltendmachung des Deckungsanspruches ... ausgelöst worden sind": verhüllte Anzeigeobliegenheit).

E. Drittzurechnung

Literatur: *Cyrus,* Repräsentantenhaftung des Versicherungsnehmers in Deutschland und Österreich (1998); *Fenyves,* Selbstverschuldensprinzip oder Zurechnung des Repräsentanten? – Ein Plädoyer, in FS 100 Jahre Hamburger Seminar für Versicherungswissenschaft (2016) 131; *Hafner,* Drittzurechnung bei Obliegenheitsverletzung und Herbeiführung des Versicherungsfalls? (2020); *Jabornegg,* Die Verantwortlichkeit des Versicherungsnehmers für Dritte bei schuldhafter Herbeiführung des Versicherungsfalles und sonstigem gefährdendem Verhalten, VR 1975, 100; *Reisinger,* Pro und Contra Repräsentantenhaftung im Versicherungsvertragsrecht, VR 2004, 147; *Spitzer,* Neuordnung der Deliktshaftung der juristischen Person, in FS Iro (2013) 207; *Welser,* Selbstverschuldensprinzip und Repräsentantenhaftung, in FS Ostheim (1990) 609.

1. Grundlagen

Die Verletzung von (gesetzlichen oder vertraglichen) Obliegenheiten kann unter den oben dargestellten Voraussetzungen Leistungsfreiheit des Versicherers bewirken und ihm ein Kündigungsrecht geben. Wie gezeigt, spielt Fehlverhalten des VN – Verschulden – dabei stets eine zentrale Rolle. **4.79**

Oft setzt freilich nicht der VN selbst, sondern eine andere Person, die dem VN in der einen oder anderen Form nahesteht, ein schuldhaftes Verhalten.[542] Es fragt sich, ob solche „Dritte" dem VN zuzurechnen sind und also der Versicherungsschutz wegen (qualifizierten) Verschuldens entfällt.

> Nicht der VN, sondern seine Ehegattin fährt alkoholisiert: Verletzung einer vorbeugenden Obliegenheit in der Kaskoversicherung?
>
> Der bei der VN angestellte Kellner, der „Schlussdienst" hat, vergisst beim Verlassen des Restaurants, die Eingangstüre zu versperren, es kommt zu einem Diebstahl: Obliegenheitsverletzung in der Einbruchdiebstahlversicherung?
>
> Nicht der VN, sondern der in der Buchhaltung zuständige Mitarbeiter macht falsche Angaben über den Ausbruch des Brandes: Anzeige- und Auskunftspflichtverletzung in der Feuerversicherung?

---

541 Treffend *Schauer,* Versicherungsvertragsrecht³ 262 f.
542 Siehe bereits *Jabornegg,* VR 1975, 100 (100 f).

Kap 4 Pflichten des Versicherungsnehmers

4.80 Das **VersVG schweigt** über weite Strecken zu dieser Frage.[543] Auch vertragliche Zurechnungsregeln sind eher selten. Nur vereinzelt finden sich Bestimmungen, die das geschilderte Problem ansprechen, indem sie eine Zurechnung des Verhaltens eines Dritten an den VN anordnen.

> § 78 ordnet für die Versicherung für fremde Rechnung eine Zurechnung von Kenntnis und Verhalten des Versicherten an den VN an.
>
> § 19 ordnet an, dass die Kenntnis von Vertreter und VN gleichermaßen Bedeutung für Anzeigepflichtverletzungen hat.
>
> § 23 stellt die einem Dritten gestattete der selbst vorgenommenen Gefahrerhöhung gleich. Das Verhalten des Dritten ist dem VN „zurechenbar". In Wahrheit geht es dem Gesetzgeber dabei freilich um eine Beurteilung des Eigenverhaltens des VN.
>
> Nach Art 9 ABS ist das Verhalten einer Person dem VN in der Sachversicherung zuzurechnen, wenn sie in leitender Stellung für die Betriebsführung verantwortlich ist.

4.81 Aus dem Schweigen lässt sich allerdings ebenso keine Lösung der ungeregelten Fälle gewinnen wie aus den punktuellen Einzelregeln. Das ist allerdings auch nicht weiter überraschend: Vielmehr ist dort, wo das Sonderprivatrecht (VersVG) keine Aussage trifft, auf allgemeine **Regeln des Zivilrechts** (ABGB) zurückzugreifen.

Zunächst ist zu bedenken, dass das Verschulden eines Dritten manchmal zugleich auch Rückschlüsse auf die Beurteilung des Verhaltens des VN zulässt. Das ist der Fall, wenn dem VN vorgeworfen wird, seine Sphäre nicht so organisiert zu haben, dass der Obliegenheitsverletzung durch Dritte vorgebeugt wird.[544] Man spricht von **Organisationsverschulden.**[545]

> Wird in einer Autowerkstätte nicht überprüft, ob die dort tätigen Mechaniker und Fahrer eine Lenkerberechtigung haben, ist ein solches Organisationsverschulden zu bejahen (vgl OGH 7 Ob 56/83). Ist ein Verhalten, das Diebstähle erleichtert, in einem Unternehmen üblich und von der Geschäftsführung geduldet, liegt ebenfalls ein Mangel in der Organisation vor (OGH 7 Ob 149/18i).

Bei Organisationsverschulden kommt es nur scheinbar zu einer Zurechnung fremden Verhaltens. In Wahrheit liegt Eigenverschulden des VN vor, weil sich der Verhaltensvorwurf gegen ihn selbst richtet. Der Dritte ist dafür nur der Auslöser. Für die Zurechnung anderer Personen ist in der Folge zwischen verschiedenen Typen von Obliegenheitsverletzungen zu unterscheiden.

---

543 Ausf *Hafner*, Drittzurechnung 153 ff; zur Rechtslage in Deutschland *Schimikowski*, Versicherungsvertragsrecht[6] Rz 275 ff (Repräsentantenhaftung: Rz 276).
544 Siehe nur OGH 7 Ob 56/83; 7 Ob 149/18i.
545 *Schauer*, Versicherungsvertragsrecht[3] 268 f; *Fenyves* in *Fenyves/Schauer*, VersVG § 6 Rz 44. *Hafner*, Drittzurechnung 156 f, 219.

2. Information und Dokumentation

4.82 Geht es um Obliegenheiten zur Information und Dokumentation, steht eine Zurechnung der Personen, die vom VN mit diesen Aufgaben betraut sind, außer Frage.[546]

In OGH 7 Ob 34/87 hatte die VN für ihre Videothek eine Einbruchdiebstahlversicherung abgeschlossen. Ihr Ehegatte war für die Korrespondenz mit der Versicherung verantwortlich und machte nach dem Versicherungsfall bewusst falsche Angaben. Das Verhalten war der VN zuzurechnen und der Versicherer war leistungsfrei.

4.83 Da über den Umstand der Zurechnung Einigkeit besteht, tritt die Bedeutung der Frage nach der dogmatischen Begründung in den Hintergrund. In der Lehre wird auf § 1313a ABGB zurückgegriffen, wonach das Verschulden von Erfüllungsgehilfen dem Geschäftsherrn (VN) zuzurechnen ist.[547] Der OGH[548] bedient sich hingegen der Formulierung, dass die „zur Abwicklung des gesamten Versicherungsverhältnisses bevollmächtigten Dritten" dem VN zuzurechnen seien.

3. Gefahrverwaltung

4.84 Weniger klar ist die Lage bei den Regeln über die Gefahrverwaltung. Das betrifft vorbeugende Obliegenheiten, gesetzliche Obliegenheiten der Gefahrverwaltung sowie die Vorschriften über die Schadensminderungspflicht. In der Diskussion stehen einander das Selbstverschuldensprinzip und die Repräsentantentheorie gegenüber.[549] Dabei geht es – wie die Begriffe nahelegen – um die grundsätzliche Frage, ob sich der VN das Verhalten Dritter (Repräsentanten) zurechnen lassen muss oder ob er nur für eigenes Verschulden einstehen muss.

Es geht also um die Frage, ob das aus den obigen Beispielen bekannte Verhalten der alkoholisiert fahrenden Ehegattin und des Kellners, der auf das Zusperren vergisst, dem VN zuzurechnen ist, auch wenn diesen kein eigenes Verschulden trifft.

4.85 Schon die Beispiele zeigen, dass die Zurechnung Dritter mit erheblichen Hürden konfrontiert ist. Soll der VN den Schutz aus der Einbruchdiebstahlversicherung verlieren und auf den (geminderten) Regress nach § 4 DHG verwiesen werden, wenn der von ihm sorgfältig ausgewählte Mitarbeiter einen Fehler macht? Gerade diese Gefahr soll doch durch den Vertrag auf den Versicherer überwälzt werden. Dem OGH ist also durchaus zuzustimmen,[550] wenn er vom **Selbstverschuldensprinzip** ausgeht[551] und das Verhalten von Dritten bei Gefahrverwaltungsobliegenheiten (mangels Organisationsverschuldens) nicht zurechnet.

---

546 Siehe bereits *Jabornegg*, VR 1975, 100 (122 FN 80); *Fenyves* in *Fenyves/Schauer*, VersVG § 6 Rz 64f; *Hafner*, Drittzurechnung 226 ff.
547 *Hafner*, Drittzurechnung 226 ff.
548 Vgl etwa OGH 7 Ob 44/79; 7 Ob 34/87.
549 Zu alldem überzeugend *Hafner*, Drittzurechnung 153 ff, 210 ff.
550 Zutr *Jabornegg*, VR 1975, 100 (insb 119 ff, 123 f); *Hafner*, Drittzurechnung 210 ff, 221 ff.
551 StRsp: RS0080407, zB OGH 7 Ob 157/08a; 7 Ob 126/20k (zur Herbeiführung des Versicherungsfalls).

4.86 Die Lehre vertritt hingegen mit verschiedenen Begründungen eine Zurechnung Dritter.[552] Dabei wird entweder eine Analogie zur Erfüllungsgehilfenhaftung nach § 1313 a ABGB vorgenommen oder auf die in Deutschland rechtsfortbildend entwickelte **Repräsentantenhaftung** zurückgegriffen.[553]

4.87 Die Gegensätze der beiden Ansätze sind in der Praxis freilich weniger scharf, als man auf den ersten Blick meinen würde.[554] Ist der VN eine juristische Person, wird ihr das Verhalten bestimmter Personen nämlich bereits aus verbandsrechtlichen Gründen zugerechnet,[555] ohne dass man dadurch vom Selbstverschuldensprinzip abweichen oder auf die Repräsentantentheorie zurückgreifen müsste. Das betrifft die satzungsmäßigen Organe sowie Personen, die in einer verantwortlichen, leitenden oder überwachenden Stellung tätig sind (**Machthaber,** § 337 ABGB).[556]

Überträgt man diesen Gedanken – aus allgemein-zivilrechtlichen Erwägungen – auch auf natürliche Personen, der dann also ihre Machthaber ebenfalls zuzurechnen sind, ist der Unterschied zwischen Selbstverschuldensprinzip und Repräsentantenhaftung noch einmal kleiner.[557]

> Es ist sachgerecht, das Verschulden des Kellners nicht zuzurechnen, sehr wohl aber des Geschäftsführers oder „Restaurantdirektors" in einer leitenden Stellung. Ob man die Ehegattin im obigen Bsp als „Machthaberin" zurechnet, ist eine Frage der Einzelfallbeurteilung. Auch hier kann die Zurechnung sachgerecht sein, ohne dass man damit das Selbstverschuldensprinzip aufweichen würde.

---

552 Siehe dazu mit zahlreichen Nw *Fenyves* in *Fenyves/Schauer,* VersVG § 6 Rz 50 ff.
553 *Wandt* in *Langheid/Wandt,* MüKoVVG² § 28 Rz 117 ff.
554 Vgl bereits *Hafner,* Drittzurechnung 156 ff.
555 Vgl *Schauer,* Versicherungsvertragsrecht³ 268.
556 *Hafner,* Drittzurechnung 219 ff, 224. Aus zivilrechtlicher Sicht *Spitzer* in FS Iro 207 (212 ff).
557 Siehe *Fenyves* in *Fenyves/Schauer,* VersVG § 6 Rz 48, 61.

5. Kapitel
Vertragsbeendigung

Literatur: *Fenyves*, Erbenhaftung und Dauerschuldverhältnis (1982).

Übersicht

	Rz
I. Grundlagen	5.1
A. Begriff	5.1
B. Dauerschuldverhältnis	5.3
C. Tatbestände der Vertragsbeendigung	5.7
D. Kündigung als Rechtsgeschäft	5.11
II. Bindungsdauer	5.17
A. Gesetzeszweck	5.17
B. Unbefristete Verträge	5.20
C. Befristete Verträge	5.23
1. Grundlagen	5.23
2. Verlängerungsklausel	5.25
3. Kfz-Haftpflichtversicherung	5.27
D. Personenversicherungen	5.29
1. Grundlagen	5.29
2. Leben	5.30
3. Kranken	5.32
4. Unfall und Berufsunfähigkeit	5.35
E. Dauerrabatt	5.37
1. Problemstellung	5.37
2. Rechtsprechung	5.39
3. Ratio	5.41
III. Versicherungsfall	5.42
A. Problemstellung	5.42
B. Nicht-Personenversicherung	5.44
C. Personenversicherung	5.46
IV. Interessewegfall	5.49
A. Tatbestand	5.49
B. Rechtsfolgen	5.51
V. Insolvenz	5.54
A. Insolvenz des Versicherers	5.54
B. Insolvenz des Versicherungsnehmers	5.57
1. Optionen des Insolvenzverwalters	5.58
2. Optionen des Versicherers	5.62
VI. Tod des Versicherungsnehmers	5.64
VII. Veräußerung der versicherten Sache	5.67
A. Grundlagen	5.67
B. Schutz des Versicherers	5.70
C. Rechtsstellung des Erwerbers	5.74

Kap 5 Vertragsbeendigung

I. Grundlagen

A. Begriff

5.1 Dass ein Versicherungsvertrag „endet", kann viele Gründe haben. In manchen Fällen stellt sich später heraus, dass er schon gar **nie begonnen** hat. Das ist der Fall, wenn der Vertrag von vornherein unwirksam war oder von einer Vertragspartei mit Rückwirkung („ex tunc", also „seit damals") beseitigt werden kann.

> Einigen sich die Parteien nicht (Dissens), gibt es auch keinen Vertrag. Von Vornherein unwirksam ist der Vertrag nach § 68 Abs 1 auch, wenn das versicherte Interesse bei Beginn der Risikotragung nicht bestand (Interessemangel, zB: Das Gebäude soll ab 1.8. feuerversichert werden, brennt aber schon am 1.7. ab). Der Versicherer kann dann (nur, aber immerhin verschuldensunabhängig) eine angemessene Geschäftsgebühr verlangen.
>
> Der Rücktritt des VN nach § 5c löst den – an sich bereits abgeschlossenen Vertrag – mit Rückwirkung: Es gab nie einen Vertrag. Dieselbe Wirkung hat der Rücktritt des Versicherers wegen schuldhafter Anzeigepflichtverletzung (§§ 16ff). Gleiches gilt auch, wenn der Versicherer wegen Verzugs mit der Zahlung der Erstprämie vom Vertrag zurücktreten kann (§ 38 Abs 1).
>
> Auch allgemein-zivilrechtliche Anfechtungen (zB Irrtum nach § 871 ABGB, List nach § 870 ABGB) beseitigen den Vertrag rückwirkend.
>
> Manchmal stellt sich die Unwirksamkeit oder die Möglichkeit einer rückwirkenden Beseitigung auch erst sehr spät heraus, zB bei einem zunächst versteckten Dissens, der erst später offenbar wird oder bei einem „Spätrücktritt" von Lebensversicherungen wegen fehlerhafter Aufklärung über das Rücktrittsrecht (siehe OGH 7 Ob 10/20a).

Die Unwirksamkeit oder spätere Beseitigung bewirkt eine **bereicherungsrechtliche Rückabwicklung** nach zivilrechtlichen Regeln (§§ 877, 1431, 1435 ABGB; zur Lebensversicherung Rz 7.178), die an den passenden Stellen in diesem Buch bereits dargestellt werden. Dabei nimmt der Gesetzgeber auf die schutzwürdigen Interessen beider Vertragspartner Rücksicht.

> Wenn es keinen Vertrag gab, gab es keinen Versicherungsschutz. Um unbillige Härten zu vermeiden, gibt es bei Anzeigepflichtverletzung ein Kausalitätskriterium (§ 21, siehe Rz 2.58). Hatte die Anzeigepflichtverletzung keinen Einfluss auf den Versicherungsfall, muss der Versicherer also dennoch eine Leistung erbringen, obwohl er den Vertrag ja an sich rückwirkend beseitigen kann.
>
> Der VN soll aber auch nicht die Möglichkeit haben, zu spekulieren. Anhand des Rücktritts nach § 5c: Er soll nicht abwarten, ob ein Versicherungsfall eintritt und – wenn dies nicht der Fall ist – zurücktreten und seine Prämien zurückverlangen. Daher muss er eine „der Dauer der Deckung entsprechende Prämie" (§ 5 Abs 6) zahlen.

5.2 Die Tatbestände der Unwirksamkeit oder rückwirkenden Auflösbarkeit der Vereinbarung wurden bei der vertraglichen Einigung erörtert, weil es um Fehler an der Wurzel der Vereinbarung geht (daher auch: „Wurzelmängel"). Davon ist die hier – bewusst am Ende der Lebenszeit des Vertrags – behandelte **Auflösung** eines einmal **wirksam abgeschlossenen Versicherungsvertrags** zu unterscheiden. Eine solche Beendigung wirkt „ex nunc" („von nun an") und führt daher nicht zur Rückabwicklung.

I. Grundlagen

Endet eine auf ein Jahr abgeschlossene Haushaltsversicherung, schuldet der Versicherer für die Zukunft keine Gefahrtragung und der VN keine Prämien. Vergangene Leistungen werden aber selbstverständlich nicht rückgängig gemacht.

B. Dauerschuldverhältnis

Für die Beendigung des Versicherungsvertrags ist sein Charakter als Dauerschuldverhältnis entscheidend. Anders als ein Zielschuldverhältnis – zB ein Kaufvertrag – ist er nämlich auf Dauer angelegt und endet nicht automatisch durch einmalige Leistungserbringung der beteiligten Parteien. Für die Beendigung ist – wie bei jedem Dauerschuldverhältnis – zwischen **befristeten** und **unbefristeten** Verträgen (dauernde Versicherung, § 8 Abs 2) zu differenzieren. Die Unterscheidung richtet sich danach, ob das Vertragsende bereits bei Vertragsabschluss objektiv bestimmbar ist.

5.3

Befristete Versicherungsverträge liegen vor, wenn man den Vertrag auf die „Dauer von einem Jahr" abschließt. Auch eine im April für eine Urlaubsreise im August abgeschlossene Reiseversicherung ist befristet. Das gilt auch für eine kapitalbildende Er- und Ablebensversicherung (OGH 7 Ob 251/10b), die mit Vollendung des 65. Lebensjahres fällig wird.

Der Unterschied ist für die **Vertragsbeendigung** relevant: Nur befristete Verträge haben mit dem Zeitablauf ein automatisches Ende. Unbefristete Verträge haben gerade keinen Endtermin. Allerdings sind auch sie nicht darauf angelegt, ewig weiterzulaufen. Zwar können sie – wie alle Verträge – einvernehmlich aufgelöst werden, es muss allerdings eine einseitige reguläre Beendigungsmöglichkeit durch eine Vertragspartei geben. Man nennt sie ordentliche Kündigung. Sie ist an – in diesem Kapitel erörterte – Fristen und Termine gebunden, damit sich der andere Vertragspartner auf das Ende einstellen und allenfalls Ersatz suchen kann.

5.4

A hat eine unbefristete Haushaltsversicherung abgeschlossen. Eine sofort wirksame Vertragsbeendigung durch den Versicherer würde ihn schutzlos dastehen lassen. Kündigungstermine (zB „zum 31.12. jeden Jahres") und Fristen („3 Monate") schaffen Abhilfe, weil A sich rechtzeitig um Versicherungsschutz bemühen kann.

Sowohl bei befristeten als auch bei unbefristeten Versicherungsverträgen gibt es allerdings zahlreiche im VersVG enthaltene **Sonderauflösungstatbestände.** Sie begründen meist Kündigungsrechte und führen entweder zu einer fristlosen Beendigungsmöglichkeit oder sie sind ebenfalls an (besonders geregelte) Fristen gebunden.

5.5

Bei der vom VN verschuldeten Gefahrerhöhung kann der Versicherer mit sofortiger Wirkung kündigen: Das vertragswidrige Verhalten des anderen Teils wiegt so schwer, dass der Gesetzgeber dem Versicherer keine weitere Bindung zumutet (§ 24 Abs 1 Satz 1).

Zeigt der VN hingegen eine objektive oder eine subjektive, aber unverschuldete Gefahrerhöhung an, hat der Versicherer zwar ebenfalls ein Sonderkündigungsrecht (§ 24 Abs 1 Satz 2 und § 27 Abs 1). Er muss dabei allerdings eine Frist von einem Monat einhalten.

Die im Gesetz geregelten Tatbestände bilden die wichtigsten Fälle ab.[558] Daneben ist aber auch eine (fristlose) außerordentliche Kündigung aus wichtigem Grund möglich.[559] Dies ist vor allem dann der Fall, wenn dem anderen Vertragsteil untreues Verhalten vorzuwerfen ist.

> In OGH 7 Ob 69/01z hatte sich der Versicherer geweigert, die Prämie einer vereinbarten Vertragsklausel entsprechend („Bestklausel") herabzusetzen. Der VN konnte daher mit sofortiger Wirkung kündigen.
>
> Die Voraussetzungen sind allerdings streng: In OGH 7 Ob 208/15m wurde vom „äußersten Notventil" gesprochen und eine außerordentliche Kündigung des (gesamten) Versicherungspakets für Privatkunden durch den Versicherer abgelehnt, als der VN einen Wohnungsbrand fahrlässig herbeigeführt hatte und die Wohnungstür den Polizeibeamten erst nach „mehrfachem und massivem Klopfen" geöffnet hatte.

5.6 Fallen mehrere Auflösungsmöglichkeiten zusammen, kann sich der Berechtigte aussuchen, auf welchen der Tatbestände er sich stützen möchte und dabei den für sich passenden wählen. Das gilt für die Konkurrenz von Kündigungsrechten ebenso wie für die Konkurrenz von Kündigung und Vertragsauflösungstatbeständen, die eine Rückwirkung haben.

> A hat eine Kaskoversicherung für sein Auto abgeschlossen. Er verursacht schwer alkoholisiert einen Verkehrsunfall, bei dem das Auto beschädigt wird. Der Versicherer kann sich aussuchen, ob er sich auf die verschuldete Verletzung der Alkoholobliegenheit beruft oder auf die Kündigung im Schadenfall.

C. Tatbestände der Vertragsbeendigung

5.7 Im vorliegenden Kapitel wird zunächst auf die (zulässige) Bindungsdauer bei Versicherungsverträgen eingegangen. Die danach behandelten Tatbestände begründen entweder gesetzliche Sonderkündigungsrechte (zB Schadenfall) oder sie führen zu einer automatischen Vertragsauflösung (Interessewegfall).

Einige Auflösungstatbestände wurden außerdem bereits an der passenden Stelle erörtert. Zur besseren Übersicht für die Praxis werden die wichtigsten Gründe für eine Vertragsbeendigung – ob in diesem Kapitel oder an anderer Stelle behandelt – zunächst im Überblick aufgelistet.

5.8 Automatische Vertragsauflösung:

- Zeitablauf
- Interessewegfall (§ 68 Abs 2 und 3)
- Konkurs des Versicherers (§ 13; § 311 VAG)
- Tod des VN in der Personenversicherung

---

558 Vgl OGH 7 Ob 179/03d.
559 Vgl *Schauer*, Versicherungsvertragsrecht³ 304f.

I. Grundlagen

Kündigungsrechte des **Versicherers:** 5.9

- Ordentliche Kündigung (vgl § 8 Abs 2)
- Verschuldete Obliegenheitsverletzung des VN (§ 6 Abs 1 Satz 2)
- Unverschuldete Verletzung der vorvertraglichen Anzeigepflicht (§ 41 Abs 2)
- Gefahrerhöhung (§ 24 Abs 1, § 27 Abs 1)
- Zahlungsverzug des VN mit Folgeprämie (§ 39 Abs 3)
- Veräußerung der versicherten Sache (§ 70 Abs 1)
- Versicherungsfall (§ 96 Abs 1, § 113, § 158 Abs 1)
- Veräußerung und Verpachtung des Unternehmens in der Haftpflichtversicherung (§ 151 Abs 2)
- Veräußerung und Verpachtung des Unternehmens in der Rechtsschutzversicherung (§ 158o)
- Sonstige außerordentliche Kündigung aus wichtigem Grund

Kündigungsrechte des **VN:** 5.10

- Ordentliche Kündigung (vgl § 8 Abs 2, § 165)
- Später abgeschlossener Vertrag bei Doppelversicherung (§ 60 Abs 1)
- Erwerb der versicherten Sache (§ 70 Abs 1)
- Versicherungsfall (§ 96 Abs 1, § 113, § 158 Abs 1)
- Erwerb und Pacht des versicherten Unternehmens in der Haftpflichtversicherung (§ 151 Abs 2)
- Erwerb und Pacht des Unternehmens in der Rechtsschutzversicherung (§ 158o)
- Prämienerhöhung in der Kfz-Haftpflichtversicherung (§ 14a KHVG)
- Bestandsübertragung auf einen anderen Versicherer (§ 31 Abs 2 VAG; § 17 Abs 1 KHVG)
- Insolvenz des VN (§ 21 Abs 1 IO)
- Sonstige außerordentliche Kündigung aus wichtigem Grund

D. Kündigung als Rechtsgeschäft

Wie die bisherigen Ausführungen gezeigt haben, ist die Kündigung neben dem Zeitablauf der Hauptgrund für die Beendigung des Versicherungsvertrags. Sie ist zwar im Detail (Fristen, Notwendigkeit von Gründen) verschieden ausgestaltet, hat aber einen gemeinsamen Kern, der es rechtfertigt, sie vor die Klammer der folgenden Ausführungen zu ziehen. 5.11

Die Kündigung ist stets ein **einseitiges Rechtsgeschäft.** Sie kann ausdrücklich oder konkludent erfolgen und muss nicht zwingend das Wort „Kündigung" enthalten. Aus ihr muss allerdings der für den Empfänger der Erklärung erkennbare Wille hervorgehen, den Vertrag zu beenden.[560] 5.12

> Stellt der VN die Prämienzahlung ein, lässt dies zB keinen Schluss darauf zu, dass er den Vertrag beenden möchte. Das Verhalten kann ja etwa auch auf Zahlungsschwierigkeiten beruhen.

---

560 OGH 7 Ob 150/98d.

Kap 5 Vertragsbeendigung

5.13 Die Kündigung ist **formfrei** möglich (§ 883 ABGB). Die Regel ist zwar dispositiv, sodass der Versicherungsvertrag Formerfordernisse für die Kündigung enthalten kann. Eine strengere Form als die Schriftform darf für die Kündigung eines Verbrauchers allerdings nicht vereinbart werden (§ 6 Abs 1 Z 4 KSchG).

> Unwirksam wäre also zB die Klausel, dass mittels eingeschriebenen Briefs zu kündigen ist. Selbst, wenn eine bestimmte Form wirksam vereinbart und dann vom VN nicht eingehalten wurde, ist die Kündigung allerdings nicht schlechthin unwirksam. Vielmehr kommt das Verbesserungsverfahren des § 1b Abs 2 zur Anwendung (siehe Rz 2.118).

5.14 Die Kündigung wird erst wirksam, sobald sie dem Vertragspartner **zugeht** (vgl § 862a ABGB, siehe bereits Rz 2.9).[561] Dafür ist der Erklärende beweispflichtig. Das bedeutet für eine Kündigung vor allem, dass sie innerhalb der jeweiligen Fristen und Termine beim Empfänger einlangen muss. Außerdem ist zu bedenken, dass der Versicherer bis zur Wirksamkeit der Kündigung weiterhin gefahrtragungspflichtig bleibt und der VN weiterhin die Prämien schuldet.[562]

> Kann der Versicherer den Vertrag „unter Einhaltung einer dreimonatigen Kündigungsfrist zum Jahresende" beenden, muss er die Erklärung so absenden, dass sie bis Ende September beim VN einlangt und er davon Kenntnis nehmen kann. Das ist bei einem eingeschriebenen Brief etwa nicht schon im Zeitpunkt der Hinterlegung der Fall, sondern wenn der Empfänger den Brief ohne sorgloses Hinauszögern der Abholung tatsächlich entgegengenommen hat (siehe nur RS0014078).

Zu Gunsten von Verbrauchern ist auch diese Regel zwingend (§ 6 Abs 1 Z 3 und 4 KSchG): Eine Vertragsklausel, wonach eine Kündigung des Versicherers auch wirksam ist, wenn sie dem Verbraucher tatsächlich nicht zugegangen ist, ist unwirksam. Auch besondere Zugangserfordernisse dürfen nicht vereinbart werden.

> Unwirksam wäre etwa eine Klausel, wonach die Erklärung des VN „bei der Schadensabteilung", „bei der Generaldirektion" oder „in der Abteilung XY" des Versicherers einlangen muss (OGH 7 Ob 254/07i).

5.15 Die dargestellten Regeln zeigen, dass der VN angemessen davor geschützt ist, dass seine Erklärung aufgrund von „Formalfehlern" keine Wirkung entfaltet (zB durch das Verbesserungsverfahren). Selbstverständlich kann es aber sein, dass eine vom VN angestrebte Kündigung dennoch unwirksam ist.

> In OGH 7 Ob 17/94 kündigten die VN die Eigenheimversicherung aufgrund eines irrigerweise angenommenen Kündigungsgrundes („nicht zufriedenstellende Abwicklung ihres Blitzschadens") auf.

---

561 OGH 7 Ob 86/16x.
562 *Schauer*, Versicherungsvertragsrecht³ 301.

Der OGH ist der Auffassung, dass eine solche unwirksame Kündigung unverzüglich **zurückgewiesen** werden muss.[563] Verabsäumt der Versicherer dies, entfaltet die Kündigung Wirksamkeit. Das ist sachgerecht, weil der VN damit rechnen darf, dass sich der Vertragspartner melden würde, sollte es an der Erklärung etwas zu beanstanden geben.

Ähnliches müsste bei einer nicht fristgerechten Kündigung gelten, wenn der VN damit rechnen durfte, dass seine Erklärung bei normalem Lauf der Dinge rechtzeitig angekommen wäre (vgl zu diesem Rechtsgedanken auch Art 21 Abs 2 UN-Kaufrecht). Der OGH[564] vertritt zwar die Auffassung, dass die zeitwidrige Kündigung in eine ordnungsgemäße (erst) zum nächstmöglichen Termin umzudeuten ist (Konversion). In seinen Entscheidungen ging es allerdings stets um Kündigungen des Versicherers, bei denen natürlich nicht mit einem Schutzbedürfnis des VN argumentiert werden kann.

5.16 Haben die Vertragsparteien mehrere separate Versicherungsverträge – wenn auch in zeitlichem und inhaltlichem Zusammenhang – abgeschlossen, haben sie grundsätzlich auch ein selbstständiges Schicksal. Diese Feststellung ist nicht weiter überraschend. Ob aber ein Versicherungsvertrag vorliegt, der mehrere Risiken abdecken soll (kombinierte Versicherung) oder ob mehrere selbstständige Verträge abgeschlossen wurden (**Bündelversicherung**), ist eine oft schwierige Frage der Auslegung der Parteienvereinbarung.[565] Dass nur ein Versicherungsschein ausgestellt wurde, kann ein (allerdings schwaches) Indiz für das Vorliegen nur eines Vertrags sein.[566]

In OGH 7 Ob 264/07k wurde ein Kfz bei einem Versicherer gegen Haftpflichtrisiken und Kaskoschäden versichert. Der OGH ging trotz eines Versicherungsscheins von einer Bündelversicherung aus. In OGH 7 Ob 208/15m hatte der VN ein „Versicherungspaket für Privatkunden" mit den Sparten „Haushalt" und „Rechtsschutz" mit Allgemeinen und Besonderen Versicherungsbedingungen für jede Sparte abgeschlossen. Auch hier lag eine Bündelversicherung vor. Bei einer Haushaltsversicherung ist vielmehr von einer kombinierten Versicherung (Sachversicherung, Haftpflichtversicherung) auszugehen.

Praxishinweis

In der Praxis wird manchmal eine Paketkündigungsklausel vereinbart: Bei Kündigung eines Vertrags aus dem Bündel (zB „Haushalt") durch den Versicherer erhält der VN die Möglichkeit, auch die anderen Verträge (zB „Rechtsschutz") mit diesem aufzulösen, ohne Vorteile zu verlieren, die in Abhängigkeit von der Laufzeit des Vertrags gewährt wurden (zB Dauerrabatt, siehe Rz 5.37 ff).

II. Bindungsdauer

Literatur: *Fenyves*, Vorzeitige Kündbarkeit von befristeten Versicherungsverträgen mit Verlängerungsklausel, VR 2001, 90; *Gruber*, Laufzeit und Kündigung des Versicherungsvertrages, in FS

---

563 OGH 7 Ob 17/94; 7 Ob 97/01t; vgl auch OGH 7 Ob 86/16x. Krit *Schauer*, Versicherungsvertragsrecht³ 301.
564 OGH 7 Ob 210/03p; 7 Ob 272/04g.
565 Siehe *Fenyves* in Fenyves/Perner/Riedler, VersVG § 1a Rz 32 f; *Schauer*, Versicherungsvertragsrecht³ 149.
566 Vgl *Armbrüster*, Privatversicherungsrecht² Rz 1110.

Reischauer (2010) 547; *Jabornegg*, Zur Unterscheidung von befristeten und unbefristeten Dauerschuldverhältnissen bei Vereinbarung einer Verlängerungsklausel, in FS Welser (2004) 335.

A. Gesetzeszweck

5.17 Wie erläutert, endet ein Versicherungsvertrag regulär durch Zeitablauf (befristet) oder durch ordentliche Kündigung (unbefristet). In beiden Fällen überlässt der Gesetzgeber die Regelung allerdings nicht völlig den Parteien. § 8 und einige Sonderregeln in der Personenversicherung schützen vielmehr den VN vor nachteiligen Vertragsgestaltungen, ohne aber das legitime Interesse des Versicherers an einer langfristigen Bindung aus den Augen zu verlieren.[567]

5.18 Dem Gesetzgeber geht es in § 8 um die **Verhinderung** einer **überlangen Bindung des VN**. Beim unbefristeten Vertrag (Abs 2) stehen Kündigungsverzichte und die Dauer von Kündigungsfristen im Fokus. Bei befristeten Verträgen geht es um die Dauer des Vertrags selbst (Abs 3). Außerdem sollen für den VN überraschende Verlängerungen eigentlich beendeter befristeter Verträge verhindert werden (Abs 1).

5.19 Die folgende Darstellung behandelt zunächst die Rechtslage bei unbefristeten Verträgen und widmet sich im Anschluss den befristeten Vereinbarungen. Die gewählten Beispiele kommen stets aus dem Bereich der Nicht-Personenversicherungen. Die Rechtslage bei Personenversicherungen wird erst im Anschluss dargestellt, weil erstens zahlreiche Sonderbestimmungen existieren und zweitens oft nicht ganz klar ist, ob solche Verträge als befristet oder unbefristet einzuordnen sind.

B. Unbefristete Verträge

5.20 Ein unbefristeter Versicherungsvertrag kann nach § 8 Abs 2 von beiden Teilen nur für den Schluss der laufenden **Versicherungsperiode** gekündigt werden; damit ist der Kündigungstermin angesprochen. Als Versicherungsperiode legt § 9 den Zeitraum von einem Jahr fest. Die Parteien können davon zwar abweichen. Da § 8 Abs 2 allerdings zu Gunsten des VN zwingend ist (§ 15a), darf gerade mit Blick auf die ordentliche Kündigung keine längere Versicherungsperiode vereinbart werden.[568]

> Die mit 1.8. unbefristet abgeschlossene Haushaltsversicherung kann also mit Wirkung vom 31.7. des Folgejahres gekündigt werden, wenn keine kürzere Versicherungsperiode vereinbart wurde.

5.21 Die Kündigungsfrist muss nach § 8 Abs 2 für beide Teile gleich sein; sie darf nicht weniger als **einen Monat** und nicht mehr als **drei Monate** betragen. Die Regel ist aber entgegen ihrem Wortlaut nur zu Gunsten des VN zwingend (§ 15a). Dass der Versicherer eine längere Frist als der VN oder auch eine mehr als dreimonatige Frist einhalten muss, wäre zulässig.[569] Ebenso wäre auch eine AVB-Klausel zulässig, die dem VN eine „jederzeitige fristlose" Kündigung ermöglicht.

---

567 *Gruber* in *Fenyves/Schauer*, VersVG § 8 Rz 1.
568 *Gruber* in *Fenyves/Schauer*, VersVG § 9 Rz 2.
569 *Schauer*, Versicherungsvertragsrecht³ 299.

Will der VN die mit 1.8. unbefristet abgeschlossene Haushaltsversicherung nach einem Jahr (Versicherungsperiode) kündigen und ist eine dreimonatige Kündigungsfrist vereinbart, muss er die Erklärung so rechtzeitig abgeben, dass die Kündigung dem Versicherer bis 30.4. des Folgejahres zugeht.

Auf das Kündigungsrecht können die Parteien einverständlich bis zur Dauer von zwei Jahren verzichten. Der VN kann also bei einem unbefristeten Versicherungsvertrag maximal drei Jahre „im Vertrag gehalten" werden.[570]

5.22

Die Haushaltsversicherung wird mit 1. 8. 2020 und zwei Jahren Kündigungsverzicht abgeschlossen, Versicherungsperiode ist ein Jahr, Kündigungsfrist drei Monate: Der VN kann die Versicherung mit Wirkung vom 31. 7. 2023 beenden.

C. Befristete Verträge

1. Grundlagen

Ein befristeter Vertrag kann vor Ende seiner Laufzeit von beiden Seiten nur aus wichtigem Grund (oder natürlich einvernehmlich) beendet werden. Eine grundlose Auflösungsmöglichkeit des Versicherers könnte jedenfalls gegenüber Verbrauchern nicht vereinbart werden (vgl auch § 6 Abs 2 Z 1 KSchG[571]).[572] Eine solche Klausel wäre gegenüber Unternehmern im Lichte des § 879 Abs 3 ABGB dann problematisch, wenn eine fristlose grundlose Auflösungsmöglichkeit vereinbart würde.

5.23

Auch der VN ist aber während der Vertragslaufzeit an den Versicherer gebunden. Das lenkt den Blick auf die zulässige Bindungsdauer. Dafür ist zu unterscheiden, ob der VN Verbraucher ist oder Unternehmer.

5.24

Für die Abgrenzung gelten die allgemeinen Regeln zur Abgrenzung von Verbraucher und Unternehmer (Rz 1.55 ff). Spezifisch zur Kündigung hat der OGH zB in 7 Ob 22/04t ausgesprochen, dass auch ein Nebenerwerbslandwirt hinsichtlich einer Agrarversicherung als Unternehmer einzuordnen ist.

Ist der VN **Verbraucher,** so kann er ein Versicherungsverhältnis, das er für eine Dauer von mehr als drei Jahren eingegangen ist, zum Ende des **dritten Jahres** oder jedes darauffolgenden Jahres unter Einhaltung einer Frist von einem Monat kündigen (§ 8 Abs 3). Die Befristung bleibt allerdings insofern wirksam, als etwa ein auf fünf Jahre abgeschlossener Versicherungsvertrag mit einem Verbraucher tatsächlich spätestens nach fünf Jahren endet.[573]

A möchte nach seiner Berufsprüfung eine Anwaltskanzlei gründen. Schließt er dafür eine Haftpflichtversicherung, so ist er für dieses Gründungsgeschäft noch Verbraucher (§ 1 Abs 3 KSchG) und kann sich auch bei einer längeren Befristung nach drei Jahren vom Vertrag lösen.

---

570 OGH 7 Ob 152/01 f.
571 *Apathy* in *Schwimann/Kodek,* ABGB⁴ § 6 KSchG Rz 66.
572 Siehe OGH 7 Ob 156/20 x (Rz 106 f).
573 *Schauer,* Versicherungsvertragsrecht³ 303.

Für **Unternehmergeschäfte** gilt die Bestimmung nicht, sodass für langfristige Bindungen von Unternehmern nur die allgemeinen Grenzen (Sittenwidrigkeit, AVB-Kontrolle) einschlägig sind. Der OGH hat ausgesprochen, dass eine im Einzelnen ausgehandelte 10-Jahres-Bindung zulässig ist.[574] Umstritten ist jedoch die Zulässigkeit von Laufzeitklauseln in AVB. Nach einer in der Lehre verbreitet vertretenen und sachgerechten Auffassung dürfen sie Unternehmer nicht länger als drei Jahre binden, eine gegenteilige Vereinbarung verstieße gegen § 879 Abs 3 ABGB.[575]

2. Verlängerungsklausel

5.25 Befristete Verträge enthalten häufig Verlängerungsklauseln. Sie sehen vor, dass sich der – eigentlich abgelaufene – Vertrag „automatisch" um eine bestimmte Zeit verlängert, wenn er nicht (zB einen Monat) vor Ablauf gekündigt wird. Eine solche Verlängerungsklausel macht den Vertrag **nicht** zur **unbefristeten** Vereinbarung.[576]

Es hat sich aber die Frage gestellt, ob § 8 Abs 2 Satz 3, wonach der VN bei unbefristeten Verträgen maximal zwei Jahre auf sein Kündigungsrecht verzichten kann, zumindest analog auf solche Vereinbarungen anzuwenden ist.[577] Tatsächlich wäre es eigenartig, wenn der Unternehmer deutlich länger in einem befristeten Vertrag mit Verlängerungsklausel gehalten werden könnte als in einem unbefristeten.[578] Auch aus diesem Grund erscheint die gerade dargestellte Auffassung, wonach eine mehr als dreijährige Bindung auch des Unternehmers in AVB gröblich benachteiligend ist, sachgerecht.

5.26 Um überlange Fristen durch die Hintertüre zu vermeiden, sieht § 8 Abs 1 aber vor, dass sich die spätere Verlängerung auf **nicht mehr als ein Jahr** erstrecken darf. Dass der VN nur maximal jeweils ein weiteres Jahr gebunden werden kann, schützt ihn zwar. Die Wurzel des Problems von Verlängerungsklauseln ist freilich der Umstand, dass mit ihr eine Fiktion vereinbart wird. Ein Verhalten – die nicht erfolgte Kündigung – wird als Abgabe einer Willenserklärung gewertet, obwohl es das oft nicht ist.

> Der VN unterlässt die rechtzeitige Kündigung vielleicht nicht, weil er den Vertrag tatsächlich verlängern will, sondern einfach deshalb, weil er darauf vergisst. Nach allgemeinen Regeln (§ 863 ABGB) hätte das Verhalten des VN also keinen besonderen Erklärungswert.

§ 6 Abs 1 Z 2 KSchG sieht daher im Verbrauchergeschäft vor, dass eine solche Klausel nur dann wirksam ist, wenn der Verbraucher rechtzeitig auf die Bedeutung seines Verhaltens **besonders hingewiesen wird** und zur Abgabe einer ausdrücklichen Erklärung eine angemessene Frist hat.

---

574 OGH 7 Ob 152/01f.
575 *Gruber* in FS Reischauer 547 (555 ff); *Jabornegg* in FS Welser 335 (366 f). AA *Fenyves*, VR 2001, 90 (96).
576 OGH 7 Ob 152/01f; *Fenyves*, VR 2001, 90 (95).
577 Siehe zur Diskussion *Fenyves*, VR 2001, 90 (95); *Jabornegg* in FS Welser 335 (für eine Analogie: 362 f).
578 *Gruber* in *Fenyves/Schauer*, VersVG § 8 Rz 63.

> Eine Unfallversicherung wird auf zwei Jahre befristet. Nach den AVB verlängert sie sich um jeweils ein Jahr, wenn nicht ein Monat vor Ablauf gekündigt wird (vgl OGH 7 Ob 52/17y). Der Versicherer müsste den Verbraucher rechtzeitig – also etwa sechs Wochen vor Vertragsende – darauf hinweisen, dass er den Vertrag kündigen muss, weil er sich sonst automatisch verlängert.

Nach der Rsp reicht es aber nicht aus, dass der Verbraucher faktisch rechtzeitig hingewiesen wird. Der „Hinweismechanismus" ist vielmehr bereits explizit in die Klausel aufzunehmen.[579] Geschieht dies nicht, ist die Verlängerungsklausel unwirksam und der Vertrag endet mit dem Ablauf der Frist.

3. Kfz-Haftpflichtversicherung

5.27 Besonders geregelt ist die Laufzeit von Kfz-Haftpflichtversicherungen. Nach § 14 Abs 1 KHVG darf es nur befristete Verträge mit einer Laufzeit von höchstens einem Jahr (und einem Monat, siehe Abs 1 Z 2) geben.

> Der Vertrag läuft ab 15. 8. 2020. Er endet daher am 1. 9. 2021 um 0 Uhr, wenn keine kürzere Laufzeit vereinbart wurde.

5.28 Der Versicherungsvertrag verlängert sich – von Gesetzes wegen – um jeweils ein Jahr, wenn er nicht spätestens einen Monat vor Ablauf schriftlich gekündigt wird. Beträgt die Laufzeit weniger als ein Jahr, so endet der Vertrag, ohne dass es einer Kündigung bedarf. Die automatische Verlängerung setzt auch im Verbrauchergeschäft anders als sonst keinen expliziten Hinweis des Versicherers voraus. Damit wirkt der Gesetzgeber der aus dem Blickwinkel des Verkehrsopferschutzes unerwünschten Situation entgegen, dass „unversicherte Fahrzeuge" unterwegs sind.

> **Praxishinweis**
>
> Bei Kfz-Bündelversicherungen (= Haftpflicht + Kasko) kommt es daher nicht selten vor, dass die Haftpflichtversicherung weiterbesteht (§ 14 Abs 2 KHVG), während die Kaskoversicherung ausläuft, weil der Verbraucher nicht explizit auf die Notwendigkeit einer Kündigung zur Verhinderung der Vertragsverlängerung hingewiesen wird.

D. Personenversicherungen

1. Grundlagen

5.29 Eine Personenversicherung (Leben, Kranken, Unfall, Berufsunfähigkeit) kann ebenfalls befristet oder unbefristet abgeschlossen werden.

> Die auf ein Jahr abgeschlossene Unfallversicherung ist ebenso befristet wie die bis zum Pensionsalter abgeschlossene Berufsunfähigkeitsversicherung oder die kapitalbildende Er- und Ablebensversicherung (OGH 7 Ob 251/10b), die mit Vollendung des 65. Lebensjahres fällig wird.

---

579 OGH 7 Ob 52/17y ZFR 2017/262 *(Ramharter)*.

Wird zB eine Unfall- oder Berufsunfähigkeitsversicherung ohne Endtermin abgeschlossen, liegt eine unbefristete Vereinbarung vor. Die Versicherung endet freilich jedenfalls mit dem Tod der versicherten Person.

Umstritten ist allerdings, ob ein Vertrag, der von vornherein auf **Lebenszeit des VN** abgeschlossen wird, befristet oder unbefristet ist. Die besseren Gründe sprechen dafür, von einer Befristung auszugehen.[580]

Bei reiner Todfallversicherung (OGH 7 Ob 251/10b) liegt also ein befristeter Vertrag vor, weil nicht entscheidend ist, ob der Endtermin bereits bekannt ist.

Die Diskussion ist praktisch allerdings nur beschränkt relevant, weil sie von gesetzlichen Sonderbestimmungen über die Vertragsbeendigung überlagert wird, die in der Folge darzustellen sind.

2. Leben

5.30 Bei der Lebensversicherung gibt es mit § 165 eine lex specialis zu § 8 Abs 2 und 3.[581] Abs 1 ordnet an, dass der **VN** den Vertrag für den Schluss jeder laufenden Versicherungsperiode kündigen kann, wenn laufende Prämien zu entrichten sind. Gleiches gilt bei einmaliger Prämienzahlung, wenn eine Kapitalversicherung für den Todesfall mit sicherer Zahlungsverpflichtung genommen wird. Bei einer Kapitalversicherung für den Todesfall mit unbedingter Zahlungspflicht des Versicherers schuldet er nach einer solchen Beendigung den Rückkaufswert (§ 176 Abs 1; siehe Rz 7.177).

Das Kündigungsrecht gibt es also auch bei einer reinen Risikolebensversicherung, bei der laufende Prämien zu entrichten sind; der Versicherer schuldet aber dann keinen Rückkaufswert nach Beendigung.

In OGH 7 Ob 192/12d war eine „Sofort-Rente Rentenversicherung" abgeschlossen worden. Zu Beginn war ein Einmalerlag fällig. Der Versicherer garantierte über einen Zeitraum von 32 Jahren eine jährliche Altersrente. Im Fall des Todes konnte für die Garantiezeit ein Begünstigter eingesetzt werden. Daneben stellte der Versicherer Überschussbeteiligungen in Aussicht. Nach dem OGH hat der VN kein Kündigungsrecht nach § 165.

Der VN hat hingegen bei einer Lebensversicherung, die im Rahmen der (steuerlich) **prämienbegünstigten Zukunftsvorsorge** abgeschlossen wurde, innerhalb der ersten zehn Jahre ab erster Einzahlung der Prämie kein ordentliches Kündigungsrecht, weil §§ 108g Abs 1 Z 2 und 108i Abs 1 EStG den Vorschriften des VersVG insofern derogieren.[582] Der Versicherer darf allerdings keinen über diesen Zeitraum hinausgehenden Kündigungsverzicht verlangen.

5.31 Der **Versicherer** kann sich hingegen nicht durch Kündigung vom Vertrag lösen. Dies liegt nach richtiger Auffassung schon daran, dass die Vereinbarung befristet ist und

---

580 Zutr OGH 7 Ob 251/10b mwN; *Schauer* in *Fenyves/Schauer*, VersVG § 165 Rz 17.
581 OGH 7 Ob 192/12d; *Schauer* in *Fenyves/Schauer*, VersVG § 165 Rz 17.
582 OGH 7 Ob 138/11m ecolex 2011/430 *(Konwitschka/Schalk)*; *Schauer* in *Fenyves/Schauer*, VersVG § 165 Rz 6 mit zahlreichen Nw.

das Gesetz dem Versicherer keine vorzeitige Auflösung erlaubt. Auch unbefristete Lebensversicherungen könnten freilich vom Versicherer nicht ordentlich gekündigt werden, weil § 165, der dem Versicherer kein Kündigungsrecht gibt, § 8 Abs 2 (auch) insofern überlagert.[583]

3. Kranken

Auch bei der Krankenversicherung gibt es Sonderbestimmungen zur Laufzeit, die den VN schützen. Nach § 178i Abs 1 dürfen Krankenversicherungsverträge nur auf **Lebenszeit des VN** geschlossen werden. Befristungen der Laufzeit sind daher unwirksam. Davon sind nur kurzfristige Versicherungen ausgenommen, die auf weniger als ein Jahr befristet sind.

5.32

Hintergrund dieser Regel ist, dass das Krankheitsrisiko mit steigendem Alter zunimmt. Der Gesetzgeber möchte daher verhindern, dass der Versicherer jahrelang Prämien vom gesunden VN einhebt und die Versicherung dann bei gestiegenem Risiko endet. § 178i Abs 2 stellt klar, was sich schon aufgrund dieses Zwecks und der Einordnung als befristeter Vertrag ergibt: Eine ordentliche Kündigung durch den Versicherer gem § 8 Abs 2 ist unzulässig.[584]

> Eine Reisekrankenversicherung ist selbstverständlich zulässig. Unzulässig ist aber insb ein Vertragsende, das an das Erreichen einer Altersgrenze geknüpft wird (70. Lebensjahr, Pensionsalter etc). Das ist nicht zu verwechseln mit dem im Lichte der Privatautonomie zulässigen Einziehen einer Altersgrenze für Neuabschlüsse (siehe oben Rz 1.49ff).

§ 178i Abs 3, wonach der Versicherer aus wichtigem Grund kündigen kann, ist nur eine Klarstellung. Befristete Dauerschuldverhältnisse können in solchen Fällen stets aufgelöst werden. Das Gesetz nennt insb die Obliegenheitsverletzungen (§ 6), den Prämienverzug (§ 39) und die unverschuldete Verletzung der Anzeigepflicht (§ 41).

Bei **Gruppenversicherungen** gelten die genannten Beschränkungen nicht (§ 178i Abs 2). Sie können daher befristet abgeschlossen oder im Fall einer unbefristeten Ausgestaltung ordentlich gekündigt werden. Das einzelne Mitglied kann seinen Vertrag aber zu unveränderten Bedingungen fortführen (§ 178m Abs 1).

5.33

Krankengeldversicherungen sichern den VN durch Zahlung eines Krankengeldes gegen den durch Arbeitsunfähigkeit (infolge Krankheit oder Unfall) erlittenen Verdienstausfall ab.[585] Sie müssen daher ebenfalls nicht auf Lebenszeit des VN abgeschlossen werden (§ 178i Abs 2).[586]

> Die Gestaltungen unterliegen der Klauselkontrolle: Der OGH (7 Ob 189/19y) hat ausgesprochen, dass die Klausel, wonach eine unbefristete Krankengeldversicherung mit Ende des Versicherungsjahres ordentlich gekündigt werden kann und die Leistungspflicht für bereits einge-

---

583 OGH 7 Ob 192/12d.
584 *Schauer* in *Fenyves/Schauer*, VersVG § 178i Rz 8; vgl auch OGH 7 Ob 192/12d.
585 *Zoppel* in *Fenyves/Perner/Riedler*, VersVG § 178b Rz 16f.
586 Vgl nur OGH 7 Ob 189/19y.

tretene Versicherungsfälle vier Wochen nach Vertragsende erlischt, gröblich benachteiligt (§ 879 Abs 3 ABGB).

5.34 Für die **Kündigung des VN** kommt es darauf an, ob man die Vereinbarung eines Krankenversicherungsvertrags auf Lebenszeit als befristet oder unbefristet einordnet. Im ersten – zutreffenden – Fall kommt § 8 Abs 3 zur Anwendung, sodass der VN sich nach drei Jahren vom Vertrag lösen kann. Im zweiten Fall hätte der VN das Recht der ordentlichen Kündigung nach § 8 Abs 2.[587]

4. Unfall und Berufsunfähigkeit

Literatur: *Neissl,* Kündigungsschutz und Erwartungshaltung des Versicherungsnehmers in der privaten Unfallversicherung (Dissertation Linz 2018).

5.35 In der Unfallversicherung gibt es – anders als bei Lebens- und Krankenversicherung – keine Sonderbestimmungen zur Vertragsbeendigung. Damit gibt es vor allem auch **keine** mit § 178i vergleichbare **Schutzvorschrift für VN.** Das überrascht auf den ersten Blick, weil die private Krankenversicherung in Österreich ja „nur" einen zur gesetzlichen Krankenversicherung hinzutretenden Schutz gewährt. Die private Unfallversicherung soll hingegen tatsächliche Deckungslücken der Sozialversicherung schließen.[588] Vor diesem Hintergrund würde man sich in der Unfallversicherung eigentlich einen noch höheren Bestandschutz erwarten.[589]

Dass der Gesetzgeber keinen Ausschluss des ordentlichen Kündigungsrechts des Versicherers vorsieht und Befristungen zulässt, dürfte damit zusammenhängen, dass das Risiko mit steigendem Alter nicht in derselben typischen Form ansteigt. Das steht einer analogen Anwendung des § 178i in der Unfallversicherung entgegen.

Das Krankheitsrisiko steigt mit dem Alter. Hat ein 60-jähriger aber ein höheres Unfallrisiko als ein 30-jähriger? Ist die Wahrscheinlichkeit der Auswirkungen eines Versicherungsfalls höher?

5.36 Die **Berufsunfähigkeitsversicherung** ist im VersVG nicht explizit geregelt, sie hat aber eine Verwandtschaft mit anderen Personenversicherungen.[590] Den Interessen des VN wird hier allerdings in sachgerechter Weise durch Befristungen und den damit notwendig verbundenen Ausschluss des ordentlichen Kündigungsrechts des Versicherers Rechnung getragen. Eine unbefristete Ausgestaltung müsste sich am Maßstab der Klauselkontrolle (insb § 879 Abs 3 ABGB) messen lassen.[591]

E. Dauerrabatt

Literatur: *Gruber,* Der Dauerrabatt, wbl 2011, 187; *Palten,* Neues vom Dauerrabatt, VR 2010 H 7–8, 31; *Schauer,* Der Dauerrabatt beim Versicherungsvertrag nach der E OGH 7 Ob 266/09g,

---

587 *Schauer* in *Fenyves/Schauer,* VersVG § 178i Rz 13.
588 *Perner* in *Fenyves/Perner/Riedler,* VersVG § 179 Rz 1.
589 *Neissl,* Kündigungsschutz, insb 84ff.
590 OGH 7 Ob 128/14w ZFR 2015/42 *(Gruber);* 7 Ob 21/18s.
591 Insofern vergleichbar: OGH 7 Ob 189/19y (Krankengeldversicherung).

RdW 2011, 267; *Vonkilch,* Versicherungsrechtliche Dauerrabattrückforderung qua ergänzender Vertragsauslegung? Anmerkungen zu 7 Ob 11/14i sowie zur Rolle des Richters bei der Vertragsauslegung, Zak 2015, 64.

1. Problemstellung

Je länger der VN im Vertrag bleibt, desto günstiger für den Versicherer. Das liegt vor allem daran, dass die Einmalkosten auf einen längeren Zeitraum verteilt werden können. Dieser Vorteil wird in vielen Versicherungssparten als Dauerrabatt – also laufzeitabhängiger Vorteil – an den Kunden weitergegeben.

5.37

> In OGH 7 Ob 156/20x war eine Klausel aus der Unfallversicherung zu beurteilen. Es ging um einen Laufzeitbonus von 20%, wenn eine Vertragsdauer von 10 Jahren erreicht wird. Solche Gestaltungen sind auch in anderen Sparten üblich. Statt einer Jahresprämie von zB 100 wird dann eine Prämie von nur 80 fällig.

Der VN hat nach den zur Vertragsbindung dargestellten Regeln aber das Recht, die Vereinbarung viel früher – meist nach drei Jahren – aufzulösen. Es stellt sich dann die Frage, wie mit dem Bonus umzugehen ist, wo doch die Laufzeit nicht erreicht wurde.

5.38

> Der VN löst die Vereinbarung nach drei Jahren. Hätte man von vornherein eine dreijährige Laufzeit vereinbart und die Einmalkosten auf drei statt auf zehn Jahre aufgeteilt, wäre keine Jahresprämie von 80 vereinbart worden.

Es liegt nahe, dass der Versicherer in einem solchen Fall der vorzeitigen Auflösung den von ihm gewährten Vorteil für die längere – nicht erreichte – Vertragsdauer zurückhaben möchte. § 8 Abs 3 Satz 2 erlaubt eine solche Vereinbarung über die Rückforderung des Dauerrabatts im Grundsatz.

2. Rechtsprechung

Fraglich ist nur, wie die Klausel inhaltlich ausgestaltet sein muss, um im Verbrauchergeschäft der Transparenz- und allgemein der Inhaltskontrolle standzuhalten. Zunächst ist davon auszugehen, dass die Rückforderung nur bei vorzeitiger Auflösung durch den VN möglich ist, wie dies die mittlerweile gängigen Klauseln ohnehin vorsehen.[592] Außerdem ist die Rückforderung nicht zulässig, wenn der VN einen wichtigen Grund für die Vertragsauflösung hat. Die Rückforderung kann also nur bei einer vorzeitigen Kündigung schlagend werden, für die der VN keinen Grund benötigt.

5.39

Für diese Fälle vertritt der OGH in mittlerweile gefestigter Rsp die Auffassung, dass eine solche Klausel **streng degressiv** ausgestaltet sein muss.[593] Der nachzuzahlende Betrag müsse daher von Jahr zu Jahr sinken, die Klausel ist sonst ersatzlos unwirksam und der Versicherer kann auch bereicherungsrechtlich nicht gegen den VN vorgehen.

5.40

---

592 OGH 7 Ob 81/17p EvBl 2018/127 *(Palten).*
593 OGH 7 Ob 81/17p EvBl 2018/127 *(Palten);* OGH 7 Ob 156/20x ZVers 2021, 80 *(Weinrauch).* Siehe auch schon OGH 7 Ob 266/09g EvBl 2010/141 *(Rami).*

Die Jahresprämie beträgt aufgrund des Rabatts bei zehnjähriger Dauer 80 statt 100. Eine Bindung des VN für drei Jahre ist wirksam. Die Rückzahlungsvereinbarung könnte daher vorsehen, dass bei einer Vertragsauflösung nach drei Jahren 60 zurückzuzahlen sind. Das entspricht dem gewährten Prämienvorteil (3x20). Anschließend müsste der Rückzahlungsbetrag nach der Rsp des OGH allerdings kontinuierlich sinken. Das ist insofern sachgerecht, als sich der VN ja mit jedem Jahr den Rabatt durch Treue etwas mehr „verdient".

3. Ratio

5.41 Die Rückforderungsklausel muss streng degressiv sein, weil sonst das gesetzlich gesicherte **vorzeitige Kündigungsrecht** des VN (insb § 8 Abs 3) unzulässig **erschwert** würde. Da der VN aber drei Jahre wirksam an den Vertrag gebunden werden kann, ist die Frage des Rückzahlungsbetrags bei Auflösung nach ein oder zwei Jahren kein Fall der dargestellten Rsp.

Der VN stützt sich bei einer solchen Vertragsauflösung nämlich nicht auf ein gesetzliches Auflösungsrecht, dessen Ausübung durch die drohende Rückforderung erschwert wird. Vielmehr würde er entweder vertragsbrüchig, wenn er die Vereinbarung davor beenden möchte. Oder er hat einen berechtigenden Grund für die Auflösung, dann dürfte der Versicherer den Dauerrabatt aber ohnehin gar nicht zurückfordern.[594] In diesen Fällen greift vielmehr nur der zu Gunsten des VN zwingende § 40, wonach der Versicherer (nur) eine anteilige Prämie verlangen kann.

Die Klausel ist daher zulässig, wenn der VN bei Auflösung bis zum dritten Jahr 60 herausgeben muss und der Betrag erst dann sinkt. Ob in OGH 7 Ob 156/20x dreijährige Bindungen vereinbart waren, ist unklar (Verbandsklage). Außerdem deutete die Klausel darauf hin, dass sich der Versicherer die Rückforderung auch bei vorzeitiger Auflösung des VN aus wichtigem Grund vorbehält.

III. Versicherungsfall

Literatur: *Fenyves,* Kein paritätisches Recht zur Schadenfallkündigung in der Rechtsschutzversicherung, ecolex 2012, 543; *Gruber,* Die Kündigung im Schadensfall, in FS Migsch (2004) 91; *Jabornegg,* Verbraucherkündigung nach § 8 Abs 3 VersVG und Kündigungsbeschränkung gemäß § 106 VersVG, RdW 2000, 397; *Neissl,* Kündigungsschutz und Erwartungshaltung des Versicherungsnehmers in der privaten Unfallversicherung (Dissertation Linz 2018).

A. Problemstellung

5.42 Bei einem Versicherungsvertrag ohne Versicherungsfall gibt es – wenn die Prämien planmäßig einbezahlt werden – meist keinen Anlass für gegenseitige Beschwerden. Sobald die „Schönwetterzone" verlassen wird und der Versicherungsfall eintritt, zeigt sich das „wahre Gesicht" der Vertragspartner. Der Versicherer erfährt Genaueres über die Gewohnheiten des VN und seine Sorgfalt. Der VN bekommt einen Einblick in die Praxis der Abwicklung des Versicherers. Das kann auf beiden Seiten zu einem **Vertrauensverlust** führen.

---

594 AA *Schauer,* RdW 2011, 267 (271).

Der deutsche Gesetzgeber des VVG 1908 formuliert es anschaulich (Motive 164): „Die Wahrnehmungen, zu welchen die Ermittlung und Feststellung des Schadens Anlass gibt, rufen häufig bei dem einen oder anderen Teil den begründeten Wunsch hervor, an den Vertrag nicht mehr gebunden zu bleiben". Recht deutlich formuliert es auch der OGH in 7 Ob 179/03 d, wenn er von der Verärgerung (des VN) über den Vorwurf der Arglist oder falscher Angaben, eine verzögerte Abwicklung sowie das Unbehagen (des Versicherers) bei fehlender Beweisbarkeit entscheidender Umstände spricht.

Daher ermöglicht das Gesetz beiden Seiten in vielen Sparten die Möglichkeit, sich nach dem Eintritt des Versicherungsfalls vom Vertrag zu lösen.[595] Für die **ratio** der Kündigungsmöglichkeit[596] – oft auch wegen ihrer Verbreitung in der Nicht-Personenversicherung Schadenfallkündigung genannt – ist zu unterscheiden:[597] Während sie dem VN einen Ausgleich dafür bieten soll, dass er die Entscheidung des Versicherers zunächst zumindest faktisch hinnehmen müsse, ermögliche sie dem Versicherer eine Lösung von schadensträchtigen Verträgen.[598] Das muss man nicht überzeugend finden,[599] zumal dieser Normzweck in die Bestimmungen über die Kündigung im Versicherungsfall keinen Eingang gefunden hat.[600]

5.43

Weder der Versicherer noch der VN muss daher in den im Folgenden dargestellten Fällen der Kündigungsmöglichkeit im Schadenfall einen konkreten Vertrauensverlust darlegen. Beide können sich vielmehr auch aus rein geschäftspolitischen Gründen vom Vertrag lösen (Lösung von altem Vertragsbestand, Suche nach einem günstigeren Versicherer etc).

Beachte

Auch die Kündigung nach dem Versicherungsfall beendet den Vertrag nur ex nunc. Selbstverständlich hat sie auf eine wegen des bereits eingetretenen Versicherungsfalls bestehende Leistungspflicht des Versicherers keinen Einfluss.

B. Nicht-Personenversicherung

In der Nicht-Personenversicherung gibt es gesetzliche Regeln, die beiden Vertragsparteien eine Auflösung des Versicherungsvertrags im Schadenfall ermöglichen. Das Kündigungsrecht ist in der Feuer- (§ 96), Hagel- (§ 113) sowie in der Haftpflichtversicherung (§ 158) vorgesehen und setzt den Versicherungsfall, allerdings nicht zwingend eine Leistungspflicht des Versicherers voraus. Dass also ein Risikoausschluss eingreift oder der Versicherer etwa wegen Verletzung einer Obliegenheit leistungsfrei ist, hindert das Kündigungsrecht nicht. Die Bezeichnung als **paritätische Kündigungsrechte**[601] rührt auch daher, dass eine Vereinbarung nur insofern vom Gesetz abweichen darf, als das Kündi-

5.44

---

595 Zur historischen Entwicklung *Gruber* in FS Migsch 91 (93 ff).
596 *Gruber* in FS Migsch 91 (99 ff).
597 *Saria* in Fenyves/Perner/Riedler, VersVG § 96 Rz 1.
598 OGH 7 Ob 179/03 d.
599 *Saria* in Fenyves/Perner/Riedler, VersVG § 96 Rz 1 f. Siehe auch *Gruber* in FS Migsch 91 (103 f).
600 Siehe nur *Jabornegg*, RdW 2000, 397 (399).
601 *Fenyves*, ecolex 2012, 543 (543).

gungsrecht für beide Teile gleich – also für den VN nicht schlechter als für den Versicherer – ist (§ 108 Abs 1, § 115a Abs 2, § 158a Abs 2).

> Hinsichtlich der Fristen und Termine darf also von den gesetzlichen Vorschriften abgewichen werden, ebenso dürfte zB Schriftform für beide Teile vorgesehen werden. Ein völliger Ausschluss des Kündigungsrechts wäre unzulässig, denkbar wäre aber etwa das Einziehen von Bagatellgrenzen. Eine Klausel, wonach die Entschädigung in der Haftpflichtversicherung 5% der Versicherungssumme betragen müsse, damit gekündigt werden kann, fällt nicht mehr darunter, sie ist nach § 879 Abs 3 ABGB unzulässig (OGH 7 Ob 179/03d).

In der **Feuerversicherung** ist die Kündigung bis zum Ablauf eines Monates seit dem Abschluss der Verhandlungen über die Entschädigung zulässig (§ 96 Abs 2). Der Versicherer muss eine Kündigungsfrist von einem Monat einhalten, der VN muss spätestens mit Wirkung für den Schluss der betreffenden Versicherungsperiode kündigen.

> Kommt es also am 1.2. zu einem Brand (Versicherungsfall) innerhalb der von 1.8. bis zum 31.7. des Folgejahres laufenden Versicherungsperiode und sind die Verhandlungen am 15.5. abgeschlossen, kann der VN bis 15.6. kündigen und muss die Versicherung bis spätestens 31.7. beenden. Der Versicherer müsste ebenfalls bis 15.6. kündigen und dabei eine Frist von einem Monat einhalten.

In der **Hagelversicherung** sind keine besonderen Fristen einzuhalten. Der Versicherer kann allerdings nur für den Schluss der betreffenden Versicherungsperiode kündigen, der VN spätestens für diesen Zeitpunkt (§ 113).

> Kommt es also am 1.7. zu einem Hagelschaden (Versicherungsperiode 1.8. bis 31.7.), kann der VN den Vertrag bis zum 31.7. beenden. Der Versicherer kann ihn nur mit Wirkung von 31.7. beenden.

In der **Haftpflichtversicherung** läuft eine Monatsfrist für die Kündigung ab Anerkennung oder Verweigerung der Leistungspflicht des Versicherers (§ 158 Abs 2). Erteilt der Versicherer dem VN die Weisung, es über den Anspruch eines Dritten zum Rechtsstreit kommen zu lassen, läuft die Frist ab Rechtskraft des Urteils. Der Versicherer hat dann eine einmonatige Kündigungsfrist einzuhalten, der VN kann sich sofort vom Vertrag lösen.

> Der Geschädigte schickt dem VN am 1.2. ein Aufforderungsschreiben, worauf der VN sich am 3.2. an seinen Haftpflichtversicherer wendet. Dieser anerkennt seine Deckungspflicht am 14.2. (oder lehnt sie ab). Beide können den Vertrag bis 15.3. (der Versicherer unter Einhaltung einer einmonatigen Kündigungsfrist) auflösen.

5.45 Für die Frage der **analogen Anwendung** des Kündigungsrechts im Versicherungsfall ist zu differenzieren: Sie wird zutreffend bei den (anderen) gesetzlich geregelten Versicherungssparten abgelehnt.⁶⁰² Der OGH hat eine gesetzliche Auflösungsmöglichkeit daher in der Rechtsschutz-⁶⁰³ sowie in der Transportversicherung⁶⁰⁴ verneint.

Vertragliche Regeln, die eine Kündigung nach dem Versicherungsfall ermöglichen, sind zwar grundsätzlich zulässig. Sie müssen allerdings der Klauselkontrolle (insb § 879 Abs 3 ABGB) standhalten. Dabei ist die Leitbildfunktion der paritätischen Ausgestaltung zu berücksichtigen.⁶⁰⁵ Vor allem aber sind bei der AVB-Prüfung die Gründe mit zu bedenken, die eine analoge Anwendung verhindern. Rechtsschutz- und Transportversicherung sind etwa typisch schadensträchtiger, sodass zu Gunsten des VN Bagatellgrenzen eingezogen werden müssen.⁶⁰⁶

Bei den gesetzlich nicht geregelten Sparten der Sachversicherung ergibt sich das Kündigungsrecht im Schadenfall hingegen bereits aus einer analogen Anwendung von § 96. Dies hat der OGH explizit für die Betriebsunterbrechungsversicherung ausgesprochen.⁶⁰⁷ Selbstverständlich folgt aus der analogen Anwendung auch, dass vertragliche Regeln paritätisch ausgestaltet sein müssen.

Art 11 Abs 2 ABS 2012 ist daher problematisch, weil die Bestimmung den VN bei Versicherungsfällen, die gegen Ende der Versicherungsperiode eintreten, schlechter stellt als den Versicherer.

C. Personenversicherung

Bei der Personenversicherung stellt sich die Frage nach dem Kündigungsrecht im Versicherungsfall manchmal gar nicht, weil der Eintritt des Versicherungsfalls den Vertrag in einigen Fällen automatisch beendet. Dies betrifft vor allem die **Lebensversicherung.** 5.46

A schließt eine Er- und Ablebensversicherung. Tritt der Versicherungsfall – Erreichen der Altersgrenze oder vorheriger Tod – ein, endet der Vertrag und die Frage nach der Kündigung im Versicherungsfall stellt sich nicht.

Bei der **Krankenversicherung** ist das nicht der Fall, der Versicherungsfall (Krankheit) führt nicht zu einer Vertragsbeendigung. Hier gilt das Prinzip des lebenslangen Versicherungsschutzes. Eine Kündigung im Versicherungsfall ist unzulässig und darf auch nicht vereinbart werden (§ 178i Abs 2). 5.47

Anderes gilt bei Gruppenkrankenversicherungen, bei denen es zwar kein gesetzliches Kündigungsrecht im Versicherungsfall gibt. Die Vereinbarung von Auflösungsrechten in AVB wäre aber zulässig, zumal die Mitglieder aus der Gruppe das Recht haben, den Versicherungsschutz im Rahmen eines Einzelvertrags weiterzuführen (§ 178m Abs 1).

---

602 *Gruber* in FS Migsch 91 (105 ff).
603 OGH 7 Ob 215/11 k mit ausführlicher Darstellung des Meinungsstandes.
604 OGH 7 Ob 234/13 g.
605 *Gruber* in FS Migsch 91 (112 f); *Fenyves*, ecolex 2012, 543 (543). Vgl aber OGH 7 Ob 201/12 b; 7 Ob 108/15 m.
606 OGH 7 Ob 84/16 b (Rechtsschutzversicherung).
607 OGH 7 Ob 272/04 g im Anschluss an *Schauer*, Versicherungsvertragsrecht³ 304.

Auch bei Krankengeldversicherungen sind Vereinbarungen über die Kündigung im Versicherungsfall nicht ausgeschlossen, unterliegen aber einer Klauselkontrolle.

> Die vom OGH (7 Ob 189/19 y) verworfene Klausel über eine ordentliche Kündigungsmöglichkeit des Versicherers in der Krankengeldversicherung war in der Sache eher als Beendigungsmöglichkeit nach dem Versicherungsfall gedacht. Das zeigt sich schon daran, dass die Leistungspflicht vier Wochen nach Vertragsende auch für bereits eingetretene Versicherungsfälle erlöschen sollte.

5.48 In der **Unfallversicherung** gibt es keine Sonderbestimmung über die Möglichkeit einer Vertragsbeendigung im Versicherungsfall. Das aus der Schadensversicherung bekannte gesetzliche Kündigungsrecht ist nicht analog anzuwenden.

Für die umgekehrte analoge Anwendung des absoluten Verbots der Kündigung im Versicherungsfall (§ 178 i Abs 2) dürften zwar keine ausreichenden Argumente sprechen, zumal für die Krankengeldversicherung gerade eine Ausnahme vom Prinzip des lebenslangen Versicherungsschutzes gemacht wird. Allerdings können die beachtlichen Argumente, die für eine Analogie vorgebracht werden,[608] immerhin im Rahmen der Klauselkontrolle verwertet werden.[609] Außerdem ist zu berücksichtigen, dass solche AVB-Bestimmungen auch mit § 1 d (Diskriminierungsverbot bei Behinderung) in Konflikt geraten, wenn aus dem Unfall, der Auslöser für eine Auflösung sein soll, eine dauernde Invalidität folgt.

> Der OGH 7 Ob 165/20 x hielt das in AUVB vorgesehene Kündigungsrecht im Versicherungsfall für unzulässig, weil es auch nach „Bagatellfällen" ausgeübt werden könne und die Kündigung damit zum Willkürakt des Versicherers werde.

IV. Interessewegfall

Literatur: *Figl*, COVID-19: Gefahrenmangel, Gefahrenminderung und Prämienreduktion, wbl 2020, 487.

A. Tatbestand

5.49 Gibt es kein versichertes Interesse mehr, kann der Versicherer kein Risiko tragen und die Erbringung seiner Leistung – das Versicherthalten – wird daher **nachträglich unmöglich**.[610] § 68 regelt die Frage, wie mit einem solchen (ex ante betrachtet) endgültigen und vollständigen Wegfall des versicherten Interesses umzugehen ist. Bei einem bloß vorübergehenden Entfall oder einer nur teilweisen Verringerung des Risikos ist § 68 nicht anwendbar, es kann aber zu einer verhältnismäßigen Prämienreduktion nach § 41 a kommen.[611]

---

608 *Neissl*, Kündigungsschutz 84 ff.
609 Vgl OGH 7 Ob 156/20 x ZVers 2021, 80 (zust *Weinrauch*); siehe auch *Gruber* in FS Migsch 91 (112 f).
610 *Burtscher/Ertl* in *Fenyves/Perner/Riedler*, VersVG § 68 Rz 2.
611 *Figl*, wbl 2020, 487 (489 ff, 491 ff).

IV. Interessewegfall

Wird das Kfz bei einem Unfall völlig zerstört oder wird es gestohlen und ist die Wiederbeschaffung aussichtslos, kann der Versicherungsfall in der Kaskoversicherung nicht mehr eintreten.

Die Betriebsschließungen während der Corona-Pandemie begründen schon mangels Dauerhaftigkeit keinen Interessewegfall nach § 68 (zB in der betrieblichen Haftpflichtversicherung).

Für die Frage, ob die Änderung faktischer Umstände zu einem Entfall des Risikos führt, ist die konkrete vertragliche **Vereinbarung** zu prüfen: Ist eine veränderte Situation von der Risikoumschreibung in AVB erfasst oder nicht?

5.50

Meldet der VN sein Kfz ab, lässt sich nicht pauschal sagen, ob das Interesse in der Kfz-Rechtsschutzversicherung wegfällt. Es kommt vielmehr darauf an, ob sich der Rechtsschutz auf Risiken aus der Nutzung des *konkreten* Kfz bezieht oder etwa auf die Risiken aus der Tätigkeit des VN als Lenker *seines jeweiligen* Kfz oder als Lenker *eines* Kfz.

In der Haushaltsversicherung bestimmt Art 3 Z 6 ABH, dass die Versicherung bei Wohnungswechsel innerhalb von Österreich in den neuen Wohnräumen gilt. Der Wechsel des versicherten Objekts begründet daher keinen Interessewegfall, sehr wohl aber, wenn der VN dauerhaft ins Ausland zieht.

Manchmal greifen – in der Folge noch darzustellende – **Spezialregeln** ein. Dies ist der Fall, wenn die versicherte Sache auf eine andere Person übergeht: Der frühere Berechtigte hat zwar untechnisch gesprochen kein „Interesse" mehr. Ob der Vertrag dann erlischt oder aber der neue Berechtigte ihn weiterführt, regeln jedoch andere Bestimmungen. Im Fall der Einzelrechtsnachfolge sind §§ 69 ff anwendbar, bei Gesamtrechtsnachfolge geht der Vertrag auf den Nachfolger über.

B. Rechtsfolgen

§ 68 Abs 2 **beendet** den **Vertrag** mit Kenntnis des Versicherers vom Interessewegfall. Das ist sachgerecht, weil der Versicherer kein Risiko mehr tragen kann. Der VN schuldet also für die Zukunft auch keine Prämie mehr. Diese zu Gunsten des VN zwingende (§ 68 a) Bestimmung[612] ist in der (gesamten) Schadensversicherung anwendbar.[613]

5.51

Der Risikowegfall führt also nicht nur in der Sachversicherung, sondern auch in der Haftpflicht- und der Rechtsschutzversicherung zum Wegfall des Vertrags.

In der Summenversicherung ist § 68 nicht anwendbar. Da grundsätzlich nur die Personenversicherung als Summenversicherung ausgestaltet werden kann, gibt es dort idR keinen Bedarf: Der „Interessewegfall" (insb Tod) führt dort meist schon aus anderen Gründen zur Vertragsbeendigung.

Fraglich ist nur, wie mit Prämien für die Vergangenheit umzugehen ist. Abs 2 gewährt dem VN einen Anspruch auf den **Kurztarif**,[614] woraus sich ein Anspruch des Versicherers auf Nachzahlung ergeben kann.

5.52

---

612 OGH 7 Ob 211/12 y.
613 *Burtscher/Ertl* in *Fenyves/Perner/Riedler*, VersVG § 68 Rz 6; für Deutschland *Armbrüster* in *Prölss/Martin*, VVG^{31} § 80 Rz 4.
614 *Figl*, wbl 2020, 487 (489). Siehe dazu auch OGH 7 Ob 211/12 y.

Die Versicherung (Jahresprämie 100) wird auf drei Jahre befristet. Fällt nach einem Jahr das versicherte Interesse weg, wäre es nicht sachgerecht, wenn der Vertrag einfach beendet würde, wenn bei einer einjährigen Befristung eine Prämie von 110 vereinbart worden wäre. Der Versicherer hat dann einen Anspruch auf Nachzahlung von 10.

5.53 Für den VN günstiger ist die Regelung bei Interessewegfall durch Krieg oder behördliche Maßnahme anlässlich eines Krieges (Abs 3). Der Versicherer erhält dann nur die der Gefahrtragung entsprechende anteilige Prämie und für den Zeitpunkt der Vertragsbeendigung kommt es nicht auf die Kenntnis des Versicherers an. Mit zutreffender Begründung wurde die analoge Erstreckung dieses Tatbestandes auf Corona-bedingte Betriebsschließungen in der Literatur abgelehnt.[615]

V. Insolvenz

A. Insolvenz des Versicherers

5.54 Das Versicherungsaufsichtsrecht soll – wie bereits ausgeführt – die finanzielle Stabilität der Versicherer gewährleisten und somit die Erfüllbarkeit der Verträge sicherstellen. Es überrascht daher nicht, dass die österreichischen Versicherer tatsächlich sehr stabil sind und selbst in wirtschaftlich angespannten Phasen (zB Finanzkrise 2008, Corona-Pandemie ab 2020) kaum von existenzgefährdenden Zahlungsschwierigkeiten berichtet wird. Das kann auch als Erfolg der präventiven Versicherungsaufsicht durch die FMA verbucht werden.

5.55 Die **zentrale Rolle der FMA** zeigt sich aber auch dann, wenn ein Versicherer trotz allem in Schieflage gerät. Ein allfälliger Antrag auf Eröffnung des Konkursverfahrens kann nämlich nur von der FMA – nicht von der Geschäftsleitung und auch nicht von einem Gläubiger – gestellt werden (§ 309 Abs 2 VAG).

Vor allem aber hat die Aufsichtsbehörde die Verantwortung über die aufsichtsrechtlichen Sanierungsinstrumente (§ 316 Abs 1 VAG), die an die Stelle der insolvenzrechtlichen Sanierungsmechanismen treten (§ 309 Abs 3 VAG) und mit ihnen vergleichbar sind.[616] Die Sanierung – mit allfälligem vorübergehendem Zahlungsstopp oder gar Anspruchskürzung – hat also Vorrang vor dem Konkurs, wenn dies „im Interesse der Versicherungsnehmer und Anspruchsberechtigten gelegen ist" (§ 316 Abs 1 VAG).

5.56 Kommt es (doch) zum **Konkurs**, weil die Sanierung nicht möglich ist oder scheitert, so endet das Versicherungsverhältnis mit dem Ablauf eines Monats seit der Konkurseröffnung (§ 13) und der Versicherungsschutz besteht bis dorthin weiter.[617] Die zwischen Eröffnung des Insolvenzverfahrens und Beendigung entstehenden Forderungen sollen allerdings – so wie die bereits entstandenen – Insolvenzforderungen sein.[618]

Lebensversicherungsverträge werden hingegen bereits durch die Konkurseröffnung sofort beendet (§ 311 f VAG). Der Deckungsstock bildet eine Sondermasse (§ 312 Abs 2

---

615 *Figl*, wbl 2020, 487 (489 ff).
616 *Korinek/Reiner* in *Korinek/G. Saria/S. Saria*, VAG § 316 Rz 2.
617 Zum Schutz des Drittgeschädigten in der Kfz-Haftpflichtversicherung siehe § 4 Abs 1 Z 5 VOEG.
618 *Gruber* in *Fenyves/Schauer*, VersVG § 13 Rz 3.

VAG), die VN sind hinsichtlich ihrer Ansprüche Absonderungsgläubiger und werden vorrangig befriedigt (§ 48 Abs 1 IO). Die Privilegierung der Lebensversicherungsnehmer gegenüber sonstigen VN ist damit zu erklären, dass sehr langfristige Vorleistungen im sensiblen Bereich der privaten Altersvorsorge erbracht werden, die aufsichtsrechtlich geschützt werden.[619]

B. Insolvenz des Versicherungsnehmers

Literatur: *Holzapfel,* Die Versicherung im Konkurs des Versicherungsnehmers, VR 1987, 108; *Kernbichler,* Die Kündigung von Versicherungsverträgen in der Insolvenz des Versicherungsnehmers, wbl 2011, 1; *Nunner-Krautgasser/Reckenzaun,* Schadensversicherung und Schadensfälle in der Insolvenz, ÖJZ 2019, 197.

Spricht man über Versicherungsverträge in der Insolvenz, ist in der Praxis allerdings nicht die des Versicherers gemeint, sondern die des VN. Auf beiden Seiten – Versicherer und VN – stellt sich dann die Frage, welche Auswirkungen die Insolvenz auf einen laufenden Versicherungsvertrag hat. **5.57**

> VN hat eine Betriebsversicherung (Feuer, Hagel, Sturm) bei VR auf fünf Jahre abgeschlossen. Nach einem Jahr wird er insolvent. Der Insolvenzverwalter führt das Unternehmen – vorläufig – weiter (vgl § 114a IO).
>
> Kann und soll sich der Masseverwalter des VN von der Vereinbarung lösen? Kann er den Versicherungsvertrag, bei dem schon länger keine Prämien gezahlt wurden, durch Nachzahlung „retten"?
>
> Welche Möglichkeiten hat der Versicherer: Bleibt er an den Vertrag mit dem insolventen VN gebunden?
>
> Daneben kann der Insolvenzverwalter bei offensichtlichen Deckungslücken auch verpflichtet sein, neue Versicherungsverträge abzuschließen (vgl §§ 81, 81a IO).

1. Optionen des Insolvenzverwalters

Für die Handlungsmöglichkeiten des Insolvenzverwalters ist entscheidend, ob ein Vertrag beiderseitig vollständig erfüllt ist (§ 21 Abs 1 IO). Da dies bei noch nicht beendeten Versicherungsverträgen nicht der Fall ist, kann er zwischen Vertragserfüllung oder Rücktritt wählen (§ 21 Abs 1 IO, zur Entscheidungsfrist Abs 2). **5.58**

> Der Insolvenzverwalter kann also wählen, die Betriebsversicherung weiterlaufen zu lassen oder sie zu beenden. Der Versicherungsvertrag wird aber nicht automatisch durch Insolvenz aufgelöst.

Tritt der Insolvenzverwalter vom Vertrag zurück, endet die Vereinbarung mit Zugang der Erklärung beim Versicherer. Was das Gesetz „Rücktritt" nennt, ist bei einem bereits in Vollzug gesetzten Dauerschuldverhältnis (Versicherungsvertrag) eine **außerordentliche Kündigung.**[620] Der Versicherer trägt künftig keine Gefahr mehr, der VN schuldet **5.59**

---

[619] *Reiner* in *Korinek/G. Saria/S. Saria,* VAG § 300 Rz 1.
[620] *Perner* in *KLS,* IO § 21 Rz 46.

keine Prämien; allenfalls sind ihm anteilige Prämien zu erstatten (§ 40). An einer bereits eingetretenen Leistungspflicht des Versicherers ändert die Vertragsbeendigung nichts.

Der Insolvenzverwalter kann die Gelegenheit also nutzen, um sich von unvorteilhaften Versicherungen zu lösen. Um Deckungslücken zu vermeiden, sollte er für diesen Fall freilich bereits vorgesorgt haben.

5.60 Wählt der Insolvenzverwalter hingegen die Erfüllung, läuft der Vertrag mit **unverändertem Inhalt** weiter, als hätte es keine Insolvenz gegeben. Für alle Erklärungen, Anzeigen und Handlungen bei der Abwicklung des Vertrags ist allerdings nicht mehr der insolvente Schuldner, sondern der Insolvenzverwalter zuständig. Der Versicherer schuldet weiterhin Deckung und der insolvente VN die laufenden Prämien. Diese Verpflichtung ist aber keine Insolvenz-, sondern eine (bevorzugte) Masseforderung (§ 46 Abs 1 Z 6 IO).

Der Insolvenzverwalter wird einen passenden Versicherungsvertrag weiterlaufen lassen. Kam es – wie meist – vor der Insolvenz zu einem Prämienzahlungsverzug (insb § 39), ist er gut beraten, rasch zu bezahlen, um die Beendigung durch den Versicherer zu verhindern. Auch eine rasche Zahlung ändert freilich nichts mehr an einer nach § 39 Abs 3 bereits eingetretenen Leistungsfreiheit.

5.61 Wie erwähnt, ist die Günstigkeit des Vertrags ein wichtiger **Parameter bei der Ausübung des Wahlrechts.**[621] Dabei geht es nicht nur darum, wie hoch die Prämie und wie unabdingbar die Versicherung ist. Vor allem bei Haftpflichtversicherungen können mit Blick auf ein mögliches Fehlverhalten in der Vergangenheit andere strategische Überlegungen entscheiden.

Ein stark vereinfachtes Bsp zeigt das dahinterstehende Problem: Richtet sich der Versicherungsfall nach dem Ereignis- oder dem Verstoßprinzip, ändert die Auflösung des Vertrags grundsätzlich nichts an der späteren Deckungspflicht für Fehlverhalten des VN vor der Insolvenz. Anders beim „reinen" Anspruchserhebungsprinzip, wo die Auflösung dem VN die Deckung für früheres Fehlverhalten „entziehen" würde, wenn der Geschädigte wegen des Fehlverhaltens noch keine Ansprüche geltend gemacht hat.

2. Optionen des Versicherers

5.62 Die Interessenlage beim Versicherer ist typischerweise eindeutig: Er wird sich regelmäßig vom Vertrag mit dem insolventen VN lösen wollen. Das ist allerdings nicht so einfach, denn der Gesetzgeber des IRÄG 2010 wollte genau das durch die Einführung der §§ 25a und 25b IO verhindern.[622] Demnach ist die Vereinbarung eines außerordentlichen Kündigungsrechts oder einer automatischen Vertragsauflösung anlässlich einer Insolvenz (**Lösungsklausel**) unzulässig (§ 25b IO).[623] Die Bestimmung hat § 14 Abs 1, der Auflö-

---

621 Vgl dazu *Perner* in *KLS,* IO § 21 Rz 26.
622 ErläutRV 612 BlgNR 24. GP 12 ff.
623 Siehe *Perner* in *KLS,* IO § 25 b Rz 2 ff.

sungsklauseln für den Fall der Insolvenz des VN mit einmonatiger Kündigungsfrist erlaubt hatte, materiell derogiert.[624]

> Art 12 Z 3 AHVB, der ein entsprechendes Auflösungsrecht des Versicherers in der Haftpflichtversicherung vorsieht, ist daher unzulässig. Der Überarbeitungsbedarf zeigt sich bei dieser Klausel schon daran, dass sie noch von „Konkurs" und „Ausgleich" des VN spricht.
>
> **Beachte**
> § 25b Abs 2 IO schließt nur die Insolvenzeröffnung als wichtigen Grund der Vertragsauflösung aus. Eine Beendigung aus anderen wichtigen und gesetzlich anerkannten Gründen bleibt zulässig. So ist etwa die Vertragsauflösung wegen Prämienzahlungsverzugs oder anlässlich eines Schadenfalls weiterhin möglich.

Gegenüber unternehmerischen VN geht der Bestandschutz sogar noch weiter: Würde eine Vertragsauflösung nämlich die Unternehmensfortführung (des VN) gefährden, ist auch die ordentliche Kündigung bis zum Ablauf von sechs Monaten nach Eröffnung des Insolvenzverfahrens ausgeschlossen[625] (§ 25a Abs 1 IO, **Vertragsauflösungssperre**). **5.63**

> Die Schwelle der Gefährdung wird niedrig angesetzt: Nicht nur die Auflösung einer gesetzlich vorgeschriebenen Versicherung (verpflichtende Haftpflichtversicherung) kann die Fortführung gefährden, sondern auch die Beendigung anderer sinnvoller betrieblicher Versicherungen.

VI. Tod des Versicherungsnehmers

Stirbt eine Person, so gehen ihre Rechte und Pflichten auf die Gesamtrechtsnachfolger über. Das ist zunächst die Verlassenschaft, nach der Einantwortung treten die Erben in die Rechtsstellung der verstorbenen Person ein.[626] Davon sind auch Verträge – und damit Versicherungen – betroffen. **5.64**

> A hat eine Kfz-Kaskoversicherung abgeschlossen. Stirbt er und beerbt ihn seine Ehegattin F, gehört ihr nach Einantwortung das Auto und sie wird Vertragspartnerin des Kaskoversicherers. Sie kann bei Eintritt des Versicherungsfalls gegen den Versicherer vorgehen, schuldet aber auch die Prämien. Vor ihrer Einantwortung ist die ruhende Verlassenschaft als juristische Person Vertragspartnerin (und kann allenfalls bereits von F verwaltet und vertreten werden).
>
> Gibt es mehrere Erben, kann es auch zu einer Mehrheit von VN kommen (Rz 6.25ff).

Das bedeutet freilich nicht, dass Versicherungsverträge stets auf die Gesamtrechtsnachfolger übergehen. Vielmehr kann sich aus den Besonderheiten des Versicherungsvertrags auch ergeben, dass der Vertrag mit dem Tod des VN endet.

In der **Personenversicherung** endet der Versicherungsvertrag automatisch, eine eigene Kündigung ist nicht erforderlich.[627] Das liegt daran, dass das versicherte Interesse weg- **5.65**

---

624 Überzeugend *Kernbichler*, wbl 2011, 1 (2ff); diesem folgend *Perner* in KLS, IO § 25b Rz 7. AA zB *Nunner-Krautgasser/Reckenzaun*, ÖJZ 2019, 197 (202f).
625 Zu den Fristen und Terminen *Perner* in KLS, IO § 25a Rz 16ff.
626 Umfassend *Fenyves*, Erbenhaftung und Dauerschuldverhältnis 329ff.
627 *Schauer*, Versicherungsvertragsrecht³ 308.

fällt. Manchmal ist der Tod außerdem zugleich Beendigungstatbestand und Versicherungsfall.

> In der Ablebensversicherung ist der Tod des VN zugleich Versicherungsfall und Beendigungstatbestand. Gleiches gilt für die Unfallversicherung. In der Berufsunfähigkeitsversicherung tritt zwar nicht der Versicherungsfall ein, das versicherte Interesse fällt allerdings weg.
>
> Bei der Versicherung für fremde Rechnung kann die Weiterführung bei Tod des VN im Interesse der Versicherten liegen (zB Familien- oder Gruppenversicherung). Art 15 Abs 1 der AVB für die Krankheitskosten- und Krankenhaus-Tagegeldversicherung ordnet daher an, dass die Versicherten das Recht haben, den Versicherungsvertrag unter Benennung des künftigen VN fortzusetzen.

5.66 Auch in anderen Versicherungszweigen lässt sich manchmal aus der **Risikobeschreibung** ableiten, dass der Versicherungsvertrag nicht auf die Gesamtrechtsnachfolger übergeht. Dies ist etwa in der Haftpflichtversicherung der Fall, wenn das versicherte Risiko stark personenbezogen ist.[628]

> A ist selbstständiger Architekt. Für die Absicherung von Risiken aus seiner beruflichen Tätigkeit hat er eine Haftpflichtversicherung abgeschlossen. Der Vertrag ist „höchstpersönlich" und endet mit seinem Tod.
>
> Anders liegt der Fall bei der Kfz-Haftpflichtversicherung für das private Kfz des A. Selbstverständlich ist es möglich und sinnvoll, dass der Erbe auch diesen Vertrag übernimmt. Die Kfz-Haftpflichtversicherung endet daher nicht mit dem Tod des A.

VII. Veräußerung der versicherten Sache

Literatur: *Grassl-Palten,* Sacherwerb und Versicherungsschutz (1996); *Kronthaler,* Veräußerung der versicherten Sache im Sinne des § 69 Abs 1 VersVG und vorbehaltener Fruchtgenuss, ZVers 2021, 115; *Schauer,* Kündigungsrecht des Versicherungsnehmers aus Anlass einer Verschmelzung? VR 1993, 209.

A. Grundlagen

5.67 Der Tod des VN führt zur Gesamtrechtsnachfolge und damit – wie geschildert – entweder zum automatischen Vertragsübergang oder zu seiner Beendigung. Wo es zum Übergang des Vertrags kommt, ist dies aber natürlich kein Selbstzweck, sondern eine Reflexwirkung aus dem Übergang des versicherten Interesses auf den Erben.

> Der Erbe des Autos wird auch VN der Kasko- sowie der Haftpflichtversicherung. Die Verknüpfung sieht man auch bei einer Erbteilung: Hatte der Verstorbene zwei jeweils kaskoversicherte Kfz und geht eines auf den Erben A, eines auf B über, so geht auch die jeweilige Versicherung auf den jeweiligen Erben über.

5.68 Eine versicherte Sache (Liegenschaft, Kfz etc) kann aber selbstverständlich nicht nur durch Gesamtrechtsnachfolge übergehen, sondern auch auf anderem Weg (zB Kauf oder Schenkung). Dann stellt sich die Frage, welche Auswirkungen die Veräußerung der Sache (Einzelrechtsnachfolge) auf den Versicherungsvertrag hat.

---

628 *Schauer,* Versicherungsvertragsrecht³ 308 f.

§ 69 Abs 1 ordnet an, dass der sachbezogene Versicherungsvertrag auf den Erwerber übergeht. Es kommt also zu einer **gesetzlichen Vertragsübernahme.** Veräußerungsgeschäfte sind neben dem Kauf, Tausch und der Schenkung auch die Zwangsvollstreckung (§ 73). Eine Veräußerung iSd Gesetzes liegt auch vor, wenn sich der Veräußerer noch ein Fruchtgenussrecht an der Sache vorbehält.[629] Auch die Veräußerung eines Miteigentumsanteils – oder des Wohnungseigentums – führt zum Vertragsübergang.[630] Für die Übernahme ist aber nicht der Zeitpunkt des Vertragsabschlusses oder des Gefahrenüberganges, sondern der Eigentumserwerb entscheidend.

Die Kaskoversicherung geht also auf den Erwerber über, sobald ihm das Kfz übergeben wurde. Die Haftpflichtversicherung der Liegenschaft geht auf den Käufer über, sobald er im Grundbuch als Eigentümer eingetragen wird.

Der OGH gelangt in 7 Ob 18/82 allerdings in sachgerechter Weise zu einem Anspruch des Erwerbers, auf den die Gefahr aufgrund des Kaufvertrags bereits vor dem Eigentumserwerb übergegangen ist: Mit der Regelung über die Gefahrtragung werde nämlich zugleich auch die Versicherungsforderung schlüssig zediert, sodass der Erwerber bereits klagen kann, bevor er Vertragspartner wird.

Wie bereits der Begriff der Veräußerung der versicherten Sache nahelegt, ist die Vertragsübernahme vor allem ein Phänomen der Sachversicherung (vgl auch § 115 zur Hagel- und § 128 zur Tierversicherung).[631] Sachbezogenen Versicherungsschutz gibt es allerdings auch in der Passivenversicherung. Auch dann führt die Veräußerung zur Vertragsübernahme.[632]

5.69

Die Gebäudeversicherung geht also ebenso über wie die für die veräußerte Liegenschaft abgeschlossene Haftpflichtversicherung oder die Kfz-Haftpflichtversicherung (§ 158h). § 151 Abs 2 (Haftpflicht) und § 158o (Rechtsschutz) erstrecken den Anwendungsbereich der §§ 69 ff bei der Unternehmensübernahme auch auf die Verpachtung des Betriebs.

B. Schutz des Versicherers

Ohne § 69 Abs 1 würde die Versicherung nicht übergehen, weil der Vertragspartner nach allgemeinen Regeln nicht einfach ohne Zustimmung ausgewechselt werden kann. Das Gesetz schützt den Versicherer allerdings vor den mit dem Vertragsübergang verbundenen potenziellen Nachteilen. Zunächst ist die Veräußerung dem Versicherer unverzüglich anzuzeigen (§ 71 Abs 1). Ab Kenntnis vom Übergang kann der **Versicherer** den Vertrag innerhalb eines Monats unter Einhaltung einer Kündigungsfrist von einem Monat **auflösen** (§ 70 Abs 1).[633] Das gibt dem Erwerber die Gelegenheit, einen anderen Ver-

5.70

---

629 Überzeugend *Kronthaler*, ZVers 2021, 115 (115 ff).
630 Zu den Fallgestaltungen *Palten* in *Fenyves/Perner/Riedler*, VersVG § 69 Rz 24 ff.
631 Siehe *Palten* in *Fenyves/Perner/Riedler*, VersVG § 69 Rz 6 ff.
632 *Schauer*, Versicherungsvertragsrecht[3] 296.
633 Zur Veräußerung von Miteigentumsanteilen *Palten* in *Fenyves/Perner/Riedler*, VersVG § 70 Rz 42 ff.

Kap 5 Vertragsbeendigung

sicherungsvertrag ohne Deckungslücke abzuschließen.[634] Für die bis zur Auflösung des Vertrags anfallenden Prämien haftet (nur) der bisherige Vertragspartner (§ 70 Abs 3).

> Eine Gebäudeversicherung wird am 1.2. für einen Zeitraum von drei Jahren abgeschlossen. Am 4.5. desselben Jahres wird die Liegenschaft von VN A an den B verkauft, der am 8.6. im Grundbuch eingetragen wird. Am 22.6. wird der Übergang dem Versicherer angezeigt. Erklärt der Versicherer am 10.7. die Kündigung, endet der Vertrag am 10.8.

5.71 **Vor Anzeige** an den Versicherer geht der Vertrag zwar über. Solange der Versicherer noch keine Kenntnis davon hat, kann er allerdings gegenüber dem Veräußerer noch wirksame Erklärungen abgeben und auch schuldbefreiende Zahlungen leisten (§ 69 Abs 3). Die Frist für die Kündigung beginnt außerdem selbstverständlich noch nicht zu laufen (§ 70 Abs 1).

Es kann mangels Anzeige sogar zur **Leistungsfreiheit** kommen, wenn der Versicherungsfall später als einen Monat nach hypothetischer unverzüglicher Anzeige eintritt (§ 71 Abs 1). Bis zu diesem Zeitpunkt hätte der Versicherer die Gefahr auch bei Anzeige jedenfalls tragen müssen.

Voraussetzung ist aber nach § 71 Abs 2 jedenfalls eine schuldhafte Verletzung der Anzeigepflicht durch Erwerber oder Veräußerer und dass dem Versicherer die Veräußerung unbekannt war. Bei Vorsatz entfällt die Leistungspflicht jedenfalls, bei sonstigem Verschulden kann der VN den Kausalitätsgegenbeweis erbringen.

> Tritt bei der Gebäudeversicherung aus dem obigen Bsp der Versicherungsfall am 1.7. ein, so ist der Versicherer jedenfalls leistungspflichtig. Bei vorsätzlicher Unterlassung der Anzeige wäre er für einen Versicherungsfall am 1.8. nicht mehr deckungspflichtig. Bei bloß fahrlässiger Pflichtverletzung könnte der Erwerber beweisen, dass der Versicherungsfall auch ohne Veräußerung eingetreten wäre. Dieser Beweis kann zB erbracht werden, wenn ein schwerer Sturm das versicherte Gebäude beschädigt.

5.72 Selbst, wenn der Versicherer mit dem Vertragsübergang auf den Sacherwerber einverstanden ist, steht ihm ein doppelter Haftungsfonds zur Verfügung. Für die Prämie, die auf die bei Erwerb laufende Versicherungsperiode entfällt, haften der Veräußerer und der Erwerber nämlich solidarisch (§ 69 Abs 2).[635]

> Im obigen Bsp haften sowohl der Veräußerer als auch der Erwerber des Gebäudes für die laufende Jahresprämie der Gebäudeversicherung.

5.73 Das Kündigungsrecht besteht nur bei einer Veräußerung (Einzelrechtsnachfolge). Bei **Gesamtrechtsnachfolge** ist § 70 Abs 1 **nicht** analog anzuwenden.[636] Bei Erbschaft[637]

---

634 *Schauer*, Versicherungsvertragsrecht³ 292.
635 Dazu *Palten* in *Fenyves/Perner/Riedler*, VersVG § 69 Rz 60 ff.
636 *Palten* in *Fenyves/Perner/Riedler*, VersVG § 69 Rz 18.
637 *Fenyves*, Erbenhaftung und Dauerschuldverhältnis 336 ff; aA *Schauer*, Versicherungsvertragsrecht³ 309 f.

oder sonstiger Gesamtrechtsnachfolge (Fusion, Spaltung) hat der Versicherer also kein automatisches Kündigungsrecht.

C. Rechtsstellung des Erwerbers

Auch für den Erwerber kann der neue Vertrag unerwünscht sein. Die Gründe sind vielfältig: Womöglich möchte er lieber mit „seinem" Versicherer abschließen, ist auf der Suche nach einem günstigeren Vertrag oder möchte vielleicht gar keine Versicherung. Diesem Interesse trägt das Gesetz Rechnung, indem es dem **Erwerber** die Möglichkeit gibt, den Vertrag zu **kündigen** (§ 70 Abs 2).[638] Der Veräußerer hat hingegen kein Recht, die Vereinbarung aufzulösen.[639]

5.74

Die Kündigung kann innerhalb eines Monats ab dem Zeitpunkt des Erwerbs – oder dem späteren Zeitpunkt der Kenntnis von der Versicherung – entweder mit sofortiger Wirkung oder für den Schluss der laufenden Versicherungsperiode ausgesprochen werden (§ 70 Abs 2).

> Eine Gebäudeversicherung wird am 1.2. für einen Zeitraum von drei Jahren abgeschlossen. Am 4.5. desselben Jahres wird die Liegenschaft von VN A an den B verkauft, der am 8.6. im Grundbuch eingetragen wird. B kann bis zum 8.7. kündigen und hat dabei die Wahl, den Vertrag entweder mit sofortiger Wirkung oder mit Wirkung vom 31.1. des Folgejahres zu beenden.

Praxishinweis

Während der Versicherer anlässlich der Veräußerung eher selten kündigt, ist eine Auflösung durch den Erwerber durchaus häufig. Sie wird in der Praxis als Besitzwechselkündigung bezeichnet, was vor allem bei Liegenschaften etwas unscharf ist, weil es für den Fristenlauf auf den Eigentumserwerb und nicht schon auf die Übernahme des Besitzes ankommt.

Der Erwerber haftet nicht für die **Prämien,** selbst wenn er noch für eine gewisse Zeit – nämlich bis zum Ende der Versicherungsperiode – in den Genuss des Versicherungsschutzes gekommen ist (§ 70 Abs 3).[640] Diese Vorschrift steht aber einem bereicherungsrechtlichen Ausgleich im Innenverhältnis von Erwerber und Veräußerer nicht entgegen (§ 1041 ABGB).

5.75

Der Schutz des Erwerbers ist zwingend (§ 72). Für die Erwerberkündigung und für die Anzeige der Veräußerung, die nach dem Gesetz beide formfrei möglich sind, kann allerdings **geschriebene Form** ausbedungen werden. Die Vereinbarung von Schriftform ist nur ausnahmsweise möglich (siehe § 5a Abs 2 und § 15a Abs 2).

5.76

Auch die Erwerberkündigung ist nur bei Einzelrechtsnachfolge zulässig. Bei **Gesamtrechtsnachfolge** kommen §§ 69 ff **nicht** zur Anwendung.[641] Der Erbe kann den Versi-

5.77

---

638 Zur Veräußerung von Miteigentumsanteilen *Palten* in *Fenyves/Perner/Riedler,* VersVG § 70 Rz 42 ff.
639 *Schauer,* Versicherungsvertragsrecht³ 291.
640 *Schauer,* Versicherungsvertragsrecht³ 292.
641 *Palten* in *Fenyves/Perner/Riedler,* VersVG § 69 Rz 18.

cherungsvertrag daher nicht grundlos kündigen.[642] Auch eine gesellschaftsrechtliche Gesamtrechtsnachfolge (Fusion, Spaltung) begründet kein Kündigungsrecht des Gesamtrechtsnachfolgers.[643] Allerdings kann Fusion zum Entstehen von Mehrfachversicherungen führen, woraus ein allfälliges Kündigungsrecht wegen Doppelversicherung entstehen kann (Rz 6.14, 6.17).[644]

---

[642] AA insb *Fenyves*, Erbenhaftung und Dauerschuldverhältnis 333 ff.
[643] *Schauer*, VR 1993, 209 (212 ff).
[644] *Schauer*, VR 1993, 209 (215 ff).

6. Kapitel
Mehrheiten

Übersicht

	Rz
I. Versicherer	6.1
A. Problemstellung	6.1
B. Mitversicherung	6.4
1. Risikostreuung	6.4
2. Offene Mitversicherung	6.7
3. Exzedentenversicherung	6.9
C. Mehrfachversicherung	6.11
1. Begriff	6.11
2. Außenverhältnis	6.15
3. Regress	6.18
II. Versicherungsnehmer	6.22
A. Problemstellung	6.22
B. Versicherungsnehmermehrheit	6.25
1. Grundlagen	6.25
2. Eintreibungsmodus	6.27
3. Leistungsfreiheit	6.29
4. Gestaltungsrechte	6.31
C. Versicherung für fremde Rechnung	6.33
1. Grundlagen	6.33
2. Fremdes Interesse (Risiko)	6.36
3. Außenverhältnis	6.39
4. Innenverhältnis	6.44

I. Versicherer

A. Problemstellung

Es kommt nicht selten vor, dass auf der Seite des Versicherers mehrere Beteiligte stehen, die das **Risiko gemeinsam tragen.** Die Erscheinungsformen sind sehr vielgestaltig. **6.1**

> Das Eisenbahnunternehmen E möchte sich gegen Haftpflichtrisiken absichern. Um das Risiko etwas zu streuen, beteiligt sich neben Versicherer V1 (Anteil 50%) auch Versicherer V2 mit einem Anteil von 50% am – ansonsten einheitlich gestalteten – Vertrag. Es liegt eine Mehrheit auf Versichererseite vor.
>
> Zu einer Mehrheit von Versicherern kommt es auch, wenn Gesellschaft A und B zu einer neuen Gesellschaft C verschmelzen und beide jeweils eine Betriebshaftpflichtversicherung bei V1 und V2 hatten: C hat nun zwei Betriebshaftpflichtversicherungen.

In den Beispielen wird stets ein und dasselbe Risiko durch mehrere Versicherer getragen. Das Eisenbahnunternehmen unterliegt ja unabhängig davon demselben Haftungsrisiko, ob es durch einen oder zwei Versicherer abgesichert wird. Auch die beiden Betriebshaftpflichtversicherer decken nach der Verschmelzung dasselbe Haftungsrisiko.

6.2 Für die Rechtsfolgen unterscheidet das Gesetz allerdings – wie sich zeigen wird – danach, ob die Versicherer ein Risiko **bewusst** gemeinschaftlich übernommen haben: In diesem Fall liegt Mitversicherung vor, die vertragliche Ausgestaltung entscheidet über die Risikotragung. Sind die beiden Versicherer hingegen **zufällig** in die Situation gemeinsamer Risikotragung geraten, braucht es eigene Regeln über die Risikotragung (Neben- und Doppelversicherung, §§ 58 ff).

6.3 In allen Fällen der Risikogemeinschaft – ob zufällig oder nicht – stellen sich allerdings zwei Fragen, auf die auch die folgende Darstellung stets zurückkommen wird. Wie ist die Risikogemeinschaft der Versicherer nach außen ausgeprägt? Gibt es einen Ausgleich innerhalb der Versicherer?

> Kann E im Bsp V1 auf 50% des Schadens in Anspruch nehmen und V2 auf 50%? Kann er eine Kündigung gegenüber einem der beiden Versicherer aussprechen und den Vertrag mit dem anderen weiterführen? Wem sind die Prämien zu bezahlen?
>
> Kann C beide Versicherer in Anspruch nehmen? Wenn ja, in welcher Höhe? Kann V1 Regress bei V2 nehmen, wenn er von C zuerst in Anspruch genommen wurde?

Es zeigt sich, dass es im **Außenverhältnis** hauptsächlich darum geht, bereits bekannte Rechtsinstitute auf eine besondere Situation anzuwenden. Weder muss das AVB-Recht noch müssen Kündigungstatbestände neu gelernt werden. Vielmehr geht es nur um die Aufteilung der Rechte und Pflichten. Neu ist hingegen der Ausgleich im **Innenverhältnis** der Versicherer.

B. Mitversicherung

1. Risikostreuung

6.4 Versicherungen müssen häufig auch sehr große Einzelrisiken in Deckung nehmen, deren Tragung selbst finanzstarke Unternehmen an ihre Grenzen bringen kann. Um sich dagegen abzusichern, können **Rückversicherungsverträge** abgeschlossen (siehe bereits Rz 1.18).[645] Das sind Versicherungsverträge, bei denen der Versicherer – der in diesem Zusammenhang auch als Erstversicherer bezeichnet wird – in die Rolle des VN schlüpft. Der Versicherer des Erstversicherers heißt Rückversicherer. Er trägt das Risiko, dass der Versicherer von seinem VN in Anspruch genommen wird. Dem VN entsteht aber kein direkter Anspruch gegen den Rückversicherer.

6.5 Eine Variante der Rückversicherung ist die **verdeckte Mitversicherung,** die auch als Versicherungspool bezeichnet wird.[646] Der Erstversicherer sichert sich hier ebenfalls für das Risiko ab, vom VN in Anspruch genommen zu werden. Anders als bei der klassischen Rückversicherung wird aber zwischen den Beteiligten kein Versicherungsvertrag geschlossen, sondern die Versicherer bilden eine Gesellschaft bürgerlichen Rechts und tei-

---

645 Zu den Gestaltungsformen *Schauer,* Versicherungsvertragsrecht³ 59 ff.
646 *Schauer,* Versicherungsvertragsrecht³ 62.

len das Risiko nach Quoten auf (§§ 1175 ff ABGB).[647] Dadurch wird eine Streuung erreicht, allerdings hat der Erstversicherer auch hier nach außen volle Deckung zu gewähren und sichert bloß im Innenverhältnis ab.

> Modifiziert man das Eingangsbeispiel dahingehend, dass V2 nicht in vertraglichen Kontakt mit dem VN tritt, sondern nur V1 als Versicherer gegenüber E deckungspflichtig ist, liegt eine verdeckte Mitversicherung vor. Der Unterschied zur „eigentlichen" Rückversicherung ist freilich eher gering, wenn man bedenkt, dass es dort auch sehr hohe Selbstbehalte geben kann.

Die soeben genannten Formen der Risikostreuung betreffen das Verhältnis der Versicherer untereinander, also das Innenverhältnis. Das Risiko kann allerdings auch nach außen – also gegenüber dem VN – aufgeteilt werden. Je nachdem, ob die Versicherer gegenüber dem VN auf derselben Stufe stehen (horizontale Streuung) oder nacheinander haften (vertikale Streuung), spricht man von offener Mitversicherung oder von Exzedentenversicherung. Beides kommt vor allem im Industriebereich vor und ist in der Folge knapp zu erläutern. **6.6**

2. Offene Mitversicherung

Literatur: *Schaloske*, Das Vertragsrecht der sog. offenen Mitversicherung, VersR 2007, 606.

Bei offener Mitversicherung treten alle Mitversicherer in eine vertragliche Beziehung mit dem VN und übernehmen eine Deckung nach Anteilen.[648] Jeder Versicherer haftet als Einzelschuldner bei Eintritt des Versicherungsfalls mit seinem Anteil und ist anteiliger Gläubiger der Prämie. Es handelt sich idR nicht um einen einheitlichen Versicherungsvertrag mit mehreren Beteiligten auf Versichererseite, sondern um rechtlich **selbstständige Verträge**,[649] die bloß aufeinander Bezug nehmen. **6.7**

> Das Bsp des Eisenbahnunternehmers E, der sich bei V1 und V2 versichert, ist ein Fall der offenen Mitversicherung. E hat zwei Versicherungsverträge und kann im Versicherungsfall von beiden Deckung zu je 50% verlangen. Gerät E gegenüber V2 in Prämienzahlungsverzug, kann V2 den Vertrag selbstständig kündigen.

Um die Vertragsabwicklung praktikabel zu machen, sind die AVB im Grundsatz einheitlich ausgestaltet. Es wäre wenig sinnvoll, wenn sich etwa die Obliegenheiten gegenüber den Versicherern unterscheiden würden. Selbst bei einheitlichen Vertragsbedingungen wären aber Verdoppelungen (zB in der Kommunikation) nicht zu vermeiden. Der VN steht ja trotzdem mehreren Vertragspartnern gegenüber. **6.8**

Daher werden zwischen allen Beteiligten **Führungsklauseln**[650] vereinbart, durch die es zu einer Konzentration des Vertrags bei einem Versicherer kommt. In diesen Klauseln wird meist eine Empfangsvollmacht des führenden Versicherers für Erklärungen des VN vereinbart.

---

647 *Schauer*, Versicherungsvertragsrecht³ 63.
648 Siehe zu den Konstruktionen instruktiv *Schaloske*, VersR 2007, 606.
649 *Schauer*, Versicherungsvertragsrecht³ 63.
650 *Armbrüster* in *Prölss/Martin*, VVG³¹ § 77 Rz 16 ff.

E müsste ohne Führungsklausel jede Anzeige – Versicherungsfall, Gefahrerhöhung etc – stets sowohl an V1, als auch an V2 richten. Durch die Führungsklausel wird die Abwicklung vereinfacht. In der Praxis wird oft der Versicherer zum führenden gemacht, der die meisten Anteile hat. Seine Leistungen werden ihm von den Mitversicherern entgolten.

Auch eine **Prozessführungsbefugnis** samt Bindung für die anderen Mitversicherer kommt in der Praxis vor. Der führende Versicherer soll (im eigenen Namen) einen Prozess führen, dessen Ergebnis seine Mitversicherer bindet. Diese Vertragsgestaltung ist in Österreich allerdings insofern problematisch, als eine gewillkürte Prozessstandschaft von der hA abgelehnt wird.[651] Ohne Zession des zugrundeliegenden Anspruchs oder Einräumung von Vertretungsmacht – die zu einer Einbindung des Mitversicherers führt – ist eine Prozessführung des führenden Versicherers für die anderen nicht möglich. Das steht der materiell-rechtlichen Vereinbarung einer Bindung an das (fremde) Prozessergebnis zwar nicht entgegen; durchsetzen müssen das Ergebnis allerdings die Mitversicherer selbst.

3. Exzedentenversicherung

Literatur: *Henning*, Grundlagen der Exzedentenversicherung (2020); *Knöfel*, D&O-Exzedentendeckungen, VersR 2018, 513; *R. Koch*, Wechselseitige Rücksichtnahmepflichten der Versicherer in der Exzedentenversicherung, in FS Thümmel (2020) 421.

6.9 Anders als bei der offenen Mitversicherung, haften die Versicherer bei einer Exzedentenversicherung nicht nebeneinander, sondern **nacheinander**.[652] Der Grundversicherer haftet also zunächst allein und bis zur Ausschöpfung der Versicherungssumme. Erst anschließend kann der – eben nachrangige – Exzedentenversicherer in die Pflicht genommen werden.[653]

Grundversicherer V1 sagt E Haftpflichtdeckung bis zu einer Versicherungssumme von 10 Mio Euro zu. Darauf folgt Exzedent V2, der bei Ausschöpfung dieses Betrags Deckung für weitere 10 Mio verspricht.

Exzedentenversicherung und offene Mitversicherung werden in der Praxis auch miteinander kombiniert, sodass sich mehrere Versicherer in der Grundstufe befinden und es dann außerdem noch einen – oder auch hier: mehrere – Exzedenten gibt.

Die in der Praxis üblichen Bezeichnungen verraten, woher die Vertragsmuster bei großen Versicherungen oft stammen:[654] Die Basisdeckung wird als „Primary" bezeichnet, die weiteren Ebenen als „Layer". Die Gesamtdeckung wird aufgrund ihrer Stufigkeit „Tower" genannt, die Grenze, ab der ein Exzedent decken muss, „attachment point". Dass so wie bei der offenen Mitversicherung eine inhaltliche Angleichung der Vertragsbedingungen der beteiligten Versicherer angestrebt wird, wird mit dem Schlagwort „Following-Form-

---

651 Siehe nur RS0032788.
652 *R. Koch* in FS Thümmel 421 (421f); *Henning*, Exzedentenversicherung 35ff.
653 OGH 7 Ob 16/93; 7 Ob 17/21g.
654 Vgl *R. Koch* in FS Thümmel 421 (422).

Deckung" umschrieben.[655] Die Bedingungen mit den Exzedenten sollen denen im Grundverhältnis möglichst angeglichen werden.

Die Exzedentenversicherung ist aber auch in der Pflichthaftpflichtversicherung ein beliebtes Instrument, um die Basisdeckung innerhalb der Mindestversicherungssumme anzubieten und im Exzedentenvertrag einen zusätzlichen Schutz – allerdings außerhalb der gesetzlichen Restriktionen – anzubieten.[656]

6.10 Auch bei der Exzedentenversicherung treten alle Versicherer mit dem VN in ein vertragliches Verhältnis und schließen selbstständige Verträge. Im VersVG gibt es **keine** eigenen **Sonderbestimmungen** zur Exzedentenversicherung; diese sind auch nicht notwendig. Mit Blick auf die Versicherer der Grundstufe gibt es nämlich keine grundsätzlichen Besonderheiten. Das ist auch beim Exzedentenversicherer der Fall: Der Versicherungsfall ist nur eben dadurch gekennzeichnet, dass er für den Exzedenten zusätzlich voraussetzt, dass die Grunddeckung ausgeschöpft ist. Diese Voraussetzung muss im Streitfall vom VN bewiesen werden.

Das Regulierungsverhalten eines Grundversicherers kann zwar – in der Haftpflichtversicherung – einen gewissen Einfluss auf die Deckungspflicht des Exzedenten haben. Das ist etwa der Fall, wenn er sich trotz recht eindeutiger Haftungslage für die Abwehr entscheidet, weil dadurch die vom Versicherer zu erbringenden Leistungen (Abwehr und Befriedigung) erhöht werden können. Wechselseitige Rücksichtnahmepflichten der Versicherer sollen in der Exzedentenversicherung allerdings dennoch die Ausnahme sein.[657]

C. Mehrfachversicherung

1. Begriff

6.11 Ein Risiko kann aber auch aus anderen Gründen als einer koordinierten Vorgehensweise der Versicherer von mehreren Verträgen abgedeckt werden. Die Initiative kann vom VN ausgehen oder es kann auch unbeabsichtigt dazu kommen.

A schließt eine Betriebshaftpflichtversicherung bei V1 ab, später schließt er bei V2 eine Cyberversicherung. Aufgrund eines Softwarefehlers werden Dritte geschädigt, die Schadenersatz gegen A geltend machen. Deckt die Cyberversicherung (vgl Art 28 ff ABC 2018) und gibt es keinen Ausschluss in der Betriebshaftpflichtversicherung, so wird ein Risiko von mehreren Versicherern gedeckt.

B schließt eine Unfallversicherung bei V1 und ein paar Jahre später eine bei V2 ab. Bei einem Unfall sind nun beide Versicherer deckungspflichtig.

C AG schließt eine betriebliche Gebäudeversicherung für die Liegenschaft X bei V1. Später wird sie in die D AG eingebracht, die ebenfalls eine Gebäudeversicherung für ihre Liegenschaften abgeschlossen hatte. Auch hier gibt es zwei Versicherer, die ein und dasselbe Risiko decken.

6.12 Während bei einer koordinierten Vorgehensweise der Versicherer von vornherein für eine Aufteilung des Risikos gesorgt wird, liegen die genannten Fälle anders. Es öffnet sich

---
655 *Henning*, Exzedentenversicherung 60.
656 Vgl zur Konstruktion etwa OGH 7 Ob 17/21g.
657 Ausf *R. Koch* in FS Thümmel 421 (429 ff).

damit ein Spannungsverhältnis zu den zwingenden Grenzen des Prinzips der **Bedarfsdeckung** (§ 1 Abs 1, § 55), das auch durch den Abschluss mehrerer Versicherungen nicht ausgehöhlt werden soll. Dass die Leistungspflicht des Versicherers mit dem eingetretenen Schaden nach oben zwingend begrenzt ist, es aber keine Restriktionen gibt, wenn mehrere Versicherer im Spiel sind, ist kaum vorstellbar, weil es dem Gesetzgeber ja primär darum geht, bei VN keine Fehlanreize zu setzen.

> A dürfte mit V1 nicht vereinbaren, dass er einen Anspruch auf 200.000 hat, wenn er dem Drittgeschädigten nur 100.000 zu ersetzen hat. C dürfte mit V1 nicht vereinbaren, dass dieser bei Zerstörung des Gebäudes den doppelten Gebäudewert ersetzen muss. Kann ein wirtschaftlich identisches Ergebnis dadurch erzielt werden, dass mehrere Versicherungsverträge abgeschlossen werden?

6.13 Das Problem der Doppelliquidation oder Überkompensation gibt es, wenn die verschiedenen Versicherungen denselben Bedarf – also das **identische Risiko** – abdecken. Ob ein oder zwei VN den Vertrag abgeschlossen haben, ist dafür nicht entscheidend.

> Versichern sowohl der Leasinggeber als auch der Leasingnehmer ein Fahrzeug gegen Kaskoschäden, wäre die Doppelliquidation ebenfalls problematisch.
>
> Gleiches gilt bei einem Zusammentreffen von Eigenversicherung und Fremdversicherung desselben Interesses (OGH 7 Ob 165/16i): So deckt die Haftpflichtversicherung des Krankenhausträgers, bei der nicht nur die Haftung der Krankenanstalt, sondern auch die der dort tätigen Ärzte mitversichert ist, dasselbe Interesse wie die vom Arzt selbst abgeschlossene Haftpflichtversicherung.
>
> Das Problem der Überkompensation stellt sich nicht nur, wenn zwei Versicherungen mit identischer Leistungsbeschreibung abgeschlossen werden, sondern auch zB, wenn eine Einzelversicherung (für einen Gegenstand) mit einer Inbegriffversicherung (etwa Haushaltsversicherung) zusammentrifft, die das Risiko mit abdeckt (siehe OGH 7 Ob 9/12t).
>
> Decken zwei Versicherungen schon nicht dasselbe Interesse, gibt es das Problem der Überkompensation von vornherein nicht. ZB: G hat sein Fahrzeug bei V1 kaskoversichert. S hat eine Kfz-Haftpflichtversicherung bei V2 abgeschlossen. Beschädigt S bei einem Verkehrsunfall das Fahrzeug von G, kann sich dieser aussuchen, ob er gegen V1 oder V2 vorgeht. Die Versicherungen decken allerdings verschiedene Interessen und es gibt keine Gefahr der Überkompensation: Geht G gegen V1 vor, hat er keinen Schaden mehr und der Anspruch gegen V2 fällt daher weg. Geht er gegen V2 vor, fällt aus demselben Grund der Anspruch gegen V1 weg. Im Verhältnis von V1 und V2 trägt V2 den Schaden grundsätzlich (§ 67, siehe Rz 3.114).

Der Rückgriff auf den Gedanken der Überkompensation zeigt aber auch, dass der Abschluss mehrerer Versicherungsverträge in der **Summenversicherung** – wo die Versicherungssummen frei wählbar sind – von vornherein unproblematisch ist. Die in der Folge darzustellenden Regeln (§ 58 ff) sind daher nur in der Schadensversicherung anzuwenden.

> Dass B also zB zwei Unfall- oder Lebensversicherungen abschließt, ist unproblematisch. Er könnte die Versicherungssumme ja auch bei nur einem Versicherer frei vereinbaren.

Das Problem wird außerdem oft von den Versicherern selbst gelöst, die in typischen Konstellationen **Subsidiaritätsklauseln** in ihre AVB integrieren. Inhalt solcher Vereinbarungen ist meist, dass die Versicherung nur dann deckt, wenn kein anderer Versicherer eine Leistung erbringt. Es kommt dann schon von vornherein zu keiner Nebenversicherung.

> Nach Art 7 Z 2.4. ABH 2001 werden in der Haushaltsversicherung Schäden nicht ersetzt, „soweit dafür aus einer anderen Versicherung Entschädigung erlangt werden kann."
>
> Kranken- oder Unfallversicherung enthalten Elemente der Schadensversicherung, wenn es zB um die Kosten des Rücktransports der versicherten Person vom Unfallort oder aus dem Ausland geht. Da es oft mehrere Verträge gibt, die dieses Risiko abdecken (Mitgliedschaften in Automobilclubs, Kreditkarten etc), sind Subsidiaritätsabreden üblich (so zB in OGH 7 Ob 111/18 a). Sie werden meist nicht nur dann schlagend, wenn andere Versicherungen Ersatzleistungen erbringen, sondern Subsidiarität wird auch im Verhältnis zum Sozialversicherungsträger vereinbart (vgl wiederum OGH 7 Ob 111/18 a).

Die genannten – in der Praxis häufigeren[658] und im Zweifel anzunehmenden[659] – Fälle sind Beispiele für eine **einfache** Subsidiaritätsklausel: Es kommt auf die tatsächliche Möglichkeit an, eine Leistung von einem anderen zu erhalten. Bei der **qualifizierten** Subsidiaritätsklausel[660] scheidet der Anspruch gegen den Versicherer hingegen schon dann aus, wenn es einen anderen Versicherungsvertrag gibt, der das Risiko deckt. Ob dieser andere Versicherer im konkreten Fall auch eine Leistung erbringt (oder etwa aufgrund einer Obliegenheitsverletzung leistungsfrei ist), ist nicht entscheidend.

Für alle anderen Fälle ist die Lösung vom Gesetzgeber vorgegeben und in der Folge darzustellen. Bei Versicherung eines identischen Risikos in der Schadensversicherung wird in der Folge zu differenzieren sein. Übersteigen die Versicherungssummen zusammen den Versicherungswert nicht (Aktivenversicherung) oder übersteigen die von den Versicherern insgesamt zu zahlenden Entschädigungen den Gesamtschaden nicht (Haftpflichtversicherung), spricht man von einer (bloßen) Nebenversicherung.[661] Eine Überkompensation droht nicht, weil der VN vereinfacht gesprochen beide Versicherungen braucht, um vollständigen Ersatz zu erhalten. Erst wenn die Versicherungssummen den Versicherungswert oder die Entschädigungen den Gesamtschaden übersteigen, liegt eine **Doppelversicherung** vor (§ 59 Abs 1), die also ein Sonderfall der Nebenversicherung ist.[662] Dieselbe Konstellation gibt es natürlich auch bei drei oder mehr Versicherern (Mehrfachversicherung).

6.14

> War im Bsp das vollständig zerstörte Gebäude der D-AG 1 Mio wert und gibt es zwei Gebäudeversicherungen mit Versicherungssummen von je 1 Mio, so liegt Doppelversicherung vor: Die beiden Entschädigungen übersteigen zusammengerechnet (2 Mio) den Schaden (1 Mio).

---

658 *Schauer*, Versicherungsvertragsrecht³ 188.
659 OGH 7 Ob 340/98 w.
660 Siehe zB OGH 7 Ob 340/98 w (Bauwesenversicherung).
661 *Schauer*, Versicherungsvertragsrecht³ 180.
662 OGH 7 Ob 9/12 t.

Die Doppelversicherung kann auch erst nachträglich eingetreten sein, wenn der Gebäudewert nämlich mit der Zeit sinkt, während anfänglich bloß eine Nebenversicherung vorlag.

Ob bei A Doppelversicherung (Betriebshaftpflicht, Cyber) vorliegt, lässt sich stets erst im Schadensfall feststellen, weil bei der Passivversicherung ja erst dann klar ist, ob die Versicherungssumme zur Abdeckung der Haftpflichtansprüche ausreicht (dann Doppelversicherung) oder nicht (dann bloße Nebenversicherung).

2. Außenverhältnis

Literatur: *Rubin,* Mehrfachversicherung schlägt Unterversicherung? RdW 2003, 554.

6.15 Das Gesetz sieht allen Fällen der Nebenversicherung eine **Anzeigepflicht** vor (§ 58). Der VN muss die Versicherer also über die anderen Versicherer und die Versicherungssummen informieren. Dass der VN bereits einen Versicherungsvertrag über ein identisches Risiko abgeschlossen hat, kann daneben aber auch ein nach §§ 16 ff anzeigepflichtiger Umstand sein.[663]

Die Anwendung der Regeln über die vorvertragliche Anzeigepflicht ist in der Summenversicherung (insb Lebens- und Unfallversicherung) von vornherein unbestritten, weil §§ 58 ff nicht greifen. Sie ist aber auch in der Schadensversicherung praktisch relevant, weil § 58 zu Gunsten des VN zwingend ist (§ 68 a) und (nur nach dieser Bestimmung, nicht aber nach §§ 16 ff) bei Anzeigepflichtverletzung keine Sanktionen (insb Leistungsfreiheit) vorgesehen sind.[664]

6.16 Im Versicherungsfall sieht das Gesetz eine pragmatische Lösung vor, die einerseits eine Überkompensation des VN vermeidet, andererseits aber auch Nachteile aus dem Bestehen einer Doppelversicherung. § 59 Abs 1 ordnet nämlich eine **solidarische Haftung** an. Jeder Versicherer schuldet daher, was er nach seinem Vertrag isoliert leisten muss. Liegt in einem Versicherungsvertrag Unterversicherung vor oder gibt es einen Selbstbehalt, so wird auch in diesem Fall die Leistungspflicht gegenüber jedem Versicherer unabhängig vom Bestehen eines anderen Versicherungsvertrags geprüft.[665] Sobald der VN aber seinen Gesamtschaden ersetzt bekommen hat, erlöschen alle weiteren Ansprüche. Abweichendes – also eine Überkompensation – könnte nicht einmal im Einvernehmen mit den Versicherern vereinbart werden, die Regel ist also insofern absolut zwingend.

Das bei V1 und V2 jeweils zum Zeitwert versicherte Gebäude der D-AG war 1 Mio wert und wurde durch ein versichertes Ereignis vollkommen zerstört. D kann sich aussuchen, ob und in welcher Höhe sie auf V1 oder auf V2 greifen möchte, darf aber insgesamt nicht mehr als 1 Mio verlangen. Das gilt auch dann, wenn bei V1 eine Versicherungssumme von 1,2 Mio und bei V2 nur von 1 Mio festgesetzt war. Ersetzt V1 nur 900.000, weil in diesem Vertrag ein Selbstbehalt vereinbart wurde, kann D die restlichen 100.000 von V 2 verlangen usw.

Eine Ausnahme von der Solidarhaftung besteht bei betrügerischer Doppelversicherung. Sie liegt vor, wenn der VN die Versicherung in der Absicht genommen hat, „sich dadurch

---

663 OGH 7 Ob 112/19 z ZFR 2020/128 *(Wilhelmer).*
664 *Schauer,* Versicherungsvertragsrecht³ 180.
665 OGH 7 Ob 9/12 t; überzeugend bereits *Rubin,* RdW 2003, 554 (554 ff, siehe vor allem 6.).

einen rechtswidrigen Vermögensvorteil zu verschaffen". § 59 Abs 3 bestimmt dann, dass jeder in dieser Absicht geschlossene Vertrag nichtig ist.

Wie die Ausführungen zeigen, bringt die Doppelversicherung dem VN im Schadensfall zwar gewisse Vorteile gegenüber einer einfachen Versicherung. So kann die Tragung eines Selbstbehalts im Ergebnis vermieden werden. Es kann außerdem nützlich sein, auf mehrere Versicherer greifen zu können, weil sie sich in ihrer Regulierungspraxis unterscheiden.[666] Die Vorteile können freilich nicht darüber hinwegtäuschen, dass zweimal eine Prämie für eine von den Versicherern insgesamt nur einmal zu erbringende Leistung geschuldet wird.[667]

6.17

§ 60 Abs 1 trägt diesem Gedanken Rechnung: Hat der VN den zweiten Vertrag ohne Kenntnis vom Entstehen der Doppelversicherung abgeschlossen, so kann er den **späteren Vertrag kündigen** oder die Versicherungssumme unter verhältnismäßiger Minderung der **Prämie** auf den Teilbetrag **herabsetzen,** der durch die frühere Versicherung nicht gedeckt ist. Das Gleiche gilt nach Abs 2, wenn die Doppelversicherung durch nachträgliches Absinken des Versicherungswerts entstanden ist. Der VN muss unverzüglich kündigen oder anpassen, die Erklärung entfaltet ihre Wirkung mit dem Ende der laufenden Versicherungsperiode (§ 60 Abs 3).

> Kam es durch gesellschaftsrechtliche Einbringung zur Doppelversicherung der D AG, so ist der von C auf D übergegangene Vertrag der „jüngere" und kann aufgelöst oder angepasst werden (OGH 7 Ob 24/01 g).

Der Versicherer hat hingegen kein gesetzliches Auflösungsrecht im Fall der Doppelversicherung. Ein solches Auflösungsrecht könnte in AVB zwar vorgesehen werden, müsste aber so ausgestaltet werden, dass sichergestellt ist, dass der VN nicht bei einer Kündigung durch beide Versicherer beide Verträge verliert.

3. Regress

Literatur: *P. Bydlinski/Pendl,* Der Vergleich mit einem Gesamtschuldner, JBl 2013, 545; *Fenyves,* Zum Verhältnis zwischen § 59 Abs 2 und § 67 Abs 1 Satz 1 VersVG in der Haftpflichtversicherung, in FS Welser (2004) 173.

Die solidarische Haftung bewirkt ein Wahlrecht des VN, das die Doppelversicherer nicht beeinflussen können. Ob der eine oder der andere Versicherer in Anspruch genommen wird, liegt rein am Verhalten des oder der VN. Die Zufälligkeit der Inspruchnahme im Außenverhältnis soll aber die **Lastentragung im Innenverhältnis** nicht präjudizieren. Dieser Gedanke ist bei der Solidarschuld ganz allgemein verwirklicht (§ 896 ABGB)[668] und findet sich auch in § 59 Abs 2.[669] Die Bestimmung gewährt dem Doppelversicherer daher einen Regressanspruch nach Inanspruchnahme.

6.18

---

666 Vgl *Wilhelmer,* ZFR 2020, 306 (308 f).
667 Siehe *Schauer,* Versicherungsvertragsrecht³ 273.
668 Vgl *Perner* in *Fenyves/Kerschner/Vonkilch,* ABGB³ (Klang) § 896 Rz 1.
669 OGH 7 Ob 165/16 i.

Kap 6 Mehrheiten

Eine Sache As im Wert von 100.000 ist jeweils bei V1 und V2 zum Zeitwert versichert. Es wäre eigenartig, wenn die Lastenverteilung zwischen V1 und V2 davon abhinge, ob A V1 auf 100.000 in Anspruch oder V2. Der Versicherer, der in Anspruch genommen wurde, kann daher beim anderen Regress nehmen.

6.19 Der Rückgriffanspruch entsteht, sobald der Doppelversicherer seine Leistung an den VN erbracht hat. Wie bei § 896 ABGB, nimmt die hA auch hier eine 30-jährige Verjährung ab diesem Zeitpunkt an.[670] Der Regress entsteht allerdings nicht schon dann, wenn der Versicherer irgendetwas gezahlt hat. Vielmehr muss er mehr gezahlt haben, als seinem **Anteil im Innenverhältnis** entspricht. Dieser richtet sich wiederum nach dem Verhältnis der von den Versicherern im Außenverhältnis übernommenen Haftung. Relevant ist – sowohl bei der Aktiven- als auch in der Passivenversicherung[671] – die Höhe der jeweils vom Versicherer geschuldeten Leistung[672] und nicht die Versicherungssumme.[673]

Eine Sache As im Wert von 120.000 ist jeweils bei V1 und V2 zum Zeitwert versichert. Zahlt V1 120.000 an A, kann er 60.000 von V2 fordern (Innenverhältnis 1:1). Hat V1 nur eine Abschlagszahlung in Höhe von 40.000 an A erbracht, gibt es hingegen noch keinen Regress bei V2 (auch nicht im Umfang von 20.000).

Am Innenverhältnis ändert sich auch nichts, wenn die Versicherungssumme bei V1 150.000 beträgt und bei V2 120.000. Nimmt A V1 auf 120.000 in Anspruch, kann dieser also 60.000 von V2 verlangen.

Beträgt die Versicherungssumme bei V2 hingegen nur 60.000, so liegt in diesem Vertrag eine Unterversicherung vor und die beiden Versicherer haften nur bis 60.000 solidarisch, für die restlichen 60.000 haftet V1 allein. Nimmt A V1 auf 120.000 in Anspruch, kann dieser nur 20.000 von V2 verlangen: Mit Blick auf die solidarische Haftung (60.000) ist das Innenverhältnis mit 2:1 zu bestimmen, weil § 59 Abs 2 auch insofern – und nicht nur für die Haftung im Außenverhältnis – berücksichtigt, dass V1 nach außen ein höheres Risiko übernommen hat.

Hat A in der eben referierten Variante hingegen V2 auf 60.000 in Anspruch genommen, kann dieser 40.000 von V1 verlangen. A kann V1 auf weitere 60.000 in Anspruch nehmen.

In OGH 7 Ob 165/16i hatte der bei K angestellte Arzt A einen haftungsbegründenden Behandlungsfehler begangen. Es bestand eine Haftpflichtversicherung Ks, bei der auch die angestellten Ärzte mitversichert waren. A hatte selbst ebenfalls eine Haftpflichtversicherung abgeschlossen. Der Geschädigte nahm den Haftpflichtversicherer Ks in Anspruch, der Regress vom Haftpflichtversicherer As forderte. Der OGH geht von einer Schadenstragung 1:1 aus, weil beide Haftpflichtversicherer die Schadenersatzansprüche gegen den Arzt versicherten.

Das Ergebnis überzeugt insofern nicht, als die Aufteilung nicht berücksichtigt, dass A als Angestellter nach dem DHG im Verhältnis zu K idR nur einen kleinen Teil des Schadens tragen muss. In der Literatur hatte *Fenyves*[674] vorgeschlagen, dass dieselbe Schadensteilung wie im Verhältnis von K zu A auch im Verhältnis der Doppelversicherer greifen müsste. Dies ließe sich mit § 59 Abs 2 vereinbaren, weil dort letztlich auch nur eine Aussage über das typische „beson-

---

670 *Schauer* in *Fenyves/Schauer*, VersVG § 59 Rz 32.
671 OGH 7 Ob 223/11 m.
672 Zur Analogiefähigkeit im Zivilrecht *Perner* in *Fenyves/Kerschner/Vonkilch*, ABGB³ (Klang) § 896 Rz 38 f.
673 *Schauer* in *Fenyves/Schauer*, VersVG § 59 Rz 23 ff.
674 *Fenyves* in FS Welser 173 (184 ff).

I. Versicherer

dere Verhältnis" (vgl § 896 Satz 1 ABGB) getroffen wird, das im konkreten Fall eben anders liegt.

Bei der **Haftpflichtversicherung** kann es manchmal lange dauern, bis feststeht, ob die von den Haftpflichtversicherern geschuldeten Entschädigungen den Gesamtschaden übersteigen. Dies ist etwa der Fall, wenn Folgeschäden im Raum stehen, die den ersatzfähigen Schaden immer weiter vergrößern und die Grenze der Versicherungsleistungen übersteigen. Der OGH nimmt in solchen Fällen ausnahmsweise einen Regressanspruch analog zu § 59 Abs 2 an, obwohl im Zeitpunkt der Leistung noch gar nicht endgültig feststeht, dass überhaupt Doppelversicherung vorliegt.[675]

Voraussetzung für den Regress ist wie erwähnt eine **aufrechte Solidarschuld**. Zäsur ist der Versicherungsfall, mit dem die Leistungspflicht entsteht. Fällt die Solidarschuld davor weg, gibt es keinen Anspruch gegen den (früheren) Solidarschuldner.

6.20

Der OGH hat in 7 Ob 10/90 ausgesprochen, dass es keine Verpflichtung eines Doppelversicherers gegenüber einem anderen gibt, den Versicherungsvertrag aufrecht zu erhalten, obwohl dadurch natürlich der (künftige) Regressanspruch wegfällt.

Der nachträgliche Wegfall einer Verpflichtung ändert hingegen nichts mehr am Regressanspruch (§ 894 ABGB). Ist der Versicherungsfall eingetreten und verzichtet der VN gegenüber einem Doppelversicherer auf den Anspruch, kann er zwar von ihm nichts mehr verlangen. Auf den Regress des anderen Doppelversicherers hat das aber keinen Einfluss.

In der Praxis kommt es vor allem vor, dass **Vergleiche** mit einzelnen Versicherern abgeschlossen werden. Sind diese ungünstig, kann sich der Versicherer zwar gegenüber dem VN, nicht aber im Regress gegenüber einem Doppelversicherer darauf berufen.[676]

Eine Sache As im Wert von 120.000 ist jeweils bei V1 und V2 zum Zeitwert versichert (Versicherungssumme je 120.000). Im Innenverhältnis betragen die Quoten 1:1. Vergleicht sich A mit V1 auf 50.000, kann er nur diese Summe von ihm verlangen. Fordert er nun 70.000 von V2, hat dieser einen Regressanspruch von 10.000 gegen V1. Dann wird V1 diese Summe freilich von A herausverlangen können, weil sich aus dem Vergleich ableiten lässt, dass A auch über den „Umweg" keine höhere Belastung von V1 bewirken darf.

Fraglich ist die Abgrenzung von § 59 Abs 2 und **§ 67 Abs 1**.[677] Das überrascht auf den ersten Blick: Beide Bestimmungen ermöglichen zwar einen Regress, allerdings gegenüber verschiedenen Personen. Im Verhältnis der Doppelversicherer untereinander ist § 59 Abs 2, nicht aber § 67 Abs 1 anzuwenden.[678] Dass im Verhältnis der Doppelversicherer untereinander nur § 59 Abs 2 anwendbar ist, soll aber auch heißen, dass der zahlende

6.21

---

675 OGH 7 Ob 165/16i.
676 Zum Problem *P. Bydlinski/Pendl*, JBl 2013, 545 (545 ff); *Perner* in *Fenyves/Kerschner/Vonkilch*, ABGB³ (Klang) §§ 893, 894 Rz 13.
677 *Schauer* in *Fenyves/Schauer*, VersVG § 59 Rz 35 ff.
678 OGH 7 Ob 165/16i; *Schauer* in *Fenyves/Schauer*, VersVG § 59 Rz 39. Siehe aber *Fenyves* in FS Welser 173 (181 ff, 184 ff).

Doppelversicherer nicht einen nach § 67 Abs 1 übergegangenen Anspruch gegen den anderen Doppelversicherer geltend machen kann.[679]

> Eine Sache As im Wert von 100.000 ist jeweils bei V1 und V2 zum Zeitwert versichert. Zahlt V1 100.000 an A, kann er natürlich nicht einen auf ihn nach § 67 Abs 1 übergegangenen (vollen) Entschädigungsanspruch des A gegen V2 geltend machen, was allerdings schon damit begründet werden kann, dass V2 dann seinerseits mit einem Anspruch nach § 59 Abs 2 aufrechnen könnte.

Umgekehrt begründet (nur) § 67 Abs 1 einen Anspruch gegen den Schädiger, gegen den der VN einen Ersatzanspruch hat. Die Frage, ob der Schädiger von einem Doppelversicherer nach § 67 Abs 1 in Anspruch genommen werden kann, richtet sich ebenfalls im Grundsatz nach allgemeinen Regeln.

> VN1 hat bei V1 eine Sachversicherung für ein Bild abgeschlossen, das ihm gehört. VN2 mietet das Bild für eine Ausstellung und schließt ebenfalls eine Sachversicherung bei V2 ab. Beschädigt VN2 das Bild schuldhaft und wird er daher VN1 schadenersatzpflichtig, kann V1 wählen, ob er nach Leistungserbringung mittels § 67 Abs 1 gegen VN2 vorgeht und den gesamten Schaden verlangt oder nach § 59 Abs 2 von V2 (nur) anteiligen Ersatz fordert (was bei Insolvenz von VN2 sinnvoll sein kann).
>
> Hat VN2 hingegen neben dem Sachinteresse auch sein Haftpflichtinteresse versichert, so kann V1 nach Leistung natürlich ebenfalls nach § 67 Abs 1 gegen VN2 vorgehen. In diesem Verfahren kann er sich den Deckungsanspruch von VN2 gegen V2 pfänden und überweisen lassen. Dadurch erhält er vollen Ersatz von V2. § 59 Abs 2 steht dem nicht entgegen, weil dieser nur die Doppelversicherung betrifft. Diese ist im Fall aber nur hinsichtlich des Sachinteresses gegeben, nicht hinsichtlich des Haftpflichtinteresses von VN2.
>
> In OGH 7 Ob 165/16i (siehe Rz 6.19) nahm der Geschädigte die Haftpflichtversicherung Ks in Anspruch. Der Ausgleichsanspruch nach § 59 Abs 2 richtete sich gegen den Haftpflichtversicherer As. Ein Regress nach § 67 Abs 1 gegen A ist ausgeschlossen: Der Fall liegt aufgrund der Doppelversicherung faktisch besonders, rechtlich erschöpft er sich in der Aussage, dass A als Versicherter nicht „Dritter" iSd § 67 Abs 1 ist.

II. Versicherungsnehmer

A. Problemstellung

6.22 Auch auf Seite des Risikoträgers kann es zu einer Aufspaltung der Rollen kommen, was dazu führt, dass mehrere Personen am Vertrag (als VN oder Versicherte) beteiligt sind.

> Den Ehegatten M und F gehört ein Zinshaus im Miteigentum, für das sie eine Gebäudeversicherung abschließen. Sind sie beide Vertragspartner, so liegt eine Mehrheit von VN vor. Schließt nur F die Gebäudefeuerversicherung, ist nur sie Vertragspartnerin. Im Vertrag ist allerdings auch ein Interesse ihres Miteigentümers versichert. Es liegt (teilweise) Versicherung für fremde Rechnung vor.
>
> F schließt eine Familienunfallversicherung für sich und ihren Sohn S. Soll F VN und damit Schuldnerin der Gesamtprämie sein, liegt teilweise Eigenversicherung (F) und teilweise Versicherung für fremde Rechnung (S) vor.

---

679 Siehe *Fenyves* in FS Welser 173 (181 ff).

II. Versicherungsnehmer

Keine Rollenspaltung liegt bei Stellvertretung vor: Schließt F eine Unfallversicherung für sich ab und die zweite im fremden Namen für ihren Sohn S, gibt es zwei Versicherungsverträge mit je einem VN (dessen Risiko jeweils auch versichert ist).

Anders als bei der Mehrheit von Versicherern, geht es bei der Beteiligung mehrerer auf Seite des VN nicht stets um die Aufspaltung eines Risikos auf mehrere Personen. Es kann vielmehr auch dazu kommen, dass in einem einheitlichen Vertrag ganz verschiedene Risiken gedeckt werden. **6.23**

Im obigen Bsp der Feuerversicherung ist stets dasselbe Risiko – das Feuer beschädigt oder zerstört das Gebäude der Ehegatten – versichert. Bei der Familienunfallversicherung sieht es anders aus, weil hier zwei verschiedene Unfallrisiken in einem einheitlichen Vertrag versichert sind.

Wie bereits die Beispiele zeigen, kann dasselbe Ziel oft auf verschiedene Weise erreicht werden, nämlich über Einzelverträge, eine Mehrheit von VN oder über eine Versicherung für fremde Rechnung. Die in der Folge dargestellten Erscheinungsformen sind dann zugleich auch vertragliche Gestaltungsmöglichkeiten. **6.24**

Soll eine Gebäudeversicherung für eine im Wohnungseigentum nach dem WEG stehende Liegenschaft abgeschlossen werden, könnte jeder Wohnungseigentümer seinen Anteil selbstständig versichern. Die Wohnungseigentümer könnten auch einen einheitlichen Vertrag mit dem Versicherer abschließen, aus dem sie berechtigt und verpflichtet sind. Der Abschluss einer Versicherung für fremde Rechnung durch die rechtsfähige Eigentümergemeinschaft (§ 2 Abs 5 iVm § 18 WEG) ist jedoch am sinnvollsten und daher in der Praxis üblich: Die Eigentümergemeinschaft ist VN und Prämienschuldnerin, die jeweiligen Wohnungseigentümer sind versicherte Personen.

B. Versicherungsnehmermehrheit

Literatur: *Hafner*, Drittzurechnung bei Obliegenheitsverletzung und Herbeiführung des Versicherungsfalls? (2020).

1. Grundlagen

Dass mehrere Personen VN in einem einheitlichen Versicherungsvertrag sind, wirkt nur auf den allerersten Blick als absolute Ausnahme. Eine Beteiligung mehrerer auf Seite des VN kommt in der Praxis nämlich nicht selten vor. Sie kann gewollt sein oder sich zufällig ergeben. **6.25**

Schließen zwei Miteigentümer einer Liegenschaft gemeinsam einen Haftpflichtversicherungsvertrag für liegenschaftsbezogene Risiken, so liegt eine gewollte Beteiligung mehrerer VN vor.

Stirbt der Eigentümer einer Liegenschaft und beerben ihn seine beiden Kinder zu gleichen Teilen, treten sie auch in den liegenschaftsbezogenen Haftpflichtversicherungsvertrag ein. Die VN-Mehrheit ist zufällig entstanden. Veräußert einer der beiden seinen Anteil später an den anderen, geht dieser Vertragsteil auf den nunmehrigen Alleineigentümer der Liegenschaft über (§ 69 Abs 1), der Versicherer kann kündigen (§ 70 Abs 1).

Die in der Folge dargestellten Regeln sind bei gewollten und ungewollten Gemeinschaften identisch. Da bei Beteiligung mehrerer Vertragspartner auf VN-Seite eine Vertrags- **6.26** position mehreren Beteiligten zusteht, stellt sich stets die Frage, wie die Rechte und Pflichten aus dem Vertrag auf sie verteilt werden.[680] Außerdem ist zu überlegen, ob das Verhalten eines Beteiligten einem anderen zuzurechnen ist.

Zwei Miteigentümer haben eine Gebäudefeuerversicherung abgeschlossen: Wer kann die Leistung im Versicherungsfall fordern? Wie ist ein solcher Vertrag zu kündigen? Kann eine Obliegenheitsverletzung nur eines der beiden VN zur Leistungsfreiheit führen?

2. Eintreibungsmodus

6.27 Tritt der Versicherungsfall ein, haben die VN einen Anspruch auf Deckung. Ist dieser Anspruch auf Geld gerichtet, so handelt es sich um eine teilbare Leistung. Das würde nach § 889 ABGB zu Teilforderungen der Berechtigten führen. Sind die VN allerdings Miteigentümer einer Sache, auf die sich die Versicherung bezieht, so handelt es sich trotz Teilbarkeit um eine **Gesamthandforderung** (§ 848 S 2 und 3 ABGB). Die Leistung kann dann nur an alle gemeinsam erbracht werden.[681] Vertragsauslegung kann aber auch – etwa in der Haftpflichtversicherung – ergeben, dass jeder für sich den Anspruch geltend machen kann.

A und B sind hälftige Miteigentümer einer Liegenschaft, auf der ein Gebäude steht, das sie gegen Feuer versichern. Brennt das Haus ab und schuldet der Versicherer 200.000, kann weder A noch B Zahlung von 100.000 – oder gar 200.000 – an sich fordern. Schuldbefreiende Zahlung könnte etwa an ein Gemeinschaftskonto der beiden geleistet werden.

Sind A und B haftpflichtversichert und fordert der Nachbar Zahlung von 2.000, weil ein von ihrem Grundstück herabfallender Ast sein Auto beschädigt hat, ist nicht ein gemeinsames Interesse versichert, sondern zwei eigenständige Haftpflichtinteressen. Auslegung wird daher ergeben, dass A Abwehr und Befreiung von Ansprüchen verlangen kann, die gegen ihn gerichtet sind. B kann mit Blick auf Schadenersatzansprüche Deckung verlangen, die gegen ihn gerichtet sind. Die Erfüllung eines Anspruchs kann dann (bei schadenersatzrechtlicher Solidarhaftung) auch dem jeweils anderen zugutekommen.

6.28 Der Anspruch auf Prämienzahlung gegen die VN ist eine **Solidarschuld**.[682] Der Versicherer kann sich also aussuchen, welchen VN er auf Zahlung in Anspruch nimmt. Sobald einer der VN zahlt, tritt Tilgungswirkung für alle ein. Nur wenn keiner zahlt, sind alle in Prämienzahlungsverzug. Um sich vom Vertrag nach § 38 Abs 1 oder § 39 Abs 3 lösen zu können, muss der Versicherer gegenüber jedem VN einen entsprechenden Hinweis setzen. Jeder der VN kann den gesamten Vertrag dann innerhalb seiner Fristen durch Zahlung retten. Da der OGH das Trennungsprinzip vertritt (siehe gleich),[683] trifft das Verschulden eines VN am Prämienzahlungsverzug nur ihn, nicht aber seine Gemeinschafter, wenn diese nicht schuldhaft gehandelt haben.

---

680 Zum Regelungsproblem *Perner* in *Fenyves/Kerschner/Vonkilch*, ABGB³ (Klang) § 888 Rz 1 ff, 17 ff. Zur Anwendung auf Mehrheiten von VN überzeugend *Hafner*, Drittzurechnung 75 ff.
681 *Hafner*, Drittzurechnung 119 ff.
682 *Perner* in *Fenyves/Kerschner/Vonkilch*, ABGB³ (Klang) § 891 Rz 2 ff; vgl *Hafner*, Drittzurechnung 83 ff.
683 OGH 7 Ob 241/97k.

> Waren die VN A und B in Prämienzahlungsverzug, berechnen sich die Zinsen also nach den persönlichen Verhältnissen (Dauer des Verzugs, Verschulden etc). Bis zum geringeren der beiden Beträge haften die beiden dafür solidarisch.

3. Leistungsfreiheit

Wie in diesem Buch bereits dargestellt, kann sich der Versicherer in einigen Konstellationen auf Leistungsfreiheit berufen. Neben dem gerade erwähnten Prämienzahlungsverzug kann dies zB auch bei einer Obliegenheitsverletzung, der Herbeiführung des Versicherungsfalls, der Gefahrerhöhung oder einer Anzeigepflichtverletzung der Fall sein. Die Berufung auf Leistungsfreiheit ist stets von einem – manchmal qualifiziert schuldhaften – Verhalten des VN abhängig. Die Verhaltenspflichten treffen bei mehreren VN die Beteiligten einzeln. Jeder hat sie also zu erfüllen. Ob die Erfüllung durch einen die anderen befreit, hängt aber von der jeweiligen Pflicht ab.

6.29

> Wenn nur ein VN den Versicherungsfall unverzüglich anzeigt, ist die Pflicht des § 33 Abs 1 für alle erfüllt. Gleiches gilt wie soeben erwähnt auch für die Prämie. Verletzt einer der VN die Alkoholobliegenheit in der Kfz-Versicherung, bleibt es aber natürlich bei einer Verletzung, auch wenn ein anderer VN nicht alkoholisiert mit dem Auto gefahren ist.

Liegt demnach eine Verletzung einer Verhaltenspflicht (nur) durch einzelne VN vor, die ihnen gegenüber in einem Einzelvertrag Leistungsfreiheit begründen würde, fragt sich, ob sich der Versicherer gegenüber der Mehrheitspartei auf Leistungsfreiheit berufen kann.

6.30

Auch auf diese Frage verbietet sich eine pauschale Antwort. Entscheidend ist, welches Interesse Gegenstand des Versicherungsvertrags ist. Sind im Vertrag mehrere **eigenständige Interessen** der Beteiligten versichert, kann sich der Versicherer gegenüber dem jeweiligen VN auf seine Pflichtverletzungen berufen.[684]

> Sind A und B als Liegenschaftsmiteigentümer haftpflichtversichert und hat nur A ein entsprechendes Verhalten gesetzt, kann sich der Versicherer ihm gegenüber auf Leistungsfreiheit berufen. B kann hingegen Deckung fordern. Allerdings profitiert A bei schadenersatzrechtlicher Solidarhaftung indirekt von der Leistungspflicht des Versicherers gegenüber B.

Ist hingegen ein **einheitliches Interesse** versichert, so kann sich der Versicherer allen gegenüber auf Leistungsfreiheit berufen, auch wenn nur einer der VN das verpönte Verhalten gesetzt hat. Dies ist nach dem OGH[685] bei der Sachversicherung von Miteigentum allerdings **nicht** der Fall. Vielmehr judiziert er das Trennungsprinzip, wonach sich der Versicherer nur gegenüber dem Miteigentümer auf Leistungsfreiheit berufen kann, der sich pflichtwidrig verhalten hat.

> Das feuerversicherte Gebäude steht im hälftigen Miteigentum von A und B. Der Versicherer müsste 100.000 zahlen, kann sich aber aufgrund grob fahrlässiger Herbeiführung des Versicherungsfalls durch A diesem gegenüber auf Leistungsfreiheit berufen. Das bedeutet, dass er nur die Hälfte der Leistung erbringen muss (50.000). Am Eintreibungsmodus (Gesamthandforderung)

---

684 *Schauer*, Versicherungsvertragsrecht³ 266.
685 Grundlegend OGH 7 Ob 241/97k.

ändert das nichts: Der Versicherer schuldet Zahlung der halben Entschädigung auf ein Gemeinschaftskonto. Diesen Anspruch kann jeder der beiden Miteigentümer geltend machen, im Innenverhältnis hat dann ein Ausgleich zu erfolgen. Dieser Ausgleich muss nicht immer zu vollem Ersatz des A führen: Hat A den Versicherungsfall grob fahrlässig herbeigeführt und trifft B nur leichtes Verschulden, kann es auch zu einer Teilung im Innenverhältnis kommen.

§ 31 Abs 3 betrifft einen anderen Fall: Zu einer teilweisen Leistungsfreiheit kommt es nach dieser Bestimmung, wenn nur eine Person oder ein Gegenstand von Anzeigepflichtverletzung oder Gefahrerhöhung betroffen ist, nicht aber, wenn das Verhalten einer Person dazu führt, dass der gesamte Vertrag betroffen ist.

Der Judikatur des OGH ist *Hafner* jüngst mit beachtlichen Argumenten entgegengetreten.[686] Er gelangt zum Ergebnis, dass das Trennungsprinzip idR nicht gilt, wenn eine im Miteigentum stehende Sache in einem einheitlichen Vertrag versichert wird.[687] Das Verschulden des einen sei also dem anderen in der gemeinschaftlichen Sachversicherung zuzurechnen.[688] Dem könnte freilich – wie *Hafner* in Anlehnung an deutsche Bedingungswerke empfiehlt – durch entsprechende Vertragsklauseln vorgebeugt werden, die eine Trennung herbeiführen.

4. Gestaltungsrechte

6.31 Bei der Ausübung von Gestaltungsrechten ist scheinbar dasselbe Problem zu lösen wie bei der Frage der Leistungsfreiheit: Wenn aufgrund des Trennungsprinzips eine Berufung auf Leistungsfreiheit gegenüber einzelnen VN möglich ist, sollte das doch auch für die Ausübung von Gestaltungsrechten (Kündigung etc) gelten?

So einfach ist die Lage freilich nicht. Der Versicherungsvertrag ist ja ein einheitlicher, der grundsätzlich nur ganz oder gar nicht aufgelöst und verändert werden kann. Dies nennt man **Unteilbarkeit der Gestaltungsrechte**.[689] Sie können also nur von allen und gegenüber allen ausgeübt werden.

Möchte der Versicherer den mit A und B bestehenden Vertrag kündigen, muss er die Kündigung daher gegenüber beiden aussprechen. Auch die VN können nur gemeinsam kündigen (siehe nur RS0013443).

Eine Ausnahme von der Unteilbarkeit der Gestaltungsrechte macht § 31 Abs 1 nur bei Anzeigepflichtverletzung und Gefahrerhöhung. Dies allerdings auch nur dann, wenn die Voraussetzungen für einen Rücktritt oder eine Kündigung nur bei einzelnen Vertragsbeteiligten vorliegen und der Versicherer den übrigen Vertrag unter gleichen Bedingungen (mit anteiliger Prämie) abgeschlossen hätte.

---

686 *Hafner*, Drittzurechnung, insb 107 ff, 115 ff.
687 In diese Richtung tendierend schon *Schauer*, Versicherungsvertragsrecht[3] 265.
688 AA nun *Vonkilch* in *Fenyves/Perner/Riedler*, VersVG § 61 Rz 55, der *Hafner* entgegnet, dass sich aus der lange bestehenden Judikatur „berechtigte Deckungserwartungen" der VN gebildet hätten (FN 233). Dann dürfte es freilich nie mehr Judikaturänderungen zu Lasten der VN geben.
689 *Perner* in *Fenyves/Kerschner/Vonkilch*, ABGB[3] (Klang) § 888 Rz 22 ff.

Eine andere Frage als die der Ausübung des Gestaltungsrechts ist aber, ob ein solches **6.32**
Gestaltungsrecht überhaupt geltend gemacht werden kann. Dabei ist stets durch Auslegung zu ermitteln, ob das Vorliegen der Voraussetzungen für die Ausübung eines Gestaltungsrechts bei nur einzelnen VN den gesamten Vertrag „infiziert".

> Der Sachversicherer kann auch dann im Schadenfall kündigen, wenn auf der anderen Seite mehrere Vertragsbeteiligte stehen. Dasselbe – Kündigung des gesamten Vertrags – wird wohl auch in der Haftpflichtversicherung möglich sein, selbst wenn nur einer der VN schadenersatzpflichtig wird.
>
> Hat einer der beiden Miteigentümer der Liegenschaft und VN der Gebäudeversicherung die Gefahr erhöht, kann der Versicherer kündigen. § 31 Abs 1, der nur eine Teilauflösung ermöglicht, steht dem nicht entgegen. Die Bestimmung betrifft nur den Fall, dass die Voraussetzungen der Gefahrerhöhung nur bei einem der VN vorliegen (zB: Gefahrerhöhung bei einem der Haftpflicht-VN).
>
> Hat einer der beiden Kfz-Miteigentümer und Kasko-VN die Alkoholobliegenheit schuldhaft verletzt, wird man dem Versicherer eine Kündigung ermöglichen. Dass andere VN die Obliegenheit nicht verletzt haben, ändert nämlich nichts daran, dass im Versicherungsvertrag ein risikorelevantes Verhalten gesetzt wurde, das der Versicherer nicht hinnehmen muss.

C. Versicherung für fremde Rechnung

Literatur: *Dreher/Fritz,* Die D&O-Versicherung als Gruppenversicherung, VersR 2021, 220; *Hafner,* Drittzurechnung bei Obliegenheitsverletzung und Herbeiführung des Versicherungsfalls? (2020); *Kraus,* Die Versicherung für fremde Rechnung (2017); *Parapatits,* Vertrag zugunsten Dritter (2011); *Wieser,* Gruppenversicherungen (2006).

1. Grundlagen

In diesem Buch wurde schon an verschiedenen Stellen darauf hingewiesen, dass auch ein **6.33**
fremdes Interesse (in der Passivenversicherung: Risiko) versichert werden kann, wodurch es zu einer Rollenaufspaltung der Beteiligten kommt: Vertragspartner ist der VN, der Träger des versicherten Interesses (Risikos) wird Versicherter oder versicherte Person genannt.

> Schließt der Arbeitgeber eine Krankenversicherung für die in seinem Betrieb tätigen Arbeitnehmer ab, liegt Versicherung für fremde Rechnung vor: Vertragspartner und Prämienschuldner ist der Arbeitgeber. Versicherte Personen sind die Arbeitnehmer, weil sie bei ihrer Krankheit in den Genuss der Versicherungsleistung kommen sollen.
>
> Schließt der Familienvater im eigenen Namen eine Unfallversicherung für sich und seinen Sohn, so liegt eine Kombination von Eigen- (Vater) und Fremdversicherung (Sohn) vor (siehe OGH 7 Ob 67/12x). Der Umstand, dass aus einem Unfall des Sohnes auch erhöhte Unterhaltspflichten des Vaters gegenüber dem Sohn entstehen, könnte freilich von vornherein dafürsprechen, dass auch insofern Eigenversicherung – eben für die erhöhten Unterhaltspflichten – besteht.
>
> In der Kfz-Haftpflichtversicherung ist eine solche Kombination vom Gesetzgeber sogar vorgegeben (§ 2 Abs 2 KHVG). Versichert sind – unabhängig von der Vertragspartnereigenschaft – nämlich jedenfalls „der Eigentümer, der Halter und Personen, die mit Willen des Halters bei der Verwendung des Fahrzeugs tätig sind oder mit dem Fahrzeug befördert werden oder die den Lenker einweisen."

Das Gesetz nennt die Konstellation etwas missverständlich[690] „Versicherung für fremde Rechnung" (§ 74 Abs 1). Liegt eine Kombination von Eigen- und Fremdversicherung vor, spricht man von Mitversicherung (vgl § 2 Abs 2 KHVG). Das kann zu Verwirrung führen kann, weil diese Bezeichnung gleichermaßen für die versichererseitige Risikogemeinschaft verwendet wird (siehe Rz 6.4 ff).

> Man spricht also davon, dass der Lenker beim Kfz-Halter „mitversichert" ist oder dass die Tochter in der Familienunfallversicherung „mitversichert" ist.

6.34 Eine besondere Form der Versicherung für fremde Rechnung ist die **Gruppenversicherung.** Durch einen Vertrag soll eine Mehrzahl versicherter Personen in den Genuss von Versicherungsschutz kommen. Dabei werden zwei Gestaltungsformen unterschieden:[691] Bei der echten Gruppenversicherung schließt der VN den Versicherungsvertrag zu Gunsten der Gruppenmitglieder. Bei der unechten Gruppenversicherung schließt eine Person hingegen nur einen Rahmenvertrag, der die Eckpunkte darauf beruhender Versicherungsverträge festlegt.[692] Die Versicherungsverträge – auf deren Abschluss es je nach Gestaltung einen aus dem Rahmenvertrag durchsetzbaren Anspruch geben kann – werden dann vom VN im eigenen Namen und im eigenen Interesse abgeschlossen.

> Die Arbeitnehmer sind „automatisch" mitversichert: echte Gruppenversicherung. Sie können eigene Versicherungsverträge zu „betrieblichen Sonderkonditionen" abschließen: unechte Gruppenversicherung.

Das Vehikel der unechten Gruppenversicherung wird oft in den Bereichen der **obligatorischen Berufshaftpflichtversicherung** eingesetzt, in denen es keinen gesetzlichen Abschlusszwang des Versicherers (vgl § 25 Abs 3 KHVG) gibt. Eine aufrechte Haftpflichtversicherung ist zB für Ärzte, Notare, Anwälte, Versicherungsvermittler etc zwingend notwendig. Könnten sich die Versicherer uneingeschränkt auf ihre Privatautonomie berufen und den Abschluss verweigern, führte das im Ergebnis zur Unmöglichkeit, den Beruf auszuüben, obwohl die materiellen Voraussetzungen der Berufsberechtigung eigentlich vorliegen. Daher schließen die Berufsvertretungen (Kammern) Rahmenverträge mit Versicherern, aus denen sich für den Einzelnen durchsetzbare Ansprüche auf Abschluss von Haftpflichtversicherungsverträgen ergeben.

> Die Anwaltskammern, die Notariatskammer etc vereinbaren also mit bestimmten Versicherern, dass diese einen Anwalt, Notar etc versichern, wenn dieser die berufsrechtlichen Voraussetzungen für die Berufsausübung erfüllt. Zugleich werden in den Rahmenverträgen die Eckpunkte der AVB vereinbart, die dann Teil der Einzelverträge werden.

6.35 Die Versicherung für fremde Rechnung ist in §§ 74–80 und somit in der Schadensversicherung geregelt, entsprechende (teils abweichende) Regeln gibt es aber auch in der

---

690 *Schauer,* Versicherungsvertragsrecht³ 164; *Kraus* in *Fenyves/Perner/Riedler,* VersVG § 74 Rz 1.
691 *Dreher/Fritz,* VersR 2021, 220 (221 f).
692 *Dreher/Fritz,* VersR 2021, 220 (222).

Summenversicherung (siehe für die Lebensversicherung § 159, für die Krankenversicherung § 178a, für die Unfallversicherung § 179).

Dogmatisch ist sie als **Vertrag zugunsten Dritter** einzuordnen, weshalb subsidiär auch §§ 881, 882 ABGB anwendbar sind.[693] Das Rechtsverhältnis zwischen dem Versicherer und dem VN (= Versicherungsvertrag) wird daher als Deckungsverhältnis bezeichnet, das zwischen Versicherer und Versichertem als Einlösungsverhältnis. Beide zusammen bilden das Außenverhältnis zum Versicherer[694] und sind vom Innenverhältnis zwischen VN und Versichertem zu unterscheiden, das als Valutaverhältnis bezeichnet wird.

2. Fremdes Interesse (Risiko)

Zunächst muss man feststellen, ob ein fremdes Interesse (Risiko) versichert ist. Entscheidend ist nicht, wer am Vertragsabschluss beteiligt war, sondern ob es im Versicherungsvertrag nach dem übereinstimmenden Parteiwillen zu der beschriebenen Aufspaltung kommen soll. **6.36**

> Soll der Familienvater Prämienschuldner werden und sein minderjähriger Sohn gegen Unfälle geschützt sein (OGH 7 Ob 67/12x), kommt es zur Rollenspaltung. Schließt der Vater hingegen als gesetzlicher Vertreter seines Sohnes in dessen Namen, so wird der Sohn VN und Versicherter, es liegt keine Versicherung für fremde Rechnung vor. Weder das eine noch das andere ist zwingend vorgegeben. Aus Sicht des Versicherers wird im vorliegenden Fall die Versicherung für fremde Rechnung vorteilhaft sein, weil der Vater Prämienschuldner ist.
>
> § 74 Abs 2 stellt aber eine Zweifelsregel auf: Ist klar, dass das Unfallrisiko des Sohnes abgedeckt werden soll, ist dennoch von Handeln im eigenen Namen – und damit von Versicherung für fremde Rechnung – auszugehen, nicht aber von Stellvertretung.

Die Frage, wer im Vertrag versichert ist, ist – wie bereits erörtert (Rz 3.111ff) – auch für einen allfälligen Regress des Versicherers wichtig. Der auf § 67 gestützte Regress des Versicherers ist nämlich gegen eine mitversicherte Person, die ja durch den Versicherungsvertrag geschützt wird, nicht möglich.

Nicht immer ist völlig klar, ob Eigen- oder Fremdversicherung vorliegt. § 80 Abs 1 enthält eine **Zweifelsregel** für Eigenversicherung. In der Lehre wird freilich angemerkt, dass diese Vermutung leicht zu widerlegen ist.[695] Bei der Sachversicherung geht die Rsp[696] etwa davon aus, dass mangels anderer Anhaltspunkte das Eigentümerinteresse versichert ist. Schließt also jemand anderer als der Eigentümer (Mieter, Vorbehaltskäufer etc) die Versicherung, greift die Zweifelsregel nicht und es liegt Fremdversicherung vor. **6.37**

Irrt sich der VN, der glaubt, Eigentümer zu sein, über die Eigentumsverhältnisse, kommt aber entgegen dem OGH[697] keine Fremdversicherung zustande. Es liegt dann vielmehr

---

693 *Parapatits*, Vertrag zugunsten Dritter 187ff; *Kraus*, Versicherung für fremde Rechnung 28ff.
694 Siehe *Schauer*, Versicherungsvertragsrecht³ 167.
695 *Kraus* in *Fenyves/Perner/Riedler*, VersVG § 80 Rz 1.
696 OGH 7 Ob 205/06g.
697 7 Ob 39/94; 8 Ob 17/08w.

Kap 6 Mehrheiten

anfänglicher Interessemangel vor (§ 68 Abs 1)[698], weil nicht sinnvoll ist, wenn ein beiderseitig so nicht gewollter Vertrag zustande kommt.

6.38 Eine Versicherung kann auch für **wen es angeht** (§ 80 Abs 2) abgeschlossen werden. In diesem Fall ist bei Vertragsabschluss unklar, ob ein eigenes oder fremdes Interesse versichert wird.[699] Es entscheidet sich dann erst im Versicherungsfall, ob die Regeln über die Versicherung für fremde Rechnung zur Anwendung kommen (§ 80 Abs 2).

> Ein Warenlager wird versichert, in dem sich Sachen des VN befinden, aber auch Sachen Dritter und sich der Warenbestand außerdem laufend ändert. Es sollen aber jedenfalls alle im Lager befindlichen Sachen versichert werden.

3. Außenverhältnis

6.39 Die Versicherung für fremde Rechnung kommt durch Willenseinigung der Vertragspartner zustande. Der Versicherte muss zwar nicht zustimmen. Wie beim Vertrag zugunsten Dritter (§ 882 Abs 1 ABGB), muss sich aber auch hier niemand etwas aufdrängen lassen. Der Versicherte kann das Recht aus dem Vertrag daher zurückweisen (vgl § 76 Abs 3). Ist der Vertrag dann unwirksam, müsste man allerdings bei Unkenntnis des Versicherers vom auftragslosen Handeln einen Prämienanspruch bis zur Zurückweisung bejahen (§ 68 Abs 2 pa).[700]

6.40 In der Praxis ist es – bei Versicherung einer Sache, an der mehrere Personen ein Interesse haben – oft das Ergebnis eines Zufalls, ob eine Mehrheit von VN den Vertrag abschließt oder eine Fremdversicherung zustande kommt.[701] Es überrascht daher nicht, dass auch bei der Fremdversicherung im Außenverhältnis ganz generell (abgesehen von der Prämie, zu deren Zahlung in der Fremdversicherung nur der VN verpflichtet ist) ähnliche Fragen wie bei den Mehrheiten zu klären sind: Wer kann Deckung verlangen? Wie sind Gestaltungsrechte auszuüben? Kommt es zu einer Verhaltenszurechnung zwischen VN und Versichertem? Wieder verbieten sich allgemeine Antworten, weil auch die Fremdversicherung – wie die bisherigen Beispiele bereits zeigen – zu vielgestaltig ist.

6.41 Für **Ansprüche aus dem Versicherungsvertrag** (Deckung) stellt das – dispositive – Gesetz entscheidend darauf ab, wer im Besitz des Versicherungsscheins ist (§ 75 Abs 2, § 76 Abs 2).[702] Der Versicherte kann demnach die Leistung verlangen, wenn er in Besitz der Polizze ist, der VN kann Leistung (an sich) verlangen, wenn der Versicherungsschein bei ihm ist (zum Innenverhältnis siehe weiter unten). Das umfasst neben der Klage auch den Verzicht auf die Leistung oder einen Vergleich über den Versicherungsanspruch.

> Eine abweichende vertragliche Gestaltung kann im Interesse des Versicherers liegen. So ordnet Art 24 Z 1 AUVB an, dass die Ausübung der Rechte aus dem Versicherungsvertrag ausschließ-

---

698 *Kraus*, Versicherung für fremde Rechnung 85 f.
699 Siehe zu den Fallgestaltungen *Kraus* in *Fenyves/Perner/Riedler*, VersVG § 80 Rz 10 ff.
700 *Kraus* in *Fenyves/Perner/Riedler*, VersVG § 74 Rz 70.
701 *Hafner*, Drittzurechnung 35, 109 ff.
702 Zum vom Gesetz verwendeten Begriff der „Rechte" *Kraus* in *Fenyves/Perner/Riedler*, VersVG § 75 Rz 5 ff.

lich dem VN zusteht. Damit trägt man dem Interesse des Versicherers, nur einen Ansprechpartner zu haben, in sachgerechter Weise Rechnung.

Nach § 224 ABGB kann der gesetzliche Vertreter 10.000 Euro übersteigende Zahlungen an das Kind nur entgegennehmen, wenn er dazu vom Gericht ermächtigt wurde. Nach dem OGH (7 Ob 67/12x) kann die Versicherung für fremde Rechnung hingegen so ausgestaltet sein, dass der Vater die Leistung – aufgrund der dargestellten Vorschriften – im eigenen Namen entgegennehmen kann.

Besonderes gilt in der Kfz-Haftpflichtversicherung (§ 11 Abs 2 KHVG) und in der Krankenversicherung (§ 178a Abs 2). Der Versicherte hat in den dort genannten Fällen jedenfalls einen unmittelbaren Anspruch auf Leistung gegen den Versicherer.

6.42 Da der VN Vertragspartner des Versicherers ist, kann hingegen nur er **Gestaltungsrechte** aus dem Vertrag ausüben und sie können nur ihm gegenüber ausgeübt werden.[703] Dies entspricht der Lage beim Vertrag zugunsten Dritter.[704] Der VN kann den Vertrag daher kündigen, anfechten oder von ihm zurücktreten, der Versicherer hat umgekehrt eine solche Gestaltungserklärung an den VN zu richten. Künftige Ansprüche des Versicherten entfallen dann, weil sie sich aus dem Vertrag ableiten. Wird durch eine solche Erklärung einer bereits erbrachten Leistung der Boden entzogen, erfolgt die Rückabwicklung[705] entlang der Leistungsbeziehungen: Der Versicherer zahlt dem VN die Prämie zurück, derjenige, der die Versicherungsleistung eingezogen hatte, muss dem Versicherer dafür bereicherungsrechtlich Ersatz leisten.

6.43 Von der Frage der Ausübung der Gestaltungsrechte ist aber wie bei den Mehrheiten die Frage zu unterscheiden, ob ein Gestaltungsrecht zusteht. Diese Frage der **Zurechnung** von Wissen und Verhalten stellt sich vor allem bei der Berufung des Versicherers auf Leistungsfreiheit sowie bei Rücktritt und Kündigung.

Der Familienvater hat eine Vorerkrankung seines mitversicherten Sohnes verschwiegen.

Die Eigentümergemeinschaft nach § 18 WEG hat eine Gebäudeversicherung – im Interesse der Wohnungseigentümer – abgeschlossen. Einer der Wohnungseigentümer verursacht grob fahrlässig einen Leitungswasserschaden.

Die VN-AG hat einen D&O-Versicherungsvertrag für ihre Aufsichtsräte A und B sowie für die Vorstände C und D abgeschlossen. A hat über seine Person unrichtige Auskünfte gegeben.

Wie die Beispiele zeigen, sind verschiedene Konstellationen zu unterscheiden. Im Grundsatz kommt es zu einer Zurechnung von Fehlverhalten des VN an den Versicherten, der eine insofern abhängige Rechtsstellung hat.[706]

Die Anzeigepflichtverletzung des Vaters schadet also seinem Sohn: Der Versicherer kann sich (bei Vorliegen der entsprechenden Voraussetzungen in der Person des Vaters) auf Leistungsfreiheit berufen und vom Vertrag zurücktreten.

---

703 *Schauer,* Versicherungsvertragsrecht³ 167.
704 *Parapatits,* Vertrag zugunsten Dritter 55, 101 ff.
705 *Parapatits,* Vertrag zugunsten Dritter 55 f, 117 ff.
706 *Hafner,* Drittzurechnung 36 ff; *Kraus* in *Fenyves/Perner/Riedler,* VersVG §§ 78, 79 Rz 4 f.

Nach § 78 treffen auch den Versicherten die Verhaltenspflichten, die sich nach dem VersVG an den VN richten. Das ist sachgerecht, weil sonst durch die Rollenspaltung erhebliches Missbrauchspotenzial bestünde.[707] Der Versicherer kann sich also jedenfalls gegenüber dem Versicherten auf Leistungsfreiheit berufen, bei dem die entsprechenden Voraussetzungen vorliegen. Ob die Verletzung der Verhaltenspflicht den gesamten Vertrag „infiziert", ist durch Auslegung zu ermitteln. Die Parteien haben freilich die Möglichkeit, die Zurechnungsfragen durch vertragliche Vereinbarung zu gestalten.[708]

> Der D&O-Versicherer kann sich also gegenüber A auf sein Fehlverhalten berufen. Verlangen B, C oder D hingegen Deckung, ist eine Berufung auf die Leistungsfreiheit grundsätzlich nicht möglich, wenn B, C oder D selbst nichts falsch gemacht haben. Anders ist die Lage hingegen, wenn nicht A, sondern C oder D ein relevantes Fehlverhalten (zB Anzeigepflichtverletzung) begangen hat: Ihr Verhalten ist dem VN aus allgemein-zivilrechtlichen Erwägungen zuzurechnen (Organstellung). Der Versicherer kann gegenüber dem VN zurücktreten, was den Ansprüchen aller Versicherter – auch derjenigen, die selbst nichts falsch gemacht haben – den Boden entzieht. Dem kann freilich durch AVB-Gestaltung entgegengewirkt werden.
>
> Da die Rsp dem Trennungsprinzip folgt, kann sich der Versicherer im Bsp nur gegenüber dem Versicherten auf Leistungsfreiheit berufen, der den Leitungswasserschaden grob fahrlässig verursacht hat. Die Versicherungsleistung ist entsprechend zu mindern.[709]

Zu einer abweichenden Beurteilung der Verhaltenszurechnung kann es in der **Mitversicherung** kommen. So soll das Verhalten des Versicherten dem VN mit Blick auf seine Eigenversicherung nur schaden, wenn es ihm aufgrund allgemein-zivilrechtlicher Erwägungen (zB Organstellung) zuzurechnen ist.[710] Aufgrund des Gesetzes kommt es bei der Kfz-Haftpflichtversicherung ganz allgemein nicht zu einer Zurechnung fremden Verhaltens an einen Versicherten (siehe § 11 Abs 3 KHVG).

4. Innenverhältnis

6.44 Das Innenverhältnis zwischen VN und Versichertem wird oft als **gesetzliches Treuhandverhältnis** bezeichnet, das im VersVG kaum geregelt wird.[711] Mit der Einordnung ist vor allem gemeint, dass der VN die Leistung an den Versicherten ausfolgen muss, wenn er sie zunächst vom Versicherer verlangt hat. Die Leistung soll also nach dem gesetzgeberischen Konzept jedenfalls beim Versicherten ankommen (zu Zurückbehaltungs- und Befriedigungsrechten des VN siehe § 77). So ist auch die Formulierung des § 75 Abs 1 zu verstehen, wonach die Rechte aus dem Vertrag dem Versicherten zustehen. Außerdem ist davon auszugehen, dass den VN – wenn er für die Geltendmachung der Ansprüche zuständig ist – gegenüber seinem Versicherten eine Verpflichtung trifft, den Anspruch gegenüber dem Versicherer geltend zu machen.[712]

---

707 *Hafner*, Drittzurechnung 42; *Kraus* in *Fenyves/Perner/Riedler*, VersVG §§ 78, 79 Rz 2.
708 Zum Sicherungsschein *Hafner*, Drittzurechnung 63 f.
709 AA mit beachtlichen Argumenten *Hafner*, Drittzurechnung 125 ff: einheitliches Interesse, vgl Rz 6.30.
710 *Kraus* in *Fenyves/Perner/Riedler*, VersVG §§ 78, 79 Rz 15 f.
711 Siehe nur OGH 7 Ob 67/12x; *Kraus* in *Fenyves/Perner/Riedler*, VersVG § 75 Rz 1.
712 *Kraus* in *Fenyves/Perner/Riedler*, VersVG § 75 Rz 2.

> Der Vater kann die Leistung aus der Familienunfallversicherung zwar vom Versicherer fordern, muss sie dann allerdings seinem Sohn ausfolgen (für ihn verwenden).

Die bisherigen Beispiele zeigen allerdings, dass das Innenverhältnis ganz verschieden ausgestaltet sein kann. Besondere vertragliche Regelungen im Innenverhältnis gehen daher den gesetzlichen jedenfalls vor.

7. Kapitel
Versicherungssparten

Übersicht

	Rz
I. Grundlagen	7.1
A. Einteilungen	7.1
B. Funktionen	7.3
C. Gestaltungsmöglichkeiten	7.7
D. Kundenseitiges Risikomanagement	7.10
II. Sachversicherungen	7.13
A. Grundlagen	7.13
B. Gefahren	7.17
C. Objekte	7.19
1. Allgemeines	7.19
2. Bewohnte Einheiten	7.22
3. Tierversicherung	7.28
4. Technische Versicherungen	7.32
5. Kfz-Kaskoversicherung	7.37
6. Transportversicherung	7.43
a) Warentransportversicherung	7.43
b) Flusskaskoversicherung	7.47
III. Betriebliche Ausfallversicherungen	7.50
A. Grundlagen	7.50
B. Klassische Betriebsunterbrechung	7.55
C. Betriebsunterbrechung bei freiberuflich und selbstständig Tätigen	7.59
D. Veranstaltungsausfall	7.62
IV. Haftpflichtversicherung	7.65
A. Allgemeine Haftpflichtversicherung	7.65
1. Grundlagen	7.65
2. Versicherte Gefahr	7.67
3. Versicherte Personen	7.71
4. Zeitliche Risikoabgrenzung	7.74
5. Leistung des Versicherers	7.77
6. Risikoausschlüsse	7.80
7. Obliegenheiten	7.84
8. Rechtsstellung des Geschädigten	7.87
B. Pflichtversicherung	7.91
1. Grundlagen	7.91
2. Rechtsstellung des Geschädigten	7.93
3. Kfz-Haftpflichtversicherung	7.98
C. D&O-Versicherung	7.103
1. Grundlagen	7.103
2. Versicherungsrechtliche Einordnung	7.108
3. Versicherte Gefahr	7.114
4. Zeitliche Risikoabgrenzung	7.119
5. Leistung des Versicherers	7.121

```
              6. Obliegenheiten  . . . . . . . . . . . . . . . . . . . . . . . . . . . . . . . . . . . . .  7.126
              7. Versicherungssumme  . . . . . . . . . . . . . . . . . . . . . . . . . . . . . . .  7.128
         V. Cyberversicherung  . . . . . . . . . . . . . . . . . . . . . . . . . . . . . . . . . . . . . . .  7.131
              A. Grundlagen  . . . . . . . . . . . . . . . . . . . . . . . . . . . . . . . . . . . . . . . . .  7.131
              B. Deckungskonzept  . . . . . . . . . . . . . . . . . . . . . . . . . . . . . . . . . . . .  7.133
              C. Abgrenzung: Vertrauensschadenversicherung  . . . . . . . . . . . . . . . . .  7.138
         VI. Rechtsschutzversicherung  . . . . . . . . . . . . . . . . . . . . . . . . . . . . . . . . . .  7.141
              A. Grundlagen  . . . . . . . . . . . . . . . . . . . . . . . . . . . . . . . . . . . . . . . . .  7.141
              B. Versicherte Gefahren  . . . . . . . . . . . . . . . . . . . . . . . . . . . . . . . . .  7.143
              C. Versicherungsfall  . . . . . . . . . . . . . . . . . . . . . . . . . . . . . . . . . . . .  7.152
              D. Leistung des Versicherers  . . . . . . . . . . . . . . . . . . . . . . . . . . . . . .  7.155
              E. Ausschlüsse und Obliegenheiten  . . . . . . . . . . . . . . . . . . . . . . . . .  7.158
              F. Interessenwahrung  . . . . . . . . . . . . . . . . . . . . . . . . . . . . . . . . . .  7.161
                   1. Grundlagen  . . . . . . . . . . . . . . . . . . . . . . . . . . . . . . . . . . . .  7.161
                   2. Entscheidungspflichten des Versicherers  . . . . . . . . . . . . . . .  7.162
                   3. Freie Anwaltswahl  . . . . . . . . . . . . . . . . . . . . . . . . . . . . . . .  7.163
         VII. Personenversicherungen  . . . . . . . . . . . . . . . . . . . . . . . . . . . . . . . . . .  7.167
              A. Lebensversicherung  . . . . . . . . . . . . . . . . . . . . . . . . . . . . . . . . . .  7.167
                   1. Wirtschaftlicher Hintergrund  . . . . . . . . . . . . . . . . . . . . . . .  7.167
                   2. Rechtliche Grundlagen  . . . . . . . . . . . . . . . . . . . . . . . . . . . .  7.168
                   3. Bezugsberechtigung  . . . . . . . . . . . . . . . . . . . . . . . . . . . . .  7.172
                   4. Ansprüche nach Beendigung  . . . . . . . . . . . . . . . . . . . . . . .  7.175
              B. Unfallversicherung  . . . . . . . . . . . . . . . . . . . . . . . . . . . . . . . . . . .  7.180
                   1. Grundlagen  . . . . . . . . . . . . . . . . . . . . . . . . . . . . . . . . . . . .  7.180
                   2. Versicherungsfall  . . . . . . . . . . . . . . . . . . . . . . . . . . . . . . . .  7.185
                   3. Inhalt des Versicherungsschutzes  . . . . . . . . . . . . . . . . . . .  7.191
                   4. Beweislast  . . . . . . . . . . . . . . . . . . . . . . . . . . . . . . . . . . . . .  7.197
                   5. Obliegenheiten  . . . . . . . . . . . . . . . . . . . . . . . . . . . . . . . . .  7.200
                   6. Sachverständigenverfahren  . . . . . . . . . . . . . . . . . . . . . . . .  7.208
              C. Krankenversicherung  . . . . . . . . . . . . . . . . . . . . . . . . . . . . . . . . .  7.213
                   1. Grundlagen  . . . . . . . . . . . . . . . . . . . . . . . . . . . . . . . . . . . .  7.213
                   2. Arten und Leistungen  . . . . . . . . . . . . . . . . . . . . . . . . . . . .  7.215
                   3. Prämienanpassung  . . . . . . . . . . . . . . . . . . . . . . . . . . . . . .  7.219
                   4. Bestandschutz  . . . . . . . . . . . . . . . . . . . . . . . . . . . . . . . . . .  7.223
              D. Berufsunfähigkeitsversicherung  . . . . . . . . . . . . . . . . . . . . . . . . .  7.225
```

I. Grundlagen

A. Einteilungen

7.1 Das VersVG enthält in §§ 81 ff Regeln für verschiedene Versicherungssparten (Versicherungszweige). Angesprochen sind die Bereiche, die zum Zeitpunkt des Inkrafttretens des (deutschen) VVG 1908 in der Versicherungswirtschaft besonders wichtig waren:

- Feuerversicherung (§§ 81 – 108)
- Hagelversicherung (§§ 109 – 115a)
- Tierversicherung (§§ 116 – 128)
- Transportversicherung (§§ 129 – 148)
- Haftpflichtversicherung (§§ 149 – 158i)
- Rechtsschutzversicherung (§§ 158j – 158p)
- Lebensversicherung (§§ 159 – 178)

I. Grundlagen

- Krankenversicherung (§§ 178a – 178n)
- Unfallversicherung (§§ 179 – 185)

Nicht alle der aufgezählten Sparten sind „Urbestand" des VersVG. Rechtsschutz- und Krankenversicherung kamen vielmehr erst 1992 und 1994 hinzu.

In der **Systematik des VersVG** ist die heute gängige Unterscheidung in Personen- und Nicht-Personenversicherung bereits im Ansatz angelegt, finden sich die Lebens-, Kranken- und Unfallversicherung doch in eigenen Abschnitten (Dritter bis Fünfter Abschnitt), während die übrigen Sparten Kapitel im Zweiten Abschnitt über die Schadensversicherung sind. Da auch die Personenversicherung als Schadensversicherung ausgestaltet werden kann, ist die Unterscheidung allerdings nicht ganz trennscharf, worauf bereits hingewiesen wurde (Rz 1.26).

7.2

B. Funktionen

Die Regelungen über die Versicherungssparten haben verschiedene Funktionen. Oft wird der jeweilige Versicherungszweig definiert, sodass einige Regelungen primär beschreibend sind. Sie bilden ab, was in der Vertragspraxis üblich ist.

7.3

> Der Feuerversicherer haftet nach § 82 „für den durch Brand, Explosion oder Blitzschlag entstehenden Schaden." Nach § 109 haftet der Hagelversicherer „für den Schaden, der an den versicherten Bodenerzeugnissen durch die Einwirkung des Hagelschlages entsteht." Die Unfallversicherung ist hingegen zB nicht definiert (anders § 178 dVVG).
>
> Auch Versicherungszweige der Passivenversicherung werden definiert: „Bei der Haftpflichtversicherung ist der Versicherer verpflichtet, dem Versicherungsnehmer die Leistung zu ersetzen, die dieser auf Grund seiner Verantwortlichkeit für eine während der Versicherungszeit eintretende Tatsache an einen Dritten zu bewirken hat." (§ 149). Der Rechtsschutzversicherer sorgt „für die Wahrnehmung der rechtlichen Interessen des Versicherungsnehmers in den im Vertrag umschriebenen Bereichen und trägt die dem Versicherungsnehmer dabei entstehenden Kosten" (§ 158j).

Das bedeutet freilich nicht, dass solche Regeln sinnlos sind. Sie haben vielmehr **Leitbildfunktion**, indem sie die Auslegung entsprechender Begriffe in AVB prägen. Dadurch bilden sie auch den Maßstab für die Zulässigkeit der Reichweite vertraglicher Abweichungen.[713] Je weiter man in AVB vom gesetzlichen Leitbild und damit von den berechtigten Deckungserwartungen des VN abweicht, desto eher wird die Regel „überraschend" (§ 864a ABGB) und könnte sie „gröblich benachteiligend" sein (§ 879 Abs 3 ABGB).

> Wird in AVB einer Feuerversicherung auf einen „Brand" Bezug genommen, gleicht die Auslegung iZw dem für das Gesetz geltenden Begriffsverständnis (OGH 7 Ob 28/19x). Manchmal sind die AVB aber auch für das Gesetzesverständnis instruktiv: Die Begriffe Brand, Blitzschlag, Explosion werden in den AFB 2001 erläutert. Die Definitionen haben zwar keine Rückwirkung auf das gesetzliche Begriffsverständnis, stehen oft aber damit in Einklang. So weicht zB die Vereinbarung, dass nur der direkte Blitzschlag eingeschlossen ist (Art 1.1.2. AFB 2001), nicht vom gesetzlichen Verständnis des Blitzschlags (§ 82) ab.

---

713 So zur Rechtsschutzversicherung ErläutRV 1553 BlgNR 18. GP 25.

7.4 Die allgemeinen Bestimmungen im VersVG können naturgemäß nicht auf Spezifika einzelner Sparten eingehen. Eine gewisse Spezialisierung zeigt sich zwar bei §§ 49ff, die nur auf die Schadensversicherung zur Anwendung kommen. Freilich ist auch hier der Abstraktionsgrad noch eher hoch. Die Regelungen über die Versicherungssparten **ergänzen** die gesetzlichen Anordnungen des **VersVG** daher in vielen Punkten.

Ein gutes Bsp ist die Haftpflichtversicherung (§§ 149ff), bei der notwendig ein Dritter (Geschädigter) beteiligt ist. §§ 149ff regeln auch die dadurch aufgeworfenen Fragen. §§ 158b ff über die Pflichthaftpflichtversicherung beschäftigen sich sogar überwiegend mit der Rechtsstellung des Dritten.

7.5 Die speziellen Anforderungen einzelner Versicherungssparten machen in einigen Fällen auch Abweichungen notwendig. Die Spartenbestimmungen sind dann **leges speciales.** Es finden sich dabei nicht nur Abweichungen von den spartenunabhängigen Regeln des VersVG, sondern teilweise auch vom allgemeinen Zivilrecht.

§ 81 Abs 1 ordnet an, dass ein dem Feuerversicherer gemachter Antrag auf Abschließung, Verlängerung oder Änderung des Vertrages erlischt, wenn er nicht binnen zwei Wochen angenommen wird. Abweichungen sind nach Abs 3 nur zulässig, wenn eine andere feste Frist (zB eine Woche oder drei Wochen) gesetzt wird. Das ist eine Abweichung von § 862 ABGB.

§ 89 Abs 1 ordnet für die Feuerversicherung an, dass für den entgangenen Gewinn keine Taxe vereinbart werden darf. Die Bestimmung weicht von den allgemeinen Regeln über die Schadensversicherung (§§ 53, 57) ab. Das gilt auch für § 91, wonach die Zahlungsfrist beim Folgeprämienverzug bei der Gebäudefeuerversicherung abweichend von § 39 mindestens einen Monat betragen muss.

7.6 Die durch §§ 49ff herbeigeführte teilweise Spezialisierung für die Schadensversicherung bewirkt, dass eine Spartenregelung einmal eine Ergänzung, einmal eine Abweichung von den allgemeine(re)n Bestimmungen sein kann.

§ 61 bestimmt Leistungsfreiheit bei grob fahrlässiger Herbeiführung des Versicherungsfalls in der Schadensversicherung. § 181 Abs 1 ist daher eine Ergänzung für die Unfallversicherung, auf die § 61 nicht anwendbar ist. § 152 ist hingegen eine lex specialis zu § 61 für die Haftpflichtversicherung, die Schadensversicherung ist.

C. Gestaltungsmöglichkeiten

7.7 Aus den bisherigen Ausführungen folgt bereits Wichtiges für die Frage der vertraglichen Gestaltungsmöglichkeiten der Parteien. Sie können von den Bestimmungen über die Versicherungssparten abweichen, die **dispositiver** Natur sind. Diese Regeln bilden zugleich den Maßstab für die Zulässigkeit der Abweichungen.

§ 82 steht einer Vereinbarung der Einbeziehung oder des Ausschlusses des direkten oder indirekten Blitzschlags nicht entgegen. Die Parteien können in der Hagelversicherung vereinbaren, dass auch andere Gegenstände (zB Erntemaschinen) von der Hagelversicherung erfasst werden.

I. Grundlagen

Gerade im Recht der Versicherungssparten zeigt sich, dass Abweichungen vom dispositiven Recht keineswegs stets für den VN nachteilig sein müssen. Vor allem modernere Produkte wurzeln oft in einer Sparte, die AVB gehen aber in ihrer Ausgestaltung in bestimmten auch für das Marketing wichtigen Punkten darüber hinaus oder weichen davon ab.

> In der „Gesundheitsversicherung" bieten Krankenversicherer neben den Leistungen im Krankheitsfall (§ 178b) auch Kostendeckung für einen periodischen Hotelaufenthalt mit Wellness, Sport etc.
>
> Die Dread-Disease-Versicherung ist (meist) eine Lebensversicherung, die zusätzlich zum Risiko des Todesfalls auch gegen das Eintreten bestimmter schwerer Erkrankungen absichert.

Die Parteien können in ein und demselben Vertrag mehrere Zweige miteinander kombinieren. Das ist in der Praxis sehr häufig: Wer will etwa sein Auto nur gegen Feuergefahren oder nur gegen den Hagelschlag versichern? Meist wird man mehrere Gefahren in einem Vertrag zusammenfassen wollen. Dadurch wird die **kombinierte Versicherung** von der Bündelversicherung abgegrenzt, bei der mehrere einzelne Versicherungsverträge abgeschlossen werden.[714] Bei der kombinierten Versicherung kommen dann die jeweiligen Regeln aus den einzelnen Sparten für die versicherten Risiken zur Anwendung. **7.8**

> „Klassisches" Bsp ist die Haushaltsversicherung, die unter anderem verschiedene Gefahren aus gesetzlich geregelten Sparten (zB Feuer und Hagel, vgl Art 2 ABH 2001) deckt sowie auch eine private Haftpflichtkomponente (Art 11 ff ABH 2001) enthält. Verwirklicht sich ein Haftpflichtrisiko, sind §§ 149 ff anwendbar. Stellt sich eine spartenunabhängige Frage (zB Prämienzahlungsverzug), sind die allgemeinen Bestimmungen (§ 39) anwendbar.

Aus der Privatautonomie folgt, dass die Vertragsparteien nicht an die gesetzlich geregelten Sparten gebunden sind. In der Praxis hat sich vielmehr eine Vielzahl an Versicherungszweigen herausgebildet, die **nicht** eigens **geregelt** sind („atypische Versicherung"). **7.9**

> Einige Beispiele aus der Sachversicherung: Glasbruchversicherung, Sturmversicherung, Leitungswasserversicherung, Einbruchdiebstahlversicherung.
>
> In der Personenversicherung sind etwa die Berufsunfähigkeitsversicherung und die Pflegeversicherung zu nennen. Die Vierbeiner-Vorsorge – eine Art Lebensversicherung, bei der das Kapital dem eigenen Haustier zugutekommen soll – gehört ebenfalls dazu. Das gilt auch für eine „Nachhilfe-Versicherung", durch die man sich gegen kostspielige Lernschwäche seiner Kinder absichern könnte.
>
> Atypische Zweige lassen sich selbstverständlich auch mit gesetzlich geregelten kombinieren, wie das Bsp der Haushaltsversicherung zeigt: Gesetzlich geregelte Sparten werden hier mit ungeregelten (Einbruchdiebstahl, Leitungswasser, Glasbruch) kombiniert. Ähnliches gilt für die Kfz-Kaskoversicherung, die verschiedene Sachgefahren kombiniert oder moderne Produkte wie die Cyberversicherung, in der Sach- und Haftpflichtversicherung kombiniert werden.

Die Einordnung der Beispiele ist nicht bloß begrifflicher Natur. Auch wenn es keine spezifischen gesetzlichen Regeln für die von der Praxis geschaffenen Sparten gibt, ent-

---

714 Siehe *Schauer*, Versicherungsvertragsrecht³ 149 f.

scheidet ihre Einordnung über die Anwendung von Regeln aus dem Versicherungsaufsichtsrecht und dem VersVG.

> Am Bsp der Berufsunfähigkeitsversicherung: Sie ist Personenversicherung, weshalb sie als Summenversicherung ausgestaltet werden kann. §§ 49–80 sind dann nicht anwendbar. Aufgrund der Rechtsähnlichkeit zur Unfallversicherung ist § 183 analog anzuwenden (OGH 7 Ob 145/19x) etc.

D. Kundenseitiges Risikomanagement

Literatur: *Ehlers,* Ausreichender Versicherungsschutz ein Risikofeld der Managerhaftung, VersR 2008, 1173; *Gisch,* Die Haftung der Organe von Kapitalgesellschaften für mangelhaften Versicherungsschutz, VR 2009 H 7–8, 32.

7.10 Die zahlreichen Gestaltungsmöglichkeiten und Optionen werfen eine eigentlich naheliegende Frage auf: Welchen Versicherungsschutz braucht man? Die Frage stellt sich von vornherein dort nicht, wo der Abschluss einer Versicherung gesetzlich vorgegeben ist. Bei solchen Pflichtversicherungen – meist Haftpflichtversicherungen – besteht keine Wahlfreiheit der Beteiligten (siehe Rz 7.91 ff). In den anderen Fällen stellt sich die Frage bei privaten VN und bei Unternehmern gleichermaßen, sie hat allerdings nur bei Unternehmern eine besondere Dimension. Ob ein Privater Versicherungen außerhalb der gesetzlichen Verpflichtungen abschließt, bleibt ganz seiner Einschätzung überlassen.

Unternehmer müssen bedenken, dass sich Schäden durch ihre Tätigkeit meist nicht völlig vermeiden lassen und ihre Betriebsmittel oft einen hohen Wert haben, der geschützt werden sollte. Auch der Ertragsverlust im Zuge eines Betriebsausfalls kann existenzgefährdende Ausmaße annehmen. Professionelle unternehmerische Tätigkeit wird daher nicht ohne Versicherungsschutz auskommen, selbst wenn dieser nicht unmittelbar gesetzlich vorgeschrieben ist. Das Bestehen adäquater betrieblicher Versicherungen ist aus diesem Grund etwa bei einer Bonitätsprüfung und beim Unternehmenserwerb ein relevantes Thema.[715]

7.11 Die Entscheidung über den konkreten Versicherungsschutz steht zwar idR im unternehmerischen Ermessen, sodass die Unternehmensleitung darüber entscheiden kann. Allerdings kann den Leitungsorganen (zB Geschäftsführer, Vorstand) im Extremfall **Haftung** drohen, wenn gegen die Regeln unternehmerischer Sorgfalt nicht für adäquaten Versicherungsschutz gesorgt wird (vgl § 25 GmbHG; § 84 AktG).

> Der BGH (IV ZR 9/85) hat die Haftung des Vorstandes eines Reitvereins bejaht, weil er nicht für eine – wenngleich gesetzlich nicht zwingend vorgeschriebene – Tierhalterhaftpflichtversicherung des Vereins gesorgt hatte (und sich auch nicht um vertragliche Haftungsbeschränkungen gekümmert hatte). Das Verhalten verstieß nach dem BGH gegen das Gebot wirtschaftlicher Vernunft.

7.12 Da Versicherungen komplexe Produkte sind, ist es allerdings nicht mit der Entscheidung für oder gegen „eine Haftpflichtversicherung", „eine Betriebsunterbrechungsversiche-

---

715 Siehe nur *Ehlers,* VersR 2008, 1173 (1173).

rung" oder „eine Cyberversicherung" getan. Die am Markt verfügbaren Produkte unterscheiden sich vielmehr erheblich. Die Verantwortung des Leitungsorgans endet daher nicht bei der Entscheidung für oder gegen eine Versicherungssparte.

> Wer eine Veranstaltungsausfall- oder eine Betriebsunterbrechungsversicherung gewählt hat, stand in Zeiten von COVID-19 so da wie jemand, der keinen Versicherungsschutz hatte, wenn das Produkt einen Pandemieausschluss enthielt.

Der Unternehmer wird die Vor- und Nachteile verschiedener Produkte ex ante oft nicht gegeneinander abwägen können. Vielmehr ist eine Beratung durch einen möglichst unabhängigen **Versicherungsvermittler** zweckmäßig, den man in diesen Teil des betrieblichen Risikomanagements einbeziehen sollte. Das ist nicht nur für das Unternehmen als solches sinnvoll, sondern es wirkt für das Leitungsorgan zugleich auch haftungsvermeidend.

> Steht das Unternehmen im Schadensfall ohne Versicherungsschutz da, kann sich die Unternehmensleitung darauf berufen, einen Versicherungsvermittler beigezogen und damit sorgfältig gehandelt zu haben.

II. Sachversicherungen

A. Grundlagen

Wie bereits dargestellt, lässt sich nicht das gesamte „Vermögen" einer Person gegen alle denkbaren Risiken versichern. In der Praxis werden auch mit Blick auf Vermögenswerte einer Person nur Ausschnittsdeckungen angeboten. Das heißt zunächst einmal, dass sich der Versicherungsschutz auf **konkrete Sachen** bezieht.

7.13

> Unbewegliche Sachen: Ein Gebäude kann ebenso versichert werden wie eine Wohnung, ein Parkplatz, eine sonstige Außenanlage oder ein Weg (vgl OGH 7 Ob 182/13k).
> Bewegliche Sachen: Ein Kfz kann ebenso versichert werden wie ein Bild, eine Maschine, ein Tier (vgl § 285a ABGB) oder eine transportierte Wohnungseinrichtung.
> Der Versicherungsschutz muss sich dabei natürlich nicht auf eine bestimmte Sache beschränken: Vielmehr können auch „die Betriebsliegenschaften" oder „alle Nutztiere" des VN versichert werden.

Wird die versicherte Sache gegen „alle denkbaren" Gefahren geschützt, spricht man von einer All-Risk-Versicherung. Sie kommt zwar vor, ist in der Praxis allerdings selten.[716] Häufiger ist es, dass die versicherte Sache gegen bestimmte im Vertrag aufgezählte Risiken – **benannte Gefahren** – geschützt wird.[717] Das spiegelt sich bei der Sachversicherung auch im Spartenkonzept des VersVG wider, wenn das Gesetz mit Blick auf Elementargefahren in Feuer- und Hagelversicherung unterscheidet.

7.14

Daneben kennt das VersVG zwar auch einen objektbezogenen Ansatz, bei dem die versicherte Sache im Zentrum steht (Tier, transportierte Sache) und mehrere der Sache dro-

---

716 Siehe OGH 7 Ob 182/13k.
717 OGH 7 Ob 182/13k.

hende Gefahren abgesichert werden. Das Gesetz sieht allerdings auch hier keine Allgefahrenversicherung der versicherten Sache vor, sondern beschränkt den Schutz auf bestimmte Risiken, die der versicherten Sache drohen (vgl § 116 in der Tier- und § 129 in der Transportversicherung).

7.15 In der **Praxis** kommt es in beiderlei Hinsicht zu Erweiterungen. So bieten Versicherer auch – im VersVG nicht eigens geregelte – Sturmversicherungen an, für die es sogar Musterbedingungen gibt (AStB). Versicherungen gegen Hochwasserschäden sind ebenfalls am Markt verfügbar.

Wenn es um die Schaffung neuer Sachversicherungsprodukte geht, wird die Kombination von Sparten und die Erweiterung gegenüber dem Gesetz allerdings meist objektbezogen gedacht.[718] Das ist aus Perspektive des VN, für den der Vertrag ja gemacht wird, sachgerecht. Der Kunde will „sein Gebäude", „seine Maschine" oder „sein Auto" versichern. Daraus haben sich eigene Versicherungsprodukte entwickelt, die Bezeichnung der Versicherung orientiert sich auch daran: Es gibt also Gebäudeversicherungen, Maschinenversicherungen, Kfz-Kaskoversicherungen.

Meist handelt es sich auch bei den von der Praxis geschaffenen Versicherungsprodukten nicht um All-Risk-Versicherungen, sondern sie decken bestimmte im Vertrag benannte Gefahren ab.

> Die AVB spiegeln dieses Konzept wider: Die ABS werden als Allgemeiner Teil den meisten Sachversicherungen zugrunde gelegt. Zusätzlich werden – als Besonderer Teil – spezielle AVB aus den gedeckten Sparten vereinbart. Wird eine Gebäudeversicherung abgeschlossen, die die Gefahren Feuer, Sturm, Glasbruch und Einbruchdiebstahl decken soll, liegen dem Vertrag daher neben den ABS auch die AFB (Feuer), die AStB (Sturm), die ABG (Glas) und die AEB (Einbruchdiebstahl) zugrunde.

7.16 Die Liberalisierung des Versicherungsmarktes hat auch in der Sachversicherung zu einer stetigen Ausweitung des in der Praxis verfügbaren Angebotes geführt. Anders als zu Zeiten der aufsichtsrechtlichen Genehmigungspflicht von AVB ist es heute kaum mehr möglich, einen Überblick über den Markt zu behalten oder ihn gar zu geben.[719] Das ist allerdings für das Verständnis der Sachversicherungssparten gar nicht notwendig. Man muss auch nicht alle in der Praxis verwendeten Kaufverträge kennen, um Spezialist des Kaufvertragsrechts zu sein. Das Rüstzeug für das Verständnis findet sich zu einem großen Teil außerdem in den Kapiteln zum Vertragsrecht, in denen etwa bereits das AVB-Recht dargestellt wurde. An dieser Stelle kann daher auf Strukturfragen und Besonderheiten eingegangen werden.

Übergreifend fällt bei der Sachversicherung aus rechtsdogmatischer Sicht auf, dass sich die Diskussion sehr auf die **begrifflichen Aspekte** der AVB-Auslegung konzentriert. Das überrascht freilich nicht, wenn man bedenkt, dass sehr viel an den bei der Gefahrenumschreibung und den Ausschlüssen verwendeten Definitionen hängt.

---

718 Vgl *Armbrüster*, Privatversicherungsrecht² Rz 2018.
719 Siehe noch unmittelbar nach der Liberalisierung *Schauer*, Versicherungsvertragsrecht³ 337 ff.

Einige Beispiele: In OGH 7 Ob 28/19x geht es zentral um den Begriff des „Brandes" in der Feuerversicherung, in OGH 7 Ob 190/17t um den „Sturm" und das „Dach" in der Sturmversicherung, in OGH 7 Ob 100/11y um den „Schlüsseltresor" in der Kaskoversicherung.

Auch hier täuscht sich freilich, wer meint, mit einer „All-Risk-Versicherung" alle Probleme zu beseitigen. OGH 7 Ob 182/13k zeigt dies anschaulich, wo es bei einem „All-Inklusiv-Schutz für Seilbahnunternehmen" darum ging, ob auch die „Piste" vom Allgefahrenschutz erfasst wird.

B. Gefahren

Eine „klassische" versicherte Gefahr in der Sachversicherung ist das **Feuer** (§§ 81–108 und ABS sowie AFB). Der Feuerversicherer ersetzt den durch Zerstörung oder Beschädigung einer Sache durch Brand[720], Explosion oder Blitzschlag (§ 82) entstandenen Schaden. Sowohl bewegliche als auch unbewegliche Sachen können gegen das Feuerrisiko versichert werden. Einige Bestimmungen sind allerdings nur auf die Gebäudefeuerversicherung anwendbar (§§ 88, 91, 93, 97 ff).

7.17

Da private und betrieblich genutzte Sachen versichert werden können, kann die Sparte unternehmerische und verbraucherische VN gleichermaßen betreffen. Der aus einem feuerbedingten Stillstand des Betriebs entstehende Gewinnentgang wird freilich durch eine Feuerversicherung nicht ersetzt; dafür ist eine Zusatzdeckung durch eine passende Betriebsunterbrechungsversicherung notwendig (Rz 7.55 ff).

Das VersVG widmet der Feuerversicherung breiten Raum. Viele dort geregelte Fragen sind aber allgemeiner Natur. Sie wurden daher bereits in den vorigen Kapiteln aufgegriffen und stets auch mit Blick auf ihre Analogiefähigkeit für andere Bereiche der Sachversicherung untersucht.

§ 94 Abs 1 über die Verzinsung des Entschädigungsanspruchs ist zB analog auf andere Sparten der Sachversicherung anzuwenden (Rz 3.69). Die Bestimmungen über Wiederherstellungsklauseln (Rz 3.32 ff) finden sich in §§ 97 ff, die Pfandrechtswandlung (Rz 1.75) in § 100. Die dort geregelten Fragen sind ebenfalls allgemeiner Natur und wurden daher an jeweils passender Stelle behandelt.

Neben dem Feuer können auch **Elementarrisiken** (Naturgefahren) versichert werden. Das Gesetz regelt in §§ 109–115a mit der **Hagelversicherung** einen besonders wichtigen Fall. Dabei haftet der Hagelversicherer „für den Schaden, der an den versicherten Bodenerzeugnissen durch die Einwirkung des Hagelschlages entsteht" (§ 109). Nach dem Konzept des Gesetzgebers ist die Hagelversicherung also ein landwirtschaftliches Versicherungsprodukt.[721] Das Hagelrisiko wird allerdings auch im Privatbereich häufig gedeckt (vgl Art 2.2.2. ABH, Art 1.1.1. AKKB). Die gesetzlichen Bestimmungen über die Hagelversicherung haben außerdem in der Praxis kaum Bedeutung.[722]

7.18

In der landwirtschaftlichen Versicherung wird meist eine kombinierte Versicherung abgeschlossen, die eine Gesamtabsicherung anstrebt, wie etwa der Sachverhalt zeigt, der OGH 7 Ob 194/

---

720 Dazu OGH 7 Ob 28/19x.
721 *Saria* in *Fenyves/Perner/Riedler*, VersVG § 109 Rz 1.
722 *Saria* in *Fenyves/Perner/Riedler*, VersVG § 109 Rz 1.

Kap 7 Versicherungssparten

> 11x zugrunde liegt, wo eine „Agrar Universal"-Versicherung abgeschlossen wurde. Solche Versicherungen schließen neben dem Hagel etwa auch Dürre, Überschwemmung (Hochwasser), Spätfrost, Sturm und Schneedruck ein.

Die im Bsp genannten Risiken werden – so wie eben auch das Hagelrisiko – auch im Privatbereich gedeckt (vgl etwa die Risikoumschreibungen in den AKKB, den ABH und den AStB 2001). Sprechen die Versicherer von einer **Sturmversicherung** (AStB 2001), schließen die Versicherungsbedingungen neben dem Sturm auch andere Elementarrisiken ein (Art 1.1. AStB). Der Versicherer wird dann leistungspflichtig, wenn ein Schaden entsteht, der durch eine unmittelbare Einwirkung einer versicherten Gefahr entsteht oder zumindest eine unvermeidliche Folge eines solchen Schadensereignisses ist (Art 1.2. AStB).[723]

> Ein schweres Unwetter reißt einen Teil des Daches weg: Unmittelbare Einwirkung. Dringt daher Regen ein und beschädigt die versicherte Einrichtung, so ist das die unvermeidliche Folge.

Elementarversicherungen werden – im landwirtschaftlichen wie im privaten Bereich – in Zeiten des **Klimawandels** immer wichtiger und stellen die Versicherer vor neue Herausforderungen.

> Eingangs wurde bereits auf neue innovative Versicherungsprodukte wie die Dürreindexversicherung hingewiesen, in der eine indexierte Leistung alleine anhand eines Niederschlagsdefizites erbracht und auf teure Schadensfeststellungen verzichtet wird (Rz 1.31).

C. Objekte

1. Allgemeines

7.19 Die gerade aufgezählten Gefahren der Sachversicherung sind insofern übergreifend, als sie private und unternehmerische Sachverhalte betreffen können sowie ganz verschiedene bewegliche oder unbewegliche Sachen. Wenn sich die Darstellung in der Folge auf die in der Sachversicherung geschützten Objekte bezieht, kommen die soeben genannten Gefahren daher ebenfalls ins Spiel, wie auch die hier genannten Beispiele aus der Gebäude- und Haushaltsversicherung bereits gezeigt haben.

> Deckt eine Gebäudeversicherung das Feuerrisiko, liegt insofern Feuerversicherung vor.

7.20 Die oben genannten Gefahren sind aber umgekehrt natürlich nicht die einzigen, die in der Sachversicherung gedeckt sind. Je nach versichertem Objekt kommen noch zusätzliche, in der Folge darzustellende Gefahren hinzu.

> In der Gebäudeversicherung kann auch das Einbruchdiebstahlrisiko und das Leitungswasserschadenrisiko versichert werden.

---

723 Siehe dazu OGH 7 Ob 190/17t, wo die konkreten Formulierungen allerdings etwas abwichen.

II. Sachversicherungen

Welche Sachen die Vertragsparteien schützen, bleibt ihnen selbst überlassen. Die in der 7.21
Folge dargestellten Versicherungen schützen den Sachwert des versicherten Gegenstandes (siehe Rz 3.27 ff). Für den Einnahmenausfall ist auf die betrieblichen Ausfallversicherungen zu verweisen (Rz 7.50 ff).

2. Bewohnte Einheiten

Bei Gebäuden, die zu Wohn- oder Geschäftszwecken verwendet werden sowie bei Büros 7.22
oder Wohnungen wird in der Praxis meist ein Versicherungsvertrag abgeschlossen, der gegen mehrere Gefahren schützen soll. Es liegt also eine kombinierte Versicherung vor.

> Bei echten Betriebsgebäuden (Lagerhallen, Fabriken etc) bestehen hingegen zu spezielle Anforderungen, um allgemeine Aussagen treffen zu können. Es kommt dort auch vor, dass verschiedene Versicherungsverträge abgeschlossen werden, die jeweils einzelne Gefahren decken.

Bei Wohnungen und Büros – nicht aber bei Geschäftslokalen[724] – spricht man von einer **Haushaltsversicherung.** Sie ist gesetzlich nicht eigens geregelt, ihr liegen die ABS und die ABH zugrunde. Die Versicherung schützt – soweit sie Sachversicherung ist (dazu gleich) – den Inhalt der jeweiligen Wohnung (Art 3.1. ABH; Einrichtung, Wertgegenstände, Parkettboden etc).

Die Versicherung heißt bei Gebäuden hingegen Eigenheimversicherung und soll anders als die Haushaltsversicherung nicht den Inhalt einer Wohnung, sondern das Gebäude versichern. Die Bezeichnung als **Gebäudeversicherung** ist passender, weil auch Bürogebäude versichert werden können. Es existieren keine speziellen Musterbedingungen. Bei Gebäuden, die im Wohnungseigentum stehen, wird die Versicherung typischerweise von der Eigentümergemeinschaft abgeschlossen, die dabei durch den Hausverwalter vertreten wird (§ 18 Abs 3 WEG).

Je nach Nutzung der Einheiten kommt bei der Gebäude- oder bei der Haushaltsversicherung ein Verbrauchervertrag oder ein unternehmerischer Versicherungsvertrag zustande. Die Unterscheidung hat große Bedeutung (vgl § 8 Abs 3; § 6 Abs 3 KSchG), sie wird in der Praxis aber nicht immer beachtet.

> A schließt eine Haushaltsversicherung für seine Wohnung ab: Verbrauchervertrag. Versichert er hingegen sein Büro, schließt er als Unternehmer ab. Bei einem Wohngebäude liegt ein Verbrauchervertrag auch dann vor, wenn die Eigentümergemeinschaft als juristische Person abschließt. Bei einem Bürogebäude wird hingegen Unternehmerversicherung zu bejahen sein.

Die Versicherung ersetzt den Wert oder die Wertminderung der versicherten Sachen, 7.23
wenn diese bei einem der gedeckten Ereignisse zerstört, beschädigt oder entwendet werden. Wie bereits bei der Elementarversicherung erörtert, erhält man auch unvermeidliche Folgeschäden ersetzt, die auf eines der gedeckten Ereignisse zurückzuführen sind. Wie stets bei der Sachversicherung, stellt sich auch hier die Frage, zu welchem Wert versichert

---

724 Siehe OGH 7 Ob 97/19 v EvBl 2020/89 *(Zoppel)*.

wird. Die Verträge sehen grundsätzliche eine **Neuwertversicherung** vor (vgl Art 6, 7 ABH), machen aber zahlreiche Ausnahmen und sehen Begrenzungen vor.[725]

7.24 Die Versicherungen decken zunächst die bereits bekannten **Gefahren** wie etwa Feuer, Sturm, Hagel. Daneben werden auch Glasbruchschäden[726] (an Wohnungen und am Gebäude) erfasst, wobei etwa die Fenster der Wohnung und Spiegel von der Haushaltsversicherung erfasst sind, nicht aber von der Gebäudeversicherung. Gläser in allgemein zugänglichen Räumen (Eingangstüren etc) oder Glasdächer werden hingegen (nur) von der Gebäudeversicherung erfasst.

Praktisch sehr relevant ist die Versicherung von **Leitungswasserschäden,** die sowohl in der Gebäude- als auch in der Haushaltsversicherung erfasst werden (vgl Art 2.3. ABH). Dafür gibt es mit den AWB 2001 Musterbedingungen, in der Haushaltsversicherung werden entsprechende Vertragsbedingungen allerdings meist in die ABH integriert. Schutz wird gegen Schäden geboten, die durch den Austritt von Wasser aus Zu- oder Ableitungsrohren oder angeschlossenen Einrichtungen von wasserführenden Anlagen (Wasserleitung, Heizung etc) entstehen.[727]

> Eine Wasserleitung platzt oder ist leck, weshalb Wasser austritt und den Fußboden beschädigt. Die Armatur oder ein Zapfhahn ist defekt, weshalb es zum Schaden kommt (OGH 7 Ob 6/08 w). Vergisst der VN, einen Hahn abzudrehen, könnte – vorbehaltlich von Obliegenheiten oder Ausschlüssen – die Versicherung ebenfalls deckungspflichtig sein.

> Regenrinnen dienen hingegen nicht der Wasserversorgung, weshalb es bei einem Austritt keinen Schutz gibt (OGH 7 Ob 105/15i). Gibt eine Klimaanlage aufgrund einer Fehlfunktion zu viel Wasserdampf ab und kondensiert der Dampf daher an Einrichtungsgegenständen, die beschädigt werden, soll das ebenfalls kein Fall der Leitungswasserversicherung sein (OGH 7 Ob 170/19d).

In der Haushaltsversicherung ist – sowohl bei Wohnungen als auch bei Geschäftslokalen[728] – auch das Risiko des **Einbruchdiebstahls** erfasst. In der Gebäudeversicherung dürfte das nicht immer der Fall sein. Mit den AEB 2001 gibt es auch hier Musterbedingungen, die Vertragsbedingungen werden in der Haushaltsversicherung aber in die ABH integriert. Der Einbruchdiebstahl wird selbstständig definiert und stimmt mit dem strafrechtlichen Verständnis nicht vollständig überein.[729] Auch hier dürfte es in der Praxis durchaus Abweichungen geben.

> Die Wohnungstüre (der Eingang zum Geschäftslokal) wird aufgebrochen oder mit falschen Schlüsseln geöffnet. Der Dieb steigt mit einer Leiter durch ein Fenster. Wer Türen mit richtigen Schlüsseln öffnet, begeht einen versicherungsrechtlichen Einbruchdiebstahl, wenn er durch einen anderen Einbruchdiebstahl oder unter Anwendung tätlicher Gewalt an die Schlüssel gelangt (Art 2.4.4.2. ABH).

---

725 Vgl *Schauer,* Versicherungsvertragsrecht³ 362 f.
726 Zur Glasversicherung allgemein *Schauer,* Versicherungsvertragsrecht³ 356 f.
727 OGH 7 Ob 164/20 y.
728 Siehe nur OGH 7 Ob 97/19 v EvBl 2020/89 *(Zoppel).*
729 *Schauer,* Versicherungsvertragsrecht³ 358.

II. Sachversicherungen

> In OGH 7 Ob 162/03d wurden durch einen Trickdiebstahl Juwelen aus dem Geschäftslokal entwendet. Die maßgebenden AVB hatten vorgesehen, dass „Waren während der Geschäftszeit und in den Mittagspausen außerhalb von versperrten Verhältnissen im Lokal und in den Schaufenstern gedeckt sind, sofern mindestens eine erwachsene Person anwesend ist". Ein Eindringen in das Geschäftslokal oder Aufbrechen von Vitrinen war also nicht erforderlich.

Wie bei allen Versicherungen, gibt es auch in der Gebäude- und Haushaltsversicherung zahlreiche Begrenzungen (zB für Kumulschäden) und **Risikoausschlüsse.** Da in der kombinierten Versicherung verschiedenartige Risiken zusammengefasst werden, beziehen sich die Ausschlüsse meist auf die jeweils gedeckte Gefahr. Es gibt aber auch einige übergreifende Ausschlüsse (vgl Art 2.7. ABH: Krieg, innere Unruhen, behördliche Maßnahmen, Erdbeben, Kernenergie). **7.25**

Selbstverständlich gibt es auch zahlreiche vom VN einzuhaltende **Obliegenheiten,** wobei solche vor (Art 4 ABH) und nach (Art 5 ABH) dem Versicherungsfall unterschieden werden. In der zweiten Gruppe werden die aufgrund des Gesetzes bestehenden Pflichten wiederholt und konkretisiert (Schadenminderung, Schadenmeldung, Schadenaufklärung).

> Soweit es nicht zur Schadenminderung notwendig ist, darf der Zustand der versicherten Sache aus Beweiszwecken ohne Zustimmung des Versicherers nicht verändert werden.

Bei den vor dem Versicherungsfall einzuhaltenden Obliegenheiten geht es vor allem – wie stets bei vorbeugenden Obliegenheiten – um die Geringhaltung des Risikos.

> Wird die Wohnung verlassen, ist sie ebenso zu versperren wie Behältnisse für Geld, Schmuck etc. Werden Gebäude länger als 72 Stunden von allen Personen verlassen, sind alle Wasserzuleitungen abzusperren und geeignete Maßnahmen gegen Frostschäden zu treffen (72-Stunden-Klausel, dazu zB OGH 7 Ob 104/20z).

Wie die Ausführungen zeigen, sind in Gebäude- und Haushaltsversicherung ähnliche Gefahren gedeckt. Zwar gibt es in Gebäuden mit mehreren Einheiten eine örtliche Abgrenzung der Versicherungsdeckung, die **Überschneidungen** vermeiden soll (vgl insb Art 3.2., 3.3. und 3.4. ABH). Allerdings können Schäden in der Wohnung trotzdem potenziell durch eine Gebäude- und eine Haushaltsversicherung gedeckt sein. **7.26**

> Leitungswasser tritt aus und beschädigt Wände sowie den Parkettboden einer Wohnung. Die Gefahr wird durch Gebäude- und Haushaltsversicherungen gleichermaßen gedeckt.

Die Überschneidung kann durch Subsidiaritätsklauseln vermieden werden, nach denen die eine Versicherung nicht greift, wenn die andere deckt. Enthalten beide Versicherungen eine entsprechende Klausel, heben sie sich auf und es besteht Doppelversicherung (siehe Rz 6.11 ff).

Die Haushaltsversicherung enthält über die Sachversicherung hinaus allerdings noch eine wesentliche Ergänzung. Gedeckt sind nämlich auch Schadenereignisse aus dem privaten Risikobereich, aus denen dem VN Schadenersatzpflichten drohen. Die Haushaltsversicherung enthält also auch eine **private Haftpflichtversicherung** (Art 11 ff ABH). **7.27**

A schließt eine Haushaltsversicherung für seine Eigentumswohnung. Verursacht er mit dem Fahrrad einen Unfall, weshalb X Schadenersatzansprüche gegen ihn geltend macht, ist der Haushaltsversicherer daher deckungspflichtig.

Auch die Gebäudeversicherung enthält manchmal eine Haftpflichtkomponente. Dabei geht es freilich nur um gebäudebezogene Schadenersatzansprüche (zB aufgrund eines umfallenden Baums oder einer haftungsbegründenden Immission).

3. Tierversicherung

Literatur: *Oehler,* Tierkrankenversicherung im Privatkundengeschäft: Bestandsaufnahme, Potenziale und Herausforderungen (2017).

7.28 Auch Tiere können versichert werden. Dabei ist – wie sonst auch – stets zu fragen, welches Risiko Gegenstand der Versicherung ist. §§ 116 ff über die Tierversicherung haben vor allem die Versicherung von **landwirtschaftlichen Nutztieren** vor Augen.[730] Das ist insofern einleuchtend, als Tiere im landwirtschaftlichen Bereich einen nicht zu unterschätzenden Wert der Betriebsmittel ausmachen können. Die – dispositiven – Bestimmungen definieren in § 116 Abs 1 den Tod des Tieres als Versicherungsfall. Warum der Tod eintritt, ist unerheblich, insofern kann von universeller Gefahrenübernahme gesprochen werden.[731]

Der Versicherer ist also unabhängig davon deckungspflichtig, ob das Tier durch einen Blitzschlag verendet oder durch eine Krankheit.

Die so verstandene Tierversicherung ist Schadensversicherung. Der Versicherer muss den Wert des versicherten Tieres ersetzen. Sachgerecht ordnet § 116 Abs 1 an, dass bei einem durch Krankheit oder Unfall herbeigeführten Tod nicht der Wert des Tieres unmittelbar vor dem Tod, sondern vor Erkrankung oder Unfall anzusetzen ist (vgl § 123 zu sonstigen Kosten).

7.29 Selbstverständlich gibt es in der Praxis allerdings zahlreiche **Risikoausschlüsse,** durch die einzelne Gefahrenbereiche aus der Deckung genommen werden. Einen gesetzlichen Ausschluss ordnet § 125 an, wenn der VN das Tier vorsätzlich oder grob fahrlässig schwer misshandelt oder schwer vernachlässigt hat.[732] Bei einer Nottötung (§ 126) führt der VN den Versicherungsfall zwar selbst vorsätzlich herbei, sie kann allerdings geboten sein und führt dann nicht zur Leistungsfreiheit.[733]

Vertragliche Ausschlüsse gibt es zB für Seuchen, für die es aber eigene Produkte gibt. Auch bei Überschreiten einer bestimmten Altersgrenze gibt es Ausschlüsse, weil dann ja typischer Weise von einem natürlichen Tod auszugehen ist und das Tier außerdem

---

730 *Saria* in *Fenyves/Perner/Riedler,* VersVG § 116 Rz 1.
731 So *Schauer,* Versicherungsvertragsrecht³ 364.
732 *Schauer,* Versicherungsvertragsrecht³ 319.
733 Zur Frage, ob der VN die Einwilligung des Versicherers einholen muss: *Saria* in *Fenyves/Perner/Riedler,* VersVG § 116 Rz 3 f.

kaum einen Marktwert haben wird. Schließlich gibt es Ausschlüsse für Fehler und Mängel, die bereits bei Vertragsabschluss vorlagen, sowie Wartezeiten.[734]

Die Tierversicherung kann nach § 116 Abs 2 aber auch für die aus einer Krankheit oder einem Unfall entstehenden Kosten genommen werden, die ja ebenfalls durchaus beträchtlich sein können. Auch diese Versicherungen sind daher Schadensversicherungen. Eine **Tierkrankenversicherung** gibt es in der Praxis nicht nur für Nutztiere, sondern auch für Haustiere, wenngleich die Produkte am Markt nicht besonders erfolgreich sein dürften.[735] 7.30

Für die durch Tierkrankheiten – insb Seuchen – verursachten Betriebsausfälle gibt es außerdem in der Praxis Betriebsunterbrechungsversicherungen,[736] die den Einnahmenausfall während der Schließung decken.

Die erörterten Versicherungen sind Schadensversicherungen. Das Gesetz sieht allerdings **keine Kündigung im Versicherungsfall** vor. Auch eine analoge Anwendung der Regeln über die Schadenfallkündigung kommt nicht in Betracht (siehe Rz 5.45).[737] 7.31

4. Technische Versicherungen

In einem technischen Betrieb nehmen Maschinen naturgemäß eine besonders wichtige Stellung ein. Sie haben meist einen hohen Wert, ihre Bedienung erfordert oft hohen Sachverstand, ihr Ausfall und eine Fehlfunktion können hohe Schäden verursachen. Technische Versicherungen sind daher zentral. Sie decken das Risiko der Errichtung und des Betriebs technischer Anlagen (Maschinen, Bauleistungen etc) ab. 7.32

Bei dem in Frage stehenden Risiko ist allerdings zu differenzieren: Besteht es darin, dass es zu einer Haftung gegenüber Dritten kommt, ist das kein Fall der Sachversicherung, sondern der Betriebshaftpflichtversicherung. Dabei gibt es aber Speziallösungen für technische Anlagen. 7.33

> H stellt einen Lastenkran her, der aufgrund eines Produktionsfehlers bricht und ein Fahrzeug des X beschädigt. Für die Deckung eines solchen Schadens ist an die Betriebshaftpflichtversicherung (Produkthaftpflichtversicherung) zu denken. Für Schäden, die der Hersteller oder Verkäufer einer Maschine dem Erwerber ersetzen muss, gibt es zB die Maschinen-Garantie-Versicherung.

Das Sacherhaltungsinteresse an einer Maschine kann durch eine **Maschinenversicherung** (Maschinenbruchversicherung) gedeckt werden. Dabei handelt es sich um eine – im VersVG nicht eigens geregelte – Sachversicherung. Zur Anwendung kommen neben den ABS die Allgemeinen Bedingungen für die Versicherung von Maschinen, maschinellen Einrichtungen und Apparaten (AMB 2008). 7.34

---

734 *Saria* in *Fenyves/Perner/Riedler*, VersVG § 116 Rz 7.
735 Vgl *Oehler*, Tierkrankenversicherung 1.
736 Siehe zB BGH IV ZR 138/00.
737 *Saria* in *Fenyves/Perner/Riedler*, VersVG § 116 Rz 3.

In einer Fertigungshalle befindet sich ein Fließband, auf dem ein Greifarm für die Sortierung der Produkte sorgt. Durch einen Bedienungsfehler (Art 2.1.1. AMB) kommt es zu einer Überhitzung, weshalb an der Maschine ein Schaden iHv 10.000 entsteht.

7.35 Der durch die Beschädigung oder Zerstörung einer Maschine entstehende Eigenschaden besteht freilich nicht nur im Wertinteresse an der Maschine. Vielmehr kann es – wie das Bsp zeigt – auch zu Produktionsausfällen kommen, die oft viel teurer kommen als die Kosten einer Reparatur. Für den Einnahmenausfall sind betriebliche Ausfallversicherungen (dazu unten III.) einschlägig. Auch hier gibt es mit der **Maschinen-Betriebsunterbrechungs-Versicherung** (Musterbedingungen: AMBUB) Spezialprodukte.

7.36 Die Sachversicherungen für Betriebsmittel und Maschinen sowie die Ausfallversicherungen decken allerdings nicht alle Risiken für Eigenschäden ab oder passen manchmal nicht exakt für die in Frage stehenden Verluste. Bauunternehmer sehen sich nämlich mit dem Risiko konfrontiert, dass die von ihnen erbrachten – oft sehr aufwändigen – Bauleistungen während des Herstellungsprozesses beschädigt oder zerstört werden.[738] Der Schaden kann dann darin bestehen, dass der Bauunternehmer eine bereits ordnungsgemäß erbrachte Leistung oder Teilleistung auf seine Kosten noch einmal erbringen muss, um einen Anspruch auf Vergütung zu haben.[739] Dieses Risiko kann durch eine **Bauwesenversicherung** (Bauleistungsversicherung) gedeckt werden. Mit den Allgemeinen Bedingungen für die Maschinen-Montageversicherung (AMMB 2010) gibt es Musterbedingungen für ähnliche Fallkonstellationen.[740] Die in der Praxis gängigen Bedingungen sind allerdings teilweise sachlich weiter gefasst.

A verpflichtet sich gegenüber B zum Bau einer Abwasserentsorgungsanlage auf dessen Grund. Nach Herstellung des größten Teils der Anlage – aber vor ihrer Abnahme durch B – wird sie durch ein zufälliges Ereignis beschädigt. A ist nicht Eigentümer der Anlage (sondern Grundeigentümer B). Das finanzielle Risiko der Beschädigung trägt jedoch A, weil er das Werk noch einmal errichten muss (§ 1168 ABGB). Die Bauwesenversicherung deckt die dem A dadurch entstehenden Mehrkosten ab.

Auch wenn die Beschädigung auf einem Verschulden eines Subunternehmers des A beruht, greift die Versicherung. Sie soll dem A in diesem Fall das Risiko der Durchsetzung des Regressanspruchs gegen den Subunternehmer abnehmen (OGH 7 Ob 196/14w). Der Subunternehmer wird dadurch freilich nicht entlastet, vielmehr kommt es zum Forderungsübergang auf den Versicherer nach § 67.

5. Kfz-Kaskoversicherung

Literatur: *Burtscher/Spitzer,* Schadensabwicklung durch den Kfz-Versicherer (2020); *Perner,* OGH zur „Alkoholklausel" in der Kfz-Versicherung, ZVR 2007, 148.

7.37 Private und betriebliche Fahrzeuge können ebenfalls einen wichtigen Vermögenswert ausmachen. Die Versicherung zum Schutz von Kfz nennt man Kaskoversicherung (vom spanischen *casco,* also dem Schiffsrumpf). Sie ist – anders als die Kfz-Haftpflichtversicherung – selbstverständlich nicht verpflichtend, die beiden Versicherungen werden

---

738 OGH 7 Ob 196/14w.
739 OGH 7 Ob 196/14w.
740 Dazu *Schauer,* Versicherungsvertragsrecht³ 380f.

in der Praxis aber oft im Paket abgeschlossen. Die Kaskoversicherung ist gesetzlich auch nicht eigens geregelt, insb trifft das KHVG keine Aussage über diesen Versicherungszweig. Kaskoversicherungen gibt es darüber hinaus außerdem für andere Fahrzeuge als Kfz (Motorboote, Segelyachten, Flugzeuge; zu Schiffen siehe unten bei der Transportversicherung). Je nachdem, ob das versicherte Fahrzeug privat oder beruflich genutzt wird, liegt ein Verbraucherversicherungsvertrag vor oder nicht.

> Die Unterscheidung hat auch hier vor allem für die Anwendung des Transparenzgebots (§ 6 Abs 3 KSchG) sowie für die Zulässigkeit bestimmter Prämienindexierungsvereinbarungen (vgl § 6 Abs 1 Z 5 KSchG) Bedeutung.

Der Kfz-Kaskoversicherung liegen die Allgemeinen Bedingungen für die Kraftfahrzeug-Kaskoversicherung (AKKB 2015) zugrunde. Sie unterscheiden innerhalb der Versicherungssparte zwei Arten: Die Elementarkaskoversicherung, die in der Praxis meist „Teilkasko" genannt wird und die Kollisionskasko-Versicherung, die man als „Vollkasko" bezeichnet. Die Unterscheidung zeigt sich bei den versicherten Gefahren: In der **Elementarkaskoversicherung** sind nur Einwirkungen durch bestimmte Naturgewalten (siehe Art 1.1.1. AKKB) sowie Brand, Explosion, Diebstahl, Raub, unbefugter Gebrauch oder Berührung mit Haarwild erfasst. **7.38**

> Das parkende Auto wird durch Hagel oder Überschwemmung beschädigt. Auch wenn ein Sturm ein Dach abdeckt und herabfallende Teile das Auto beschädigen, ist Deckung zu bejahen.

In der **Kollisionskasko-Versicherung** sind zunächst alle Gefahren gedeckt, die schon durch die Elementarkaskoversicherung abgedeckt werden. Darüber hinaus werden auch Schäden durch Unfälle, sowie mut- oder böswillige Handlungen betriebsfremder Personen versichert.

> A fährt mit überhöhter Geschwindigkeit in eine Kurve, kommt daher von der Straße ab und kollidiert mit dem parkenden Fahrzeug des X. Ein Alkoholisierter schlägt am Heimweg den Seitenspiegel des Kfz ab.

In beiden Versicherungsarten der Kaskoversicherung sind das **Fahrzeug** und seine Teile, die im versperrten Fahrzeug verwahrt oder an ihm befestigt sind, versichert (Sachversicherung, Art 1.1. AKKB). Hingegen sind weder das Haftpflichtinteresse noch Personenschäden Gegenstand dieser Versicherungssparte. **7.39**

> Die Schäden, die X durch den Unfall entstehen, werden durch die Kfz-Haftpflichtversicherung des A gedeckt. Die Schäden am Fahrzeug des A sind Gegenstand seiner Kollisionskasko-Versicherung. Wird A beim Unfall am Körper verletzt, könnte ein Unfallversicherer leistungspflichtig werden.

Bei einem Totalschaden[741] leistet der Versicherer den Wiederbeschaffungswert für ein gleichwertiges Fahrzeug (Art 5.1. AKKB). Bei einem Teilschaden sind die (voraussicht-

---

741 Dazu OGH 7 Ob 216/11g; *Burtscher/Spitzer*, Schadensabwicklung 89.

Kap 7 Versicherungssparten

lichen) Reparaturkosten[742] sowie allfällige Bergungs- und Abschleppkosten zu bezahlen (Art 5.2.1. AKKB). Allerdings wird bei Ersatzteilen und Lackierung ein entsprechender Abzug „neu für alt" gemacht (Art 5.2.2. AKKB).[743] Meist werden auch Selbstbehalte vereinbart (vgl Art 8 AKKB), die jeweils abzuziehen sind. Zur Ermittlung des Schadens durch Sachverständige siehe bereits Rz 3.58 ff.

> Ein 3 Jahre alter BMW des A wird gestohlen. Kostet ein gleichwertiger 3 Jahre alter BMW 30.000, so schuldet der Versicherer diesen Betrag abzüglich Selbstbehalt. Taucht das gestohlene Auto später wieder auf, kann A das Geld behalten, das wiedergefundene Auto gehört dem Versicherer (Art 5.4. AKKB).
>
> Würde die Reparatur 25.000 kosten und beträgt der Wrackwert 7.000, liegt ein Totalschaden vor, wenn der Wiederbeschaffungswert 30.000 beträgt (Art 5.1.1. AKKB, vgl OGH 7 Ob 216/11g). Der VN erhält dann die 30.000, muss sich aber den Wrackwert abziehen lassen. Das Wrack verbleibt bei ihm (Art 5.3. AKKB).
>
> Der Abzug „neu für alt" kann etwa eine getauschte Batterie oder einen neuen Motor betreffen, die eine längere Lebensdauer haben als die Altteile (vgl OGH 7 Ob 121/18 x).

7.40 Auch bei der Kfz-Kaskoversicherung gibt es **Risikoausschlüsse.** Nach § 61 ist der Versicherungsschutz bei vorsätzlicher oder grob fahrlässiger Herbeiführung des Versicherungsfalls ausgeschlossen (dazu – mit zahlreichen Beispielen aus der Kfz-Kaskoversicherung – bereits Rz 3.12 ff). Zusätzlich enthält Art 6 AKKB einen Katalog von Risikoausschlüssen.

> Ausgeschlossen sind Schäden, die bei der Vorbereitung oder Begehung gerichtlich strafbarer Handlungen durch den VN eintreten, für die Vorsatz Tatbestandsmerkmal ist (Z 1): Für ein derart verpöntes Verhalten soll es nicht auch noch Schutz geben. Ersatz steht also auch dann nicht zu, wenn der Unfall unverschuldet war.
>
> Wegen der objektiv erhöhten Gefährlichkeit gibt es einen Ausschluss für Schäden, die bei der Verwendung des Kfz bei einer kraftfahrsportlichen Veranstaltung, bei der es auf die Erzielung einer Höchstgeschwindigkeit ankommt, oder ihren Trainingsfahrten, entstehen (Z 2).
>
> Auch gewisse Kumulrisiken sind ausgeschlossen: Schäden im Zusammenhang mit Aufruhr, inneren Unruhen, Kriegsereignissen, Verfügungen von hoher Hand, Erdbeben (Z 3) oder die durch den Einfluss ionisierender Strahlen entstehen (Z 4).

Die Einteilung der Obliegenheiten (Art 7 AKKB) folgt dem bekannten Muster. Als **vorbeugende Obliegenheit** wird festgehalten, dass der Lenker die entsprechende kraftfahrrechtliche Berechtigung hat (Art 7.2.1. AKKB) sowie die Obliegenheit, das Kraftfahrzeug nicht in einem durch Alkohol oder Suchtgift beeinträchtigten Zustand in Betrieb zu nehmen (Art 7.2.2. AKKB).[744] In Art 7.3. AKKB werden die **nach dem Versicherungsfall** bestehenden Pflichten (Anzeige, Schadensfeststellung) konkretisiert. Außerdem muss der VN vor Reparatur oder Verkauf die Zustimmung des Versicherers einholen, soweit ihm dies billigerweise zugemutet werden kann (Art 7.3.3. AKKB).

---

742 *Burtscher/Spitzer*, Schadensabwicklung 91 ff.
743 Dazu OGH 7 Ob 121/18 x.
744 Dazu *Perner*, ZVR 2007, 148 (insb 151 f).

II. Sachversicherungen

An dieser Stelle zeigt sich, dass die enge Verbindung der Kfz-Kaskoversicherung zur Haftpflichtversicherung nicht immer zielführend ist. Sowohl bei den Ausschlüssen als auch bei den Obliegenheiten lehnen sich die Musterbedingungen stark am KHVG an, ohne dass dies – in der Kaskoversicherung – notwendig wäre.

> Der Ausschluss der „kraftfahrsportlichen Veranstaltung" findet sich wortgleich in § 4 Abs 1 Z 5 KHVG. Er müsste in der Kaskoversicherung nicht so eng gefasst werden (siehe etwa die Auslegung in OGH 7 Ob 171/18z), die Versicherer könnten zB auch Schäden bei „Fahrten auf Rennstrecken" ausschließen.
>
> Die Alkoholobliegenheit findet sich in § 5 Abs 1 Z 5 KHVG. In der Kfz-Kaskoversicherung müsste nicht auf eine „Beeinträchtigung" abgestellt werden, die erst ab einem Blutalkoholgehalt von 0,8‰ unwiderleglich vermutet wird (vgl § 5 Abs 1 StVO). Vielmehr könnte man den Entfall des Versicherungsschutzes in der Kaskoversicherung zB an die 0,5‰-Grenze knüpfen.

Verschuldet ein **Dritter** den Schaden, so ist der Versicherer in der Kollisionskasko-Versicherung leistungspflichtig. Das gilt nicht nur für Dritte, die zum VN überhaupt keinen Bezug haben (Unfallgegner), sondern auch für Personen, denen der VN das Fahrzeug überlassen hat. Bei leichtem Verschulden bedarf dies keiner näheren Begründung, weil der Versicherer auch dem VN, den selbst ein solches Verschulden trifft, leistungspflichtig ist. Bei grobem Verschulden des Dritten ist der Versicherer aber ebenfalls leistungspflichtig, weil Repräsentanten nach der Rsp dem VN nicht zugerechnet werden (siehe Rz 3.15 ff). **7.41**

> A hat bei V eine Kaskoversicherung für seinen Betriebs-PKW abgeschlossen. Aufgrund eines schuldhaften Verhaltens kollidiert X mit A und beschädigt seinen PKW: V ist leistungspflichtig.
>
> Verursacht Mitarbeiterin M bei einer Fahrt mit dem Kfz leicht fahrlässig einen Unfall, wodurch das Auto beschädigt wird, ist V ebenfalls leistungspflichtig.
>
> Handelt M grob schuldhaft, ist V allerdings ebenfalls leistungspflichtig, weil A das Verhalten Ms nicht zugerechnet wird.

§ 67 ermöglicht dem Versicherer zwar einen **Regress** gegen den Dritten nach Zahlung. Nach Art 10 AKKB ist die Bestimmung gegenüber dem berechtigten Lenker aber nur dann anwendbar, wenn auch einem VN als Fahrzeuglenker bei gleichem Sachverhalt Leistungsfreiheit einzuwenden gewesen wäre. Solche Dritte sind insofern mitversichert.[745] **7.42**

> V kann daher gegen X Regress nach § 67 nehmen. Gegen M hat V nur bei grober Fahrlässigkeit einen Anspruch, Art 10 AKKB sperrt den Rückgriff hingegen bei leichtem Verschulden. Ist M hingegen nicht Mitarbeiterin, sondern nahe Angehörige des A, der seinen privaten PKW versichert hat, scheitert der Regress auch beim grobem Verschulden (§ 67 Abs 2).

---

745 *Schauer*, Versicherungsvertragsrecht³ 391.

6. Transportversicherung

a) Warentransportversicherung

7.43 Die Transportversicherung ist nach § 129 Abs 1 eine Versicherung **transportierter Güter** gegen die Gefahren, denen sie während einer Beförderung zu Land oder auf Binnengewässern ausgesetzt sind (Warentransportversicherung). Die Luftbeförderung ist per analogiam erfasst.[746] Die Versicherung von Gütern auf hoher See ist in §§ 778–905 UGB geregelt. Personenrisiken während einer Beförderung werden hingegen insb von einer Reise- oder einer Unfallversicherung erfasst. Auch die Reisegepäckversicherung ist – mangels spezifischer Deckung des Beförderungsrisikos – keine Transportversicherung nach § 129 Abs 1.[747]

§§ 129 ff sind also anwendbar auf die Versicherung eines Warentransports, den der Unternehmer A bei B in Auftrag gibt. Ob der Transport mit dem LKW oder dem Flugzeug stattfindet, ist unerheblich. Die Bestimmungen sind auch auf die Versicherung privater Transporte anwendbar.

7.44 Das gesamte **VersVG** – nicht nur §§ 129 ff – ist für die Warentransportversicherung **dispositiv** (§ 187 Abs 1). Das wird meist damit begründet, dass dem Versicherer wegen des unübersichtlichen Risikos mehr Gestaltungsfreiheit eingeräumt werden soll.[748] Die Bevorzugung des Versicherers bei der Transportversicherung von Gütern hat zwar europäische Tradition (siehe auch noch im Internationalen Privatrecht), ist aber dennoch nicht befriedigend zu erklären, zumal sie eben auch Verbraucherversicherungen erfasst.

A lässt seine Wohnungseinrichtung für einen Umzug von Wien nach Hamburg transportieren. Der Transportversicherungsvertrag ist ein Verbrauchervertrag. Wieso das KSchG anwendbar sein soll, für die Vereinbarung von Obliegenheiten allerdings die Beschränkungen des § 6 nicht gelten, lässt sich sachlich nicht rechtfertigen.

In der Praxis wird von §§ 129 ff – sowie vom VersVG insgesamt – weitgehend abgewichen.[749] Die Parteien vereinbaren idR die **AÖTB 2014**.[750] Das sind unverbindliche Musterbedingungen des Österreichischen Transport-Versicherungsverbands (ÖTVV).

7.45 § 129 Abs 1 geht von einer Allgefahrendeckung der versicherten Güter während des Transports aus.[751] Art 4 AÖTB kennt hingegen zwei verschiedene Deckungsformen: Neben der „vollen Deckung" (= All Risk) leistet der Versicherer bei Vereinbarung eingeschränkter Deckung – die iZw anzunehmen ist (Art 4 aE AÖTB) – nach Abs 2 nur Ersatz für Schäden, die unmittelbare Folge[752] der dort aufgezählten Ereignisse sind.

---

746 *Csoklich* in *Fenyves/Perner/Riedler*, VersVG § 129 Rz 12.
747 *Csoklich* in *Fenyves/Perner/Riedler*, VersVG § 129 Rz 43.
748 *Schauer*, Versicherungsvertragsrecht³ 368.
749 *Csoklich* in *Fenyves/Perner/Riedler*, VersVG § 129 Rz 51.
750 Siehe dazu die ausführliche Kommentierung von *Csoklich* in *Fenyves/Perner/Riedler*, VersVG, Anhang zu §§ 129–148 passim.
751 OGH 7 Ob 234/13g.
752 Dazu *Csoklich* in *Fenyves/Perner/Riedler*, VersVG, Anhang zu §§ 129–148, Art 4 Rz 16 f.

II. Sachversicherungen

Die „eingeschränkte Deckung" ist recht weit: Neben Unfällen des jeweiligen Transportmittels sind auch Schäden durch Brand, Blitzschlag, Explosion sowie durch Naturkatastrophen erfasst. In der Aufzählung finden sich hingegen nicht Diebstahl oder Veruntreuung der transportierten Waren, weshalb es dafür keine (eingeschränkte) Deckung gibt.

Für beide Deckungsformen gibt es allerdings in Art 6 AÖTB zahlreiche Ausschlüsse. Dies betrifft sowohl die versicherten Gefahren als auch die gedeckten Schäden. Außerdem enthält Art 6 eine Subsidiaritätsklausel, die mit einer Pflicht des VN zur Erteilung von Auskünften über anderweitige Versicherungsverträge verbunden wird.

Ausgeschlossene Gefahren sind etwa Krieg, Streiks oder hoheitliche Maßnahmen. Kann also zB ein Schiff aufgrund einer COVID-bedingten Hafensperre nicht einlaufen und verderben die gelagerten Waren, gibt es keinen Ersatz. Ausgeschlossen sind auch Schäden durch Kernenergie sowie durch biologische oder chemische Waffen. Schließlich findet sich auch ein Cyber-Ausschluss.

Ausgeschlossene Schäden sind der (reine) innere Verderb, Konstruktions- oder Fabrikationsfehler, die reine Wertminderung, Verzögerungsschäden oder auch Schäden, die durch den Verstoß gegen behördliche Vorschriften verursacht werden.

Die AÖTB enthalten zahlreiche Bestimmungen zu Obliegenheiten. Hervorzuheben sind die vorvertraglichen Anzeigepflichten (Art 15), Regeln über die Gefahrverwaltung (Art 16) sowie sekundäre Obliegenheiten (Art 18). Die Bestimmungen sind teilweise strenger als das VersVG (vgl allerdings Art 18 aE). Dies ist wegen § 187 Abs 1 jedoch zulässig. Generell findet sich in der Präambel zu den AÖTB eine weitgehende Zurechnungsvorschrift, wonach dem VN Versicherte, Anspruchsberechtigte sowie „die Personen, für deren Handlungen der VN, der Versicherte oder der Anspruchsberechtigte einzustehen hat", gleichgestellt werden. Insofern soll es also entgegen der allgemeinen Regel zur Zurechnung von Repräsentanten kommen.

Verschweigt also ein Mitarbeiter des VN einen anzeigepflichtigen Umstand, erhöht er die Gefahr oder zeigt er den Versicherungsfall nicht an, ist dieses Verhalten dem VN generell zurechenbar.

Die Warentransportversicherung ist von der **Speditionsversicherung** abzugrenzen.[753] Sie ist eine Haftpflichtversicherung des Spediteurs, die alle Schäden deckt, für die er gegenüber seinen Auftraggebern ersatzpflichtig wird.[754] Der Spediteur ist nach § 39 der Allgemeinen Österreichischen Spediteurbedingungen (AÖSp) verpflichtet, eine solche Versicherung abzuschließen. Er ist dann von der Haftung für jeden durch den Versicherer gedeckten Schaden befreit (§ 41 AÖSp).

7.46

b) Flusskaskoversicherung

Unter Transportversicherung versteht § 129 Abs 2 aber neben der Warentransportversicherung auch die Versicherung eines Schiffes gegen die Gefahren der Binnenschifffahrt

7.47

---

753 Dazu OGH 7 Ob 279/03k; *Schauer*, Versicherungsvertragsrecht³ 374 ff.
754 Vgl auch – vorsichtig – *Schauer*, Versicherungsvertragsrecht³ 376.

(Flusskaskoversicherung); die Versicherung anderer Beförderungsmittel (LKW, Flugzeug) ist nicht erfasst. Dabei handelt es sich um eine **Eigenschadenversicherung,** die Sachschäden am versicherten Schiff deckt, denen das Schiff während der Beförderung ausgesetzt ist. Die Versicherung von Schiffen auf hoher See ist in §§ 778–905 UGB geregelt.

Nach Abs 2 Satz 2 haftet der Versicherer aber auch für den Schaden, „den der Versicherungsnehmer infolge eines Zusammenstoßes von Schiffen dadurch erleidet, dass er den einem Dritten zugefügten Schaden zu ersetzen hat". Die Versicherung ist daher insofern auch **Haftpflichtversicherung,** auf die allerdings §§ 149 ff nicht anwendbar sind.[755]

7.48 § 187 Abs 1 ist auf die Flusskaskoversicherung **nicht** anwendbar. Die Beschränkungen der Vertragsfreiheit des VersVG sind daher einschlägig. Das macht das Regelungskonzept endgültig schwer verständlich: Wer eine private Warentransportversicherung abschließt, kann sich nicht auf den zwingenden Schutz des VersVG berufen. Der Unternehmer, der sein tonnenschweres Schiff versichert, hingegen schon.

7.49 Die AÖTB 2014 sind auf die Flusskaskoversicherung nicht anwendbar (Art 1). Für diese Verträge gibt es andere standardisierte Regelwerke.[756]

III. Betriebliche Ausfallversicherungen

Literatur: *Armbrüster,* Deckungserweiterungen in der Betriebsunterbrechungsversicherung, insbesondere: Rückwirkungsschäden (CBI), VersR 2020, 577; *Fenyves,* COVID-19 und die Seuchen-Betriebsunterbrechungsversicherung, VR 2020 H 5, 34; *Lüttringhaus/Eggen,* Versicherungsschutz und Corona-Pandemie: Deckungs- und Haftungsfragen im Kontext der Betriebsunterbrechungs- und Veranstaltungsausfallversicherung, r+s 2020, 250; *Perner,* COVID-19: Deckung in der BUFT? VR 2020 H 5, 26; *Schreier,* Zur Berechnung der Entschädigungsleistung in der Betriebsschließungsversicherung, r+s 2021, 72; *Strasser/Meyer,* Die Betriebsunterbrechungsversicherung in Zeiten von COVID-19, ZVers 2020, 183.

A. Grundlagen

7.50 Inhaber eines Betriebs wollen sich typischerweise gegen das Risiko ihrer Haftung absichern (Haftpflichtversicherung) und ihre Betriebsmittel schützen (zB Maschinenbruchversicherung). Daneben haben sie aber auch ein Interesse daran, sich gegen den **Ausfall ihrer Erträge** zu schützen. Solche Ertragsausfälle können durch eigene Versicherungen abgedeckt werden. Gemeinsam ist all diesen Produkten, dass sie den Einnahmeausfall decken, den der Betrieb durch seine Unterbrechung erleidet. Dieses Interesse ist mit den beiden anderen nicht gleichzusetzen.

> A stellt Autos her. Kommt es aufgrund einer Fehlbedienung einer Maschine zu einem Produktionsfehler, für den A einem Dritten Ersatz leisten muss, ist dies ein Fall für die Haftpflichtversicherung. Beschädigt die Fehlbedienung die Maschine, ist die Maschinenbruchversicherung betroffen. Führt der Schaden zu einem Produktionsstillstand, weshalb eine Zeitlang keine Autos verkauft werden können, handelt es sich um einen Ertragsausfall, der von der Maschinenbruchversicherung (Sacherhaltungsinteresse) nicht gedeckt wird.

---

755 *Csoklich* in *Fenyves/Perner/Riedler,* VersVG § 129 Rz 27.
756 *Csoklich* in *Fenyves/Perner/Riedler,* VersVG, Anhang zu §§ 129–148, Art 1 Rz 1.

III. Betriebliche Ausfallversicherungen

Der Versicherer ist auch hier nicht bereit, jedes erdenkliche Risiko für eine Unterbrechung zu übernehmen. Daher werden die versicherten Gefahren, die in der Betriebsunterbrechungsversicherung (BU) gedeckt sind, meist konkret umschrieben. Oft ist ein **Sachschaden** im Betrieb Voraussetzung für die Verwirklichung des versicherten Risikos.

7.51

> Die AFBUB 2001 zur Feuer-Betriebsunterbrechungsversicherung setzen etwa voraus, dass Brand, Blitzschlag, Explosion oder Flugzeugabsturz (Art 2) zu einem Sachschaden am versicherten Betrieb führt (Art 3), der eine Betriebsunterbrechung bewirkt (Art 4).

Die Regeln aus der Sachversicherung können daher analog angewendet werden, wenn sie nicht speziell das Sacherhaltungsinteresse regeln (zB § 86).[757]

Daneben gibt es Versicherungsprodukte, in denen zwar eine Betriebsunterbrechung, aber **kein Sachschaden** vorausgesetzt wird.[758] Auch dann werden die versicherten Gefahren konkret im Vertrag genannt, es wird nur an anderen Risiken angeknüpft.

7.52

> Beispiele: Die BU-Versicherung eines Architekten knüpft an den Ertragsausfall an, der entsteht, weil er aufgrund von Krankheit ausfällt; eine Veranstaltungsausfallversicherung knüpft an den Ausfall eines Konzerts wegen Schlechtwetters oder wegen Absage des Künstlers an etc.

Gemeinsam ist allen Formen der betrieblichen Ausfallversicherungen aber, dass sie Nicht-Personenversicherungen sind. Das gilt selbst dann, wenn – wie etwa bei Freiberuflern und Selbstständigen – das bedarfsauslösende Ereignis eine Erkrankung des Betriebsinhabers ist.[759] Die betrieblichen Ausfallversicherungen dürfen aus diesem Grund nur als **Schadensversicherungen** ausgestaltet sein. Die entsprechenden Regeln (zB Mehrfachversicherung, Über- und Unterversicherung, Schadensminderungsobliegenheiten, Legalzession etc) sind daher anwendbar.

7.53

In der Folge werden die klassische BU-Versicherung, die BU für Freiberufler und Selbstständig Tätige sowie die Veranstaltungsausfallversicherung erörtert. Die Darstellung wird dadurch erschwert, dass es zu manchen Produkten keine Musterbedingungen gibt. Auch bei den Versicherungen, bei denen solche vorliegen, sind generalisierende Aussagen über den Deckungsumfang schwierig. Wichtige Gemeinsamkeiten und Leitlinien der am Markt befindlichen Versicherungslösungen gibt es allerdings.

7.54

B. Klassische Betriebsunterbrechung

Die klassische Betriebsunterbrechungsversicherung setzt an der Feuer- und der Maschinenversicherung an. Man ist nämlich sehr früh zur Einsicht gelangt, dass Betriebe nur unzureichend geschützt sind, wenn ihnen bei einem Feuer oder bei einem Maschinenschaden nur der Sachschaden (an der Produktionshalle, an der beschädigten Maschine etc) ersetzt wird.[760] Die Entwicklung aus den konkreten Sachversicherungen erklärt aber, wieso die BU bei produzierenden und gewerblichen Betrieben häufig einen Sachschaden

7.55

---

757 Siehe auch OGH 7 Ob 46/19v.
758 *Fenyves*, VR 2020 H 5, 34 (36).
759 *Perner*, VR 2020 H 5, 26 (27).
760 *Fenyves*, VR 2020 H 5, 34 (36).

voraussetzt⁷⁶¹ und sich die Bedingungen in vielen Fragen sehr an den jeweiligen „Mutterprodukten" orientieren.

> In der Feuerversicherung werden Sachschäden ersetzt, die durch unmittelbare Einwirkung eines versicherten Feuers am Betrieb entstehen. Dass die Feuer-BU sich historisch aus der Feuerversicherung entwickelt hat, erklärt, wieso auch die AFBUB 2001 an einem solchen Sachschaden ansetzen.
>
> Zwingend ist eine solche Gestaltung nicht: Anders als beim Sachschaden ist ein betrieblicher Einnahmenausfall auch dann leicht vorstellbar, wenn woanders ein Feuer ausbricht, weshalb es zu einer Unterbrechung des Betriebs kommt (zB Straßensperre wegen eines Waldbrandes). Diese Gefahr ist aufgrund der gängigen Gestaltung der Feuer-BU aber eben nicht versichert.

7.56 Die historische Entwicklung des Versicherungszweigs bedingt außerdem den modulartigen Aufbau des Produkts. Um beim oben erwähnten Bsp zu bleiben: Feuer ist eine praktisch bedeutende Gefahr, aber natürlich nicht der einzige Grund möglicher Betriebsunterbrechungen. In der **kombinierten BU** werden daher neben dem Feuer (und dem Maschinenbruch) auch Sturm, Leitungswasser und Einbruchdiebstahl als mögliche Unterbrechungsursachen versichert.

7.57 Für bestimmte gewerbliche Betriebe kann daneben auch der Zusatzbaustein **Seuchen-BU** interessant sein. Dafür gibt es zwar keine Musterbedingungen. Es lässt sich allerdings ein gemeinsamer Nenner erkennen. Die AVB knüpfen nämlich durchgängig daran an, dass der versicherte Betrieb „zur Verhinderung der Verbreitung von Seuchen" geschlossen wurde und dass die Schließung aufgrund des EpidemieG erfolgte; ein Sachschaden im Betrieb ist nicht erforderlich.⁷⁶² Daneben sind die gedeckten Seuchen, auf Grund derer der Betrieb geschlossen wurde, in manchen Bedingungswerken konkret aufgezählt. In anderen Bedingungswerken wird „blanko" auf das EpidemieG verwiesen.

> Ein fleischverarbeitender Betrieb (Schlachthof), Hotels, Restaurants etc sind für eine Schließung wegen Ausbreitung von Infektionskrankheiten sowie Erregern gefährdet und sichern sich daher häufig gegen das Unterbrechungsrisiko im Rahmen einer Seuchen-BU ab.

Die Seuchen-BU ist – ebenso wie ihr deutsches Pendant der „Betriebsschließungsversicherung"⁷⁶³ – durch COVID-19 ins Zentrum des Interesses gerückt.⁷⁶⁴ Bei taxativer Aufzählung der Seuchen in den Bedingungen (die COVID-19 nicht nennen) ist die Deckung zwar recht unzweifelhaft zu verneinen. Bei einem bloßen Verweis auf das EpidemieG hat sich aber vor allem die Frage gestellt, ob die mit dem Lockdown verhängten Betretungsverbote als Betriebsunterbrechung gedeckt sind.

---

761 Zu praktisch wichtigen Deckungserweiterungen *Armbrüster*, VersR 2020, 577.
762 *Fenyves*, VR 2020 H 5, 34 (36 f).
763 Siehe *Armbrüster*, VersR 2020, 577 (582 f); *Schreier*, r+s 2021, 72.
764 Siehe OGH 7 Ob 214/20a EvBl 2021/75 *(Kronthaler)* = ZVers 2021, 133 *(Schauer)* = Meyer/Strasser, ecolex 2021, 411. Zur Corona-Deckung in der Seuchen-BU umfassend *Fenyves*, VR 2020 H 5, 34 (34 ff).

III. Betriebliche Ausfallversicherungen

Es gab keine punktuellen Betriebsschließungen nach dem EpidemieG, sondern flächendeckende Verbote nach dem COVID-19-Maßnahmengesetz. Gasthäuser waren außerdem zwar „zu", konnten aber noch ein Abhol- und Lieferservice anbieten; Hotels durften Geschäftsreisende aufnehmen: Nach dem OGH (7 Ob 214/20 a) liegt kein Versicherungsfall in der Seuchen-BU vor.

Der Versicherer hat den Unterbrechungsschaden zu ersetzen. Der so bezeichnete **Deckungsbeitrag** setzt sich nach den meisten Bedingungen zusammen aus dem entgangenen Ertrag plus den weiterlaufenden tatsächlichen Kosten, die der VN während der Unterbrechung hat. Abzuziehen sind die variablen Kosten, die sich der VN erspart hat, weil der Betrieb nicht weiterlief. **7.58**

Ein Casino ist wegen eines Brandes im Oktober und November geschlossen. Zur Berechnung des Deckungsbeitrags sind zunächst die entgangenen Spieleinnahmen zu ermitteln. Dafür können die Monate Oktober und November des Vorjahres herangezogen werden. Die weiterlaufenden Personalkosten sind hinzuzurechnen. Abzuziehen sind etwa die ersparten Heizkosten.

Dem Unternehmer wird damit aber nicht ein bestimmter Ertrag garantiert, sondern nur ersetzt, was ihm ohne Unterbrechung nicht entgangen wäre. Bei der Berechnung ist also der **hypothetische Kausalverlauf** ohne Unterbrechungsgrund zu berücksichtigen (vgl nur Art 9 AFBUB 2001).[765] Dabei kann etwa zu berücksichtigen sein, dass der Ertrag auf Grund der wirtschaftlich schlechten Lage auch ohne Betriebsunterbrechung zurückgegangen wäre, selbstverständlich gibt es auch keine Entschädigung für Zeiträume, in denen der Betrieb ohnehin geschlossen gewesen wäre (zB Sonntage). Der VN ist im Verfahren für den Unterbrechungsschaden beweispflichtig,[766] an den Nachweis sollten aber auch keine allzu hohen Anforderungen gestellt werden.

Etwas anders erfolgt die Berechnung meist in der Seuchen-BU, wo aus Gründen der Vereinfachung eine im Vorhinein vereinbarte und über einen Durchschnittszeitraum berechnete **Tagesentschädigung** gezahlt wird, die als (zulässige) Taxe iSd § 57 einzustufen ist (vgl für die Feuer-BU hingegen § 89). Der hypothetische Kausalverlauf ist dann nicht zu berücksichtigen.

Das Argument, dass man in einem (aus anderen Gründen als COVID) verseuchten Hotel wegen eines Lockdowns ohnehin keine Gäste gehabt hätte, ist in der Seuchen-BU unzulässig. Sehr wohl aber muss sich der Betrieb etwa staatliche Entschädigungen (sofern diese nicht ohnehin subsidiär sind) anrechnen lassen (OGH 7 Ob 214/20 a): Auch die Seuchen-BU muss Schadensversicherung sein.

C. Betriebsunterbrechung bei freiberuflich und selbstständig Tätigen

Das Konzept der an Sachschäden anknüpfenden BU-Versicherung kann bei gewerblichen Betrieben zwar – wie gezeigt – unzweifelhaft zu Deckungslücken führen. Es trifft allerdings immerhin den großen Kern der Fälle, weil es den Ausfall der wichtigsten Betriebsmittel des Unternehmers deckt. Der Fall liegt bei vielen Freiberuflern und Selbstständigen **7.59**

---

765 OGH 7 Ob 46/19 v.
766 OGH 7 Ob 46/19 v.

anders. Für sie ist eine BU-Versicherung, die (nur) an einem Sachschaden im Unternehmen anknüpft, ungeeignet.

> Feuer oder „Maschinenbruch" kann bei einem Anwalt, Arzt, Architekt oder Friseur zwar ebenfalls zu einer Unterbrechung führen. Vielfach kann allerdings rasch Ersatz beschafft werden, außerdem handelt es sich nicht um den hauptsächlichen Grund für Bedarf an Versicherungsschutz: Bei den genannten Personen kommt es vor allem auf ihre eigene Arbeitskraft an.

7.60 Daher hat sich eine eigene Unterart der BU-Versicherung für freiberuflich und selbstständig Tätige entwickelt (BUFT). Für die BUFT gibt es keine Musterbedingungen. Die am Markt verfügbaren Bedingungswerke – meist ABFT abgekürzt – zeigen allerdings, dass man von einer Art „Bedingungsstandard" ausgehen kann.[767]

Ein Versicherungsfall liegt demnach nicht nur dann vor, wenn ein Sachschaden an einer dem Betrieb dienenden Sache zur Unterbrechung führt. Vielmehr ist die Unterbrechung des Betriebs als Versicherungsfall auch dann gedeckt, wenn eine **Krankheit** oder ein **Unfall** des VN oder einer verantwortlich leitenden Person zur völligen Arbeitsunfähigkeit führt (Personenschaden).

> **Hinweis**
>
> Zwar setzt der Versicherungsschutz den Personenschaden voraus. Auch die BUFT ist allerdings keine Personenversicherung, weil der Ertragsausfall des Unternehmens – und nicht die Person des Betriebsinhabers – versichert ist.

Daneben erfassen die meisten Bedingungswerke auch Maßnahmen der Gesundheitsbehörden, die aufgrund von Seuche oder Epidemie gegen den VN oder den Betrieb ergehen und zu einer Betriebsunterbrechung führen.[768]

> Auch die BUFT ist daher während Corona ins Zentrum des Interesses gerückt. Nur manche Bedingungswerke enthalten Pandemieklauseln, die zu einem Deckungsausschluss führen. In den anderen Fällen ist von einem Versicherungsfall auszugehen, wenn der VN an COVID-19 erkrankt oder er als Kontaktperson behördlich in Quarantäne muss und es daher zu einer BU kommt. Die Ausgangsbeschränkungen haben zwar auch zu Gewinneinbußen geführt, sie sind allerdings keine gegen VN oder Betrieb gerichtete Maßnahme und bewirken daher keine Deckung.

7.61 Voraussetzung für die Deckung in der BUFT ist, dass der Betrieb **unterbrochen** ist. Eine teilweise Unterbrechung reicht zwar aus;[769] beim Personenschaden ist allerdings die vollständige Arbeitsunfähigkeit des VN (oder einer verantwortlichen Person) vorausgesetzt. Kann der Betrieb zu anderen (wenn auch erschwerten) Bedingungen weitergeführt werden, gibt es keinen Versicherungsschutz.[770] Es liegt auch dann keine Betriebsunterbrechung vor, wenn der Betrieb dauerhaft stillgelegt wird. Der Betriebsinhaber muss also

---

767 Siehe auch bei *Perner,* VR 2020 H 5, 26 (27).
768 Dazu *Perner,* VR 2020 H 5, 26 (27 ff).
769 OGH 7 Ob 137/14v.
770 *Perner,* VR 2020 H 5, 26 (32).

zumindest ernsthaft planen, den Betrieb nach der Unterbrechung wiederaufzunehmen.[771] Bei der Berechnung des Unterbrechungsschadens ist – wie in der klassischen BU – der hypothetische Kausalverlauf ohne Unterbrechungsgrund heranzuziehen.

D. Veranstaltungsausfall

Literatur: *Perner,* ABGB-Gefahrtragungsregeln zugunsten von Verbrauchern zwingend, RdW 2005, 590.

Die rechtlichen Auswirkungen der Absage von Sport- und Kulturveranstaltungen sind nicht zuletzt durch die COVID-19-Pandemie wieder verstärkt in den Fokus gerückt. Typischerweise entstehen dem Veranstalter dadurch finanzielle Nachteile.[772] Seine Aufwendungen sind frustriert, er muss bezahlte Eintrittsgelder rückerstatten (kann ausstehende Entgelte nicht verlangen) etc. Der Veranstalter kann dieses Risiko durch eine **Eigenschadenversicherung** abdecken, die seinen Ausfall ersetzt.[773] Sie ist damit von der Veranstalterhaftpflichtversicherung zu ersetzen, die als betriebliche Versicherung seine potenzielle Verantwortlichkeit Dritten gegenüber deckt. 7.62

Die Veranstaltungsausfallversicherung ist ein eher spezielles Produkt, zu dem es keine Musterbedingungen gibt. Auch hier lassen sich aber zumindest einige allgemeine Aussagen treffen. In der Praxis wird nämlich standardmäßig zwischen drei Deckungsformen unterschieden.[774] 7.63

Als Deckungsform A wird die **Grunddeckung ohne Personenausfall** bezeichnet. Versichert sind Ereignisse, die außerhalb der Kontrolle des VN stehen, wenn sie „unmittelbar und notwendigerweise" den Versicherungsfall herbeiführen. Dem VN gleichgestellt werden die mit der Durchführung der versicherten Veranstaltung betrauten sowie von ihm beauftragte Personen. Durch diese weite Formulierung kommt es zu einer weitgehenden Verhaltenszurechnung an den VN.

> Die COVID-19-bedingte Absage von Veranstaltungen im Jahr 2020 lässt sich unkompliziert unter diese Deckung subsumieren; Risikoausschlüsse sind selbstverständlich zu prüfen (dazu gleich). Dass die Veranstalter selbst die Entscheidung über die Absage getroffen haben, steht einer Deckung nicht entgegen, wenn die Durchführung nicht erlaubt oder unzumutbar war.

Als Deckungsform B wird die **Personenausfalldeckung** bezeichnet. Sie deckt alle Absagen, die in Folge des Nichterscheinens der versicherten Person(en) wegen Krankheit, Unfall oder Tod dieser Person(en) eintreten. Manchmal werden auch Verspätungen beim Transport (Flug etc) gedeckt.

> Pianist A erkrankt und kann daher sein Sommernachtskonzert nicht geben: Der Veranstalter kann Deckung verlangen. Hat A „keine Lust" und erscheint er deshalb nicht, ist der Veranstalter zwar ebenfalls zur Rückzahlung der Gelder verpflichtet und hat frustrierten Aufwand. Der Ver-

---

771 OGH 7 Ob 137/14v.
772 Zu den zivilrechtlichen Auswirkungen von Veranstaltungsausfällen etwa *Perner,* RdW 2005, 590 (590 ff, 592 f).
773 Für Deutschland *Lüttringhaus/Eggen,* r+s 2020, 250 (254 f).
774 Dazu *Fenyves,* VR 2020 H 5, 36 (41).

> sicherungsfall tritt freilich nicht ein. Allerdings könnte sich der Veranstalter dann immerhin beim Künstler regressieren.

Mit der Deckungsform C sichert sich der (Freiluft-)Veranstalter gegen den **Wetterausfall** ab. Auch hier gibt es verschiedene Möglichkeiten, die an die jeweilige Veranstaltung angepasst werden können; so kann etwa nur das Regenrisiko (ab bestimmten Niederschlagsmengen), aber auch Sturm etc gedeckt werden.

7.64 Die Reichweite der primären Risikoumschreibung wird auch bei der Veranstaltungsausfallversicherung durch **Risikoausschlüsse** begrenzt. An dieser Stelle gibt es in der Praxis offenbar viele Verschiedenheiten. Die Bedingungen der österreichischen Anbieter sind meist sehr kurz, sodass es sich jedenfalls lohnt, sie zu vergleichen und allenfalls Ausschlüsse – gegen höhere Prämien – im Rahmen der Vertragsverhandlungen zu entfernen.

> Pandemieausschlüsse dürften verbreitet sein, sodass viele Veranstalter in COVID-Zeiten auch dann nicht abgesichert waren, wenn sie tatsächlich eine Versicherung abgeschlossen hatten.
>
> Das liegt natürlich auch daran, dass Pandemiedeckungen sehr teuer sind: Berichten zufolge hat der Veranstalter in Wimbledon nach Aufkommen von SARS im Jahr 2003 eine Pandemie-Versicherung abgeschlossen, für die jährlich knapp 2 Mio Euro an Prämie bezahlt wurden.

IV. Haftpflichtversicherung

A. Allgemeine Haftpflichtversicherung

1. Grundlagen

7.65 Das ungewisse Ereignis, gegen das sich der VN schützen möchte, kann auch eine Haftung sein, die ihn trifft. Die dabei angesprochene Versicherung heißt Haftpflichtversicherung (§§ 149–158i). Sie ist eine Passivenversicherung, weil sie keine aktiven Werte des VN schützt, sondern ihn gegen ein drohendes Minus absichert.

> Radfahrer S kollidiert mit X, der am Körper verletzt wird und einen Schadenersatzanspruch von 1.000 gegen S hat. Ist S durch eine Haftpflichtversicherung geschützt, muss diese das Minus tragen, indem sie S zahlt, was dieser an X leisten muss (§ 154 Abs 1). In der Praxis zahlt der Versicherer des S meist direkt an X, sodass S die Leistung nicht einmal vorfinanzieren muss (vgl § 156 Abs 2).

Die Haftpflichtversicherung hat damit also **Befreiungsfunktion** (siehe § 149): Sie dient der Freistellung von berechtigten Ansprüchen Dritter. Allerdings erschöpft sich das Interesse des VN an einer Absicherung im Schadenfall nicht darin. Dem VN können nämlich neben der eigentlichen Haftung andere Vermögensnachteile drohen.

> S und X sind aufgrund des Unfalls in einen langwierigen Prozess verwickelt. Es stellt sich heraus, dass S kein Verschulden traf, weshalb die Klage im Ergebnis abgewiesen wird. Selbst, wenn S aufgrund des Erfolgsprinzips (§ 41 ZPO) die Prozesskosten vom Gegner ersetzt bekommt, muss er manche Kosten (zB Rechtsanwalt oder bestimmte Gerichtskosten) idR vorschießen.
>
> Verliert S, muss er nach dem zivilprozessualen Nettoprinzip nicht nur 1.000 (= schadenersatzrechtliche Haftung) bezahlen, sondern auch die Gerichts- sowie eigene und gegnerische Anwaltskosten.

IV. Haftpflichtversicherung

Neben die Befreiungs- tritt in der Praxis die ebenfalls sehr wichtige **Abwehrfunktion** (§ 150 Abs 1): „Die Versicherung umfasst die gerichtlichen und außergerichtlichen Kosten, die durch die Verteidigung gegen den von einem Dritten geltend gemachten Anspruch entstehen, soweit die Aufwendung der Kosten den Umständen nach geboten ist. Dies gilt auch dann, wenn sich der Anspruch als unbegründet erweist."

Das bezeichnet man als die Rechtsschutzfunktion der Haftpflichtversicherung. Zum Unterschied von der (eigentlichen) Rechtsschutzversicherung greift sie aber eben nur bei Passiv- und nicht bei Aktivprozessen des VN.

> Die Haftpflichtversicherung des X trägt nicht seine Kosten, wenn er S auf Schadenersatz klagt. Für die Kostentragung in diesem Aktivprozess benötigt X vielmehr eine Rechtsschutzversicherung.

7.66 Das Bestehen des Schadenersatzanspruchs ist keine Voraussetzung für die Abwehrdeckung. Der Befreiungsanspruch hängt hingegen von einer Haftpflicht des VN (oder einer versicherten Person) ab. Da es neben der zivilrechtlichen Haftung aber auch andere Voraussetzungen für die versicherungsrechtliche Deckung gibt, müssen sie in einem eigenen Prozess geklärt werden. Die Unterscheidung von (versicherungsrechtlichem) Deckungsprozess und (zivilrechtlichem) Haftpflichtprozess führt zum **Trennungsprinzip**.[775] Im Deckungsprozess sind keine Feststellungen über die (potenzielle) Haftpflicht zu treffen, sie wären auch für den Schadenersatzprozess nicht bindend.[776] Wird hingegen der Haftpflichtprozess zuerst geführt, ist der Versicherer an die dortigen Ergebnisse gebunden, wenn ihm die Gelegenheit zur Nebenintervention gegeben wurde.[777]

> Klagt X den S auf Schadenersatz und obsiegt er, kann der Haftpflichtversicherer des S im späteren Deckungsprozess nicht mehr einwenden, dass S kein Verschulden traf, wenn dem Haftpflichtversicherer im Haftpflichtprozess der Streit verkündet wurde. Anders ist der Fall zu beurteilen, wenn der Haftpflichtversicherer im ersten Verfahren (etwa irrtümlich) nicht einbezogen wurde.
>
> Klagt S seinen Haftpflichtversicherer auf Deckung, prüft das Gericht die Verschuldensfrage in diesem Verfahren schon deshalb nicht, weil Deckung ja nicht nur Befreiung von berechtigten Ansprüchen ist, sondern auch Abwehr unberechtigter.

Das Trennungsprinzip bereitet in der Praxis vor allem Schwierigkeiten, wenn im Deckungsprozess Risikoausschlüsse zu beurteilen sind, die Berührungspunkte zur Haftpflichtfrage haben.[778] Auch hier hat es jedoch bei der Trennung zu bleiben. Dass in zwei verschiedenen Gerichtsverfahren, an denen nicht dieselben Parteien beteiligt sind, verschiedene Ergebnisse herauskommen können, ist zwar unerfreulich, aber unvermeidbar, weil es im österreichischen Zivilprozess keine Vorschrift gibt, wonach alle von einem Verfahren Betroffenen in ein und denselben Prozess einzubeziehen sind. Die nicht am

---

775 Siehe nur OGH 7 Ob 142/18k ZVers 2019, 265 (*Reisinger; Salficky*) = EvBl 2020/5 (*Leupold*); dazu *R. Koch*, VbR 2019, 171.
776 Zutr *Reisinger* in *Fenyves/Perner/Riedler*, VersVG § 149 Rz 45.
777 *Schauer*, Versicherungsvertragsrecht³ 402 f.
778 Siehe OGH 7 Ob 127/20g r+s 2021, 216 (*Perner*) = ZVers 2021, 73 (*Wilhelmer*).

Verfahren Beteiligten können aber – bis auf wenige vom Gesetz geregelte Ausnahmen – nicht an das Ergebnis eines Verfahrens gebunden werden, an dem sie nicht beteiligt waren und auf das sie daher keinen Einfluss hatten.

> Vorsatztaten sind von der Deckung ausgeschlossen (§ 152). Die vorsätzliche Schädigung ist daher im Deckungsprozess zu beurteilen. Gelangt das Gericht zur Deckung, weil es Fahrlässigkeit annimmt, kann ein anderes Gericht im Schadenersatzprozess zwischen Drittgeschädigtem und Schädiger freilich immer noch eine Vorsatztat bejahen und es bleibt (trotzdem) bei der bereits bindend festgestellten Deckung.
>
> Nach dem OGH (7 Ob 142/18k) kommt es zunächst auf die Behauptungen des Drittgeschädigten an: Wirft X dem S Vorsatz vor, ist die Abwehrdeckung daher ausgeschlossen. Kommt später heraus, dass die Schädigung nur fahrlässig war, könnte S dann (erst) auf den Haftpflichtversicherer greifen.

2. Versicherte Gefahr

Literatur: *Fenyves,* Die „Serienschadenklausel" in der Vermögensschadenhaftpflichtversicherung, VR 2015 H 6, 31; *Höllwerth,* Die „Gefahren des täglichen Lebens", ZVers 2020, 294; *R. Koch,* OGH schränkt Schutz der (Privat-)Haftpflichtversicherung ein, VbR 2019, 171; *Schneider,* Wie „privat" muss es sein? Zum Nachweis der Eintrittspflicht des Privathaftpflichtversicherers, VersR 2020, 667.

7.67 Wie in anderen Versicherungssparten, gibt es auch in der Haftpflichtversicherung keine Allgefahrendeckung. Es werden keine Produkte angeboten, die gegen jedes denkbare Haftungsrisiko Schutz bieten.[779] Vielmehr wird das **konkrete Risiko** im Vertrag genannt. Dabei ist zwischen unternehmerischen und privaten Versicherungen zu unterscheiden.

> Es ist nicht dasselbe, ob sich jemand im privaten oder im unternehmerischen Risikobereich – zB für seine Tätigkeit als Anwalt oder Architekt – haftpflichtversichert.
>
> Darin liegt ein Unterschied zur Sachversicherung: Ein Gebäude kann stets gegen Feuer versichert werden, egal ob man es betrieblich oder privat nutzt. Die Nutzungsart ist (nur, aber immerhin) prämienrelevant. Allerdings gibt es auch „sachbezogene" Haftpflichtversicherungen (Kfz-Haftpflicht, Gebäudehaftpflicht), bei denen unternehmerische und private Risiken gleichermaßen denkbar sind.

7.68 Bei **betrieblichen** Versicherungen werden die Allgemeinen und Ergänzenden Bedingungen für die Haftpflichtversicherung (AHVB/EHVB) zugrunde gelegt. Sie enthalten die üblichen Merkmale (Versicherungsfall, Geltungsbereich, Ausschlüsse, Obliegenheiten etc). Welches Risiko versichert ist, ergibt sich allerdings nicht aus den AVB, sondern muss eigens vereinbart werden.

> A ist Inhaber einer Dachdeckerei. Er schließt eine Betriebshaftpflichtversicherung ab, der die AHVB/EHVB zugrunde gelegt werden. Zugleich wird vereinbart, dass die Risiken aus dem Betrieb der Dachdeckerei gedeckt sind.
>
> Die EHVB stecken viele Risiken aber genauer ab (Abschnitt B: Ergänzende Regelungen für spezielle Betriebs- und Nichtbetriebsrisiken). Für Dachdecker A ist Abschnitt B 3. einschlägig, wo

---

779 *Schauer,* Versicherungsvertragsrecht³ 394.

IV. Haftpflichtversicherung

genauer festlegt wird, welche Risiken aus seinem Betrieb vom Versicherungsvertrag erfasst werden.

Vor allem für **beratende Berufsgruppen** gibt es eigene Bedingungen, die meist als Allgemeine Bedingungen für die Haftpflichtversicherung für Vermögensschaden (AVBV) bezeichnet werden. Das sind allerdings keine vom VVO herausgegebenen Musterbedingungen, auch wenn die Bedingungen in wesentlichen Punkten vergleichbar sind.[780]

Anwälte, Notare, Finanzvermittler schließen jeweils eine Vermögensschadenhaftpflichtversicherung. Die Bezeichnung ist nicht zufällig, sondern sie orientiert sich an den Haftpflichtrisiken, die diese Berufsgruppen typisch treffen.

Wer hingegen eine **private** Haftpflichtversicherung abschließt, versichert sich eben gerade nicht gegen betriebliche und berufliche Risiken. Die Privathaftpflicht wird meist nicht selbstständig, sondern als Teil eines Vertrags abgeschlossen. Sie ist etwa Teil einer Haushaltsversicherung (Art 11 ff ABH) oder sie wird zusätzlich zu einem beruflichen Haftpflichtrisiko genommen (vgl Abschnitt B 16. EHVB).

7.69

All diese Privathaftpflichtversicherungen haben gemeinsam, dass sich die primäre Risikobeschreibung (nur) auf die Gefahren des täglichen Lebens erstreckt,[781] die oft beispielhaft aufgezählt werden (vgl bereits Rz 2.91 unter dem Blickwinkel der Herausnahme eines Gefahrenbereichs). Der Begriff wird vom OGH eng verstanden. Zwar soll nicht erforderlich sein, dass die Gefahren „geradezu täglich auftreten";[782] auch für außergewöhnliche Situationen bestehe vielmehr Deckung.[783] Allerdings heißt es in einem anderen Rechtssatz, dass nur Gefahren erfasst sind, mit denen „üblicherweise im Privatleben eines Menschen" zu rechnen ist.[784] Die Fälle, in denen der OGH die Gefahren des täglichen Lebens verneint, sind meist solche, in denen das Verhalten des VN nicht mehr sozialadäquat ist.[785]

Ein 18-Jähriger verletzt im Zuge eines Raufhandels in einer Diskothek unabsichtlich ein unbeteiligtes Mädchen (OGH 7 Ob 245/13z). Der VN bedrängt eine Frau durch Annäherungsversuche so sehr, dass er ihr Aufstehen und Weggehen bei Tisch verhindert, sie sich dagegen zur Wehr setzen muss und von ihm verletzt wird (OGH 7 Ob 182/15p). Der VN hat im alkoholisierten Zustand äußerst waghalsige Fahrmanöver mit einem Motorboot durchgeführt, wodurch ein Mitfahrer über die Bordwand ins Wasser geschleudert und letztlich von der Schiffsschraube tödlich verletzt wurde (OGH 7 Ob 47/21v).

Dass der Versicherer in diesen Fällen keine Deckung gewähren möchte, ist verständlich. Die Sanktionierung verpönten Verhaltens gehört allerdings in der Sache eher zu den Obliegenheiten als zur primären Risikobeschreibung. Den Versicherern wäre ein Über-

---

[780] Siehe *Fenyves*, VR 2015 H 6, 31.
[781] Dazu jüngst *Höllwerth*, ZVers 2020, 294. Ältere Beispiele bei *Schauer*, Versicherungsvertragsrecht³ 395.
[782] RS0081070.
[783] RS0081276.
[784] RS0081099.
[785] *Höllwerth*, ZVers 2020, 294 (296 ff).

denken der Umschreibung daher anzuraten, zumal es sich (wenn nicht die Privathaftpflicht bloß als „Extra" bei einer Betriebsversicherung dabei ist) um Verbraucherverträge handelt, bei denen ein enges Verständnis der Gefahren des täglichen Lebens in Konflikt mit dem Transparenzgebot (§ 6 Abs 3 KSchG) kommen könnte.

7.70 Alle Haftpflichtversicherungen – unternehmerisch oder privat – haben gemeinsam, dass sie **Schadenersatzansprüche** decken, die dem VN drohen. Das sind verschuldensabhängige Ansprüche ebenso wie solche aus der Gefährdungs- oder eine Eingriffshaftung. Auch Regressansprüche, die sich gegen den VN richten (insb §§ 896, 1302, 1313 ABGB; § 11 EKHG; § 12 PHG), sind gedeckt.

> Subunternehmer A errichtet für Generalunternehmer B eine automatische Toranlage am Grundstück des C. Ein Fehler in der Ausführung führt zu Funktionsstörungen, weshalb das Tor das Auto des C beschädigt. Nimmt C seinen Vertragspartner B daher in Anspruch und regressiert sich dieser bei A, deckt dessen Betriebshaftpflichtversicherung den Regressanspruch.

Nach Art 1.2.1.1. AHVB (Art 11.2.1.1. ABH) übernimmt der Versicherer die Erfüllung von Schadenersatzverpflichtungen, die dem VN wegen eines **Personenschadens,** eines **Sachschadens** oder eines **Vermögensschadens,** der auf einen versicherten Personen- oder Sachschaden zurückzuführen ist (abgeleiteter Vermögensschaden), erwächst. Mit anderen Worten: Der „reine" oder „bloße" Vermögensschaden ist ausgeschlossen. Er wird allerdings oft durch Vereinbarung in die Deckung aufgenommen (siehe Abschnitt B 1. EHVB).

> Die Beschädigung des Autos im obigen Bsp ist ein Sachschaden. Wird A also von C direkt deliktisch in Anspruch genommen, ist der Schaden gedeckt. Gleiches würde gelten, wenn die Fehlfunktion dazu führt, dass C von der Toranlage eingequetscht wird und sich verletzt.

> Auch der Regress des B gegen A fällt unter die Deckung: Das ist zwar ein Vermögensschaden, weil der Nachteil des B in der Haftung gegenüber C liegt und nicht in seinem Sach- oder Personenschaden. Deckung ist allerdings zu bejahen, weil der Schaden auf einen versicherten Sachschaden (Beschädigung des Autos) zurückzuführen ist.

> Keine Deckung besteht hingegen, wenn A dem B schadenersatzpflichtig wird, weil er in Schuldnerverzug ist und B dadurch seinerseits dem C wegen der Verspätung schadenersatzpflichtig wird.

An dieser Stelle zeigt sich, wieso es eigene Bedingungen für die Vermögensschadenhaftpflichtversicherung gibt. Der Ausschluss reiner Vermögensschäden wäre in den Bereichen von vornherein sinnwidrig, in denen dem VN aufgrund seiner Tätigkeit typischerweise nur solche Haftungen drohen. Bei der Vermögensschadenhaftpflichtversicherung sind also im Gegenteil nur Haftungen für Vermögensschaden – aber keine Personen- und Sachschäden sowie abgeleitete Vermögensschäden – versichert.

> Versäumt der Anwalt eine Frist oder übersieht er im Verfahren einen entscheidenden inhaltlichen Punkt, weshalb die Klage seines Mandanten abgewiesen wird, wird er ebenso einen reinen Vermögensschaden verursachen wie ein Finanzberater, der seinem Kunden haftet, weil er eine falsche Empfehlung abgegeben hat.

IV. Haftpflichtversicherung

3. Versicherte Personen

Jedenfalls versichert sind Schadenersatzansprüche, die sich gegen den **VN** richten. Dass er selbst in eigener Person den Schaden zugefügt hat, ist nicht erforderlich. Vielmehr sind auch Schadenersatzansprüche gedeckt, die sich auf eine Haftung des VN für fremdes Verhalten gründen. **7.71**

> Wurde die Klage nicht fristgerecht eingebracht, weil der Sekretär der Anwältin einen Fehler gemacht hat und richtet sich der Schadenersatz gegen den Anwalt (§ 1313a ABGB), ist dieser Anspruch gedeckt.
>
> Haftet der Vater für eine Schädigung seiner Tochter nach § 1309 ABGB, so haftet er zwar für eine fremde Schädigung, aber von vornherein für eigenes Verhalten (Aufsichtspflichtverletzung).

Ob der Versicherer dann Regress beim unmittelbaren Verursacher nehmen kann (§ 67), hängt davon ab, ob diese Person mitversichert ist. Ist dies der Fall und liegt damit Versicherung für fremde Rechnung vor, gibt es keinen Regress und allfällige Schadenersatzansprüche gegen Dritte sind ebenfalls gedeckt.

In der Betriebshaftpflichtversicherung erstreckt sich die Versicherung kraft Gesetzes (§ 151 Abs 1) auf die „Haftpflicht der Vertreter des Versicherungsnehmers sowie auf die Haftpflicht solcher Personen, welche er zur Leitung oder Beaufsichtigung des Betriebes oder eines Teiles des Betriebes angestellt hat." **7.72**

> Der OGH hat daher in 7 Ob 52/21d festgestellt, dass der Versicherer für Schadenersatzansprüche der Sozialversicherung gegen einen Vorarbeiter des VN nach § 334 ASVG einstehen muss.

Die gängigen AVB gehen darüber noch hinaus und versichern auch Ansprüche gegen **alle Arbeitnehmer** für Schäden, die sie in Ausübung ihrer dienstlichen Verrichtung verursachen (Abschnitt A 1.3.2 EHVB; vergleichbar die AVBV). Ausgenommen sind nur Ansprüche wegen Personenschäden durch Arbeitsunfälle unter Arbeitnehmern des versicherten Betriebes.

> A ist bei Baumeister B angestellt. Auf einer Baustelle lässt er einen Kübel Farbe fallen, wodurch Passant P verletzt wird. Der Haftpflichtversicherer von B deckt diesen Anspruch, der sich aufgrund der eingeschränkten Gehilfenhaftung im deliktischen Bereich (§ 1315 ABGB) meist nur gegen A richten würde.

In der Privathaftpflichtversicherung sind neben dem VN insb gewisse **nahe Angehörige** versichert. Das sind der im selben Haushalt lebende Ehegatte oder Lebensgefährte und die minderjährigen Kinder. Diese sind auch dann mitversichert, wenn sie nicht im selben Haushalt wohnen. Ab Volljährigkeit bleiben Kinder ohne Einkommen und eigenen Haushalt bis zur Vollendung des 25. Lebensjahrs mitversichert (Abschnitt B 16.3 EHVB; Art 13 ABH). **7.73**

> A ist haushaltsversichert. Seine 17-jährige Tochter B, die bei der Mutter wohnt, verschuldet einen Fahrradunfall, aus dem sie X haftpflichtig wird. Die Haushaltsversicherung des A deckt diesen Schaden.

4. Zeitliche Risikoabgrenzung

7.74 Dass der Versicherungsfall grundsätzlich während der Wirksamkeit des Versicherungsschutzes eintreten muss, um Deckung zu bewirken, ist wenig überraschend. Wer im Jahr 2019 versichert ist, hat für Versicherungsfälle im betreffenden Jahr Versicherungsschutz. Anders als etwa in der Sach-, Unfall oder Lebensversicherung ist die Feststellung, was der Versicherungsfall in der Haftpflichtversicherung ist, jedoch nicht ganz einfach, zumal es im Gesetz keine Definition gibt.

> Statiker S ist bei V berufshaftpflichtversichert (Vertragsdauer: 1. 1. 2019 bis 31. 12. 2019). 2018 unterläuft ihm bei einem Auftrag ein Berechnungsfehler, weshalb eine Brücke 2019 zusammenstürzt, wobei G verletzt wird. Dieser erhebt im Jahr 2020 Schadenersatzansprüche.

Das Bsp zeigt, dass es in der Haftpflichtversicherung drei mögliche Anknüpfungspunkte gibt: Den Verstoß als Zeitpunkt, in dem das haftungsbegründende Verhalten gesetzt wird (Berechnungsfehler). Wie das Bsp zeigt, muss er – anders als etwa bei einem Faustschlag – nicht mit dem Ereignis (Verletzung des G) zusammenfallen. Es ist auch nicht undenkbar, die Anspruchserhebung (im Jahr 2020) als Anknüpfungspunkt zu sehen, zumal sich erst da herauskristallisiert, dass es für den VN wirklich „ernst" wird.

7.75 Am seltensten ist das Anspruchserhebungsprinzip (Claims-made-Prinzip), das nur in der D&O-Versicherung verwirklicht ist (siehe Rz 7.119f). In der „herkömmlichen" Haftpflichtversicherung gegen Sach-, Personen- und abgeleitete Vermögensschäden wird am schadenersatzrelevanten **Ereignis** angeknüpft (Art 1.1.1 AHVB; Art 11.1. ABH).

> Statiker S kann seinen Haftpflichtversicherer daher in Anspruch nehmen, weil die Brücke 2019 zusammenstürzt und G verletzt.

Das Ereignisprinzip soll allerdings nicht zur schrankenlosen Versicherung von Schadenereignissen führen, die zwar während des Vertrags eingetreten sind, deren Ursache jedoch in die Zeit davor fällt. Sie sind nur gedeckt, wenn dem VN oder dem Versicherten bis zum Vertragsabschluss von der Ursache, die zu dem Schadenereignis geführt hat, nichts bekannt war (Art 4.1 AHVB).[786]

7.76 Die Vermögensschadenhaftpflichtversicherung knüpft hingegen von vornherein am haftungsbegründenden **Verstoß** an (vgl nur Abschnitt B 1.2 EHVB und die jeweiligen AVBV). Das liegt daran, dass das „Schadenereignis" bei einem reinen Vermögensschaden oft schwerer zu greifen ist als bei Schädigung von Sachen oder Personen.

> Rechtsanwalt R rät seinem Mandanten G am 1. 12. 2020 ab, eine Klage gegen X einzubringen. G folgt diesem Ratschlag. Es stellt sich später heraus, dass die Klage erfolgreich gewesen wäre: Der Versicherungsfall ist 2020 eingetreten, auch wenn der Anspruch des G erst 2021 verjährt wäre und er daher noch Zeit gehabt hätte, zu klagen.

---

[786] Siehe aber *Schauer*, Versicherungsvertragsrecht³ 405: fristgerechter Rücktritt erforderlich (§ 20 Abs 1).

IV. Haftpflichtversicherung

Das Verstoßprinzip würde freilich zu einer sehr weitgehenden Nachdeckung führen, weil der durch einen Verstoß bewirkte Schaden tatsächlich auch erst viel später eintreten kann. In der Vermögensschadenhaftpflichtversicherung gibt es daher Begrenzungen der Nachdeckung. So besteht Versicherungsschutz nach Abschnitt B 1.4 EHVB nur, wenn der Verstoß während des Vertrags begangen wurde und die Anzeige des Versicherungsfalles beim Versicherer innerhalb einer von den Parteien zu vereinbarenden und in den EHVB offengelassenen Frist nach Vertragsbeendigung einlangt.

5. Leistung des Versicherers

Literatur: *Fenyves,* Die AHVB 1978 aus Sicht der Lehre, VR 1982, 84; *Fenyves,* Die Serienschadenklausel der AHVB 1986, VR 1986, 57; *Fenyves,* Die „Serienschadenklausel" der Vermögensschadenhaftpflichtversicherung, VR 2015 H 6, 31; *Gisch,* Manager-Rechtsschutzversicherung – D&O light oder mehr? in *Gisch/Koban/Ratka* (Hrsg), Haftpflichtversicherung, D&O-Versicherung und Manager-Rechtsschutz (2016) 119; *Ramharter,* Verjährung des Befreiungsanspruchs und Feststellungsklage des geschädigten Dritten in der Haftpflichtversicherung, wbl 2012, 541; *Riedler,* Einheitliche Verjährungsfrist für Rechtsschutzanspruch und Befreiungsanspruch in der Haftpflichtversicherung? ÖJZ 1997, 810; *Wilhelmer,* Die Serienschadenklausel in der Berufshaftpflichtversicherung – zugleich eine Besprechung von OGH 7 Ob 70/14 s, ZFR 2015, 257.

Deckung ist – wie erläutert – Abwehr und Befreiung. Das heißt allerdings nicht, dass es zwei Ansprüche gegen den Versicherer gibt. Vielmehr handelt es sich um verschiedene Ausprägungen ein und desselben **einheitlichen Deckungsanspruchs,** der auf Freistellung gerichtet ist:[787] Den VN sollen von vornherein keine finanziellen Lasten treffen, die durch seine potenzielle Haftpflicht bewirkt werden. Aus dieser Einheitlichkeit des Deckungsanspruchs gegen den Versicherer wird auch abgeleitet, dass er einer einheitlichen Verjährung nach § 12 unterliegt, die mit ernstlicher Inanspruchnahme des VN durch den Drittgeschädigten beginnt (siehe bereits Rz 3.82). **7.77**

> Der haftpflichtversicherte Baumeister B verputzt im Mai das Haus des Werkbestellers W. Im Oktober bröckelt Verputz ab und beschädigt das Kfz des W. Dieser schreibt B im Dezember einen Brief, in dem er Zahlung von Schadenersatz fordert. In diesem Zeitpunkt beginnt die Verjährung des einheitlichen Deckungsanspruchs von B zu laufen.

§ 154 Abs 1 steht damit scheinbar in Widerspruch. Er ordnet an, dass der Versicherer seine Leistung binnen zwei Wochen ab jenem Zeitpunkt zu erbringen hat, in dem der Anspruch des Dritten durch (konstitutives[788]) Anerkenntnis, Vergleich oder rechtskräftiges Urteil festgestellt wurde oder der VN den Dritten befriedigt hat. Der Befreiungsanspruch – könnte man meinen – wird daher erst zu diesem Zeitpunkt fällig und beginnt dann erst zu verjähren. Der OGH ist allerdings – entgegen kritischer Stimmen in der Lehre[789] – der Auffassung, dass die Bestimmung keine Sonderregel für die Fälligkeit des Befreiungsanspruchs ist, sondern nur anordnet, wann sich der Befreiungsanspruch ausnahmsweise in einen Zahlungsanspruch des VN verwandelt.[790]

---

787 AA *Riedler,* ÖJZ 1997, 810 (810 ff).
788 OGH 7 Ob 110/15 z.
789 *Riedler,* ÖJZ 1997, 810; *Ramharter,* wbl 2012, 541 (547 ff).
790 Siehe nur OGH 7 Ob 75/16 d.

Kap 7 Versicherungssparten

Kommt es einige Jahre nach Inanspruchnahme durch W zu einem stattgebenden Urteil gegen B, kann sein Deckungsanspruch gegen den Versicherer also bereits verjährt sein. Daran ändert nach der dargestellten Rsp des OGH auch nichts, dass § 154 Abs 1 an späteren Zeitpunkten als der erstmaligen Inanspruchnahme anknüpft. Der Versicherer muss den Geldbetrag ab den dort genannten Zeitpunkten zwar innerhalb von zwei Wochen zahlen, um nicht in Zahlungsverzug zu geraten. Dies allerdings nur, wenn der (einheitliche) Anspruch nicht bereits verjährt ist.

7.78 Die **Abwehrdeckung** ist grundsätzlich auf Verfahren beschränkt, die zu einer potenziellen schadenersatzrechtlichen Haftung führen. Kosten für verwaltungsrechtliche und strafrechtliche Verfahren sind daher an sich nicht gedeckt. Ein haftungsbegründender Sachverhalt führt allerdings häufig zu einem (vorgelagerten) Strafverfahren. Der Versicherer hat dann Interesse daran, dass sich der VN dort bereits bestmöglich verteidigt, was auch haftungsvermeidend wirken kann.

A nimmt einen E-Scooter in Betrieb und kollidiert mit X, der schwer verletzt wird. Ein Strafverfahren gegen A hat schon deshalb Auswirkungen auf die zivilrechtliche Haftungsfrage, weil der OGH seit einer Entscheidung eines verstärkten Senats (1 Ob 612/95) davon ausgeht, dass ein später entscheidendes Zivilgericht an eine strafgerichtliche Verurteilung des A gebunden wäre.

§ 150 Abs 1 ordnet daher an, dass die Versicherung auch die Kosten der Verteidigung in einem Strafverfahren – nicht aber des Strafverfahrens[791] – erfasst, das wegen einer Tat eingeleitet wurde, die zu Schadenersatz des VN führen könnte. Voraussetzung ist aber, dass diese Kosten auf Weisung des Versicherers aufgewendet wurden. Kosten zur Abwehr eines zivilrechtlichen Anspruchs aus Privatbeteiligung des geschädigten Dritten in einem Strafverfahren sind bereits von der herkömmlichen Abwehrfunktion der Haftpflichtversicherung umfasst.

Zum Ausgleich der Kostentragungspflicht des Versicherers im Haftpflichtprozess hat er weitgehende Schadensliquidierungsbefugnisse.[792] Der Versicherer hat außerhalb des Verfahrens eine **Regulierungsvollmacht:** Er kann „im Rahmen seiner Verpflichtung zur Leistung alle ihm zweckmäßig erscheinenden Erklärungen im Namen des Versicherungsnehmers" abgeben (Art 8.2 AHVB; Art 18.3 ABH).

Der Versicherer könnte aufgrund seiner Regulierungsvollmacht also die Schadenersatzpflicht anerkennen, einen Vergleich abschließen etc. Die Vollmacht ist nur wirkungsvoll, wenn sie nicht vom VN torpediert werden kann und die Entscheidungshoheit beim Versicherer liegt. Daher wird die Vollmacht durch ein Anerkenntnis- und Vergleichsverbot des VN flankiert (dazu unten).

Innerhalb des Verfahrens hat der Versicherer eine **Prozessführungsbefugnis.** Sie ist freilich nicht als Vollmacht des Versicherers ausgestaltet, sondern als Obliegenheit des VN (dazu unten). Er muss dem Versicherer die Auswahl des Anwalts überlassen und es gibt einen Kostenstopp, wenn der VN den Prozess ohne Einverständnis des Versicherers weiterführt (vgl Art 5.6 AHVB; Art 16.4 ABH).

---

791 *Reisinger* in *Fenyves/Perner/Riedler,* VersVG § 150 Rz 8.
792 *Schauer,* Versicherungsvertragsrecht³ 407; *Reisinger* in *Fenyves/Perner/Riedler,* VersVG § 150 Rz 17 f.

IV. Haftpflichtversicherung

Die Leistungspflicht des Versicherers ist nach oben mit der **Versicherungssumme** begrenzt. Bei langwierigen und aufwändigen Verfahren kann zum eigentlichen Haftungsbetrag noch einiges hinzukommen (Zinsen, Prozesskosten etc). Der Versicherer muss diese Kosten nach § 150 Abs 2 auch ersetzen, wenn dadurch die Versicherungssumme überstiegen wird. Voraussetzung ist aber, dass der Rechtsstreit mit Einverständnis des Versicherers geführt wird.

7.79

Abweichende Vereinbarungen über Pauschalversicherungssummen und **Kosteneinrechnung** dürften zwar üblich sein (Art 5.5 AHVB; Art 16.3 ABH). Die AVB sehen sogar vor, dass die Rettungskosten, die der VN hatte, auf die Versicherungssumme anzurechnen sind. Solche Klauseln halten der AVB-Kontrolle (insb § 879 Abs 3 ABGB) nicht stand.[793] Veranlasst der Versicherer den VN nämlich dazu, den Prozess zu führen, hat der VN nach dem Vertrag keine andere Wahl. In diesem Fall und auch bei sonstigem Aufwand im fremden Interesse sollte der Versicherer das Risiko tragen, dass die Bemühungen keinen (ausreichenden) Erfolg hatten.

Da jeder Versicherungsfall eine Deckung bis zur Versicherungssumme auslösen kann, werden **aggregate limits** vereinbart, durch die eine Höchstsumme festgelegt wird, die jährlich in Anspruch genommen werden kann.

> Nach Art 5.2 AHVB leistet der Versicherer für die innerhalb eines Versicherungsjahres eingetretenen Versicherungsfälle höchstens das x-fache der jeweils maßgebenden Versicherungssumme. Auch Art 16.1 ABH sieht ein aggregate limit vor, das bewusst offengelassen wird.

Eine andere praktisch bedeutende Beschränkung ist die **Serienschadenklausel**,[794] die in der „herkömmlichen" unternehmerischen sowie in der Vermögensschadenhaftpflichtversicherung[795] Standard ist (vgl Art 1.1.2 AHVB). Mehrere auf derselben Ursache beruhende Schadenereignisse gelten demnach als *ein* Versicherungsfall. Außerdem werden „Schadenereignisse, die auf gleichartigen Ursachen beruhen, wenn zwischen diesen Ursachen ein rechtlicher, wirtschaftlicher oder technischer Zusammenhang besteht", zu einem Versicherungsfall zusammengefasst.

> Dass einem Werkunternehmer oder einem Anwalt „immer wieder dieselben Fehler" passieren, reicht noch nicht für die Anwendung der Serienschadenklausel aus. Auch wenn ein und derselbe Fehler (zB Rechenfehler) in mehreren unabhängigen Mandatsverhältnissen Auswirkungen hat, soll kein Anwendungsfall der Serienschadenklausel vorliegen (OGH 7 Ob 17/21g).
>
> Werden aber aufgrund eines Produktionsfehlers mehrere fehlerhafte Geräte einer Serie ausgeliefert, so lassen sich die verursachten Schäden zu einem einzigen zusammenfassen („technischer Zusammenhang"). Ein Serienschaden liegt auch vor, wenn ein Rechtsanwalt aufgrund eines Fehlers bei der Abwicklung einer mehrseitigen Treuhand die beteiligten Mandanten schädigt (OGH 7 Ob 70/14s).

---

793 Zutr bereits *Fenyves*, VR 1982, 84 (84 ff); *Reisinger* in *Fenyves/Perner/Riedler*, VersVG § 150 Rz 24. Zur D&O-Versicherung Rz 7.130.
794 *Fenyves*, VR 1986, 57.
795 *Fenyves*, VR 2015 H 6, 31; *Wilhelmer*, ZFR 2015, 257.

6. Risikoausschlüsse

Literatur: *Fenyves,* Gewährleistungsklausel, Erfüllungsklausel und „Nachbesserungsbegleitkosten" in der Haftpflichtversicherung, NZ 2001, 246; *Jabornegg,* Wesen und Begriff der Versicherung im Privatversicherungsrecht, in FS Frotz (1993) 551; *Kapetanovic/Perner,* Ausschlüsse in der Haftpflichtversicherung: Aushöhlung des Versicherungsschutzes? in *Berisha/Gisch/Koban* (Hrsg), Haftpflicht-, Rechtsschutzversicherung und Versicherungsvertriebsrecht (2020) 69; *Maitz,* AHVB/EHVB – Allgemeine und Ergänzende Allgemeine Bedingungen für die Haftpflichtversicherung (2018); *Mecenovic,* Die Herstellungs- beziehungsweise Lieferklausel in der allgemeinen Haftpflichtversicherung (1999); *Rubin,* Vergebliche Rückforderung der Treuhandvaluta durch den Treugeber – keine Deckung in der Haftpflichtversicherung des Treuhänders? NZ 2016, 47; *Schauer,* Versicherungsschutz für vorsätzliches Handeln – Zugleich ein Beitrag zum Begriff der Versicherung, in FS Huber (2020) 477; *I. Vonkilch,* Überwälzbarkeit von Strafen und Bußen einer Gesellschaft, ZWF 2020, 294.

7.80 Auch in der Haftpflichtversicherung unterscheidet man gesetzliche und in AVB geregelte[796] Risikoausschlüsse. Zunächst gibt es eine Sonderregel zu § 61: Führt der VN den Schaden **vorsätzlich** und widerrechtlich herbei, ist der Versicherer leistungsfrei (§ 152).[797]

> A schlägt X mit der Faust ins Gesicht, weil dieser ihn beleidigt hat: Die Privathaftpflichtversicherung muss nicht decken. Fährt B auf der Autobahn 160 km/h, weil er in Eile ist, und verursacht er daher einen Unfall, ist der Ausschluss nicht einschlägig. B hat zwar vorsätzlich eine Rechtsvorschrift verletzt, mit Blick auf das beeinträchtigte Rechtsgut handelt er allerdings fahrlässig.
>
> Der (bedingte) Vorsatz muss sich auf die Schädigung beziehen, ein Bewusstsein des Verbots ist allerdings nicht erforderlich. Auch wer glaubt, er dürfe einem bereits wehrlos am Boden liegenden Angreifer einen „Denkzettel" verpassen, verwirklicht den Ausschluss. Ein allfälliger Rechtsirrtum hilft dem VN also nicht.

Die Vorschrift ist mit Blick auf für den VN strengere Vorgaben dispositiv und daher vertraglichen Gestaltungen zugänglich.[798] In Art 7.2 AHVB wird § 152 allerdings in einigen Bereichen nicht ausgedehnt, sondern bloß konkretisiert.[799]

> Es wird klargestellt, dass der Risikoausschluss für vorsätzliches Handeln nicht schlechthin Leistungsfreiheit des Versicherers zur Folge hat, sondern – bei Versicherung mehrerer Personen – nur jenen Personen gegenüber, die den Schaden, für den sie verantwortlich gemacht werden, rechtswidrig und vorsätzlich herbeigeführt haben.
>
> Aus Art 7.2.1 AHVB folgt, dass der Risikoausschluss bei Vorliegen zumindest eines bedingten Vorsatzes erfüllt ist, was ebenfalls bloß eine Klarstellung ist.
>
> Auch aus Art 7.17 AHVB folgt eine Konkretisierung des gesetzlichen Vorsatzausschlusses, indem Diskriminierungstatbestände und weitere Vorsatzdelikte aufgelistet werden.

---

796 Zur Frage der Aushöhlung des Versicherungsschutzes *Kapetanovic/Perner* in *Berisha/Gisch/Koban,* Haftpflicht-, Rechtsschutzversicherung und Versicherungsvertriebsrecht 69.
797 *Reisinger* in *Fenyves/Perner/Riedler,* VersVG § 152 Rz 1 ff.
798 RS0080576.
799 Vgl *Fenyves,* VR 1982, 84 (94). Siehe aber *Maitz,* AHVB/EHVB Kommentar 115.

In Art 7.2.2 AHVB findet sich eine Erweiterung des Risikoausschlusses. Demnach sind dem Vorsatz bereits die Kenntnis der Mangelhaftigkeit oder Schädlichkeit der hergestellten oder gelieferten Waren oder geleisteten Arbeiten gleichzuhalten.[800] Die Bedenken des VN müssen sich daher nicht auf den Schadenserfolg beziehen, sondern auf einen diesem Erfolg vorgelagerten Umstand, der eine gewisse Wahrscheinlichkeit begründet, dass es zum Eintritt des Schadens kommt.[801] Die Erweiterung ist sachgerecht, zumal der OGH zum Teil ohnehin von einem kumulativen Erfordernis ausgeht, sodass Kenntnis von Mangelhaftigkeit und Schädlichkeit vorliegen muss.[802]

Eine praktisch bedeutende Erweiterung des Vorsatzausschlusses sieht Abschnitt A 3. EHVB für die Betriebshaftpflichtversicherung an. Demnach ist der Versicherer leistungsfrei, wenn der Versicherungsfall **grob fahrlässig** herbeigeführt wurde und auf **bewusstes Zuwiderhandeln** gegen Vorschriften zurückzuführen ist.[803] Diese Erweiterung hält der Klauselkontrolle stand.[804]

> Bauunternehmer B weist seine Mitarbeiter an, auf bestimmte Brandschutzvorschriften zu „verzichten", um eine Baustelle zeitgerecht fertigzustellen. B wird in solchen Fällen eine Schädigung nicht in Kauf nehmen. Liegt grobe Fahrlässigkeit vor, ist die Haftpflichtversicherung allerdings nicht deckungspflichtig.

Die Abdingbarkeit geht jedoch nur in eine Richtung. Eine Vorsatzdeckung könnte umgekehrt nicht vereinbart werden.[805] Insofern liegt Gesetzwidrigkeit[806] vor, weil § 152 in diese Richtung zwingend ist.[807] Auch Strafen und Bußen für Vorsatztaten können nicht durch eine Versicherung gedeckt werden (siehe noch unten Rz 7.117).

Einige vertragliche Risikoausschlüsse schränken die Deckung gegenüber der primären Risikoumschreibung gar nicht ein. Das nennt man **unechte** oder deklarative Risikoausschlüsse. Für die geregelten Situationen gibt es nämlich schon aufgrund der Versicherungsfalldefinition gem Art 1 AHVB keinen Schutz.[808] **7.81**

> Gewährleistungs- und Erfüllungsansprüche sowie Vertragsstrafen sind nach Art 7.1 AHVB ausgeschlossen. Da damit gar keine aufgrund des Gesetzes entstehenden Schadenersatzansprüche ausgeschlossen werden (sondern entweder gar keine Schadenersatzansprüche oder vertragliche Zusagen), handelt es sich nicht um Rücknahmen im Vergleich zur primären Risikoumschreibung.

---

800 *Maitz*, AHVB/EHVB Kommentar 122.
801 *Fenyves*, VR 1982, 84 (95).
802 OGH 7 Ob 14/18m.
803 *Reisinger* in *Fenyves/Perner/Riedler*, VersVG § 152 Rz 36 ff.
804 *Reisinger* in *Fenyves/Perner/Riedler*, VersVG § 152 Rz 38. Siehe auch *Fenyves*, VR 1982, 84 (97).
805 Näher *I. Vonkilch*, ZWF 2020, 294 (300 f).
806 Vgl auch *Schauer* in FS Huber 477 (480): Sittenwidrigkeit.
807 Siehe auch den Ansatz von *Jabornegg* in FS Frotz 551 (565 f).
808 *Reisinger* in *Fenyves/Perner/Riedler*, VersVG § 152 Rz 42. Zur Inhaltskontrolle *Jabornegg*, Risiko 31.

Ein **echter** Ausschluss findet sich hingegen in Art 7.1.3 AHVB[809], wonach die „an die Stelle der Erfüllung tretende Ersatzleistung" nicht versichert ist (Nichterfüllungsklausel). Dadurch wird vermieden, dass der Versicherer die Gegenleistung aus einem schlecht oder nicht erfüllten Vertrag absichert.[810]

> WU sagt WB die Errichtung eines Schwimmteichs zu. Aufgrund eines Planungsfehlers ist die Folie undicht, weshalb Wasser austritt und den Keller von WB beschädigt. Die dadurch verursachten Kosten sind vom Versicherer zu tragen. Die Kosten der Neuerrichtung des Teichs sind allerdings auch dann nicht ersatzfähig, wenn sich WB nicht auf Gewährleistung stützt, sondern auf Schadenersatz.

7.82 Eine andere Kategorie von Risikoausschlüssen betrifft die Herausnahme **tatsächlicher Gefahrenbereiche** aus dem Versicherungsschutz. Dabei geht es – anders als etwa beim Vorsatz – nicht zwingend um ein kontrollierbares Fehlverhalten des VN. Der Versicherer möchte bestimmte Teilrisiken im Rahmen der Versicherung vielmehr nicht decken, weil sie nicht überschaubar und schwer kalkulierbar sind. Oft spielen typische Beweisschwierigkeiten eine Rolle. Damit soll eine möglich sichere Berechnung der Prämie ermöglicht werden.[811]

> Ein Bsp ist die Angehörigenklausel (Art 7.6.2 AHVB; Art 17.6.2 ABH), mit der für den Versicherer nicht kontrollierbare Manipulationen vermieden werden sollen. Auch Ansprüche von Gesellschaftern des VN (Art 7.6.3 AHVB) oder von Gesellschaften, an denen er beteiligt ist (Art 7.6.4 AHVB), sind ausgeschlossen, können aber durch eine „Cross Liability"-Klausel integriert werden.
>
> In diese Fallgruppe dürfte auch Art 1.2.3 AHVB gehören, wonach „Verlust, Veränderung oder Nichtverfügbarkeit von Daten auf elektronischen Speichermedien" kein Sachschaden ist. Der technische Wandel lässt diesen Risikoausschluss mittlerweile viel wichtiger erscheinen als zum Zeitpunkt seiner Aufnahme in die AHVB, wie man an der Entwicklung von Cyber-Versicherungsprodukten, die solche Risiken eigens decken sollen, sieht.
>
> Auch die – nach dem OGH (7 Ob 139/11h) zulässige – Allmählichkeitsklausel fällt in diese Kategorie. Demnach werden aufgrund von Beweisschwierigkeiten Schadenersatzansprüche wegen allmählicher Einwirkungen vom Ersatz ausgeschlossen.
>
> Die Versicherung erstreckt sich nach manchen in der Praxis verwendeten Bedingungswerken außerdem nicht auf Schadenersatzverpflichtungen wegen Schäden, die aus der Übertragung einer Krankheit entstehen. Wer also zB fahrlässig zur Verbreitung der Corona-Pandemie beigetragen hat, hätte dann keinen Versicherungsschutz.

7.83 Eine eigene Kategorie der Risikoausschlüsse **grenzt** die abgeschlossene Versicherung schließlich noch zu anderen Versicherungen und Versicherungsbausteinen **ab**.

> Schadenersatzverpflichtungen aufgrund des Amtshaftungs- oder Organhaftpflichtgesetzes (Art 7.3 AHVB) sind ebenso ausgeschlossen wie aufgrund des Haltens oder der Verwendung von Kfz (Art 7.5.3 AHVB) oder für Schadenersatzverpflichtungen, die unter die erweiterte De-

---

809 Ausführlich *Fenyves,* NZ 2001, 246.
810 Zur ratio überzeugend *Rubin,* NZ 2016, 47 (50 ff).
811 OGH 7 Ob 184/14f ecolex 2015, 1039 *(Ertl).*

ckung in der Produktehaftpflicht fallen (Art 7.15 AHVB). Dafür gibt es spezielle Haftpflichtversicherungen.

Der Zweck dieser Ausschlüsse ist nicht, ein bestimmtes Risiko per se aus der versicherungsrechtlichen Deckung herauszunehmen und so den gänzlichen Entfall von Versicherungsschutz zu bewirken. Die Vertragsparteien gehen vielmehr davon aus, dass die Deckung für die ausgeschlossenen Risiken von den Versicherern erbracht wird, mit denen die „einschlägige" Versicherung abgeschlossen wurde. Die Auslegung solcher Risikoausschlüsse darf sich daher nicht nur auf den Wortlaut beschränken, sondern muss den Parteiwillen berücksichtigen, der darauf gerichtet ist, dass keine Deckungslücken entstehen. Bei der Auslegung ist das Risiko daher dem sachnäheren Versicherungsvertrag zuzuweisen.[812]

Beachte

Die Ausschlüsse gelten für den gesamten Deckungsanspruch und daher nicht nur für die Befreiung, sondern auch für die Abwehrdeckung (OGH 7 Ob 170/20f). Auch wenn der Vorwurf des Dritten, der VN habe vorsätzlich gehandelt, er habe Sicherheitsvorschriften außer Acht gelassen und sich dabei grob fahrlässig verhalten etc, unberechtigt ist, schuldet der Versicherer daher keine Abwehrdeckung. Es bleibt abzuwarten, ob diese Rechtsauffassung im Lichte der §§ 864a, 879 Abs 3 ABGB für alle Ausschlüsse aufrechterhalten werden kann. Jedenfalls steht aber zB der Vereinbarung einer Abwehrdeckung für Vorsatzdelikte – anders als der Vereinbarung einer Befreiung bei Vorsatz – nichts im Weg.

7. Obliegenheiten

Literatur: *Spitzer,* Anerkenntnisverbot in der Haftpflichtversicherung (§ 154 VersVG), bauaktuell 2016, 16.

Der VN hat unabhängig vom Eintritt eines Versicherungsfalls „besonders gefahrdrohende Umstände, deren Beseitigung der Versicherer billigerweise verlangen konnte und verlangt hatte, innerhalb einer angemessenen Frist zu beseitigen. Ein Umstand, welcher schon zu einem Schaden geführt hat, gilt im Zweifel als besonders gefahrdrohend." (Art 8.1.2 AHVB). Dabei handelt es sich um eine **vorbeugende Obliegenheit,** die unter den Voraussetzungen des § 6 Abs 2 zu Leistungsfreiheit führt.   **7.84**

Es stellt sich heraus, dass ein im Geschäftslokal des VN aufgestelltes Gerät immer wieder zu Schädigungen der Kunden führt. Nach einem Versicherungsfall weist der Versicherer den VN an, das Gerät abzumontieren. Kommt es nun wieder zu einem gleichartigen Schaden, ist der Versicherer leistungsfrei.

Der VN hat **nach** einem **Versicherungsfall** zunächst „alles ihm Zumutbare zu tun, um Ursachen, Hergang und Folgen des Versicherungsfalles aufzuklären und den entstandenen Schaden gering zu halten" (Art 8.1.3 AHVB; Art 18.1.1 ABH). Er hat den Versicherer außerdem umfassend und unverzüglich, spätestens innerhalb einer Woche ab Kenntnis,   **7.85**

---

812 *Kapetanovic/Perner* in *Berisha/Gisch/Koban,* Haftpflicht-, Rechtsschutzversicherung und Versicherungsvertriebsrecht 69 (77).

zu informieren (Art 8.1.4 AHVB; Art 18.1.2 ABH). Das umfasst die Anspruchserhebung Dritter, aber auch die Einleitung von relevanten Verfahren (zB Straf- oder Disziplinarverfahren).

Die in den AVB häufig vorgesehenen Formerfordernisse für die Anzeige (insb Schriftform) finden sich zwar nicht in § 153, der zu Gunsten des VN zwingend ist (§ 158a Abs 1). Der Verstoß könnte allerdings nach § 6 Abs 3 ohnehin nur sehr eingeschränkt zu Leistungsfreiheit führen,[813] sodass die Frage, ob die Formvorschriften wirksam sind, in der Praxis kaum Bedeutung hat.

> Ruft der VN den zuständigen Schadenreferenten unverzüglich an und teilt ihm mit, dass ein Anspruch gegen ihn erhoben oder ein Disziplinarverfahren eingeleitet wurde, hat er seine Obliegenheit erfüllt. Für die Erfüllung seiner Auskunftspflichten wird dann ohnehin eine Übermittlung der Kopie des Anspruchsschreibens oder der Verständigung von der Verfahrenseinleitung erforderlich sein.

7.86 Wie bereits erwähnt, versuchen Versicherer, die Wirkung ihrer Regulierungsvollmacht dadurch abzusichern, dass sie dem VN verbieten, den Schadenersatzanspruch des Dritten[814] anzuerkennen oder sich darüber zu vergleichen (**Anerkenntnisverbot**: Art 8.1.5.3 AHVB; Art 18.1.3.3. ABH). Eine solche Vereinbarung ist wirksam, außer der VN konnte die Anerkennung nicht ohne offenbare Unbilligkeit verweigern (§ 154 Abs 2), was etwa bei eindeutiger Sach- oder Rechtslage der Fall sein kann. Die Bestimmung betrifft aber von vornherein nur das konstitutive Anerkenntnis. Deklarative Anerkenntnisse sind daher überhaupt nicht verboten.[815]

> Radfahrer R ist in einen Unfall mit Fußgänger F verwickelt. An Ort und Stelle gibt er zu, die rote Ampel übersehen zu haben. In solchen Fällen wird meist ein deklaratives Anerkenntnis vorliegen, mit dem R schon von vornherein nicht gegen das Anerkenntnisverbot verstößt.

Nach § 154 Abs 2 jedenfalls unwirksam sind **Befriedigungsverbote**. Das sind Vereinbarungen, nach denen der Versicherer von der Verpflichtung zur Leistung frei sein soll, wenn der VN dem geschädigten Dritten ohne seine Einwilligung zahlt.

8. Rechtsstellung des Geschädigten

7.87 Der geschädigte Dritte ist nicht Vertragspartner des Haftpflichtversicherungsvertrags, er wird allerdings durch das VersVG besonders geschützt. Erst an dieser Stelle kommt der Unterscheidung, ob es eine Versicherungspflicht gibt oder nicht, Bedeutung zu. Auf den in der Folge dargestellten „Basisschutz" kann sich der geschädigte Dritte sowohl in der allgemeinen als auch in der Pflichtversicherung berufen. Bei Pflichtversicherungen – dazu gleich unten (Rz 7.91 ff) – ist der Schutz des Geschädigten allerdings noch einmal deutlich stärker ausgeprägt als in der allgemeinen (freiwilligen) Haftpflichtversicherung.

---

813 Siehe *Schauer*, Versicherungsvertragsrecht³ 408.
814 Siehe *Spitzer*, bauaktuell 2016, 16 (18 ff): Werklohnanspruch nicht erfasst.
815 OGH 7 Ob 60/07 k.

IV. Haftpflichtversicherung

7.88 Zunächst ist jedoch in Erinnerung zu rufen, was der Geschädigte nicht kann: Er hat **keinen Direktanspruch** gegen den Haftpflichtversicherer. Vielmehr kann er wegen des Nachteils nur den Schädiger klagen. Insofern ist die Lage für ihn zunächst so, als hätte der Schädiger keine Haftpflichtversicherung.

> Der bei V privathaftpflichtversicherte Radfahrer S kollidiert mit X, der am Körper verletzt wird und einen Schadenersatzanspruch von 1.000 gegen S hat. X kann den Versicherer nicht klagen, sondern muss sich an S wenden. Da das Konzept der Direktklage in Frankreich üblich ist, spricht man manchmal davon, dass X keine action directe hat.

7.89 Das Gesetz **reserviert** den haftpflichtversicherungsrechtlichen **Deckungsanspruch** allerdings für den geschädigten Dritten. Dass er den Deckungsanspruch in der gegen den Schädiger geführten Exekution pfänden und überweisen lassen kann, ist dabei noch keine Besonderheit.

> X klagt S, der auf Zahlung von 1.000 verurteilt wird. In der Exekution kann X den Anspruch von S gegen V pfänden und sich überweisen lassen. Dadurch wandelt sich der Deckungs- außerdem in einen Zahlungsanspruch um.

Verfügungen über den Deckungsanspruch sind dem geschädigten Dritten gegenüber aber unwirksam (§ 156 Abs 1). Auch sonstige Dritte können nicht im Wege der Zwangsvollstreckung zu Lasten des Geschädigten auf den Deckungsanspruch greifen.

> S schuldet Y aufgrund eines Vertrags 1000. Führt Y Exekution gegen S, kann dies nicht zu Lasten des X gehen: Er kann jedenfalls auf den haftpflichtversicherungsrechtlichen Deckungsanspruch greifen.

Das Gesetz geht sogar noch weiter: Ist nämlich über das Vermögen des VN ein Insolvenzverfahren eröffnet, so kann der geschädigte Dritte abgesonderte Befriedigung aus der Entschädigungsforderung des VN verlangen (§ 157). Er hat also ein Sicherungsrecht am Deckungsanspruch.

> S schuldet Y (aufgrund eines Vertrags) und X jeweils 1000. Neben dem Deckungsanspruch hat S kein relevantes Vermögen und ist daher insolvent, weil er seine Forderungen nicht vollständig befriedigen kann. Ohne § 157 müsste V (schuldrechtlicher Anspruch!) die 1000 in die Masse zahlen, X und Y bekämen je 500. § 157 gewährt X allerdings abgesonderte Befriedigung: Er kann sich den Anspruch auch in der Insolvenz überweisen lassen und wird daher vollständig befriedigt. Y geht leer aus.

7.90 Die Absicherung des geschädigten Dritten hat dort natürliche Grenzen, wo es mehrere solcher Dritter gibt und die Versicherungssumme nicht ausreicht. Diese Situation wird als **Deckungskonkurs** bezeichnet. § 156 Abs 3 ordnet an, dass der Versicherer die Forderungen dann „nach dem Verhältnis ihrer Beträge zu berichtigen" hat.

> S kollidiert mit X und Y, die beide am Körper verletzt werden und einen Schadenersatzanspruch von je 1.000 gegen S haben. Die gesamte zur Verfügung stehende Versicherungssumme beträgt 1.000. Anders als nach allgemeinen schuldrechtlichen Regeln entscheidet nicht das Zuvorkom-

men, sondern V muss X und Y je 500 zahlen. Ist S insolvent, bleiben X und Y also auf je der Hälfte der Forderungen „sitzen".

Nachträglich auftretende geschädigte Dritte profitieren allerdings nicht von dieser Vorschrift, wenn der Versicherer mit der Geltendmachung dieser Ansprüche entschuldbarer Weise nicht gerechnet hat.

S kollidiert mit X und Y. X hat einen Schadenersatzanspruch von 1.000. Y gibt zunächst an, nicht verletzt zu sein. Einige Monate später stellt sich im Zuge einer Routineuntersuchung heraus, dass Y sehr wohl verletzt wurde und schadenersatzrechtliche Ansprüche gegen S hat. Hat V zu diesem Zeitpunkt bereits an X bezahlt, kann sich Y nichts mehr von ihm überweisen lassen.

B. Pflichtversicherung

Literatur: *Fenyves*, Versicherungsvertragsrechtliche Grundfragen der Pflichthaftpflichtversicherung, VR 2005 H 3, 70; *Fenyves/Kissling/Perner/Rubin* (Hrsg), Compulsory Liability Insurance from a European Perspective (2016); *Rubin*, Der Begriff der Pflichthaftpflichtversicherung – Zum Anwendungsbereich der §§ 158c ff VersVG, VR 2007 H 9, 21; *Rubin*, Pflichthaftpflichtversicherungen – Funktion und Wirkungsweise, in *Berisha/Gisch/Koban* (Hrsg), Haftpflicht-, Rechtsschutz und Cyberversicherung (2018) 11.

1. Grundlagen

7.91 Von einer Pflichthaftpflichtversicherung – oder von einer obligatorischen Haftpflichtversicherung – spricht man, wenn der VN eine Haftpflichtversicherung aufgrund hoheitlicher Anordnung (insb Gesetz oder Verordnung) abschließen muss. Die Rechtslage ist in Österreich sehr unübersichtlich, es existieren zahlreiche Anordnungen in Bundes- und Landesgesetzen, die eine solche Verpflichtung vorsehen.[816]

Verpflichtungen gibt es insb für freiberufliche Tätigkeiten (zB Rechtsanwälte, Notare, Ärzte), für das Halten und Betreiben gefährlicher Anlagen und Tätigkeiten (zB Eisenbahn, Kfz, Flugzeuge, Atomkraftwerke, aber auch Hunde) oder für sonstige Tätigkeiten und Berufe, die der Gesetzgeber als besonders gefährlich einstuft (Bergführer, Bienenzüchter, Fiaker etc).

7.92 Ordnet der Gesetzgeber (Verordnungsgeber) eine solche Versicherungspflicht an, erfolgt dies in einem Materiengesetz, wo sich oft auch gewisse inhaltliche Vorgaben für den Versicherungsschutz finden. §§ 158b ff selbst sehen eine solche Verpflichtung hingegen nicht vor, sondern setzen sie voraus und ordnen Rechtsfolgen im Verhältnis zum Dritten an. Ihr Zweck ist stets (auch) der Schutz des Geschädigten.[817]

Am Bsp der Ärztehaftpflichtversicherung: § 52d Abs 1 ÄrzteG ordnet eine Versicherungspflicht für freiberufliche ärztliche Tätigkeit an. Sie darf erst nach Abschluss und Nachweis einer Berufshaftpflichtversicherung bei einem zum Geschäftsbetrieb in Österreich berechtigten Versicherer aufgenommen werden. Abs 2 legt Mindestversicherungssummen und andere Rahmen-

---

816 Ausführlich *Rubin* in *Berisha/Gisch/Koban*, Haftpflicht-, Rechtsschutz und Cyberversicherung 11 (Übersicht 43 ff).
817 *Rubin* in *Fenyves/Perner/Riedler*, VersVG § 158b Rz 3 ff.

bedingungen für den Versicherungsvertrag fest. Im Verhältnis zum geschädigten Patienten sind dann §§ 158b ff zu beachten.

Für die unten darzustellende Kfz-Haftpflichtversicherung (3.) ist neben §§ 158b ff das KHVG zu beachten, das nicht nur den Geschädigten, sondern in weitem Umfang auch den VN selbst schützt.

2. Rechtsstellung des Geschädigten

Literatur: *Kapetanovic/Perner*, Ausschlüsse in der Haftpflichtversicherung: Aushöhlung des Versicherungsschutzes? in *Berisha/Gisch/Koban* (Hrsg), Haftpflicht-, Rechtsschutzversicherung und Versicherungsvertriebsrecht (2020) 69; *Rubin*, Apropos: Alternative Haftpflichtversicherung, ecolex 2019, 1005; *Schurich*, Die Vertrauensschadenversicherung nach § 23 Abs 6 RAO, ecolex 2021, 522.

Wie bereits dargelegt, ist der geschädigte Dritte bereits in der allgemeinen Haftpflichtversicherung dadurch geschützt, dass der Deckungsanspruch für ihn reserviert wird. Dieser Schutz ist auch in der Pflichtversicherung anwendbar.[818] **7.93**

> Der bei V berufshaftpflichtversicherte Anwalt A übersieht eine Frist, weshalb der Anspruch seines Mandanten M iHv 1.000 verjährt. M kann bevorzugt auf den Deckungsanspruch des A gegen V greifen. Im Deckungskonkurs kommt § 156 Abs 3 zur Anwendung.

§§ 156f lassen gegenüber dem Geschädigten allerdings noch gewisse Schutzlücken. Das ist für den Anwendungsbereich der allgemeinen Haftpflichtversicherung nicht zu beanstanden, weil der Dritte dort ja nicht damit rechnen kann, dass es eine Haftpflichtversicherung gibt.

> Hat der schädigende Radfahrer eine vorbeugende Obliegenheit schuldhaft verletzt oder liegt keine Gefahr des täglichen Lebens vor, gibt es keinen Deckungsanspruch. Dann kann aber auch der geschädigte Dritte auf nichts greifen, weil nichts da ist. Die Situation ist nicht anders, als hätte der VN von vornherein keine Haftpflichtversicherung abgeschlossen.

In der Pflichtversicherung liegt der Fall anders. Sie wird für den Geschädigten angeordnet und soll ihm daher auch effektiven Schutz bieten, der möglichst vom Innenverhältnis zwischen Versicherer und VN abstrahiert ist. Zwar begründen auch §§ 158b ff keinen Direktanspruch des Dritten gegen den Haftpflichtversicherer (§ 158c Abs 5). Seine Rechtsposition ist allerdings trotzdem äußerst stark. **7.94**

Das liegt erstens daran, dass manche Materiengesetze eben gerade doch – in Ergänzung zu §§ 158b ff – einen **Direktanspruch** anordnen.[819]

> Neben § 26 KHVG (dazu unten 3.) sind vor allem § 52d Abs 6 ÄrzteG, § 5c Abs 3 KAKuG, § 26c Abs 6 ZÄG zu nennen. Der geschädigte Dritte kann dann nicht nur gegen den Schädiger, sondern auch gegen den Haftpflichtversicherer vorgehen, die als Gesamtschuldner haften. Bereits daraus folgt, dass der Geschädigte sich um das Innenverhältnis nicht kümmern muss.

---

818 *Rubin* in *Fenyves/Perner/Riedler*, VersVG § 158c Rz 3.
819 Aufzählung bei *Rubin* in *Fenyves/Perner/Riedler*, VersVG § 158c Rz 89.

Zweitens sieht § 158 c Abs 1 auch für Fälle, in denen es keine Direktklage gibt, weitgehenden Schutz vor. Auch wenn der Versicherer von der Verpflichtung zur Leistung dem VN gegenüber ganz oder teilweise frei ist, bleibt seine Verpflichtung gegenüber dem Dritten bestehen. Der **Deckungsanspruch** wird also gegenüber dem Geschädigten **fingiert.**

> Dass A seine Prämien schon länger nicht bezahlt hat und vom Versicherer erfolglos gemahnt wurde, dass er Obliegenheiten schuldhaft verletzt hat etc, kann M also nicht entgegengehalten werden. Das ist freilich nicht mit der Direktklage zu verwechseln: M kann nur A auf Schadenersatz klagen. Bei Pfändung und Überweisung des Anspruchs des A gegen V kommt es dann aber zur Deckungsfiktion zu Gunsten des M. Bezahlt V daher an M, kann er im Anschluss bei A Regress nehmen, wenn er aus dem Versicherungsvertrag tatsächlich leistungsfrei war.

Der Dritte wird auch bei Unwirksamkeit oder Beendigung des Versicherungsvertrags geschützt: Der Versicherer kann sich darauf gegenüber dem Dritten erst mit dem Ablauf eines Monates, nachdem er diesen Umstand der zuständigen Stelle (zB die für den Beruf zuständige Kammer) angezeigt hat und der Vertrag tatsächlich beendet ist, berufen.[820] Damit wird dafür Sorge getragen, dass der Versicherungsschutz Dritten gegenüber möglichst lückenlos fortbesteht, weil die jeweilige Stelle dafür sorgen kann, dass die Gefahrenquelle abgestellt wird (Entzug der Berufsberechtigung, Einstellen des Betriebs etc).

> V kündigt den Vertrag gegenüber A aufgrund des Prämienzahlungsverzugs und zeigt dies der zuständigen Rechtsanwaltskammer an. Für Versicherungsfälle innerhalb der Nachfrist (die in § 21a Abs 6 RAO auf zwei Wochen verkürzt wird) wird noch Deckung gegenüber M fingiert. Die Kammer wird A sofort nach der Meldung die Berufsberechtigung entziehen.

7.95 Die Verpflichtung des Versicherers hat allerdings Grenzen: Nach § 158 c Abs 3 haftet er nämlich „nur im Rahmen der amtlich festgesetzten Mindestversicherungssummen und der von ihm übernommenen Gefahr." Auch die **Deckungsfiktion** hat somit **Grenzen.** Das gilt auch für Fälle der ausnahmsweise angeordneten Direktklage, weil in den Materiengesetzen angeordnet wird, dass die Solidarhaftung des Versicherers nur „im Rahmen des betreffenden Versicherungsvertrages" besteht (vgl zB § 52 d Abs 6 ÄrzteG).

> Verursacht A bei M einen Schaden von 500.000 Euro, kann M diesen Betrag zwar durch Pfändung und Überweisung beim „gesunden" Versicherungsverhältnis von V verlangen, wenn sich die Haftung im Rahmen der Versicherungssumme hält. Beim „kranken" Versicherungsverhältnis (Obliegenheitsverletzung) bekommt M allerdings nur 400.000 (Mindestversicherungssumme, § 21a Abs 3 RAO). Die restlichen 100.000 Euro müsste er bei A eintreiben.
>
> Auch der Haftpflichtversicherer eines Arztes kann sich beim kranken Versicherungsverhältnis auf diese Einschränkung berufen (§ 52 d Abs 2 ÄrzteG: Mindestversicherungssumme 2 Mio Euro pro Versicherungsfall).
>
> Begeht ein Versicherungsvermittler (der haftpflichtversichert sein muss) einen Beratungsfehler in einem Bereich, der nicht mehr von seiner Gewerbebefugnis umfasst ist (Vermittlung von Krediten), kommt der Drittgeschädigte ebenfalls nicht mehr in den Genuss der Deckungsfiktion (vgl OGH 7 Ob 139/18 v).

---

820 Siehe *Rubin* in *Fenyves/Perner/Riedler*, VersVG § 158 c Rz 37 ff.

Weniger offensichtlich ist, dass sich der Versicherer gegenüber dem Dritten auf Risikoausschlüsse berufen kann (arg „übernommenen Gefahr").[821] Dies gilt für gesetzliche Ausschlüsse und für zulässig vereinbarte[822] vertragliche gleichermaßen.

> Schädigt der VN den Dritten also vorsätzlich, kommt der Dritte nicht in den Genuss der Deckungsfiktion. Der Versicherer kann sich gegenüber dem Drittgeschädigten auch darauf berufen, dass er eine Serienschadenklausel mit einem Anwalt vereinbart hat (OGH 7 Ob 70/14s).

7.96 Dass sich der Versicherer gegenüber dem Dritten auf den Vorsatzausschluss berufen kann, könnte vor allem bei Berufsgruppen, die typischer Weise besonderes Vertrauen ihrer Kunden in Anspruch nehmen, zu unerwünschten Lücken führen. Der Geschädigte ist etwa bei einer Veruntreuung besonders schutzwürdig, der Vorsatzausschluss ließe den Kunden aber mit leeren Händen dastehen.

Für rechtsberatende Berufe (Anwalt, Notar) wird diese Deckungslücke bei Vorsatz durch **Vertrauensschadenversicherungen** beseitigt (§ 23 Abs 6 RAO; vgl auch § 109a NO).[823] Sie decken Schäden, die durch vorsätzliches widerrechtliches Handeln zugefügt werden und greifen daher (nur) dort ein, wo die herkömmliche Haftpflichtversicherung keinen Schutz bietet.[824]

> Anwalt A veruntreut das Geld seines Mandanten M. Die Haftpflichtversicherung kann sich gegenüber M auf Leistungsfreiheit berufen (§ 152), es gibt keine Deckungsfiktion. Die Vertrauensschadenversicherung, die von den Rechtsanwaltskammern abgeschlossen wird, wird hingegen in diesem Fall deckungspflichtig.

7.97 Der geschädigte Dritte hat in der Pflichtversicherung eine starke Rechtsstellung und profitiert in besonderem Maße von der Deckung. Es ist daher gerechtfertigt, dass ihn ebenfalls Informations- und Auskunftsobliegenheiten treffen (§ 158d),[825] die sonst nur der VN erfüllen muss (zu den Sanktionen § 158e).

3. Kfz-Haftpflichtversicherung

Literatur: *Burtscher/Spitzer,* Schadensabwicklung durch den Kfz-Versicherer (2020); *Mürmann,* Steigende Transparenz: Chancen und Herausforderungen für Versicherbarkeit, VR 2018 H 7–8, 45; *Perner,* OGH zur „Alkoholklausel" in der Kfz-Versicherung, ZVR 2007, 148; *Perner/Spitzer,* Betrieb, Betriebsbegriff und Verwendung des Kfz, ÖJZ 2017, 186; *Schauer,* Prämienanpassung und Kündigung in der Kfz-Haftpflichtversicherung, ZVR 2009, 427.

7.98 Eine praktisch sehr bedeutende Versicherungspflicht ordnet **§ 59 KFG** für Schäden aus der Verwendung von zugelassenen **Kraftfahrzeugen** und Anhängern an. Damit reagiert der Gesetzgeber auf das hohe Schadens- und Haftungspotenzial im Straßenverkehr.

---

821 Siehe dazu *Rubin* in *Fenyves/Perner/Riedler,* VersVG § 158c Rz 59ff.
822 OGH 7 Ob 70/14s.
823 Zur Vertrauensschadenversicherung der Rechtsanwaltskammern für Veruntreuungen ihrer Rechtsanwälte OGH 1 Ob 137/20h; dazu *Schurich,* ecolex 2021, 522.
824 *Schurich,* ecolex 2021, 522 (523ff).
825 Zur ratio *Rubin* in *Fenyves/Perner/Riedler,* VersVG § 158d Rz 4.

> H ist Halter eines PKW, den er an seinen Freund F verborgt. F verursacht aufgrund leicht überhöhter Geschwindigkeit mit dem Kfz einen Verkehrsunfall, bei dem X verletzt wird und dessen Auto beschädigt wird. H wird als Halter nach dem EKHG (und nach dem ABGB, § 19 Abs 2 EKHG) ersatzpflichtig, obwohl er an dem Unfall unbeteiligt war. F haftet nach außen solidarisch nach dem ABGB.

Die Verpflichtung wird durch den Abschluss eines Versicherungsvertrags eingehalten, für den das **KHVG** zwingende Vorgaben macht (Musterbedingungen des VVO: AKHB 2015). Das Gesetz enthält vertragsrechtliche Spezialbestimmungen und Ergänzungen zum VersVG sowie besondere Regeln über den Schutz des Drittgeschädigten.

7.99 Das KHVG sichert dem **Drittgeschädigten** zunächst die Durchsetzbarkeit seines Schadenersatzanspruchs (zu den Versicherungssummen § 9 KHVG). Diese Funktion ist zwar – wie oben gezeigt – aus allen verpflichtenden Haftpflichtversicherungen bekannt, sie ist im Verkehrsopferschutz allerdings noch einmal stärker ausgeprägt. Zunächst ordnet § 26 KHVG einen Direktanspruch des Drittgeschädigten gegen den Haftpflichtversicherer an, der derselben Verjährung unterliegt (§ 27 Abs 1 KHVG: allerdings maximal 10 Jahre ab dem Schadenereignis).

> X kann neben den beiden zivilrechtlich Haftpflichtigen daher auch den Kfz-Haftpflichtversicherer in Anspruch nehmen. Zur Bindungswirkung aberkennender Urteile siehe § 28 KHVG.

Außerdem müssen neben dem Eigentümer und dem Halter auch alle Personen versichert werden, die mit Willen des Halters bei der Verwendung des Fahrzeugs tätig sind oder mit dem Fahrzeug befördert werden oder die den Lenker einweisen (§ 2 Abs 2 KHVG). Aus Perspektive des Drittgeschädigten heißt das, dass der Versicherer auch für Ansprüche gegen diese Personen solidarisch haftet.

> Der Kfz-Haftpflichtversicherer haftet sowohl für Ansprüche, die sich gegen H richten, als auch für solche, die gegen F gerichtet sind. Sobald er einen Versicherten „findet", kann er also auch auf den Versicherer greifen.

Trotzdem kann es passieren, dass eine Person einen Verkehrsunfall bei Verwendung eines Kfz verursacht und ein Risikoausschluss greift oder es keine versicherte Person gibt, die für den Schaden haftet.

> A manövriert sein Fahrzeug absichtlich in eine Menschenmenge, um Personen zu töten. B stiehlt das Fahrzeug des Halters, der die Schwarzfahrt nicht begünstigt hat (§ 6 Abs 1 EKHG), und verursacht einen Unfall.

Gerade an dieser Stelle zeigt sich der besondere Schutz der Drittgeschädigten:[826] In solchen Situationen greift nämlich das **Verkehrsopfer-Entschädigungsgesetz** (VOEG) ein (§ 1), nach dem der Fachverband der Versicherungsunternehmen haftet (§ 2). Er wird von allen Kfz-Haftpflichtversicherern mit Beiträgen gespeist, die in einen Entschädi-

---

826 Siehe *Schauer*, Versicherungsvertragsrecht³ 441.

IV. Haftpflichtversicherung

gungsfonds einzahlen und insofern eine Risikogemeinschaft bilden (vgl § 14 VOEG). Damit gibt es im Ergebnis einen beinahe lückenlosen Schutz von Verkehrsopfern.

> Die absichtliche Verletzung führt ebenso zu einem Anspruch gegen den Fachverband (§ 4 Abs 1 Z 4 VOEG) wie die nicht begünstigte Schwarzfahrt (§ 4 Abs 1 Z 3 VOEG). In beiden Fällen gibt es keinen passivlegitimierten Kfz-Haftpflichtversicherer, weil einmal ein Risikoausschluss greift und es einmal keine versicherte Person gibt.
>
> Gäbe es zwar einen Versicherten, kann dieser aber nicht ermittelt werden (Fahrerflucht), greift das VOEG ebenfalls ein (§ 4 Abs 1 Z 2 VOEG). Reine Sachschäden sind in solchen Fällen allerdings nicht ersatzfähig (siehe § 5 Abs 1 VOEG).

Die Haftpflichtversicherung bewirkt aber nicht nur einen Schutz des Drittgeschädigten. **7.100** Auch die **Versicherten** sind gegen das Haftungsrisiko, das sich aus der Verwendung von Kfz ergibt, bereits durch die Haftpflichtversicherung als solche geschützt. Das gilt für den VN und für die nach § 2 Abs 2 KHVG versicherten Personen, hinsichtlich derer Versicherung für fremde Rechnung vorliegt (§ 11 Abs 1 KHVG). Die Mitversicherten können ihre Ansprüche außerdem selbstständig geltend machen (§ 11 Abs 2 KHVG).

> H haftet im obigen Bsp für einen Unfall, an dem er nicht beteiligt war. Er könnte F zwar im Regress in Anspruch nehmen. Das Haftungspotenzial ist allerdings bedrohlich und H trägt das Insolvenzrisiko des F. Bei diesem lässt sich außerdem die Frage stellen, ob es gerechtfertigt ist, dass ein leicht fahrlässig verschuldeter Unfall existenzbedrohende Ausmaße annimmt.
>
> H und F sind durch den Versicherungsvertrag geschützt: Der Kfz-Haftpflichtversicherer kann bei H nach Leistung gar keinen Regress nehmen, weil sich dieser ein allfälliges Fehlverhalten des F nicht zurechnen lassen muss. Hat F keinen Tatbestand der Leistungsfreiheit gesetzt (insb: keine Obliegenheiten verletzt), kann der Versicherer auch von ihm nichts verlangen.

Das **KHVG** schützt die versicherten Personen allerdings noch in einem viel weitergehenden Ausmaß, als dies nach allgemeinen Regeln der Fall ist. Nach §§ 4 und 5 KHVG darf nur ein sehr stark eingeschränkter Katalog an Risikoausschlüssen und Obliegenheiten wirksam vereinbart werden (wovon in der Praxis Gebrauch gemacht wird: siehe Art 8 und 9 AKHB). Selbst, wenn die Verletzung einer (wirksam vereinbarten) Obliegenheit oder eine Gefahrerhöhung nach allgemeinen Regeln zur Leistungsfreiheit führen würde, kann sich der Versicherer einer versicherten Person gegenüber darauf aber nur in Höhe von 11.000 Euro – für jeden Versicherungsfall höchstens 22.000 Euro – berufen (§ 7 Abs 1 KHVG; für Mitversicherte § 11 Abs 3 KHVG).

> Anhand der in der Praxis wichtigen „Alkoholklausel", die als Obliegenheit vereinbart werden kann (§ 5 Abs 1 Z 5 KHVG): F war nicht mit leicht überhöhter Geschwindigkeit, sondern stark alkoholisiert unterwegs, weshalb sich der Kfz-Haftpflichtversicherer ihm gegenüber auf Leistungsfreiheit berufen kann (vgl § 5 Abs 4 KHVG). Nimmt X den Kfz-Haftpflichtversicherer in Anspruch, kann dieser von F maximal 11.000 Euro verlangen. Hat F nach dem Unfall bewusst falsche Angaben gemacht (vgl § 6 KHVG), könnte sich der Regress auf höchstens 22.000 Euro erhöhen. Das ist nicht viel, wenn man an das beträchtliche Schadenspotenzial bei Verkehrsunfällen denkt.

7.101 Der Nachweis eines Haftpflichtversicherungsvertrags ist Voraussetzung für die Zulassung des Kfz (§ 37 Abs 2 lit b KFG; zur Versicherungsbestätigung siehe § 61 KFG). Könnten sich die Versicherer uneingeschränkt auf ihre Vertragsfreiheit berufen, führte dies in der Praxis dazu, dass nicht die Lenkerberechtigung, sondern das Wohlwollen der Versicherer darüber entscheidet, ob jemand ein Kfz lenken darf. Daher **schränkt** § 25 Abs 1 KHVG die **Vertragsfreiheit** ein: Weist ein Interessent nach, dass er von drei Versicherern abgewiesen wurde, so muss ihm ein Versicherer zugewiesen werden.

7.102 Die **Prämienhöhe** ist grundsätzlich frei vereinbar. In vertraglichen Prämienanpassungsklauseln kann als Maßstab für Prämienänderungen der VPI herangezogen werden (§ 14b Abs 1 KHVG). Die Anpassung kann nur pro futuro ab Zugang der Erklärung an den VN (Abs 3) und nicht in kürzeren als jährlichen Abständen (Abs 2) vorgenommen werden. Davon unberührt sind allerdings Prämienanpassungen nach dem individuellen Schadensverlauf (Bonus-Malus-System), die daneben ebenfalls zulässig sind.[827]

In jüngerer Zeit wurden **Telematik-Tarife** („pay as you drive") diskutiert, die die Prämienhöhe an das Fahrverhalten knüpfen.[828] Da die Häufigkeit der Nutzung eines Kfz und die Fahrweise (Bremsverhalten, Geschwindigkeit etc) relevante Risikoindikatoren in der Kfz-Haftpflichtversicherung sind, spricht aus zivil- und versicherungsvertragsrechtlicher Sicht nichts gegen ihre grundsätzliche Zulässigkeit. Die juristische Diskussion um die Zulässigkeit solcher Tarife dürfte sich eher im Datenschutzrecht abspielen.

Besonders geregelt ist der **Spalttarif** (§ 21 KHVG): Verzichtet der VN im Vertrag auf Ansprüche auf bestimmte vom Schadenersatz aus einem Verkehrsunfall an sich erfasste Kosten (Ersatz von Mietkosten eines Ersatzfahrzeuges einschließlich eines Taxis, Verdienstentgang wegen der Nichtbenützbarkeit des Fahrzeuges), so gebührt ihm ein Nachlass von 20% der Prämie. Dies ist insofern gerechtfertigt, als sein Verzicht ja dazu führt, dass die Gesamtschadensbelastung bei Kfz-Unfällen sinkt.

C. D&O-Versicherung

Literatur: *Bruck/Möller* (Begr), Großkommentar zum Versicherungsvertragsgesetz[9] II (2010); *Burtscher*, D&O-Versicherung: Gesellschaftsrechtliche Abschlusszuständigkeit und Missbrauch der Vertretungsmacht, ZVers 2019, 290; *Figl*, Schriftliche Inanspruchnahme und Vorkenntnisausschluss in der D&O-Versicherung, ZFR 2021, 174; *Hafner/Perner*, D&O-Versicherung: Struktur und Inhalt, ZFR 2018, 368; *Lange*, D&O-Versicherung und Managerhaftung (2014); *Ramharter*, Kapitel 47: D&O-Versicherung, in *Kalss/Kunz* (Hrsg), Handbuch für den Aufsichtsrat[2] (2016); *Ramharter*, D&O-Versicherung: Dogmatische Grundlagen und ausgewählte Praxisfragen (2018); *Runggaldier/Schima*, Manager-Dienstverträge[4] (2014); *Schima*, Kapitel 17: Die Begründung, Gestaltung und Beendigung der Vorstandstätigkeit durch den Aufsichtsrat, in *Kalss/Kunz* (Hrsg), Handbuch für den Aufsichtsrat[2] (2016).

1. Grundlagen

7.103 Die D&O-Versicherung (Directors and Officers Liability Insurance, Vermögensschaden-Haftpflichtversicherung für Unternehmensleiter, Manager-Haftpflichtversicherung) dient der **Absicherung von Leitungsorganen** gegen schadenersatzrechtliche Inanspruch-

---

827 *Schauer*, ZVR 2009, 427 (434).
828 Siehe etwa *Korinek*, VR 2018 H 7–8, 50 (53f).

nahme durch die Gesellschaft (Innenhaftung) oder Dritte (Außenhaftung). Während also das Organ (= seine potenzielle Haftpflicht) versichert ist, ist meist die Gesellschaft Versicherungsnehmerin und Prämienschuldnerin. Es liegt damit Versicherung für fremde Rechnung vor.

> Bei den Anwendungsfällen muss man nicht nur an Bilanzskandale denken, die zur Haftung von Vorständen sowie Aufsichtsräten führen (können) und in den Medien breit berichtet wurden. Auch Geschäftsführer einer kleinen GmbH oder sonstige Organe (von Vereinen, Privatstiftungen oder öffentlich-rechtlichen Genossenschaften) sind potenzielle Adressaten.

Das Gesetz sieht **keine Versicherungspflicht** für Leitungsorgane vor. Nach hA ergibt sie sich auch nicht aus gesellschaftlicher Treue- und Fürsorgepflicht.[829] Üblich sind aber „Verschaffungsklauseln", die eine solche Verpflichtung der Gesellschaft im Anstellungsvertrag des Leitungsorgans vorsehen.[830] Bei Verletzung dieser Pflicht drohen Schadenersatzansprüche in der Höhe, die zur Deckung des Schadensfalles bei bestehender Versicherung zur Verfügung stünde. Sie können Innenhaftungsansprüchen der Gesellschaft aufrechnungsweise entgegengehalten werden; bei Außenhaftung trifft die Gesellschaft ein Freistellungsanspruch. **7.104**

Obwohl sich die D&O-Versicherung in Europa etabliert hat, sind die Vertragswerke sehr uneinheitlich. Ausgehend von den gesetzlichen Vorgaben über die Haftpflichtversicherung (§§ 149 ff) und die Versicherung für fremde Rechnung (§§ 74 ff) entscheiden die vertraglichen Vereinbarungen. Ein Vertrag „von der Stange" verbietet sich schon wegen der Spezialität des jeweils zu versichernden Risikos. Daher gibt es in Österreich auch **keine Musterbedingungen**. In Deutschland liegen hingegen die „Allgemeinen Versicherungsbedingungen für die Vermögensschaden-Haftpflichtversicherung von Aufsichtsräten, Vorständen und Geschäftsführern" vor (AVB D&O, Stand: Mai 2020). **7.105**

Dass die D&O-Versicherung zulässig ist, wird heute nicht mehr bestritten.[831] Fraglich ist allerdings, ob ein angemessener **Selbstbehalt** des schädigenden Organs vorzusehen ist, um die Verhaltenssteuerung sicherzustellen; immerhin zahlt die Gesellschaft die Prämie für die Haftungsfreistellung des Organs.[832] Jedoch haben Deckungslimits sowie Risikoausschlüsse, Obliegenheiten, Bonus-Malus-Systeme, die Kurzfristigkeit der Verträge und Kündigungsrechte des Versicherers eine ausreichende verhaltenssteuernde Wirkung. Auch die in der Praxis übliche Verschärfung von § 152 auf wissentliche Pflichtverletzungen ist zu nennen. Pflichtgemäßes Verhalten wird zudem durch straf- und verwaltungsstrafrechtliche Sanktionen, drohende Abberufung, die allfällige Verweigerung der Entlastung durch einen Aufsichtsrat, Sanktionen aus dem Vertrag mit dem Leitungsorgan und – ebenfalls nicht zu unterschätzen – durch Reputationsverlust forciert. Daher ist nicht davon auszugehen, dass ein Selbstbehalt zwingend vorzusehen ist. **7.106**

Im Außenverhältnis schließt der Vorstand, Geschäftsführer etc als Vertretungsorgan der juristischen Person den Versicherungsvertrag mit dem Versicherer. Er macht die Gesell- **7.107**

---

829 *Ramharter* in HB Aufsichtsrat² Rz 47/38.
830 *Nowotny* in FS Fenyves 661 (662).
831 Vgl nur OGH 6 Ob 35/18t ZFR 2018/189 *(Hafner)*.
832 Ausf *Hafner/Perner*, ZFR 2018, 368 (370 f).

schaft zur Versicherungsnehmerin. Problematisch ist hingegen die **Abschlusslegitimation im Innenverhältnis**.[833] Aus der Prämientragung durch die Gesellschaft folgert ein Teil der Lehre, dass nicht das Leitungsorgan allein über eine D&O-Versicherung abzusprechen hat, sondern – je nach Kreis der Versicherten – die Zustimmung von Aufsichtsrat, Haupt-/Generalversammlung oder eine Satzungsbestimmung notwendig ist.[834] In diese Richtung dürfte auch der OGH gehen.[835] Es ist daher von einer Genehmigungsbedürftigkeit auszugehen; auf das Außenverhältnis hat die Verabsäumung der Genehmigung freilich idR keine Auswirkungen (Formalvertretung).[836]

2. Versicherungsrechtliche Einordnung

7.108 Die D&O-Versicherung ist eine **Haftpflichtversicherung**: Den versicherten Personen steht ein Deckungsanspruch gegenüber dem Versicherer zu, wenn und soweit sie wegen eines Vermögensschadens in Anspruch genommen werden, der aus einer Pflichtverletzung bei Ausübung ihrer beruflichen Tätigkeit resultiert (Vermögensschaden-Haftpflichtversicherung).[837]

7.109 Besonderheiten gegenüber einer herkömmlichen Haftpflichtversicherung ergeben sich vor allem aus dem System der D&O als **Versicherung für fremde Rechnung**[838] und der damit verbundenen Position der Gesellschaft: Im Haftpflichtverhältnis ist sie geschädigte Dritte iSd §§ 149 ff, bezogen auf das versicherungsrechtliche (Deckungs-)Verhältnis ist sie Versicherungsnehmerin gem §§ 74 ff. Je nach Betrachtungsweise ist auf die eine oder die andere Rechtsposition abzustellen. Die Deckung von Innenhaftungsfällen in der D&O-Versicherung ist für diese Versicherung charakteristisch. Zugleich unterscheidet sie dieser Umstand von anderen Haftpflichtversicherungen (für fremde Rechnung),[839] die den Versicherungsschutz für Schäden, die dem VN selbst zugefügt werden, wegen der Gefahr missbräuchlichen Zusammenwirkens idR ausschließen (vgl nur die Risikoausschlüsse in Art 7.6.1 AHVB und in gängigen AVBV; vgl auch § 4 Abs 1 Z 1 KHVG).

7.110 Die **Gesellschaft** ist also **Versicherungsnehmerin** des Versicherungsvertrages. Als Vertragspartei hat sie die Gestaltungsrechte aus dem Vertragsverhältnis (zB Kündigung, Rücktritt, Anfechtung), sie kann Vertragsänderungen mit dem Versicherer vereinbaren und ist Erklärungsempfängerin sowie Schuldnerin der Prämien. Rechte, die „mit dem Vertrag als solchem" einhergehen, stehen damit der Gesellschaft und nicht den versicherten Organen zu.

7.111 Aus der Polizze **versichert** sind hingegen die **Organe** der Gesellschaft, sie werden materiell geschützt. Bei mehrgliedrigen Leitungsorganen liegt Gruppenversicherung vor, wo-

---

833 *Ramharter*, D&O-Versicherung Rz 2/68 ff.
834 *Ramharter* in HB Aufsichtsrat² Rz 47/15 ff; *Schima* in HB Aufsichtsrat² Rz 17/137 f; *Hafner/Perner*, ZFR 2018, 368 (371 f); *Burtscher*, ZVers 2019, 290 (290 ff); jeweils mwN.
835 OGH 6 Ob 35/18t ZFR 2018/189 *(Hafner)*.
836 Ausf *Burtscher*, ZVers 2019, 290 (293 ff).
837 OGH 7 Ob 127/20g r+s 2021, 220 *(Perner)*.
838 OGH 7 Ob 127/20g r+s 2021, 220 *(Perner)*.
839 *Ramharter*, D&O-Versicherung Rz 2/4.

bei die Versicherung idR abstrakt an die Position des Organmitglieds, nicht an den konkreten Organwalter anknüpft. Dass der Versicherte nicht benannt werden muss, ergibt sich schon aus § 74 Abs 1. Häufig sind „Firmenpolizzen", die Leitungs-, Verwaltungs- und Aufsichtsorgane eines Unternehmens gleichermaßen erfassen. Bei „Konzernpolizzen" sind auch die Organe von Tochtergesellschaften vom Versicherungsschutz mitumfasst. Auch leitende Angestellte, Beiräte, Prokuristen und stellvertretende Organe können erfasst sein.[840]

> **Praxishinweis**
> Neuere alternative D&O-Konzepte entkoppeln die Deckung für die einzelnen Leitungsorgane voneinander und sehen eine Eigenversicherung des jeweiligen Leitungsorgans vor („persönliche D&O"). Damit soll vor unzureichenden Deckungssummen und Interessenkonflikten geschützt werden. Das ist aber wegen der damit verbundenen hohen Kosten immer noch selten.[841]

Die geschützten Organe haben aus dem zu ihren Gunsten abgeschlossenen Versicherungsvertrag einen Deckungsanspruch gegen den Versicherer, gerichtet auf Freistellung von begründeten und Abwehrschutz gegen unbegründete Ansprüche. Abweichend vom gesetzlichen Leitbild (§ 75 Abs 2, § 76 Abs 1) ist die Verfügungsbefugnis über diesen Anspruch der Gesellschaft durch die Bedingungen entzogen (vgl A-8.1 AVB D&O). Verfügungsberechtigt sind allein die versicherten Organmitglieder; nur ihnen obliegt die gerichtliche Geltendmachung (zum „Company Reimbursement" siehe noch unten).

Fraglich ist, ob die versicherte Person nach Ausscheiden aus der Gesellschaft einen Anspruch auf Aushändigung der Polizze/Auskunft hat. Dies ist schon deshalb zu bejahen, weil die Rechtsdurchsetzung ansonsten unverhältnismäßig erschwert würde; teilweise haben die Organe keine Kenntnis von Bestand oder Inhalt der Versicherung. Den VN trifft daher in der Versicherung für fremde Rechnung zum Zweck der Sicherung der Ansprüche des Versicherten eine Auskunftspflicht[842] über das Bestehen und den Inhalt der Versicherung sowie die Höhe einer allfälligen Leistung.

Fraglich ist, ob die versicherten Personen ihren Freistellungsanspruch an die geschädigte Gesellschaft **abtreten** dürfen, um ein direktes Vorgehen gegen den Versicherer zu ermöglichen.[843] Das wird manchmal vor dem Hintergrund kritisch gesehen, dass dadurch ein kollusives Zusammenwirken und eine „freundliche Inanspruchnahme" gefördert werde: Man „lässt sich auf die Haftung ein", weil ohnehin die Versicherung bezahlt. Die Bedingungswerke sehen allerdings keine Abtretungsverbote vor,[844] sodass eine Zession an die Gesellschaft zulässig ist. Ist die Haftpflichtfrage im Abtretungszeitpunkt noch nicht geklärt, so ist sie als Vorfrage im Verfahren zwischen Gesellschaft und Versicherer zu klären.[845]

7.112

---

840 Siehe *Hafner/Perner*, ZFR 2018, 368 (373).
841 *Ramharter*, D&O-Versicherung Rz 2/49 ff.
842 *Hafner/Perner*, ZFR 2018, 368 (374).
843 Zur Rechtslage in Deutschland *Hafner/Perner*, ZFR 2018, 368 (374 f).
844 Vgl *Ramharter*, D&O-Versicherung Rz 3/51.
845 OGH 7 Ob 192/13 f. Siehe *Ramharter*, D&O-Versicherung Rz 3/51 ff.

7.113 Auch eine **Eigenversicherung der Gesellschaft** kommt in zwei Fällen vor: Beim Deckungsbaustein des „Company Reimbursement" genießt die Gesellschaft als Versicherungsnehmerin auch materiell Versicherungsschutz. Das ist sinnvoll, wenn sie verpflichtet ist, ihre Organe – etwa aufgrund einer Vereinbarung – von der Haftung freizustellen.[846] Deckt die D&O-Versicherung auch die Ansprüche gegen die solidarisch mit dem Organ nach außen haftende Gesellschaft, spricht man von „Entity Coverage".[847]

3. Versicherte Gefahr

7.114 Der Versicherer gewährt Deckung, wenn ein gegenwärtiges oder ehemaliges Organ wegen einer bei Ausübung dieser Tätigkeit begangenen Pflichtverletzung aufgrund gesetzlicher Haftpflichtbestimmungen für einen Vermögensschaden auf Schadenersatz in Anspruch genommen wird (zB A-1 AVB D&O). Damit sind die wesentlichen Punkte angesprochen:

7.115 **Pflichtverletzungen** ergeben sich aus fehlerhaften Handlungen oder Unterlassungen einer versicherten Person in ihrer Funktion. Das Unterlassen einer gebotenen Handlung gilt dabei als Pflichtverletzung zu dem Tag, an dem der Vermögensschaden durch Vornahme der Handlung spätestens noch abgewendet werden hätte können, was für zeitliche Aspekte bedeutend ist (siehe gleich unten).

Deckung gibt es nur innerhalb des **Tätigkeits- und Aufgabenbereichs** der versicherten Person. Dafür spielen neben den gesetzlichen Vorschriften auch die Satzung und der Dienstvertrag eine wesentliche Rolle. In der Praxis werden Fremdmandate („outside directorships")[848] häufig mitversichert, soweit diese auf Wunsch und im Interesse der Gesellschaft wahrgenommen werden.[849] Nicht versichert ist hingegen das Verhalten Versicherter als Privatperson.

Vor allem in älteren Polizzen finden sich manchmal **Dienstleistungsausschlüsse,** die operative Tätigkeiten vom Versicherungsschutz ausnehmen. Damit grenzt man die „eigentliche Organtätigkeit", für die es die D&O-Versicherung gibt, von anderen „bloß operativen" Tätigkeiten ab. Eigentlicher Hintergrund dürfte aber die Abgrenzung zu anderen Versicherungen, insb der E&O-Versicherung (Errors & Omissions – Vermögensschadenshaftpflichtversicherung zugunsten des Unternehmers und seiner Mitarbeiter) sein. Entsteht durch einen Dienstleistungsausschluss hingegen eine Deckungslücke, müsste die Klauselkontrolle wohl zu seiner Unwirksamkeit führen.[850]

> Der Geschäftsleiter eines Kreditinstituts missachtet bei einer Kreditvergabe die Sorgfaltspflichten des § 39 BWG, weil er einen nicht adäquat besicherten Kredit vergibt, der uneinbringlich wird. Dass Versicherungsschutz für die Innenhaftung wegfällt, wird der Klauselkontrolle nicht standhalten. Für wissentliche Pflichtverletzungen gibt es ohnehin einen Risikoausschluss.

---

846 Zu den Grenzen bei Vorständen etwa *Runggaldier/Schima*, Manager-Dienstverträge[4] 185 f mwN.
847 *Ramharter*, D&O-Versicherung Rz 2/38 ff.
848 Dazu *Ramharter*, D&O-Versicherung Rz 5/18 ff.
849 *Ramharter* in HB Aufsichtsrat[2] Rz 47/46.
850 *Ramharter*, D&O-Versicherung Rz 5/17.

IV. Haftpflichtversicherung

Die D&O-Versicherung deckt regelmäßig nur die Haftung für **reine Vermögensschäden** (vgl A-1 AVB D&O): Körper- und Sachschäden sowie Schäden, die sich aus diesen herleiten („unechte" Vermögensschäden), sind nicht gedeckt. Hintergrund ist, dass dort die Betriebshaftpflichtversicherung greift, sodass Doppelversicherungen vermieden werden. Kein reiner Vermögensschaden im Sinne der Bedingungen liegt vor, wenn das Unternehmen von einem Dritten wegen eines Sach- oder Personenschadens in Anspruch genommen wird und im Innenregress auf das Organ greift. **7.116**

> Der Geschäftsführer einer Kletterpark-GmbH begeht einen Fehler bei der Wartung des Betriebsgeländes. Daher löst sich ein Teil und fällt auf einen Kunden. Haftet die GmbH als Gebäudehalterin und nimmt sie anschließend Regress bei ihrem Geschäftsführer, liegt ein in der D&O-Versicherung ungedeckter „unechter" Vermögensschaden vor.

Gedeckt sind Ansprüche aufgrund **gesetzlicher Haftpflichtbestimmungen** (vgl nur A-1 AVB D&O), was öffentlich-rechtliche Anspruchsgrundlagen einschließt. Erfasst sind Schadenersatzansprüche aus der Verletzung vertraglicher und deliktischer Pflichten sowie die gesellschaftsrechtliche Innenhaftung von Leitungsorganen (insb § 84 AktG; § 25 GmbHG). Erfüllungsansprüche oder Vertragsstrafen, denen sich das Organ selbst unterworfen hat (und die über die gesetzliche Haftung hinausgehen), sind hingegen nicht erfasst. **7.117**

Strafen und **Bußgelder** beruhen nicht auf „gesetzlichen Haftpflichtbestimmungen" und sind daher nicht gedeckt. Wird die Strafe oder ein (zB kartellrechtliches) Bußgeld hingegen über ein Unternehmen verhängt und nimmt dieses wegen einer Pflichtverletzung im Innenverhältnis gegen die versicherte Person Regress, handelt es sich um einen Schadenersatzanspruch, was die Frage aufwirft, ob er in der D&O-Versicherung gedeckt ist.[851] Ein ähnliches Problem stellt sich bei Geldbußen, die nationale Aufsichtsbehörden bei Verletzung der Datenschutz-Grundverordnung (DSGVO) durch Unternehmen verhängen. Früher war im Verwaltungsstrafrecht die verantwortliche – natürliche – Person Adressatin, während das Unternehmen zur ungeteilten Hand für die Strafe haftete (§ 9 Abs 7 VStG). Da es sich also um eine Geldbuße des Versicherten handelte, war sie nicht versichert. Nach Art 83 DSGVO ist hingegen das Unternehmen (die juristische Person) potentieller Adressat der Sanktion. Das führt dazu, dass früher nicht in der D&O-Deckung versicherbare Risiken (Geldbuße) nunmehr – als schadenersatzrechtlicher Innenregress – ebenfalls versicherbar sein könnten.

Nach richtiger Auffassung ist schon bei der Vorfrage anzusetzen und zu bezweifeln, dass die Gesellschaft überhaupt zivilrechtlich Regress nehmen kann (vgl auch § 11 VbVG).[852] Sollte man hingegen der Auffassung sein, dass es einen solchen Rückgriff gibt, müsste man konsequenterweise auch die Deckung in der D&O-Versicherung zulassen.[853]

Wie bei jeder Haftpflichtversicherung werden auch bei der D&O-Versicherung zahlreiche **Risikoausschlüsse** vereinbart, die eine Deckung von vornherein verhindern. Der **7.118**

---

851 Ausf zum Thema *Strasser*, VersR 2017, 65; *Hafner/Perner*, ZFR 2018, 368 (378f); für Deutschland *Thomas*, VersR 2017, 596.
852 Zum Problem ausf und überzeugend *I. Vonkilch*, ZWF 2020, 294.
853 *Thomas*, VersR 2017, 596 (601).

Ausschlusskatalog der Musterbedingungen des GDV ist dabei aber nicht als Marktstandard zu verstehen, sondern wird unter Berücksichtigung des individuellen Risikos konkret stark angepasst.[854]

Sehr wohl Standard und in der Praxis von besonderem Interesse ist der **Pflichtwidrigkeitsausschluss** (A-7.1 AVB D&O).[855] Demnach führt die vorsätzliche oder wissentliche Pflichtverletzung des Organs zum Ausschluss der Deckung (keine Zurechnung der Pflichtverletzung anderer Organe).[856] Mit dieser Klausel weichen die Bedingungen von § 152 ab, dessen Vorsatzausschluss sich auf den Schadenseintritt bezieht. Nach den genannten Klauseln reicht hingegen Vorsatz mit Blick auf die Pflichtverletzung. IdR wird es sich in diesen Fällen um eine fahrlässige Schadenszufügung handeln. Solche Klauseln werden von der hA jedenfalls dann für zulässig gehalten, wenn das Verhalten mit Blick auf den Schadenseintritt grob fahrlässig ist.[857] Liegt hinsichtlich des Schadenserfolges bloß leichte Fahrlässigkeit vor, wird die Zulässigkeit einer solchen Klausel jedoch bestritten.[858]

Zum Zeitpunkt der Anspruchserhebung ist häufig offen, ob der Ausschlusstatbestand verwirklicht ist. Oft wird daher vorläufiger Rechtsschutz gewährt, der bei (je nach Vereinbarung rechtskräftiger, gerichtlicher oder behördlicher) Feststellung der Verwirklichung des Ausschlusstatbestandes rückwirkend entfällt.[859]

4. Zeitliche Risikoabgrenzung

7.119 Abweichend von der Praxis in der Allgemeinen Haftpflichtversicherung ist der Versicherungsfall in der D&O-Versicherung die „erstmalige Geltendmachung eines Haftpflichtanspruchs gegen eine versicherte Person während der Dauer des Versicherungsvertrages": **Claims-made-Prinzip** (A-2 AVB D&O).[860] Versicherungsschutz besteht also, wenn die Anspruchserhebung während aufrechter materieller Versicherungsdauer erfolgt, in den Bedingungswerken wird überwiegend Schriftlichkeit der Anspruchserhebung gefordert.

> Die A-AG hat einen D&O-Versicherungsvertrag für ihren Vorstand V abgeschlossen, der von 1. 1. 2020 bis 31. 12. 2020 läuft. Aufgrund eines Organisationsfehlers des für IT-Sicherheit zuständigen Vorstandes V verschaffen sich Dritte Zugang zu unternehmensinternen Daten, wodurch A-AG ein Schaden entsteht. Für die Deckung kommt es nicht darauf an, wann V den Fehler gemacht hat, sondern nur darauf, dass die Ansprüche gegen ihn im Jahr 2020 erhoben werden (Rückwärtsdeckung). Diesem Vorteil des Anspruchserhebungsprinzips steht der Nachteil gegenüber, dass Deckung auch für einen 2020 begangenen Fehler nicht besteht, wenn der Anspruch erst nach Vertragsende geltend gemacht wird (keine Nachdeckung).

---

854 *Ramharter* in HB Aufsichtsrat[2] Rz 47/84.
855 *Ramharter*, D&O-Versicherung Rz 5/27 ff.
856 *Hafner/Perner*, ZFR 2018, 368 (379).
857 OGH 7 Ob 83/04p.
858 Vgl *Hafner/Perner*, ZFR 2018, 368 (379).
859 *Ramharter* in HB Aufsichtsrat[2] Rz 47/89.
860 OGH 7 Ob 127/20g r+s 2021, 220 *(Perner)*.

IV. Haftpflichtversicherung

Das „reine" Anspruchserhebungsprinzip (unbegrenzte Rückwärtsdeckung, keine Nachdeckung) wird allerdings in beide Richtungen abgemildert: Bekannte Pflichtverletzungen werden vom Versicherungsschutz ausgeschlossen (Vorkenntnisausschluss),[861] außerdem gibt es meist umfassende Fragebögen, um die Treffsicherheit der **vorvertraglichen Anzeigepflichten** sicherzustellen.

> Der Versicherer wird vor Abschluss des Vertrages genaue Fragen über die vergangene Tätigkeit des V stellen. Verletzt dieser die Anzeigepflicht mit Blick auf eine ausdrücklich und genau umschriebene Frage, ist der Versicherer bei Verschulden grundsätzlich leistungsfrei (Rz 2.53).

Das Anspruchserhebungsprinzip ist von der wirtschaftlichen Überlegung getragen, die für den Versicherer beim Verstoßprinzip schwer vorhersehbaren Spätschäden bei unbegrenzter Nachdeckung auszunehmen, um eine präzisere Kalkulation der Schadenreserven zu gewährleisten. Ein völliger Ausschluss jeder Nachdeckung wäre allerdings wirtschaftlich für den Versicherten nicht vertretbar. Regelmäßig enthalten die Vertragswerke daher zumindest eine gewisse **Nachmeldefrist.**[862] Der Versicherungsschutz wird auf Inanspruchnahmen nach Ende des Versicherungsvertrags ausgedehnt, sofern die begründende Pflichtverletzung vor formellem Vertragsende lag (vgl A-5.3 AVB D&O).[863]

Die Möglichkeit der Vornahme von präventiven **Umstandsmeldungen** (Notice of Circumstances) trägt ebenfalls zur Abmilderung des Inanspruchnahmeprinzips bei.[864] Versicherte Personen können dem Versicherer während der formellen Laufzeit des Vertrages konkrete Umstände anzeigen, die eine Inanspruchnahme hinreichend wahrscheinlich erscheinen lassen. Eine spätere Inanspruchnahme aufgrund eines gemeldeten Umstands gilt dann als im Zeitpunkt der Umstandsmeldung vorgenommen, wenn sie binnen einer im Vertrag festzulegenden Frist erfolgt (vgl A-5.4 AVB D&O).

Im Fall der **Insolvenz** der VN oder einer Tochtergesellschaft wird den jeweiligen versicherten Personen nach den Musterbedingungen Versicherungsschutz nur für Haftpflichtansprüche aus Pflichtverletzungen bis zur Insolvenzantragstellung gewährt (A-5.5 AVB D&O). Bei freiwilliger Liquidation endet der Versicherungsvertrag mit Abschluss der Liquidation automatisch (A-5.6 AVB D&O).

7.120 Um den Versicherungsfall auszulösen, müssen Ansprüche gegenüber der versicherten Person **schriftlich** und **ernstlich** erhoben werden. Das Schriftlichkeitserfordernis dient dabei der besseren Nachvollziehbarkeit des Zeitpunkts der Anspruchserhebung, generell gilt – wenn nicht ohnehin vertraglich vereinbart – für die erhobenen Ansprüche das Zugangsprinzip.

Die Ernsthaftigkeit der Geltendmachung von Schadenersatzansprüchen ist wie in der allgemeinen Haftpflichtversicherung zu beurteilen.[865] Das Leistungsverlangen muss zwar ernsthaft sein, eine Bezifferung ist dafür aber ebenso wenig erforderlich wie dass der

---

861 OGH 7 Ob 127/20g r+s 2021, 220 (*Perner*). Dazu ausf *Figl*, ZFR 2021, 174 (175 f).
862 Siehe OGH 7 Ob 127/20g r+s 2021, 220 (*Perner*).
863 Näher *Hafner/Perner*, ZFR 2018, 368 (381).
864 *Ramharter*, D&O-Versicherung Rz 5/159.
865 Dazu *Reisinger* in Fenyves/Perner/Riedler, VersVG § 149 Rz 44.

Anspruch berechtigt ist. Bloße Behauptungen, Ankündigungen, Drohungen der Geltendmachung von Ansprüchen reichen aber ebenso wenig aus wie die bloße Wahrscheinlichkeit und Möglichkeit der Inanspruchnahme. Die Beweislast für mangelnde Ernsthaftigkeit schriftlich geltend gemachter Ansprüche trifft den Versicherer.[866]

Besonders problematisch ist die Ernsthaftigkeit bei Inanspruchnahme im Innenverhältnis, wenn die Gesellschaft gegen ihre Organe vorgeht. Aufgrund des Naheverhältnisses besteht ein erhöhtes Risiko, dass wirtschaftliche Verluste über den Umweg einer vermeintlichen Pflichtverletzung auf den Versicherer abgewälzt werden könnten, insb durch Abtretung des Freistellungsanspruchs. Eine solche „freundliche Inanspruchnahme" ist allerdings dennoch zulässig[867], wenn die Bedingungen nichts anderes vorsehen. Eine Grenze bildet das kollusive Zusammenwirken, das nach allgemeinen Grundsätzen wegen Sittenwidrigkeit unwirksam ist, zahlreiche Obliegenheiten verletzt und strafrechtlich relevant ist.[868]

5. Leistung des Versicherers

7.121 Dem Wesen der Haftpflichtversicherung entsprechend (§§ 149 ff), umfasst der Versicherungsschutz in der D&O-Versicherung die Prüfung der Haftpflichtfrage, die Abwehr unberechtigter und die Freistellung von berechtigten Schadenersatzansprüchen (A-6.1 AVB D&O). Im Detail ist die Ausgestaltung dem jeweiligen Bedingungswerk zu entnehmen. Ein direkter Anspruch des geschädigten Dritten (= der Gesellschaft bei Innenhaftungsansprüchen oder eines Dritten bei Außenhaftung) gegen den Versicherer besteht zwar nicht. Ein **Quasi-Direktanspruch**[869] kann aber durch die Abtretung des Freistellungsanspruchs von Organ an Gesellschaft herbeigeführt werden.

Oft werden Zusatzdeckungen vereinbart, wonach weitere Kosten vom Versicherer getragen werden (Untersuchungskosten, Lebenserhaltungskosten bei Beschlagnahme oder Einbehaltung von Lohnzahlungen, Kosten für PR-Beratung, Krisenkommunikation oder psychologische Betreuung);[870] zu beachten sind allfällige Sublimits. Soweit ersichtlich, werden solche Deckungsbausteine in Unternehmens-AVB häufig vorgesehen.[871]

7.122 Als Ausgleich zu seiner weitreichenden Kostentragungspflicht (dazu gleich) und der Bindungswirkung des Haftpflichtprozesses hat der **Versicherer** in der Haftpflichtversicherung weitgehende **Einflussmöglichkeiten** auf die Abwicklung des Versicherungsfalles. Dieser Gestaltung folgen auch die AVB D&O: A-6.2 erteilen dem Versicherer Vollmacht für die Abgabe aller zur Abwicklung des Schadens oder der Abwehr von Schadenersatzansprüchen zweckmäßigen Erklärungen im Namen der versicherten Personen (außergerichtliche Regulierungsvollmacht). Zusätzlich ist der Versicherer in einem Rechtsstreit über Schadenersatzansprüche gegen versicherte Personen in deren Namen prozessführungsbefugt; die Wahl des Rechtsanwalts bleibt aber meist (mit bestimmten Vetorechten

---

866 *Ramharter* in HB Aufsichtsrat² Rz 47/71 aE mwN.
867 Vgl nur BGH IV ZR 304/13 Rz 25.
868 *Lange*, D&O-Versicherung § 9 Rz 26 ff.
869 Vgl *Ramharter*, D&O-Versicherung Rz 3/51 ff.
870 *Hafner/Perner*, ZFR 2018, 368 (382).
871 *Hafner/Perner*, ZFR 2018, 368 (382).

IV. Haftpflichtversicherung

des Versicherers) dem Versicherten überlassen. Die rechtsgeschäftliche Konstruktion der Vollmachtsklausel ist nicht unproblematisch, weil die Versicherten ja nicht Teil des Versicherungsvertrags sind. Sie ist daher als Obliegenheit zur Einräumung der Vollmachten zu verstehen.[872]

Gegenüber den versicherten Personen trifft den Versicherer bei der Schadenregulierung eine Pflicht zur **Interessenwahrung.** Manche Autoren sehen im Versicherer in Innenhaftungsfällen einen „neutralen" Mediator zwischen geschädigter Gesellschaft und der versicherten Person, weil er zu beiden Parteien Rechtsbeziehungen hält.[873]

Der Versicherer trägt gem § 150 alle gerichtlichen und außergerichtlichen Kosten, die zur Verteidigung der versicherten Person geboten sind **(Rechtsschutzanspruch),** unabhängig davon, ob der Anspruch des Dritten begründet ist (zur Kosteneinrechnungsklausel Rz 7.130). **7.123**

> Die A-AG klagt ihren Vorstand V auf Schadenersatz. Der Versicherer trägt die Verteidigungskosten von V im Haftpflichtprozess. Klagt V nach seiner Entlassung auf Lohnfortzahlung und wendet die A-AG Schadenersatzansprüche aufrechnungsweise ein, hat der Versicherer aber auch für diesen Aktivprozess Rechtsschutz zu gewähren.
>
> In manchen Bedingungswerken wird schon bei „wahrscheinlicher" Inanspruchnahme – und damit eigentlich vor Eintritt des Versicherungsfalls – frühzeitiger Abwehrkostenschutz gewährt, zB sobald die A-AG gesellschaftsrechtliche Vorbereitungen für die Inanspruchnahme getroffen hat.

Problematisch sind Fälle, in denen bei Anspruchserhebung Risikoausschlüsse im Raum stehen (zB Behauptung wissentlicher Pflichtverletzung). In der Praxis sind Klauseln üblich, die eine Übernahme der Abwehrkosten unter Vorbehalt der Rückzahlung vorsehen und die Leistungsfreiheit wegen wissentlicher Pflichtverletzung unberührt lassen.[874]

Gem § 150 Abs 1 S 3 umfasst der Abwehrschutz der Haftpflichtversicherung auch Verteidigungskosten der versicherten Person in einem **Strafverfahren,** wenn diese auf Weisung des Versicherers aufgewendet werden (oben Rz 7.78; ebenso A-6.1 AVB D&O, wenn die Bestellung eines Verteidigers vom Versicherer gewünscht oder zumindest genehmigt war). Vor dem Hintergrund des Ausschlusses wissentlicher und vorsätzlicher Pflichtverletzungen werden Versicherer nur selten gewillt sein, einen Verteidiger zu bestellen oder zu genehmigen, dessen Kosten durch die Abwehr von – überwiegend – Vorsatzdelikten entstehen.[875] Um Deckungslücken zu vermeiden und besseren Schutz für Strafverfahren zu erhalten, empfiehlt sich der Abschluss einer **Manager-Strafrechtsschutzversicherung.**[876]

Die **Freistellung** der versicherten Personen von berechtigten Schadenersatzansprüchen Dritter folgt § 154 Abs 1 (dazu Rz 7.77). Dass das versicherte Organ Innenhaftungsan- **7.124**

---

872 *Beckmann* in Versicherungsrechts-HB³ § 28 Rz 88.
873 *Lange,* D&O-Versicherung § 3 Rz 54 ff und § 14 Rz 13.
874 *Hafner/Perner,* ZFR 2018, 368 (383).
875 *Beckmann* in Versicherungsrechts-HB³ § 28 Rz 86.
876 Dazu *Gisch,* Manager-Rechtsschutzversicherung – D&O light oder mehr? in *Gisch/Koban/Ratka,* Haftpflichtversicherung, D&O-Versicherung und Manager-Rechtsschutz 119.

sprüche der Gesellschaft direkt befriedigt, um im Anschluss vom Versicherer Ersatz zu erhalten, wird zwar wegen der Regulierungs- und Prozessvollmacht des Versicherers im Haftpflichtverhältnis kaum vorkommen.[877] Der Versicherte dürfte es aber tun, weil § 154 Abs 2 Satz 1 Befriedigungsverbote bekanntlich nicht zulässt. Das meist vertraglich vereinbarte Anerkenntnisverbot verhindert, dass versicherte Personen ihre Haftpflicht konstitutiv und ohne Einwilligung des Versicherers anerkennen, um dann gem § 156 Abs 2 Leistung zu verlangen. Zulässig sind nur Anerkenntnisse, deren Verweigerung durch den VN nach den Umständen offenbar unbillig gewesen wäre (§ 154 Abs 2).[878]

7.125 Stellt der Versicherer einen Versicherten von der Haftung frei, gehen Ansprüche der versicherten Person gegen Dritte mittels **Legalzession** auf ihn über (§ 67). Gleiches gilt für den Kostenerstattungsanspruch einer versicherten Person gegen den Anspruchsteller nach erfolgreicher Abwehr eines (unbegründeten) Anspruchs, die der Versicherer finanziert hat.

> Vorstand V trifft ein Auswahlverschulden bei der Anstellung des Experten für Datensicherheit S, dessen Fehlverhalten zu einem Schaden der A-AG geführt hat. Beide haften der Gesellschaft solidarisch für den Vermögensschaden. Zahlt die D&O-Versicherung, kann sie den auf sie übergegangenen Regressanspruch des V gegen S (§ 896 ABGB) geltend machen (§ 67).

Hier zeigt sich aber, dass der Stehsatz, dass Versicherte oder VN keine Dritten nach § 67 sind, unpräzise ist: Es kommt darauf an, ob das Interesse der jeweiligen Person im Vertrag geschützt ist.[879] Ist dies zu verneinen, können Ansprüche auch gegen diese Personen übergehen. In einer Versicherung für fremde Rechnung, die nur ein Interesse versicherter Personen, nicht aber des VN schützt, ist der Regress gegen Letztere als „Dritte" zulässig.

> Die A-AG klagt ihren Vorstand V auf Schadenersatz, wofür die Versicherung Rechtsschutz aus der D&O-Polizze gewährt. A verliert den Prozess und wird V kostenersatzpflichtig. Dieser Anspruch geht auf den Versicherer nach § 67 über, soweit er Leistungen erbracht hat.

Ein Regressverbot bewirkt das Company Reimbursement: Stellt der Versicherer eine versicherte Person von Außenhaftungsansprüchen frei, geht der ursprüngliche Freistellungsanspruch der versicherten Person gegen die VN auf den Versicherer nicht über.[880]

6. Obliegenheiten

7.126 Als VN hat die Gesellschaft eine Reihe von vertraglichen und gesetzlichen Obliegenheiten zu beachten. Bei Nichteinhaltung droht – nach allgemeinen Grundsätzen – Leistungsfreiheit und Kündigung des Versicherers. Insofern gibt es keine besonderen Probleme.

Der **Adressatenkreis** wird in der Versicherung für fremde Rechnung allerdings auf die versicherten Personen erweitert: § 78 ordnet an, dass hinsichtlich rechtlich bedeutsamer Kenntnisse und Verhaltensweisen die versicherten Personen dem VN gleichstehen.

---

877 *Hafner/Perner*, ZFR 2018, 368 (384).
878 *Schauer*, Versicherungsvertragsrecht³ 409.
879 Zutr bereits *Schauer*, Versicherungsvertragsrecht³ 329.
880 *Lange*, D&O-Versicherung § 18 Rz 21 ff mwN.

Gleichlautende (klarstellende) Regeln finden sich in den Verträgen. Der Versicherer ist (bei der D&O-Versicherung als reiner Fremdversicherung) also im Fall der Obliegenheitsverletzung leistungsfrei, wenn auch bei der Eigenversicherung Leistungsfreiheit eintreten würde.[881]

Da meist mehrere Organe mitversichert sind, stellt sich die Frage, ob die Verletzung von Verhaltensanordnungen durch eine versicherte Person der anderen schadet (**Verhaltens- und Wissenszurechnung**). Das Problem wird überwiegend im Rahmen der vorvertraglichen Anzeigepflicht gem §§ 16 ff diskutiert.[882]

7.127

> Vorstand V hat vor Abschluss der Konzernpolizze ein Fehlverhalten begangen, was er bewusst verschwiegen hat. Sein Co-Vorstand U, der davon nichts wusste, wird wegen einer anderen (vermeintlichen) Pflichtverletzung in Anspruch genommen.

Die Lösung liegt nur vermeintlich darin, dass § 78 nur auf das Verhältnis zwischen Organ und Gesellschaft – nicht aber Organen untereinander – beschränkt ist. Der Versicherer kann bei Konzernpolizzen bei arglistiger Täuschung durch nur eine versicherte Person nämlich den gesamten Vertrag durch Anfechtung lösen.[883] Dieser „Gesamtwirkung" der Anfechtung des Versicherungsvertrags auch zu Lasten der gutgläubigen Versicherten beugen viele vertragliche Gestaltungen vor.

Versicherer verzichten häufig auf den Rücktritt wegen Anzeigepflichtverletzung und die Anfechtung des Vertrages wegen arglistiger Täuschung. Vom Schutz ausgenommen werden aber Versicherte, denen ohne die Klausel Rücktritt oder Leistungsfreiheit entgegengehalten werden könnte (**qualifizierte** oder **Full-Severability-Klausel**).

> Das Ergebnis ist in beiden Fällen sachgerecht: Dadurch wird im Bsp U geschützt, V hat keine Ansprüche.

Auch **Repräsentantenklauseln**[884] verfolgen ein ähnliches Ziel: Dadurch wird nur das Wissen eines ganz bestimmten Personenkreises (zB bei der AG: Vorstandsvorsitzender, Aufsichtsratsvorsitzender, Finanzvorstand, Leiter der Rechts- oder Versicherungsabteilung) für die Wissenszurechnung *im Verhältnis zum Versicherer* für einschlägig erklärt.

7. Versicherungssumme

Die Leistungspflicht des Versicherers ist auch in der D&O-Versicherung mit der Versicherungssumme begrenzt. Nach A-6.4 AVB D&O ist „die vereinbarte Versicherungssumme der Höchstbetrag für jeden Versicherungsfall und für alle während einer Versicherungsperiode eingetretenen Versicherungsfälle zusammen". Dem Claims-made-Prinzip entsprechend, ist für die Berechnung die Anspruchserhebung maßgebend.

7.128

---

881 *Hafner/Perner*, ZFR 2018, 368 (375).
882 Vgl *Hafner/Perner*, ZFR 2018, 368 (375 f); *Ramharter*, D&O-Versicherung Rz 7/25 ff.
883 *Brand* in *Bruck/Möller*, VVG⁹ II § 47 Rz 27.
884 *Ramharter*, D&O-Versicherung Rz 7/94 ff.

7.129 Da meist mehrere Organe in einer Polizze versichert werden, läuft ein konkreter Versicherter aufgrund dieser Limits Gefahr, dass die Versicherungssumme erschöpft ist, selbst wenn gegen ihn das erste Mal ein Anspruch erhoben wird.

> V könnte Gefahr laufen, bei seinem ersten Haftungsfall keinen Versicherungsschutz mehr zu haben, weil ein anderer Vorstand (oder ein Aufsichtsrat) die Versicherungssumme davor schon ausgeschöpft hatte.

Dies ist im Lichte der **Klauselkontrolle** problematisch (§§ 864a und 879 Abs 3 ABGB),[885] zumal meist auch Serienschadenklauseln vereinbart werden (Rz 7.79). Die Bedingungen versuchen dem Problem mit individuellen Lösungen Abhilfe zu schaffen. So werden mitunter etwa separate Deckungssummen für Vorstand und Aufsichtsrat, Wiederauffüllungsklauseln oder Abwehrkostenzusatzlimits vorgesehen.

7.130 Auch **Kosteneinrechnungsklauseln** sind häufig: „Aufwendungen des Versicherers für Kosten der gerichtlichen und außergerichtlichen Abwehr der gegenüber einer versicherten Person von einem Dritten und/oder dem Versicherungsnehmer bzw einer Tochtergesellschaft geltend gemachten Ansprüche (insbesondere Anwalts-, Sachverständigen-, Zeugen- und Gerichtskosten) werden auf die Versicherungssumme angerechnet" (A-6.4 AVB D&O). Damit weicht man von § 150 Abs 2 Satz 1 ab, wonach der Versicherer diese Kosten zu ersetzen hätte. Die Zulässigkeit solcher Vereinbarungen wird zu Recht bestritten.[886]

V. Cyberversicherung

Literatur: *Kath,* Die Cyberversicherung – Überblick über ein neues Versicherungsprodukt, ZVers 2019, 102; *Keltner,* Versicherbarkeit von Cyber Risiken und ausgewählte Abgrenzungsfragen der Sparten Cyber, Vertrauensschaden-, D&O- und Betriebshaftpflichtversicherung, in *Berisha/Gisch/Koban* (Hrsg), Haftpflicht-, Rechtsschutz- und Cyberversicherung (2018) 107.

A. Grundlagen

7.131 Die Deckung von Cyberrisiken hat die Versicherungswirtschaft in den letzten Jahren wie kaum ein anderes Thema beschäftigt. Das liegt daran, dass der technische Fortschritt in Qualität oder Quantität neuartige Bedrohungen bewirkt und die herkömmlichen Versicherungsprodukte diese Risiken oft nur ungenügend decken.

> Sportartikelhersteller X wird von einer „Cyberattacke" getroffen, die produktionswesentliche Daten betrifft und mit einer Lösegeldforderung verbunden wird. Dass Dritte einen Unternehmer erpressen, hat es zwar immer schon gegeben. Die Möglichkeit, das Unternehmen durch einen IT-Angriff lahmzulegen, ist aber ein jüngeres Phänomen. Kommt es zu einem Produktionsausfall, gibt es in der klassischen Betriebsunterbrechungsversicherung keine Deckung, weil sie einen Sachschaden im Unternehmen voraussetzt.

---

885 *Hafner/Perner,* ZFR 2018, 368 (379).
886 *Ramharter* in HB Aufsichtsrat[2] Rz 47/64b ff.

V. Cyberversicherung

Wer auf Ebene der Produktgestaltung reagiert, hat zwei Möglichkeiten, die einander auch nicht ausschließen. Die erste Alternative ist, an den Schrauben der klassischen Produkte zu drehen und dadurch eine Deckung von Cyberrisiken zu bewirken.[887]

7.132

> Dass die klassische Betriebsunterbrechung einen Sachschaden im Unternehmen voraussetzt, ist nicht gesetzlich vorgegeben. Dass bei IT-Ausfällen rasche Hilfe wichtig ist, lässt sich durch die zusätzliche Vereinbarung von Assistance-Leistungen (24-Stunden-Soforthilfe) durch Experten in den Griff bekommen.

Die zweite Alternative ist die Schaffung eines eigenen **risikozentrierten Versicherungsprodukts**.[888] Diese Idee ist vor allem deshalb aufgekommen, weil sich – wie gleich gezeigt wird – IT-Risiken nicht auf einen Schadensbereich reduzieren lassen. So wie zB die Haushaltsversicherung, ist daher auch die Cyberrisiko-Versicherung ein spartenübergreifendes Produkt.

Der VVO hat für diese zweite Alternative im Jahr 2018 Musterbedingungen erarbeitet (Allgemeine Bedingungen für die Cyberrisiko-Versicherung, ABC 2018), an denen sich die folgende Darstellung orientiert. Angesichts der Neuartigkeit des Risikos bilden die ABC 2018 allerdings nur den Beginn der Konsolidierung ab.[889] Am Markt sind derzeit viele verschiedenartige Produkte verfügbar.

B. Deckungskonzept

Die ABC 2018 – und andere am Markt verfügbare Produkte – folgen einem Bausteinsystem: Der VN kann aus vier Deckungselementen wählen, die verschiedene Sparten betreffen und unterschiedliche Risiken absichern. Die Cyberrisiko-Versicherung ist daher eine **kombinierte Versicherung.** Auch bei Wahl mehrerer Bausteine liegt nur ein Vertrag vor.[890]

7.133

Anders als bei vielen anderen kombinierten Versicherungen gibt es bei der Cyberrisiko-Versicherung sogar einen gemeinsamen „Allgemeinen Teil". Dort werden übergreifende Fragen wie etwa die Prämienzahlung, der Geltungsbereich, Anzeigepflichten des VN sowie allgemeine Obliegenheiten geregelt.

Daneben findet sich aber auch eine einheitliche Definition des Versicherungsfalls (Art 1.3 ABC 2018), wobei es in der Praxis offenbar zahlreiche abweichende Umschreibungen geben dürfte[891]: Versicherungsfall ist demnach die erste nachprüfbare Feststellung eines **reinen Vermögensschadens** durch eine Informationssicherheitsverletzung[892] (Art 1.2 ABC 2018). Die Einschränkung auf reine Vermögensschäden dürfte Marktstandard sein.[893] Elektronische Daten sind jedoch keine Sachen im Sinne dieser Bedingungen,

---

887 Siehe zutr *Kath*, ZVers 2019, 102 (105 ff).
888 *Armbrüster*, Privatversicherungsrecht² Rz 2104.
889 *Kath*, ZVers 2019, 102 (125).
890 Siehe *Keltner* in *Berisha/Gisch/Koban*, Haftpflicht-, Rechtsschutz- und Cyberversicherung 107 (111 ff).
891 *Kath*, ZVers 2019, 102 (119).
892 Dazu *Kath*, ZVers 2019, 102 (114 ff).
893 *Kath*, ZVers 2019, 102 (114).

ihr Verlust bleibt außerdem auch als Folge des Abhandenkommens von Sachen versichert.

> Ein Hackerangriff bewirkt eine unkontrollierte Öffnung eines Staudamms oder die Fehlfunktion einer Produktionsmaschine: Dadurch verursachte Personen- oder Sachschäden – und eine Haftpflicht – sind nicht versichert. Wird durch den Hackerangriff Software beschädigt, so ist Deckung hingegen zu bejahen.

7.134 Baustein A bewirkt eine **Service- und Kostenversicherung.** Der Versicherer übernimmt demnach die Kosten für einen Sachverständigen, der Schadenursache, Schadenhöhe und Sanierungsmöglichkeit eines Versicherungsfalls ermittelt (Art 15.1 ABC 2018). Daneben können auch noch weitere Kosten versichert werden (Art 15.2 ABC 2018).

> Kosten zur Prüfung der Informationspflichten des VN nach einer Datenschutzverletzung; Kosten eines Call-Centers, das für die Beantwortung datenschutzrechtlicher Fragen betroffener Kunden herangezogen wird; Kosten für Krisenkommunikation und PR-Maßnahmen.

Zu Recht wird darauf hingewiesen, dass der Deckungsbaustein der Musterbedingungen eher schmal ausgestaltet ist, zumal Schadensfeststellungskosten oft ohnehin vom Versicherer zu tragen sind (zB als Rettungsaufwand oder für bestimmte Sachverständige).[894]

7.135 Baustein B bietet eine **Betriebsunterbrechungsversicherung** (Art 18 ff ABC 2018), die in ihrer Konzeption dem klassischen Muster solcher Versicherungen folgt. Sie deckt aber eben gerade Unterbrechungen, die von den herkömmlichen Versicherungen nicht erfasst sind.

> Durch einen Hackerangriff steht die Produktion still. Liegt kein Sachschaden vor, wäre die herkömmliche Betriebsunterbrechungsversicherung nicht deckungspflichtig.

7.136 Baustein C (**Datenwiederherstellungsversicherung**) gewährt Versicherungsschutz für notwendige Aufwendungen zur Wiederherstellung der von der Informationssicherheitsverletzung betroffenen Daten sowie für die Entfernung der Schadsoftware (Art 23.1 ABC 2018). Wie bei der Betriebsunterbrechung, gäbe es auch hier in den herkömmlichen betrieblichen Sachversicherungen mangels Sachschadens keine Deckung dieses Eigenschadens des VN.

7.137 Baustein D bietet eine **Haftpflichtversicherung** für Schäden Dritter aus einer Informationssicherheitsverletzung. Sie deckt – wie auch herkömmliche Produkte – die Abwehr unberechtigter Ansprüche ebenso wie die Befriedigung berechtigter Forderungen. In der betrieblichen Haftpflichtversicherung wäre allerdings der reine Vermögensschaden ausgeschlossen (vgl Art 1.2.3 AHVB). Auch hier gibt es die Möglichkeit, Zusatzdeckungen zu nehmen (Art 30 ABC 2018).

> Gedeckt werden können – sonst ausgeschlossene – Ansprüche wegen Persönlichkeitsrechts- und Namensrechtsverletzungen (die bei Datenlecks typisch sind) sowie gewisse vertragliche

---

894 *Kath,* ZVers 2019, 102 (111).

Schadenersatzansprüche wegen Schlechterfüllung (zB aufgrund von produktionsausfallbedingten Lieferverzögerungen gegenüber einem Dritten).

C. Abgrenzung: Vertrauensschadenversicherung

Literatur: *Gruber,* Grundlagen der Vertrauensschadenversicherung, wbl 2017, 316; *Schurich,* Die Vertrauensschadenversicherung nach § 23 Abs 6 RAO, ecolex 2021, 522.

Die Ausführungen zur Cyberrisiko-Versicherung zeigen eine Nähe zur Vertrauensschadenversicherung.[895] Dieses Produkt greift ein, wenn dem Unternehmen ein Nachteil durch eine vorsätzlich handelnde – interne oder externe – **Vertrauensperson** verursacht wurde.

7.138

> Geschäftsleiter oder andere in leitender Stellung tätige Personen haben meist Zugang zu wichtigen Daten, Geschäfts- und Betriebsgeheimnissen. Sie sind daher jedenfalls „Vertrauenspersonen". Auch der Sicherheitsangestellte, der als Komplize bei einem Bankraub tätig wird, indem er den Zugang zum Tresorraum verschafft, ist Vertrauensperson.
>
> Schäden durch Vertrauenspersonen werden oft unter Überwindung von IT-Sicherheitsvorschriften des Unternehmens verursacht: Jemand gibt Passwörter und andere Zugangsdaten heraus, hilft beim Eingriff in ein EDV-Sicherheitssystem etc.

Wie die Definition zeigt, nimmt das Produkt seine Bezeichnung aus einer Qualifikation der handelnden Person, die eine besondere Vertrauensstellung im Unternehmen hat, die sie missbraucht. Das Produkt hat hingegen nichts mit der Schadensart – insbesondere dem zivilrechtlichen Vertrauensschaden – zu tun.[896]

In jüngerer Zeit wurden aber auch vorsätzliche Schädigungen durch externe **Dritte**, die nicht selbst Vertrauenspersonen sind, in den Versicherungsschutz mancher Produkte integriert.[897]

7.139

> Der Flugzeugteileherstller FACC wurde 2015 Opfer eines „Fake president"-fraud: Die Täter hatten sich in E-Mails gegenüber der Buchhaltung – offenbar sehr geschickt – als Geschäftsleiter ausgegeben und die Überweisung von Millionenbeträgen auf ausländische Konten veranlasst. Die vorsätzlich handelnden Dritten waren natürlich weder interne noch externe Vertrauenspersonen. Dennoch ist dies ein Fall für die Vertrauensschadenversicherung, weil auch hier Vertrauen im Unternehmen missbraucht wird.

Beachte

Das Produkt ist von der Vertrauensschadenversicherung der rechtsberatenden Berufe abzugrenzen (siehe Rz 7.96), die als Ergänzung zur Haftpflichtversicherung bei einer Veruntreuung durch Rechtsanwälte oder Notare abgeschlossen wird. Auslöser ist dort der Vertrauensmissbrauch gegenüber einem Dritten (Mandant) und nicht gegenüber dem Unternehmen.

So wie bei der Cyberrisiko-Versicherung, kann auch bei einer Vertrauensschadenversicherung der Eigenschaden des „betrogenen" Unternehmens und die aus einer solchen

7.140

---

895 Grundlegend dazu *Gruber,* wbl 2017, 316.
896 *Gruber,* wbl 2017, 316 (316).
897 *Keltner* in *Berisha/Gisch/Koban,* Haftpflicht-, Rechtsschutz- und Cyberversicherung 107 (116).

Schädigung drohende Haftpflicht versichert werden. Insofern gibt es also Überschneidungen zwischen den Versicherungsprodukten.[898] Die in der Cyberrisiko-Versicherung genannten Bausteine lassen allerdings Lücken, sodass auf herkömmliche Vertrauensschadenversicherungen oder D&O-Deckungen oft nicht verzichtet werden kann, selbst wenn es im Unternehmen eine Cyberrisiko-Versicherung gibt. Jedenfalls sollte beim Abschluss auf eine Abstimmung der Produkte geachtet werden.

Die „Fake president"-Konstellation ist in der Cyberrisiko-Versicherung nicht (Eigenschaden) oder nur teilweise (Haftpflicht) gedeckt. Eine Vertrauensschadenversicherung kann Abhilfe schaffen. Auch eine D&O-Versicherung kann einschlägig sein, wenn die (wirklichen) Geschäftsleiter ein Organisationsverschulden zu verantworten haben und deshalb gegenüber der Gesellschaft haften.

VI. Rechtsschutzversicherung

Literatur: *Hartmann,* Rechtsschutzversicherung (2012); *Kronsteiner,* Die Rechtsschutzversicherung im VersVG, ecolex 1994, 525.

A. Grundlagen

7.141 Die Rechtsschutzversicherung ist eine junge und wichtige Versicherungssparte. Das zeigt sich unter anderem daran, dass die europarechtlich vorgeprägten gesetzlichen Regeln (§§ 158k – 158p) erst – im Vergleich mit anderen ungeregelten Sparten: immerhin – Anfang der 1990er-Jahre geschaffen wurden.[899] Mit den ARB 2015 existieren Musterbedingungen des VVO, die auch der folgenden Darstellung zugrunde liegen.

7.142 Der Kernzweck jeder Rechtsschutzversicherung besteht darin, dem VN durch Kostenübernahme einen erleichterten Zugang zum Recht zu ermöglichen.[900] § 158j Abs 1 umschreibt dies, indem er anordnet, dass der Versicherer die **Wahrnehmung der rechtlichen Interessen** des VN in den versicherten Bereichen schuldet. Die Rechtsschutzversicherung ist Passivenversicherung, weil der Versicherer vor drohenden Aufwendungen (Kosten) schützt.[901] Sie kann daher in Gerichts- und Verwaltungsverfahren sowie auch außerhalb von behördlichen oder gerichtlichen Verfahren eingreifen. Dabei erfüllt sie eine wichtige Funktion:

Im **Verwaltungsverfahren** oder im **gerichtlichen Strafverfahren** können erhebliche Kosten entstehen. Man denke nur an komplizierte wirtschaftsstrafrechtliche Prozesse der Vergangenheit, die lange dauern und kostenintensiv sind. Dazu kommt, dass man als Beschuldigter selbst dann, wenn man ohne eigene Veranlassung in ein solches Verfahren gerät und am Ende Recht bekommt, oft zumindest teilweise mit Kosten belastet wird. Es gibt in solchen Verfahren nämlich keinen ausreichenden Kostenersatz (vgl § 74 Abs 1 AVG; §§ 393, 393a StPO).

---

898 Dazu *Keltner* in *Berisha/Gisch/Koban,* Haftpflicht-, Rechtsschutz- und Cyberversicherung 107 (116ff).
899 Siehe dazu *Kronsteiner* in *Fenyves/Perner/Riedler,* VersVG Vor §§ 158j – 158p Rz 1ff.
900 *Schauer,* Versicherungsvertragsrecht³ 442.
901 ZB OGH 7 Ob 143/20k.

VI. Rechtsschutzversicherung

Gegen A wird ein strafrechtliches Ermittlungsverfahren geführt, das später eingestellt wird. Zu seiner Verteidigung hatte A eine spezialisierte Anwaltskanzlei beigezogen.

Bei **Gerichtsverfahren** ist grundsätzlich das Kostenrecht der ZPO anwendbar, das dem Erfolgsprinzip (§ 41 ZPO) folgt. Sehr vereinfacht gesprochen gibt es daher keine Kostenbelastung, wenn man einen Prozess gewinnt.

V klagt K auf Zahlung von 1.000 aus einem Kaufvertrag. Dringt V mit seiner Klage durch, kann er von K nicht nur 1.000, sondern auch die von ihm vorzufinanzierenden Gerichtsgebühren sowie seine Anwaltskosten ersetzt verlangen.

Wie kann man ex ante aber wissen, dass man obsiegen wird? Dazu kommt, dass die Kehrseite des Erfolgsprinzips ist, dass man nicht nur seine eigenen Kosten tragen muss, wenn man das Verfahren verliert. Vielmehr muss man auch dem Gegner die Prozesskosten ersetzen.

Verliert V das Verfahren, bekommt er nicht nur keinen Kaufpreis: Er muss K vielmehr auch dessen Anwaltskosten ersetzen und bleibt auf Gerichtsgebühren sowie eigenen Prozesskosten „sitzen".

Selbst, wenn man das Gerichtsverfahren am Ende gewinnt: Der Prozess kann lange dauern und muss von den Parteien vorfinanziert werden. Ein Kostenersatzanspruch ist schuldrechtlicher Natur und kann bei einem leistungsschwachen Schuldner ins Leere gehen. Trotz Erfolgsprinzips kann es also passieren, dass der im Verfahren Siegreiche leer ausgeht.

B. Versicherte Gefahren

Literatur: *Brunner,* Rechtsschutzdeckung für Arzthaftungsansprüche, ZFR 2015, 406; *Gisch,* Manager-Rechtsschutzversicherung – D&O light oder mehr? in *Gisch/Koban/Ratka* (Hrsg), Haftpflichtversicherung, D&O-Versicherung und Manager-Rechtsschutz (2016) 119; *Karauschek,* Der Versicherungsfall im Rechtsschutz für Grundstückseigentum und Miete gemäß Art 24 ARB, VR 2013 H 12, 26; *I. Vonkilch,* Rechtsschutz für Prospekthaftungsansprüche, ecolex 2021, 519.

Rechtsschutz kann im privaten oder unternehmerischen Bereich notwendig sein. Daher kann eine solche Versicherung Verbraucherversicherung sein oder ein unternehmerischer Vertrag. In beiden Bereichen werden keine Allgefahrendeckungen angeboten. Vielmehr gibt es **Rechtsschutzbausteine (Module),** die der VN je nach Bedarf wählen kann (Art 17 ff ARB 2015).[902] Oft werden dann auch – zumindest im privaten Bereich – die Familienangehörigen des VN mitversichert. Neben den gewählten Bausteinen kommen die gemeinsamen Bestimmungen (Art 1 ff ARB 2015) zur Anwendung. **7.143**

Art 17 ARB 2015 (Fahrzeug-Rechtsschutz) und Art 18 (Lenker-Rechtsschutz) decken die Geltendmachung von Schadenersatz sowie die Verteidigung in einem gerichtlichen oder verwaltungsbehördlichen Verfahren wegen eines Verkehrsunfalls oder der Übertretung von Verkehrsvorschriften. Während der Fahrzeug-Rechtsschutz bei (berechtigter) Nut- **7.144**

---

902 OGH 7 Ob 140/12 g; *Kronsteiner* in *Fenyves/Perner/Riedler,* VersVG § 158 j Rz 8.

zung eines versicherten Fahrzeugs greift, deckt der Lenker-Rechtsschutz Verfahren, die den Lenker in Fahrzeugen betreffen, die ihm nicht gehören und nicht von ihm gehalten werden.[903]

> Der rechtsschutzversicherte A borgt B sein Auto, der damit einen Verkehrsunfall verursacht, bei dem C verletzt wird. Für das gegen B geführte Strafverfahren ist Art 17 ARB 2015 einschlägig; B ist mitversichert. Im Schadenersatzprozess des C gegen B muss der Rechtsschutzversicherer nicht decken, weil Passivprozesse in diesem Modul nicht versichert sind. Dafür gibt es die Kfz-Haftpflichtversicherung (vgl § 2 Abs 2 KHVG).
>
> Hat B eine Rechtsschutzversicherung, nicht aber A, so gibt es wegen Art 18 ARB 2015 Deckung.

7.145 Art 19 ARB 2015 bietet Schadenersatz- und Straf-Rechtsschutz, der sich je nach Vereinbarung auf den Privat-, Berufs- und Betriebsbereich erstrecken kann. Gedeckt sind die Geltendmachung von Schadenersatz und die Verteidigung in Strafverfahren vor Gerichten sowie Verwaltungsbehörden wegen fahrlässiger Straftaten.

> Fußgänger S verletzt Passant G am Körper, weshalb G von S Schadenersatz fordert. Die Rechtsschutzversicherung des S ist nicht deckungspflichtig (Passivprozess), sondern nur seine allfällige Privathaftpflichtversicherung. Die Rechtsschutzversicherung des G muss hingegen decken. Im Strafverfahren ist auch der Rechtsschutzversicherer von S deckungspflichtig.

Der fehlende Strafrechtsschutz bei Vorsatzdelikten ist nicht zu beanstanden (und könnte auch nicht wirksam vereinbart werden), wenn der VN tatsächlich schuldig ist. Kosten entstehen aber auch, wenn der VN zu Unrecht wegen eines Vorsatzdelikts angeklagt oder beschuldigt wird. Für Manager werden daher am Markt Spezialprodukte angeboten, die in solchen Verfahren vorläufigen Rechtsschutz bieten.[904]

7.146 Art 23 ARB 2015 gewährt Allgemeinen Vertrags-Rechtsschutz. Der Versicherungsschutz erfasst die Wahrnehmung rechtlicher Interessen aus schuldrechtlichen Verträgen des VN über bewegliche Sachen sowie aus Reparatur- und sonstigen Werkverträgen über unbewegliche Sachen. Auch die Geltendmachung und Abwehr von Schadenersatzansprüchen wegen reiner Vermögensschäden zwischen Vertragspartnern ist in diesem Baustein – und nicht im Schadenersatz-Modul (Art 19 ARB 2015) – versichert.[905]

> A klagt – als Käufer oder Verkäufer – aus einem Kaufvertrag über ein Kfz. B klagt aus einem Reparaturvertrag mit einem Dachdecker. Wird V wegen einer verspäteten Lieferung an K von ihm auf Ersatz des Verzugsschadens geklagt, schuldet der Rechtsschutzversicherer Kostentragung im Passivprozess.

7.147 Art 24 ARB 2015 erfasst die Wahrnehmung rechtlicher Interessen aus Miet- und Pachtverträgen über unbewegliche Sachen, aus dinglichen Rechten (zB Eigentum, Servitut,

---

903 *Schauer*, Versicherungsvertragsrecht³ 443.
904 *Gisch* in *Gisch/Koban/Ratka*, Haftpflichtversicherung, D&O-Versicherung und Manager-Rechtsschutz 119 (129 ff).
905 Dazu OGH 7 Ob 141/20s; eingehend *I. Vonkilch*, ecolex 2021, 519.

Fruchtgenuss) an solchen Sachen und für die Geltendmachung von Schadenersatzansprüchen, die aus der Beschädigung des versicherten Objekts entstehen.

> A klagt seinen Wohnungsvermieter B auf Vornahme einer Erhaltungsmaßnahme. Beide Rechtsschutzversicherer sind im Verfahren deckungspflichtig.
>
> E ist Eigentümer einer Liegenschaft. Er geht gegen seinen Nachbarn nach § 364 Abs 2 ABGB vor und verlangt Unterlassung von Immissionen. Die Rechtsschutzversicherung muss decken.
>
> K hat eine Liegenschaft von V erworben und klagt diesen nun aus dem Kauf auf Gewährleistung. Das ist kein Fall für die Rechtsschutzversicherung, weil es nicht um eine Klage aus einem dinglichen Recht – sondern aus einem Kaufvertrag – geht (vgl OGH 7 Ob 58/20k).

7.148 Nach Art 25 und Art 26 kann auch für Familien- und Erbrecht Rechtsschutz genommen werden. Der Baustein umfasst die Wahrnehmung rechtlicher Interessen vor österreichischen Gerichten aus dem Bereich des Ehe- und Partnerschaftsrechts, der Rechtsverhältnisse zwischen Eltern und Kindern, der Obsorge und des Erbrechts.

7.149 Beim Arbeitsgerichts-Rechtsschutz (Art 20) kann sowohl der Arbeitgeber als auch der Arbeitnehmer die Wahrnehmung rechtlicher Interessen im Zusammenhang mit Arbeits- oder Lehrverhältnissen in Verfahren vor österreichischen Gerichten als Arbeitsgerichte vereinbaren (bei öffentlich-rechtlichen Dienstverhältnissen vor den zuständigen Behörden). Auch die Wahrnehmung rechtlicher Interessen bei sozialversicherungsrechtlichen Angelegenheiten kann gedeckt werden (Art 21 ARB 2015).

> Gedeckt sind nur Individualverfahren. Der Arbeitgeber hat keine Deckung für Streitigkeiten mit dem Betriebsrat oder sonstigen Interessensvertretungen (OGH 7 Ob 208/13h).

7.150 Durch Beratungs-Rechtsschutz (Art 22 ARB 2015) erhält der VN das Recht auf Ersatz der Kosten für eine mündliche Rechtsauskunft durch den Versicherer oder durch einen vom Versicherer ausgewählten Rechtsvertreter. Das Modul greift auch, wenn noch kein konkreter Rechtsstreit ansteht und auch in den Rechtsbereichen, die nicht in anderen Bausteinen versichert sind.

7.151 Um Deckungslücken und Überschneidungen zu vermeiden, enthalten die Bausteine **Abgrenzungsausschlüsse,** wonach kein Versicherungsschutz in Fällen besteht, die von einem anderen Baustein erfasst sind. Dieser Zweck muss bei der Auslegung des Ausschlusses berücksichtigt werden. Er kann also nur eingreifen, wenn das Risiko tatsächlich vom angrenzenden Modul erfasst wird.[906] Sonst würde der Ausschluss sein eigenes Ziel als reine Abgrenzung verfehlen.

> Art 19.3.1.3 ARB 2015 schließt im Schadenersatz-Modul die Geltendmachung von Schadenersatzansprüchen wegen reiner Vermögensschäden, die aus der Verletzung gesetzlicher oder vertraglicher Pflichten zwischen Vertragspartnern oder aus der Verletzung vorvertraglicher Pflichten entstehen, aus. Der Ausschluss ist nur einschlägig, wenn Art 23 ARB 2015 (Vertrags-Rechtsschutz) greift.

---

906 *Brunner*, ZFR 2015, 406 (408 ff). Siehe OGH 7 Ob 250/07a. Siehe zu den Deckungsabgrenzungsausschlüssen auch *Kronsteiner* in HB Versicherungsvertragsrecht I Rz 2261.

C. Versicherungsfall

Literatur: *Gruber*, Der Versicherungsfall in der Rechtsschutzversicherung, wbl 2016, 804.

7.152 Auch bei der Rechtsschutzversicherung setzt die Deckung voraus, dass der Versicherungsfall während der materiellen Versicherungsdauer eingetreten ist (Art 3.1 ARB 2015).[907] Seine Feststellung bereitet in vielen Fällen wenige Probleme: Für die Geltendmachung eines Personen-, Sach- oder abgeleiteten Vermögensschadens ist der Versicherungsfall das dem Anspruch zugrundeliegende **Schadenereignis** (Art 2.1 ARB 2015). Auf eine Verfahrenseinleitung kommt es hingegen nicht an, womit Zweckabschlüsse vermieden werden (siehe auch Art 3.2 ARB 2015).[908]

> A verletzt den B am 1.2., weshalb dieser am 1.3. außergerichtlich Schadenersatz verlangt. Da es zu keiner Einigung kommt, klagt B am 1.4. Der Versicherungsfall ist am 1.2. eingetreten. Das ist eine sachgerechte Regel: B soll nicht nach dem Unfall Rechtsschutzdeckung für ein bereits drohendes Verfahren einkaufen.
>
> Architekt A begeht am 1.2. einen Konstruktionsfehler, weshalb eine Brücke am 1.9. einstürzt. Fußgänger B wird dabei verletzt und verlangt am 1.12. Schadenersatz von A. Der Versicherungsfall ist am 1.9. eingetreten.

7.153 In anderen Fällen bereitet die Regelung des Versicherungsfalls hingegen größere Schwierigkeiten, weil oft – anders als bei der Beeinträchtigung absolut geschützter Rechtsgüter – kein vergleichbar klarer Zeitpunkt gefunden werden kann.

> In OGH 7 Ob 32/18h begehrte der Käufer eines PKW Rechtsschutzdeckung für die Verfolgung seines auf Ersatz eines reinen Vermögensschadens gerichteten Schadenersatzanspruchs gegen den Produzenten: Dieser hatte Software eingebaut, die bei der behördlichen Überprüfung unzulässig geringere NOx-Emissionswerte anzeigt.
>
> Für den Eintritt des Versicherungsfalls kommen verschiedene Zeitpunkte in Betracht: (1) Die fehlerhafte Software wird eingebaut, (2) das Auto wird gekauft, (3) der VN erfährt von der rechtswidrigen Handlung, (4) der Produzent weigert sich, den Schaden zu beseitigen, (5) der VN klagt seinen Anspruch ein.

Nach Art 2.3 ARB 2015 ist der Versicherungsfall in allen anderen Fällen als dem deliktischen Schadenersatz der tatsächliche oder behauptete **Verstoß** des VN, Gegners oder eines Dritten gegen Rechtspflichten oder Rechtsvorschriften.[909] Es kommt auf den Zeitpunkt an, in dem eine der genannten Personen mit dem Verstoß begonnen hat oder begonnen haben soll. Bei mehreren Verstößen ist der erste maßgebend.

> In OGH 7 Ob 193/18k begehrte der Kläger im Rechtsschutzverfahren Feststellung der Deckung für seine auf Prämienrückzahlung gerichtete Klage gegen den Lebensversicherer. Den Anspruch gegen den Lebensversicherer begründet er mit der fehlerhaften Aufklärung, die zu einer ewigen Rücktrittsmöglichkeit führe (Zeitpunkt 1). Der Lebensversicherer hatte sich später geweigert,

---

907 Siehe *Gruber*, wbl 2016, 804 (805 ff).
908 *Schauer*, Versicherungsvertragsrecht³ 447.
909 OGH 7 Ob 193/18k EvBl 2019/99 *(Burtscher)*.

den Vertrag rückabzuwickeln (Zeitpunkt 2). Nach dem OGH kommt es auf den ersten Zeitpunkt an, weil darin bereits der (behauptete) Verstoß des Lebensversicherers liege.

Vor einer (potenziellen) Beeinträchtigung kann der Versicherungsfall allerdings nicht eintreten: Der OGH ging daher in 7 Ob 32/18 h davon aus, dass der Versicherungsfall nicht schon mit dem Einbau der Software eintrat, sondern erst mit dem Erwerb des PKW.

Löst eine Willenserklärung oder Rechtshandlung des VN, des Gegners oder eines Dritten vor Versicherungsbeginn den Versicherungsfall nach Art 2.3. ARB 2015 aus, besteht ebenfalls kein Versicherungsschutz (Art 3.3 ARB 2015). Diese Begrenzung kann nur rechtmäßiges Verhalten betreffen, weil ein vorvertraglicher Verstoß bereits nach allgemeinen Regeln nicht zur Deckung führen kann. Liegt im (vorvertraglichen) **rechtmäßigen Verhalten** also bereits der **Keim** für einen nachträglichen Rechtsstreit, ist der Versicherungsschutz ebenfalls ausgeschlossen.[910]

In OGH 7 Ob 66/18 h hatte der Vermieter seinem Mieter ordentlich gekündigt und mitgeteilt, dass Rückbauarbeiten notwendig sind (Zeitpunkt 1). In diesem Verhalten liegt kein Verstoß. Da die Rückstellung der Mieterin ohne den Rückbau erfolgte (Zeitpunkt 2), brachte der Vermieter gegen die Mieterin Klage ein. Nach dem OGH kam es auf Zeitpunkt 1 an, weil in der Aufkündigung bereits der Keim für den nachfolgenden Streit liegt. Liegt Zeitpunkt 1 vor Vertragsbeginn, gibt es daher keinen Versicherungsschutz.

Dennoch bestehenden Gefahren (Unschärfen des Eintrittszeitpunkts, Zweckabschlüsse) kann durch die Vereinbarung von **Wartefristen** begegnet werden, die entweder drei Monate betragen oder von den Muster-AVB offengelassen werden (vgl Art 20.4., 21.4, 22.4., 23.4., 24.5., 25.5., 26.4. ARB 2015).[911] Der VN muss die Frist abwarten und kann keinen Versicherungsschutz begehren, selbst wenn der Versicherungsfall unzweifelhaft bereits während der Vertragslaufzeit – aber vor Fristablauf – eintritt.

7.154

D. Leistung des Versicherers

Literatur: *Cohen,* Absonderungsrecht des Kostengläubigers in der Insolvenz des Rechtsschutzversicherungsnehmers? ZIK 2015, 48; *Geroldinger/Laimböck,* Zur Aufrechnung und Absonderung in der Rechtsschutzversicherung, RdW 2009, 513; *Harnoncourt,* Kostenersatz, Insolvenz und Rechtsschutzversicherung, JBl 2015, 693.

Der Versicherer schuldet nach der dispositiven Bestimmung des § 158j Abs 1 Wahrnehmung der rechtlichen Interessen in den vertraglich beschriebenen Bereichen durch Kostentragung. Das gilt sowohl für gerichtliche wie auch für verwaltungsbehördliche Verfahren als auch außerhalb von solchen Verfahren.[912]

7.155

Auch bei der Rechtsschutzversicherung ist die Leistungspflicht des Versicherers mit der Versicherungssumme nach oben hin begrenzt. Eine weitere Begrenzung enthält Art 22.2 ARB 2015, wonach Beratungsleistungen nur in einem bestimmten Umfang in Anspruch genommen werden können. Wie in der Haftpflichtversicherung gibt es außerdem eine

7.156

---

910 OGH 7 Ob 66/18 h EvBl 2019/11 *(Riedler).* Zu Recht krit *Burtscher,* ÖJZ 2019, 683 f.
911 *Schauer,* Versicherungsvertragsrecht³ 447 f.
912 *Schauer,* Versicherungsvertragsrecht³ 448.

Serienschadenschadenklausel (Art 6.7.2 ARB 2015): Bei mehreren Versicherungsfällen (nicht: Prozessen), die einen ursächlich und zeitlich zusammenhängenden, einheitlichen Vorgang darstellen, steht die Versicherungssumme nur einmal zur Verfügung. Ihre Höhe bestimmt sich nach dem Zeitpunkt des ersten Versicherungsfalles.

> Der bei einer Operation geschädigte Rechtsschutz-VN verliert einen Schadenersatzprozess wegen Arzthaftung, wofür er den Sachverständigengutachter verantwortlich machen möchte (Pflichtverletzung 1). Außerdem habe seine Rechtsvertretung im Arzthaftungsprozess in erster Instanz nicht pflichtgemäß auf das falsche Gutachten reagiert (Pflichtverletzung 2). Gleiches gelte für die Rechtsvertretung in zweiter Instanz des Arzthaftungsprozesses (Pflichtverletzung 3). Nach dem OGH (7 Ob 68/21g) liegen zwar drei verschiedene Versicherungsfälle, aber auch ein Serienschaden vor, weshalb die Versicherungssumme für alle drei Schadenersatzprozesse nur einmal zur Verfügung steht.

7.157 Unterliegt der VN in einem Gerichtsverfahren, für das der Versicherer Rechtsschutzdeckung schuldet, muss er auch die Kosten tragen, die der VN dem Gegner nach § 41 ZPO ersetzen muss. Die Situation ähnelt aus Sicht des obsiegenden Gegners der bei der Haftpflichtversicherung, wo es ein Absonderungsrecht am Deckungsanspruch des VN gegen seinen Versicherer gibt. Nach der Rsp des OGH[913] – dem die Lehre mit beachtlichen Argumenten entgegentritt[914] – ist § 157 dennoch nicht auf die Rechtsschutzversicherung **analog** anzuwenden.

E. Ausschlüsse und Obliegenheiten

Literatur: *Figl,* COVID-19: Hoheits- und Katastrophenklausel in der Rechtsschutzversicherung, ecolex 2021, 618; *Perner,* OGH zur „Alkoholklausel" in der Kfz-Versicherung, ZVR 2007, 148; *I. Vonkilch,* Rechtsschutz für Prospekthaftungsansprüche, ecolex 2021, 519.

7.158 Neben Risikoausschlüssen, die für einzelne Bausteine vereinbart werden, gibt es zahlreiche allgemeine Begrenzungen des Risikos des Versicherers. In der Praxis große Bedeutung hat der Ausschluss wegen **mangelnder Erfolgsaussichten.**

Nach Art 9.2 ARB 2015 kann der Rechtsschutzversicherer die Kostenübernahme zur Gänze ablehnen, wenn „erfahrungsgemäß keine Aussicht auf Erfolg besteht" (Art 9.2.3 ARB 2015). Kommt er zum Ergebnis, dass die Aussicht auf Erfolg „nicht hinreichend" ist, also ein Unterliegen in einem Verfahren wahrscheinlicher ist als ein Obsiegen, darf er die Übernahme der an die Gegenseite zu zahlenden Kosten ablehnen (Art 9.2.2 ARB 2015). Zur Entscheidung von Streitigkeiten über die Erfolgsaussichten kann der VN die Einleitung eines Schiedsgutachterverfahrens verlangen (Art 9.3 ARB 2015). Die AVB müssen ein solches Verfahren verpflichtend vorsehen (§ 158l: allgemein für Meinungsverschiedenheiten bei der Abwicklung). Ob es der VN in Anspruch nimmt, ist seine Sache.

7.159 **Art 7 ARB 2015** enthält einen Katalog allgemeiner Ausschlüsse, die zunächst Ansprüche ausschließen, die in ursächlichem Zusammenhang mit Kumulrisiken stehen. Erfasst sind

---

913 OGH 7 Ob 133/14f; 7 Ob 175/18p.
914 *Geroldinger/Laimböck,* RdW 2009, 513 (516ff); *Harnoncourt,* JBl 2015, 693. AA aber *Cohen,* ZIK 2015, 48 (49ff).

VI. Rechtsschutzversicherung

Krieg, innere Unruhen, Terroranschläge oder Gewalttätigkeiten anlässlich einer öffentlichen Ansammlung oder Kundgebung, Streiks sowie Aussperrungen.

Besondere Bedeutung hat während der Corona-Krise Art 7.1.2 ARB 2015 erlangt, wonach Ansprüche ausgeschlossen sind, die in ursächlichem Zusammenhang mit „hoheitsrechtlichen Anordnungen stehen, die aufgrund einer Ausnahmesituation an eine Personenmehrheit gerichtet sind sowie mit Katastrophen."[915]

> Nach dem OGH (7 Ob 42/21h) war daher die Deckung für ein Verfahren des rechtsschutzversicherten Betreibers eines Hotels, der gegen seinen Betriebsunterbrechungsversicherer vorgehen wollte, ausgeschlossen. Das Verfahren stehe nämlich gerade in einem solchen ursächlichen Zusammenhang mit der Betriebsschließung, die hoheitlich angeordnet und an eine Personenmehrheit gerichtet sei. Wie die Nachweise in der Entscheidung zeigen, war die Frage in der Lehre davor sehr umstritten. Fraglich ist nun vor allem, ob man die Ergebnisse auf verbraucherische Rechtsschutzversicherungen (zB Rechtsstreit über Reiseverträge) umlegen kann.

Nach Art 7.2.1 ARB 2015 sind außerdem Ansprüche in Zusammenhang mit Ereignissen ausgeschlossen, die auf allmähliche Einwirkungen zurückzuführen sind (**Allmählichkeitsklausel**). Diese Klausel ist nach dem OGH allerdings intransparent und damit gegenüber Verbrauchern unwirksam.[916] Anders als bei der Haftpflichtversicherung (Art 7.11 AHVB) erfolge nämlich überhaupt keine Konkretisierung des Begriffs, zumal der Ausschluss ja nicht nur für den Schadenersatz, sondern schlechthin für alle Bausteine gelten sollte.[917]

Ausgeschlossen sind außerdem (nur) Versicherungsfälle, die der VN vorsätzlich und rechtswidrig herbeigeführt hat sowie solche, die im Zusammenhang mit der Begehung eines Verbrechens durch den VN eintreten (Art 7.5.4 ARB 2015). Auf fahrlässige Herbeiführung kann sich der Versicherer daher nicht berufen.

Der VN hat **nach** Eintritt des **Versicherungsfalls** außerdem zahlreiche Informations- und Mitwirkungsobliegenheiten zu beachten (Art 8 ARB 2015). Damit reagiert der Versicherer auf die Besonderheiten des Versicherungszweigs. In kaum einer anderen Sparte hängt die Leistungspflicht des Versicherers nämlich so stark davon ab, was nach dem eigentlichen Versicherungsfall passiert.[918]

7.160

> In der Kfz-Kaskoversicherung steht die Leistungspflicht des Versicherers im Zeitpunkt des Versicherungsfalls fest. Obliegenheiten nach dem Versicherungsfall sollen Malversationen hintanhalten und die Aufklärung sicherstellen. In der Rechtsschutzversicherung hängt die Leistungspflicht des Versicherers hingegen vom – nach Eintritt des Versicherungsfalls geführten – Verfahren ab.

Allerdings ist der Versicherer nach § 158 m auch verpflichtet, den VN binnen zweier Wochen ab Geltendmachung des Deckungsanspruchs über Pflichten und Obliegenheiten

---

915 Dazu *Figl*, ecolex 2021, 618.
916 OGH 7 Ob 118/20h ZVers 2021, 17 (zust *Gisch*).
917 Zutr *Gisch*, ZVers 2021, 17 (21 f).
918 Siehe zutr *Schauer*, Versicherungsvertragsrecht³ 449.

zu informieren. Kann er dies nicht beweisen, so kann er dem VN gegenüber aus der späteren fahrlässigen Verletzung einer vereinbarten Obliegenheit keine Rechte ableiten.

In der Fahrzeug- und Lenker-Rechtsschutzversicherung sowie in der allgemeinen Schadenersatz- und Straf-Rechtsschutzversicherung wird als **vorbeugende** Obliegenheit vereinbart, dass der VN sich im Zeitpunkt des Versicherungsfalles nicht in einem durch Alkohol, Suchtgift oder Medikamentenmissbrauch beeinträchtigten Zustand befindet (Art 17.4, 18.4, 19.4 ARB 2015). Der Versicherer kann sich darauf nur berufen, wenn die Beeinträchtigung im Spruch oder in der Begründung einer im Zusammenhang mit dem Versicherungsfall ergangenen rechtskräftigen Entscheidung eines Gerichtes, einer Verwaltungsbehörde oder eines Verwaltungsgerichtes festgestellt worden ist.[919] Diese Obliegenheiten werden durch eine Pflicht, die Alkoholkontrolle oder Blutabnahme nach dem Versicherungsfall zuzulassen, flankiert.

F. Interessenwahrung

1. Grundlagen

7.161 Es wurde gerade erwähnt, dass die Abwicklung des Versicherungsfalls in der Rechtsschutzversicherung schwieriger ist als in anderen Sparten und dass der **VN** daher nach dem Versicherungsfall Obliegenheiten beachten muss, die Kostenvermeidung bezwecken.

Der **Versicherer** hat ein Interesse daran, seine Kosten möglichst gering zu halten.[920] Das will er zwar in anderen Sparten genauso. In der Rechtsschutzversicherung hat der Versicherer allerdings einen größeren Einfluss auf die Abwicklung. Wie in der Folge zu zeigen ist, stellt der Gesetzgeber sicher, dass er ihn nicht zum Nachteil des VN geltend macht.

2. Entscheidungpflichten des Versicherers

7.162 Der Versicherer darf den VN nie „hinhalten". In der Rechtsschutzversicherung muss er sich jedoch besonders **rasch entscheiden.** Nach § 158n Abs 1 hat er binnen zweier Wochen ab Geltendmachung des Deckungsanspruchs dem VN in geschriebener Form den Versicherungsschutz grundsätzlich zu bestätigen oder begründet abzulehnen. Eine Fristverlängerung um höchstens zwei weitere Wochen ist möglich.

Die Nichteinhaltung wird sanktioniert (§ 158n Abs 3): Der Versicherer ist dann jedenfalls zur Deckung all jener Kosten verpflichtet, die zwischen dem Zeitpunkt, in dem er hätte Stellung nehmen müssen, und der verspäteten Ablehnung aufgelaufen sind. Das gilt aber nicht für die Deckung solcher Kosten, die nach der vertraglichen Risikoumschreibung nicht vom Versicherungsschutz umfasst sind (zB Risikoausschlüsse).[921]

3. Freie Anwaltswahl

Literatur: *Brunner,* Die freie Anwaltswahl in der Rechtsschutzversicherung (2017); *Karauschek/ Kaufmann,* Anwaltswahlrecht und „Loco-Tarif", VR 2011 H 12, 38; *Kronsteiner,* Die Auswirkungen

---

919 Krit zur Klauselgestaltung *Perner,* ZVR 2007, 148 (150 f).
920 *Brunner,* Freie Anwaltswahl 4 ff.
921 Siehe *Schauer,* Versicherungsvertragsrecht[3] 450.

VI. Rechtsschutzversicherung

der OGH-Urteile über die „Massenschadenklausel" auf die Rechtsschutzversicherung, VR 2010 H 7–8, 37; *Lehner*, Eschig gegen UNIQA: Die Rechtsschutzversicherungs-Richtlinie und das Recht auf freie Wahl des Rechtsvertreters, ZFR 2010, 24; *Schauer*, Freie Anwaltswahl in der Rechtsschutzversicherung – Der Fall Eschig/Uniqa vor dem EuGH, RdW 2009, 702; *Spitzer*, Spartenübergreifende Wissenszurechnung bei Versicherern? VR 2008 H 12, 20.

Der VN ist bei der Wahrnehmung seiner rechtlichen Interessen darauf angewiesen, dass er optimale Rechtsberatung und Vertretung bekommt. Dies ist allerdings in manchen Fällen gar nicht im Interesse des Versicherers.[922] **7.163**

> Der Rechtsschutz-VN begehrt Deckung für die Geltendmachung eines Schadenersatzanspruchs gegen den Schädiger, der beim selben Versicherer haftpflichtversichert ist. Der Versicherer hat kein besonderes Interesse an einem Obsiegen des Geschädigten, weil dann die Leistung aus der Haftpflichtversicherung schlagend wird.

Solche Interessenkollisionen können durch aufsichtsrechtliche Maßnahmen hintangehalten werden (§ 99 VAG).[923] So ist etwa die Regulierung im Rechtsschutz von der anderer Sparten organisatorisch zu trennen. Darüber hinaus sorgt aber auch das VersVG in § 158k für eine Vermeidung von Interessenkollisionen.

Nach § 158k Abs 1 ist der VN berechtigt, zu seiner Vertretung in einem **Gerichts- oder Verwaltungsverfahren** eine zur berufsmäßigen Parteienvertretung befugte Person frei zu wählen (freie Anwaltswahl). Auf dieses Recht ist der VN auch hinzuweisen (Abs 3). **7.164**

Darüber hinaus kann der VN zur sonstigen Wahrnehmung seiner rechtlichen Interessen einen Rechtsanwalt frei wählen, wenn beim Versicherer eine Interessenkollision (siehe Art 10.2 ARB 2015[924]) entstanden ist. Auch darauf ist der VN (bei Interessenkollision) hinzuweisen. Die Bestimmung hat also Bedeutung für die **außergerichtliche** Interessenwahrnehmung.

> Neben dem eingangs erwähnten Fall liegt eine Interessenkollision zB vor, wenn der VN für einen Deckungsstreit in der Sachversicherung Rechtsschutz vom selben Versicherer verlangt.

Einschränkungen des dargestellten Wahlrechts sind grundsätzlich unzulässig. Nach § 158k Abs 2 kann im Versicherungsvertrag allerdings vereinbart werden, dass der VN im Gerichts- oder Verwaltungsverfahren nur solche Vertreter wählen darf, die ihren **Kanzleisitz am Ort** der Gerichts- oder Verwaltungsbehörde haben, die für das durchzuführende Verfahren in erster Instanz zuständig ist. **7.165**

Nach dem OGH kann der VN (entgegen dem Wortlaut des Gesetzes) auch einen nicht ortsansässigen Rechtsvertreter wählen, wenn dieser verbindlich erklärt, seine Leistungen wie ein ortsansässiger Vertreter zu verrechnen.[925] ARB-Klauseln, die sich nur am Geset-

---

922 Eingehend *Brunner*, Freie Anwaltswahl 43 ff.
923 Vgl *Spitzer*, VR 2008 H 12, 20 (21 ff).
924 Krit *Brunner*, Freie Anwaltswahl 120 f.
925 OGH 7 Ob 194/09 v EvBl 2010/68 *(Fenyves)*.

zestext orientieren und die eben genannte Erweiterung nicht enthalten, sind intransparent.[926]

7.166 Andere – früher in ARB gängige – Einschränkungen des Anwaltswahlrechts hält der OGH für unzulässig,[927] sodass sie in der Praxis nicht mehr vorkommen. Davon gibt es eine Ausnahme: Nach der Rsp sind Klauseln zulässig, die einen geringen **Selbstbehalt** – in concreto 10% – vorsehen, wenn nicht ein vom Versicherer vorgeschlagener Anwalt ausgewählt wird.[928]

VII. Personenversicherungen

A. Lebensversicherung

Literatur: *Perner/Spitzer,* Rücktritt von der Lebensversicherung (2020); *Schalk,* Die fondsgebundene Lebensversicherung (2009).

1. Wirtschaftlicher Hintergrund

7.167 Der Lebensversicherer übernimmt das Risiko der Ungewissheit der Lebensdauer der Person, auf die sich die Versicherung bezieht.[929] Anders als etwa bei einer Unfall- oder einer Kfz-Kaskoversicherung erwirbt man allerdings nicht „eine Lebensversicherung". Die Gründe für den Abschluss von Lebensversicherungen sind vielmehr ganz verschieden, was sich an der Produktvielfalt zeigt. Die Darstellung gibt zugleich Auskunft über die Versicherungsfälle in der (jeweiligen) Lebensversicherung.

Die **reine Risikolebensversicherung** dient der Absicherung der Hinterbliebenen. Bei Erleben des Vertragsablaufs endet diese Versicherung ohne Leistung. Verstirbt der VN hingegen davor, ist die vereinbarte Summe sehr hoch.

> A gründet ein Unternehmen, das naturgemäß erst nach einiger Zeit Gewinne abwirft. Für den Fall, dass ihm in der Anfangsphase etwas zustößt, möchte er seine Kinder absichern.
>
> Zu dieser Gruppe gehört auch die Restschuldversicherung, bei der man seine Hinterbliebenen gegen das Risiko absichert, einen Kredit – der auf die Erben übergeht – aufgrund seines Todes nicht mehr bedienen zu können. Die Versicherung dient (auch) dem eigenen Interesse, wenn die Versicherungssumme nicht nur bei Tod, sondern auch bei schwerer Erkrankung oder Arbeitsunfähigkeit fällig wird.

Andere Zwecke verfolgt man hingegen mit einer **kapitalbildenden Lebensversicherung.** Damit möchte der VN nicht nur ein Risiko absichern, sondern auch Vermögen aufbauen. Dieser Zweck als Anlageprodukt steht bei der kapitalbildenden Lebensversicherung, die das VersVG Kapitalversicherung nennt, oft im Vordergrund. Sie ist langfristig angelegt, die Laufzeiten reichen oft bis zum Erreichen des Regelpensionsalters des VN. Als Anlageprodukt unterliegt die Kapitalversicherung – wie bereits mehrfach gezeigt wurde – strengeren Informations- und Beratungsvorschriften. Die Prämie für kapitalbildende Le-

---

926 OGH 7 Ob 156/20 x ZVers 2021, 80 *(Gisch).*
927 Siehe dazu *Brunner,* Freie Anwaltswahl 139 ff.
928 OGH 7 Ob 50/13 y. Krit *Brunner,* Freie Anwaltswahl 166 ff.
929 So *Schauer* in *Fenyves/Schauer,* VersVG Vor § 159 Rz 1.

bensversicherungen setzt sich aus mehreren Teilen zusammen: Sparprämie, Risikoprämie (Ablebensschutz) und Kostenanteil.[930]

Nur die Sparprämie wird vom Versicherer veranlagt. Bei einer **klassischen** Lebensversicherung erfolgt die Veranlagung im einem Deckungsstock, für den besonders konservative Veranlagungsbestimmungen gelten (§ 124 VAG). Der VN partizipiert am Veranlagungserfolg durch einen Gewinnanteil. Es wird außerdem ein Garantiezins vereinbart, der unabhängig vom Veranlagungserfolg die Untergrenze bildet.

Bei einer **fondsgebundenen** Lebensversicherung wird die Sparprämie in einem oder mehreren Fonds veranlagt und die Fondsanteile werden dem VN rechnerisch zugeordnet. Bei einer **indexgebundenen** Lebensversicherung erfolgt die Veranlagung wiederum in Wertpapieren, die als Bezugswert für die Bemessung der Versicherungsleistung dienen. Das Veranlagungsrisiko liegt beim VN. Da es – anders als in der klassischen Lebensversicherung – keine Garantiezinssätze gibt, kann der Ertrag nach Vertragsende im (schlechten) Extremfall sogar unter den eingezahlten Beträgen liegen.

Am Ende der Laufzeit wird – je nach Vertragsgestaltung – bei der kapitalbildenden Lebensversicherung eine Geldsumme (Kapital) oder eine Rente fällig. Verstirbt der VN vor Ende der Vertragslaufzeit, wird die für diesen Fall vereinbarte Versicherungssumme fällig, die auf Basis der (im Vergleich zur Sparprämie meist geringen) Risikoprämie berechnet wird.

2. Rechtliche Grundlagen

Die Lebensversicherung ist das Musterbeispiel der **Personenversicherung.** Sie ist in §§ 159–178 geregelt. Der Produktvielfalt Rechnung tragend, gibt es verschiedene Musterbedingungen des VVO. Die „Versicherungsbedingungen der Er- und Ablebensversicherung" (2019) bilden die klassische kapitalbildende Lebensversicherung ab. Daneben gibt es aber auch die „Versicherungsbedingungen der fondsgebundenen Lebensversicherungen" (2019). Für die reine Risikolebensversicherung existieren keine Musterbedingungen.

7.168

Die Lebensversicherung kann auf **eigene** oder **fremde Rechnung** genommen werden. Problematisch ist der Fall, dass sie im eigenen Interesse, aber auf fremdes Leben genommen wird. Übersteigt die vereinbarte Leistung den Betrag der gewöhnlichen Beerdigungskosten, so ist die schriftliche Einwilligung der Gefahrsperson Gültigkeitsvoraussetzung (§ 159 Abs 2).

7.169

> Schließt A eine Er- und Ablebensversicherung, bei der er seine Frau als Begünstigte einsetzt, liegt kombinierte Eigen- und Fremdversicherung vor. Schließt A als VN eine Ablebensversicherung und ist B Gefahrsperson, gäbe es einen Anreiz für A, den Tod des B herbeizuführen. Die Einwilligung bietet nach Auffassung des Gesetzgebers ausreichenden Schutz.

Aus der Einordnung als Personenversicherung folgt, dass die Lebensversicherung als **Summen-** oder als **Schadensversicherung** ausgestaltet werden kann. Im zweiten Fall sind §§ 49ff anwendbar, soweit sie nicht durch Sondervorschriften verdrängt werden.[931]

7.170

---
930 *Perner/Spitzer,* Rücktritt 1 f.
931 *Schauer* in *Fenyves/Schauer,* VersVG Vor § 159 Rz 34.

> Die reine Risikolebensversicherung ist Summenversicherung, weil der Bedarf der Hinterbliebenen durch die Versicherungssumme abstrakt und unabhängig von den tatsächlichen Vermögensverhältnissen gedeckt wird.
>
> Die Restschuldversicherung ist hingegen Schadensversicherung, weil der Versicherer den konkreten Betrag schuldet, der aus dem Kredit noch offen ist.

7.171 Die für die Lebensversicherung geltenden Sondervorschriften **schützen** den **Leistungsempfänger** in vielfacher Weise. Zunächst tragen sie dem Bestandschutzinteresse des VN Rechnung. Die Beendigungsmöglichkeiten des Versicherers sind stark eingeschränkt (siehe bereits Rz 5.31).[932]

Außerdem wird das Vertrauen auf den Bestand der Versicherung noch stärker geschützt. Der Versicherer kann sich etwa auf eine Anzeigepflichtverletzung oder eine Gefahrerhöhung nur innerhalb von drei Jahren (ab Vertragsabschluss bzw Erhöhung) berufen. Überhaupt muss ein gefahrerhöhender Umstand ausdrücklich als solcher vereinbart werden (§ 164 Abs 1), damit die Vorschriften über die Gefahrerhöhung (§ 23 ff) anwendbar sind. § 41 a über die Prämienreduktion bei nachträglichem Wegfall eines gefahrerheblichen Umstandes ist allerdings nicht anwendbar.

> Die Ausübung eines Berufs oder die Ausübung einer Sportart kann zB gefahrerheblich sein. Da die Vorschriften über die Gefahränderung grundsätzlich nicht anwendbar sind, ändert sich am Vertrag nichts, wenn der VN insofern eine Risikoänderung vornimmt. Anders nur, wenn ein Umstand ausdrücklich als gefahrenrelevant vereinbart wird. Eine Risikoerhöhung wäre dann anzuzeigen.

Auch bei der Herbeiführung des Versicherungsfalls schützt der Gesetzgeber den Leistungsempfänger. Nur die absichtliche Selbsttötung (Selbstmord) der Person, auf die sich die Versicherung bezieht, führt zu Leistungsfreiheit (§ 169).[933] Sie setzt voraus, dass der Wille noch frei bestimmt werden konnte.

> Kein Selbstmord liegt mangels Absicht etwa vor, wenn ein Schwerkranker ein extrem sorgloses und gefährliches Leben führt, weil es „eh schon egal" ist. Ist jemand schwer drogen- oder alkoholkrank, könnte eine Selbsttötung im Extremfall ebenfalls kein Selbstmord sein, weil es an der freien Willensbestimmung fehlt (vgl OGH 7 Ob 26/63).

Trotz Selbstmordes schuldet der Versicherer allerdings immerhin den Rückkaufswert nach § 176, weil ein Verfall des mit dem Sparanteil der Prämien aufgebauten Deckungskapitals nicht gerechtfertigt wäre.[934]

Abgesehen von diesem Risikoausschluss gibt es auch in den AVB nur wenige Ausschlüsse (vgl die Ausschlüsse in § 3 Z 3 und 4 der Musterbedingungen: kriegerische Ereignisse, Terrorismus etc) und auch wenige vorbeugende Obliegenheiten. Das liegt daran, dass sich die Einflussmöglichkeit der Gefahrsperson auf die Versicherungsleistung eben pri-

---

932 Vgl *Schalk* in *Fenyves/Schauer*, VersVG § 164 Rz 5.
933 *Schalk* in *Fenyves/Schauer*, VersVG § 169 Rz 7.
934 *Schalk* in *Fenyves/Schauer*, VersVG § 169 Rz 6.

mär auf das Ableben beschränkt, wofür § 169 eine Grundsatzentscheidung getroffen hat. Die Lebensführung der Gefahrsperson soll nicht zu stark eingeschränkt werden.

3. Bezugsberechtigung

Literatur: *Cohen,* Drittbegünstigung auf den Todesfall (2016); *Entleitner,* Die Lebensversicherung im Verlassenschaftsverfahren, Zak 2021, 147; *Parapatits,* Der Vertrag zugunsten Dritter (2011); *Peric,* Lebensversicherung an „die Erben" und Überlassung an Zahlungs statt (§ 154 AußStrG), RdW 2013, 324.

Tritt der Erlebensfall ein, so ist die Versicherungsleistung grundsätzlich an den Vertragspartner (in der Versicherung für fremde Rechnung allenfalls an den Versicherten) zu erbringen. Ist die Versicherungsleistung hingegen nach dem Tod des VN zu erbringen, fällt sie in die Verlassenschaft und geht anschließend an die Erben.   7.172

Der Versicherer kann dem VN aber das Recht einräumen, einen Bezugsberechtigten einzusetzen. Dass der VN dieses Recht hat, ist bei einer kapitalbildenden Lebensversicherung iZw anzunehmen (§ 166 Abs 1). Genauso nimmt das Gesetz mangels abweichender Vereinbarung aber auch an, dass der VN die Bezugsberechtigung jederzeit ersatzlos widerrufen oder einen anderen Berechtigten einsetzen kann. Der Bezugsberechtigte hat daher noch kein endgültiges Recht, sondern nur eine **Anwartschaft** auf die Leistung (vgl § 166 Abs 1 und 2). Er kann sie auch vor Eintritt des Versicherungsfalls nicht selbst weitergeben (zB vererben).[935]   7.173

Die Einsetzung des Bezugsberechtigten kann verschiedene wirtschaftliche Gründe im Verhältnis zum Bezugsberechtigten haben. Sie kann auf zwei Arten erfolgen: Entweder der Berechtigte wird im Vertrag benannt. Er wirkt dann an der Einsetzung nicht mit, muss sich die Leistung aber auch nicht aufdrängen lassen (§ 882 Abs 1 ABGB). Oder die Einsetzung erfolgt durch Vereinbarung zwischen VN und Bezugsberechtigtem. In diesem Fall kann sie nicht mehr widerrufen werden. Der Versicherer muss von einer solchen Vereinbarung nichts wissen, er kann in diesem Fall aber schuldbefreiend an den VN oder einen anderen ihm bekanntgegebenen Bezugsberechtigten zahlen.

Trotz Einsetzung eines Bezugsberechtigten bleibt der VN Vertragspartner des Versicherers. Die Konstellation ist nach zutreffender Auffassung als **Vertrag zugunsten Dritter** einzuordnen.[936] Der VN schuldet die Prämienzahlung, der Bezugsberechtigte (Dritter) hat ein Anwartschaftsrecht, das sich bei Eintritt des Versicherungsfalls zum klagbaren Anspruch „materialisiert".[937] Da der Anspruch originär beim Bezugsberechtigten entsteht, fällt er als wirtschaftlicher Wert nicht in die Verlassenschaft des VN.[938]   7.174

A hat einen Sohn B. Er setzt seinen Bekannten C als Bezugsberechtigten in der Lebensversicherung ein. Die bei Tod des A geschuldete Leistung des Versicherers beträgt 1.000. Dieser Anspruch fällt nicht in die Verlassenschaft des A und kann daher auch nicht bei der Berechnung

---

935 *Schauer,* Versicherungsvertragsrecht³ 471.
936 *Parapatits,* Vertrag zugunsten Dritter 203 ff; *Schauer* in *Fenyves/Schauer,* VersVG § 166 Rz 2 f.
937 *Schauer,* Versicherungsvertragsrecht³ 472.
938 Eingehend *Cohen,* Drittbegünstigung 166 ff.

des gesetzlichen Erbrechts sowie des Pflichtteils von B berücksichtigt werden. Eine andere – erbrechtliche – Frage ist, ob B daher wegen einer Pflichtteilsverkürzung gegen C vorgehen kann.

4. Ansprüche nach Beendigung

Literatur: *Ertl*, VersRÄG 2006 und Rückkaufswert in der Lebensversicherung, ecolex 2006, 544; *Fenyves*, Analoge Anwendung des § 176 Abs 5 und 6 auf die Vermittlerprovision im System der „Nettopolizze"? VR 2008 H 10, 18; *Haghofer*, Rentenwahlrecht ohne wirksame Rechnungsgrundlagen, VbR 2021, 46; *Wegenkittl*, Wie ermittelt der Aktuar die Rentenhöhe aus einer Rentenoption? VR 2021 H 4, 28.

7.175 Bei einer regulären Beendigung der Lebensversicherung durch Eintritt des Versicherungsfalls (Erleben, Ableben) ist die vertraglich geschuldete Leistung auszuzahlen. Bei einer Kapitalversicherung räumen die AVB dem VN meist die Möglichkeit ein, bei Beendigung alternativ zum Kapital die Auszahlung einer Rente zu verlangen (Rentenoption).

> A hat eine kapitalbildende Lebensversicherung abgeschlossen, die mit Erreichen des Pensionsalters fällig wird. Statt der Auszahlung eines Kapitalbetrags kann er eine Umwandlung in eine Rente verlangen, die diesem Kapitalbetrag entspricht.

7.176 Bei einer vorzeitigen Auflösung des Vertrags ist zu unterscheiden. Bei einer Auflösung mit schuldrechtlicher Rückwirkung kommt es nach allgemeinen Regeln grundsätzlich (zu Sonderbestimmungen siehe gleich Rz 7.178) zur bereicherungsrechtlichen Rückabwicklung des Vertrags.[939] Beide Teile haben dann herauszugeben, was sie empfangen haben.

> A ficht den Vertrag erfolgreich wegen Irrtums an: Er kann vom Versicherer die (verzinsten) einbezahlten Prämien zurückverlangen. Im Gegenzug ist zu berücksichtigen, dass auch der Versicherer bereits eine werthafte Leistung (Gewährung von Todfallschutz) erbracht hat. Der Höhe nach entspricht dies der (verzinsten) Risikoprämie. Die Ansprüche können wechselseitig aufgerechnet werden.

7.177 Anderes ordnet § 176 an. Die Bestimmung ist (vor allem, siehe noch Rz 7.178) bei Kündigung des VN (§ 165) und des Versicherers (zB Gefahrerhöhung), die beide zu einer vorzeitigen Auflösung ex nunc führen, einschlägig. Der Gesetzgeber berücksichtigt in § 176 bei einer kapitalbildenden Lebensversicherung den Umstand, dass Kapital angespart wird. Der tatsächlich vorhandene Wert der Versicherung (ihr „echter" Wert) wird – etwas missverständlich – als **Rückkaufswert** bezeichnet.[940] Der VN kann ihn nach einer Kündigung herausverlangen. Die Lebensversicherung wird dadurch ein recht liquides Gut, weil die Kündigung dem VN jederzeit zum Ende der laufenden Versicherungsperiode möglich ist (§ 165).[941]

---

939 Vgl nur OGH 7 Ob 105/20x; siehe *Perner/Spitzer*, Rücktritt 36 ff zur Diskussion bei „Spätrücktritten".
940 Siehe *Ertl*, ecolex 2006, 544 (544 ff).
941 Siehe *Schauer* in *Fenyves/Schauer*, VersVG § 165 Rz 1.

VII. Personenversicherungen

A schließt eine kapitalbildende Lebensversicherung im Alter von 40 Jahren ab. Müsste er nun bis zum Erreichen des Pensionsalters auf die Auszahlung warten, wäre sein Geld recht lange geparkt.

Der Gesetzgeber musste bei den Rahmenbedingungen für die Berechnung des Rückkaufswerts eine schwierige Interessenabwägung vornehmen.[942] Einerseits soll die Lebensversicherung ein liquides Gut bleiben, sodass der Rückkaufswert nicht zu niedrig sein darf. Andererseits soll der vertragsuntreue VN nicht allzu sehr auf Kosten der Risikogemeinschaft profitieren, die im Vertrag bleibt und zu deren Lasten eine hohe Auszahlung ginge.

Der Rückkaufswert ist nach den **anerkannten Regeln der Versicherungsmathematik** zu berechnen (§ 176 Abs 3). Daraus folgt, dass er nicht die Summe dessen sein kann, was der VN einbezahlt hat: Vielmehr ist von vornherein die Risikoprämie abzuziehen, die ja gar nicht veranlagt wird. Außerdem ist an die Abschluss- und Verwaltungskosten (zB Provision) sowie die Versicherungssteuer zu denken, die ebenfalls nicht in die Veranlagung fließen. Hier greift der Gesetzgeber allerdings ein: Nach § 176 Abs 5 und 6 können die Abschluss- und Verwaltungskosten in den ersten fünf Jahren nur anteilig – im ersten Jahr gar nicht – berücksichtigt werden; das führt auch zu einer (anteiligen) Beseitigung des erfolgsabhängigen Provisionsanspruchs des Vermittlers (Abs 6). Dadurch soll verhindert werden, dass die Kosten zunächst gegen die geleisteten Prämien verrechnet würden, was in den ersten Jahren zu einem sehr niedrigen Rückkaufswert führen würde.[943]

Ein eigener Stornoabzug – der über die Abzüge hinausgeht, die sich aus den dargestellten Regeln ergeben – ist nur zulässig, wenn er wirksam (insbesondere transparent[944]) vereinbart und angemessen ist (§ 176 Abs 4).[945]

Neben der Kündigung gibt es auch bei ex tunc wirkender Auflösung dann (nur) einen Anspruch auf den Rückkaufswert, wenn der Versicherer den Vertrag durch Anfechtung oder Rücktritt (zB bei Anzeigepflichtverletzung) aufhebt. In diesen Fällen ist § 176 sachgerechte lex specialis zum allgemeinen Bereicherungsrecht: Der Grund für die Vertragsauflösung liegt ja in der Sphäre des VN, sodass es nicht zu beanstanden ist, dass er weniger bekommt als nach allgemeinen zivilrechtlichen Regeln. Nach § 5 c kann es dazu kommen, dass der (ebenfalls ex tunc wirkende) Rücktritt erst recht spät erfolgt, wenn nämlich nicht alle Voraussetzungen für den Beginn des Fristenlaufs eingehalten wurden (Rz 2.108). In diesem Fall ordnet der Gesetzgeber eine „Mittellösung" zwischen bereicherungsrechtlicher Rückabwicklung und Rückkaufswert an (siehe im Detail § 176 Abs 1 a).

7.178

Als Alternative zur vorzeitigen Beendigung des Vertrags, die nur zu einem Anspruch auf den Rückkaufswert führt, gewährt § 173 dem VN allerdings auch das Recht, den Vertrag für den Schluss der laufenden Versicherungsperiode in eine **prämienfreie Versicherung** umzuwandeln. Der VN muss dann pro futuro keine Prämien zahlen, die vereinbarte Versicherungsleistung ist allerdings anzupassen. Die Umwandlung findet auch dann statt, wenn der VN mit einer Folgeprämie in Verzug gerät und der Versicherer wirksam kün-

7.179

---

942 Eingehend *Schauer* in *Fenyves/Schauer*, VersVG § 176 Rz 20 ff.
943 *Schauer* in *Fenyves/Schauer*, VersVG § 176 Rz 25.
944 OGH 7 Ob 140/06 y.
945 Siehe *Schauer* in *Fenyves/Schauer*, VersVG § 176 Rz 34 ff.

digt (§ 175). Ein Recht auf „Rückumwandlung" durch Wiederaufnahme der Prämienzahlungen gibt es nicht.[946]

> A gerät in finanzielle Schwierigkeiten. Er kann die Versicherung „prämienfrei stellen". Der Versicherungsvertrag bleibt unverändert, alle Leistungen werden allerdings von der geringeren Summe aus berechnet.

B. Unfallversicherung

Literatur: *Kath,* Schlaglichter auf ausgewählte Aspekte der Entscheidung 7 Ob 156/20x, ZVers 2021, 94; *Maitz,* AUVB Allgemeine Bedingungen für die Unfallversicherung (2017); *Palten,* Unfall oder nicht Unfall – das ist hier die Frage! Unfallbegriff und Unfallbeweis im (Zerr-)Spiegel der österreichischen Judikatur, VR 2012 H 1–2, 32.

1. Grundlagen

7.180 Die Parteien bezwecken mit der in §§ 179–185 geregelten Unfallversicherung vor allem eine Absicherung gegen die nachteiligen Folgen von **Freizeitunfällen**.[947] Bei diesen Ereignissen erbringt die gesetzliche Sozialversicherung, die an Arbeitsunfälle und Berufskrankheiten anknüpft (§ 172 ASVG), nämlich keine Leistungen. Das bedeutet allerdings nicht, dass die private Unfallversicherung bei Arbeitsunfällen irrelevant ist. Vielmehr sind auch in diesen Fällen (allenfalls: zusätzliche) Leistungen vom Privatversicherer zu erbringen, wobei in der Praxis auch Gegenteiliges (Deckung nur für Freizeitunfälle) vereinbart wird. Anders als die gesetzliche bezweckt die private Unfallversicherung aber nicht auch die Verhütung von Unfällen (vgl §§ 185 ff ASVG) und die Wiederherstellung der wirtschaftlichen Leistungsfähigkeit des Versicherten (§ 189 ASVG), sondern ausschließlich die wirtschaftliche Kompensation nach einem Unfall,[948] die durch Zahlung von Kapital und/oder einer Rente erfolgt.

7.181 Die Unfallversicherung ist eine **Personenversicherung.** Da der Unfallversicherer Leistungen zu erbringen hat, wenn die Krankheit eine Unfallfolge ist, weist sie Parallelen zur Krankenversicherung auf. Überschneidungen zur Berufsunfähigkeitsversicherung bestehen, wenn der Rückgang oder der vollständige Verlust der beruflichen Leistungsfähigkeit durch einen Unfall veranlasst wurde.[949] Der Unfallversicherer verpflichtet sich regelmäßig auch zur Leistung, wenn der Tod Folge eines Unfalls ist. Da die Leistung in diesen Fällen der Absicherung der Familienangehörigen dient, besteht eine Gemeinsamkeit mit der Risikolebensversicherung.

7.182 Die Unfallversicherung ist im Kern eine **Summenversicherung,**[950] weil die meisten Leistungen unabhängig von einem konkreten Vermögensnachteil des VN zustehen sollen, so zB die nach der Gliedertaxe berechnete Leistung bei Invalidität (vgl Rz 7.192 ff): Prinzip der abstrakten Bedarfsdeckung.[951] Die Leistungspflicht des Versicherers ist nur mit der

---

946 *Schauer* in *Fenyves/Schauer,* VersVG § 173 Rz 10.
947 *Perner* in *Fenyves/Perner/Riedler,* VersVG § 179 Rz 1.
948 *Dörner* in *Langheid/Wandt,* VVG² Vor § 178 Rz 3.
949 Zur Abgrenzung OGH 7 Ob 128/14w ZFR 2015/42 *(Gruber).*
950 OGH 7 Ob 19/10k ecolex 2010/347 *(Ertl).*
951 *Götz* in *Looschelders/Pohlmann,* VVG³ § 178 Rz 3.

Versicherungssumme nach oben begrenzt. Die Vorschriften über die Schadensversicherung sind dann nicht anwendbar.

> Bei Summenversicherung gibt es zB keine Über- und Unterversicherung (§§ 51 ff), die Doppelversicherung ist nicht problematisch (§§ 58 ff), es erfolgt keine Legalzession nach § 67.

Die Versicherung kann auch gegen Unfälle genommen werden, die einem Dritten, also einer anderen Person als dem VN, zustoßen. Die Konstellation ist nicht selten[952] und kommt zB in Form der Gruppenversicherung vor, die Arbeitgeber gegen Unfälle ihrer Dienstnehmer abschließen[953] oder wenn ein Familienmitglied als VN auch für Ehegatte und Kinder eine Unfallversicherung abschließt.[954] Ein weiterer Anwendungsfall ist die Insassenunfallversicherung, die dem berechtigten Lenker und den weiteren Fahrzeuginsassen Schutz bei Unfällen bietet, in der Praxis aber geringere Bedeutung haben dürfte. IZw liegt **Versicherung für fremde Rechnung** vor (§ 179 Abs 2). Bei Familienversicherungen dürfte der OGH generell von Fremdversicherung für die übrigen Familienmitglieder ausgehen.[955] Dass der Unfall eines Unterhaltsberechtigten zu einem finanziellen Mehraufwand des VN führt, könnte freilich für ein Eigeninteresse sprechen.[956]

7.183

Wird die Unfallversicherung hingegen **für eigene Rechnung** genommen, ist nach § 179 Abs 3 zur Gültigkeit des Vertrages die schriftliche Zustimmung (§ 886 ABGB; geschriebene Form iSd § 1 b reicht nicht aus) des anderen erforderlich. Ein Geschäftsunfähiger darf bei dieser Erklärung nicht durch den VN vertreten werden.[957] Diese Bestimmung, die auch bei Lebensversicherungen (§ 159 Abs 2) gilt, möchte eine Spekulation mit der Gesundheit Dritter vermeiden, ist daher zwingend und gilt sinngemäß bei der Einräumung einer Bezugsberechtigung.

Trotz der großen praktischen Bedeutung der privaten Unfallversicherung sind die Vorschriften des VersVG rudimentär und wenig aussagekräftig. So wird etwa auf den für die Sparte zentralen Begriff des Unfalls nicht eingegangen. Da §§ 179–185 außerdem überwiegend dispositiv sind, wird die Vertragsgestaltung weitgehend in die Hände der Parteien – und damit des Versicherers – gelegt. Vielen Verträgen liegen mit den **AUVB 2008** (aktuelle Version 6/2017) die Musterbedingungen des VVO zugrunde. Zahlreiche Versicherer weichen allerdings in der Praxis – teilweise erheblich – davon ab.[958] Da Unfallversicherungsverträge auf lange Zeit angelegt sind, haben auch ältere Bedingungsgenerationen noch praktische Bedeutung.

7.184

2. Versicherungsfall

Art 1 AUVB gewährt Versicherungsschutz, wenn der versicherten Person – während der Versicherungsdauer (Art 4 AUVB) – ein **Unfall** zustößt. Nach Art 6 AUVB liegt ein Un-

7.185

---

952 Vgl *Maitz*, AUVB 19 ff.
953 OGH 9 ObA 36/12 b.
954 OGH 7 Ob 67/12 x.
955 OGH 7 Ob 67/12 x.
956 *Ertl*, ecolex 2013, 221 (223).
957 *Perner* in *Fenyves/Perner/Riedler*, VersVG § 179 Rz 48.
958 Vgl *Maitz*, AUVB passim.

fall vor, „wenn die versicherte Person durch ein plötzlich von außen auf ihren Körper wirkendes Ereignis (Unfallereignis) unfreiwillig eine Gesundheitsschädigung erleidet".

„Von außen": Zusammenstöße, Herabfallen von Sachen, Einatmen giftiger Gase, Verzehr vergifteter Speisen (OGH 7 Ob 95/12i), Ausrutschen und Stürzen des Versicherten. Solange eine Gesundheitsschädigung folgt, muss auch das Ereignis nicht besonders erheblich sein, wie der OGH in 7 Ob 103/15w für Insektenbisse, sonstige Bisse und Stiche festhält. Nach OGH 7 Ob 200/18i liegt aber kein von außen kommendes Ereignis vor, wenn der Versicherte einen Schlaganfall durch eine Stressreaktion erleidet, weil er eine Gasleitung anbohrte; krankhafte innerkörperliche Reaktionen seien nicht versichert.

„Plötzlich" sind Stürze, Schläge, Zusammenstöße, weil sie in einem kurzen, begrenzten Zeitraum einwirken. Auf das Verschulden kommt es nicht an, plötzlich ist auch das fahrlässig zu schnelle Auftauchen des Tauchers. Der BGH hat in IVa ZR 204/87 zutreffend Versicherungsschutz bejaht, wenn der VN erst Tage nach dem Unfallereignis (Einatmen von Gas) eine Gesundheitsschädigung erlitten hatte, weil es auf die Plötzlichkeit des Ereignisses, nicht des Eintritts der Gesundheitsschädigung ankommt. Der OGH verneint in 7 Ob 79/16t richtig die Plötzlichkeit bei Erfrierungen nach einer normal verlaufenen tagelangen Bergwanderung.

Kontrollierte Eigenbewegungen (zB beim Sport) fallen nach dieser Definition nicht unter den Unfallbegriff. Nach Art 6 Z 2 AUVB werden „Verrenkungen von Gliedern sowie Zerrungen und Zerreißungen von an Gliedmaßen und an der Wirbelsäule befindlichen Muskeln, Sehnen, Bändern und Kapseln sowie Meniskusverletzungen" allerdings dem Unfall gleichgestellt. Hinsichtlich „abnützungsbedingter Einflüsse mit Krankheitswert" gibt es jedoch eine entsprechende Leistungskürzung (Art 18 Z 2 AUVB).

Reißt die Achillessehne des Versicherten während des Laufens, ohne dass irgendein Zusatzereignis (zB Sturz bei unebener Stelle, Stolpern über eine Wurzel) eintritt, wird es oft zu einer Kürzung kommen. Gesunde Sehnen reißen nämlich nicht ohne zusätzlichen Anstoß, der Riss muss also (auch) auf vorhandene Verschleißerscheinungen zurückzuführen sein, manchmal sogar auf „reine" Krankheit, „reines" Gebrechen.[959] Die Gleichstellung hat aber Bedeutung für die Beweislast, die dadurch beim Versicherer liegt.

7.186 Das Unfallereignis (der Versicherungsfall) muss zu einer **Gesundheitsschädigung** geführt haben: Das ist jede Beeinträchtigung der körperlichen Unversehrtheit, worunter auch psychische oder nervöse Störungen fallen. Adäquate Ursächlichkeit des Ereignisses für die Folge ist erforderlich.[960] Mitursächlichkeit reicht zwar aus, allerdings ist die Leistung des Versicherers bei Vorerkrankungen und Gebrechen zu kürzen.

Der Versicherte stolpert über eine unebene Stelle und zieht sich einen Bänderriss zu. War das Band vorgeschädigt, liegt ein versichertes Ereignis vor, es kommt aber zu einer verhältnismäßigen Kürzung. Einen Fall der Mitursächlichkeit regelt Art 18 Z 3 AUVB explizit, wenn dort die Deckung für „Unfälle infolge von Herzinfarkt und Schlaganfall" (zB am Steuer eines Kfz) eingeschlossen wird.

---

959 *Palten*, VR 2012 H 1–2, 32 (36).
960 *Palten*, VR 2012 H 1–2, 32 (39 ff).

Die Gesundheitsschädigung muss **unfreiwillig** eingetreten sein. Das ergibt sich auch aus § 181, der einen Risikoausschluss bei Vorsatz enthält. Deckung (Unfreiwilligkeit, kein Vorsatz) ist auch zu bejahen, wenn sich die versicherte Person zwar bewusst in eine gefährliche Situation begibt, die Gesundheitsschädigung aber nicht zumindest billigend in Kauf nahm.[961]

7.187

> Die bloße Ausübung einer gefährlichen Sportart (wenn die Deckung dafür nicht ausgeschlossen ist), der Sprung von einer Bank oder eine Rauferei ändern also nichts an der Deckung. Unfreiwilligkeit ist auch gegeben, wenn die Schädigung bei autoerotischer Handlung eintritt (beachte aber Art 17 Z 9 AUVB).

Hinweis
> § 181 ist lex specialis zu § 61. Ein Risikoausschluss wegen grober Fahrlässigkeit müsste also in AVB vereinbart werden und der Klauselkontrolle standhalten. Deckung für Vorsatz könnte nicht vereinbart werden.

Bei einem **Selbstmord** ist die Gesundheitsschädigung (= Tod) freiwillig; nach hA gilt dies auch für die Körperverletzung bei einem fehlgeschlagenen Selbstmordversuch, weil diese vom Vorsatz mit umfasst sei.[962] Der Selbstmord (Selbstmordversuch) ist aber unfreiwillig, wenn der Versicherte seinen Willen nicht mehr frei bestimmen konnte.[963]

Schädigt ein Dritter vorsätzlich, ändert dies nichts an der Leistungspflicht. Anders nur, wenn der VN in der Eigenversicherung oder der Bezugsberechtigte (also derjenige, der vom Unfall profitiert!) den Versicherten vorsätzlich schädigt.[964]

Die AUVB 2008 enthalten zahlreiche **Risikoausschlüsse,** die sich in zwei Gruppen einteilen lassen.[965] Die AUVB nehmen bestimmte Unfallursachen aus (Art 17: „Ausschlüsse") und verwehren die Deckung für gewisse Unfallfolgen (Art 6 Z 3, Art 18: „Sachliche Begrenzung des Versicherungsschutzes"). Eine örtliche Einschränkung gibt es hingegen nicht; der Versicherungsschutz gilt auf der ganzen Erde (Art 3 AUVB).

7.188

Einige Ausschlüsse für **Unfallereignisse** (Art 17 AUVB)[966] betreffen Situationen, in denen der Versicherte ein missbilligtes Verhalten zeigt.

7.189

> Z 4 schließt Unfälle aus, „die beim Versuch oder der Begehung gerichtlich strafbarer Handlungen durch die versicherte Person eintreten, für die Vorsatz Tatbestandsmerkmal ist" (siehe OGH 7 Ob 70/21 a: illegales Straßenrennen). Z 6 schließt Deckung aus bei Unfällen „durch innere Unruhen, wenn die versicherte Person daran auf Seiten der Unruhestifter teilgenommen hat." Demonstrationen, Streiks sind nicht erfasst (beachte aber Z 4).

Andere Ausschlüsse betreffen Unfälle in Situationen, in denen sich der Versicherte (bewusst) einer besonderen Gefahr ausgesetzt hat.

---

961 Siehe *Perner* in *Fenyves/Perner/Riedler,* VersVG § 179 Rz 15.
962 *Götz* in *Looschelders/Pohlmann,* VVG³ § 178 Rz 26.
963 OGH 7 Ob 113/17 v: Postnatale Depression.
964 Näher *Perner* in *Fenyves/Perner/Riedler,* VersVG § 181 Rz 3.
965 Vgl bereits *Schauer,* Versicherungsvertragsrecht³ 498 f.
966 Zur Einteilung *Perner* in *Fenyves/Perner/Riedler,* VersVG § 179 Rz 21 ff.

Z 1 schließt zB die Deckung für Luftfahrzeugführer und Besatzungsmitglieder (nicht aber für Fluggäste, Art 6 Z 4) aus; für diese Personen gibt es eigene Deckungen. Nach OGH 7 Ob 120/16x gab es daher auch keine Deckung, als der Gleitschirmflieger sich beim Klettern von einer Tanne nach der Landung verletzte. Nach Z 2 sind Unfälle „bei Beteiligung an motorsportlichen Wettbewerben (auch Wertungsfahrten und Rallyes) und den dazugehörigen Trainingsfahrten" ausgeschlossen. Manchmal wird auch das „Fahren auf Rennstrecken" (ohne Wettbewerb oder Trainingsfahrt) ausgeschlossen. Z 9 enthält einen Ausschluss für „Gesundheitsschäden bei Heilmaßnahmen oder Eingriffen am Körper der versicherten Person. Versicherungsschutz besteht jedoch, wenn die Heilmaßnahmen oder Eingriffe durch einen unter diesen Vertrag fallenden Unfall veranlasst waren." Ausgeschlossen ist etwa eine Gesundheitsschädigung nach einer autoerotischen Handlung (Eingriff).

Eine dritte Gruppe betrifft Situationen, die objektiv besonders gefährlich sind und bei denen die Wahrscheinlichkeit eines Unfalls daher atypisch hoch ist. Ob sich die versicherte Person dieser Gefahr bewusst ausgesetzt hat, ist unerheblich.

Nach Z 5 umfasst der Versicherungsschutz keine Unfälle, die mit Kriegsereignissen zusammenhängen. Terroranschläge sind davon nicht erfasst, manche Versicherer decken das (passive) Kriegsrisiko, wenn der Versicherte auf Reisen im Ausland etwa von einem Bürgerkrieg überrascht wird.[967]

Z 8 schließt Schäden von der Deckung aus, „die die versicherte Person infolge einer Bewusstseinsstörung oder einer wesentlichen Beeinträchtigung ihrer psychischen Leistungsfähigkeit durch Alkohol, Suchtgifte oder Medikamente erleidet" (zur Alkoholbeeinträchtigung etwa OGH 7 Ob 93/18d und 7 Ob 171/20b). Hier werde an der besonderen Gefährlichkeit der Störung der psychischen Leistungsfähigkeit angeknüpft, die in einem solchen Zustand gegeben sei und die versicherte Person daran hindere, Gefahren zu erkennen und zu vermeiden.[968]

7.190 Auch mit Blick auf **Unfallfolgen** sehen die AUVB zahlreiche praktisch bedeutende Risikoausschlüsse vor.

Nach Art 6 Z 3 AUVB gibt es einen Ausschluss für übertragbare Krankheiten, sie werden also vom Versicherungsschutz ausgenommen. Der Akt der Übertragung (zB Biss, Stich) wäre oft als Unfallereignis zu qualifizieren, das die Deckung auslösen würde. Einen sekundären Risikoeinschluss gibt es gem Art 6 Z 3 iVm Art 13 AUVB für Kinderlähmung und die durch Zeckenbiss übertragene Frühsommer-Meningoencephalitis (FSME) sowie für Wundstarrkrampf und Tollwut.

Nach Art 18 Z 4 AUVB sind seelische Fehlhaltungen (Neurosen, Psychosen) auch dann nicht gedeckt, wenn ein Unfallereignis für sie adäquat ursächlich war. Der OGH hielt diesen Ausschluss in 7 Ob 160/19h für transparent und zulässig.

Der Herzinfarkt selbst ist kein Unfallereignis, weil er sich ausschließlich im Körper abspielt und damit nicht „von außen" kommt. Für eine aus dem Infarkt resultierende Gesundheitsschädigung könnte daher nur eine Leistung erbracht werden, wenn dieser seinerseits Folge eines Unfalls ist und zu einer (weiteren) Schädigung führt. ZB: Die versicherte Person prallt auf einen Gegenstand und erleidet einen Infarkt, aus dem Schäden folgen. Art 18 Z 3 AUVB schließt die Deckung für solche Unfallfolgen aber aus, wenn nicht „ein überwiegender Kausalzusammenhang mit einer unmittelbaren Verletzung der betreffenden Koronararterie besteht und diese Ver-

---

967 *Maitz*, AUVB 223 ff.
968 Zur Klauselkontrolle *Perner* in *Fenyves/Perner/Riedler*, VersVG § 179 Rz 24.

letzung durch eine indirekte mechanische Einwirkung von außen auf den Brustkorb verursacht worden ist". Eine Gesundheitsschädigung wäre gedeckt, wenn die versicherte Person bei einem Autounfall auf einen Gegenstand prallt und deshalb einen Infarkt erleidet oder weil sie beim Fußballspiel einen scharfen Schuss auf die Brust bekommt; nicht aber, wenn der Versicherte in einen Bach stürzt, aufgrund der Kälte einen Infarkt erleidet und verstirbt oder der Herzinfarkt aufgrund des Einatmens giftiger Gase eintritt. Das ist im Lichte des § 879 Abs 3 ABGB gröblich benachteiligend.[969]

Wie beim Herzinfarkt werden auch bei Bandscheibenhernien sowie Bauch- und Unterleibsbrüchen Leistungen nicht bei jedem Unfallereignis erbracht, sondern nur, wenn die Schäden durch eine „direkt mechanische Einwirkung auf die Wirbelsäule entstanden" (Art 18 Z 5 AUVB) bzw „durch eine von außen kommende mechanische Einwirkung direkt herbeigeführt worden" (Art 18 Z 6 AUVB) sind. Vorerkrankungen und bestehende Gebrechen führen zu einem Entfall des Versicherungsschutzes.

3. Inhalt des Versicherungsschutzes

Art 7–16 AUVB regeln die Frage, welche Leistungen der Versicherer erbringen muss. Nach dem Konzept der AUVB hat der Versicherer nicht „die eine" Versicherungsleistung zu erbringen, sondern es kommen **mehrere Leistungsbestandteile** in Betracht, für die stets an einen Unfall (Versicherungsfall) angeknüpft wird. Die weiteren Voraussetzungen für die Erbringung von Leistungen unterscheiden sich allerdings: Bei dauernder Invalidität ist ein Kapitalbetrag und/oder eine Rente zu zahlen (Art 7 und 8 AUVB) und kommt ein Taggeld (Art 10 AUVB) in Betracht, bei Tod der versicherten Person ist die Todfallleistung zu erbringen (Art 9). Unabhängig von einer Invalidität kann ein Spitalgeld (Art 11 AUVB) zu zahlen sein und sind Unfallkosten (Art 12 AUVB) zu ersetzen. Das Vorliegen der Voraussetzungen ist für jede Leistung gesondert zu prüfen, eine Kumulation von Leistungsbestandteilen für einen Versicherungsfall ist möglich. Mehrere Unfälle sind jeweils gesondert abzurechnen, auch insofern kommt es also zur Kumulation. 7.191

Eine Leistung wegen **dauernder Invalidität,** die als Kapital oder Rente ausgezahlt wird, setzt zunächst voraus, dass die versicherte Person „durch den Unfall auf Lebenszeit in ihrer körperlichen oder geistigen Leistungsfähigkeit beeinträchtigt" ist (Art 7 Z 1 AUVB). Die AUVB stellen eine typisierende Betrachtung an und legen abstrakte Invaliditätsgrade nach einer Gliedertaxe fest (Art 7 Z 2.2 AUVB). Die dortigen Prozentsätze sind Referenzwerte für den völligen Verlust oder die völlige Funktionsunfähigkeit eines Körperteils oder Sinnesorgans, die konkrete Versicherungssumme ergibt sich aus dem Vertrag. 7.192

Beträgt die Versicherungssumme 100.000 Euro und verliert der Versicherte bei einem Unfall einen Arm, erhält er demnach 70% und somit 70.000 Euro. Sind mehrere Funktionen durch den Unfall beeinträchtigt, wird bis 100% zusammengerechnet (Art 7 Z 5 AUVB). Bei teilweiser Beeinträchtigung wird der entsprechende Teil des Prozentsatzes angenommen und die Leistung gemindert (Art 7 Z 2.3 AUVB). So bemessen die AUVB zB einen Invaliditätsgrad von 20% bei Verlust eines Daumens. Ist die Funktion zur Hälfte beeinträchtigt, werden 10% angenommen. Ob die versicherte Person Rechts- oder Linkshänderin ist, ist irrelevant. Es kommt für die Beurteilung der Invalidität insb nicht auf die konkrete Beeinträchtigung der Arbeitsfähigkeit an.

---

[969] Siehe näher *Perner* in *Fenyves/Perner/Riedler*, VersVG § 179 Rz 19.

In der **Praxis** der Versicherer wird das System der Gliedertaxe konkretisiert und vielfach auch abgeändert.[970] Üblich ist etwa, dass mit steigendem Invaliditätsgrad auch die ausgezahlten Summen progressiv ansteigen (zB: volle Versicherungssumme ab 50% Invalidität). Die Gliedertaxenwerte der AUVB werden häufig abgeändert, es werden feinere Differenzierungen für Körperteile vorgenommen (zB: Arm bis oberhalb/unterhalb des Ellenbogengelenks) oder überhaupt zusätzliche Körperteile aufgenommen. Oft wird auch bei Berufsunfähigkeit eine höhere Leistung vereinbart (zB: volle Versicherungssumme für dauernde Invalidität bei unfallbedingter Berufsunfähigkeit unabhängig vom Invaliditätsgrad).

Bei der Bemessung der Invalidität wird nach Art 18 Z 1 AUVB ein Abzug in Höhe einer **Vorinvalidität** vorgenommen, wenn der Unfall eine körperliche oder geistige Funktion betrifft, die schon vorher beeinträchtigt war. Diese Regelung ist deklarativ, weil der Unfallversicherer ja von vornherein nur für unfallkausale Schäden (in concreto Verschlimmerung der Invalidität) einsteht. Ein verhältnismäßiger Abzug findet nach Art 18 Z 2 AUVB (ab einer individuell zu vereinbarenden Bagatellgrenze; meist 25%) auch statt, wenn – insb anlage- oder abnützungsbedingte – **Krankheiten** oder **Gebrechen** bei der Gesundheitsschädigung mitgewirkt haben. Dieser Abzug ist konstitutiv, weil der Unfall ja kausal war. Für die Ermittlung der Höhe des Abzugs ist der konkrete Versicherte mit einer gesunden Person zu vergleichen. Dies erfolgt nach medizinischen Gesichtspunkten, entscheidend ist die Erhöhung der Wahrscheinlichkeit eines Schadenseintritts.[971]

> In OGH 7 Ob 103/15w hatte der Versicherte nach einem Wespenstich einen Kreislaufstillstand nur aufgrund seiner allergischen Disposition erlitten, bei einer gesunden Person wäre das nicht passiert. Es kam daher zu einem vollständigen Abzug.

Voraussetzung für die Leistung ist, dass die Invalidität innerhalb **eines Jahres** ab dem Unfall eintritt. Dies hat den Zweck, Beweisschwierigkeiten zu vermeiden und ist sachgerecht, weil spätere Schäden selten sind.[972] Die Invalidität muss außerdem unter Vorlage eines ärztlichen Befundberichtes, aus dem Art und Umfang der Gesundheitsschädigung und die Möglichkeit einer auf Lebenszeit dauernden Invalidität hervorgehen, beim Versicherer geltend gemacht werden (Art 7 Z 1 AUVB). Eine besondere Frist für die Geltendmachung sehen die AUVB nicht vor, solange nur die Invalidität innerhalb eines Jahres eingetreten ist.[973]

Nach einem Unfall gibt es anfangs oft **Zweifel** über die Frage, ob und in welchem Umfang Dauerschäden zurückbleiben, vielfach ist dies auch vom Genesungsprozess abhängig. Eine Invaliditätsleistung wird im ersten Jahr nach dem Unfall daher nur erbracht, wenn Art und Umfang der Unfallfolgen aus ärztlicher Sicht eindeutig feststehen (Art 7 Z 6 AUVB). Allenfalls sind aber angemessene Vorschüsse zu leisten (Art 15 Z 3 AUVB). Steht der Grad der dauernden Invalidität nicht eindeutig fest, sind beide Teile berechtigt,

---

970 *Maitz*, AUVB 95ff.
971 *Palten*, VR 2010 H 1–2, 32 (41f).
972 Vgl BGH IV ZR 137/06.
973 Zu früheren Bedingungsgenerationen, die teils immer noch relevant sind, *Perner* in *Fenyves/Perner/Riedler*, VersVG § 179 Rz 31. Siehe auch OGH 7 Ob 156/20x.

den Invaliditätsgrad jährlich bis 4 Jahre ab dem Unfalltag ärztlich neu bemessen zu lassen.[974]

Tritt innerhalb eines Jahres vom Unfalltag an gerechnet der **Tod** als Folge des Unfalles ein, wird die für den Todesfall versicherte Summe gezahlt (Art 9 Z 1 AUVB). Wie für andere Unfallfolgen reicht auch hier die Mitursächlichkeit des Unfalls. Dass die versicherte Person bereits alt war und daher ohnehin bald gestorben wäre, ist kein taugliches Argument für die Kürzung der Leistung.[975] Die Todesfallleistung wird statt der Leistung erbracht, die (ohne Eintritt des Todes) für dauernde Invalidität erbracht würde und unterscheidet sich in der Höhe natürlich davon; es gibt auch keinen Abzug wegen Vorinvalidität (vgl Art 18 Z 1 AUVB). Krankheit und Gebrechen können allerdings zu einem verhältnismäßigen Abzug führen. 7.193

Nach Art 10 AUVB wird zusätzlich **Taggeld** bei dauernder oder vorübergehender Invalidität für die Dauer der vollständigen Arbeitsunfähigkeit im Beruf oder in der Beschäftigung der versicherten Person für längstens 365 Tage innerhalb von 4 Jahren ab dem Unfalltag gezahlt. Das Taggeld soll eine besondere Überbrückung für einen typischen Einkommensverlust sein. Ob sich das Einkommen des Versicherten konkret verringert hat, ist unerheblich (Summenversicherung). 7.194

Zur Invalidität tritt mit der vollständigen Arbeitsunfähigkeit im Beruf oder in der Beschäftigung der versicherten Person noch eine weitere Voraussetzung hinzu. Dabei kommt es auf die konkrete Tätigkeit der versicherten Person an, nicht auf den erlernten Beruf. Der OGH hat ausgesprochen, dass dies klar formuliert und eine „teleologische Reduktion" durch Streichung des Wortes „vollständigen" abzulehnen sei.[976] Problematisch (§ 879 Abs 3 ABGB) ist aber, dass auf der einen Seite eine vollständige Arbeitsunfähigkeit vorausgesetzt wird, umgekehrt die Leistung aber bei Vorerkrankung und Gebrechen gekürzt wird.

Spitalgeld wird gem Art 11 Z 1 AUVB „für jeden Kalendertag, an dem sich die versicherte Person wegen eines Versicherungsfalles in medizinisch notwendiger stationärer Heilbehandlung befindet, längstens für 365 Tage innerhalb von 4 Jahren ab dem Unfalltag gezahlt." Es soll den typischen Mehrbedarf abdecken, der durch einen Spitalaufenthalt entsteht. Mitunter wird daneben auch Genesungsgeld vereinbart, das im Anschluss an den Spitalaufenthalt gezahlt wird und dem Versicherten zusätzliche Mittel für seine Gesundung zur Verfügung stellen soll. Konkrete Kosten sind weder für Spital- noch für Genesungsgeld erforderlich, womit sich auch ein Nachweis von Aufwendungen erübrigt (Summenversicherung). 7.195

Bis zur Höhe der dafür vereinbarten Versicherungssumme werden nach Art 12 AUVB auch **Unfallkosten** ersetzt, sofern sie innerhalb von 4 Jahren ab dem Unfalltag entstehen. Die Unfallversicherung ist insofern Schadensversicherung, weil nur die tatsächlich aufgewendeten Kosten ersetzt werden. Außerdem wird Zahlung nur geschuldet, soweit nicht von einem Sozialversicherer Ersatz zu leisten ist. Die Aufzählung der ersatzfähigen Unfallkosten ist taxativ: In Betracht kommt der Ersatz von Heilkosten (Art 12 Z 1 AUVB: 7.196

---

[974] Siehe dazu OGH 7 Ob 47/16m und *Perner* in *Fenyves/Perner/Riedler,* VersVG § 179 Rz 33.
[975] *Perner* in *Fenyves/Perner/Riedler,* VersVG § 179 Rz 34.
[976] OGH 7 Ob 82/11a.

vor allem Verletztentransport zur Erstbehandlung, erstmalige Anschaffung künstlicher Gliedmaßen und eines Zahnersatzes), der Bergung (Art 12 Z 2 AUVB: Suchen und Transport bis zur nächsten Straße oder dem nächsten Spital) und der Rückholung (Art 12 Z 3 AUVB: Verletztentransport an den Wohnort oder in das Krankenhaus, bei tödlichem Unfall auch gewisse Kosten der Überführung des Toten). Auch bei diesen Leistungsbestandteilen kommt eine Kürzung nach Art 18 Z 2 AUVB wegen Vorerkrankung oder Gebrechen in Betracht, eine Kürzung wegen Vorinvalidität ist hingegen (wie beim Spitalgeld) natürlich ausgeschlossen.

4. Beweislast

7.197 Die Beweislast folgt den allgemeinen Regeln, sodass derjenige, der eine günstige Rechtsfolge behauptet, beweispflichtig ist.[977] Der Anspruchsberechtigte muss also das Vorliegen eines **Unfalls** nachweisen. Kann bloß eine Verletzung darlegt werden, nicht aber Zeit, Ort und Ursache, ist der Beweis nicht erbracht. Außerdem muss der Versicherte die konkrete **Unfallfolge** (Gesundheitsschädigung, Tod) und die Ursächlichkeit des Unfalls für die Folge nachweisen. Der Nachweis der Ursächlichkeit wird der versicherten Person aber in zweifacher Weise erleichtert: Die erste Erleichterung ist tatsächlich beweisrechtlicher Natur und hat praktisch erhebliche Bedeutung: Für die adäquate Ursächlichkeit reicht bereits der Anscheinsbeweis; so zB, wenn Beschwerden erstmals unmittelbar oder kurz nach einem Unfall auftreten.[978] Die zweite Erleichterung ist materiell-rechtlicher Natur: Da bereits die Mitursächlichkeit des Unfalls ausreicht, um den Eintritt des Versicherungsfalls zu bejahen, hat die versicherte Person gar nicht den Nachweis der alleinigen Kausalität des Unfalls für die Folge zu führen.

> Stirbt also zB ein Versicherter im hohen Alter einige Monate nach dem Unfall, so wird der Anschein meist für die Kausalität sprechen. Dass auch andere Umstände (natürlicher Lauf der Dinge im hohen Alter) mitgespielt haben, ist unschädlich. Der Versicherer müsste in einem solchen Fall beweisen, dass allein die unfallfremden Umstände die Gesundheitsschädigung herbeigeführt haben.

7.198 Bei Mitursächlichkeit anderer Umstände für die Folgen kommt allerdings ein Abzug in Betracht (Gebrechen, Vorerkrankung, Vorinvalidität). Ein solcher Abzug aufgrund eines **Risikoausschlusses** ist eine für den Versicherer günstige Folge, er muss daher den Nachweis erbringen.

> A wird bei einem Verkehrsunfall verletzt. Kann er dies beweisen, liegt die Beweislast für eine Beeinträchtigung durch Alkoholisierung beim Versicherer. Diese Grundsätze gelten auch für die Kürzung der Leistung wegen Vorinvalidität, Vorerkrankung oder von wegen Gebrechen: Der Versicherer muss diese Umstände beweisen, um sich darauf berufen zu können.

7.199 Da die **Unfreiwilligkeit** des Eintritts der Folge Teil der Unfalldefinition ist, müsste der Anspruchsberechtigte sie nach allgemeinen Regeln nachweisen. Da dieser Beweis sehr

---

977 Vgl zur Verteilung OGH 7 Ob 67/15a.
978 OGH 7 Ob 67/15a.

schwer zu führen ist, drohte aber eine Entwertung des Versicherungsschutzes.[979] Dadurch würde man aber in sachlich nicht gerechtfertigter Weise von § 181 abweichen, nach dem der Versicherer für die vorsätzliche Herbeiführung beweispflichtig ist.[980] Es genügt daher nach der Rsp[981], wenn der Versicherte Umstände dartut, die die Möglichkeit des unfreiwilligen Unfalles naheliegend erscheinen lassen. Selbstschädigung sei nach der allgemeinen Lebenserfahrung nämlich nicht der Regelfall, der Versicherer müsse vielmehr Umstände dartun, die in diese Richtung (zB Selbstmord, Selbstverstümmelung) weisen. Erst dann muss der Anspruchsberechtigte beweisen, dass sich der Unfall unfreiwillig ereignet hat.

5. Obliegenheiten

Der Versicherer hat auch in der Unfallversicherung ein Interesse an einem bestimmten Verhalten von VN oder Versichertem (zB Aufklärung, Information, Vermeidung von Gefahren). Die allgemeinen Regeln über gesetzliche Obliegenheiten sind daher auch bei der Unfallversicherung anwendbar. 7.200

> So trifft den VN insb die vorvertragliche Anzeigepflicht des § 16, auch die Vorschriften über die Gefahrerhöhung kommen zur Anwendung. § 179 Abs 2 und 4 erstrecken diese Obliegenheiten auf die Gefahrsperson.

Auch die Pflichten zur Anzeige des Versicherungsfalls (§ 33) sowie zur Erteilung von Auskünften und zur Beschaffung von Belegen (§ 34) kommen daher bei der Unfallversicherung zur Anwendung. **§ 182** setzt dies voraus und beantwortet die Frage, wen die Anzeigepflicht trifft, wenn die Leistung einem Dritten zusteht. Die im Zweiten Abschnitt über die Schadensversicherung geregelten Obliegenheiten kommen hingegen auf die Unfallversicherung grundsätzlich nicht zur Anwendung. **§ 183** trifft daher eine eigene Regelung für die Frage der Schadensminderung und -abwehr. Die **AUVB** konkretisieren diese Regelungen und weichen teilweise davon ab. Außerdem „vervollständigen" sie die genannten Obliegenheiten, indem sie anordnen, dass unter den Voraussetzungen des § 6 Abs 3 Leistungsfreiheit eintritt (erst grobe Fahrlässigkeit schadet, Kausalitätsgegenbeweis zulässig).[982] 7.201

Steht einem bezugsberechtigten Dritten die Leistung zu, ist nach § 182 Fall 1 dieser für die (wahrheitsgemäße und vollständige) **Anzeige** verantwortlich. Der Wortlaut bezieht sich zwar nur auf den Bezugsberechtigten, nicht hingegen auf den Versicherten in der Versicherung für fremde Rechnung. § 182 ist aber ebenso dispositiv wie die Regelung über die Anzeigepflicht selbst (vgl § 34a). Die AUVB erweitern sie zulässig auf Versicherte (Art 24 Z 3 AUVB). 7.202

Die Anzeigepflicht wird schon mit dem Unfallereignis (das vorhersehbar zu einer Unfallfolge führt) ausgelöst. Art 21 Z 2.1 AUVB sieht vor, dass ein Unfall dann unverzüglich,

---

979 Zutr *Schauer*, Versicherungsvertragsrecht³ 499.
980 *Jabornegg*, Risiko des Versicherers 30 f.
981 OGH 7 Ob 172/12 p; vgl bereits *Schauer*, Versicherungsvertragsrecht³ 500.
982 OGH 7 Ob 45/19 x.

spätestens innerhalb einer Woche, in geschriebener Form (vgl Art 25 AUVB) dem Versicherer anzuzeigen ist. Die Unfallanzeige ist dem Versicherer unverzüglich zuzusenden (Art 21 Z 2.4 AUVB).

Für die Anzeige des Todesfalls sieht Art 21 Z 2.2 AUVB eine Frist von 3 Tagen vor, „und zwar auch dann, wenn der Unfall bereits gemeldet ist". Zwar schadet dem Berechtigten auch hier erst grobe Fahrlässigkeit und steht ihm der Kausalitätsgegenbeweis offen (§ 6 Abs 3). Die Frist ist allerdings auch für den Normalfall sehr knapp, zumal davon auszugehen ist, dass die berechtigte Person meist auch eine emotionale Bindung zum Verstorbenen hatte und daher idR kein solches Verhalten erwartet werden kann. Sie ist daher gröblich benachteiligend (§ 879 Abs 3 ABGB).[983]

7.203 Steht einem bezugsberechtigten Dritten die Leistung zu, trifft diesen nach § 182 Fall 2 die **Auskunfts- und Belegpflicht.** Wie bei der Anzeigepflicht wird auch hier eine Erweiterung auf Versicherte vorgenommen (Art 24 Z 3 AUVB). Außerdem müssen nach Art 21 Z 2.4 AUVB alle verlangten sachdienlichen Auskünfte erteilt werden.

Ist Spitalgeld Leistungsbestandteil, so ist nach der Entlassung eine Aufenthaltsbestätigung der Spitalverwaltung zuzusenden (Art 21 Z 2.6 AUVB). Schuldet der Versicherer Unfallkosten, sind die Originalbelege zu überlassen (Art 21 Z 2.7 AUVB).

7.204 Nach Art 21 Z 2.5 AUVB kann der Versicherer verlangen, dass sich die versicherte Person durch die von ihm bezeichneten Ärzte **untersuchen** lässt. Unter einer Untersuchung ist nach dem OGH[984] nur eine äußerliche Feststellung des Zustandes, nicht aber ein Eingriff in die körperliche Integrität des Versicherten zu verstehen. Der Versicherte verletzt die Obliegenheit also nicht dadurch, dass er Operationen an sich nicht vornehmen lässt.

7.205 Nach § 183 trifft den VN (oder die Gefahrsperson, vgl § 179 Abs 2 und 4) eine Obliegenheit zur **Abwendung und Minderung** der Folgen des Unfalles und zur Befolgung der Weisungen des Versicherers ähnlich wie nach § 62. Für Aufwendungen gibt es Kostenersatz.[985]

Art 21 Z 2.3 AUVB regelt eine Obliegenheit zur Abwendung und Minderung der Unfallfolgen, indem angeordnet wird, dass nach dem Unfall unverzüglich ärztliche Hilfe in Anspruch zu nehmen und die ärztliche Behandlung bis zum Abschluss des Heilverfahrens fortzusetzen ist. Außerdem ist für eine angemessene Krankenpflege und nach Möglichkeit für die Abwendung und Minderung der Unfallfolgen zu sorgen. Bei der groben Fahrlässigkeit ist kein allzu strenger Maßstab anzulegen. Der OGH[986] hielt die Beurteilung als grob fahrlässig aber zu Recht für vertretbar, als ein Berechtigter zu Hause geblieben war, weil er „nicht ins Krankenhaus wollte" und zuwartete, „bis die Schmerzen unerträglich geworden waren". Dies, obwohl ihn sein Hausarzt zwei Tage zuvor schriftlich ins Krankenhaus eingewiesen und ausdrücklich darauf aufmerksam gemacht hatte, dass er noch am selben Tag ins Spital müsse.

---

983 Näher *Perner* in *Fenyves/Perner/Riedler,* VersVG §§ 182, 183 Rz 6.
984 7 Ob 36/89.
985 *Perner* in *Fenyves/Perner/Riedler,* VersVG §§ 182, 183 Rz 13.
986 7 Ob 23/11 z.

Nach Art 21 Z 1 AUVB muss die versicherte Person als Lenker eines Kraftfahrzeuges die **7.206**
jeweilige **kraftfahrrechtliche Berechtigung** für das Lenken des Fahrzeugs gehabt haben
(Obliegenheit iSd § 6 Abs 2).[987] Der Kausalitätsgegenbeweis ist zwar zulässig, die an ihn
gestellten Anforderungen sind allerdings hoch: Der Nachweis tatsächlichen Fahrkönnens
genügt ebenso wenig wie der Beweis, dass man die Prüfung bestanden hätte. Der Nachweis eines technischen Gebrechens oder des alleinigen Verschuldens eines Dritten reicht
hingegen aus. War die versicherte Person Insasse eines Kfz, das von einer Person ohne
Lenkerberechtigung gelenkt wurde, ändert dies hingegen nichts am Versicherungsschutz.

Neben vergangenen Ereignissen (zB Vorerkrankungen, Vorunfälle) sind für die Entschei- **7.207**
dung des Versicherers typischerweise auch gewisse Umstände relevant, die zukünftig veränderlich sind. Dazu gehören insb Berufstätigkeit, Beschäftigung und gefährliche Freizeitaktivitäten. Art 20 AUVB bestimmt daher, dass solche **Veränderungen** dem Versicherer **anzuzeigen** sind, wenn bereits im Antrag danach gefragt wurde. Viele andere
Aspekte können die tatsächliche Gefahrenlage zwar ebenfalls beeinflussen (zB Änderungen im Verkehrsrecht, Älterwerden des Versicherten), sind aber nach dem Zweck des
Vertrags nicht risikorelevant.

Die neue Berufstätigkeit, Beschäftigung oder Freizeitaktivität kann zu einer **Minderung
der Gefahr** führen (zB: Aufgabe des Segelfliegens, Wechsel in einen Bürojob). Das führt
zu einer entsprechenden Senkung der Prämie.

Führt die Änderung zu einer **Erhöhung der Gefahr**[988] (und bietet der Versicherer grundsätzlich Schutz), soll es gem Art 20 AUVB nach Ablauf von drei Monaten ab dem Zeitpunkt, zu dem die Anzeige hätte zugehen sollen, zu einer Erhöhung der Prämie kommen.
Danach besteht der volle Versicherungsschutz nur bei Zahlung einer entsprechend höheren Prämie. Kommt es zu keiner Einigung über die Erhöhung, wird (nach Ablauf der drei
Monate) die Versicherungssumme verhältnismäßig gekürzt. Der VN kann den Versicherungsvertrag aber auch innerhalb eines Monats nach Zugang des Änderungsvorschlags
des Versicherers ohne Einhaltung einer Kündigungsfrist kündigen. Unterbleibt die Kündigung, wird die vom Versicherer vorgeschlagene erhöhte Prämie wirksam. Auf diese
Rechtsfolgen muss der Versicherer besonders hinweisen (Art 20 AUVB).

6. Sachverständigenverfahren

Gerade in der Unfallversicherung müssen einzelne Voraussetzungen oft durch Sachver- **7.208**
ständige festgestellt werden.

> ZB Grad der Invalidität, Einfluss von Vorerkrankungen, Kausalität des Unfalls für die Schädigung, Feststellung der Berufsunfähigkeit.

Art 16 AUVB gibt daher bei Meinungsverschiedenheiten beiden Teilen ein Recht auf
Einleitung eines **Sachverständigenverfahrens,** dessen Zweck die Kosten- und Zeitersparnis durch Vermeidung eines Gerichtsurteils ist. Ein Schiedsgutachter entscheidet, der von
den Ärzten von Versicherer und Anspruchsberechtigtem gemeinsam als Schiedsgutachter

---

[987] Dazu OGH 7 Ob 159/18k ZVers 2019, 147 *(Kath)*.
[988] Zu den Anforderungen an die Wirksamkeit der Vereinbarung OGH 7 Ob 53/14s.

bestellt wird. Kommt es zu keiner Einigung auf eine Person, entscheidet die Österreichische Ärztekammer.

7.209 Voraussetzung für die Einleitung des Verfahrens nach Art 16 AUVB ist eine Meinungsverschiedenheit über eine **medizinische Frage,** die für Grund oder Höhe des Anspruchs relevant ist und die auf insofern abweichenden Gutachten des vom Versicherer beigezogenen und vom Berechtigten beauftragten Arztes beruht (vgl Art 16 Z 1 AUVB). Der Schiedsgutachter ist aber nicht zur Beantwortung der (Rechts-)Frage berufen, ob überhaupt ein Versicherungsfall vorliegt oder zB Leistungsfreiheit – etwa wegen Verletzung von Obliegenheiten oder vorsätzlicher Herbeiführung des Versicherungsfalls – eingetreten ist.[989]

7.210 Nach der zwingenden (siehe Abs 3) Vorschrift des § 184 Abs 1 ist die getroffene Feststellung nicht verbindlich, wenn sie **offenbar** von der wirklichen Sachlage **erheblich abweicht.** Bei Verzögerungen setzt Art 16 Z 2 AUVB eine Grenze von drei Monaten, ab diesem Zeitpunkt muss die Partei nicht mehr auf die Entscheidung des Sachverständigen warten.

> Der OGH geht in 7 Ob 220/10v zutreffend davon aus, dass es sich bei der Frage der offenbaren erheblichen Abweichung um eine des Einzelfalls handelt und daher meist keine erhebliche Rechtsfrage vorliegt. Bei Abweichungen des Invaliditätsgrades von nur 5 % oder 10 % hat er eine offenbare Abweichung verneint.

7.211 Der Schiedsgutachter darf aber jedenfalls nicht die für seine Entscheidung vorgegebene Bandbreite missachten (insofern liegt keine Meinungsverschiedenheit vor). Andernfalls ist die „Entscheidung" unverbindlich. Ist der Schiedsgutachter mit dem Auftrag nicht einverstanden oder müsste er den Rahmen verlassen, muss er die Entscheidung eben verweigern.

7.212 Verlangt der Versicherer die Entscheidung des Schiedsgutachters, trägt er die **Kosten des Verfahrens** allein. Bei einem Verlangen des Anspruchsberechtigten ist dieser vom Versicherer auf den Maximalbetrag hinzuweisen, der sich an den zu erwartenden notwendigen Kosten bemisst und durch einen zu vereinbarenden Prozentsatz begrenzt ist (Prozentsatz der für Tod und Invalidität zusammen versicherten Summe, Höchstgrenze ist ein Prozentsatz des strittigen Betrages). Die Kosten sind im Verhältnis des Obsiegens der beiden Parteien zu tragen. Außerdem wird vorgesehen, dass der Versicherer bei Unverbindlichkeit der Entscheidung des Schiedsgutachters dessen Kosten trägt. Diese Regelung dürfte im Lichte der Rsp des OGH[990] zulässig sein.

C. Krankenversicherung

1. Grundlagen

7.213 Die private Krankenversicherung deckt finanzielle Risiken, die in Zusammenhang mit einer Krankheit stehen.[991] Sie hat heute in Österreich fast ausschließlich Bedeutung als

---

989 Vgl nur OGH 7 Ob 20/91.
990 OGH 7 Ob 113/14i.
991 *Zoppel* in *Fenyves/Perner/Riedler,* VersVG Vor § 178 a Rz 1.

VII. Personenversicherungen

Zusatzversicherung, weil die allermeisten Personen gesetzlich krankenversichert sind. Anders als in Deutschland (substitutive Krankenversicherung[992]) kann man durch den Abschluss einer privaten Krankenversicherung die Sozialversicherung auch nicht ersetzen.

Die private Krankenversicherung wird in §§ 178a – 178n geregelt, die fast zur Gänze zu Gunsten von VN und Versicherten zwingend sind (§ 178n). Es existieren auch Musterbedingungen des VVO für die Krankheitskosten- und Krankenhaus-Tagegeldversicherung.

Die Krankenversicherung ist eine **Personenversicherung.** Sie kann eigene Risiken des VN oder fremde Risiken decken (§ 178a Abs 1). Zweiteres ist im familiären oder beruflichen Umfeld durchaus häufig.

7.214

> Die Mutter schließt als VN eine Familienkrankenversicherung für sich und ihre beiden Töchter.
> Der Arbeitgeber schließt eine Gruppenkrankenversicherung für seine Arbeitnehmer.

Die Krankenversicherung kann als Schadens- oder Summenversicherung abgeschlossen werden. Soweit sie Schadensversicherung ist, kommen §§ 49ff zur Anwendung. Ausgenommen ist jedoch § 61 über die Herbeiführung des Versicherungsfalls. Dem VN (Versicherten) schadet nur die vorsätzliche Herbeiführung (§ 178l).

> Schuldet der Versicherer Ersatz der Krankheitskosten, liegt Schadensversicherung vor. Es kann daher zu einer Doppelversicherung nach §§ 59f kommen. Hat die schuldhafte Schädigung eines Dritten den Versicherungsfall herbeigeführt, kann der Versicherer Regress nach § 67 nehmen.
>
> Dass der VN eine grob fahrlässige Bergwanderung unternommen und den Versicherungsfall daher herbeigeführt hat, schließt die Deckung hingegen nicht aus.

Die Vorschriften über die Gefahrerhöhung (§§ 23–30) sind bei der Krankenversicherung nicht anwendbar (§ 178a Abs 3). Das betrifft nicht nur die Erhöhung des objektiven Risikos (Alter), sondern gerade auch die gewollte nachträgliche Änderung der Lebensumstände (Lebenswandel, gefährliche Sportarten etc), weil der Gesetzgeber die Lebensführung nicht ungebührlich einschränken wollte.[993]

2. Arten und Leistungen

Literatur: *Gruber,* Zivilrechtliche Grundlagen des Direktverrechnungssystems in der Privaten Krankenversicherung, ZFR 2010, 245; *Perner,* Die „24-Stunden-Klausel" in der privaten Krankenversicherung, RdM 2017, 273.

Die Krankenversicherung knüpft – ihrem Namen nach wenig überraschend – zwar an einer Erkrankung oder der Pflegebedürftigkeit an. Es gibt aber keinen einheitlichen Versicherungsfall in „der" Krankenversicherung. Vielmehr unterscheidet § 178b **vier Arten** der Krankenversicherung: Krankheitskostenversicherung (Abs 1), Krankenhaustagegeld-

7.215

---

[992] Siehe *Wandt,* Versicherungsrecht[6] Rz 1336.
[993] *Zoppel* in *Fenyves/Perner/Riedler,* VersVG § 178a Rz 31.

versicherung (Abs 2), Krankengeldversicherung (Abs 3), Pflegekrankenversicherung (Abs 4).

Diese Arten können in verschiedener Weise in einem Vertrag kombiniert werden. So können zB nur Kosten und Tagegeld versichert werden. Das Gesetz steht der Entwicklung neuer Produkte (zB Zahnersatzversicherung) oder Ausschnittsdeckungen nicht im Weg.

7.216 In der **Krankheitskostenversicherung** und in der **Krankenhaustagegeldversicherung** bedarf es einer medizinisch notwendigen Heilbehandlung wegen einer Krankheit oder eines Unfalls.[994] In der Tagegeldversicherung kommt noch die Notwendigkeit der stationären Heilbehandlung[995] hinzu. Während bei der Krankheitskostenversicherung die Aufwendungen des VN ersetzt werden (Schadensversicherung), wird mit dem Tagegeld ein abstrakter Bedarf gedeckt (Summenversicherung).

VN sucht die Ordination des Wahlarztes A auf, weil seine Knie schmerzen. Dieser verrechnet 100. Der Krankenversicherer muss die Kosten ersetzen (vgl § 5 Abs 2 Muster-AVB). Meist ist vorgesehen, dass der VN zunächst bei seiner Sozialversicherung Kostenersatz verlangen muss, der private Krankenversicherer zahlt die Differenz. Bei einem „Kassenarzt" würde der VN von vornherein nicht zahlen müssen, weil dieser direkt mit dem Sozialversicherungsträger abrechnet. Die private Krankenversicherung hat hier also vor allem für die freie Arztwahl Bedeutung.

Muss VN in stationäre Heilbehandlung, schuldet der Versicherer die Kosten einer besseren als der allgemeinen Klasse („Sonderklasse"). Auch ein Tagegeld kommt hinzu, damit sich der VN zB gewisse Annehmlichkeiten wie eine Haushaltshilfe leisten kann.

Der Versicherer gibt für die Krankenanstalten, mit denen er eine Vereinbarung (Verrechnungsabkommen) abgeschlossen hat, eine Kostendeckungszusage ab. Bei bestehender Zusage kann sich der VN daher (unabhängig von vertraglichen Grenzen) darauf verlassen, dass die Kosten seines Aufenthaltes gedeckt sind (vgl § 178 c).

Auch bei einer **Pflegeversicherung** können Kosten und Tagegeld geschuldet sein. Zum Unterschied von den beiden genannten Arten setzt sie allerdings keine Krankheit oder einen Unfall, sondern die Pflegebedürftigkeit voraus, die ebenfalls einen finanziellen Bedarf hervorruft.

Die **Krankengeldversicherung** hat hingegen eine etwas andere – mit der Berufsunfähigkeitsversicherung vergleichbare – Zielrichtung: Der Versicherer verpflichtet sich dort, den durch Arbeitsunfähigkeit – als Folge von Krankheit oder Unfall – verursachten Verdienstausfall zu kompensieren, indem er ein Krankengeld leistet. Sie ist Summenversicherung.[996]

7.217 Neben den genannten Leistungen ergänzen die Versicherer das Gesamtpaket vor allem bei modernen Verträgen durch zusätzliche Bausteine. So werden etwa Vorsorgeuntersuchungen oder jährliche „Wellness-Wochenenden" (zur Krankheitsprävention) angeboten. Außerdem sind Assistance-Leistungen – vor allem digitale Gesundheitsassistenten, die medizinische Soforthilfe bieten – auf dem Vormarsch.

---

994 Zu alternativen Heilmethoden *Zoppel* in *Fenyves/Perner/Riedler*, VersVG § 178 b Rz 11.
995 Zum Begriff *Perner*, RdM 2017, 273.
996 *Zoppel* in *Fenyves/Perner/Riedler*, VersVG § 178 b Rz 16.

Der auf künstlicher Intelligenz beruhende „Symptom Checker" klärt Krankheitssymptome ab und hilft bei der Einschätzung der Dringlichkeit eines Arztbesuchs; „Doctor Chat" und „Medical Hotline" bieten ebenfalls Sofortberatungen.

7.218 Obwohl sich die vier Arten in Voraussetzungen und Leistungen unterscheiden, erstreckt sich der Versicherungsfall doch stets über einen längeren Zeitraum (**gedehnter Versicherungsfall**, siehe Rz 3.6). Der Versicherer bleibt dann trotz Vertragsbeendigung grundsätzlich deckungspflichtig, wenn der Beginn des Versicherungsfalls in den Zeitraum der materiellen Versicherungsdauer fällt.[997] Eine abweichende Vereinbarung, wonach der Versicherer nach seiner Kündigung nicht mehr leistungspflichtig ist, ist am Maßstab des § 879 Abs 3 ABGB zu messen.[998]

3. Prämienanpassung

Literatur: *Gruber*, Zulässigkeit von Anreizmechanismen in der privaten Krankenversicherung, in *Gruber* (Hrsg), Krankenversicherung IDD-Umsetzung (2020) 65; *Jahnel*, Anreizmechanismen zur Risikominimierung in der Krankenversicherung, ZVers 2021, 2; *Perner*, Altersdiskriminierung und Privatversicherungsrecht, in FS Iro (2013) 157.

7.219 Krankenversicherungsverträge sind – wie erläutert – grundsätzlich auf lebenslange Dauer angelegt (§ 178i Abs 1). Es wurde ebenfalls bereits erwähnt, dass bei Dauerschuldverhältnissen oft ein Anpassungsbedürfnis besteht. Dem versuchen Versicherer auch in der Krankenversicherung, aus der sie eben nicht „herauskönnen", dadurch Rechnung zu tragen, dass sie sich in ihren AVB bei Vertragsabschluss das Recht ausbedingen, den Vertrag einseitig durch Prämienänderung anzupassen.

7.220 § 178f schränkt die Zulässigkeit solcher Änderungsklauseln ein. Zusätzlich zu den allgemeinen Restriktionen für Änderungsklauseln (insb § 6 Abs 1 Z 5 KSchG) erlaubt die Bestimmung nur die Anpassung auf Basis der dort taxativ aufgezählten Faktoren.[999] **Zulässige Änderungsfaktoren**[1000] sind nach Abs 2 ein in der Vereinbarung genannter Index (Z 1), die durchschnittliche Lebenserwartung (Z 2), die Häufigkeit der Inanspruchnahme von Leistungen (Z 3), das Verhältnis zwischen den vertraglich vereinbarten Leistungen und den entsprechenden Kostensätzen der gesetzlichen Sozialversicherungen (Z 4) sowie bestimmte Änderungen im Gesundheitswesen (Z 5 und 6).

> **Beachte**
>
> Um Missverständnisse zu vermeiden: Man könnte also eine Anpassung an die veränderte Lebenserwartung oder eine Inflationsanpassung vornehmen. Eine solche Anpassung muss allerdings vertraglich vereinbart worden sein, der Versicherer kann sie sonst selbst dann nicht einseitig vornehmen, wenn sie sachlich gerechtfertigt wäre.

7.221 Nach § 178f Abs 2 ist eine bloß vom **Älterwerden** des Versicherten abhängige Anpassung **unzulässig**.[1001] Die Bestimmung verbietet also, was bei einer risikoadäquaten Kal-

---

997 OGH 7 Ob 189/19y.
998 OGH 7 Ob 189/19y.
999 OGH 7 Ob 287/01h.
1000 Dazu *Schauer* in *Fenyves/Schauer*, VersVG § 178f Rz 11ff.
1001 Dazu *Perner* in FS Iro 157 (167f).

kulation eigentlich passieren müsste, nämlich ein Ansteigen der Prämie mit dem Alter. Das heißt für die Versicherungspraxis, dass Altersrückstellungen zu bilden sind.[1002] Der Jüngere zahlt mehr, als seinem Risiko entspricht, der Ältere weniger. Ältere VN sollen also nicht mit sehr hohen Prämien belastet werden. § 178 f betrifft allerdings ausschließlich die Prämienverteilung im Versicherungsverhältnis, er verbietet nicht Differenzierungen wegen des Alters bei Vertragsbeginn.[1003] Es ist dem Versicherer also erlaubt, einem älteren Einsteiger höhere Prämien zu verrechnen als einem jüngeren. Außerdem macht die Bestimmung eine Ausnahme für Kinder und Jugendliche, bei denen ein zunächst geringerer Tarif später auf den für 20-jährige angehoben werden darf.

7.222 In jüngerer Zeit wurde die Zulässigkeit von **Self-Tracking-Tarifen** im Lichte der dargestellten Grundsätze diskutiert.[1004] Dabei werden die über entsprechende Geräte gewonnenen Fitnessdaten einer Person an den Versicherer weitergegeben und sollen in die Prämie einfließen. Das Verbot der altersabhängigen Prämienanpassung sowie die Unanwendbarkeit der Vorschriften über die Gefahrerhöhung sprechen allerdings gegen die Zulässigkeit einer Prämienerhöhung bei Verschlechterung der Gesundheitsdaten.[1005]

4. Bestandschutz

Literatur: *A. Wieser,* Gruppenversicherungen (2006).

7.223 Die private Krankenversicherung ist – wie erwähnt – in aller Regel eine Zusatzversicherung, sie tritt also neben die Sozialversicherung. Damit lässt sich erklären, wieso es **keinen Kontrahierungszwang** der Krankenversicherer gibt (vgl nur ausnahmsweise § 178 e), die sich also im vollen Umfang auf ihre Privatautonomie berufen können.

Die Lage bei der Krankenversicherung ist allerdings insofern speziell, als das Risiko mit dem Alter steigt. Das erklärt, wieso der Gesetzgeber weitgehenden – und an jeweils passender Stelle bereits dargestellten – Bestandschutz in der Krankenversicherung anordnet. Könnte ein junger VN, der sich frühzeitig um Versicherungsschutz kümmert, nach ein paar Jahren „hinausgeworfen" werden, müsste er sich bei einem neuen Anbieter zu einem höheren Tarif versichern.

> Der Gesetzgeber geht daher vom lebenslangen Versicherungsschutz aus (§ 178 i) und befristet die Möglichkeit des Versicherers, sich auf Anzeigepflichten zu berufen (§ 178 k).

7.224 Der Bestandschutz in der privaten Krankenversicherung zeigt sich auch in der **Versicherung für fremde Rechnung** sehr deutlich. Nach § 178 j können die Versicherten den Vertrag nach Beendigung durch den VN als Einzelvertrag fortführen.[1006] Dieses Recht ist allerdings nicht stärker, als es der Hauptvertrag war. Wird der Vertrag also vom Ver-

---

1002 *Schauer* in *Fenyves/Schauer,* VersVG § 178 f Rz 17.
1003 *Schauer* in *Fenyves/Schauer,* VersVG § 178 f Rz 18.
1004 Zum Diskussionsstand *Zoppel* in *Fenyves/Perner/Riedler,* VersVG § 178 a Rz 35.
1005 *Gruber* in *Gruber,* Krankenversicherung – IDD-Umsetzung 65 (73 ff); *Zoppel* in *Fenyves/Perner/Riedler,* VersVG § 178 a Rz 35.
1006 Vgl *Schauer* in *Fenyves/Schauer,* VersVG § 178 j Rz 1.

sicherer (ausnahmsweise) aufgelöst, kann der Versicherte ihn nicht fortführen. Die Bestimmung betrifft also Fälle, in denen der VN den Vertrag freiwillig auflöst.

Nach § 178 m ist der Versicherte auch in der Gruppenkrankenversicherung geschützt. Die Bestimmung ordnet an, dass jeder Gruppenversicherte bei Ausscheiden aus dem versicherten Personenkreis das Recht hat, den Versicherungsvertrag als gleichartige Einzelversicherung fortzuführen (§ 178 m Abs 1).[1007]

> Der Arbeitgeber schließt eine Gruppenkrankenversicherung für seine Arbeitnehmer. Der versicherte Arbeitnehmer tritt in den Ruhestand. Damit scheidet er zwar aus der Gruppe aus, er hat aber das Recht, einen Einzelvertrag weiterzuführen.

Nach Abs 3 ist die Einzelversicherungsprämie „nach demjenigen Eintrittsalter zu bemessen, mit dem der Versicherte in den Gruppenversicherungsvertrag eingetreten ist." Der Versicherte behält also den – günstigeren – Tarif, der ihm berechnet worden wäre, als er noch jünger war.

D. Berufsunfähigkeitsversicherung

Literatur: *Perner,* COVID-19: Deckung in der BUFT? VR 2020 H 5, 26.

Personen, die im Erwerbsleben stehen, haben typischerweise ein Interesse an einer Absicherung für den Fall, dass sie aufgrund unvorhergesehener Umstände ihre Arbeitskraft nicht mehr einsetzen können. Staatliche – sozialversicherungsrechtliche – Leistungen decken dieses Risiko meist nicht vollständig ab.

7.225

> Ein freischaffender Designer, Sänger, Musiker etc setzt seine Arbeitskraft – und damit ein wirtschaftlich werthaltiges Gut – ebenso ein wie unselbstständige Arbeitnehmer. Fallen diese Personen über einen längeren Zeitraum aus, müssen sie mit erheblichen Einkommensausfällen rechnen. Bei Selbstständigen ist dieses Risiko allerdings noch offensichtlicher.

Das Risiko des Rückgangs oder des vollständigen Verlusts der beruflichen Leistungsfähigkeit ist Gegenstand einer Berufsunfähigkeitsversicherung. Sie ist im Gesetz – anders als in Deutschland seit der VVG-Reform 2008 (§§ 172–177 VVG) – nicht eigens geregelt. Sie lässt sich aber (wie in Deutschland, vgl nur § 176 VVG) als **Personenversicherung** einordnen.[1008] Es gibt zwar keine Musterbedingungen, jedoch einen gewissen Bedingungsstandard, auf den zurückgegriffen werden kann.

Versicherungsfall ist die Arbeitsunfähigkeit der versicherten Person aufgrund einer versicherten Gefahr und über einen längeren nicht unterbrochenen Zeitraum (6 Monate). Meist reicht eine Arbeitsunfähigkeit von mindestens 50% aus, um den Versicherungsfall auszulösen. Die Bedingungen stellen häufig auch auf die konkrete Berufstätigkeit der versicherten Person ab, nicht auf die abstrakte Möglichkeit, irgendeinen Beruf auszuüben. IdR sind Krankheit, Unfall (Körperverletzung) und der nicht altersentsprechende Kräfteverfall als versicherte Gefahren gedeckt (vgl auch § 172 Abs 2 VVG).

7.226

1007 Dazu *A. Wieser,* Gruppenversicherungen 229 ff.
1008 Siehe nur *Armbrüster,* Privatversicherungsrecht[2] 2192.

> Sänger S erkrankt an COVID-19, wodurch seine Stimmbänder in Mitleidenschaft gezogen werden. Kann er daher seinen Beruf für voraussichtlich 6 Monate oder länger keine Engagements annehmen, wird der Versicherer leistungspflichtig. Dass er in der Zwischenzeit auch als Opernkritiker hätte arbeiten können, kann ihm der Versicherer nicht einwenden.

7.227 Der Versicherer verpflichtet sich, eine **Berufsunfähigkeitsrente** zu leisten. An dieser Stelle zeigt sich die Bedeutung der Einordnung als Personenversicherung. Die Leistung des Versicherers knüpft zwar an eine konkrete Berufsunfähigkeit. Sein Leistungsversprechen selbst ist hingegen abstrakt, weil es nicht auf einen konkreten Einkommensausfall ankommt (abstrakte Bedarfsdeckung). Eine solche Summenversicherung ist (nur) in der Personenversicherung zulässig.

> Auch wenn S während der Zeit seiner Berufsunfähigkeit Corona-bedingt keine – oder nur wenige – Aufträge bekommen hätte, steht ihm die Rente zu. Sie ist daher auch dann zu bezahlen, wenn sie den tatsächlichen Ausfall „überkompensiert".

7.228 Die Berufsunfähigkeitsversicherung hat schon deshalb eine Nahebeziehung zu den anderen Personenversicherungen, weil Krankheit oder Unfall als versicherte Gefahren vereinbart werden. Außerdem decken Personenversicherungen stets einen Bedarf, der sich daraus ergibt, dass der versicherten Person etwas „zustößt" und sie daher finanzielle Mittel benötigt.

> Der Bedarf, der sich aus der medizinisch notwendigen Heilbehandlung ergibt (Krankenversicherung), ist zwar ein anderer als derjenige, der aus einer vollständigen Berufsunfähigkeit, einer dauerhaften Invalidität (Unfallversicherung) oder dem Tod einer Person (Lebensversicherung) folgt. Es gibt aber doch deutliche Parallelen, wie man an den Vertragsbestandteilen sehen kann: So deckt etwa auch das Krankenhaustagegeld oder das Krankengeld den Bedarf, der sich aus der Arbeitsunfähigkeit ergibt (vgl § 178b Abs 3). Die Invaliditätsleistung bei der Unfallversicherung kann ebenfalls ähnliche Zwecke verfolgen, was man schon daran erkennt, dass auch der Unfallversicherer bei aus dem Unfall folgender Berufsunfähigkeit oft eine höhere Leistung erbringen muss.
>
> Der OGH (7 Ob 45/19x) hat aufgrund dieser Ähnlichkeiten § 183 über die Obliegenheit zur Abwehr und Minderung der Folgen eines Unfalls analog auf die Berufsunfähigkeitsversicherung angewendet.

7.229 Die Berufsunfähigkeitsversicherung hat bei Freiberuflern und selbstständig Tätigen auch ein Naheverhältnis zur **BUFT,** die – wie erläutert (Rz 7.60) – ebenfalls im Grundsatz an einem „Ausfall" des Betriebsinhabers ansetzt. Anders als die Berufsunfähigkeitsversicherung ist die BUFT allerdings Sachversicherung, weil dort die Betriebsunterbrechung Versicherungsfall und der Einkommensausfall des Betriebs versichert ist.[1009] Die Berufsunfähigkeit ist „nur" eine der gedeckten Gefahren.

Die Bedeutung der verschiedenen Einordnung darf allerdings auch nicht überschätzt werden. Dass der „Ein-Personen-Betrieb" vollkommen anderen versicherungsrechtlichen Regeln unterliegt, wäre schon deshalb eigenartig, weil es trotz der Unterschiede von Berufsunfähigkeitsversicherung und BUFT doch um die Absicherung ähnlicher Risiken

---

1009 *Perner,* VR 2020 H 5, 26 (27).

geht, für die man im Abschlussprozess wohl auch nicht selten beides als Alternative angeboten bekommt. Die jeweiligen Bestimmungen über die Sach- und Personenversicherung sind daher mit Augenmaß anzuwenden.

> Die BUFT ist eine betriebliche Ausfall- und keine Personenversicherung. Sie kann daher zwar nicht als Summenversicherung ausgestaltet werden, allerdings lässt sich durch Vereinbarung einer Taxe (§ 57) auch hier eine gewisse Abstraktion erreichen. Umgekehrt wäre eine Rente in der Berufsunfähigkeitsversicherung, die von vornherein viel zu hoch ist, weil sie den zu erwartenden Bedarf geradezu zwingend übertrifft, auch nicht mit dem Argument zu rechtfertigen, dass es sich um eine Summenversicherung handelt.
>
> Führt zB ein Unfall des Betriebsinhabers zur Unterbrechung, wird man auch in der BUFT nicht § 61 anwenden, sondern § 181 Abs 1. Dieser Gedanke findet in den gängigen Bedingungswerken Berücksichtigung.

8. Kapitel
Internationales Versicherungsrecht

Literatur: *Fricke*, Das Internationale Privatrecht der Versicherungsverträge nach Inkrafttreten der Rom-I-Verordnung, VersR 2008, 443; *Heinze*, Insurance Contracts under the Rome I Regulation, NIPR 2009, 445; *Heiss*, Versicherungsverträge in „Rom I": Neuerliches Versagen des europäischen Gesetzgebers, in FS Kropholler (2008) 459; *Perner*, Das Internationale Versicherungsvertragsrecht nach Rom I, IPRax 2019, 218.

Übersicht

		Rz
I.	Problemstellung	8.1
II.	Anknüpfungsregime der Rom I-VO	8.4
III.	Anknüpfungsregeln der Rom I-VO	8.10
	A. Allgemeines Anknüpfungsregime	8.10
	B. Art 7 Rom I	8.13
	1. Großrisiken	8.13
	2. Massenrisiken innerhalb der EU	8.14
	3. Versicherungspflicht	8.16
	C. Eingriffsnormen und ordre public	8.18
IV.	Rom II-VO	8.21
V.	Informationspflichten	8.23
VI.	Internationale Zuständigkeit	8.24
	A. Grundlagen	8.24
	B. Zuständigkeitsregeln	8.27
	C. Gerichtsstandsvereinbarungen	8.32

I. Problemstellung

8.1 Versicherungsverträge haben häufig einen internationalen Bezug. Das war schon immer so. Seit der mit dem Beitritt zur Europäischen Union verbundenen Liberalisierung des Versicherungsmarktes gilt dies aber noch einmal verstärkt.

> A ist Österreicher, der zur Arbeit täglich nach Passau pendelt. Er schließt einen Lebensversicherungsvertrag mit einem deutschen Versicherer. Der Österreicher B hat ein Ferienhaus in der Toskana, das er bei einem italienischen Versicherer gegen Feuer versichert. Versicherer V beschließt, seine Produkte in Ausübung der Dienstleistungsfreiheit tatsächlich europaweit anzubieten.

8.2 Da das Versicherungsvertragsrecht weder in Europa geschweige denn weltweit vereinheitlicht ist, stellt sich die Frage, welches Recht auf einen Vertrag anwendbar ist, der einen grenzüberschreitenden Bezug hat. Da zwei oder mehrere potenziell einschlägige Rechtsordnungen miteinander „kollidieren", spricht man von **Kollisionsrecht.** Diese Bezeichnung passt etwas besser als der (noch gebräuchlichere) Name „Internationales Versicherungsrecht", weil es nicht um die Lösung einer materiell-rechtlichen Frage geht, sondern nur um die Verweisung auf die „zuständige" Rechtsordnung.

Das Versicherungskollisionsrecht klärt die Frage, ob österreichisches oder deutsches Lebensversicherungsrecht in den oben genannten Fällen anwendbar ist, ob österreichisches oder italienisches Feuerversicherungsrecht zur Anwendung kommt.

Hinweis

Die Beantwortung der Kollisionsfrage setzt voraus, dass es überhaupt einen Gerichtsstand im Inland gibt (zu dieser Frage des Internationalen Zivilprozessrechts weiter unten). Wenn der Fall nicht einmal vor ein österreichisches Gericht kommt, erübrigt sich die Frage naturgemäß, welches Recht der österreichische Richter anwendet. Sie ist dann dort zu klären, wo der Fall anhängig gemacht wird.

8.3 Die Frage wird von der **Rom I-VO** beantwortet. Sie gilt für „zivil- und handelsrechtliche Schuldverhältnisse, die eine Verbindung zum Recht verschiedener Staaten aufweisen" (Art 1 Abs 1 Rom I), somit auch für Privatversicherungsverträge.[1010] Als europäische Verordnung bedurfte sie keiner Umsetzung in nationales Recht. Sie gilt vielmehr unmittelbar für alle Verträge, die ab dem 17.12.2009 geschlossen wurden. Ihre Regeln sind universell anwendbar (Art 2): Die Verweisung kann also zur Anwendung österreichischen Rechts, der Rechtsordnung eines EU-Mitgliedstaates oder auch eines anderen Staates führen.

Die Rom I-VO gibt Auskunft darüber, ob österreichisches oder deutsches Lebensversicherungsrecht und ob österreichisches oder italienisches Feuerversicherungsrecht zur Anwendung kommt. Sie klärt aber auch, ob österreichisches oder schweizerisches Versicherungsrecht anwendbar ist, wenn das Ferienhaus in der Schweiz – und damit einem Nicht-EU-Mitgliedstaat – liegt.

Hinweis

So wie stets im Kollisionsrecht, gilt auch hier: Die Verweisung kann zur Anwendung fremden Rechts führen, das der Richter seiner Entscheidung (trotzdem) zugrunde legen muss. Allenfalls zieht er Experten der fremden Rechtsordnung bei, um den Fall zu lösen. Das ist allerdings nicht ungewöhnlich: Ein Richter benötigt häufig fremden Sachverstand – zB einen Bausachverständigen in einem Bauprozess oder einen Kfz-Sachverständigen bei einem Verkehrsunfall –, um eine Entscheidung zu treffen.

II. Anknüpfungsregime der Rom I-VO

8.4 Internationales Privatrecht ist eine komplizierte Materie, deren Beliebtheit auch darunter leidet, dass das Ergebnis der Prüfung nicht über den Anspruch selbst entscheidet, sondern nur darüber, nach welcher Rechtsordnung vorzugehen ist. Auch deshalb sind einfache und klare Regeln („Anknüpfungsregeln") sehr wichtig. Im Internationalen Versicherungsrecht wird diese Erwartungshaltung leider enttäuscht. Das beginnt schon damit, dass Rom I **kein einheitliches Anknüpfungsregime** für Versicherungsverträge kennt. Manche Versicherungsverträge sind nach der besonderen Regel des Art 7 anzuknüpfen, andere nach den allgemeinen Anknüpfungsbestimmungen von Rom I (insb Art 3, 4, 6).[1011]

1010 Zur in der Praxis bedeutungslosen Ausnahme des Art 1 Abs 2 lit j Rom I *Perner*, IPRax 2009, 218 (219).

1011 Zu den historischen Gründen für diese Zweispurigkeit *Perner*, IPRax 2009, 218 (218 f). Zu Recht krit *Heiss* in FS Kropholler 459.

II. Anknüpfungsregime der Rom I-VO

Über die Frage, welche Verträge nach Art 7 Rom I anzuknüpfen sind, gibt dessen Abs 1 Auskunft. Die Bestimmung ist damit eine **Meta-Kollisionsnorm**[1012], die ihre eigene Anwendbarkeit regelt:

- Das Kollisionsrecht des Art 7 Rom I ist anwendbar, wenn ein Großrisiko Gegenstand des Versicherungsvertrages ist. Anders als bei Großrisiken ist Art 7 bei Massenrisiken nur anwendbar, wenn durch den Vertrag ein Risiko abgedeckt wird, das im Gebiet eines Mitgliedstaates belegen ist.
- Das allgemeine Anknüpfungsregime gilt hingegen für (alle) Rückversicherungsverträge sowie für Erstversicherungen über Massenrisiken mit Risikobelegenheit außerhalb der Mitgliedstaaten.

8.5

Die Rom I-VO knüpft an die von den Schutzkonzepten zugunsten des VN bereits bekannte Begriffsdefinition des Großrisikos an (Rz 1.62 ff). Bei Massenrisiken ist die **Risikobelegenheit** – wie gerade erwähnt – entscheidend dafür, nach welchen Regeln angeknüpft wird. Dieser Begriff richtet sich nach Art 13 Z 13 Solvabilität II-RL 2009/138/EG.[1013]

8.6

> **Hinweis**
>
> Die im Folgenden dargestellte Belegenheit innerhalb oder außerhalb der EU ist vorläufig nur für das anwendbare Kollisionsrecht maßgebend, bedeutet aber noch nicht, dass das Recht des Staates anwendbar ist, in dem das Risiko belegen ist.

Im Falle von **Lebensversicherungen** ist das Risiko bei natürlichen Personen im Staat des gewöhnlichen Aufenthaltes des VN belegen (lit d). Auf den Versicherten kommt es – auch bei Versicherungen zugunsten Dritter – nicht an. Die Staatsangehörigkeit ist also irrelevant. Ist der VN eine juristische Person, kommt es auf den Staat der Niederlassung der juristischen Person an, auf die sich der Vertrag bezieht („vertragsbezogene Niederlassung").

8.7

> Eine Lebensversicherung, die der in Konstanz lebende, in Zürich arbeitende Österreicher A nimmt, deckt also ein Risiko in einem EU-Mitgliedstaat (Deutschland); anders, wenn A seinen gewöhnlichen Aufenthalt in der Schweiz hat. Nimmt die Schweizer Gesellschaft, für die A arbeitet, die Versicherung auf dessen Leben, deckt der Vertrag ebenfalls kein in einem EU-Mitgliedstaat belegenes Risiko.

Bei Nicht-Lebensversicherungen kommt es für die Risikobelegenheit nur subsidiär auf den gewöhnlichen Aufenthalt des VN an, nämlich nur, wenn der Sachverhalt nicht unter einen Spezialtatbestand der Risikobelegenheit fällt:

8.8

Bezieht sich der Versicherungsvertrag auf eine **unbewegliche Sache** (Bauwerke, Anlagen) und auf darin befindliche, im selben Vertrag gedeckte Sachen, so ist das Risiko in jenem Staat belegen, in dem die Gegenstände belegen sind (lit a). Die Belegenheit des Risikos richtet sich also nach der Lage der versicherten Sache.

1012 Begriff von *Basedow/Drasch*, NJW 1991, 785 (787).
1013 Perner in *Fenyves/Perner/Riedler*, VersVG Anhang Int VersR, Rz 8.

Kap 8 Internationales Versicherungsrecht

> Die Feuerversicherung des Ferienhauses in der Toskana samt Mobiliar deckt ein in einem EU-Mitgliedstaat (Italien) belegenes Risiko.

Bezieht sich der Versicherungsvertrag auf ein **Fahrzeug** (lit b), das ein Kennzeichen hat und zu registrieren ist, so richtet sich die Belegenheit nach der Registrierung.

> Eine Kfz-Versicherung, die ein in Deutschland zugelassenes und registriertes Fahrzeug betrifft, deckt also ein in einem EU-Mitgliedstaat (Deutschland) belegenes Risiko.

Deckt der Versicherungsvertrag, der für eine Laufzeit von nicht mehr als vier Monaten geschlossen wurde, **Reise- oder Ferienrisiken,** so ist das Risiko in jenem Staat belegen, in dem der VN seine Vertragserklärung abgibt (lit c).

> Eine Reisegepäckversicherung, die ein deutscher Tourist auf dem Weg in die USA anlässlich einer Zwischenlandung am Flughafen in Amsterdam für die Dauer von drei Wochen nimmt, deckt ein in einem EU-Mitgliedstaat (Niederlande) belegenes Risiko; anders, wenn er die Versicherung am Zielflughafen in New York nimmt.

8.9 Ein Sachverhalt kann somit nur unter einen Tatbestand der Risikobelegenheit fallen. Fällt er unter einen Spezialtatbestand, kommt es auf den gewöhnlichen Aufenthalt nicht an. Werden aber in einem einheitlichen Vertrag sowohl ein innerhalb als auch ein außerhalb der EU belegenes Risiko versichert, spricht man von **Mehrfachbelegenheit.** Es kommt dann zu einer kollisionsrechtlichen Spaltung des Versicherungsvertrages.[1014] Die „besonderen Regelungen für Versicherungsverträge in dieser Verordnung" (= Art 7) gelten nur für die Risiken, die innerhalb der EU belegen sind (vgl ErwGr 33 Rom I). Für die anderen Risiken kommen die allgemeinen Anknüpfungsregeln von Rom I zum Tragen.

> A schließt einen einheitlichen Feuerversicherungsvertrag für Gebäude in verschiedenen Ländern, eine Liegenschaft befindet sich in Österreich, die andere in der Schweiz. Hinsichtlich der österreichischen Liegenschaft wird nach Art 7 Rom I, hinsichtlich der schweizerischen nach den Art 3ff Rom I angeknüpft.

III. Anknüpfungsregeln der Rom I-VO

A. Allgemeines Anknüpfungsregime

8.10 Bei Rückversicherungen und Erstversicherungen, durch die ein außerhalb der EU belegenes Risiko versichert wird, kommen wie soeben erläutert die allgemeinen Anknüpfungsregeln der Rom I-VO zur Anwendung: Die Parteien des Vertrages können das auf den Vertrag anwendbare **Recht** nach Art 3 Abs 1 Rom I **wählen** (subjektive Anknüpfung). Die Wahl kann ausdrücklich oder schlüssig erfolgen. Sie ist frei, erstreckt sich also auf jede beliebige Rechtsordnung, ohne dass der Versicherungsvertrag eine bestimmte Verbindung zum gewählten Recht aufweisen muss.

1014 Dazu ausführlich *Perner* in *Fenyves/Perner/Riedler,* Anhang Int VersR, Rz 15 ff.

> Schließt also ein serbischer VN mit einem österreichischen Versicherer eine Betriebsunterbrechungsversicherung für seinen serbischen Betrieb, so können die Parteien deutsches, österreichisches oder jedes andere Recht wählen.

Mangels Rechtswahl ist für Versicherungsverträge das Recht des Staates maßgebend, in dem der **Versicherer** seinen **gewöhnlichen Aufenthalt** – bei juristischen Personen ihre Niederlassung – hat (objektive Anknüpfung; Art 4 Abs 1 lit b Rom I).[1015] Art 4 Abs 3 Rom I enthält eine Ausweichklausel, wonach der Vertrag dem Recht eines anderen Staates unterliegt, zu dem er nach der Gesamtheit der Umstände eine „offensichtlich engere Verbindung" hat. Das Ausweichen ist aber nur ganz ausnahmsweise möglich, wenn die engere Verbindung so stark ist, dass die Regelanknüpfung vergleichsweise geradezu zufällig wäre. **8.11**

Bei **Verbraucherversicherungen** greift Art 6 Rom I. Abweichend von Art 4 Rom I unterliegt ein solcher Vertrag mangels Rechtswahl dem Recht des Staates, in dem der Verbraucher seinen gewöhnlichen Aufenthalt hat. Dies gilt allerdings nur, wenn der Unternehmer (Versicherer) entweder seine berufliche oder gewerbliche Tätigkeit im Verbraucherstaat ausübt oder eine solche Tätigkeit auf irgendeine Weise auf den Verbraucherstaat „ausrichtet" und der Vertrag in den Bereich dieser Tätigkeit fällt (zB elektronischer Geschäftsverkehr, Kooperation mit Vermittlern im Verbraucherstaat).[1016] **8.12**

Sind diese situativen Anwendungsvoraussetzungen erfüllt, ist auch die Rechtswahl zugunsten des Verbrauchers beschränkt (Art 6 Abs 2 Rom I). Eine Rechtswahl der Parteien ist zwar wirksam, darf jedoch von den zwingenden Bestimmungen des Verbraucherlandes nicht zu Ungunsten des Verbrauchers abweichen. Anzustellen ist somit ein ergebnisorientierter Günstigkeitsvergleich. Das gilt auch, wenn die Parteien das Recht eines Staates gewählt haben, der kein EU-Mitgliedstaat ist (siehe § 13a KSchG).

> Schließt zB ein österreichischer Verbraucher mit einem amerikanischen Versicherer einen Versicherungsvertrag betreffend sein Ferienhaus in Florida, so kommt österreichisches Versicherungsrecht zur Anwendung. Auch bei abweichender Rechtswahl bleibt österreichisches AGB-Recht anwendbar, wenn das fremde AGB-Recht für den Verbraucher ungünstiger ist.

Sind die situativen Anwendungsvoraussetzungen hingegen nicht erfüllt, bleibt es auch bei Verbraucherversicherungen bei den allgemeinen Anknüpfungsregeln der Art 3 und 4 Rom I (Art 6 Abs 3 Rom I).

B. Art 7 Rom I

1. Großrisiken

Art 7 Abs 2 Rom I regelt die Anknüpfung bei Großrisiken. Der bei Großrisiken bereits bekannte Grundgedanke ist, dass der VN keines besonderen Schutzes bedarf. Die Parteien des Vertrages können das auf den Vertrag anwendbare Recht daher frei wählen. Mangels Rechtswahl ist für den Versicherungsvertrag das Recht des Staates maßgebend, **8.13**

1015 Zur objektiven Anknüpfung der Rückversicherung *Perner* in *Fenyves/Perner/Riedler,* Anhang Int VersR, Rz 20 mwN.
1016 Vgl ErwGr 25 Rom I.

in dem der Versicherer seinen gewöhnlichen Aufenthalt hat. Art 7 Abs 2 Rom I enthält eine dem Art 4 Abs 3 Rom I entsprechende Ausweichklausel. Insgesamt zeigen sich daher deutliche Parallelen zur allgemeinen Anknüpfung nach den Art 3 ff Rom I (Prinzip der freien Rechtswahl, objektive Anknüpfung am Recht des Versicherers, Ausweichklausel bei engerer Beziehung zu einem anderen Recht).

2. Massenrisiken innerhalb der EU

8.14 Art 7 Abs 3 Rom I bestimmt das anwendbare Recht für Erstversicherungen über innerhalb der EU belegene Risiken, die kein Großrisiko betreffen. Haben die Parteien eines solchen Vertrages keine Rechtswahl (dazu gleich) getroffen, ist das Recht des Mitgliedstaats maßgebend, in dem zum Zeitpunkt des Vertragsabschlusses das Risiko belegen ist. Die **Risikobelegenheit** hat also eine **doppelte Bedeutung.** Sie entscheidet bei Massenrisiken nicht nur, welches Kollisionsnormenregime zur Anwendung kommt, sondern sie ist im Anwendungsbereich des Art 7 Abs 3 Rom I auch maßgebend für die objektive Anknüpfung.

Zu beachten ist, dass die objektive Anknüpfung an der Risikobelegenheit anders als sonst bei objektiven Anknüpfungstatbeständen (vgl Art 4 Abs 3 Rom I und Art 7 Abs 2 Rom I) nicht widerlegt werden kann.[1017] Es gibt also keine Ausweichklausel für den Fall, dass der Versicherungsvertrag eindeutig eine engere Beziehung zu einem anderen Staat als dem der Risikobelegenheit aufweist.

Auch innerhalb des Art 7 Rom I kann das Problem der Mehrfachbelegenheit auftreten. Betrifft der Vertrag mehrere in verschiedenen Mitgliedstaaten belegene Risiken, bestimmt Art 7 Abs 5 Rom I, dass es wiederum zu einer Vertragsspaltung kommt.

8.15 Die Parteien sind bei solchen Verträgen in ihrer **Rechtswahl** nicht frei, sondern auf die in der taxativen Aufzählung des Art 7 Abs 3 Rom I aufgezählten Rechte beschränkt. Die Parteien können wählen: Das Recht des Staates, in dem der VN seinen gewöhnlichen Aufenthalt hat (lit b). Bei Lebensversicherungen ist das Recht der Staatsangehörigkeit des VN wählbar (lit c). Bei Versicherungsverträgen, bei denen sich die abgedeckten Risiken auf Schadensfälle beschränken, die in einem anderen Mitgliedstaat als dem Mitgliedstaat, in dem das Risiko belegen ist, eintreten können, können die Parteien das Recht jenes Mitgliedstaats wählen (lit d). Das betrifft zB den Fall, in dem sich ein deutscher Kleinunternehmer gegen die Ersatzpflicht für Umweltschäden versichert, die er in Österreich verursacht. Schließt der VN als Unternehmer ab und deckt der Vertrag in mindestens zwei verschiedenen Mitgliedstaaten belegene Risiken ab (zB bei mehreren in einem einheitlichen Vertrag feuerversicherten Gebäuden), kann durch Vereinbarung entweder eines der Rechte der Risikobelegenheit für den ganzen Vertrag gewählt werden oder das Recht des Staates, in dem der VN seinen gewöhnlichen Aufenthaltsort hat (Vermeidung der Statutenspaltung bei Mehrfachbelegenheit; lit e).

Art 7 Abs 3 Rom I ermöglicht eine **Erweiterung der Rechtswahlmöglichkeiten** durch die Mitgliedstaaten, in denen entweder das Risiko belegen ist oder der VN seinen gewöhn-

---

1017 *Armbrüster* in *Prölss/Martin,* VVG[30] Art 1 ff Rom I-VO Rz 35.

lichen Aufenthalt hat. Das war ein rechtspolitischer Kompromiss zwischen den im Hinblick auf die Parteiautonomie „liberalen" und den „konservativen" Mitgliedstaaten.[1018]

Österreich hat von dieser Option in **§ 35a IPRG** Gebrauch gemacht.[1019] Die Parteien eines solchen Versicherungsvertrags (= Risiko in Österreich belegen oder VN hat gewöhnlichen Aufenthalt in Österreich) können demnach jedes andere Recht ausdrücklich oder schlüssig bestimmen. Um Schutzlücken zu vermeiden (Art 6 Rom I kommt auf solche Verträge nicht zur Anwendung!), bestimmt Abs 2, dass die „Rechtswahl nach Abs. 1 nicht dazu führen [darf], dass dem Versicherungsnehmer der Schutz entzogen wird, der ihm durch diejenigen Bestimmungen gewährt wird, von denen nach dem Recht, das mangels Rechtswahl anzuwenden wäre, nicht durch Vereinbarung abgewichen werden darf." Dieses Regelungskonzept entspricht dem des Art 6 Rom I. Der Günstigkeitsvergleich ist aber nur anzustellen, wenn die Parteien ein Recht wählen, das nicht in Art 7 Abs 3 Rom I genannt ist.

3. Versicherungspflicht

Art 7 Abs 4 Rom I gilt für verpflichtend vorgeschriebene Versicherungen (Pflichtversicherung). Die Bestimmung ist sowohl bei der Versicherung von Großrisiken nach Abs 2 als auch von Massenrisiken nach Abs 3 anzuwenden. Gemäß Art 7 Abs 4 lit a Rom I genügt der Vertrag der Versicherungspflicht nur, wenn er den von dem Mitgliedstaat, der die Versicherungspflicht vorsieht, vorgeschriebenen spezifischen Bestimmungen für diese Versicherung entspricht. Dies beruht auf der Einsicht, dass die Anordnung einer Versicherungspflicht öffentlichen Interessen dient, deren Durchsetzung der Staat, der die Versicherungspflicht vorschreibt, ohne Rücksicht auf das Vertragsstatut erreichen möchte.[1020] Inhaltlich legt lit a daher verbindlich fest, dass es sich bei den mitgliedstaatlichen Regeln über die Pflichtversicherung um **international zwingende Normen** (dazu gleich unten) handelt, die unabhängig vom an sich anwendbaren Recht zur Anwendung gelangen.[1021]

8.16

> Übt also zB ein in Portugal wohnhafter VN eine Tätigkeit in Österreich aus, für die eine Berufshaftpflichtversicherung nur nach österreichischem Recht besteht, greift Abs 4 ein. Der Vertrag muss also inhaltlich den Anforderungen des österreichischen Pflichtversicherungsrechts genügen. Besteht die Versicherungspflicht nur nach portugiesischem Recht, greift Abs 4 nicht ein.

> Übt ein VN mit gewöhnlichem Aufenthalt in der Türkei eine versicherungspflichtige Berufstätigkeit in Österreich aus und versichert er sich bei einem türkischen Versicherer, wäre Art 7 mangels Risikobelegenheit in der EU nicht anwendbar. Hier ist aber eine analoge Anwendung geboten, die österreichischen Bestimmungen über die Pflichtversicherung sind anwendbar.

Art 7 Abs 4 lit a Rom I weicht von der objektiven Anknüpfung nicht gänzlich ab, sondern beschränkt sie nur. Soweit das Recht der objektiven Anknüpfung nicht in Widerspruch zu den Bestimmungen über die Versicherungspflicht steht, kommt es zur Anwendung.

8.17

1018 Weiterführend *Heiss* in FS Kropholler 459 (471); *Heinze,* NIPR 2009, 445 (449).
1019 *Neumayr* in *KBB,* ABGB⁶ § 35a IPRG Rz 1f.
1020 *Looschelders* in *Langheid/Wandt,* MüKoVVG² Art 7 Rom I Rz 106.
1021 *Perner,* IPRax 2009, 218 (221).

Art 7 Abs 4 lit a Rom I verbietet auch nicht die Rechtswahl, sondern schränkt – ähnlich wie Art 6 Abs 2 Rom I bei Verbraucherverträgen – ihre Wirkungen ein. Nach Art 7 Abs 4 lit b Rom I können die Mitgliedstaaten einen solchen **Rechtsmix**[1022] vermeiden und vorsehen, dass auf den Versicherungsvertrag zwingend das Recht des Mitgliedstaates anzuwenden ist, der die Versicherungspflicht vorschreibt. Der österreichische Gesetzgeber hat von dieser Ermächtigung bislang keinen Gebrauch gemacht.

C. Eingriffsnormen und ordre public

8.18 Zu beachten ist eine besondere Anknüpfung „international zwingender" Vorschriften gemäß Art 9 Rom I. Solche Bestimmungen, die als Eingriffsnormen bezeichnet werden, kommen jedenfalls, also unabhängig von einer abweichenden objektiven Anknüpfung (Art 4 bzw 7 Rom I) oder Rechtswahl (Art 3 bzw 7 Rom I) zur Anwendung.

8.19 **Art 9 Rom I** enthält in Abs 1 eine Definition. Eine Eingriffsnorm ist demnach „eine zwingende Vorschrift, deren Einhaltung von einem Staat als so entscheidend für die Wahrung seines öffentlichen Interesses, insbesondere seiner politischen, sozialen oder wirtschaftlichen Organisation, angesehen wird, dass sie ungeachtet des nach Maßgabe dieser Verordnung auf den Vertrag anzuwendenden Rechts auf alle Sachverhalte anzuwenden ist, die in ihren Anwendungsbereich fallen."

> Beispiele könnten aufsichtsrechtliche Bestimmungen zum Kundenschutz sein, die Regeln über die Zustimmung der Gefahrsperson sowie zentrale Schutzvorschriften wie das Verschuldens- und Kausalitätserfordernis für nachteilige Rechtsfolgen aus Obliegenheitsverletzungen.

8.20 Neben den Eingriffsnormen ist auch der Ordre-public-Vorbehalt des **Art 21 Rom I** zu beachten, der die Korrektur eines Anknüpfungsergebnisses ermöglicht, das mit den Grundwertungen der heimischen Rechtsordnung unvereinbar ist („negative Eingriffsnorm"). Bei der Annahme eines Ordre-public-Verstoßes ist – wie auch bei der Anwendung eigener international zwingender Bestimmungen – große Zurückhaltung geboten.

IV. Rom II-VO

8.21 Relevant ist auch die Rom II-VO über das auf außervertragliche Schuldverhältnisse anzuwendende Recht. Sie regelt zwei einschlägige versicherungsrechtlich Fragen: Nach Art 18 Rom II steht dem Geschädigten ein direktes Klagerecht gegen den Haftpflichtversicherer zu, wenn das Recht, das auf den Schadenersatzanspruch anwendbar ist, oder das auf den Versicherungsvertrag anwendbare ein solches vorsieht.[1023]

8.22 Nach Art 19 Rom II entscheidet das auf den Versicherungsvertrag anwendbare Recht, ob und in welchem Umfang die Forderung des Versicherten gegen einen haftpflichtigen Dritten im Wege einer Legalzession auf den Versicherer übergeht.

1022 Vgl *Heiss,* ZVersWiss 2007, 503 (519).
1023 Vgl EuGH C-240/14, *Prüller-Frey,* ECLI:EU:C:2015:567; dazu *Loacker,* EuZW 2015, 795.

V. Informationspflichten

Das VAG enthält – als Teil der Produktinformation – eine Pflicht zur Information über das anwendbare Recht (§ 133 Abs 2 Z 11 VAG): Die Information muss dem VN vom Versicherer vor Abgabe seiner Vertragserklärung schriftlich erteilt werden. Kann das anwendbare Recht frei gewählt werden, muss der Versicherer über das von ihm vorgeschlagene Recht informieren. Die Informationspflicht nach dem VAG besteht allerdings nur bei Erstversicherungsverträgen über ein im Inland belegenes Risiko (siehe § 133 Abs 1 VAG). Außerdem ist die Versicherung von Großrisiken ausgenommen (§ 133 Abs 2 VAG). **8.23**

VI. Internationale Zuständigkeit

A. Grundlagen

Voraussetzung für die Anwendung des Kollisionsrechts der Rom I-VO durch ein österreichisches Gericht ist, dass sich ein Gerichtsstand findet. Das ist nach den Normen des internationalen Zivilverfahrensrechts zu prüfen. In Versicherungssachen ist vor allem die EuGVO maßgebend, die für alle EU-Mitgliedstaaten gilt (vgl Art 1 Abs 3 EuGVO). **8.24**

Die **EuGVO** ist anwendbar, wenn der Beklagte seinen Wohnsitz in einem EU-Mitgliedstaat hat (Art 4 EuGVO). Kommt die EuGVO hingegen nicht zur Anwendung, sind grundsätzlich die autonomen österreichischen Vorschriften des internationalen Zivilverfahrensrechts der JN anzuwenden. Eigenen Rechtsquellen folgt auch die internationale Schiedsgerichtsbarkeit (Art 1 Abs 2 lit d EuGVO), die bei Rück- und Großrisikoversicherungen in der Praxis relevant ist. Sie wird in Österreich insb in §§ 577 ff ZPO geregelt. **8.25**

Rechtskräftige Entscheidungen mitgliedstaatlicher Gerichte werden in allen Mitgliedstaaten anerkannt (Art 36 Abs 1 EuGVO) bzw vollstreckt (Art 39 Abs 1 EuGVO). Das gilt unabhängig davon, ob das Gericht aufgrund der EuGVO oder nach autonomem Recht international zuständig war. **8.26**

B. Zuständigkeitsregeln

Kapitel II Abschnitt 3 der EuGVO (Art 10–16) regelt die Zuständigkeit in Privatversicherungssachen abschließend. Sachlich ausgenommen von diesem Abschnitt sind insb die Sozialversicherung, Klagen aus Rückversicherungsverträgen oder sonstige Klagen von Versicherern untereinander. Sie unterliegen den allgemeinen Regeln der EuGVO. **8.27**

Der allgemeinen Regel entspricht, dass der VN (Versicherte, Begünstigte) den Versicherer an seinem Sitz (Art 63 EuGVO) klagen kann (Art 11 Abs 1 lit a EuGVO). Nach Art 10 ist alternativ auch die Klage bei der Zweigniederlassung, Agentur oder sonstigen Niederlassung möglich (Art 7 Nr 5 EuGVO). Der **Kundenschutz** kommt in der EuGVO darin zum Ausdruck, dass der VN (Versicherter, Begünstigter) alternativ an seinem eigenen Wohnsitz klagen kann (Klägergerichtsstand, Art 11 Abs 1 lit b EuGVO). **8.28**

Art 12 EuGVO gibt zusätzliche Alternativen bei Klagen aus **Haftpflichtversicherungen** sowie Versicherungen unbeweglicher Sachen: Der Versicherer kann auch am Ort des schädigenden Ereignisses geklagt werden. Bei Distanzschäden stehen sowohl das Gericht am Ort der Schadensursache als auch am Ort des Schadenserfolgs zur Wahl. **8.29**

Versichert ein Unternehmen seinen Betrieb in Deutschland nahe der österreichisch-deutschen Grenze gegen Haftpflicht und kommt es zu einer Explosion, die in Österreich Schäden verursacht, so kann der VN hinsichtlich der Deckungsansprüche aus seiner Betriebshaftpflichtversicherung alternativ in Österreich oder Deutschland klagen.

8.30 Art 13 Abs 2 EuGVO regelt die Gerichtsstände des Geschädigten für eine **Direktklage** gegen den Haftpflichtversicherer. Er hat alle Optionen des VN (Versicherten) nach Art 10, 11 und 12 EuGVO.

Der in Italien wohnende Geschädigte ist Opfer eines von einem österreichischen Kfz-Halter in Österreich verursachten Unfalls. Das Kfz ist bei einem deutschen Versicherer versichert. Der Geschädigte kann seine Direktklage in Deutschland (Sitz des Versicherers) oder Österreich (Schadensort) einbringen. Darüber hinaus kann er auch in Italien (Wohnsitz) klagen.

8.31 Der Versicherer kann nur am allgemeinen Gerichtsstand des Beklagten (= VN, Versicherter, Begünstigter) klagen, also im Wohnsitzstaat (Art 14 Abs 1 EuGVO). Hat der VN (Versicherte, Begünstigter) allerdings selbst einen Gerichtsstand gewählt, kann der Versicherer dort Widerklage erheben (Art 14 Abs 2 EuGVO).

C. Gerichtsstandsvereinbarungen

Literatur: *Heiss*, Gerichtsstandsvereinbarungen zulasten Dritter, insbesondere in Versicherungsverträgen zu ihren Gunsten, IPRax 2005, 497.

8.32 Gerichtsstandsvereinbarungen sind in Versicherungssachen allgemein zulässig, wenn sie den VN, Versicherten oder Begünstigten **begünstigen.** Die dem Versicherer zukommenden Gerichtsstände können daher nicht erweitert und die Gerichtsstände für Aktivklagen des VN, Versicherten oder Begünstigten nicht eingeschränkt werden (Art 15 Nr 2 EuGVO). Anderes gilt wiederum für Großrisiken, wo Gerichtsstandsvereinbarungen allgemein möglich sind.

8.33 Ausnahmsweise können aber auch sonst Gerichtsstandsvereinbarungen getroffen werden, die den VN **benachteiligen;** zB kann nach Art 15 Nr 1 EuGVO eine Zuständigkeitsvereinbarung *nach* Entstehung der einer Klage zugrundeliegenden Streitigkeit getroffen werden. Außerhalb dieser Bestimmung ist stets eine „stillschweigende Gerichtsstandsvereinbarung" durch rügelose Einlassung möglich (Art 26 EuGVO).

8.34 Zulässige Gerichtsstandsvereinbarungen wirken für und gegen die Vertragsparteien. Gegenüber dem Versicherten und Begünstigten wirken jedenfalls begünstigende Abreden. Dasselbe soll auch für (zulässige) belastende Vereinbarungen gelten.[1024] Gerichtsstandsvereinbarungen zulasten des Drittgeschädigten in der Haftpflichtversicherung sind hingegen nicht zulässig.[1025]

1024 *Heiss,* IPRax 2005, 497.
1025 EuGH C-368/16, *Assens Havn,* ECLI:EU:C:2017:546.

Stichwortverzeichnis

Die Zahlen bezeichnen die Randzahlen. Hauptfundstellen werden *kursiv* dargestellt.

A

Abfindungsvergleich 3.77 ff
Abschlagszahlung 3.67
Abtretungsverbot *1.72*, 7.112
Abwasserentsorgungsanlage 7.36
action directe 7.88
Agent s Versicherungsagent
aggregate limits 1.24, *7.79*
Aktivenversicherung 1.18, 1.23, 1.67, 3.26, 3.41, 6.14
All Risk (Allgefahren) *1.32*, 7.14, 7.16, 7.45, 7.67, 7.143
Allgemeine Versicherungsbedingungen s AVB
Allmählichkeitsklausel 2.91
– Haftpflichtversicherung 7.82
– Rechtsschutzversicherung 7.159
Anbot s Vertragsabschluss
Anerkenntnis 3.75 ff
– deklarativ 3.76
– Haftpflichtversicherung 7.77 f, 7.86
– konstitutiv 2.137, 3.75
– Rechtsschutzversicherung 7.124
Anerkenntnisverbot 7.86
Angebot s Vertragsabschluss
Angehörigenklausel 7.82
Angehörigenprivileg *3.113*, 7.42
Annahme s Vertragsabschluss
Anpassungsklausel s Prämienanpassung
Anreiz (Vermittlung) 2.158, 2.190
Anreiz (Versicherungsfall) 1.27 ff, 2.91, 3.8, 3.32, 3.37, 3.47, 6.12, 7.169
Anreizmodell 4.45, 7.222
Anscheinsagent 2.189 f
Anscheinsbeweis 2.124, *3.98 f*
– Unfallversicherung 7.197
Anscheinsvollmacht 2.137 f
Anspruchserhebungsprinzip 3.7, 5.61, 7.75, *7.119 f*
Anwaltskosten 4.19, 7.65, 7.142
Anwaltswahl 7.163 ff
Anzeigepflichten 2.41 ff
– Arglist 2.48, 2.53 f, 2.61
– ausdrücklich umschriebene Frage 2.53
– Cyber 7.133

– D&O 7.119
– Gefahrerheblichkeit 2.46 ff
– Kausalitätskriterium 2.58, 2.61
– Krankenversicherung 7.223
– Lebensversicherung 7.171
– Leistungsfreiheit 2.57 ff
– Prämienanpassung 2.63
– Rücktritt 2.50 ff
– spontane 2.46
– Transportversicherung 7.45
– Zurechnung 2.48
Assistance-Leistungen *3.22 f*, 3.70, 7.132, 7.217
attachment point 6.9
atypische Versicherung 7.9
Aufgabeverbot 3.103
Aufsichtspflicht 7.71
Aufsichtsrecht s Versicherungsaufsicht
Aushungerungstaktik 3.54
Auskunftspflicht, vorvertragliche s Anzeigepflichten
Auskunftspflichten nach Versicherungsfall 4.65 ff
Ausstrahlungstheorie 1.87
AVB 2.65 ff
– berechtigte Deckungserwartungen 2.88
– dispositives Recht 2.76, 2.101
– durchschnittlich verständiger VN 2.74
– Einbeziehung 2.69 ff
– ergänzende Auslegung 2.77, 2.102
– Fachbegriffe 2.97
– geltungserhaltende Reduktion 2.100
– Geltungskontrolle 2.83 ff
– Hauptleistung 1.15, 2.66, 2.86, 4.3
– hypothetischer Parteiwille 2.77, 2.102
– Inhaltskontrolle 2.86 ff
– kundenfeindlichste Auslegung 2.105
– Risikoausschluss 2.78
– Transparenzgebot 2.94 ff
– Unklarheitenregel 2.78
– Verbandsklage 2.103 ff

B

Basisinformationsblatt s Produktinformationsblatt

Stichwortverzeichnis

Bauleistungsversicherung 7.36
Bauwesenversicherung 2.67, 7.36
Bedarfsanalyse s Wunsch-und-Bedürfnis-Test
Bedarfsdeckung 1.6f, *1.21ff*, 3.27ff
- abstrakte 1.29
- konkrete 1.30f
- Schadensversicherung 3.27ff
- Summenversicherung 1.29, 7.182, 7.227

Bedarfsprüfung, Vermittler 2.164ff
Bedarfsprüfung, Versicherer 2.26ff
Befriedigungsverbot 7.86, 7.124
Behinderung *1.42ff*, 4.3, 5.48
Belege 3.55, 3.67, 4.64, *4.67*, 7.201, 7.203
benannte Gefahren 1.32, 7.14f
Beratungspflichten 1.13
- Vermittler 2.164ff
- Versicherer 2.30ff

Beratungsverzicht 2.31, 2.167
berechtigte Deckungserwartungen 2.88
Bereicherungsverbot 3.46ff
Bereinigungswirkung 3.78f
Berufsunfähigkeitsversicherung 1.14, 2.19, 2.28, 2.30, 2.40, 2.55, 2.169, *7.225ff*
- Beendigung 5.29, 5.36, 5.65
- Betriebsunterbrechung 7.229
- Gefahrerhöhung 4.46
- Kündigung 5.36
- Personenversicherung 7.225, 7.228
- Rente 7.227
- Rettungspflicht 4.71
- Sachverständigenverfahren 3.61
- Summenversicherung 3.24, 7.227
- Versicherungsfall 7.226

Besitzwechselkündigung 5.74
Besondere Bedingungen 2.67
Bestimmtheit 2.6f, 2.94, 2.97
Bestklausel 5.5
Betriebshaftpflichtversicherung s Haftpflichtversicherung
Betriebsschließungsversicherung 7.57
Betriebsunterbrechungsversicherung 1.7, 1.56, *7.50ff*
- Anzeigepflichten 2.46, 2.51, 2.63
- Beratung 2.25, 2.28, *2.30*, 2.169
- COVID-19 2.25, 2.74, 3.3, 7.57, 7.60
- Deckungsbeitrag 7.58
- Freiberufler und Selbstständige 7.59ff
- hypothetischer Kausalverlauf 7.58
- kombinierte 7.56
- Kündigung 5.45
- Obliegenheiten 4.39, 4.62
- Regress 3.109

- Risikoausschluss 2.91
- Rücktritt 2.107
- Sachschaden 7.51f, 7.55
- Tagesentschädigung 7.58
- Taxe 3.37, 3.44, 3.48, 7.58
- Versicherungsfall 3.6

Betriebsversicherung 1.23, 2.50, 2.58, 2.133, 3.68, 4.18, 4.30, 4.49, 4.53, 5.57f, 7.51ff, 7.68f
Beweis(-last) 3.94ff
- D&O 7.120
- Unfallversicherung 7.185, *7.197ff*

Beweismaß 3.97
Beweiswürdigung 3.95
bewusstes Zuwiderhandeln 7.80
Bezugsberechtigung 1.71f, 2.92, 3.83, *7.172ff*
Bindungswille 2.6, 2.8
Binnenmarkt 1.77
bloßer (reiner) Vermögensschaden 2.142, 7.70, 7.76, 7.116, 7.133, 7.137, 7.146, 7.151, 7.153
Bote 1.91, *2.129ff*, 2.145, 2.173, 2.176
Bruttoprämie 4.2
Bündelversicherung 5.16, 5.28, 7.8

C

Claims-made-Prinzip 3.82, 7.75, 7.119f, 7.128
Company Reimbursement 7.113, 7.125
Corona s COVID-19
COVID-19 3.52, 4.16, 4.46, 7.12
- Berufsunfähigkeitsversicherung 7.226
- Betriebsunterbrechung 2.14, 2.25, 2.74f, 3.3, 3.109, 4.46, *7.57f*, *7.60*
- Rechtsschutz 7.159
- Reiseversicherung 2.91
- Transportversicherung 7.45
- Veranstaltungsausfallversicherung 7.62ff

Cross Liability 7.82
Cross-Selling 2.37
Cyber-Ausschluss 7.45, 7.82
Cyber-Versicherung 7.9, 7.12, *7.131ff*
- Anzeigepflichten 7.133
- Assistance-Leistungen 3.22f, 3.70, 7.134
- Betriebsunterbrechung 7.135
- Datenwiederherstellung 7.136
- Haftpflicht 7.137
- kombinierte Versicherung 7.133
- reiner Vermögensschaden 7.133
- Service- und Kostenversicherung 7.134

D

D&O-Versicherung 1.63, 2.18f, 2.28, *7.103ff*
- Anzeigepflichten 7.119
- Assistance-Leistungen 3.22f

Stichwortverzeichnis

- Befreiung 7.121
- Claims-made-Prinzip 3.82, 7.75, 7.119f
- Company Reimbursement 7.113, 7.125
- Eigenschadenversicherung 7.113
- Entity Coverage 7.113
- freundliche Inanspruchnahme 7.112, 7.120
- Full-Severability-Klausel 7.127
- Nachdeckung 7.119
- Nachmeldefristen 7.119
- Obliegenheiten 7.119
- Quasi-Direktanspruch 7.121
- Rechtsschutz 7.123
- Repräsentantenklausel 7.127
- Rückwärtsdeckung 7.119
- Umstandsmeldung 7.119
- Verschaffungsklausel 7.104
- Versicherung für fremde Rechnung 6.43, 7.109ff
- Versicherungssumme 7.128ff
- wissentliche Pflichtverletzung 7.106, 7.115, 7.123

Dauerrabatt 4.3, 5.16, *5.37ff*
Dauerschuldverhältnis 2.36, 2.106, 2.113, *5.3ff*, 5.32, 5.59
deckende Stundung 4.33
Deckung (Begriff) 1.16
Deckungsablehnung, Form 2.116
Deckungsablehnung, qualifizierte 3.91ff
Deckungsablehnung, schlichte 3.88ff
Deckungsbeitrag 7.58
Deckungskonkurs *7.90, 7.93*
Deckungsstock 5.56, 7.167
Deckungszusage s vorläufige Deckung
Deflation 1.37, 4.6
Differenzmethode 3.116
Directors and Officers Liability Insurance s D&O-Versicherung
Direktanspruch (Direktklage) 7.88, 7.94f, 7.99, 7.121
Direktvertrieb 1.13, 2.19, 2.21, 2.30ff, 2.160, 2.164, 2.166ff, 2.184
Diskriminierung *1.38ff*, 1.84, 4.3, 5.48
dispositives Recht 1.60f, 2.76f, 2.84, 2.87ff, 2.101f, 7.7
- Form 5.13
- Haftpflichtversicherung 7.80
- Herbeiführung Versicherungsfall 3.11
- Rechtsschutzversicherung 7.155
- Sachverständigenverfahren 3.65
- Tierversicherung 7.28
- Transportversicherung 7.44
- Unfallversicherung 7.184, 7.202

- Versicherung für fremde Rechnung 6.41
- Zinsen 3.69

Dissens s Vertragsabschluss
dolus coloratus 4.69, 4.73
Doppelversicherung 3.41, 5.10, 6.2, *6.14ff*, 7.26, 7.116, 7.214
- Anzeigepflichten 6.15
- Haftpflichtversicherung 6.19
- Regress 6.18ff
- Solidarhaftung 6.16
- Vergleich 6.20
- Verzicht 6.20

Dread Disease 7.7
Dritte 1.66ff
Dritte s Bote, Drittgeschädigter, Stellvertretung, Vermittlung
Drittgeschädigter *1.69*, 7.66, 7.77, 7.95, 7.99f
dual use 1.58
durchschnittlich verständiger VN 2.74, 2.97
Dürre(-index) 1.31, 2.86, 2.88, 7.18

E

E&O-Versicherung 7.115
echter Mehrfachagent 2.171f
Eigenbewegung 7.185
Eigengeschäft 2.143
Eigenheimversicherung 2.100, 4.56, 5.15, *7.22ff*
Eigenversicherung 6.13, 6.22, 6.33, 6.37, 6.43
- D&O 7.111, 7.113, 7.126
- Unfallversicherung 7.187

Einbruchdiebstahl 2.28, 2.30, 4.22, 4.59, 4.77, 4.82, 4.85, 7.15, 7.20, 7.24, 7.56
Einrichtung(-sgegenstände) 7.13, 7.18, 7.22, 7.24, 7.44
Eintreibungskosten 4.17, 4.19
Einzelrechtsnachfolge 5.50, 5.68, 5.73, 5.77
Einziehungsermächtigung 4.11, 4.14
EIOPA 1.86
Elektronische Kommunikation 2.119ff
Elementarrisiko 1.88, 7.14, 7.18, 7.23, 7.38
Elementarversicherung 2.97, 7.18, 7.23
Empfangsbote 2.127, 2.129f, 2.173
Entity Coverage 7.113
Entschädigungsquittung 3.77, 3.79
Epidemie s COVID-19
Ereignisprinzip 3.7, 3.82, 7.75, 7.152
ergänzende Auslegung 2.77, 2.102
Erklärungsbote 2.129
Erklärungsfiktion 1.37, *2.72*
Errors and Omissions-Versicherung 7.115
Erstprämie 4.22ff

Stichwortverzeichnis

Erwachsenenvertreter 1.54
European Insurance and Occupational Pensions Authority 1.86
ex nunc 2.106, 4.28, 5.2, 5.43, 7.177
ex tunc 2.57, 5.1, 7.178
Exzedentenversicherung 6.6, *6.9ff*

F

Fälligkeit s Leistung des Versicherers, Fälligkeit; Prämie, Fälligkeit
falsus procurator 2.144
Familienangehörige *3.113*, 7.43, 7.181
Familienversicherung 7.183
Fehlanreiz s Anreiz
Feuermelder 4.34, 4.36 f, 4.40, 4.42, 4.46, 4.49
Feuerversicherung 1.18, 1.60, 2.141, 3.3, 7.1, 7.3, 7.5, 7.16, *7.17ff*, 7.55
– Aktivenversicherung 1.23
– Anzeigepflichten 4.49
– Entschädigung 3.30, 3.33, 3.35
– Fälligkeit 3.66, 3.69
– Form 2.114
– Kündigung 5.44
– Miteigentum 6.22 f, 6.26, 6.30
– Obliegenheiten 4.34, 4.39 f, 4.44, 4.46 ff
– Pfandrechtswandlung 1.75
– Regress 3.112
– Rettungspflicht 4.71 ff
Finanzaufsicht 1.83
Finanzmarktaufsicht s FMA
Flusskaskoversicherung 7.47 ff
FMA 1.53, *1.81ff*, 2.22, 2.35, 2.39, 2.81, 5.54 f
Folgeprämie 2.114, 4.13, 4.22, *4.25ff*, 7.5, 7.179
Following-Form-Deckung 6.9
Form 2.112, *2.114ff*
– D&O 7.119 f
– elektronische Kommunikation 2.122
– geschriebene 2.115 f
– Haftpflichtversicherung 7.85
– Kündigung 5.13, 5.28, 5.44
– Lebensversicherung 7.169
– Schriftlichkeit 2.114, 4.26, 5.76, 7.85, 7.119 f
– Unfallversicherung 7.183
– Verbesserungsverfahren 2.118, 5.13, 5.15
Formvereinbarung 2.117
freie Beweiswürdigung 3.95
Fremdversicherung s Versicherung für fremde Rechnung
freundliche Inanspruchnahme 7.112, 7.120
Führungsklausel 6.8
Full-Severability-Klausel 7.127

G

Gebäudeversicherung 1.7, 1.32, 1.35, 1.38, 1.56, 2.86, 2.88, 4.4, 4.6, 7.15, 7.19 f, *7.22 ff*
– Anzeigepflichten 2.46, 2.53
– Doppelversicherung 6.11, 6.14
– Entschädigung 3.45
– Miteigentum 6.22, 6.32
– Vertragsübergang 5.69 ff
– WEG 3.110, 6.24, 6.43
Gefahr (Begriff) 1.32 ff
Gefahr des täglichen Lebens 1.32, 2.91, *7.69*
Gefahrenminderung 4.44
Gefahrerhöhung 2.49, 2.116, 3.18 ff, *4.42ff*
– Anzeigepflichten 4.43
– Dritte 4.80
– Kfz-Haftpflichtversicherung 7.100
– Krankenversicherung 4.45, 7.214, 7.222
– Kündigung 4.50 ff, 5.5, 5.9
– Lebensversicherung 4.45, 7.171, 7.177
– Leistungsfreiheit 4.50 ff
– objektive 4.49
– subjektive 4.49
– unerhebliche 4.48
– Unfallversicherung 7.200
– unverschuldete 4.49
– verschuldete 4.49
Gefahrsperson *1.68*, 2.48, 2.54, 2.114, 3.10, 7.169, 7.171, 7.200, 7.205
Gefahrstandspflicht s Gefahrerhöhung
Gefahrverwaltung s Gefahrerhöhung
Geldleistung 1.16, 1.75, 3.21, *3.66ff*
geltungserhaltende Reduktion 2.100, 2.105
Geltungskontrolle 2.83 ff
Genehmigungsfiktion 2.14 f
Generalabfindung 3.77, 3.79
genetische Analysen 1.40 f
Gerichtsstand s Internationales Zivilprozessrecht
Gesamthandforderung 6.27, 6.30
Gesamtrechtsnachfolge 5.50, 5.64 ff, 5.67 ff, 5.77
Geschädigter s Drittgeschädigter
Geschlecht(erdiskriminierung) 1.47 f
geschriebene Form 2.115 f
Gesundheitsversicherung 1.4, 7.7
Glasbruchversicherung 7.9, 7.15, 7.24
Glaubhaftmachung 3.99
Gleichbehandlung 1.38 ff
Gliedertaxe 1.25, 2.58, 3.38, 7.182, *7.192*
Glücksvertrag 1.3, 1.6, 1.31, 3.47
Großrisiko *1.62ff*, 2.23, 2.30, 2.35, 2.107, 2.167, 2.172, 8.5 f, 8.13 ff, 8.23, 8.25, 8.32

Stichwortverzeichnis

Gruppenversicherung 5.65, *6.34*
- D&O 7.111
- echte 6.34
- Krankenversicherung 5.33, 5.47, 7.224
- unechte 6.34
- Unfallversicherung 7.183

H

Haftpflichtversicherung 7.65 ff
- Abwehrdeckung 7.65 f, 7.78, 7.83
- Allmählichkeitsklausel 7.82
- Anerkenntnisverbot 7.86, 7.124
- Angehörige 7.73, 7.82
- Befreiungsfunktion 7.65 f, 7.77
- Befriedigungsverbot 7.86, 7.124
- betriebliche *7.68 f*, 7.137
- bewusstes Zuwiderhandeln 7.80
- Deckungsanspruch 7.77, 7.83, 7.89, 7.93 f, 7.108, 7.111
- Deckungskonkurs *7.90*, 7.93
- Direktklage 7.88, 7.94 f, 7.99, 7.121
- Drittgeschädigter *1.69*, 7.66, 7.77, 7.95, 7.99 f
- Freistellung 7.65, 7.77, 7.104, 7.106, 7.111 f, 7.120 f, 7.124 f
- Kfz s Kfz-Haftpflichtversicherung
- Kosteneinrechnungsklausel 7.79, 7.130
- Obliegenheiten 7.84 ff
- private 1.32, 2.41, 2.91, *7.69*, 7.73, 7.80, 7.88, 7.145
- Rechtsschutzfunktion 7.65
- Regulierungsvollmacht 7.78, 7.86, 7.122 f
- Risikoausschlüsse 7.80 ff
- Serienschadenklausel *7.79*, 7.95, 7.129
- Trennungsprinzip 7.66
- Verjährung 3.82, 7.77, 7.99
- verpflichtende s Pflichtversicherung
- Versicherungsfall 7.74 ff
- Versicherungssumme *7.79*, 7.90, 7.95, 7.99, *7.128 ff*
- Vorsatzausschluss 7.66, 7.80, 7.83, 7.96, 7.118, 7.123

Haftung des Versicherers (Deckung) 1.16
Haftung s Haftpflichtversicherung
Haftungszeitraum 3.5
Hagelversicherung 1.31, 5.44, 7.3, 7.7, 7.14, *7.18*
Handlungsvollmacht 2.136 f, 2.139
Haushaltsversicherung 2.51, 2.70, 2.89, 2.134 f, 3.52, *7.22 ff*
- 72-Stunden-Klausel 4.56, 7.25
- Beendigung 5.4, 5.16, 5.20 ff
- Beratung 2.168
- Herbeiführung Versicherungsfall 2.101, 3.8 ff
- Inbegriffversicherung 1.23, 6.13
- Interessewegfall 5.50
- kombinierte Versicherung 7.8 f, 7.132
- Obliegenheiten 4.56, 4.62, 7.25
- private Haftpflicht 7.27, 7.69, 7.73
- Regress 3.114
- Risikoausschluss 7.25
- Rücktritt 2.107 f
- Subsidiarität 6.13
- Vandalismus 2.91, 2.99
- Verbrauchervertrag 1.56

Herzinfarkt 2.86, 2.88, 7.186, 7.190
Hochwasser 1.32, 1.38, 7.15, 7.18
Home country control 1.86, 2.35
Hypothekargläubiger 1.75, 2.114, 3.32
hypothetischer Parteiwille 2.77, 2.102

I

IDD 1.78, 1.90, 2.22
Inbegriffversicherung 1.23, 6.13
Individualprozess 2.103, 2.105
Indizienbeweis 3.97
Inflation 1.35, 1.37, 4.4 ff, 4.48
Informationsblatt s Produktinformationsblatt
Informationsmodell 2.106
Informationspflichten 2.18 ff, 2.160 ff
- Agent 2.162 f
- Makler 2.162 f
- produktbezogene 2.35, 2.160 f
- verfahrensbezogene 2.35, 2.160 f
- Vermittler 2.160 ff
- vertriebsspezifische 2.35

Inhaltskontrolle 2.86 ff
Inkassokosten 4.19
Insolvenz 5.54 ff
- Deckungskonkurs 7.90, 7.93
- Versicherer 5.54 ff
- Vertragsauflösung 5.57 ff
- Vertragsauflösungssperre 5.63
- VN 5.57 ff

Insolvenzverwalter 5.58 ff
Interesse s versichertes Interesse
Interessemangel 5.1, 6.37
Interessewegfall 5.7 f, 5.49 ff
Internationales Versicherungsrecht 8.1 ff
- Anknüpfung 8.4 ff, 8.10 ff
- Eingriffsnorm 8.18 ff
- Großrisiken 8.5, 8.13 ff, 8.23, 8.25,
- Massenrisiken 8.5 f, 8.14 ff

Stichwortverzeichnis

- Ordre public 8.20
- Rechtswahl 8.10 ff, 8.13, 8.14 ff
- Rom I-VO 8.3 ff
- Rom II-VO 8.21 f

Internationales Zivilprozessrecht 8.24 ff
Internetvertrieb 2.34
IPR s Internationales Versicherungsrecht
Irrtum(srecht) 1.87, *2.11*, 2.15, 2.40, 2.62, 2.174, 3.41, 3.78 f, 5.1, 7.80, 7.176

J

Judikaturänderung 2.180, 4.52, 6.30

K

Kapitalbildende Lebensversicherung *7.167*, 7.173, 7.175, 7.177
Kapitalversicherung *7.167*, 7.175, 7.177
Kaskoversicherung s Kfz-Kaskoversicherung
Kassenarzt 7.216
Kausalitätsgegenbeweis 2.97, 4.37, 4.56, 4.60, 4.63, 4.69, 4.73, 7.201 f, 7.206
Keimtheorie 7.153
Kfz-Haftpflichtversicherung 1.19, 1.24, 3.74, 6.13, 7.67, 7.92, *7.98 ff*, 7.144
- Beendigung 5.10, 5.27 f, 5.66
- Bonus-Malus 2.108, 4.5, 7.102
- Direktklage 7.99
- KHVG 7.98 f
- Leistungsfreiheit 4.58, 7.100
- Mitversicherte 1.67, 3.111, 6.33, 6.41, 6.43, 7.100
- Obliegenheit 4.66
- Prämienanpassung 4.6, 7.102
- Spalttarif 7.102
- Telematik-Tarif 7.102
- Vergleich 3.77
- Vertragsabschluss 2.5, 7.101
- Vertragsübergang 5.69
- Vorsatz 3.12

Kfz-Kasko 2.28, 3.1, 3.81, 7.9, 7.15, *7.37 ff*
- Beendigung 5.64
- Elementarkasko 7.38
- Kollisionskasko 7.38
- Obliegenheiten 4.54, 4.60, 4.67, 4.69, 7.40
- Regress 3.67, 7.41
- Risikoausschluss 3.13, 3.18, 7.40
- Teilkasko 7.38
- Totalschaden 1.29
- Vollkasko 7.38

KHVG 7.98 f
Klarstellungserfordernis 4.57
Klimaanlage 7.24
Klimawandel 7.18

Kollektiver Rechtsschutz 2.104
Kollisionsrecht s Internationales Versicherungsrecht
kombinierte Versicherung 5.16, 7.8, 7.18, 7.22, 7.25, 7.56, 7.133
Kongruenz 3.107, 3.119
Konsens s Vertragsabschluss
Kontrahierungszwang 1.43, 2.17, 7.223
Konversion 5.15
Konvertierung 2.71
Konzession *1.53*, 1.85
Kosteneinrechnungsklausel 7.79, 7.130
kraftfahrrechtliche Berechtigung 4.54, 7.40, 7.206
Krankengeldversicherung 3.6, 5.33, 5.47 f, 7.215 f, 7.228
Krankenhaustagegeldversicherung 1.18, 1.29, 7.215 f, 7.228
Krankenversicherung 1.2, 2.41, *7.213 ff*
- Alter 1.49 ff, 7.221
- Änderungsklauseln 3.51, 4.6, 7.219 ff
- Anzeigepflichten 2.46 f, 2.52 f, 2.55, 2.59 ff, 7.223
- Beendigung 5.32 ff, 5.47
- freie Arztwahl 7.216
- Fremdversicherung 7.224
- gedehnter Versicherungsfall 3.6
- Gefahrerhöhung 1.35, 4.45
- gesetzliche 1.2, 7.213
- Gruppenversicherung 1.67, 6.33, 7.224
- Herbeiführung Versicherungsfall 3.10
- Personenversicherung 7.214
- Prämienanpassung 7.219 ff
- Risikoausschluss 2.91
- Schadensversicherung 7.214
- Schwangerschaft 1.48
- Self-Tracking-Tarife 7.222
- stationäre Heilbehandlung 7.216
- substitutive 7.213
- Summenversicherung 7.214
- Tiere 7.30

Krankheitskostenversicherung 7.216
kundenfeindlichste Auslegung 2.105
Kundenschutz *1.59 ff*, 1.87, 2.40, 2.81
Kündigung 5.11 ff
- außerordentliche 5.5, 5.59, 5.62
- Bündelversicherung 5.16
- fristlose 5.5
- ordentliche 5.4, 5.17, 5.20, 5.30 f, 5.32 ff, 5.35, 5.36, 5.47, 5.63
- Versicherungsfall 5.42 ff
- Zurückweisung 5.15

Stichwortverzeichnis

Kündigungsfrist 4.27, 4.51, 5.14, 5.18, 5.21 f, 5.44, 5.62, 5.70
Kurztarif 2.17, 5.52

L

laufende Versicherung 1.23, 1.61
Lebensversicherung 7.167 ff
– Ablebensversicherung 1.7, 1.60, 7.167
– Anwartschaft 7.173
– Anzeigepflichten 2.44, 7.171
– Beendigung 5.29, 5.30 f, 5.46, 5.56, 7.175 ff
– Bezugsberechtigung 1.71, 7.172 ff
– Erlebensversicherung 7.167
– fondsgebundene 7.167
– fremde Rechnung 6.35, 7.172
– Gefahrerhöhung 4.45 f
– indexgebundene 7.167
– Information 2.29, 2.35
– kapitalbildende *7.167*, 7.173, 7.175, 7.177
– klassische 7.167
– Konkurs 5.56
– Konzession 1.53
– Personenversicherung 7.168
– Prämie 4.2
– prämienfrei 7.179
– Produktinformationsblatt 2.23
– Provision 2.159
– Risikoausschluss 2.91
– Rückkaufswert 7.177
– Rücktritt 2.107, 7.178
– Schadensversicherung 1.25, 7.170
– Selbsttötung 3.10, 7.171
– Summenversicherung 3.24, 6.13, 7.170
– Verpfändung 1.74
– Vertrag zu Gunsten Dritter 7.174
– Vinkulierung 1.74
Legalzession s Regress
Leistung des Versicherers 3.21 ff
– Änderungen 3.49 ff
– Art 3.21 ff
– Fälligkeit 3.66 ff
– Umfang 3.24 ff
Leistungsänderung 3.49 ff
Leitungswasser(-versicherung) 4.56, 6.43, 7.9, 7.20, *7.24*, 7.26, 7.56
Lernschwächeversicherung 7.9
Lösungsklausel 5.62

M

Machthaber 3.17, 4.87
Mahnspesen 4.19
Makler 1.12, 2.127, *2.154 ff*, *2.168 ff*, *2.178 ff*
– Allerweltsmakler 2.169
– AVB 2.68
– best advice 2.168
– Fernabsatz 2.111
– Haftpflichtversicherung 2.185 ff
– Haftung 2.178 ff
– Informationen 2.163, 2.168 ff
– Interessenkonflikt 2.158
– Provision 2.155
– Pseudomakler 2.190
– Qualifikation 2.157
– Statusunklarheiten 2.188 ff
– Vertragsabschluss 2.5, 2.173 ff
Manager-Haftpflichtversicherung 7.103
Manager-Strafrechtsschutzversicherung 7.123, 7.145
mangelnde Erfolgsaussichten 7.158
Maschinen-Betriebsunterbrechungs-Versicherung 7.35
Maschinenbruchversicherung s Maschinenversicherung
Maschinen-Garantie-Versicherung 7.33
Maschinenversicherung 7.15, 7.34, 7.55
Massengeschäft 1.5, 1.38, 2.13, 2.65, 2.68, 2.71
Mehrfachagent 2.30, 2.152, 2.157 f, 2.165
– echter 2.171 f
– Haftpflichtabsicherung 2.187
– unechter 2.166
– Zurechnung 2.184
Mehrfachversicherung s Doppelversicherung
Meinungsverschiedenheiten 3.61, 3.73, 7.158, 7.208 ff
Mitversicherung 6.4 ff, 6.33 f
– Haftpflichtversicherung 7.71, 7.73
– Kfz-Haftpflichtversicherung 1.67, 3.111, 6.33, 6.41, 6.43, 7.100
– Kfz-Kaskoversicherung 7.42
– offene 6.7 f, 6.9
– Rechtsschutzversicherung 7.143 f
– Regress 3.111 f, 6.36
– verdeckte 6.5
– Versicherung für fremde Rechnung 6.33
– Zurechnung 6.43
Mosaiktheorie 3.13
Musterbedingungen (Begriff) 2.66

N

Nachdeckung 7.76, 7.119
nahe Angehörige 7.42, 7.73,
Naturgefahren 7.18
Nebenversicherung 6.14 f
Nettoprämie 4.2
neu für alt 3.30 f, 7.39

Stichwortverzeichnis

Neuwert *3.31 ff*, 3.69, 3.102, 3.120 f, 4.4, 7.23
Neuwertspanne 3.32, 3.34
Neuwertspitze 3.32
Nicht-Personenversicherung 1.18, 1.26, 1.29, 1.31, 5.44, 7.2, 7.53
Notice of Circumstances 7.119

O

objektiver Erklärungswert *2.6*, 2.11, 2.50
Obliegenheiten 4.34 ff
- Anzeigepflichten (sekundäre) 4.65 ff
- Anzeigepflichten (vorvertraglich) 2.41 ff
- äquivalenzwahrende 4.59 ff
- Auskunftspflichten 4.67 ff
- Belegpflicht 4.67
- dolus coloratus 4.69, 4.73
- gesetzliche 4.40
- Informationspflichten 4.65 ff
- Kausalitätsgegenbeweis 2.97, 4.37, 4.56, 4.60, 4.63, 4.69, 4.73, 7.201 f, 7.206
- Kündigung 4.57, 4.60, 4.63, 4.70
- Leistungsfreiheit 4.56, 4.60, 4.63, 4.69
- Polizze 2.12
- primäre 4.39
- Repräsentantenhaftung 4.86
- Risikoausschluss 4.75 ff
- schlichte 4.62 f
- sekundäre 4.39, 4.64 ff
- Selbstverschuldensprinzip 4.85
- verhüllte 4.78
- vertragliche 4.40 f
- vorbeugende 4.54 ff
- Zurechnung 4.79 ff
Obsorgeberechtigte 2.134
Offenlegung (Stellvertretung) 2.141, 2.143
Offenlegung (Vermittlung) 2.162
Online-Vertrieb 2.34
Organisationsverschulden 4.81, 4.85, 7.140

P

Paketkündigungsklausel 2.68, 5.16
Pandemie s COVID-19
paritätische Kündigungsrechte 5.44 f
Passivenversicherung 1.18, 1.24, 1.58, 1.67, 3.25, 7.3, 7.65, 7.142
- Doppelversicherung 6.14, 6.19
- Prämienanpassung 4.8 f
- Veräußerung versicherter Sache 5.69
PEICL 1.80
Personenversicherung 1.18, 1.20, 1.25 f, 1.29, 3.10, 7.2, 7.9, 7.60, *7.167 ff*
- Beendigung 5.29 ff, 5.46 ff, 5.51, 5.65
persönliche Empfehlung 2.30

Pfandrechtswandlung *1.75*, 7.17
Pflege(-kranken)versicherung 7.9, 7.215 f
Pflichtversicherung 7.91 ff
- Deckungsfiktion 7.94 f
- Direktanspruch 7.94, 7.99
- Drittgeschädigter 7.93 ff
- Risikoausschluss 7.95 f, 7.99
- Vorsatz 7.96, 7.99
Polizze(-nmodell) 2.5, *2.12*, 2.25
- Abweichungen 2.14 f
- Anzeigepflichten 2.49
- AVB 2.69 f
- Rücktritt 2.108
- vorläufige Deckung 2.16
Prämie 4.1 ff
- Bruttoprämie 4.2
- Einziehungsermächtigung 4.11
- Fälligkeit 4.13
- Höhe 4.3
- Holschuld 4.11
- Nettoprämie 4.2
- Rechtzeitigkeit 4.14
- Risikoprämie 4.2, 7.167, 7.176 f
- Schickschuld 4.12
- Sparprämie 4.2, 7.167
Prämienanpassung 4.5 ff
prämienbegünstigte Zukunftsvorsorge 5.30
Prämienzahlungsverzug 4.16 ff
Principles of European Insurance Contract Law 1.80
Privatautonomie 1.2, 1.39, 1.43, 1.51, 2.30, 2.112, 4.3, 6.34, 7.9, 7.223
Privathaftpflichtversicherung 1.32, 2.41, 2.91, 7.69, 7.73, 7.80, 7.88, 7.145
Privatversicherung Begriff 1.1 ff
Product Governance 2.21, 2.28
Produktinformationsblatt 2.23 ff, 2.35, 2.40, 2.85, 2.161 f
Prokura 2.133
Provision 2.40, 2.153, 2.155, 2.158 f, 4.2, 7.177
Prozessstandschaft 6.8
Pseudomakler 2.190

Q

qualifizierte Deckungsablehnung 3.91 ff
Quasi-Direktanspruch 7.121
Querverkauf 2.37
Quotenvorrecht 3.120 f

R

Rechtsaufsicht 1.84, 2.81
rechtsgeschäftliche Stellvertretung 2.136 f
Rechtsmix 8.17

Stichwortverzeichnis

Rechtsprodukt *1.9ff,* 1.15, 1.59, 1.77, 1.88, 2.2, 2.18, 2.66, 2.73, 2.80, 2.89, 2.96, 2.106, 2.119, 2.146
Rechtsschutzversicherung 7.3, *7.141ff*
- Abtretung 1.70
- Abtretungsverbot 1.72
- Alkoholobliegenheit 7.160
- Allmählichkeitsklausel 7.159
- Arbeitsgerichts-Rechtsschutz 7.149
- Arglist 2.61
- Beendigung 5.9f, 5.50f
- Beratungsrechtsschutz 7.150
- dingliche Rechte 7.147
- Erbrecht 7.148
- Erfolgsaussichten 7.158
- Fahrzeug-Rechtsschutz 7.144
- Familienrecht 7.148
- freie Anwaltswahl 7.163ff
- Freistellung 3.72
- Gefahrerhöhung 4.46, 4.48
- Keimtheorie 7.153
- Lenker-Rechtsschutz 7.144
- Manager-Rechtsschutz 7.123, 7.145
- Miete und Pacht 7.147
- Obliegenheiten 4.56, 4.66, 7.160
- Prämienanpassung 4.8f
- Schadenereignis 7.152
- Schiedsgutachterverfahren 3.61f, 7.158
- Selbstbehalte 7.166
- Serienschadenklausel 7.156
- Strafverfahren 7.145
- Unklarheitenregel 2.78
- Versicherungsfall 3.5, 7.152ff
- Verstoß 7.153
- Vertrags-Rechtsschutz 7.146
- Verwaltungsverfahren 7.145
- Vorsatz 7.159
- Wartefristen 7.154
Regress 3.15f, *3.100ff*
- Aufgabeverbot 3.103
- Befriedigungsvorrecht 3.117f
- D&O 7.116f, 7.125
- Deckung (Haftpflichtversicherung) 7.70
- Differenzmethode 3.116
- Doppelversicherung 6.18ff
- Dritter 3.111ff, 7.42, 7.71
- Familienangehörige 3.113
- Kfz-Haftpflichtversicherung 7.100
- Kfz-Kasko 3.112
- Kongruenz 3.107, 3.119
- Pflichtversicherung 7.94
- Quotenvorrecht 3.120f

- Schadensteilungsübereinkommen 3.114
- Summenversicherung 3.104
- Vermittlung 2.184ff
- Voraussetzungen 3.105ff
Regressverzicht 3.112, 7.42
Regulierungsvollmacht 7.78, 7.86, 7.122f
reine Stundung 4.33
reiner (bloßer) Vermögensschaden 2.142, 7.70, 7.76, 7.116, 7.133, 7.137, 7.146, 7.151, 7.153
Reisegepäckversicherung 3.99, 7.43
Reiseversicherung 1.54, 2.91, 3.22f, 3.107, 4.2, 5.3
Rentenversicherung 5.30
Repräsentantenhaftung 3.17, 3.111, *4.84ff,* 7.41, 7.45, 7.127
Repräsentantenklausel 7.127
Restschuldversicherung 7.167, 7.170
Rettungskosten 4.74, 7.79
Rettungspflicht 4.64, *4.71ff*
Risikoausschluss 1.33
- Abgrenzungsausschluss 7.83, 7.151
- Beweislast 3.94
- deklarativer 7.81
- echter 7.81
- Obliegenheit 4.75ff
- Pflichtversicherung 7.95
- subjektiver 4.47
- unechter 7.81
Risikobelegenheit 8.5ff, 8.14ff
Risikoerhöhung s Gefahrerhöhung
Risikolebensversicherung 7.167f, 7.170, 7.181
Risikoprämie 4.2, 7.167, 7.176f
Rückgriff s Regress
Rückkaufswert 7.171, *7.177ff*
Rücktritt, Anzeigepflichtverletzung 2.50ff
Rücktritt, Insolvenzverwalter 5.58f
Rücktritt, Obliegenheit 4.41
Rücktritt, Prämienzahlungsverzug 4.20, 4.23f, 4.30
Rücktritt VN 2.106ff
- Fernabsatz 2.111
- Form 2.107
- Frist 2.107ff
- Information 2.35, 2.108
- Lebensversicherung 7.178
- Rückabwicklung 5.1
- unbefristet 2.108
Rücktritt VN-Mehrheit 6.31
Rückversicherung 1.5, 1.18, 1.53, 6.4f
Rückwärtsdeckung 7.119

S

Sacherhaltungsinteresse 3.111, 7.34, 7.50f
Sachersatzinteresse 1.23, 3.111
Sachversicherung 1.25, 1.75, 3.26ff, 3.53, 3.69, 3.107, 3.112, 4.80, 5.45, 5.69, 6.30, 6.37, 7.9, *7.13ff*
Sachverständige *3.58ff*, 3.73, 3.95f, 7.130, 7.134
Sachverständigenverfahren 3.61ff, 7.208ff
Sachwalter 2.135
Schadenfallkündigung 5.42ff
Schadensabwicklung 3.53ff
Schadensfeststellungskosten 3.56, 7.134
Schadensminderung 3.3, 4.39, *4.71ff*, 7.53, 7.201
Schadensteilungsübereinkommen 3.114
Schadensversicherung 1.25f, 1.29, 1.30f, 3.9, 3.25, 3.37ff, 3.48, 3.59, 7.2, 7.4ff
– Doppelversicherung 6.13ff
– Interessewegfall 5.51
– Regress 3.104
– Versicherung für fremde Rechnung 6.35
Scheinbote 2.131
Schiedsgericht 3.74
Schlüsseltresor 2.5, 2.12, 2.175, 2.181, 7.16
Schnapsbrennerei 4.44, 4.46, 4.49f
Schneedruck 7.18
Schriftform 2.114ff, 4.26, 5.76, 7.85, 7.119f
Selbstverschuldensprinzip 3.17, 4.84ff
Self-Tracking-Tarife 4.45, 7.222
Serienschadenklausel 7.79, 7.95, 7.129, 7.156
Seuchen-Betriebsunterbrechungsversicherung 7.57
Single licence 1.86
Solidarschuld 2.161, 2.184, 3.100, 3.108, 5.72, 6.16, 6.18, 6.20, 6.28, 7.95, 7.98f, 7.125
Sonderklasse 7.216
Sondermasse 5.56
Sozialversicherung 1.2, 3.105, 5.35, 6.13, 7.180, 7.196, 7.213, 7.216, 7.223, 7.225
Spalttarif 7.102
Sparprämie 4.2, 7.167
Spätfrost 7.18
Speditionsversicherung 7.46
Spitalgeld 7.191, 7.195f, 7.203
Stehlgutliste 4.62
Stellvertretung 2.132ff
– Anscheinsvollmacht 2.137f
– Eigengeschäft 2.143
– Erwachsenenvertreter 2.135
– falsus procurator 2.144
– Gesamtvertretung 2.133

– Gesetz 2.134f
– Handlungsvollmacht 2.136f, 2.139
– Obsorgeberechtigte 2.134
– Offenlegung 2.141, 2.143
– Organ 2.133
– Prokura 2.133
– rechtsgeschäftlich 2.136f
– Vollmachtsvermutung 2.138ff
Stundung 4.32f
Sturmversicherung 3.33, 7.9, 7.15f, 7.18
Subsidiaritätsklauseln 6.13, 7.26, 7.45
Summenversicherung 1.25f, 1.27f, 1.60, 3.10, 3.24, 3.38, 3.104, 4.71, 4.73, 5.51, 6.13, 6.15, 6.35

T

Taggeld 7.191, 7.194
Tariffreiheit 1.2
Tarifwahl 3.11
Tarifzwang 1.2
Taxe 1.30, *3.35ff*, 3.44, 3.46ff
Technische Versicherungen 7.32ff
Teilkasko 7.38
Telematik-Tarif 7.102
Tierseuchenversicherung 3.36f
Tierversicherung 7.28ff
– Krankenversicherung 7.30
– Nottötung 7.29
– Nutztier 7.28
Tod, Bezugsberechtigung 7.172ff
Tod, Lebensversicherung 5.30, 7.167
Tod, Personenversicherung 5.29
Tod, Tier 7.28f
Tod, Unfallversicherung 7.181, 7.191, 7.193, 7.197, 7.202
Tod, Veranstaltungsversicherung 7.63
Tod, Vertragsbeendigung 5.51, 5.64ff
Totalschaden 1.29, 3.44, 7.39
Transparenzgebot 2.94ff
Transportversicherung 1.4, 1.23, 1.61, 1.63, 2.175, 3.9, 3.28
– Beendigung 5.45
– Flusskaskoversicherung 7.47ff
– Speditionsversicherung 7.46
– Warentransportversicherung 7.43ff
Trennungsprinzip 7.66
Tresorklauseln 2.3, 2.5, 2.12, 2.128, 2.175, 2.181, 4.77,
Trickdiebstahl 7.24

U

Überschwemmung 7.18, 7.38
Überversicherung 3.39ff

unechter Mehrfachagent 2.152, 2.166, 2.187
Unfall 7.185
- Eigenbewegung 1.85
- plötzlich 7.185
- Selbstmord 7.187
- Unfreiwilligkeit 7.187
- von außen 7.185

Unfallversicherung 7.180 ff
- Freizeitunfälle 7.180
- Fremdversicherung 7.183
- Gesundheitsschädigung 7.186
- Gliedertaxe 1.25, 2.58, 3.38, 7.182, 7.192
- Leistungen 7.191 ff
- Obliegenheiten 7.200 ff
- Personenversicherung 7.181
- Risikoausschlüsse 7.188 ff
- Sachverständigenverfahren 7.208 ff
- Spitalgeld 7.191, 7.195
- Summenversicherung 7.182
- Taggeld 7.191, 7.194
- Vorinvalidität 7.192 f, 7.196, 7.198

Uniage 1.49 ff
Unisex 1.47
Unklarheitenregel 2.78
Unteilbarkeit der Gestaltungsrechte 6.31
Unternehmer (Versicherer) 1.52
Unternehmer (VN) 1.54 ff
unternehmerisches Ermessen 7.11
Unterversicherung *3.42 ff*, 3.115, 3.120 f, 4.4 f, 4.8, 6.16, 6.19

V

Veranstalterhaftpflichtversicherung 7.62
Veranstaltungsausfallversicherung 4.46, 7.12, 7.52, 7.54, *7.62 ff*
Veräußerung der versicherten Sache 5.9, *5.67 ff*
Verbandsklage 2.103 ff
Verbesserungsverfahren 2.118, 5.13, 5.15
Verbraucher 1.55 ff
Vergleich 3.77 ff
Vergleichsgrundlage 3.79
Vergleichsverhandlung 3.87, 3.90, 3.92
Verhaltenssteuerung 2.40, 2.190, 4.34 ff
verhüllte Obliegenheit 4.78
Verjährung 3.80 ff
- Anerkenntnis 3.86
- Deckungsablehnung 3.88 ff, 3.91 ff
- Haftpflichtversicherung 3.82, 7.77, 7.99
- Hemmung 3.84, 3.88
- Prämie 4.13
- Vergleichsverhandlungen 3.87, 3.90, 3.92

Verkehrsopfer-Entschädigungsgesetz 7.99
Verkehrsopferschutz 7.99
Verlängerungsklausel 5.25 f
Vermittler s auch Makler, Mehrfachagent, Versicherungsagent
- Abschlussprovision 2.40, 2.153, 2.155, 2.158 f, 4.2, 7.177
- Anscheinsagent 2.189 f
- best advice 1.12, 2.168
- Haftpflichtabsicherung 2.185 ff
- Haftung 2.177 ff
- Informationspflichten 2.160 ff
- Interessenkonflikte 2.158 f
- Provision 2.40, 2.153, 2.155, 2.158 f, 4.2, 7.177
- Status(-un)klarheit 2.162 f, 2.188 ff
- Versicherungsvertreter 1.12, 2.33, *2.140*, 2.149, 2.151, 2.158, 2.173, 2.184
- wirtschaftliches Naheverhältnis 2.190
- Zurechnung 2.173 ff, 2.177 ff

Verschaffungsklausel 7.104
Verschleppung 3.54, 3.68
Versicherer 1.52 f
versichertes Interesse 1.23 ff
Versicherung eines fremden Interesses s Versicherung für fremde Rechnung
Versicherung für fremde Rechnung 6.33 ff
- Gestaltungsrechte 6.42
- Gruppenversicherung 6.34
- Leistung 6.41
- Mitversicherung 6.33
- Polizze 6.41
- Treuhand 6.44
- Versicherter 6.33
- Zurechnung 6.43

Versicherung für wen es angeht 6.38
Versicherungsagent 2.140, *2.151 ff*
- Beratungspflichten 2.166 f, 2.171 f
- Haftung 2.181 ff
- Informationspflichten 2.160 ff
- rechtsgeschäftliche Zurechnung 2.173 ff

Versicherungsanlageprodukte 1.79, 2.23, 2.25, 2.29 ff, 2.39, 2.159
Versicherungsart 1.18
Versicherungsaufsicht 1.81 ff
Versicherungsfall 3.1 ff; s auch Haftpflichtversicherung, Versicherungsfall; Rechtsschutzversicherung, Versicherungsfall
- Abwendung 4.71 ff
- gedehnter 3.6 f
- Herbeiführung 3.8 ff
- Kündigung 5.42 ff

Stichwortverzeichnis

– Schadensminderung 4.71 ff
Versicherungsmakler s Makler
Versicherungsnehmer 1.54 ff
Versicherungsnehmermehrheit 6.25 ff
– Gestaltungsrechte 6.31 f
– Trennungsprinzip 6.30
Versicherungsperiode 5.20
Versicherungspflicht s Pflichtversicherung
Versicherungssparten 1.18 ff
Versicherungssteuer 4.2, 7.177
Versicherungssumme 1.24 f
Versicherungsverein auf Gegenseitigkeit 1.52, 4.1
Versicherungsvermittler s Vermittler
Versicherungsvertreter 1.12, 2.33, *2.140*, 2.149, 2.151, 2.158, 2.173, 2.184
Versicherungsvertrieb 1.89 f, 2.140, 2.149
Versicherungswert 1.23 ff, 3.28, 3.31, 3.35, 3.37, 3.41, 3.44 f, 3.47, 4.8, 6.14, 6.17
Versicherungszweig s Versicherungssparten
Verstoßprinzip 3.7, 7.74, 7.76, 7.119, 7.153
Vertrag zugunsten Dritter 1.67, 6.35, 6.39, 6.42, 7.174
Vertragsabschluss 2.1 ff
Vertragsbeendigung 5.1 ff
Vertragsfreiheit s Privatautonomie
Vertragsschablone 2.65
Vertragsübernahme 5.67 ff
Vertrauensschadenversicherung 7.96, 7.138 ff
Verwaltungsstrafen 2.39, 7.106, 7.117
Verzicht s Beratungsverzicht; Regressverzicht
Vierbeinervorsorge 7.9
Vinkulierung 1.74
Vollkasko 7.38

Vorbereitungsgeschäft 1.57
vorläufige Deckung 2.16 f
Vorsatzausschluss 3.12, 7.66, 7.80, 7.83, 7.96, 7.99, 7.118, 7.123, 7.159
vorvertragliche Anzeigepflichten s Anzeigepflichten
vorvertragliche Information s Informationspflichten
VVO 2.66

W

Wahlarzt 7.216
Warentransportversicherung 7.43 ff
Wartefristen 3.5, 7.154
Wetterausfall 7.63
Wiederbeschaffungswert 3.28, 7.39
Wiederherstellung(-sklausel) *3.30 ff*, 3.69
Wohngebäudeversicherung s Gebäudeversicherung
Wohnsitzwechsel 2.120
Wunsch-und-Bedürfnis-Test 2.26 ff

Z

Zahlscheingebühr 4.3
Zahlungsverzug 4.16 ff
Zahnersatzversicherung 7.215
Zeitwert *3.29 ff*, 3.37, 3.40, 3.69, 3.102, 3.120 f, 6.16 ff
Zessionar 1.70 f
Zinsen 3.68 f, 4.17 f, 4.23, 4.28, 4.30 f, 6.28, 7.79
Zugang(-sprinzip) 2.9
Zugangsvermutung 2.124
Zusatzversicherung 1.2, 7.213, 7.223